Microsoft Exchange Server 2007 – Das Handbuch

Microsoft Exchange Server 2007 – Das Handbuch

Das Buch ist die deutsche Übersetzung von:
Microsoft Exchange Server 2007 Administrator's Companion
Microsoft Press, Redmond, Washington 98052-6399
Copyright 2007 by Walter Glenn

Das in diesem Buch enthaltene Programmmaterial ist mit keiner Verpflichtung oder Garantie irgendeiner Art verbunden. Autor, Übersetzer und der Verlag übernehmen folglich keine Verantwortung und werden keine daraus folgende oder sonstige Haftung übernehmen, die auf irgendeine Art aus der Benutzung dieses Programmmaterials oder Teilen davon entsteht.

Das Werk einschließlich aller Teile ist urheberrechtlich geschützt. Jede Verwertung außerhalb der engen Grenzen des Urheberrechtsgesetzes ist ohne Zustimmung des Verlags unzulässig und strafbar. Das gilt insbesondere für Vervielfältigungen, Übersetzungen, Mikroverfilmungen und die Einspeicherung und Verarbeitung in elektronischen Systemen.

Die in den Beispielen verwendeten Namen von Firmen, Organisationen, Produkten, Domänen, Personen, Orten, Ereignissen sowie E-Mail-Adressen und Logos sind frei erfunden, soweit nichts anderes angegeben ist. Jede Ähnlichkeit mit tatsächlichen Firmen, Organisationen, Produkten, Domänen, Personen, Orten, Ereignissen, E-Mail-Adressen und Logos ist rein zufällig.

15 14 13 12 11 10 9 8 7 6 5 4 3 2 1
09 08 07

ISBN 978-3-86645-116-2

© Microsoft Press Deutschland
(ein Unternehmensbereich der Microsoft Deutschland GmbH)
Konrad-Zuse-Str. 1, D-85716 Unterschleißheim
Alle Rechte vorbehalten

Übersetzung: G&U Language & Publishing Services GmbH, Flensburg (www.GundU.com)
Satz: G&U Language & Publishing Services GmbH, Flensburg (www.GundU.com)
Umschlaggestaltung: Hommer Design GmbH, Haar (www.hommerdesign.com)
Gesamtherstellung: Kösel, Krugzell (www.KoeselBuch.de)

Übersicht

Einleitung 21

Teil A
Einführung 27

1 Überblick über Microsoft Exchange Server 2007 29
2 Active Directory für Exchange-Administratoren 43
3 Architektur von Exchange Server 2007 63

Teil B
Die Bereitstellung planen 105

4 Den Bedarf ermitteln 107
5 Die Bereitstellung planen 121

Teil C
Installation und Bereitstellung 133

6 Exchange Server 2007 installieren 135
7 Koexistenz mit früheren Versionen von Exchange Server 167
8 Übergang auf Exchange Server 2007 199
9 Hochverfügbarkeit in Exchange Server 2007 223

Teil D
Verwaltung 257

10 Exchange Server 2007 verwalten 259
11 Empfänger erstellen und verwalten 279
12 Mit öffentlichen Ordnern arbeiten 315
13 Speichergruppen erstellen und verwalten 327
14 Unified Messaging 355

Teil E
Wartung ... 381

15 Fehlerbehebung bei Exchange Server 2007 ... 383
16 Wiederherstellung im Notfall ... 403
17 Exchange Server 2007 optimieren ... 433

Teil F
Sicherheit ... 451

18 Sicherheitsrichtlinien für Exchange Server 2007 ... 453
19 Grundlagen zur Sicherheit von Exchange Server ... 469
20 Antispam- und Antivirusfunktionen ... 491
21 Exchange Server 2007-Nachrichten schützen ... 529

Teil G
Clients ... 563

22 Überblick über Exchange-Clients ... 565
23 Microsoft Office Outlook 2007 bereitstellen ... 575
24 Microsoft Outlook WebAccess ... 591
25 Unterstützung anderer Clients ... 621

Teil H
Anhänge ... 635

A Die Verzeichnisstruktur von Exchange Server 2007 ... 637
B Benachrichtigungscodes für den Übermittlungsstatus ... 639
C Standardspeicherorte für Protokolldateien ... 643
D Standardmäßige Grade der Diagnostikprotokollierung für Exchange-Prozesse ... 645

Glossar ... 651

Über die Autoren ... 669

Stichwortverzeichnis ... 671

Inhaltsverzeichnis

Einleitung 21
Der Inhalt 22
    Teil 1: Einleitung 22
    Teil II: Die Bereitstellung planen 23
    Teil III: Installation und Bereitstellung 23
    Teil IV: Verwaltung 23
    Teil V: Wartung 23
    Teil VI: Sicherheit 24
    Teil VII: Clients 24
Wie Sie dieses Buch verwenden sollten 24
    Systemanforderungen 25
    Über die Begleit-CD 25
Support 26

Teil A
Einführung 27

1 Überblick über Microsoft Exchange Server 2007 29
Was ist Exchange Server? 30
Editionen von Exchange Server 2007 31
    Exchange Server 2007 Standard Edition 31
    Exchange Server 2007 Enterprise Edition 31
Grundbegriffe 32
    Messagingsysteme 32
    Der Aufbau einer Exchange-Umgebung 34
    Speicherung in Exchange Server 37
Neue Funktionen in Exchange Server 2007 39
    Standortweiterleitung in Active Directory 39
    Das Modell der geteilten Berechtigungen 39
    Der Setup-Assistent von Exchange Server 2007 40
    Exchange-Verwaltung 40
    Exchange-Serverfunktionen 40
    Unified Messaging 40
    Messagingsrichtlinien und Kompatibilität 41
    Antispam- und Antivirusfunktionen 41
    64-Bit-Architektur 41
    Outlook Web Access 42
Zusammenfassung 42

2 Active Directory für Exchange-Administratoren ... 43
Ein kurzer Überblick über Active Directory ... 44
    Die Verzeichnisstruktur in Active Directory ... 44
    Die logische Struktur von Active Directory ... 45
    Gruppen ... 50
Weitere Active Directory-Komponenten ... 51
    Namenspartitionen ... 51
    Standorte ... 52
    Dienstesuche ... 52
    Globale Katalogserver ... 53
    Clientauthentifizierung ... 54
    Active Directory-Namen ... 54
Exchange Server 2007 und Active Directory ... 55
    Exchange Server 2007 und die Active Directory-Standorttopologie ... 55
    Exchange Server 2007-Daten in Active Directory speichern ... 57
    Auswirkungen der Grenzen von Gesamtstrukturen auf Exchange Server 2007 ... 59
    Konfigurationspartition und Verzeichnisdaten ... 60
DNS-Konfiguration ... 60
Zusammenfassung ... 61

3 Architektur von Exchange Server 2007 ... 63
Exchange Server 2007-Funktionen ... 64
    Die Funktion des Postfachservers ... 64
    Die Funktion des Clientzugriffsservers ... 65
    Die Funktion des Hub-Transport-Servers ... 66
    Die Funktion des Unified Messaging-Servers ... 67
    Die Funktion des Edge-Transport-Servers ... 68
Die Ziele des Speicherdesigns von Exchange Server 2007 ... 68
Speicher und Speichergruppen ... 70
    Verbesserte Benutzerunterstützung ... 71
    Sicherung und Wiederherstellung einzelner Datenbanken ... 72
Die Dateistruktur der Datenbanken ... 73
    Bedarfsorientierte Konvertierung des Inhalts ... 73
    Nachrichtenspeicherung in einer Instanz ... 73
Datenwiederherstellung und Transaktionsprotokolle ... 74
    Die Extensible Storage Engine ... 74
    Transaktionsprotokolldateien ... 80
Der Webordner-Client ... 84
Öffentliche Ordner ... 85
    Mehrere Strukturen für öffentliche Ordner ... 86
Indizierung ... 86
    Indexkataloge ... 87
    Indexgröße ... 88
Speicherdesign in Exchange Server ... 88
    Unterstützte Speichertechnologien ... 88
    Eine RAID-Ebene auswählen ... 89
    Den Bedarf an Festplattenspeicher planen ... 90

Den erforderlichen Plattenspeicher für Postfächer berechnen 90
LUN-Layout (Logical Unit Number) 92
Weitere Hinweise zum Speicher 92
Die Speicherarchitektur testen 93
Transportarchitekturen 93
SMTP-Connectors 94
SMTP-Connectors erstellen 94
Nachrichtenrouting 95
Szenarien für den Nachrichtentransport 98
Transportprotokolle 101
Zusammenfassung 103

Teil B
Die Bereitstellung planen 105

4 Den Bedarf ermitteln 107
Benutzerbedürfnisse erfassen 108
Messaging 109
Öffentliche Ordner 110
Anbindung an andere Systeme 111
Remotezugriff 111
Benutzerdefinierte Anwendungen 112
Schulung und Support 112
Vorhandene Ressourcen ermitteln 112
Das geografische Profil festlegen 112
Die Softwareumgebung erfassen 113
Die Netzwerktopologie erfassen 113
Das Active Directory-Modell ermitteln 117
Den administrativen Bedarf erfassen 118
Zusammenfassung 119

5 Die Bereitstellung planen 121
Die Organisation planen 122
Eine Namenskonventionen aufstellen 122
Öffentliche Ordner planen 125
Gateways planen 126
Server planen 126
Überlegungen zur Festplattengröße 126
Überlegungen zur Prozessorleistung 128
Überlegungen zum Arbeitsspeicher 129
Überlegungen zum Netzwerk 130
Fehlertoleranz 130
Zusammenfassung 131

Teil C
Installation und Bereitstellung 133

6 Exchange Server 2007 installieren 135
Die Installation vorbereiten 136
    Informationssammlung 137
    Hardwareanforderungen 139
    Service Packs installieren 139
    Die Rolle des Servers definieren 140
    Hardware per Konfiguration optimieren 141
    Anforderungen an das System 142
    Das Konto für den Exchange-Administrator erstellen 146
    Sicherheitsvorkehrungen 146
Die Installation durchführen 147
    Die Active Directory-Umgebung vorbereiten 147
    Exchange Server 2007 in einer neuen Organisation installieren .. 149
    Die Rolle der Funktionen 151
    Installation in einer bestehenden Organisation 157
Die Installation überprüfen 158
Die Exchange Server 2007-Bereitstellung abschließen 160
Exchange funktionsfähig erhalten 164
Zusammenfassung 165

7 Koexistenz mit früheren Versionen von Exchange Server 167
Hintergrund 168
Terminologie 168
Überlegungen zur Koexistenz von Exchange Server 2007 169
    Der einheitliche Modus von Exchange Server 2003 169
    Automatische Koexistenzaufgaben 170
    Globale Einstellungen 171
Exchange Server 2007 in einer bestehenden Exchange Server 2003-Organisation installieren . 172
Administrationsprobleme bei Koexistenz 174
    Zusätzliche Routinggruppenconnectors erstellen 175
    Koexistenzproblem: Versionsspezifische Administration 177
SMTP-Connectors und Internet-E-Mail 178
Umgang mit Internet-E-Mail 179
    Einen SMTP-Connector zur Legacy-Exchange-Organisation hinzufügen . 180
Öffentliche Ordner 184
    Replikation öffentlicher Ordner 184
    Verweise auf öffentliche Ordner 186
    Öffentliche Ordner verwalten 187
Empfängeraktualisierungsdienst 189
Vollständige Liste der Koexistenzoptionen 190
Zusammenfassung 197

8 Übergang auf Exchange Server 2007 199
Beispielszenario 200
Übergangsoptionen 201
Grenzen für den Übergang 202
Internet-E-Mail auf Exchange Server 2007 verschieben 203
    E-Mails ins Internet gelangen lassen 203
    Eingehende E-Mails aus dem Internet zulassen 207
Postfächer auf Exchange Server 2007 verschieben 208
Server außer Betrieb stellen 214
    Clientdienste umleiten 214
    SMTP-Connectors aus der Legacy-Exchange-Umgebung entfernen 214
    Öffentliche Ordner umleiten 215
    Das Offlineadressbuch nach Exchange Server 2007 verschieben 217
    Den Empfängeraktualisierungsdienst nach Exchange Server 2007 verschieben 218
    Legacy-Connectors entfernen 219
    Exchange auf Legacy-Exchange Server-Computern deinstallieren 220
    Legacy-Exchange-Routinggruppen entfernen 221
Zusammenfassung 222

9 Hochverfügbarkeit in Exchange Server 2007 223
Fortlaufende Replikation und Transaktionsprotokolle 225
Fortlaufende lokale Replikation 227
    Vorbereitung auf fortlaufende lokale Replikation 228
    Fortlaufende lokale Replikation aktivieren 229
Fortlaufende Clusterreplikation 237
    Terminologie der fortlaufenden Clusterreplikation 238
    Vorbereitung auf fortlaufende Clusterreplikation 240
    Fortlaufende Clusterreplikation aktivieren 240
    Den Cluster einrichten 242
    Das MNS-Quorum zur Verwendung des Dateifreigabenzeugen konfigurieren 246
    Exchange Server 2007 im Cluster installieren 247
    Den Status der fortlaufenden Clusterreplikation prüfen 249
    Failoverfähigkeit des Servers prüfen 250
    Transportpapierkorb einrichten 250
    Abschließende Gedanken zur fortlaufenden Clusterreplikation 251
Einzelkopiecluster 252
Zusammenfassung 255

Teil D
Verwaltung 257

10 Exchange Server 2007 verwalten 259
Microsoft Management Console 260
    Die Benutzeroberfläche von Microsoft Management Console 261
    Funktionsweise von Microsoft Management Console (MMC) 264
Die Exchange-Verwaltungskonsole verwenden 265
    Hauptbereiche der Exchange-Verwaltungskonsole 266
    Die Exchange-Hierarchie untersuchen 268
Die Exchange-Verwaltungsshell verwenden 273
    Grundlagen zu Commandlets 275
    Hilfefunktionen 276
Zusammenfassung 278

11 Empfänger erstellen und verwalten 279
Empfängertypen 280
Benutzer 281
    Postfachbenutzer 281
    E-Mail-aktivierte Benutzer 298
Postfachressourcen 300
E-Mail-Kontakte 301
    E-Mail-Kontakte erstellen 301
    E-Mail-Kontakte konfigurieren 303
Verteilergruppen 303
    Verteilergruppen erstellen 304
    Gruppen konfigurieren 305
    Dynamische Verteilergruppen erstellen 307
Empfänger filtern 309
Vorlagen 310
Adresslisten 310
Zusammenfassung 314

12 Mit öffentlichen Ordnern arbeiten 315
Der Informationsspeicher für öffentliche Ordner 316
Öffentliche Ordner in Outlook 2007 verwenden 317
    Einen öffentlichen Ordner in Outlook erstellen 317
    Öffentliche Ordner in Outlook verwalten 318
Öffentliche Ordner-Datenbanken in der Exchange-Verwaltungskonsole verwalten 320
    Eine neue Öffentliche Ordner-Datenbank erstellen 320
    Eine Öffentliche Ordner-Datenbank entfernen 322
Öffentliche Ordner in der Exchange-Verwaltungsshell erstellen und verwalten 323
    Einen öffentlichen Ordner erstellen 323
    Einen öffentlichen Ordner entfernen 324
    Informationen über einen öffentlichen Ordner abrufen 324
    Einstellungen für einen öffentlichen Ordner verwalten 325
Zusammenfassung 326

13 Speichergruppen erstellen und verwalten ... 327
Ein zweiter Blick auf die Speicherarchitektur von Exchange Server 2007 ... 328
Vorteile von Speichergruppen ... 329
    Verbesserte Benutzerunterstützung ... 330
    Sicherung und Wiederherstellung einzelner Datenbanken ... 331
    Mehrere Geschäftsbereiche auf einem Server ... 332
    Unterstützung besonderer Postfächer ... 332
Speichergruppen planen ... 332
    Den Bedarf an Festplattenspeicher planen ... 332
    Planung mehrerer Speichergruppen ... 336
    Planung des Sicherungs- und Wiederherstellungsdurchsatzes ... 336
Speichergruppen verwalten ... 337
    Speichergruppen erstellen ... 337
    Die Speichergruppenkonfiguration ändern ... 340
    Speichergruppen entfernen ... 344
Speicher verwalten ... 344
    Postfachspeicher erstellen ... 345
    Postfachdatenbankkonfiguration ändern ... 346
Zusammenfassung ... 353

14 Unified Messaging ... 355
Überblick über Unified Messaging ... 356
    Funktionen von Unified Messaging ... 357
    Unified Messaging-Objekte von Exchange Server 2007 ... 358
Unified Messaging-Objekte erstellen und verwalten ... 360
    Wählpläne für Unified Messaging ... 360
    Postfachrichtlinien für Unified Messaging ... 367
    IP-Gateways für Unified Messaging ... 372
Server mit Wählplänen verknüpfen ... 375
Unified Messaging für einzelne Postfächer aktivieren ... 377
Zusammenfassung ... 379

Teil E
Wartung ... 381

15 Fehlerbehebung bei Exchange Server 2007 ... 383
Mit den Werkzeugen zur Fehlerbehebung arbeiten ... 384
    Die Ereignisanzeige verwenden ... 384
    Die Diagnostikprotokollierung verwenden ... 386
    Posteingang reparieren ... 389
    Das Programm RPing ... 390
    Das Offlineprogramm Eseutil.exe ... 393
    Best Practices Analyzer ... 394
    Nachrichtenübermittlungs-Problembehandlung ... 397
    Leistungsproblembehandlung ... 398
Weitere nützliche Hilfsprogramme ... 399

Hilfeinformationen 400
    Produktdokumentation 400
    Microsoft TechNet 400
    Internet-Newsgroups 401
Zusammenfassung 401

16 Wiederherstellung im Notfall 403

Sicherungs- und Wiederherstellungstechnologien 404
    Die Exchange-Datenbank 404
    Der Volumenschattenkopie-Dienst 408
    Die Exchange-Streamingsicherung-API 411
    Andere Exchange Server-Komponenten 414
Sicherungs- und Wiederherstellungsstrategien 414
    Einen Exchange-Postfachserver wiederherstellen 418
    Eine Exchange-Postfachdatenbank wiederherstellen 421
    Ein einzelnes Exchange-Postfach wiederherstellen 421
    Einen Exchange-Postfachserver sichern 423
    Eine Exchange-Postfachdatenbank sichern 423
    Ein einzelnes Exchange-Postfach sichern 425
    Für Beschädigungen vorausplanen 425
    Sicherungsstrategien umsetzen 426
Empfohlene Vorgehensweisen 431
Zusammenfassung 432

17 Exchange Server 2007 optimieren 433

Grundlagen des Systemmonitors 434
    Begriffe der Leistungsüberwachung 434
    Mit dem Systemmonitor Daten sammeln 436
    Erfasste Daten anzeigen 436
Die vier wichtigsten Teilsysteme in Windows überwachen 438
    Die Auslastung des Arbeitsspeichers 438
    Die Auslastung des Prozessors 439
    Die Auslastung der Datenträger 440
    Die Auslastung des Netzwerks 441
Exchange Server 2007 mit dem Systemmonitor optimieren 443
    SMTP-Leistungsindikatoren im Systemmonitor 443
    Outlook Web Access 444
    Leistungsindikatoren für Unified Messaging 444
Andere Exchange-Leistungswerkzeuge verwenden 446
    Microsoft Exchange Server Jetstress 447
    Exchange Load Generator 448
Zusammenfassung 450

Teil F
Sicherheit 451

18 Sicherheitsrichtlinien für Exchange Server 2007 453
Die Wichtigkeit von Informationssicherheitsrichtlinien 455
Informations- und elektronische Sicherheitsrichtlinien 456
Informationssicherheitsrichtlinien für Exchange Server 2007 457
    Kennwortrichtlinien 457
    Anmelderichtlinien 458
    Nutzungsrichtlinien 459
    Computerviren, Trojanische Pferde und Würmer 460
    Schemaerweiterungen durch Exchange Server 2007 460
    Datensicherheit 462
    Umgang mit unerwünschtem E-Mail-Inhalt 463
    Exchange-Datenbanken sichern und archivieren 464
    E-Mail-Integrität 465
    Weitere Gesichtspunkte 466
Weitere Ressourcen 466
Zusammenfassung 467

19 Grundlagen zur Sicherheit von Exchange Server 469
Der Umfang der Sicherheitsvorkehrungen 470
Motive krimineller Hacker 471
Die Arbeitsweise von Hackern 472
Physische Sicherheit 476
Administrative Sicherheit 476
    Die integrierten Administratorgruppen von Exchange 477
    Der Assistent zum Hinzufügen von Exchange-Administratoren 478
Sicherheitsmaßnahmen für SMTP 482
Computerviren 486
Was sind Viren? 486
    Trojanische Pferde 487
    Würmer 487
Spam 488
Sicherheitstools von Microsoft 489
Zusammenfassung 490

20 Antispam- und Antivirusfunktionen 491
Überblick über den Edge-Transport-Server 492
Bereitstellung eines Edge-Transport-Servers 493
    Das DNS-Suffix eines Edge-Transport-Servers prüfen 494
    Edge-Verkehr durch eine Firewall lassen 494
    Active Directory Application Mode installieren 495
    Die Exchange Server 2007-Funktion des
    Edge-Transport-Servers installieren 495
    Ein Abonnement der Exchange Server 2007-Organi-
    sation auf dem Edge-Transport-Server erstellen 497

Antispamfunktionen verwalten 502
    Inhaltsfilterung 502
    Verbindungsfilterung: IP-Zulassungsliste 506
    Verbindungsfilterung: Anbieter für zugelassene IP-Adressen 507
    Verbindungsfilterung: IP-Sperrliste 508
    Verbindungsfilterung: Anbieter für geblockte IP-Adressen 510
    Empfängerfilterung 512
    Absenderfilterung 513
    Sender ID 515
    Anlagenfilter 518
Antivirusfunktionen mit Microsoft Forefront Security für Exchange Server verwalten 521
    Grundlegendes zu Microsoft Forefront Security für Exchange Server 522
    Microsoft Forefront für Exchange Server installieren 522
    Microsoft Forefront für Exchange Server verwalten 524
    Weitere Vorteile durch Microsoft Forefront für Exchange Server 526
Zusammenfassung 527

21 Exchange Server 2007-Nachrichten schützen 529

Windows Server 2003-Sicherheitsprotokolle 530
Die Infrastruktur öffentlicher Schlüssel von Windows Server 2003 530
    Verschlüsselung und Schlüssel 531
    Verschlüsselungsverfahren 532
    Zertifikatdienste in Windows 2003 533
Die Infrastruktur öffentlicher Schlüssel verwalten 538
    Zertifikatdienste installieren und konfigurieren 538
    Den Webregistrierungssupport installieren 542
    Mit den Webregistrierungsseiten arbeiten 543
    Informationen über Zertifikate einsehen 548
Die Nachrichtenübermittlung in Outlook 2007 schützen 552
    Welche Zertifikate sind vertrauenswürdig? 553
    Verschlüsselung in Outlook 2007 553
    Digitale Signaturen in Outlook 2007 554
    S/MIME und Outlook 2007 555
    Outlook 2007 für eine sichere Nachrichtenübermittlung konfigurieren 555
Exchange-Zertifikatvorlagen installieren 557
Die Integration von Exchange Server 2007
in die Windows Server 2003-Sicherheit 559
    Active Directory 559
    Kerberos-Authentifizierung 559
    Zugriffssteuerungsmodell 560
    IP-Sicherheit 560
Zusammenfassung 561

Teil G
Clients 563

22 Überblick über Exchange-Clients 565
Microsoft Office Outlook 2007 566
Windows Mail und Microsoft Outlook Express 568
Outlook Web Access 570
Standardclients für Internet-E-Mail 571
Nicht-Windows-Plattformen 571
    Unix-Clients 571
    Macintosh-Clients 572
Den richtigen Client für Exchange Server auswählen 572
Zusammenfassung 573

23 Microsoft Office Outlook 2007 bereitstellen 575
Outlook 2007 installieren 576
    Die Standardinstallation von Outlook 576
    Outlook 2007 mithilfe des Office Customization Tool installieren 577
Outlook 2007 unterstützen 578
    Der Exchange-Cache-Modus 578
    Outlook 2007 für mehrere Benutzer einrichten 584
    Outlook Anywhere 588
Zusammenfassung 590

24 Microsoft Outlook WebAccess 591
Funktionen von OWA 592
OWA bereitstellen 593
    Einzelner Server 593
    Mehrere Server 593
    ISA Server 2006 und OWA 596
    Authentifizierungsoptionen 597
OWA-Eigenschaften und -Funktionen einrichten 606
    Zugriff auf UNC-Freigaben und SharePoint verwalten 606
    Die OWA-Segmentierung 612
OWA-Benutzerfunktionen 616
Zusammenfassung 619

25 Unterstützung anderer Clients 621
Post Office Protocol 3 622
    POP3 aktivieren 623
    POP3 verwalten 624
Internet Messaging Access Protocol 4 628
    IMAP4 aktivieren 629
    IMAP4 verwalten 629
Überlegungen zu POP3 und IMAP4 633
Zusammenfassung 634

Teil H
Anhänge 635

A Die Verzeichnisstruktur von Exchange Server 2007 637

B Benachrichtigungscodes für den Übermittlungsstatus 639

C Standardspeicherorte für Protokolldateien 643

D Standardmäßige Grade der Diagnostikprotokollierung
für Exchange-Prozesse 645

Glossar 651

Über die Autoren 669

Stichwortverzeichnis 671

Für meinen Vater Bill English.

– *Walter*

Für Amy. Danke für deine Hilfe und Hingabe hierbei und bei allem anderen.

– *Scott*

Für meine Familie und ihre grenzenlose Unterstützung –
John, Robin, Quentin und Gabriel.

– *Josh*

Einleitung

In diesem Kapitel:
Der Inhalt 22
Wie Sie dieses Buch verwenden sollten 24
Support 26

Herzlich willkommen bei *Microsoft Exchange Server 2007 – Das Handbuch*. Ganz gleich, ob Sie ein erfahrener Administrator sind oder Exchange gerade erst kennen lernen: Sie werden von den neuen Funktionen, der besseren Flexibilität und den erweiterten Möglichkeiten für das Informationsmanagement begeistert sein. Das Entwicklerteam von Microsoft hat hervorragende Arbeit dabei geleistet, die Tradition von Exchange als überlegenes Messagingsystem aufrechtzuerhalten. Exchange Server 2007 ist einfach die beste Version, die es je gegeben hat!

Microsoft Exchange Server 2007 genügt den Anforderungen von Unternehmen aller Größen an Messaging- und Zusammenarbeitsfunktionen. *Microsoft Exchange Server 2007 – Das Handbuch* ist nicht nur dazu geschrieben worden, damit sie die zahlreichen Funktionen von Exchange Server 2007 schnell einrichten können. Es erläutert Ihnen auch, was hinter diesen Funktionen steckt und wie Sie sie einsetzen können. Die Informationen dieses Buchs stammen aus erster Hand und dem praktischen Einsatz von Exchange in Unternehmen.

Jedes einzelne Element von Exchange Server 2007 in einem einzigen Buch detailliert zu beschreiben, ist unmöglich. Dieses Administratorhandbuch ist jedoch genau das Richtige für Sie, wenn Sie die Einführung von Exchange Server 2007 in Ihrem Unternehmen planen. Sie können dieses Buch in verschiedener Weise nutzen. Sie können es lesen als:

- Anleitung für Planung und Bereitstellung
- Praktische Referenz für die täglichen Administrationsfragen
- Informationsquelle bei Entscheidung hinsichtlich des Netzwerkdesigns
- Erschöpfende Einführung in die Besonderheiten von Exchange Server 2007

Wir setzen Grundlagen in der Netzwerkgestaltung und von Microsoft Exchange Server 2003 voraus. An den passenden Stellen bieten wir Ihnen Hintergrundinformationen und Verweise auf weiterführende Informationen.

Der Inhalt

Microsoft Exchange Server 2007 – Das Handbuch ist in mehrere Teile untergliedert. Jeder Abschnitt entspricht einem Stadium bei der Implementierung einer Exchange-Organisation oder behandelt eine bestimmte Funktion.

Teil 1: Einleitung

Wir beginnen damit, Ihnen die neuen Funktionen von Exchange Server 2007 vorzustellen. Dann werfen wir einen genaueren Blick auf die Speicher- und Routingarchitektur. Kapitel 1, »Überblick über Microsoft Exchange Server 2007«, erklärt im Schnellverfahren, was Exchange Server ist und welche Funktionen es bietet. Das erste Kapitel ist außerdem der Fahrplan für den Rest des Titels. Kapitel 2, »Active Directory für Exchange-Administratoren«, erläutert die enge Integration von Exchange Server 2007, Active Directory und Windows Domain Name System (DNS). Kapitel 3, »Architektur von Exchange Server 2007«, widmet sich der Speicher- und Transportarchitektur von Exchange Server 2007.

Teil II: Die Bereitstellung planen

Jede erfolgreiche Bereitstellung eines Messagingsystems erfordert eine gründliche Planung, und Exchange Server 2007 macht da keine Ausnahme. Zwei Kapitel widmen sich daher Planungsfragen. Kapitel 4, »Den Bedarf ermitteln«, zeigt Methoden, ein bestehendes Netzwerk zu inventarisieren und die Anforderungen der Benutzer vor der Bereitstellung von Exchange Server 2007 zu ermitteln. Kapitel 5, »Die Bereitstellung planen«, zeigt Wege, wie ein Bereitstellungsplan entworfen wird, der auf der Bedarfsermittlung aus Kapitel 4 basiert.

Teil III: Installation und Bereitstellung

Nachdem Sie die Architektur von Exchange Server 2007 und die Bereitstellungsplanung kennen gelernt haben, geht es jetzt zur Sache. In diesem Abschnitt zeigen wir, wie Exchange Server 2007 installiert wird und wie die zahlreichen Funktionen so implementiert werden, dass Ihr Unternehmen den maximalen Nutzen hat. Kapitel 6, »Exchange Server 2007 installieren«, stellt die verschiedenen Ansätze einer Exchange Server 2007-Installation vor. Diese Kapitel zeigt außerdem, wie Sie sicherstellen, dass ein Server bereit für die Installation von Exchange Server 2007 ist. Kapitel 7, »Koexistenz mit früheren Versionen von Exchange Server«, erläutert, wie Exchange Server 2007 in eine Organisation eingebunden wird, die auch frühere Versionen von Exchange Server im Einsatz hat. Kapitel 8, »Übergang auf Exchange Server 2007«, zeigt, wie ein Unternehmen von einer früheren Version von Exchange Server auf Exchange Server 2007 umsteigt. Kapitel 9, »Hohe Verfügbarkeit in Exchange Server 2007«, wirft einen Blick auf die Installation und Konfiguration der fortlaufenden lokalen Replikation, der fortlaufenden Clusterreplikation und auf Einzelkopiecluster.

Teil IV: Verwaltung

Nachdem Sie die Bereitstellung von Exchange Server 2007 kennen gelernt haben, richten wir unsere Aufmerksamkeit nun auf die Verwaltung. Kapitel 10, »Exchange Server 2007 verwalten«, führt Sie in Microsoft Management Console (MMC) ein, das Verwaltungsinstrument von Windows Server 2003. Dieses Kapitel zeigt auch die beiden wichtigsten Verwaltungsschnittstellen von Exchange Server 2007: Exchange-Verwaltungskonsole und Exchange-Verwaltungsshell.

Die nächste Kapitelgruppe – Kapitel 11, »Empfänger erstellen und verwalten«, bis Kapitel 14, »Unified Messaging« – widmet sich einer Reihe anderer Themen: Erstellung und Verwaltung von Empfängern (Benutzer, Kontakte, Gruppen und Öffentliche Ordner), Speichergruppen und die Konfiguration des neuen Unified Messaging-Features.

Teil V: Wartung

Jedes System – auch Exchange Server 2007 – benötigt Wartung. In diesem Abschnitt beschreiben wir die wichtigsten Wartungsaufgaben. Kapitel 15, »Fehlerbehebung bei Exchange Server 2007«, beschäftigt sich mit der grundlegenden Fehlersuche auf einem Server. Kapitel 16, »Wiederherstellung im Notfall«, erläutert die kritischen Themen Sicherung und Wiederherstellung Ihrer Datenbanken. Kapitel 17, »Exchange Server 2007 optimieren«, zeigt, wie Exchange Server 2007 auf maximale Leistung getrimmt wird.

Teil VI: Sicherheit

Sicherheit ist die größte Sorge jedes Netzwerkadministrators. Exchange Server 2007 bietet in Zusammenarbeit mit Windows Server 2003 erweiterte Möglichkeiten, Ihr Unternehmen zu schützen. Auch wenn dieses Thema ein eigenes Buch füllen könnte, werden wir in diesem Abschnitt einen so umfassenden Einblick in die Sicherheit bieten, wie der Raum zulässt. Kapitel 18, »Sicherheitsrichtlinien für Exchange Server 2007«, beschäftigt sich mit der Planung von Exchange-Sicherheitsrichtlinien. Kapitel 19, »Grundlagen zur Sicherheit von Exchange Server« erläutert die Grundlagen der Exchange Server-Sicherheit. Kapitel 20, »Antispam- and Antivirusfunktionen«, zeigt die neuen Funktionen von Exchange Server 2007, die Ihnen dabei helfen, Schadsoftware zu bekämpfen. Kapitel 21, »Exchange Server 2007-Nachrichten schützen«, erläutert Methoden, um Nachrichten innerhalb Ihrer Exchange-Organisation zu schützen.

Teil VII: Clients

Die beste Implementierung von Exchange Server 2007 nützt Ihnen nichts, wenn es keine Clients gibt, die darauf zugreifen und Exchange verwenden. In diesem Abschnitt geben wir Ihnen einen Überblick über die Clients für Exchange Server 2007. Die hier vorgestellten Themen könnten im Umfang leicht ein eigenes Buch erfordern. Daher konzentrieren wir uns auf die wichtigsten Punkte und verweisen auf passendes Referenzmaterial. Kapitel 22, »Überblick über Exchange-Clients«, bietet eine allgemeine Einführung in die unterschiedlichen Arten von Clients, die Exchange Server benutzt werden können. Kapitel 23, »Microsoft Office Outlook 2007 bereitstellen«, beschäftigt sich mit Microsoft Outlook 2007 und den Aufgaben, die bei der Bereitstellung anfallen. Kapitel 24, »Microsoft Outlook Web Access«, erklärt den Einsatz von Outlook Web Access. Kapitel 25, »Unterstützung anderer Clients«, erklärt die Konfiguration grundlegender Internetprotokolle: POP3 und IMAP4. Wir zeigen die Grundbefehle der Protokolle und erläutern die Protokollfunktionen zur Fehlersuche.

Wie Sie dieses Buch verwenden sollten

In den einzelnen Kapiteln haben wir versucht, die Informationen verständlich und gut auffindbar zu gestalten. Sie finden Abschnitte zur Erläuterung, theoretische Erklärungen und Schritt-für-Schritt-Anleitungen. Eine große Anzahl von Abbildungen erleichtert es Ihnen, dem Text zu folgen. Die folgenden Leserhinweise werden in der Reihe »Das Handbuch« einheitlich verwendet.

Aus der Praxis

Jeder kann von der Erfahrung anderer profitieren. Die Kästen »Aus der Praxis« enthalten nähere Informationen zu einem Thema oder Hintergrundwissen, das auf der Erfahrung von Benutzern dieses Produkts während der Beta-Testphase beruht.

Wie Sie dieses Buch verwenden sollten

HINWEIS Hinweise enthalten Tipps, alternative Vorgehensweisen für Aufgaben oder Informationen, die besonders hervorgehoben werden sollen.

Weitere Informationen
Häufig gibt es für wichtige Themen hervorragende Quellen mit zusätzlichen Informationen. In diesen Kästen nennen wir Ihnen die entsprechenden Quellen.

WICHTIG Kästen mit der Beschriftung *Wichtig* sollten Sie nicht überlesen. (Daher nennen wir sie auch »Wichtig«). Hier finden Sie Sicherheitshinweise, Warnungen und Hinweise, mit denen Sie Ihr Netzwerk von Übel fernhalten.

Empfohlene Vorgehensweisen
Hier erhalten Sie Ratschläge, die die Autoren dieses Buchs aufgrund eigener Erfahrungen für empfehlenswert halten.

Sicherheitshinweis
In einem Computernetzwerk ist nichts wichtiger als die Sicherheit.

Systemanforderungen

Um die Begleit-CD dieses Buchs benutzen zu können, sind folgende Mindestvoraussetzungen zu erfüllen:

- Microsoft Windows XP mit dem neuesten Service Pack und den aktuellen Updates des Microsoft Update Service.
- CD-ROM-Laufwerk
- Internetverbindung
- Mindestens 1024 x 768 Bildpunkte Monitorauflösung
- Microsoft Maus oder ein kompatibles Zeigegerät
- Adobe Reader, um das E-Book zu lesen (Adobe Reader ist als Download unter **http://www.adobe.com** erhältlich.

Über die Begleit-CD

Die Begleit-CD enthält eine komplett durchsuchbare Fassung dieses Buchs. Wir haben außerdem Verweise auf White Papers, Tools, Webcasts, virtuelle Übungen und andere Informationen beigefügt, wenn es uns beim Schreiben sinnvoll erschienen.

Support

Microsoft Press bemüht sich um die Richtigkeit der in diesem Buch sowie der auf der Begleit-CD enthaltenen Informationen. Korrekturen zu den Originalausgaben der Microsoft Press-Bücher finden Sie im Web unter der folgenden Adresse:

http://www.microsoft.com/learning/support

Weitere Supportinformationen zu diesem Buch und der beiliegenden CD-ROM finden Sie auf der Supportwebsite von Microsoft Press unter **http://www.microsoft.com/germany/mspress/support/**. Sie können eine Frage auch direkt in die Microsoft Press Knowledge Base eingeben. Besuchen Sie hierzu die folgende Website:

http://support.microsoft.com. Anmerkungen, Fragen oder Verbesserungsvorschläge bezüglich dieses Buches oder der Begleit-CD, die sich nicht über eine Abfrage der Knowledge Base klären lassen, können Sie an Microsoft Press weiterleiten:

Per E-Mail: **presscd@microsoft.com**

Per Post: Microsoft Press
Betrifft: *Microsoft Exchange Server 2007 Handbuch*
Konrad-Zuse-Straße 1
85716 Unterschleißheim

Bitte beachten Sie, dass Sie unter den angegebenen Adressen keinen Produktsupport erhalten. Weitere Informationen zu den Softwareprodukten von Microsoft erhalten Sie unter der Adresse **http://support.microsoft.com/**.

Teil A
Einführung

In diesem Teil:
Kapitel 1	Überblick über Microsoft Exchange Server 2007	29
Kapitel 2	Active Directory für Exchange-Administratoren	43
Kapitel 3	Architektur von Exchange Server 2007	63

Kapitel 1

Überblick über Microsoft Exchange Server 2007

In diesem Kapitel:

Was ist Exchange Server?	30
Editionen von Exchange Server 2007	31
Grundbegriffe	32
Neue Funktionen in Exchange Server 2007	39
Zusammenfassung	42

Kapitel 1 Überblick über Microsoft Exchange Server 2007

Seit der Einführung von Microsoft Exchange Server im April 1996 ist dieses Programm eines der führenden Produkte für die Zusammenarbeit innerhalb eines Unternehmens und eine der meistverkauften Serveranwendungen in der Geschichte von Micosoft. Jede neue Version wurde von Microsoft mit neuen Funktionen ausgestattet, sodass Exchange Server immer leistungsfähiger wurde. Die neueste Version, Exchange Server 2007, baut nun weiter auf der überlegenen Leistung und den Funktionen auf, die für die Benutzer von Exchange schon zu einer Selbstverständlichkeit geworden sind.

In diesem Kapitel erhalten Sie einen Überblick über die Fähigkeiten und die Struktur von Exchange Server. Es beschreibt die grundlegenden Konzepte von Exchange Server sowie die Gliederung der Komponenten und ihr Zusammenspiel als umfassendes Messagingsystem. Darüber hinaus werden einige die leistungsstarken neuen Funktionen von Exchange Server 2007 vorgestellt. Exchange Server ist zwar ein komplexes Programm, doch bei genauerer Betrachtung der einzelnen Bestandteile werden Sie erkennen, dass diese Komplexität für jedes Unternehmen von Vorteil ist.

Was ist Exchange Server?

Was ist Exchange Server nun genau? Wenn Sie drei verschiedene Systemadministratoren fragen, erhalten Sie wahrscheinlich drei verschiedene Antworten. Ist es ein Messagingsystem? Ist es ein Groupwareprodukt? Ist es eine Entwicklungsplattform? Die Antwort auf alle drei Fragen lautet »Ja«.

Als Messagingsystem ist Exchange Server 2007 in punkto Verlässlichkeit, Skalierbarkeit und Leistung auf dem Stand der Technik. In den letzten beiden Jahrzehnten hat sich die elektronische Nachrichtenübermittlung zu einer der wichtigsten Kommunikationsmethoden in der Unternehmenswelt entwickelt, und Exchange Server ist eines der beliebtesten Messagingsysteme weltweit.

Der Begriff *Groupware* wurde in den achtziger Jahren für Produkte zur Entwicklung von Anwendungen geprägt, die zahlreichen Personen gemeinsam den Zugriff auf zentral gespeicherte Dokumente und Ressourcen ermöglichen und somit der Teamarbeit im Unternehmen dienen. Heutzutage werden diese Anwendungen einfach als Teamsoftware bezeichnet. Mit Exchange Server 2007 können Sie praktisch Dokumente aller Art speichern und zur gemeinsamen Nutzung freigeben. Außerdem kann dieses Programm automatisch Kopien eines Dokuments an verschiedene physische Informationsspeicher senden, sodass sich freigegebene Dokumente innerhalb einer Organisation noch wesentlich effizienter nutzen lassen.

Microsoft Office Outlook 2007 ist die neueste Version des wichtigsten Messaging- und Teamarbeitsclients für Exchange Server 2007. Damit können Benutzer Nachrichten senden und empfangen, die zahlreiche verschiedene Datentypen enthalten. Sie können Termin- und Adressinformationen freigeben, an Diskussionen in öffentlichen Ordnern teilnehmen und sogar sowohl auf Netzwerk- als auch auf lokale Dateisysteme zugreifen. Mehr über Outlook 2007 erfahren Sie in ↗ Kapitel 23, »Outlook 2003 bereitstellen«.

Exchange Server wird zudem immer häufiger auch als Entwicklungsplattform genutzt, also als Grundlage zur Erstellung neuer Anwendungen und Systeme, die genau auf den individuellen Bedarf des jeweiligen Unternehmens zugeschnitten sind. Sie können in Exchange Server beispielsweise Formulare erstellen, die wesentlich leistungsfähiger sind als einfache Nachrichten, und sie sogar mit Anwendungslogik ausstatten. Anschließend können Sie Exchange Server so konfigurieren, dass diese Formulare zur weiteren Bearbeitung an bestimmte Benutzer oder Zielorte weitergeleitet werden. Mithilfe weiterer Werkzeuge können Sie die in Exchange Server gespeicherten Informationen aufrufen und verändern und die Übermittlungsdienste nutzen.

Exchange Server ist also ein sehr vielseitiges und komplexes Produkt. Nachdem Sie dieses Buch gelesen haben, werden Sie jedoch in der Lage sein, alle seine Leistungsmerkmale zu konfigurieren und zu verwalten und die Anwendung auf diese Weise optimal einzusetzen.

Editionen von Exchange Server 2007

Microsoft bietet zwei verschiedene Ausgaben von Exchange Server 2007 an. Sie sind in ihrer Funktionsweise grundsätzlich identisch, umfassen aber unterschiedliche Leistungsmerkmale. Die beiden Ausgaben heißen Exchange Server 2007 Standard Edition und Exchange Server 2007 Enterprise Edition.

Exchange Server 2007 Standard Edition

Diese Standardausführung erfüllt die grundlegenden Anforderungen an ein Messagingsystem in kleinen bis mittelgroßen Unternehmen. Sie kann auch in Zweigstellen größerer Installationen oder für bestimmte Serverfunktionen nützlich sein. Exchange Server 2007 Standard Edition weist folgende Einschränkungen auf:

- Es werden nur fünf Speichergruppen pro Server unterstützt, die jeweils fünf Datenbanken enthalten können.
- Die fortlaufende lokale Replikation wird unterstützt, jedoch weder Einzelkopiecluster noch die fortlaufende Clusterreplikation.

Exchange Server 2007 Enterprise Edition

Diese Ausgabe erfüllt die Anforderungen für Messaging und Zusammenarbeit in großen Unternehmen. Exchange Server 2007 Enterprise Edition umfasst alle Leistungsmerkmale von Exchange Server 2007 Standard Edition und bietet zusätzlich Folgendes:

- Es werden bis zu 50 Speichergruppen pro Server unterstützt, die jeweils bis zu 50 Datenbanken enthalten können.
- Einzelkopiecluster und fortlaufende Clusterreplikation werden unterstützt.

> **HINWEIS** In diesem Buch werden verschiedene Bezeichnungen für Exchange Server verwendet, und jede von ihnen hat eine bestimmte Bedeutung. In der Regel wird das Software-Produkt als »Exchange Server« bezeichnet, und dies steht für Microsoft Exchange Server 2007 Enterprise Edition. Wenn betont werden soll, dass ein neues bzw. ein in der neuen Version geändertes Leistungsmerkmal behandelt wird, verwenden wir den Begriff »Exchange Server 2007«. Beide Bezeichnungen stehen jedoch im Grunde genommen für dasselbe Produkt. Bei jedem Verweis auf frühere Versionen von Exchange Server wird die genaue Versionsbezeichnung angegeben, also »Exchange 2000 Server« oder »Exchange Server 2003«. Außerdem werden Sie häufig den Begriff »Exchange Server-Computer« lesen; dieser bezieht sich auf einen als Server verwendeten Computer, wie beispielsweise in dem Satz: »Es gibt zwei Exchange Server-Computer, die als Postfachserver konfiguriert sind.«

> **Weitere Informationen**
>
> Mehr über die Exchange Server-Editionen und Clientzugriffslizenzen erfahren Sie auf der Seite http://www.microsoft.com/exchange/evaluation/editions.mspx.

Grundbegriffe

Kapitel 3, »Architektur von Exchange Server 2007«, gibt Ihnen ausführliche Einblick in die Architektur von Exchange Server 2007. Bevor Sie sich jedoch mit den Einzelheiten von Exchange Server beschäftigen, sollten Sie zunächst einige der wichtigsten Konzepte kennen lernen, die seine Grundlage bilden. Dieser Abschnitt beschreibt die Grundlagen von Messagingsystemen. Er erklärt, wie eine Exchange Server-Umgebung aufgebaut ist und wie Informationen in Exchange Server gespeichert werden.

Messagingsysteme

Die meisten Menschen denken bei elektronischen Nachrichten sofort an E-Mail, aber ein elektronisches Messagingsystem kann viel mehr als nur E-Mails zustellen. Der Begriff *elektronisches Messaging* bezeichnet ganz allgemein einen Prozess, mit dem zahlreiche verschiedene Arten von Informationen an viele verschiedene Orte weitergeleitet werden. Ein Messagingsystem hat mehrere typische Merkmale. Erstens sind mindestens zwei Parteien daran beteiligt, nämlich ein Absender und mindestens ein Empfänger. Zweitens muss sich der Absender, der eine Nachricht verschickt, darauf verlassen können, dass sie auch wirklich zugestellt wird. Wenn das System die Nachricht dem Empfänger nicht sofort zustellen kann, müssen wiederholte Versuche stattfinden. Wenn dies auch nach mehreren Versuchen nicht möglich ist, muss das System den Absender zumindest von dem Fehlschlag in Kenntnis setzen.

Ein standardmäßiges Messagingsystem kann zwar die zuverlässige Zustellung von Nachrichten garantieren, aber man kann nicht vorhersagen, wie lange es dauert, bis eine Nachricht zugestellt ist. Der Grund für diese Unsicherheit liegt darin, dass Messagingsysteme asynchron arbeiten. In einem asynchronen System werden zwei zusammengehörige Ereignisse unabhängig voneinander behandelt, weshalb beispielsweise in einem Messagingsystem das Absenden einer Nachricht und ihr Empfang nicht so aneinander gebunden sind, dass sie innerhalb einer festgelegten Zeitspanne erfolgen müssen.

Es gibt zwei grundlegende Arten von Messagingsystemen: Systeme mit freigegebenen (gemeinsam genutzten) Dateien und Client/Server-Systeme. Inzwischen wurden in den heutigen Messagingprodukten die Systeme mit freigegebenen Dateien zwar fast alle durch Client/Server-Systeme ersetzt, doch Administratoren sollten dennoch beide Varianten kennen.

Systeme mit freigegebenen Dateien

Viele ältere Messagingprodukte, beispielsweise Microsoft Mail, sind *Systeme mit freigegebenen Dateien*. Ein solches E-Mail-System funktioniert relativ einfach, wie Sie in Abbildung 1.1 sehen. Auf einem Messagingserver befindet sich für jeden Benutzer des Systems ein freigegebener Ordner (Postfach). Wenn ein Benutzer eine Nachricht sendet, stellt sein E-Mail-Client eine Kopie der Nachricht in die freigegebenen Ordner der angegebenen Empfänger. Die Clients werden in der Regel so konfiguriert, dass sie die freigegebenen Ordner in bestimmten Intervallen überprüfen. Findet der Client des Empfängers eine neue Nachricht im Ordner, macht er den Benutzer darauf aufmerksam. Systeme mit freigegebenen Ordnern werden auch als *passive* Systeme bezeichnet, weil die Durchführung der E-Mail-Transaktionen der Messagingsoftware auf dem Client überlassen bleibt. Der Messagingserver

Grundbegriffe

spielt bei der Übertragung der Nachrichten vom Absender zum Empfänger keine aktive Rolle (abgesehen davon, dass er die freigegebenen Ordner des E-Mail-Systems speichert).

Abbildg. 1.1 Ein E-Mail-System mit freigegebenen Dateien

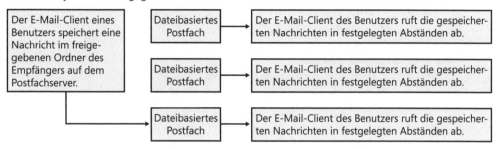

Client/Server-Systeme

Systeme auf der Grundlage von Exchange Server stellen eine Form von Client/Server-System dar (siehe Abbildung 1.2). Sie werden als aktive Systeme bezeichnet, weil der Server in ihnen eine wesentlich aktivere Rolle spielt als in Systemen mit freigegebenen Dateien. In einem Exchange-Messagingsystem sendet die Clientsoftware die ausgehenden Nachrichten an einen Dienst auf einem Exchange Server-Computer. Dieser Dienst legt die Nachricht im Postfach des Empfängers ab oder stellt sie in die Warteschlange, die für einen anderen Exchange Server-Computer bzw. für ein fremdes Messagingsystem bestimmt ist. Daraufhin sorgt Exchange Server selbst dafür, dass die Benutzer auf die neuen Nachrichten aufmerksam gemacht werden. Darüber hinaus übernimmt Exchange Server noch zahlreiche weitere Aufgaben. Jeder Exchange Server-Computer kann (abhängig von seiner Funktion) Folgendes tun:

- Die Messagingdatenbank verwalten
- Die Verbindungen zu anderen Exchange Server-Computern und Messagingsystemen verwalten
- Einen Index für die Messagingdatenbank erstellen, um sie leistungsfähiger zu machen
- Neue Nachrichten empfangen und sie an ihre Zielorte weiterleiten

Um diese Dienste anbieten zu können, wird Exchange Server meist auf leistungsfähigeren Servern installiert als Systeme mit freigegebenen Dateien. Daher sind Client/Server-Systeme wie Exchange Server schon an sich besser skalierbar als Systeme mit freigegebenen Dateien. Die serverbasierten Agents, die Exchange Server implementieren, bieten außerdem ein höheres Sicherheitsniveau sowie mehr Zuverlässigkeit und sind besser skalierbar als einfache Systeme mit freigegebenen Dateien. Aus diesen Gründen kann Exchange Server auch wesentlich mehr Benutzer unterstützen.

Abbildg. 1.2 Das Client/Server-System von Exchange

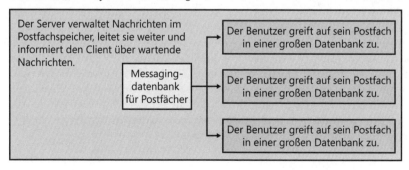

Wie der Name schon sagt, besteht ein Client/Server-System aus zwei getrennten Komponenten, nämlich dem Client und dem Server, die über eine besondere Schnittstelle zusammenarbeiten. Aufgrund der Tatsache, dass Exchange Server die Aufgaben zwischen Client und Server aufteilt, steht innerhalb des Systems insgesamt mehr Rechnerleistung für das Messaging zur Verfügung. Im Gegensatz dazu muss der Client in einem System mit freigegebenen Dateien laufend prüfen, ob neue Nachrichten vorhanden sind, und sie dann abholen. Dies führt häufig zu einer verminderten Leistung des Systems und zu einer erhöhten Belastung der Netzwerkverbindung zu dem Clientcomputer. (Exchange Server ist die Serverkomponente eines Exchange-Systems. Da der Server aber nicht ohne Client arbeiten kann, erfahren Sie hier natürlich auch alles Wissenswerte über die Clients in einem Exchange-System.)

Da mehrere Clients gleichzeitig auf den Server zugreifen können, muss Letzterer so ausgelegt sein, dass er viele verschiedene Anfragen von unterschiedlichen Quellen simultan verarbeiten kann. Diese Notwendigkeit, mehrere Clients gleichzeitig zu bedienen, war einer der Hauptgründe für die Entwicklung der Architektur, die Exchange Server zugrunde liegt. Mehrere getrennte Prozesse im Server sind an der Verarbeitung von Clientanfragen beteiligt. Diese Serverprozesse und ihre Interaktion werden weiter hinten in diesem Kapitel behandelt. Jeder Prozess in Exchange Server kümmert sich um eine bestimmte Art von Aufgabe. Aufgrund dieser Struktur kann Exchange Server unterschiedliche Funktionen gleichzeitig durchführen, während eine monolithische Einzelprozess-Architektur die Prozesse einzeln nacheinander abarbeiten müsste.

Der Aufbau einer Exchange-Umgebung

In früheren Versionen als Exchange 2000 Server wurde jede Gruppe von Exchange Server-Computern als *Standort* bezeichnet. Ein solcher Standort bildete die Gruppengrenze sowohl für die Verwaltung als auch für die Weiterleitung der Nachrichten. In Exchange 2000 Server und Exchange Server 2003 gab es keine Standorte mehr. Exchange Server-Computer ließen sich von da an in administrative Gruppen und in Routinggruppen einteilen. Exchange Server 2007 verzichtet nun auf Exchange-spezifische Routing- und administrative Gruppen und verlässt sich vollständig auf die Routing- und administrative Architektur von Windows Active Directory. Dieser Abschnitt zeigt die grundlegende Struktur von Exchange Server 2007 auf.

Server

Der Begriff *Server* wird in der Topologie von Microsoft Exchange für einen einzelnen Computer verwendet, auf dem die Messinganwendung Microsoft Exchange Server installiert ist und ausgeführt wird. Der Name des Servers entspricht in der Regel dem Namen des Windows-Computers, auf dem Exchange Server ausgeführt wird.

Es gibt keine einfachen und sicheren Regeln dazu, wie viele Server Sie in einem bestimmten Standort haben oder wie leistungsfähig diese sein sollten. Die Größe und Anzahl der Server hängt sowohl von der Anzahl der Clients in der Organisation ab und davon, wo sich diese Clients befinden, als auch von anderen Funktionen, die der Exchange Server-Computer ausführt. Darüber hinaus sollten Sie sich Gedanken darüber machen, welche Benutzer Sie auf welchen Servern einrichten. Benutzer auf demselben Server können über Exchange Server miteinander kommunizieren, ohne Netzwerkbandbreite in Anspruch zu nehmen, da die Nachrichten nicht über das Netzwerk von einem Computer zum anderen übertragen werden müssen. Wenn Sie also die Benutzer danach gruppieren, wie häufig sie miteinander kommunizieren müssen, erhöhen Sie dadurch die Leistung des Exchange Server-Computers und sogar die des gesamten Messagingsystems.

Serverfunktionen

Mit Exchange Server 2007 wird eine funktionsorientierte Bereitstellung eingeführt, die mehr Flexibilität für den Einsatz von mehreren Servern innerhalb einer Organisation bietet. In Exchange Server ist eine *Serverfunktion* etwas Ähnliches wie eine Rolle bei Windows Server 2003. Sie erlaubt es, die einzelnen Funktionen von Exchange Server aufzuteilen und auf verschiedenen Servercomputern zu platzieren.

In Exchange Server 2003 konnten Sie einen Server zum Front-End-Server bestimmen, der Anforderungen von außerhalb des Unternehmens akzeptierte, oder als Postfachserver, der typische Exchange-Funktionen bereitstellte. Exchange Server 2007 führt dieses Konzept weiter und bietet fünf Serverfunktionen:

- **Postfachserver**   Die Funktion des Postfachservers führt Postfachdatenbanken aus, in denen sich Benutzerpostfächer befinden. Diese Funktion ist für die Verwendung von Postfächern oder öffentlichen Ordnern erforderlich.
- **Clientzugriff**   Die Funktion des Clientzugriffservers akzeptiert Verbindungen von einer Anzahl verschiedener Clients, darunter Outlook Web Access, mobile Clients mit ActiveSync und E-Mail-Clients, die POP3 (Post Office Protocol v3) oder IMAP4 (Internet Message Access Protocol v4) verwenden. Außerdem werden Dienste wie AutoErmittlung und Webdienste unterstützt.
- **Edge-Transport**   Die Funktion des Edge-Transport-Servers wird im Umkreisnetzwerk Ihres Unternehmens als einzelner Server ohne andere installierte Funktionen bereitgestellt. Sie Funktion handhabt alle Internetnachrichten eines Unternehmens und hilft bei der Reduzierung der Angriffsfläche der Exchange-Organisation. Der Servercomputer, auf dem die Funktion des Edge-Transport-Servers installiert, ist hat keinen Zugriff auf Active Directory. Stattdessen werden die Konfiguration und die Empfängerinformationen im ADAM-Dienst (Active Directory Application Mode) auf dem Edge-Transport Server gespeichert. Diese Informationen werden mit den Informationen in Active Directory synchronisiert.
- **Hub-Transport**   Die Funktion des Hub-Transport-Servers kümmert sich um die Nachrichtenweiterleitung und den Mailfluss innerhalb eines Unternnehmens. Außerdem wendet sie Transportregeln und Journalrichtlinien an und liefert Nachrichten an die Posteingänge der Empfänger aus. Wenn ein Unternehmen nicht über einen Edge-Transport Server verfügt, kann sich die Funktion des Hub-Transport-Servers auch der Internetnachrichten annehmen.
- **Unified Messaging**   Die Funktion des Unified-Messaging-Servers arbeitet mit einem Telefonnetzwerk zusammen, um Sprachnachrichten und Faxdienste bereitzustellen. Dies ermöglicht den Empfang von Sprachnachrichten, Faxen und E-Mail-Nachrichten in einem einzigen Postfach.

Sie können einen einzelnen Exchange Server-Computer mit mehreren Funktionen ausstatten (wie es in einem Netzwerk mit nur einem Exchange Server-Computer der Fall ist). Eine Ausnahme ist hierbei die Funktion des Edge-Transport-Servers, der einen separaten Servercomputer benötigt. Sie können jede Funktion auch einzeln auf verschiedenen Computern konfigurieren und somit eine hochskalierbare Nachrichtenlösung ertsellen. So können Sie beispielsweise eine Organisation mit einem einzelnen Postfachserver, einem separaten Hub-Transport Server in jedem Standort, einem Clientzugriffsserver für die Verwaltung von OWA-Verbindungen und einem Edge-Transport-Server für die Kommunikation über das Internet erstellen.

Empfänger

Der Empfänger steht zwar auf der untersten Stufe der Exchange-Hierarchie, er ist aber dennoch ein entscheidender Bestandteil. Wie der Name schon sagt, ist er eine Einheit, die eine Exchange-Nachricht erhalten kann. Den meisten Empfängern ist ein einzelnes Postfach zugeordnet, das aber mehrere Adressen aufweisen kann, je nachdem, welche Adressierungsarten in Exchange implementiert wurden.

Exchange Server 2007 fügt bereits bei der Installation bestimmte Exchange-spezifische Funktionen zu den Benutzern in Active Directory und zur Schnittstelle **Active Directory-Benutzer und -Computer** hinzu. Durch diese Verbindung mit Active Directory unterstützt Exchange Server 2007 außer Postfächern auch noch weitere Arten von Empfängern, beispielsweise Gruppen und Kontakte.

Postfächer

Ein *Postfach* ist ein Bereich in der Postfachspeicher-Datenbank von Exchange Server, in dem die privaten Nachrichten des zugehörigen Benutzers abgelegt werden. Ein Active Directory-Objekt, dem ein Postfach zugewiesen wurde, wird als *postfachaktiviert* bezeichnet. Nur Benutzerobjekte können postfachaktiviert sein.

HINWEIS Wenn Sie wollen, dass auch andere Objekte die Routingfunktionen in Exchange Server 2007 in Anspruch nehmen können, müssen Sie ihnen lediglich eine E-Mail-Adresse zuweisen. Derartige Objekte werden dann als *E-Mail-aktiviert* bezeichnet. Ihnen wird aber kein eigenes Postfach zugewiesen.

Verteilergruppen

Eine *Verteilergruppe* umfasst mehrere Benutzer, Kontakte oder auch andere Gruppen und kann Nachrichten empfangen. Wenn eine Verteilergruppe eine Nachricht erhält, sendet Exchange Server eine Kopie davon an jedes Mitglied. Der Begriff *Gruppe* kann sich jedoch auch auf ein Active Directory-Sicherheitsobjekt beziehen. In diesem Fall handelt es sich um eine Zusammenstellung von Benutzern und anderen Gruppen. Eine Gruppe in Exchange basiert immer auf einer Active Directory-Gruppe. Sie entspricht in ihrer Funktion den Verteilerlisten in früheren Versionen von Exchange Server.

E-Mail-Kontakte

Ein *E-Mail-Kontakt* ist ein Active Directory-Objekt, das kein Benutzer ist und sich demnach auch nicht im Netzwerk anmelden kann. Kontakte können ebenso wie standardmäßige Exchange-Empfänger E-Mail-Nachrichten von Exchange-Benutzern empfangen, wenn ihre Adressen in der globalen Adressliste des Exchange-Systems eingetragen sind. Externe Empfänger, beispielsweise Internet-E-Mail-Adressen, können Sie in Form von Kontakten in die Adressliste Ihres Exchange-Systems aufnehmen.

HINWEIS Kontakte entsprechen in ihrer Funktion den benutzerdefinierten Empfängern in früheren Versionen von Exchange Server.

Adresslisten

Eine *Adressliste* ist einfach eine Liste von Empfängern, wobei die globale Adressliste alle Exchange Server-Empfänger in der gesamten Exchange-Organisation aufführt. In Exchange Server werden die im System vorhandenen Empfänger mithilfe von Adresslisten gespeichert und geordnet.

Es kann in einem Exchange-System Hunderttausende von Empfängern geben, sodass es für einen Benutzer schwierig ist, den Namen eines bestimmten Adressaten ausfindig zu machen. Darüber hinaus sind E-Mail-Adressen oft nicht sehr vielsagend. In vielen älteren Messagingsystemen ist die Länge der Postfachnamen begrenzt, und manchmal vergeben Administratoren verwirrende Namen. Es kann also schwierig sein, die E-Mail-Adresse eines Benutzers herauszufinden. Aus der Sicht der Benutzer hat eine Adressliste daher hauptsächlich die Funktion, die Suche nach der Adresse eines Empfängers zu erleichtern. Wenn der Administrator in einer Exchange-Umgebung einen Empfänger einrichtet, wird in der globalen Adressliste der Name der Person angezeigt und nicht irgendeine rätselhafte E-Mail-Adresse. Auf diese Weise können die Benutzer von Exchange Server die Empfänger ihrer Nachrichten leichter finden.

Zusätzlich zu der globalen Adressliste, die von Exchange Server verwaltet wird, können die einzelnen Benutzer auch eigene, individuelle Adresslisten erstellen, die als *Adressbücher* bezeichnet werden. Persönliche Adressbücher werden von Outlook auf dem Computer des Benutzers gespeichert und können neben Adressen aus der globalen Adressliste auch solche enthalten, die der Benutzer selbst hinzufügt, damit er leichter auf diejenigen zugreifen kann, die er am häufigsten benötigt.

Connectors

Bevor Sie fortfahren, sollten Sie noch einen weiteren Bestandteil der Exchange Server-Topologie kennen lernen, nämlich die Connectors. Ein *Connector* ist eine Software, die als Gateway zwischen der Exchange Server 2007-Umgebung und einer Umgebung mit einer früheren Version von Exchange Server oder einem anderen Mailsystem fungiert. Mithilfe eines Connectors kann das Exchange-System direkt mit einem fremden E-Mail-System kommunizieren, als seien dessen Benutzer ebenfalls Teil der Exchange-Umgebung. Connectors integrieren fremde Adresslisten in die globale, ermöglichen den Nachrichtenaustausch, bieten Zugriff auf freigegebene Messagingordner und vieles mehr. Manche Connectors ermöglichen einfach nur die konsistente Weiterleitung von aus- und eingehenden Nachrichten. Abgesehen von ihrer Funktion als Bindeglied zwischen Exchange Server und anderen Messagingsystemen sind Connectors auch sehr hilfreich, wenn Sie gerade dabei sind, auf Exchange Server umzusteigen. Mehr über Connectors und Koexistenz erfahren Sie in Kapitel 7, »Koexistenz mit früheren Versionen von Exchange Server«.

Speicherung in Exchange Server

Exchange Server verwendet *Nachrichtendatenbanken*, um die Nachrichten aufzubewahren, aus denen die Informationsumgebung besteht. Die Nachrichten und sonstigen Elemente in diesen Datenbanken sind in Ordner gegliedert. Ein Ordner steht zu den in ihm gespeicherten Nachrichten in demselben Verhältnis wie ein Verzeichnis in einem Dateisystem zu den darin enthaltenen Dateien. Da Exchange Server die Speicherung der eigenen Daten selbst verwaltet, besteht keine strenge 1:1-Beziehung zwischen einem Ordner in einer Exchange Server-Datenbank und einem Verzeichnis im Betriebssystem. In Exchange Server werden zwei Arten von Datenbanken verwendet: eine Postfachdatenbank und eine Datenbank für Öffentliche Ordner.

Bei der Installation von Exchange Server müssen Sie die Speicherorte für diese Datenbanken angeben.

Postfachdatenbanken

Die *Postfachdatenbank* verwaltet die Daten in den enthaltenen Postfächern, verfolgt gelöschte Nachrichten und die Größe der Postfächer und hilft bei der Übermittlung. Ein *privater Ordner* ist ein geschützter Ordner innerhalb des Postfachs eines Exchange Server-Empfängers. In privaten Ordnern werden die Informationen gespeichert, die nur für einen einzigen Exchange-Benutzer sowie für diejenigen, denen er den Zugriff erlaubt hat, zur Verfügung stehen.

Exchange legt die privaten Ordner und die Postfächer, in denen sie enthalten sind, innerhalb der Postfachdatenbank des zugehörigen Exchange Server-Computers an. Die Ordner sind in dem Sinne »geschützt«, dass die Exchange-Benutzer ein Konto und ein Kennwort benötigen, um auf ein Postfach zugreifen zu können, doch der Inhalt der Postfächer wird von Exchange Server verwaltet. Die Postfachdatenbank wird beispielsweise bei der standardmäßigen Datensicherung bzw. Wiederherstellung in Exchange Server mit gesichert und wiederhergestellt.

Die Benutzer von Exchange benötigen nicht unbedingt den Outlook-Client, um auf ihre Postfächer zuzugreifen, sondern haben auch über verschiedene Internet-Mailprotokolle oder sogar über einen Standard-Webbrowser Zugang zu ihren privaten Speichern, wenn die Exchange-Umgebung entsprechend eingerichtet ist.

HINWEIS Viele Unternehmen, in denen Exchange verwendet wird, benutzen auch *persönliche Speicher* – Nachrichtendatenbanken, die nicht von Exchange Server, sondern von einem Messagingclient gesteuert werden. Persönliche Speicher befinden sich meist auf dem lokalen Computer eines Benutzers oder auf einem freigegebenen Laufwerk im Netzwerk. Die Daten, die im persönlichen Ordner gespeichert werden, unterliegen der alleinigen Verantwortung des jeweiligen Benutzers. Andere haben keinen Zugriff auf dieses Material. Wenn ein Benutzer Dokumente in seinem persönlichen Ordner erstellt oder verändert und möchte, dass auch andere Benutzer darauf zugreifen können, muss er die Dokumente in einen privaten oder öffentlichen Ordner kopieren, damit sie vom Exchange Server-Computer verwaltet werden können.

Öffentliche Ordner-Datenbanken

Die *Öffentliche Ordner-Datenbank* ist eine Datenbank, die die öffentlichen Ordner speichert, deren Inhalt indiziert und zu deren Replikation mit anderen Exchange-Servern beiträgt. Wie der Name schon sagt, ist ein *öffentlicher Ordner* für viele Benutzer zugänglich. Der Administrator kann für einen öffentlichen Ordner Berechtigungen vergeben und dadurch festlegen, welche Arten von Benutzern auf ihn zugreifen dürfen. Sie eignen sich hervorragend als Speicherort für Informationen, auf die viele Personen zugreifen müssen. Wenn es in Ihrer Organisation beispielsweise Marketingmaterial oder Personalrichtlinien gibt, die Sie allen Mitarbeitern zur Verfügung stellen wollen, sobald sie angelegt worden sind, können Sie sie in einem öffentlichen Ordner ablegen.

Die Art und Weise, wie die Informationen in der Datenbank für Öffentliche Ordner gehandhabt werden, ist der Grund für dessen Trennung von der Postfachdatenbank. Da in einer womöglich riesigen und dezentralen Organisation jeder auf die öffentlichen Ordner zugreifen darf, können Sie Exchange Server so einrichten, dass ihr Inhalt automatisch repliziert wird. Wenn die Replikation der Dokumente in öffentlichen Ordnern einmal definiert wurde, wird sie von Exchange Server automatisch durchgeführt, ohne dass der Administrator etwas dazu tun muss. Benutzer, die ein Dokument aus einem öffentlichen Ordner aufrufen, erhalten es jeweils aus dessen nächstgelegener Kopie statt von einem einzigen Speicherort. Auf diese Weise erhöhen die öffentlichen Ordner die Skalierbarkeit von Exchange Server, da sie die zum Abruf allgemein zugänglicher Dokumente benötigte Bandbreite verringern.

> **Aus der Praxis: Bedeutungsverlust der öffentlichen Ordner in Exchange Server 2007**
>
> Seit den frühen Tagen von Exchange Server stellten öffentliche Ordner einen idealen Weg dar, um Dokumente und Ordner zu speichern, die von einer großen Anzahl von Personen verwendet wurden. Dennoch haben öffentliche Ordner mit dem Erscheinen von Microsoft SharePoint Server an Bedeutung verloren. SharePoint bietet einen besseren Weg, um Dokumente nicht nur zentral zu speichern, sondern auch für einen einfachen Zugriff darauf zu sorgen. Außerdem bietet es erweiterte Funktionen wie Dokumentenverfolgung, Sicherheit und Versionsverwaltung.
>
> Als Reaktion darauf haben öffentliche Ordner in Exchange Server 2007 weniger Bedeutung als zuvor. Hier sehen Sie zwei Beispiele dieser Entwicklung:
>
> - Sie können öffentliche Ordner nicht länger mit der grafischen Schnittstelle von Exchange verwalten, sondern müssen dazu die Exchange-Verwaltungsshell verwenden.
> - Öffentliche Ordner sind nicht länger über die Protokolle NNTP oder IMAP erreichbar.
>
> Um diese Funktionen zu verwenden, müssen Sie einen Computer in Ihrer Organisation behalten, auf dem Exchange 2000 oder 2003 installiert ist.

Neue Funktionen in Exchange Server 2007

Exchange Server 2007 bietet eine Reihe neuer Funktionen sowie Verbesserungen vorhandener Leistungsmerkmale in den Bereichen Zuverlässigkeit, Verwaltung und Sicherheit. Der folgende Abschnitt beschreibt die wichtigsten Neuerungen.

Standortweiterleitung in Active Directory

Vorherige Versionen von Exchange benötigten eine Extraschicht der Routingkonfiguration in Form von Routinggruppen, um festzulegen, wie die Server miteinander und mit den Clients kommunizieren. Exchange Server 2007 verwendet keine Routinggruppen, sondern nutzt die Standorttopologie von Active Directory, um über die Art und Weise der Serverkommunikation zu entscheiden.

Das Modell der geteilten Berechtigungen

Administrative Gruppen werden in Exchange Server 2007 nicht länger verwendet. Sie wurden in früheren Versionen von Exchange zur Bestimmung der administrativen Topologie einer Exchange-Organisation genutzt. Stattdessen verwendet Exchange Server 2007 ein Modell der geteilten Berechtigungen auf der Grundlage der universellen Sicherheitsgruppen, die Ihnen auf einfachere Art und Weise die Aufteilung der administrativen Berechtigungen von Exchange und anderer administrativer Berechtigungen für Windows ermöglichen. Kombiniert mit genauer definierten Administratorrollen bietet das Modell der geteilten Berechtigungen mehr Flexibilität bei der Zuweisung von Berechtigungen in der Exchange-Organisation.

Der Setup-Assistent von Exchange Server 2007

Der neue Setup-Assistent von Exchange Server 2007 führt nun Bereitschaftsprüfungen auf einem Servercomputer durch, um sicherzustellen, dass der Rechner für eine erfolgreiche Installation von Exchange Server 2007 vorbereitet ist. Ist dies nicht der Fall, bietet der Setup-Assistent Orientierungshilfen und empfohlene Vorgehensweisen zur Konfiguration des Servercomputers. Außerdem erlaubt Ihnen der Assistent die Anpassung der Serverfunktionen, die auf dem Computer installiert sind. Mehr über den Setup-Assistenten erfahren Sie im Kapitel 6, »Exchange Server 2007 installieren«.

Exchange-Verwaltung

Exchange Server 2007 bietet zwei umfangreiche Verwaltungsschnittstellen:

- **Exchange-Verwaltungskonsole** Basierend auf Microsoft Management Console (MMC) 3.0 stellt die Exchange-Verwaltungskonsole eine neue leistungsfähige Schnittstelle zur Verwaltung von Exchange Server 2007 dar. Die Konsole ist vollständig neu gestaltet und basiert letztlich auf der Exchange-Verwaltungsshell.
- **Exchange-Verwaltungsshell** Die Exchange-Verwaltungsshell ist auf der Technologie von Microsoft Windows PowerShell aufgebaut und stellt eine Befehlzeilenschnittstelle dar, die die volle Funktionalität zur Verwaltung von Exchange Server 2007 umfasst. Die Exchange-Verwaltungsshell kann nicht nur jeden verfügbaren Befehl der Exchange-Verwaltungskonsole ausführen, sondern auch noch zusätzliche Aufgaben bewerkstelligen.

Mehr über die Exchange-Verwaltungskonsole und die Exchange-Verwaltungsshell erfahren Sie in Kapitel 10, »Exchange Server 2007 verwalten«.

Exchange-Serverfunktionen

Serverfunktionen bieten mehr Flexibilität und Skalierbarkeit innerhalb einer Organisation, da sie Ihnen erlauben, die Funktionen von Exchange Server aufzuteilen und auf verschiedenen Computern zu installieren. Mehr über Serverfunktionen erfahren Sie im Abschnitt »Serverfunktionen« weiter vorn in diesem Kapitel und in Kapitel 6.

Unified Messaging

Unified Messaging erlaubt Exchange Server 2007 eine Verbindung zu einem Telefonsystem herzustellen (wie beispielsweise einer Nebenstellenanlage), um E-Mail-Nachrichten, Sprachnachrichten und Faxe in einer Infrastruktur zu kombinieren. Wenn die Funktion des Unfied-Messaging-Servers eingesetzt wird und sich mit einem Telefonsystem verbindet, können Benutzer Sprachnachrichten, Faxe und E-Mail-Nachrichten in einem einzigen Posteingang empfangen, auf den Sie über verschiedene Geräte zugreifen können. Außerdem ermöglicht Unified Messaging den Benutzern, mit Outlook Voice Access über das Telefon auf die Nachrichten in ihren Postfächern zuzugreifen. Mehr über Unified Messaging erfahren Sie in Kapitel 14, »Unified Messaging«.

Messagingsrichtlinien und Kompatibilität

Rechtliche Anforderungen und interne Unternehmensrichtlinien machen es wichtiger denn je, dass Nachrichtensysteme Regeln für Nachrichten innerhalb einer Organisation filtern, speichern und neu erstellen. Exchange Server 2007 fügt eine Anzahl von Funktionen hinzu, die Administratoren helfen, diese Regeln durchzusetzen.

- **Transportregeln** Transportregeln überwachen, wie Nachrichten übermittelt und gespeichert werden. Sie können sowohl zum Hinzufügen von Ausschlussklauseln oder anderem Text zu Nachrichten verwendet werden als auch zur Sicherstellung der Nachrichtenarchivierung. Exchange Server 2007 unterstützt zwei Arten von Transportregeln:
    - *Edge-Transport-Regeln* steuern Nachrichten, die übers Internet gesendet oder empfangen werden.
    - *Hub-Transport-Regeln* steuern Nachrichten zwischen Benutzern innerhalb einer Organisation.
- **Datensatzverwaltung** Exchange Server 2007 erlaubt Ihnen verwaltete Ordner zu erstellen. Dabei handelt es sich um Posteingänge, auf die Aufbewahrungsrichtlinien angewendet werden.

Mehr über Nachrichtenrichtlinien und deren Einhaltung erfahren Sie in Kapitel 21, »Exchange Server 2007-Nachrichten schützen«.

Antispam- und Antivirusfunktionen

Exchange Server 2007 fügt neue oder überarbeitete Funktionen für Verbindungs- und Inhaltsfilterung, Spamquarantäne, Empfängerfilterung, Sender ID und Vertrauenswürdigkeit von Absendern und die Aggregation der Junk-E-Mail-Filterlisten von Outlook hinzu. Mehr über Antispam- und Antivirusfunktionen von Exchange Server 2007 erfahren Sie in Kapitel 20, »Antispam- und Antivirusfunktionen«.

64-Bit-Architektur

Die von Exchange Server 2007 verwendete 64-Bit-Architektur ermöglicht eine Steigerung der Leistung und der Stabilität gegenüber früheren Versionen. Außerdem können dabei mehr Speichergruppen und Datenbanken auf einem Exchange Server-Computer zugelassen werden. Exchange Server 2007 unterstützt bis zu 50 Speichergruppen auf einem Servercomputer mit bis zu 50 Datenbanken pro Speichergruppe (eine deutliche Steigerung zu den 4 Speichergruppen mit jeweils 5 Datenbanken in Exchange Server 2003).

Die 64-Bit-Architektur erfordert eine Installation von Exchange Server auf einem Computer mit 64-Bit-Hardware, auf dem eine 64-Bit-Version von Windows Server 2003 installiert ist. Da die vorangegangenen Versionen von Exchange Server nur 32-Bit-Versionen waren, können Sie keine direkte Aktualisierung einer früheren Version auf Exchange Server 2007 ausführen. Stattdessen bedeutet Aktualisierung, zunächst neue Server zu installieren, auf denen Exchange Server 2007 ausgeführt wird, und erst danach die Organisation von den bestehenden Servern auf die neuen zu aktualisieren. Dies wird in Kapitel 8, »Übergang auf Exchange Server 2007«, und in Kapitel 7 behandelt.

HINWEIS Eine 32-Bit-Version von Exchange Server 2007 ist nur für Testzwecke verfügbar, aber nicht für Produktionszwecke gedacht. Nur die 64-Bit-Version von Exchange Server 2007 wird für die Produktion unterstützt.

Outlook Web Access

Outlook Web Access (OWA) wurde in Exchange Server 2007 bedeutend erweitert und wird in zwei Versionen ausgeliefert: Outlook Web Access Premium und Outlook Web Access Light Die Premium-Version nutzt Funktionen von Internet Explorer, um Leistungsmerkmale wie sichere Nachrichtenübertragung, Regeln, Rechtschreibprüfung und Erinnerungen anzubieten. Die Light-Version kann zusammen mit jedem beliebigen Webbrowser eingesetzt werden, bietet aber nicht alle Funktionen der anderen Version. Mehr über Outlook Web Access erfahren Sie in ↗ Kapitel 24, »Outlook Web Access«.

> **Weitere Informationen**
>
> Einen detaillierteren Einblick in die neuen Funktionen von Exchange Server 2007 (die auch alle in diesem Buch behandelt werden) und nicht mehr enthaltener Funktionen finden Sie im Artikel **Neuigkeiten** des TechNet-Centers zu Microsoft Exchange 2007 auf der Seite **http://technet.microsoft.com/de-de/library/aa996018.aspx**.

Zusammenfassung

In diesem Kapitel haben Sie eine Einführung in Exchange Server 2007 erhalten, sodass Sie nun genügend Hintergrundwissen besitzen, um sich mit den Einzelheiten der Architektur von Exchange Server zu befassen. Bisher wurden die grundlegenden Prinzipien behandelt, nämlich der Aufbau einer Exchange-Umgebung, die Speicherung verschiedener Arten von Informationen und die Dienste, die im Hintergrund am Werk sind, um die zahlreichen Aufgaben von Exchange Server zu erledigen. Darüber hinaus wurden in diesem Kapitel auch die neuen Leistungsmerkmale von Exchange Server 2007 kurz beschrieben. In den folgenden zwei Kapiteln beleuchten wir die Integration von Exchange Server in Active Directory sowie die Exchange Server-Architektur genauer.

Kapitel 2

Active Directory für Exchange-Administratoren

In diesem Kapitel:

Ein kurzer Überblick über Active Directory	44
Weitere Active Directory-Komponenten	51
Exchange Server 2007 und Active Directory	55
DNS-Konfiguration	60
Zusammenfassung	61

Kapitel 2   Active Directory für Exchange-Administratoren

In Kapitel 1, »Überblick über Microsoft Exchange Server 2007«, haben Sie etwas über die grundlegenden Komponenten einer Exchange-Organisation erfahren. Dieses Kapitel baut auf diesem Wissen auf und beschreibt, wie sich Exchange Server 2007 in Microsoft Windows Server 2003 einbindet und dessen Dienste zu seinem Vorteil nutzt. Wir beginnen mit einem kurzen Überblick über den Verzeichnisdienst Active Directory in Windows Server 2003 und beschreiben dann, wie er in Exchange Server 2007 verwendet wird. Schließlich behandeln wir noch einige der bedeutenderen Internetinformationsprotokolle.

Ein kurzer Überblick über Active Directory

Eine vollständige Beschreibung von Active Directory übersteigt zwar den Rahmen dieses Buches, aber ein kurzer Überblick ist an dieser Stelle sinnvoll. Da Exchange Server 2007 sehr stark von dem zugrunde liegenden Netzwerkbetriebssystem abhängt, müssen Sie die Grundlagen von Windows Server 2003-Active Directory kennen.

> **Weitere Informationen**
>
> Eine ausführliche Beschreibung von Active Directory und der übrigen Begriffe, die in diesem Kapitel behandelt werden, finden Sie in dem Handbuch *Microsoft Windows Server 2003 Administrator's Companion* von Charlie Russel, Sharon Crawford und Jason Gerend (Microsoft Press, 2006).

Die Verzeichnisstruktur in Active Directory

Bevor wir darauf eingehen, was Active Directory ist, sollten Sie zunächst wissen, was ein Verzeichnis ist. Stellen Sie sich dazu ein allgemeines Dateisystem vor. Darin haben Sie ein Laufwerk **C:** und auf diesem Laufwerk einen Stammordner namens **Memos**. In C:\Memos gibt es für jeden der 12 Monate eines Jahres jeweils einen Ordner, also auch einen mit dem Namen **Juli**. In C:\Memos\Juli befindet sich ein Ordner namens **Abteilungen**. Der vollständige Pfad zum Ordner **Abteilungen** lautet daher C:\Memos\Juli\Abteilungen. Dies ist eine Ordnerhierarchie in einem Dateisystem.

Ein Verzeichnis unterscheidet sich davon nur darin, dass die Hierarchie nicht aus Ordnern, sondern aus *Objekten* besteht. Ein Objekt ist eine Einheit, die durch einen eindeutigen benannten Satz von Attributen beschrieben wird. Außerdem verwenden wir nicht den Windows-Explorer, um diese Objekthierarchie zu durchsuchen, sondern ein Protokoll, das für diesen Zweck entwickelt wurde, nämlich das so genannte *Lightweight Directory Access Protocol (LDAP)*.

> **HINWEIS**   Das ursprüngliche Zugriffsprotokoll für Verzeichnisse wurde Directory Access Protocol (DAP) genannt, wies aber einen großen Overhead auf und war sehr langsam. LDAP ist eine verbesserte Version dieses Protokolls, die wesentlich schneller ist und weniger Overhead hervorruft.

Microsoft hat sich das Konzept des Verzeichnisses mit Active Directory zu Eigen gemacht und es gleichzeitig beträchtlich verbessert, beispielsweise durch die Einführung des dynamischen DNS. Das Wort »Active« in Active Directory steht für die Flexibilität und die Erweiterbarkeit, die dieser Verzeichnisdienst von Microsoft aufweist.

Die logische Struktur von Active Directory

Die logische Struktur von Active Directory bilden Domänen, Organisationseinheiten, Ordnerstrukturen und Gesamtstrukturen.

Domänen

Domänen sind die Kerneinheiten von Active Directory und bestehen jeweils aus einer Sammlung von Computern mit einer gemeinsamen Verzeichnisdatenbank. Die Computer, die diese gemeinsame Verzeichnisdatenbank nutzen, werden als Domänencontroller bezeichnet. Ein Domänencontroller ist ein Windows Server 2003-Computer, auf dem Active Directory installiert ist. Er kann Benutzer für seine eigene Domäne authentifizieren. Auf jedem Domänencontroller ist ein vollständiges Replikat der Domänennamenspartition der Domäne gespeichert, zu der er gehört, sowie vollständige Replikate der Konfigurations- und der Schemanamenspartition der Gesamtstruktur. Mit dem Dienstprogramm **Dcpromo.exe** können Sie einen Windows Server 2003-Computer zu einem Domänencontroller heraufstufen. Weitere Informationen über Partitionen finden Sie weiter hinten in diesem Kapitel.

Alle Active Directory-Domänennamen werden durch einen DNS-Namen und durch einen NetBIOS-Namen bezeichnet. Im Folgenden sehen Sie ein Beispiel für diese beiden Arten von Namen:

- DNS-Domänenname: contoso.com
- NetBIOS-Name: CONTOSO

Im Allgemeinen ist der NetBIOS-Name mit der ersten Komponente des DNS-Namens identisch. Er kann allerdings maximal 15 Zeichen lang sein, während jeder Name in der DNS-Namenskonvention bis zu 64 Zeichen umfassen darf. Sie können beide Namen während der Installation Ihrem Bedarf entsprechend einrichten. In der ersten Ausgabe von Windows Server 2003 konnten Active Directory-Namen verändert werden. Obwohl es Werkzeuge zum Ändern eines Domänennamens gibt, ist dies doch ein umfangreiches Unterfangen. Es ist besser, bei der ursprünglichen Erstellung Ihres Namensschemas vorsichtig zu sein.

> **Weitere Informationen**
>
> Um mehr über die Umbenennungswerkzeuge für Windows Server 2003 Active Directory zu erfahren und sie herunterzuladen, besuchen Sie die Seite http://www.microsoft.com/technet/downloads/winsrvr/domainrename.mspx.

Die Domäne bildet in Active Directory auch eine Sicherheitsgrenze. Administratoren verfügen über die erforderlichen Berechtigungen und Rechte, um die nötigen Verwaltungsaufgaben in ihrer Domäne durchzuführen. Da jede Domäne jedoch ihre eigenen Sicherheitsbeschränkungen hat, müssen auch Administratoren explizit die erforderlichen Berechtigungen erhalten, wenn sie Verwaltungsaufgaben in anderen Domänen übernehmen sollen. Mitglieder der Gruppe Organisations-Admins haben jedoch die Rechte, um Verwaltungsaufgaben in allen Domänen einer Gesamtstruktur auszuführen. So gibt es neben den Domänenadministratoren auch eine höhere Ebene der Verwaltung, nämlich die der Organisationsadministratoren.

Windows Server 2003 Active Directory-Domänen können sich im gemischten oder im einheitlichen Modus befinden. Standardmäßig werden sie im gemischten Modus installiert, wobei sich ein Windows Server 2003-Domänencontroller wie ein Microsoft Windows NT 4.0-Domänencontroller verhält. Die Sicherheitskontendatenbanken von Active Directory-Domänen im gemischten Modus unterliegen denselben Einschränkungen wie die von Windows NT 4.0-Domänencontrollern. So ist in diesem Modus beispielsweise die Größe des Verzeichnisses ebenso wie unter Windows NT 4.0 auf 40.000 Objekte begrenzt. Daher können auch Windows NT 4.0-Domänencontroller im Netzwerk existieren, Verbindungen zu den Windows Server 2003-Domänencontrollern herstellen und mit ihnen synchronisiert werden.

HINWEIS Exchange Server 2007 erfordert, dass sich Active Dircetory vor der Installation im einheitlichen Modus befindet. Mehr darüber erfahren Sie in Kapitel 6, »Exchange Server 2007 installieren«.

Der PDC-Emulator bildet eine der fünf FSMO-Rollen (Flexible Single Master Operation), und zwar diejenige, durch die ein Windows Server 2003-Computer wie ein Windows NT 4.0-PDC wirkt. Nur jeweils ein einziger Windows Server 2003-Domänencontroller kann als PDC-Emulator dienen. Wie alle anderen FSMO-Rollen wird auch diese auf einem Domänencontroller der Domäne installiert, und zwar standardmäßig auf dem ersten. (Die FSMO-Rollen werden in Kürze behandelt.) Sie sollten Windows Server 2003 nur dann im einheitlichen Modus ausführen, wenn kein Grund dafür besteht, eine Verbindung zu einem Windows NT 4.0-Sicherungsdomänencontroller (Backup Domain Controller, BDC) aufzunehmen und dies auch für die Zukunft nicht geplant ist. Mit anderen Worten: Wenn Sie Windows Server 2003 im einheitlichen Modus ausführen, können Sie in Ihrem Netzwerk niemals wieder einen Windows NT-BDC einsetzen, und keine Anwendung in Ihrem Netzwerk wird in der Lage sein, weiterhin Windows NT zu benutzen. Der Wechsel in den einheitlichen Modus ist eine einmalige Entscheidung, die Sie nicht rückgängig machen können. Im einheitlichen Modus können Ihre Windows Server 2003-Domänencontroller Millionen von Objekten in einer Domäne unterhalten. Außerdem wird die Verschachtelung von Gruppen möglich, was von großem Vorteil ist, wenn in Exchange Server 2007 große Verteilergruppen auftreten.

Eigenständige Windows NT 4.0-Server oder Mitgliedsserver mit diesem Betriebssystem können jedoch in ein Windows Server 2003-Netzwerk im einheitlichen Modus aufgenommen werden. Damit Windows NT 4.0-Arbeitsstationen an Active Directory teilhaben können, müssen sie auf Windows 2000 Professional, Windows XP Professional oder Windows Vista aktualisiert oder mit dem Verzeichnisdienstclient ausgestattet werden. Windows Server 2003 implementiert Active Directory nach einem Multimastermodell, sodass die Active Directory-Objekte auf jedem Domänencontroller bearbeitet werden können. Aus diesem Grund wird auf die Verzeichnisreplikation zwischen den Domänencontrollern so großer Wert gelegt. Es gibt jedoch einige Rollen, die als Multimasterfunktionen entweder ein zu hohes Sicherheitsrisiko darstellen oder zu schwer durchzuführen sind, weil sie möglicherweise zu Konflikten beim Replikationsverkehr führen könnten. Das Verständnis dieser Rollen ist sehr wichtig: Wenn ein Domänencontroller, der eine bestimmte Rolle ausführt, nicht erreichbar ist, steht diese Funktion auch in Active Directory nicht zur Verfügung. Es handelt sich um die Rolle des Schemamasters, des Domänennamenmasters, des RID-Masters, des PDC-Emulators und des Infrastrukturmasters.

Schemamaster

Das *Schema* ist der Satz von Objektklassen (wie Benutzer und Gruppen) und ihrer Attribute (wie der volle Name und die Telefonnummer), die Active Directory bilden. Der Schemamaster steuert alle Aspekte der Aktualisierung und Änderung dieses Schemas. Um es aktualisieren zu können, benötigen Sie Zugriff auf den Schemamaster. In einer Gesamtstruktur kann es jeweils nur einen Schemamaster geben.

Domänennamenmaster

Der Domänennamenmaster steuert das Hinzufügen und Entfernen von Domänen in einer Gesamtstruktur. Er ist der einzige Domänencontroller, auf dem Sie Domänen erstellen und löschen können. In einer Gesamtstruktur kann es jeweils immer nur einen Domänennamenmaster geben.

RID-Master (Relative Identifier Master)

Der RID-Master weist jedem Domänencontroller in seiner Domäne RID-Sequenzen zu. Während der Schemamaster und der Domänennamenmaster ihre Funktionen in der ganzen Gesamtstruktur ausüben, ist der RID-Master jeweils nur für eine Domäne zuständig, sodass jeder Domäne ein RID-Master zugewiesen ist. Da jeder Domänencontroller Objekte in Active Directory erstellen kann, weist der RID-Master ihm dafür einen Pool von 500 RIDs zu. Sobald ein Domänencontroller mehr als 400 RIDs verbraucht hat, erhält er vom RID-Master weitere 500.

Jedes Mal, wenn ein neuer Benutzer, eine neue Gruppe oder ein neues Computerobjekt erstellt wird, erbt dieses Objekt die Sicherheitskennung (Security Identifier, SID) der Domäne. An das Ende der Domänen-SID wird die RID angehängt, und auf diese Weise erhält jedes Objekt eine eindeutige SID. Wenn ein Objekt in eine andere Domäne verschoben wird, erhält es eine neue SID (bestehend aus der Zieldomänen-SID und der RID). Die Eindeutigkeit der SIDs in Windows Server 2003 auch über die Domänengrenzen hinweg wird dadurch sichergestellt, dass nur der RID-Master Objekte von einer Domäne in eine andere verschieben darf. Für jedes Objekt wird der Verlauf der SID-Änderungen gepflegt, sodass für Sicherheit beim Zugriff auf die Ressourcen gesorgt ist.

PDC-Emulator

Jede Domäne in einer Gesamtstruktur muss einen Domänencontroller aufweisen, der als PDC-Emulator fungiert. Wenn Active Directory im gemischten Modus ausgeführt wird, weil sich auch Windows NT 4.0-Domänencontroller im Netzwerk befinden, ist der PDC-Emulator dafür zuständig, die Kennwortänderungen und die Aktualisierungen der Sicherheitskonten zwischen den Windows NT 4.0-Servern und den Windows Server 2003-Computern zu synchronisieren. Darüber hinaus fungiert der PDC-Emulator für untergeordnete Clients wie Windows 95, Windows 98 und Windows NT 4.0 als PDC für die Domäne. Er dient außerdem als Hauptsuchdienst der Domäne, ist verantwortlich für die Replikation auf die BDCs und schreibt Verzeichniseinträge in die Sicherheitsdatenbank der Windows NT 4.0-Domäne.

Im einheitlichen Modus empfängt der PDC-Emulator die dringenden Aktualisierungen der Active Directory-Sicherheitskontendatenbank, beispielsweise Kennwortänderungen und Kontosperrungen. Sie werden augenblicklich auf den PDC-Emulator repliziert, unabhängig davon, auf welchem Computer in der Domäne sie durchgeführt wurden. Wenn bei einem Anmeldeversuch an einem Domänencontroller die Authentifizierung fehlschlägt, werden die Anmeldeinformationen zunächst zur Authentifizierung an den PDC-Emulator weitergegeben, bevor die Anmeldung verweigert wird.

Infrastrukturmaster

Der Infrastrukturmaster zeichnet alle Verweise zwischen Gruppen und Benutzern auf, die verschiedenen Domäne angehören. Das Objekt in der Remotedomäne wird über seinen GUID und seine SID angesprochen. Wenn ein Objekt von einer Domäne in eine andere verschoben wird, erhält es eine neue SID. Der Infrastrukturmaster repliziert diese Änderung an die Infrastrukturmaster der anderen Domänen.

Organisationseinheiten

Eine *Organisationseinheit* ist ein Containerobjekt, mit dessen Hilfe andere Objekte in einer Domäne gruppiert werden. Eine Organisationseinheit kann Benutzerkonten, Drucker, Gruppen, Computer und andere Organisationseinheiten enthalten.

> **Weitere Informationen**
>
> Der Entwurf von Active Directory beruht auf dem X.500-Standard, den Sie von **www.itu.org** beziehen können. Die Dokumentation ist ziemlich kurz – sie umfasst lediglich 29 Seiten –, aber ihre Lektüre wird Ihnen nützliches Hintergrundwissen für das Verständnis von Active Directory und Novell Directory Services geben.

Organisationseinheiten dienen ausschließlich zur Erleichterung der Verwaltung. Für den Endbenutzer sind sie vollkommen unsichtbar und haben keinerlei Einfluss auf seine Fähigkeit, auf die Ressourcen im Netzwerk zuzugreifen. Mithilfe von Organisationseinheiten lassen sich Abteilungsgrenzen bzw. geografische Grenzen nachbilden. Außerdem können mit ihrer Hilfe einzelne Benutzer dazu autorisiert werden, bestimmte administrative Aufgaben zu erledigen. Sie können beispielsweise eine Organisationseinheit für alle Drucker erstellen und dann einem Druckeradministrator die vollständige Kontrolle darüber geben.

Sie können mithilfe von Organisationseinheiten auch den Einfluss von Administratoren einschränken. So können Sie den Mitarbeitern am Helpdesk z.B. die Berechtigung geben, bei allen Benutzerobjekten in einer Organisationseinheit das Kennwort zu ändern, ohne dass sie gleichzeitig die Berechtigung zum Ändern anderer Attribute der Benutzer – beispielsweise deren Gruppenzugehörigkeit oder Namen – erhalten.

Da eine Domäne in Active Directory Millionen von Objekten umfassen darf, können Unternehmen, die auf Windows Server 2003 aktualisieren, ihre bisherigen mehreren Domänen in eine einzige umwandeln und die Verwaltungsaufgaben für die verschiedenen Ressourcen mithilfe von Organisationseinheiten verteilen.

Strukturen und Gesamtstrukturen

Die erste Windows Server 2003-Domäne, die Sie erstellen, ist die Stammdomäne, die auch die Konfiguration und das Schema der Gesamtstruktur enthält. Anschließend können Sie der Stammdomäne weitere Domänen beifügen, die dann die Struktur bilden. Wie Sie in Abbildung 2.1 sehen können, ist eine *Struktur* eine hierarchische Gruppierung von Windows Server 2003-Domänen, die zu einem gemeinsamen, zusammenhängenden Namespace gehören. Einen zusammenhängenden Namespace erkennen Sie daran, dass alle Domänen in der Struktur denselben Stammnamen erhalten.

Abbildg. 2.1 Fiktive Struktur von contoso.com

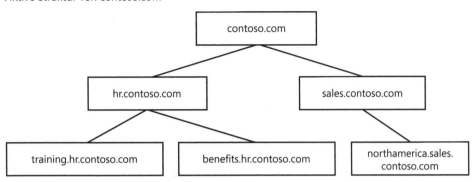

Mehrere Strukturen, die nicht zu einem gemeinsamen Namespace gehören, können in einer Gesamtstruktur zusammengefasst werden. Auf diese Weise haben sie dann eine gemeinsame Konfiguration, ein gemeinsames Schema und einen gemeinsamen globalen Katalog. Standardmäßig wird der Name der Stammdomäne auch als Name der Gesamtstruktur verwendet, auch wenn die anderen Strukturen andere Namen tragen.

Zwischen den Stammdomänenservern der verschiedenen Strukturen werden automatisch transitive Vertrauensbeziehungen hergestellt, wenn sie alle zu derselben Gesamtstruktur gehören, selbst wenn sie verschiedene Namen tragen. In Abbildung 2.2 sind zwei Strukturen – **contoso.com** und **trainsbydave.com** – dargestellt, die sich in derselben Gesamtstruktur befinden.

Abbildg. 2.2 Eine Gesamtstruktur aus **contoso.com** und **trainsbydave.com**

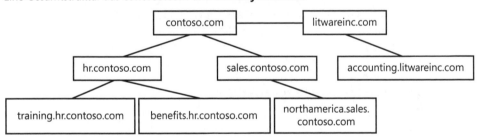

Die Schema- und die Konfigurationspartition von Active Directory werden auf alle Domänencontroller in jeder Domäne repliziert. Eine Domäne bildet eine Grenze für die Sicherheitsfunktionen und die logische Gruppierung von Objekten, eine Gesamtstruktur dagegen für Active Directory und die Exchange Server 2007-Organisation.

Sie können auch keine neuen Domänennamen verwenden, die dem ersten Domänennamen übergeordnet sind. Wenn Ihr Stammdomänenname beispielsweise **sales.contoso.com** lautet, können Sie niemals eine Domäne mit dem Namen **contoso.com** in derselben Gesamtstruktur einrichten. Andere Domänennamen, z.B. **litwareinc.com**, können Sie in die Gesamtstruktur aufnehmen, solange sie zu einem anderen Namespace gehören.

Gruppen

In Windows Server 2003 werden Gruppen zur Verringerung des administrativen Aufwands genutzt, da sich damit viele Benutzerkonten gleichzeitig verwalten lassen. Außerdem werden Gruppen verwendet, um die Zahl der Objekte, die direkt verwaltet werden müssen, möglichst gering zu halten.

Es gibt in Windows Server 2003 zwei grundlegende Arten von Gruppen. Beide haben bestimmte Vorteile und auch Einschränkungen, die Sie berücksichtigen müssen, wenn Sie sie verwenden wollen. Exchange Server 2007 verwendet beide Arten von Gruppen aus Windows Server 2003:

- **Sicherheitsgruppen** Sicherheitsgruppen enthalten die Sicherheitsprinzipale in Active Directory. Mit ihrer Hilfe werden Benutzer und Computer in Gruppen zusammengefasst, um die Anzahl der Verwaltungspunkte zu reduzieren und um Berechtigungen für Netzwerkressourcen zuzuweisen.
- **Verteilergruppen** Verteilergruppen sind für die Ausführung von Verteilungsfunktionen vorgesehen. Sie können nicht zum Zuweisen von Berechtigungen für Netzwerkressourcen verwendet werden.

Globale Gruppen

Im gemischten Modus können globale Gruppen nur Benutzer aus der Domäne enthalten, in der sie sich selbst befinden, im einheitlichen Modus aber auch Benutzer und globale Gruppen aus der lokalen Domäne, in der sie erstellt wurden. Sie können mit ihrer Hilfe jedoch Berechtigungen für Ressourcen in allen Domänen vergeben. Globale Gruppen können Benutzer, Computer und globale Gruppen aus der lokalen Domäne enthalten. Sie selbst können in alle anderen Arten von Gruppen aufgenommen werden.

In der Regel werden globale Gruppen zur Verwaltung von mehreren Benutzern verwendet, die alle die Berechtigung zur Verwendung einer Netzwerkressource haben. Die Gruppe selbst wird als Teil des globalen Katalogs repliziert, die Mitgliedschaft in der Gruppe jedoch nicht. Das bedeutet, dass durch das Hinzufügen oder Entfernen von Benutzerkonten aus einer globalen Gruppe nicht automatisch eine Replikation des globalen Katalogs ausgelöst wird. Globale Gruppen lassen sich in universelle Gruppen (siehe unten) umwandeln, wenn sie keine anderen globalen Gruppen enthalten und wenn sich die Domäne im einheitlichen Modus befindet.

Lokale Domänengruppen

Im einheitlichen Modus können lokale Domänengruppen andere lokale Domänengruppen sowie Benutzer, globale Gruppen und universelle Gruppen aus allen anderen Domänen innerhalb der Gesamtstruktur enthalten, es können ihnen jedoch nur in ihrer eigenen Domäne Berechtigungen zugewiesen werden. Im gemischten Modus können sie lediglich Konten von Benutzern und globalen Gruppen enthalten.

Sie weisen lokalen Domänengruppen nur Berechtigungen für die Objekte in der lokalen Domäne zu. Das Vorhandensein der Gruppe wird an den Server mit dem globalen Katalog repliziert, die Mitgliedschaft darin jedoch nicht. Die Flexibilität einer lokalen Domänengruppe besteht darin, dass Sie darin (im einheitlichen Modus) jede beliebige Sicherheitsrichtlinie anwenden können, um die Verwaltung zu erleichtern. Wenn die lokale Domänengruppe keine anderen gleichartigen Gruppen umfasst, können Sie sie im einheitlichen Modus in eine universelle Gruppe umwandeln.

Universelle Gruppen

Universelle Gruppen können Benutzer, globale Gruppen und andere universelle Gruppen aus allen Windows Server 2003-Domänen innerhalb der Gesamtstruktur enthalten. Die Domäne muss allerdings im einheitlichen Modus ausgeführt werden, damit Sicherheitsgruppen mit universellem Bereich erstellt werden können. Einer universellen Gruppe können Sie Berechtigungen für Ressourcen zuweisen, die überall in der Gesamtstruktur verteilt liegen.

Die Mitgliedschaft in einer universellen Gruppe muss zum Zeitpunkt der Anmeldung ermittelt werden. Da ihr Bereich universell ist, werden Informationen über diese Art von Gruppe durch den globalen Katalog weiterverbreitet. In diesem Fall wird also nicht nur die Gruppe selbst, sondern auch ihre Mitgliedschaft verbreitet. Eine universelle Gruppe mit einer großen Mitgliederzahl ruft bei Änderungen der Mitgliedschaft zusätzlichen Replikationsaufwand hervor. Universelle Gruppen stehen als Sicherheitsgruppen nur im einheitlichen Modus zur Verfügung. Die Regeln für die Mitgliedschaft in den verschiedenen Gruppen sind in Tabelle 2.1 zusammengefasst.

Tabelle 2.1 Vergleich zwischen den verschiedenen Arten von Gruppen

Gruppenbereich	Mögliche Mitglieder im gemischten Modus	Mögliche Mitglieder im einheitlichen Modus	Mögliche eigene Mitgliedschaft in folgenden Gruppen	Mögliche Berechtigungen für folgende Domänen
Lokale Domäne	Benutzerkonten und globale Gruppen aus allen Domänen	Benutzerkonten, globale und universelle Gruppen aus allen Domänen der Gesamtstruktur sowie lokale Domänengruppen aus derselben Domäne	Lokale Domänengruppen in derselben Domäne	Die Domäne, in der sich die lokale Domänengruppe befindet
Global	Benutzerkonten	Benutzerkonten und globale Gruppen aus derselben Domäne	Universelle Gruppen und lokale Domänengruppen in allen Domänen sowie in globalen Gruppen derselben Domäne	Alle Domänen in der Gesamtstruktur
Universell	–	Benutzerkonten, globale Gruppen und andere universelle Gruppen aus allen Domänen in der Gesamtstruktur	Lokale Domänengruppen und universelle Gruppen in allen Domänen	Alle Domänen in der Gesamtstruktur

Weitere Active Directory-Komponenten

Active Directory ist ein komplexes Gesamtsystem, das weit mehr umfasst als nur die zuvor beschriebene grundlegende logische Struktur. In diesem Abschnitt werden noch einige weitere ausgewählte Komponenten kurz erläutert, die in Active Directory eine wichtige Rolle spielen.

Namenspartitionen

Sie können sich Active Directory als in drei Teile gegliedert vorstellen: in die Domänen, die Konfiguration und das Schema. Jeder Teil ist ein unabhängiger Abschnitt von Active Directory mit eigenen Eigenschaften, beispielsweise mit eigener Replikationskonfiguration und einer eigenen Struktur von

Berechtigungen. Ein Windows Server 2003-Domänencontroller speichert in seiner Datenbankdatei (**Ntds.dit**) immer die folgenden drei Namenspartitionen. Die standardmäßigen LDAP-Pfade für diese Partitionen lauten wie folgt:

- **Konfiguration:** cn=configuration,dc=sales,dc=contoso,dc=com
- **Schema:** cn=schema,cn=configuration,dc=sales,dc=contoso,dc=com
- **Domäne:** dc=sales,dc=contoso,dc=com

In einer Struktur mit mehreren Domänen gehören die Domänencontroller verschiedenen Domänen an. Diese Server haben dann zwar eine gemeinsame Konfigurations- und eine gemeinsame Schemanamenspartition, aber jeweils eine unterschiedliche Domänennamenspartition. Exchange Server 2007 speichert die meisten Informationen in der Konfigurationsnamenspartition, die innerhalb der Gesamtstruktur weitergegeben wird.

Standorte

Ein *Standort* in Active Directory ist eine Sammlung mehrerer IP-Subnetze, die permanent und über Leitungen mit hoher Bandbreite miteinander verbunden sind. Active Directory geht davon aus, dass alle Computer eines Standorts ständige Hochgeschwindigkeitsverbindungen untereinander unterhalten. Oftmals bilden Standorte die physische Struktur eines Netzwerks ab: Langsame WAN-Verbindungen gehören meist nicht zu den Standorten, da diese von Hochgeschwindigkeitsleitungen gebildet werden.

Die Topologien von Standorten und Domänen sind vollständig unabhängig voneinander. Eine Domäne kann mehrere Standorte umschließen, es können aber auch mehrere Domänen an einem Standort untergebracht sein. Da die Bandbreite zwischen verschiedenen Standorten oft langsam oder unzuverlässig ist, muss zur Verbindung zweier Standorte in der Regel ein Connector eingesetzt werden, der die Bezeichnung *Standortverknüpfung* trägt.

Standortverknüpfungen werden vom Administrator manuell erstellt und bilden die physische Topologie eines Netzwerks. In Windows Server 2003 wird die Konsistenzprüfung (Knowledge Consistency Checker, KCC) verwendet, um über die Standortverknüpfungen Replikationspfade zwischen den Domänencontrollern einzurichten. Die Konsistenzprüfung wird automatisch ausgeführt, kann aber manuell konfiguriert werden. Sie erstellt auf jedem Domänencontroller in der Konfigurationsnamenspartition *Verbindungsobjekte*. Diese bilden die Replikationstopologie, über die die Active Directory-Informationen repliziert werden. Die Konsistenzprüfung ist ein Dienst, der auf jedem Domänencontroller ausgeführt wird, um dessen Verbindungsobjekte zu erstellen.

Dienstesuche

In Windows Server 2003 übernimmt DNS diese Funktion und hilft den Clients dabei, die von ihnen benötigten Dienste im Netzwerk zu finden. Windows Server 2003 umfasst das dynamische DNS, das standardmäßig zu einer Installation von Active Directory gehört. Mit seiner Hilfe fragen die Clients auf der Suche nach Diensten im Netzwerk SRV-Einträge (Service) von DNS ab und können auch DNS-Einträge aktualisieren, wenn sich ihr eigener Standort ändert.

Globale Katalogserver

In einer Umgebung mit mehreren Domänen kann man davon ausgehen, dass manche Benutzer auch auf Objekte außerhalb ihrer eigenen Domäne zugreifen müssen. Beispielsweise muss ein Benutzer aus Domäne A vielleicht Zugriff auf einen Farbdrucker in Domäne B haben. Da die Domänencontroller nur ein Replikat der Objekte in ihrer eigenen Domäne pflegen, muss innerhalb einer Gesamtstruktur ein besonderer Dienst vorhanden sein, der den Benutzern Zugriff auf Objekte in anderen Domänen verschafft. Dieser Dienst wird vom globalen Katalogserver bereitgestellt. Auf ihm sind Replikate aller Objekte in der Gesamtstruktur zusammen mit einem begrenzten Satz ihrer Attribute gespeichert. Welche Attribute der Objekte im globalen Katalog aufgelistet werden, bestimmt das Schema. Der globale Katalog ist keine eigenständige Datei, sondern in der Datei **Ntds.dit** enthalten, und umfasst ca. 40% des Umfangs von Active Directory oder der **Ntds.dit**-Datei auf einem Domänencontroller ohne globalen Katalog.

HINWEIS Standardmäßig gibt es in einer Gesamtstruktur nur einen globalen Katalogserver, nämlich den ersten Domänencontroller, der in der ersten Domäne der ersten Struktur installiert ist. Jeder weitere globale Katalogserver muss manuell eingerichtet werden. Sie können dies erreichen, in dem Sie das Snap-In **Active Directory-Standorte und Dienste** öffnen und darin die NTDS-Einstellungen des Servers suchen, auf dem Sie den Dienst installieren wollen. Klicken Sie dann mit der rechten Maustaste auf **NTDS Settings** (NTDS-Einstellungen), wählen Sie **Eigenschaften** und aktivieren Sie das Kontrollkästchen **Globaler Katalog**.

Neben den Benutzern, die Zugriff auf Dienste außerhalb ihrer eigenen Domäne benötigen, gibt es auch Anwendungen, die auf eine Liste aller Objekte innerhalb der Gesamtstruktur angewiesen sind. Exchange Server 2007 ist eine solche Anwendung. Wenn ein Benutzer zum Beispiel die globale Adressliste durchsuchen will, wird diese Liste vom globalen Katalogserver erstellt. Der Server führt alle E-Mail-aktivierten Objekte auf und gibt diese Liste in der Adressbuchschnittstelle an den Benutzer zurück.

Auch in einer Umgebung mit nur einer Domäne werden die Exchange-Clients an den globalen Katalogserver verwiesen, wenn sie Adressen abfragen wollen. Standardmäßig werden in einem solchen Szenario alle derartigen Abfragen an den Stammdomänencontroller weitergegeben. Sie sollten einen Anstieg des Netzwerkverkehrs zwischen den globalen Katalogen und den Exchange Server 2007-Computern einplanen. Dieser Anstieg kann beträchtlich sein, wenn Sie sämtliche Vorteile aller neuen Funktionen und Rollen in Exchange Server 2007 nutzen möchten.

Hier ist noch der Hinweis nützlich, dass ein globaler Katalogserver je nach dem TCP-Port, der für eine Abfrage verwendet wird, unterschiedliche Attribute zurückgibt. Bei einer Abfrage an Port 389 (dem standardmäßigen LDAP-Port) kann der Client beispielsweise nur innerhalb seiner Basisdomäne nach Objekten suchen, dafür wird der vollständige Satz von Attributen für das Objekt zurückgegeben. Bei einer Abfrage über Port 3268 dagegen kann der Client in der ganzen Gesamtstruktur nach Objekten suchen, auch in der Basisdomäne des globalen Katalogservers. Der Client erhält hierbei aber nur einen Teil der verfügbaren Attribute zurück, selbst wenn sich das Objekt in der Basisdomäne des globalen Katalogservers befindet.

Clientauthentifizierung

Wenn ein Client versucht, sich in einer Domäne anzumelden, fragt er DNS-SRV-Einträge ab, um einen Domänencontroller zu finden. DNS ordnet daraufhin die IP-Adresse des Clients einem Active Directory-Standort zu und gibt eine Liste der Domänencontroller zurück, die den Client authentifizieren können. Der Client wählt willkürlich einen der Domänencontroller aus der Liste und sendet zuerst ein Signal an ihn, bevor er die Anmeldeanfrage auf den Weg schickt. Im einheitlichen Modus leitet der authentifizierende Domänencontroller die Anmeldeinformationen des Clients an den lokalen Server mit dem globalen Katalog weiter, der die Zugriffsmöglichkeiten aufgrund der Mitgliedschaft in universellen Sicherheitsgruppen aufzählt.

Active Directory-Namen

Die Namenskonventionen, die in einem Verzeichnis befolgt werden, betreffen sowohl die Benutzer als auch die Anwendungen. Wenn Sie eine Ressource im Netzwerk suchen, müssen Sie ihren Namen oder eine ihrer Eigenschaften kennen. Active Directory unterstützt mehrere Namenskonventionen für die verschiedenen Formate, die auf den Verzeichnisdienst zugreifen können.

Definierter Name

Jedes Objekt im Verzeichnis besitzt einen *definierten Namen*, der den Speicherort des Objekts innerhalb der gesamten Objekthierarchie bezeichnet. Zum Beispiel:

```
cn=dhall,cn=users,dc=contoso,dc=com
```

Dieses Beispiel zeigt an, dass sich das Benutzerobjekt **dhall** im Container **users** befindet, der wiederum in der Domäne **contoso.com** angesiedelt ist. Wenn das Objekt **dhall** in einen anderen Container verschoben wird, ändert sich sein definierter Name entsprechend seiner neuen Position in der Hierarchie. Definierte Namen sind innerhalb einer Gesamtstruktur immer eindeutig. Es kann keine zwei Objekte mit demselben definierten Namen geben.

Relativ definierter Name

Der *relativ definierte Name* eines Objekts ist der Teil des definierten Namens, der als Attribut des Objekts fungiert. In dem oben genannten Beispiel lautet der relativ definierte Name des Objekts **dhall** und der relativ definierte Name der übergeordneten Organisationseinheit **users**. In Active Directory kann ein übergeordneter Container niemals zwei Objekte mit demselben relativ definierten Namen aufnehmen.

Benutzerprinzipalname

Der *Benutzerprinzipalname* wird für jedes Objekt im Format *benutzername@DNS_domäne* erstellt. Die Benutzer können sich mit diesem Namen anmelden, und Administratoren können bei Bedarf Suffixe dafür definieren. Benutzerprinzipalnamen müssen eigentlich eindeutig sein, doch wird diese Eindeutigkeit in Active Directory nicht durchgesetzt. Es ist jedoch vorteilhaft, wenn Sie eine Namenskonvention einführen, mit der mehrfach vorkommende Benutzerprinzipalnamen vermieden werden.

Global eindeutiger Bezeichner

Manche Anwendungen müssen Objekte anhand eines konstanten Bezeichners ansprechen können. Dies wird dadurch erreicht, dass die Objekte ein Attribut erhalten, das *global eindeutiger Bezeichner (Globally Unique Identifier, GUID)* genannt wird. Es handelt sich um eine 128-Bit-Zahl, die garantiert eindeutig ist. Der GUID wird einem Objekt bereits bei seiner Erstellung zugewiesen und niemals verändert, auch dann nicht, wenn das Objekt innerhalb seiner Domäne in andere Container verschoben wird.

Exchange Server 2007 und Active Directory

Exchange Server 2007 ist stark in den Active Directory-Dienst von Windows Server 2003 integriert. Diese Lösung bietet mehrere Vorteile:

- **Zentrale Objektverwaltung** Die Verwaltung von Exchange Server 2007 und Windows Server 2003 ist nun vereinheitlicht. Die Verzeichnisobjekte lassen sich von einem Team an einem Ort und mit nur einem Werkzeug verwalten.

- **Vereinfachte Sicherheitsverwaltung** Exchange Server 2007 verwendet die Sicherheitsfunktionen von Windows Server 2003, beispielsweise die diskrete Zugriffssteuerungsliste (Discretionary Access Control List, DACL). Änderungen an den Sicherheitsprinzipalen (wie Benutzer- oder Gruppenkonten) gelten gleichzeitig für alle Daten, die in Freigaben von Exchange Server 2007 und Windows Server 2003 gespeichert sind.

- **Vereinfachte Erstellung von Verteilerlisten** Exchange Server 2007 verwendet automatisch die Sicherheitsgruppen von Windows Server 2003 als Verteilerlisten. Auf diese Weise müssen Sie nicht mehr für jede Abteilung eine Sicherheitsgruppe und eine entsprechende Verteilergruppe anlegen. Verteilergruppen können in den Fällen erstellt werden, in denen als einzige Funktion die E-Mail-Verteilung benötigt wird.

- **Leichterer Zugriff auf Verzeichnisinformationen** LDAP ist das standardmäßige Protokoll für den Zugriff auf Verzeichnisinformationen.

Exchange Server 2007 und die Active Directory-Standorttopologie

Exchange 2000 Server und Exchange Server 2003 erforderten die Einrichtung von Routinggruppen, um die Verteilung von Nachrichten und anderem Exchange-bezogenen Datenverkehr innerhalb der Organisation zu regeln. Exchange Server 2007 nutzt Routinggruppen nicht länger, sondern greift auf die Topologie des Active Directory-Standorts zurück.

Alle Computer an einem Active Directory-Standort sollten mit einem verlässlichen Hochgeschindigkeitsnetzwerk verbunden sein. Per Voreinstellung wird bei der ersten Bereitstellung von Active Directory im Netzwerk ein einzelner Standort namens **Standardname-des-ersten-Standorts** erstellt. Alle Server- und Clientcomputer in der Struktur werden zu Mitgliedern dieses ersten Standorts. Wenn Sie mehr als einen Standort definieren möchten, müssen Sie die Subnetze bestimmen, die sich derzeitig im Netzwerk befinden, und jeweils mit Active Directory-Standorten verbinden.

Kapitel 2 Active Directory für Exchange-Administratoren

In Active Directory definieren *IP-Standortverknüpfungen* die Beziehung zwischen Standorten und verbinden zwei oder mehr Active Directory-Standorte. Jede Standortverknüpfung ist mit Kosten verbunden, die Active Directory diktieren, wie diese Verknüpfung im Vergleich mit den Kosten anderer verfügbarer Verbindungen zu verwenden ist. Sie (oder der Active Directory-Administrator) legen die Kosten einer Verbindung anhand der relativen Netzwerkgeschwindigkeit und der verfügbaren Bandbreite im Vergleich zu anderen verfügbaren Verbindungen fest.

Exchange Server 2007 verwendet die Kostenbestimmung für eine Standortverknüpfung um bei mehreren vorhandenen Verbindungsmöglichkeiten die günstigste Verbindungsroute herauszufinden. Die Kosten einer Route werden durch Summieren der Kosten aller Standortverknüpfungen eines Pfades ermittelt. Nehmen Sie beispielsweise an, dass ein Computer im Standort A mit einem Computer im Standort C kommunizieren muss. A ist über eine Standortverknüpfung mit Kosten von 10 mit dem Standort B und B über eine Standortverknüpfung mit Kosten von 5 mit C verbunden. Die Kosten für die Route A zu C betragen also 15.

Active Directory-Clients ermitteln die Standortzugehörigkeit, indem sie ihre zugewiesene IP-Adresse mit dem zugehörigen Subnetz des jeweiligen Standorts vergleichen.

Da Exchange Server 2007 nun eine standortbezogene Anwendung ist, kann es seine eigene Mitgliedschaft in einem Active Directory-Standort und die Standortmitgliedschaft anderer Servercomputer bestimmen. Alle Exchange Server 2007-Serverfunktionen verwenden die Standortmitgliedschaft, um festzustellen, welche Domänencontroller und globalen Katalogserver für Active Directory-Anfragen zu verwenden sind. Außerdem versucht Exchange Server 2007 Empfängerinformationen von Verzeichnisservern abzurufen, die sich im selben Standort wie der Exchange Server 2007-Computer befinden.

Die Funktionen von Exchange Server 2007 verwenden die Informationen der Active Directory-Standortmitgliedschaft wie folgt:

- Die Funktion des Postfachservers stellt fest, welche Hub-Transport-Server sich im gleichen Active Directory-Standort befinden. Der Postfachserver schlägt Nachrichten für die Weiterleitung zu einem Hub-Transport-Server im gleichen Active Directory-Standort vor. Der Hub-Transport-Server führt eine Empfängerauflösung durch fordert bei Active Directory an, eine E-Mail-Adresse für ein Empfängerkonto zu erstellen. Anschließend liefert der Hub-Transport-Servert die Nachricht an den Postfachserver im gleichen Active Directory-Standort aus oder übermittelt sie zu einem anderen Hub-Transport-Server, der sie dann zu einem Postfachserver außerhalb des Active Directory-Standorts weiterleitet. Wenn sich keine Hub-Transport-Server im Active Directory-Standort des Postfachservers befinden, können zu Letzterem keine Nachrichten übermittelt werden.

- Die Mitgliedschaft im Active Directory-Standort und die Informationen über die Standortverknüpfung werden verwendet, um Prioritäten in einer Serverliste zu setzen, die für Verweise öffentlicher Ordner genutzt wird. Benutzer werden beim Zugriff auf ihre Postfachdatenbank zuerst zur standardmäßigen Datenbank für öffentliche Ordner verwiesen. Wenn sich in der standardmäßigen Öffentliche Ordner-Datenbank kein Replikat des angeforderten öffentlichen Ordners befindet, stellt der Postfachspeicher (der die standardmäßige Öffentliche Ordner-Datenbank enthält) eine priorisierte Verweisliste der Postfachserver bereit, die ein Replikat für den Client enthalten. Datenbanken für öffentliche Ordner, die sich im gleichen Active Directory-Standort wie die standardmäßige Öffentliche Ordner-Datenbank befinden, werden zuerst aufgelistet. Zusätzliche Verweise auf Positionen werden nach der Lage ihrer Active Directory-Standorte aufgeführt.

- Die Funktion des Unified Messaging-Servers verwendet die Mitgliedsinformationen des Active Directory-Standorts, um festzustellen, welche Hub-Transport-Server sich im gleichen Active Directory-Standort befinden. Der Unified Messaging-Server schlägt Nachrichten für die Weiterleitung zu einem Hub-Transport-Server im selben Active Directory-Standort vor. Der Hub-

Transport-Server liefert die Nachricht an den Postfachserver im gleichen Active Directory-Standort aus oder übermittelt sie zu einem anderen Hub-Transport-Servercomputer, der sie dann zu einem Postfachserver außerhalb des Active Directory-Standorts weiterleitet.

- Wenn der Clientzugriffsserver eine Anforderung für eine Benutzerverbindung erhält, fragt er bei Active Directory an, welcher Postfachserver das Benutzerpostfach verwaltet. Dem Clientzugriffsserver wird daraufhin die Active Directory-Standortmitgliedschaft des Postfachservers mitgeteilt. Befindet sich der Postfachserver nicht im gleichen Standort wie der Clientzugriffsserver, wird die Verbindung zu einem Clientzugriffsserver im Standort des Postfachservers umadressiert.

- Exchange Server 2007 Hub-Transport-Server fragen Informationen von Active Directory ab, um festzulegen, wie Nachrichten innerhalb der Organisation geleitet werden sollen. Befindet sich das Postfach eines Empfängers auf einem Postfachserver im selben Active Directory-Standort wie der Hub-Transport-Server, wird die Nachricht direkt an das Postfach übermittelt. Liegt das Postfach jedoch auf einem Postfachserver in einem anderen Active Directory-Standort, wird die Nachricht zunächst an einen Hub-Transport-Server in diesem Standort weitergeleitet und danach erst zum Postfachserver.

Verwaltungsshell

Sie können das Commandlet **Set-AdSiteLink** in der Exchange-Verwaltungsshell zur Konfiguration Exchange-spezifischer Kosten einer IP-Standortverknüpfung in Active Directory verwenden. Diese Kosten stellen ein eigenes Attribut dar, das anstelle der Active Directory-Kosten verwendet wird, um einen Exchange-Routenplan festzulegen. Eine solche Konfiguration ist nützlich, wenn die IP-Standortverknüpfungskosten nicht zu einem optimalen Ergebnis der Topologie für das Nachrichtenrouting führt.

Exchange Server 2007-Daten in Active Directory speichern

Wir haben bereits erwähnt, dass Active Directory in drei Namenspartitionen eingeteilt ist: Konfiguration, Schema und Domäne. In diesem Abschnitt geht es nun darum, wie Exchange Server 2007 jede dieser Partitionen verwendet und welche Arten von Daten darin gespeichert werden.

Domänennamenspartition

In der Domänennamenspartition werden alle Domänenobjekte für Exchange Server 2007 gespeichert und von dort aus auf alle Domänencontroller in der Domäne repliziert. Die Empfängerobjekte, also Benutzer, Kontakte und Gruppen, sind in dieser Partition gespeichert. Exchange Server 2007 nutzt Active Directory, um den Benutzer-, Gruppen- und Kontaktobjekten für die Nachrichtenübermittlung Attribute zuzuweisen.

Einen Gruppenimplementierungsstrategie entwerfen

Exchange Server 2007 verwendet Verteilergruppen, um eine Nachricht an viele Empfänger zu senden. Alle Benutzerkonten, die zu einer Verteilergruppe gehören, empfangen die Nachrichten, die an die Gruppe gesendet werden. Wenn Windows Server 2003 im einheitlichen Modus ausgeführt wird, können Gruppen innerhalb anderer Gruppen verschachtelt werden, wobei Verteilerlisten mit mehreren Ebenen entstehen. Für die Verbreitung von Nachrichten an eine große Anzahl von Empfängern werden den meist entweder globale oder universelle Gruppen verwendet.

Der größte Nachteil der universellen Gruppen besteht darin, dass ihre Mitgliedschaft vollständig an jeden globalen Katalogserver repliziert wird. Das bedeutet, dass bei jeder Änderung einer Mitgliedschaft das Netzwerk mit dem Datenverkehr belastet wird, der bei der Replikation entsteht. Aus diesem Grund empfiehlt es sich, in universelle Gruppen möglichst nur globale Gruppen aufzunehmen. In diesem Fall ändert sich die Mitgliedschaft nur in den globalen Gruppen und nicht in der universellen Gruppe selbst, sodass keine Daten repliziert werden müssen.

Wenn Sie sich gegen die Verwendung universeller Gruppen entscheiden, können Sie auch globale Gruppen E-Mail-aktivieren, um Nachrichten an mehrere Empfänger zu verteilen. Da die Daten über die Mitgliedschaft in einer globalen Gruppe nicht an den globalen Katalog weitergegeben werden, müssen Sie sich über die folgenden Dinge Gedanken machen, wenn Ihre Exchange-Umgebung mehrere Domänen umfasst:

Wenn eine Nachricht an eine globale Gruppe in einer Remotedomäne gesendet wird, muss der Server für die Aufgliederung der Verteilerlisten eine Verbindung zu einem Domänencontroller in der Basisdomäne der Gruppe herstellen und die Mitgliederliste abrufen. Darüber hinaus muss er eine IP-Verbindung zu einem Domänencontroller in der Basisdomäne der Gruppe haben. Das Abrufen der Mitgliederliste aus einer Remotedomäne kann lange dauern, wenn die Verbindung zwischen zwei Domänen langsam oder unzuverlässig ist, sodass die Zustellung von Nachrichten verzögert wird, was wiederum die Gesamtleistung des Systems schmälert. Am besten ist es, wenn sich in der Remotedomäne ein Exchange Server 2007-Computer befindet, den Sie dann als Server für die Aufgliederung der Verteilerlisten einsetzen können, anstatt die Mitgliederliste über das Netzwerk abzurufen und die Gruppenmitgliedschaft lokal aufzugliedern.

Wenn Sie sich für einen Gruppentyp entscheiden, müssen Sie die folgenden Gesichtspunkte bedenken:

- **Besteht Ihre Umgebung nur aus einer oder aus mehreren Domänen?** Wenn Sie nur eine Domäne haben, brauchen Sie keine universellen Gruppen, da es in der Domäne nur lokale Objekte gibt. Falls Sie dagegen über mehrere Domänen verfügen, sollten Sie universelle Gruppen verwenden, wenn es nur selten Änderungen in der Mitgliedschaft gibt (wenn die Mitglieder also globale Gruppen und nicht einzelne Benutzer sind). Denken Sie daran, dass die einzelnen Benutzer bei der Verwendung von universellen Gruppen möglicherweise nicht auf alle Attribute von Objekten aus anderen Domänen zugreifen können.

- **Können Sie zwischen allen Domänen direkte IP-Verbindungen herstellen?** Wenn Sie IP-Verbindungen haben, sollten Sie globale Gruppen verwenden, sofern sich die Mitgliedschaft häufig ändert bzw. sofern in jeder Domäne Exchange Server-Computer vorhanden sind, die als Server für die Aufgliederung der Verteilerlisten fungieren können. Andernfalls sollten Sie universelle Gruppen verwenden, weil der lokale Server für die Aufgliederung der Verteilerlisten verwendet werden kann, wenn sich die Mitgliedschaft nicht häufig ändert.

- **Ändert sich die Mitgliedschaft häufig?** Ist dies der Fall, verwenden Sie globale Gruppen. Wenn nicht, dann sind universelle Gruppen zu empfehlen.

Outlook-Benutzer können die Mitglieder einer in einer Remotedomäne erstellten Gruppe nicht einsehen, sondern nur die Mitglieder von globalen und lokalen Domänengruppen, die in ihrer eigenen Basisdomäne angelegt wurden.

Der bereits erwähnte Server für die Aufgliederung der Verteilerlisten erfordert Erklärung. Wenn eine Nachricht an eine E-Mail-aktivierte Gruppe gesendet wird, muss sie aufgegliedert und an jedes einzelne Mitglied der Gruppe adressiert werden. Standardmäßig wird diese Aufgliederung von dem lokalen Servercomputer übernommen. Er nimmt über LDAP Kontakt mit dem globalen Katalogserver auf, damit die Nachricht an jedes einzelne Mitglied der Gruppe übermittelt werden kann. Wenn die Nachricht für eine lokale Gruppe innerhalb der Domäne bestimmt ist, wird der lokale Server mit dem globalen Katalog angesprochen. Falls der lokale Server nicht für die Aufgliederung der Verteilerlisten zur Verfügung steht, wird dafür ein anderer Server im Standort verwendet.

Sie können einen bestimmten Server in einer Organisation für die Aufgliederung bestimmen. Der Vorteil besteht hierbei in der Auslagerung des teilweise arbeitsaufwändigen Prozesses der Aufgliederung großer Verteilergruppen auf einen dedizierten Server und somit der Entlastung des Postfachservers. Als Nachteil ergibt sich, dass bei Nichterreichbarkeit dieses Servers keine Nachrichten an die Verteilergruppe weitergeleitet werden und Exchange auch keinen anderen Server dafür ausprobiert. Aus diesem Grund sollten Sie, wenn Sie einen Server für die Aufgliederung bestimmen, auf eine hohe Verfügbarkeit dieses Computers achten.

Konfigurationsnamenspartition

In der Konfigurationsnamenspartition von Active Directory werden Informationen über den Aufbau Ihres Exchange Server 2007-Systems gespeichert. Da diese Informationen an alle Domänencontroller in der Gesamtstruktur repliziert werden, gilt dies auch für die Exchange Server 2007-Konfiguration. Die Konfigurationsinformationen enthalten die Exchange Server 2007-Topologie, -Connectors, -Protokolle und -Diensteinstellungen.

Schemanamenspartition

In der Schemapartition sind alle Objekttypen, die in Active Directory erstellt werden können, und ihre Attribute gespeichert. Diese Informationen werden an alle Domänencontroller in der Gesamtstruktur repliziert. Bei der ersten Installation von Exchange Server 2007 in der Gesamtstruktur wird das Active Directory-Schema erweitert, sodass es zusätzlich neue Exchange Server 2007-spezifische Objektklassen und -attribute umfasst. Diese neuen Klassen beginnen mit »msExch« oder »ms-Exch« und werden aus den LDIF-Dateien (LDAP Data Interchange Format) in den Exchange Server 2007-Installationsdateien abgeleitet.

Da durch diese Erweiterung mehr als 1000 Änderungen am Schema vorgenommen und diese Änderungen an alle Domänencontroller in Ihrer Gesamtstruktur repliziert werden, sollten Sie die Installation von Exchange Server 2007 an einem Zeitpunkt beginnen, zu dem das Netzwerk erwartungsgemäß nur wenig belastet ist, beispielsweise am Freitagabend. Durch eine solche Zeitplanung bleibt den Domänencontrollern genügend Zeit, um alle Schemaänderungen in ihre Datenbanken zu replizieren.

> **HINWEIS** Wenn Sie Exchange Server 2007 mit der Option **/prepare AD** installieren, werden zwar die neuen Objektklassen und -attribute in das Schema geschrieben, Exchange selbst aber nicht installiert. Für diesen Vorgang müssen Sie je nach Geschwindigkeit und Kapazität der Hardware in Ihrem System zwischen 30 und 90 Minuten einplanen. Je früher Sie bei einer Active Directory-Bereitstellung das Schema erweitern, umso besser, da die Domänencontroller das erweiterte Schema erben, wenn sie zu einer Gesamtstruktur hinzugefügt werden, was den Replikationsverkehr bei der Ausführung von **/prepare AD** verringert. Weitere Informationen zur Installation von Exchange Server 2007 finden Sie im Kapitel 6.

Auswirkungen der Grenzen von Gesamtstrukturen auf Exchange Server 2007

Da ein großer Teil der Informationen von Exchange Server 2007 in der Konfigurationsnamenspartition gespeichert wird, lässt sich eine Exchange Server 2007-Organisation nicht über die Grenzen der

Gesamtstruktur hinaus erweitern. In dieser Hinsicht wird die Exchange-Topologie direkt von der Struktur von Active Directory beeinflusst. Wenn Sie in einem Unternehmen mehrere Gesamtstrukturen haben, müssen Sie die folgenden Einschränkungen akzeptieren:

- Sie müssen getrennte Exchange-Organisationen verwalten.
- Sie haben getrennte globale Adresslisten, zwischen denen keine automatische Verzeichnisreplikation stattfindet.
- Die Funktionen des E-Mail-Systems sind nicht gesamtstrukturübergreifend verfügbar.

Eine gesamtstrukturübergreifende Authentifizierung ist jedoch möglich. Mehr darüber erfahren Sie in ↗ Kapitel 21, »Exchange Server 2007-Nachrichten schützen«.

Obwohl die Verwendung einer einzelnen Gesamtstruktur der empfohlene Weg für die Erstellung einer Exchange-Organisation ist, können Sie Verzeichnisinformationen mehrerer Gesamtstrukturen synchronisieren und dabei eines der folgenden Szenarien verwenden:

- **Ressourcengesamtstruktur**   Hierbei wird eine Gesamtstruktur zur Ausführung von Exchange Server 2007 bestimmt, die dann die Postfächer verwaltet. Zugehörige Benutzerkonten dieser Postfächer sind in separaten Gesamtstrukturen enthalten. Nachteilig hierbei sind die höheren Kosten für die Konfiguration der zusätzlichen Gesamtstrukturen, Domänencontroller und Exchange Server-Computer. Außerdem müssen Sie sicherstellen, dass in einer Gesamtstruktur erstellte Objekte entsprechende Platzhalterobjekte in der anderen erhalten.
- **Gesamtstrukturübergreifend**   Exchange Server 2007 wird in mehreren Gesamtstrukturen ausgeführt, wobei eine E-Mail-Funktionalität zwischen diesen Gesamtstrukturen eingerichtet ist. Hauptsächlich liegt der Nachteil dieses Szenarios in der eingeschränkten E-Mail-Funktionalität zwischen den Gesamtstrukturen.

Konfigurationspartition und Verzeichnisdaten

Von allen Diensten in Active Directory nimmt ein Exchange Server-Computer am häufigsten den globalen Katalogserver zur Suche nach Adressen und die Konfigurationsnamenspartition zum Auffinden von Routinginformationen in Anspruch. Je nach Art der Anfrage, die der Exchange Server-Computer startet, können dabei auch zwei verschiedene Domänencontroller angesprochen werden.

Wenn ein Exchange Server-Computer startet, stellt er eine Reihe von LDAP-Verbindungen zu Domänencontrollern und globalen Katalogservern her. Falls er zum Weiterleiten einer Nachricht Routinginformationen benötigt, kann er diese Angaben von jedem beliebigen Domänencontroller abrufen, weil alle über eine vollständige Kopie der Konfigurationsnamenspartition verfügen. Braucht der Exchange Server-Computer dagegen die globale Adressliste, nimmt er Kontakt mit dem nächsten globalen Katalogserver auf. Die empfohlene Vorgehensweise besteht darin, einen globalen Katalogserver in der Nähe der Exchange Server-Computer aufzustellen und dafür zu sorgen, dass sie sich alle in demselben Standort und in derselben Domäne befinden.

DNS-Konfiguration

Im Internet (und auch in allen anderen TCP/IP-Netzwerken) wird jedes Gerät durch eine IP-Adresse in der vierteiligen, durch Punkte getrennten Dezimalschreibweise repräsentiert, beispielsweise 192.168.0.1. Ein Gerät mit TCP/IP-Adresse wird als *Host* bezeichnet und erhält einen Hostnamen, der aus Buchstaben besteht und für Menschen leichter zu erkennen und zu behalten ist als die numerische IP-Adresse. Das Format des Hostnamens lautet *hostname.domäne.com*. Wenn eine Ressource in einem TCP/IP-Netzwerk durch einen Hostnamen bezeichnet wird, müssen die Computer ihn in eine IP-Adresse umwandeln, da sie ausschließlich über IP-Adressen miteinander kommunizieren. Diese Umwandlung wird als *Namensauflösung* bezeichnet.

In TCP/IP-Netzwerken können die Hostnamen auf zwei verschiedene Weisen zu IP-Adressen aufgelöst werden. Bei der ersten Methode benötigt man eine so genannte Hosts-Datei. Dies ist eine einzelne, lineare Datei, in der lediglich die Hosts in einem Netzwerk zusammen mit ihren IP-Adressen aufgelistet sind. Wenn Sie SMTP mit einer Hosts-Datei verwenden wollen, müssen Sie den Domänennamen und die IP-Adresse der Hosts, an die IMS Nachrichten übermittelt, in die Datei eintragen. Dieser Vorgang kann ziemlich langwierig sein.

Die zweite Methode der Namensauflösung ist effizienter. Bei ihr wird das so genannte Domain Name System (DNS) herangezogen, eine hierarchisch strukturierte, verteilte Datenbank mit Hostnamen und IP-Adressen. Damit Sie Exchange Server 2007 ausführen können, müssen Sie zuvor Windows Server 2003 Active Directory und DNS-Dienste in Ihrem Netzwerk installiert haben. Aufgrund der Dynamik der neuen DNS-Implementierung werden Sie kaum noch Hosts-Dateien verwenden wollen, obwohl sie in Windows Server 2003 weiterhin zur Verfügung stehen.

Wahrscheinlich wünschen Sie, dass SMTP-Hosts außerhalb Ihres Netzwerks Nachrichten an Ihren SMTP-Dienst übertragen können. Zu diesem Zweck müssen Sie in der DNS-Datenbank zwei Einträge erstellen, damit die Hosts von außerhalb die IP-Adresse Ihres Servers auflösen können. Der erste Eintrag ist ein Adresseintrag für den Exchange Server-Computer. Er kann in Windows Server 2003 dynamisch bei DNS registriert werden. Der zweite Eintrag ist ein MX-Eintrag (Mail Exchanger), ein standardmäßiger DNS-Eintrag, in dem ein oder mehrere Hosts angegeben werden, die die E-Mail für eine Organisation bzw. einen Standort verarbeiten. Diesen Eintrag müssen Sie manuell in die DNS-Tabellen eingeben.

Weitere Informationen

Dieses Kapitel enthält nur grundlegende Informationen über die Konfiguration von TCP/IP und DNS, doch gibt es zu diesen Themen beinahe unerschöpfliches Material. Wenn Sie weitere Einzelheiten darüber benötigen, wie Sie TCP/IP und DNS in der Windows Server 2003-Umgebung verwenden können, lesen Sie beispielsweise *Microsoft Windows Server 2003 Administrator's Companion* von Charlie Russel, Sharon Crawford und Jason Gerend (Microsoft Press, 2006).

Zusammenfassung

In diesem Kapitel wurde beschrieben, wie Exchange Server 2007 in Windows Server 2003 integriert ist. Es gab einen Überblick über die Struktur von Active Directory und seine Zusammenarbeit mit Exchange Server 2007. Außerdem wurden die Internetinformationsprotokolle, die mit Windows Server 2003 installiert werden, und die in Exchange Server 2007 verfügbaren Dienste behandelt (wie beispielsweise Outlook Web Access). In Kapitel 3, »Architektur von Exchange Server 2007«, erfahren Sie mehr über die Exchange Server 2007-Architektur.

Kapitel 3

Architektur von Exchange Server 2007

In diesem Kapitel:

Exchange Server 2007-Funktionen	64
Die Ziele des Speicherdesigns von Exchange Server 2007	68
Speicher und Speichergruppen	70
Die Dateistruktur der Datenbanken	73
Datenwiederherstellung und Transaktionsprotokolle	74
Der Webordner-Client	84
Öffentliche Ordner	85
Indizierung	86
Speicherdesign in Exchange Server	88
Transportarchitekturen	93
Zusammenfassung	103

Dieses Kapitel beschreibt die Architektur von Exchange Server 2007. Es behandelt die einzelnen Serverfunktionen, die Struktur der Datenbankdatei, das erweiterbare Speichermodul (Extensible Storage Engine, ESE) und die Art, wie Exchange Server 2007 mit öffentlichen Ordnern umgeht. Außerdem erfahren Sie etwas über Indizierung und darüber, wie Clients auf Exchange Server 2007-Datenspeicher zugreifen, sowie über die verfügbaren Serverfunktionen. Schließlich sehen Sie sich an, wie sich Exchange Server 2007 von den Vorgängerversionen unterscheidet, wenn es um die Analyse der Nachrichtenroutingtopologie geht.

Exchange Server 2007-Funktionen

Mit Exchange Server 2007 stellt Microsoft erhebliche Flexibilität bereit und schützt das Produkt durch die Überholung der funktionsbasierten Architektur noch besser. Exchange Server unterstützt Serverfunktionen zwar bereits seit einer ganzen Weile, aber Exchange Server 2007 hebt sie mit u.a. folgenden Vorteilen auf ein neues Niveau:

- Erhöhter Schutz durch Reduzieren der Angriffsfläche des Exchange Server-Computers auf die Dienste, die zum Ausführen einer bestimmten Funktion absolut notwendig sind
- Bessere Nutzung der Hardware, da die Administratoren sie besser auf die Funktionen zuschneiden können, ohne sich Gedanken über die Verschwendung von Systemressourcen durch Dienste machen müssen, die für eine bestimmte Funktion nicht erforderlich sind
- Unkomplizierte und einfachere Verwaltung, weil die Exchange Server-Administratoren mit einem funktionsbasierten Konzept arbeiten, mit dem sie ihre Aufgaben auf natürlichere Weise erledigen können

Exchange Server 2007 umfasst fünf verschiedene Serverfunktionen, die jeweils besondere Merkmale unterstützen und in den folgenden Abschnitten erörtert werden.

Die Funktion des Postfachservers

Der Postfachserver bildet die grundlegende Serverfunktion in Exchange Server 2007. Auf ihm sind die Postfachdatenbanken und die Datenbanken für öffentliche Ordner untergebracht. Außerdem stellt diese Serverfunktion Zeitplanungsdienste für Outlook-Benutzer bereit. Darüber hinaus erledigt sie die Kommunikation mit Outlook-Clients, es sei denn, sie nehmen Verbindung über RPC-über-HTTP auf, das jetzt Outlook Anywhere heißt. Diese Funktion lässt sich auf drei Arten installieren:

- **Nur Postfachfunktion (keine Cluster)** Bei der Installation ohne Clusteroption kann die Postfachfunktion neben jeder anderen Serverfunktion außer dem Edge-Transport-Server bestehen, der immer für sich allein installiert werden muss.
- **Aktive ClusteredMailbox-Funktion** Entscheiden Sie sich für eine der Clusteroptionen, können Sie auf dem betreffenden Server keine anderen Serverfunktionen einrichten. Der erste Postfachserver, den Sie in einem neuen Cluster anlegen, muss ein aktiver Knoten sein, weil er zu Beginn die Postfachdatenbanken beherbergt.
- **Passive ClusteredMailbox-Funktion** Bei nachfolgenden Installationen von Exchange Server 2007 auf anderen Servern kann die passive ClusteredMailbox-Funktion eingerichtet werden, eine Standbysicherung des aktiven Knotens Ihres Clusters.

Die Postfachfunktionen mit Clusteroption unterstützen sowohl die fortlaufende Clusterreplikation (Cluster Continuous Replication, CCR) als auch Einzelkopiecluster (Single Copy Clusters, SCC). Die fortlaufende Clusterreplikation ist eine Hochverfügbarkeitslösung, bei der es keinen kritischen Ausfallpunkt gibt und die sich geografisch redundant bereitstellen lässt. Einzelkopiecluster ähneln den herkömmlichen Exchange-Clusteroptionen insofern, als dass die Exchange Server-Computer des Clusters gemeinsam dieselbe Kopie der Datenbank benutzen, die sich auf einem freigegebenen Speichermedium befindet, etwa einem SAN-Array (Storage Area Network). Weitere Informationen über Cluster in Exchange Server 2007 finden Sie in Kapitel 9, »Hohe Verfügbarkeit in Exchange Server 2007«.

Die Funktion des Clientzugriffsservers

Bildet die Funktion des Postfachservers die Grundlage für Ihre neue Exchange Server 2007-Infrastruktur, so stellt die Funktion des Clientzugriffsservers Ihren Benutzern einen Zugang in diese neue Struktur bereit. Daher ist mindestens ein Server erforderlich, auf dem diese Funktion ausgeführt wird. Die Funktion des Clientzugriffsservers ist für fast alle Aktivitäten in Ihrer Exchange Server 2007-Organisation zuständig, die mit Clients umgehen, darunter folgende:

- **Outlook Anywhere**   Dieser umbenannte Dienst, der früher RPC-über-HTTP hieß, stellt genau die Dienste bereit, die sein Name nahelegt — aufgrund dieser Serverfunktion können die Benutzer mit Outlook-Clients von überall her Verbindung aufnehmen, selbst wenn sich diese außerhalb der Firewall Ihrer Organisation befinden. Um dieses Merkmal nutzen zu können, muss Ihre Firewall natürlich korrekt konfiguriert sein. Outlook Anywhere wird in Kapitel 23, »Microsoft Office Outlook 2007 bereitstellen«, ausführlicher behandelt.

> **HINWEIS**   Die Funktion des Clientzugriffsservers bedient Outlook-Clients nicht direkt, sondern wenn sie über Outlook Anywhere Verbindung mit Exchange Server aufnehmen. Verbindungen mit Exchange Server über MAPI sind Bestandteil der Funktion des Postfachservers.

- **Outlook Web Access**   Outlook Web Access (OWA) hat in Exchange Server 2007 eine gewaltige Wandlung durchgemacht, die die Benutzer aller Browser und Betriebssystemplattformen betrifft. Der von Internet Explorer 6 und höher unterstützte OWA-Premium mit Client zeichnet sich durch Verbesserungen wie direkten Zugriff auf Dateifreigaben und mehr aus. Der OWA-Light-Client, der OWA-Fähigkeiten für ältere Versionen von Internet Explorer und für andere Browser bereitstellt, wurde vollkommen überholt. Schon OWA 2007 allein ist den Preis für den Zugang zur Welt von Exchange Server 2007 wert. In Kapitel 24, »Microsoft Outlook Web Access«, wird OWA ausführlich dargestellt.

- **Zugriff über POP3**   Das ehrwürdige Post Office Protocol Version 3 (POP3) ist in der neuesten Exchange Server-Version immer noch vertreten. Es gehört zur Funktion des Clientzugriffsservers. POP3 ist ein Nachrichtenabrufmechanismus, der in Kapitel 25, »Unterstützung anderer Clients«, erörtert wird.

- **Zugriff über IMAP4**   Internet Message Access Protocol Version 4 (IMAP4) dient der Verbindung mit Exchange Server über andere Clients als Outlook. Es wird von der Funktion des Clientzugriffsservers unterstützt und bietet den Benutzern die Flexibilität, E-Mails praktisch überall zu lesen, sie dabei aber auf dem Server zu belassen. Mehr über IMAP erfahren Sie in Kapitel 25.

- **Exchange ActiveSync**   Die Verwendung mobiler Geräte zum Abrufen von Nachrichten hat seit der Einführung von Exchange Server 2003 explosionsartig zugenommen. ActiveSync, der Mechanismus, mit dessen Hilfe mobile Geräte E-Mails zwischen sich und einem Exchange Server-Computer automatisch synchronisieren können, wurde zwar schon von Exchange Server 2003 unterstützt und später durch ein Service Pack verbessert, aber Exchange Server 2007 stellt für diese Synchronisierungstechnologie volle Unterstützung von Anfang an bereit. Mobile Benutzer müssen Verbindung mit einem Server aufnehmen, auf dem die Clientzugriffsfunktion ausgeführt wird, um ihr Mobilgerät zu synchronisieren.

- **Der AutoErmittlungsdienst** In Verbindung mit Outlook 2007 stellt Exchange Server 2007 den Benutzern und Administratoren eine einfachere Methode für die Verbindung mit Exchange-Postfächern zur Verfügung – den AutoErmittlungsdienst. Damit können Sie Outlook 2007 einfach eine E-Mail-Adresse und ein Kennwort für ein Postfach mitteilen, woraufhin sich Outlook automatisch an einen Clientzugriffsserver wendet, um die übrigen Angaben für die Konfiguration des Outlook 2007-Clients zu erfahren.

- **Der Verfügbarkeitsdienst** In Exchange Server 2003 wurden die Angaben über die Benutzerverfügbarkeit, also die Frei/Gebucht-Informationen in einem öffentlichen Ordner gespeichert. Dieser Mechanismus führte zu einer Verzögerung von bis zu 15 Minuten bei der Aktualisierung der Frei/Gebucht-Empfängerdaten. Darüber hinaus unterlagen diese Daten Replikationsregeln, die gebrochen werden konnten, was gelegentlich auch vorkam. Jeder, der längere Zeit eine halbwegs komplexe Exchange-Organisation verwaltet hat, hat wahrscheinlich die gefürchteten Probleme mit Informationen im Frei/Gebucht-Ordner erlebt, die durch Replikation oder Beschädigung zustande kamen. Der Verfügbarkeitsdienst von Exchange Server 2007, der in den Clientzugriffsserver integriert ist, soll diese Probleme beheben. Bei Exchange Server 2007 und Outlook 2007 werden die Verfügbarkeitsinformationen nicht mehr in einem öffentlichen Ordner abgelegt. Wenn ein Benutzer Kalenderinformationen abrufen muss, werden stattdessen einzelne Postfächer in Echtzeit abgefragt. Dies hat folgende Vorteile: keine Replikation mehr, keine Verzögerung und eine erhebliche Vereinfachung der Architektur. Dieses Merkmal ist natürlich auf Exchange Server 2007 und Outlook 2007 angewiesen. Ältere Outlook-Versionen erwarten immer noch einen öffentlichen Ordner mit Frei/Gebucht-Informationen, sodass der Verfügbarkeitsdienst auch diesen Anspruch weiter erfüllt.

- **Unified Messaging-Funktionen** Der Clientzugriffsserver ist auch das Front-End für einen Teil der vereinheitlichten Funktionen von Exchange Server 2007, beispielsweise Wiedergabe über Telefon. Dabei handelt es sich um eine Methode, Exchange Server mitzuteilen, dass Sie eine Voicemail-Nachricht über Ihr Telefon wiedergeben möchten. Aktivieren Sie diese Funktion, können Sie veranlassen, dass Exchange Server Ihr Telefon anruft, um eine Sprachnachricht wiederzugeben.

Die Funktion des Hub-Transport-Servers

Eine weitere erforderliche Serverfunktion, der Hub-Transport-Server, ist für die Zustellung von Nachrichten in Ihrer Exchange-Organisation zuständig. Außerdem hat diese Funktion folgende Aufgaben:

- **Nachrichtenübermittlung** Nachrichtenübermittlung ist das Einstellen von Nachrichten in Übermittlungswarteschlangen auf einem Hub-Transport-Server. Außerdem ist der Nachrichtenübermittlungsdienst dafür zuständig, E-Mails beim Senden aus den Ausgangsordnern der Benutzer abzurufen sowie Nachrichten zu übermitteln, die über einen SMTP-Empfangsconnector eingehen.

- **E-Mail-Fluss** Jede in Ihrer Organisation gesendete E-Mail passiert einen Hub-Transport-Server, was die Notwendigkeit dieser Funktion in jeder Exchange Server 2007-Organisation unterstreicht.

Selbst Nachrichten zwischen Postfächern in derselben Datenbank gehen über einen solchen Server, damit Transportregeln wie zum Beispiel das Hinzufügen einer Haftungsausschlussklausel auf alle E-Mails angewendet werden können.

- **Nachrichtenübermittlung** Die Funktion des Hub-Transport-Servers erledigt die gesamte lokale und Remotezustellung von Nachrichten. Bei Remotezustellung ist der Hub-Transport- Server dafür zuständig, die Nachricht an den Active Directory-Remotestandort zu senden. E-Mails, die für Internetstandorte bestimmt sind, sendet der Hub-Transport-Server entweder an einen Edge-Transport-Server oder direkt an entfernte SMTP-Hosts, sofern er dazu konfiguriert ist.

- **Transportregeln** Der Hub-Transport-Server wendet Regeln auf Nachrichten an, während sie Ihre Organisation durchlaufen. Dazu kann das Hinzufügen von Ausschlussklauseln zu E-Mails, die Verwaltung von Rechten und mehr gehören. *Alle* Nachrichten, die in der Organisation gesendet werden, gehen über den Hub-Transport-Server, was dazu führt, dass Transportregeln weitgehend vorhersagbar angewendet werden.

- **Viren- und Spamabwehr** Falls kein Edge-Transport-Server vorhanden ist, der sich für den Schutz von Nachrichten besser eignet, kann ein Hub-Transport-Server auch Antiviren- und Antispamdienste für die Organisation bereitstellen.

Die Funktion des Unified Messaging-Servers

Vielleicht am bemerkenswertesten in Exchange Server 2007 sind die völlig neuen Unified Messaging-Fähigkeiten. Unified Messaging ermöglicht es, alle E-Mails, alle Voicemail-Nachrichten und die gesamte Faxkorrespondenz eines Benutzers in einem einzigen Postfach zu speichern. Die von dieser Funktion bereitgestellten Dienste bieten außerdem die Möglichkeit, von einer Reihe von Ausgangspunkten, darunter Outlook und Outlook Web Access, über ein kompatibles Mobilgerät und das Telefon auf verschiedene Nachrichtenarten zuzugreifen. Die Unified Messaging-Funktion in Exchange Server 2007 hat folgende Merkmale:

- Outlook Voice Access Outlook Voice Access, eine Erweiterung der Outlook-Produktlinie, bietet sprachbasierten Zugriff auf das Unified Messaging-aktivierte Postfach eines Benutzers. Anschließend kann dessen Inhalt entweder mit Sprachbefehlen oder Tonwahl-Eingaben verwaltet werden.

- Automatische Telefonzentrale Die meisten Firmen verbinden Anrufer heute mit einem automatischen Menüsystem, sodass der Anruf effizient an den richtigen Ansprechpartner oder die richtige Abteilung weitergeleitet werden kann. Die Unified Messaging-Funktion von Exchange Server 2007 stellt dieselbe Technologie bereit.

- Herkömmliche Voicemail-Funktionen Die meisten Menschen denken bei Voicemail daran, dass sie jemanden anrufen und an den Anrufbeantworter geraten, wenn der Gewünschte nicht abnimmt oder bereits telefoniert. In diesen Fällen spielt das System die Nachricht des Angerufenen ab und zeichnet eine Mitteilung auf, die dieser abhören kann, wenn er wieder verfügbar ist. Unified Messaging bietet auch diese herkömmlichen Voicemail-Funktionen.

- Faxfunktionen Mit Unified Messaging können Benutzer in ihrem Posteingang Faxnachrichten empfangen.

Alles über die Unified Messaging-Fähigkeiten von Exchange Server 2007 finden Sie in Kapitel 14, »Unified Messaging«.

Die Funktion des Edge-Transport-Servers

Ebenfalls neu in Exchange Server ist die Funktion des Edge-Transport-Servers, dessen wesentliche Aufgabe darin besteht, Ihre Messagingumgebung vor Viren und Spam zu bewahren und die Einhaltung der Regeln zu gewährleisten. Der Edge-Transport-Server bietet eine breite Funktionalität, um die elektronischen Anlagen Ihrer Organisation zu schützen. Darunter sind folgende Merkmale zu finden:

- **Neuschreiben von Adressen** Damit können Sie Absender- und Empfängeradressen in Nachrichten für und von Ihrer Organisation ändern. Nehmen Sie zum Beispiel an, eine Organisationen hat eine andere übernommen. Durch das Neuschreiben von Adressen können Sie der Außenwelt ein einheitliches Erscheinungsbild präsentieren, indem Sie die Adressen der übernommenen Organisation an die der übernehmenden anpassen.
- **Sender ID** Sender ID verwendet die IP-Adresse des sendenden Servers und die vom Absender angegebene erwartete Adresse, um festzustellen, ob der Absender der eingehenden Nachricht gefälscht ist, was zur Reduzierung von Phishingversuchen hilfreich ist.
- **Filtering** Der Edge-Transport-Server filtert Anhänge, Verbindungen, Inhalte, Empfänger und Absender. Die Filterung von Anhängen beruht auf dem Dateinamen, der Dateierweiterung oder der Art des Inhalts. Die Verbindungsfilterung schlägt die IP-Adresse des sendenden Servers nach und gleicht sie mit Blockier- und Zulassungslisten ab, um zu ermitteln, ob die Nachricht weitergegeben werden soll. Bei der Inhaltsfilterung wird der Inhalt einer Nachricht mit der Intelligent Message Filter-basierten Technologie SmartScreen von Microsoft untersucht, die wesentliche Indikatoren für zulässige und Spam-Mails erkennt, um die Wahrscheinlichkeit korrekt zu beurteilen, dass die eingehende Nachricht zulässig ist. Mit Empfänger- und Absenderfilterung lässt sich eine Nachricht anhand der Adressen in den Feldern **An** bzw. **Von** blockieren.
- **Transportregeln** Mit Transportregeln können Sie die Menge der Viren verringern, die in Ihre Organisation gelangen, die Auswirkungen von DoS-Angriffen reduzieren und die Ausbreitung von Infektionen auf internen Computern verhindern.

Ausführlich wird die Funktion des Edge-Transport-Servers in Kapitel 20 beschrieben, »Antispam- und Antivirusfunktionen«.

Die Ziele des Speicherdesigns von Exchange Server 2007

Bei der Entwicklung der Speicherarchitektur von Exchange Server 2007 wurden drei wichtige Ziele verfolgt. Das erste besteht darin, auf einem Server mehr Benutzer zu beherbergen, als es mit den 32-Bit-Versionen von Exchange Server sinnvoll möglich ist, und so die Gesamtspeicherkosten zu verringern. Die Speicherung allein kann bis zu 80 Prozent des Budgets eines Exchange-Projekts verschlingen. Je nachdem, wie die Speicherung auf Ihrem Server konfiguriert ist, kann die 64-Bit-Architektur von Exchange Server 2007 eine mit älteren Exchange-Versionen vergleichbare Leistung mit bis zu 75 Prozent weniger Festplattenkapazität erreichen. Daher haben Sie die Wahl, dieselbe Anzahl von Benutzern auf einem Viertel der Festplattenkapazität Ihres alten Servers unterzubringen, einen Server um weitere 300 Prozent Benutzer zu erweitern oder die Benutzer mit erheblich größeren Postfächern auszustatten. Wie Sie es jedoch betrachten: Exchange Server 2007 bietet eine deutlich bessere serverweise Skalierbarkeit, als sie bei einer 32-Bit-Architektur möglich war.

Die Ziele des Speicherdesigns von Exchange Server 2007

Ein zweites Ziel im Zusammenhang mit der Exchange Server 2007-Speicherarchitektur war die Verbesserung der Gesamtzuverlässigkeit der Infrastruktur, die durch verschiedene Vorgehensweisen erreicht wurde. Zunächst verbesserte Microsoft die Architektur von Speichern und Speichergruppen in Exchange Server 2007 deutlich. Auf dem einzelnen Server lassen sich mehr Benutzer unterbringen, weil die Anzahl der Speichergruppen erhöht wurde. Da die Datenbanken dadurch kleiner wurden, können auf einem Server mehr angelegt und somit mehr Benutzer eingerichtet werden. Es ist beispielsweise einfacher, sechs Datenbanken mit je 1.000 Benutzern zu verwalten als eine Datenbank mit 6.000 Benutzern. So können nicht nur die Datensicherung und -wiederherstellung einzeln geplant und schneller durchgeführt werden; auch wenn eine Datenbank beschädigt ist, sind immerhin nicht 6.000, sondern nur 1.000 Benutzer davon betroffen. In Exchange Server 2007 können mehrere Datenbanken in einer Speichergruppe zusammengefasst und auf jedem Server mehrere Speichergruppen untergebracht werden. Insgesamt kann Exchange Server 2007 bis zu 50 Datenbanken pro Server unterstützen. Dies ist gegenüber älteren Exchange Server-Versionen, die maximal 20 Datenbanken pro Server verkrafteten, eine gewaltige Steigerung. Tabelle 3.1 zeigt, wie sich die Anzahl der Speicher und Speichergruppen mit den einzelnen Exchange Server-Versionen entwickelt hat.

HINWEIS Die 32-Bit-Version von Exchange Server 2007 wird in einer Produktionsumgebung zwar nicht unterstützt, aber für Testzwecke gern eingesetzt. Denken Sie beim Testen daran, dass sie maximal fünf Speichergruppen und fünf Datenbanken pro Server erlaubt.

Ein drittes Ziel für Exchange Server 2007 war die Verbesserung der Wiederherstellbarkeit im Notfall. Durch verschiedene Formen der Clusterbildung, einer Technologie, die in Exchange Server 2007 erheblich verbessert wurde, erfahren Sie nach der Aktualisierung kürzere Betriebsunterbrechungen und höhere Benutzerproduktivität, weil sich die Daten aus einer Clusterkopie leichter und schneller wiederherstellen lassen.

Tabelle 3.1 Vergleich der Speicherkapazitäten von **Exchange Server**

	2000 Std.	2000 Ent.	2003 Std.	2003 Ent.	2007 Std.	2007 Ent.
Speichergruppen	1	4	1	4	5	50
Speicher pro Gruppe	2 (1 Postfach-, 1 öffentlicher)	5	2 (1 Postfach-, 1 öffentlicher)	5	5	50
Speicher pro Server	2	20	2	20	5	50
Grenze für Datenbankgröße	16 GB	16 TB	75 GB	16 TB	16 TB	16 TB
Wiederherstellungsgruppe	Nein	Nein	Ja	Ja	Ja	Ja

Bei der Erörterung der Funktion des Postfachservers weiter vorn in diesem Kapitel haben Sie schon eine Einführung in einige Clusteroptionen von Exchange Server 2007 bekommen. Nun folgen noch einige weitere Hinweise.

- **Fortlaufende lokale Replikation** Die fortlaufende lokale Replikation (Local Continuous Replication, LCR) nutzt den asynchronen Protokollversand, um eine lokale Kopie Ihrer Datenbank zu unterhalten. Mit lokaler fortlaufender Replikation können Sie manuell auf die Clusterdatenbank umschalten.
- **Fortlaufende Clusterreplikation (Continuous Cluster Replication, CCR)** Die fortlaufende Clusterreplikation ähnelt der lokalen fortlaufenden Replikation bis auf den Umstand, dass die

Datenbankkopie auf einem anderen Server gespeichert ist, entweder im selben oder in einem anderen Datencenter.

- **Einzelkopiecluster** Ein Einzelkopiecluster (Single Copy Cluster, SCC) ist den herkömmlichen Exchange-Clustertechnologien insofern sehr ähnlich, als eine einzige Kopie einer Datenbank in einem gemeinsam genutzten Speicherbereich abgelegt und von mehreren Exchange Server-Computern genutzt wird.

Speicher und Speichergruppen

Wenn es um die Speicherung in Exchange geht, müssen Sie unbedingt wissen, was mit den Begriffen Speicher und Speichergruppe gemeint ist. Ein *Speicher* ist in Exchange die Einheit, in der sich die Benutzerpostfächer befinden. Außerdem ist mit einem Speicher eine eigene Datenbankdatei verknüpft, in der die Postfachinhalte abgelegt sind. *Speichergruppen* sind Sammlungen einzelner Speicher. Sie wurden mit Exchange 2000 Server eingeführt, um bessere Skalierbarkeit zu erreichen. Die in Ihrer Organisation verwendete Version und Edition von Exchange Server bestimmt, in welchem Maß Sie Speicher und Speichergruppen nutzen können. Tabelle 3.1, die Sie bereits kennen, zeigt die Speicherfähigkeiten verschiedener Exchange Server-Versionen.

Achten Sie dort besonders auf den Wert *Speicher pro Server* in den beiden Exchange Server 2007-Versionen. In Exchange Server 2003 ergab sich die Höchstzahl zulässiger Speicher pro Server aus einer einfachen Berechnung, der Multiplikation der Höchstzahl der Speichergruppen mit der Höchstzahl der Speicher pro Speichergruppe. Diese beiden Werte wurden in den beiden Exchange Server 2007-Versionen gewaltig erhöht, was zum Teil der 64-Bit-Architektur zu verdanken ist. Die maximal zulässige Anzahl der Speicher pro Server ist jedoch keine Funktion der Speicher und Speichergruppen pro Server mehr, denn die Standard Edition von Exchange Server 2007 unterstützt maximal fünf Speicher pro Server, die Enterprise Edition dagegen bis zu 50. In der Standard Edition gibt es keine künstlichen Beschränkungen der Datenbankgröße.

HINWEIS Die Begriffe *Speicher*, *Informationsspeicher* und *Datenbank* sind mehr oder weniger austauschbar.

In Exchange Server 2007 kann die Speicherung unterschiedlich konfiguriert werden, wobei sich einiges nicht ändern lässt, beispielsweise die Notwendigkeit von Speichern und Speichergruppen. Eine Speichergruppe ist in Exchange Server 2007 auf einem Server untergebracht, der als Postfachserver fungiert, und besteht in der Enterprise Edition aus bis zu 50 Datenbanken (Speichern), in der Standard Edition aus bis zu fünf. In jedem einzelnen Speicher befinden sich eine einzelne Datenbankdatei und andere Inhalte wie Datendefinitionen, Indizes und weitere Informationen zu Benutzerpostfächern oder öffentlichen Ordnern.

Wie bei den älteren Exchange-Versionen gehören die Protokolldateien zur Speichergruppe, nicht zu den einzelnen Speichern. Sämtliche Datenbanken einer Speichergruppe verwenden dieselben Transaktionsprotokolldateien. Jede Datenbank in Exchange Server 2007 besteht aus einer einzigen Datei, der Datenbank, die manchmal nach der Dateierweiterung als EDB-Datei bezeichnet wird. Sie wird vom Informationsspeicherdienst verwaltet. Beachten Sie insbesondere, dass die mit jedem Informationsspeicher verknüpfte Streamingdatei (STM-Datei) beseitigt wurde. Der gesamte Inhalt wird jetzt in der Datenbank abgelegt. Dies führt zu einem kleineren E/A-Gesamtaufwand für Exchange, was eine der Designüberlegungen für Exchange Server 2007 war und einer der Gründe ist, aus denen Exchange Server 2007 wesentlich mehr Benutzer pro Server verkraftet. Außerdem ist das installierbare Dateisystem (Exchange Installable File System, ExIFS) jetzt ganz aus dem Programm verschwunden.

Heutzutage sind riesige Exchange-Datenbanken – 100 GB oder mehr – nicht ungewöhnlich. Die Sicherung solcher Datenbanken kann länger als ein paar Stunden dauern. Dieser Zeitraum ist bei der täglichen Arbeit jedoch nicht der kritische Punkt, sondern die Zeit für die Wiederherstellung. Während der Wiederherstellung ist die Benutzerproduktivität annähernd null, was E-Mail angeht. In Exchange Server 2007 können sich diese Verzögerungen auch auf den Einsatz von Voicemail durch Benutzer negativ auswirken. Der gesamte Kommunikationsfluss in Ihrer Organisation kann zum Stehen kommen, wenn Sie sich nicht ausreichend Zeit für die Planung der Speicherarchitektur nehmen. Bei der Planung von Exchange-Datenbanken gilt daher die alte Weisheit: »Nur wer den Fehlerfall mit einplant, hat letztendlich den gewünschten Erfolg.« Durch die kluge Verwendung von Speichergruppen lässt sich die Datenbankwiederherstellung im Notfall erfolgreich durchführen.

Wie Sie bereits gelesen haben, hat Microsoft mit der Implementierung von Speichergruppen und der Zulassung mehrerer Datenbanken pro Exchange Server 2007-Computer an der ESE-Datenbankarchitektur einige gewaltige Änderungen gegenüber Exchange Server 2003 an der vorgenommen, die noch dramatischer erscheinen, wenn Sie auf Exchange Server 5.5 zurückblicken (siehe Tabelle 3.1). Ziel dieses Wandels war es, die Wiederherstellung von beschädigten Exchange-Datenbanken zu optimieren und die Produktivität zu erhöhen. Speichergruppen haben darüber hinaus noch folgende Vorteile, die in den nächsten Abschnitten behandelt werden:

- Jeder Server kann mehr Benutzer bedienen als zuvor.
- Jede Datenbank kann einzeln gesichert und wiederhergestellt werden.
- Auf jedem Server können mehrere Geschäftsbereiche verwaltet werden.
- Für bestimmte Postfächer, die andere Begrenzungen benötigen als andere Benutzer, kann ein eigener Speicher eingerichtet werden.

Verbesserte Benutzerunterstützung

Der wahrscheinlich größte Nutzen von Speichergruppen liegt darin, dass die Benutzer auf verschiedene Datenbanken und Speichergruppen desselben Exchange Server 2007-Computers verteilt werden können. Diese Situation bietet drei Vorteile:

- **Sie können auf einem Server mehr Benutzer unterbringen als in früheren Exchange-Versionen.** Dies gilt besonders, wenn Sie sich die Architektur von Exchange Server 2007 ansehen. Die 64-Bit-Eigenschaft des Programms macht wesentlich mehr Arbeitsspeicher verfügbar, wodurch die Anzahl potenzieller Benutzer pro Server steigt.
- **Die Ausfallzeiten bei der Beschädigung einer Datenbank sind geringer.** Indem Sie Ihre Benutzer in getrennt verwaltete Gruppen unterteilen, bleibt die Größe der einzelnen Datenbanken geringer, was die Zeit für die Wiederherstellung nach einem Ausfall verringert.
- **Sie können auf einem Exchang Server-Computer mehr Benutzer unterbringen, da sich die Größe der Datenbanken auf einen verwaltungsfreundlichen Wert beschränken lässt.** Wenn Sie mehr Speichergruppen anlegen, werden sie zu separat verwalteten Einheiten, die für sich gesichert und wiederhergestellt werden. Wird eine Datenbank beschädigt, sind weniger Benutzer betroffen.

Wie bereits erwähnt, kann jeder Server bis zu 50 Speichergruppen mit jeweils bis zu 50 Datenbanken aufnehmen. Die Gesamtanzahl der Datenbanken darf jedoch unabhängig von der Anzahl der Speichergruppen 50 nicht überschreiten. Denken Sie daran, dass dies nur für die Enterprise Edition von Exchange Server 2007 gilt, während die Standard Edition niedrigere Grenzen vorsieht, die in Tabelle 3.1 genauer aufgeführt sind.

Es gibt zwei gute Gründe, in einer Speichergruppe nicht die maximal mögliche Anzahl von Datenbanken anzulegen. Zum einen kann ein Problem mit der Protokolldatei sämtliche Datenbanken in der betreffenden Speichergruppe außer Betrieb setzen, was neben der Beeinträchtigung des Geschäftsbetriebs zu einer unangenehmen Situation für Ihr Helpdesk führt. Außerdem müssen Sie die Bereitstellung des Informationsspeichers der betreffenden Datenbank aufheben, wenn Sie die Informationsspeicher-Integritätsprüfung (**Isinteg.exe**) für eine Datenbank durchführen. Diese benötigt für ihre Arbeit zeitweilig eine zweite Datenbank. Bei der Planung des Speicherbedarfs für Exchange Server 2007 sollten Sie darauf achten, dass Sie einen Datenbankslot für den Fall verfügbar halten, dass Sie **Isinteg.exe** ausführen müssen. Durch die Verteilung der Benutzer auf mehrere Datenbanken entstehen jeweils nur für eine bestimmte Benutzergruppe Ausfallzeiten, wenn eine Datenbank aus welchem Grunde auch immer offline geht. Die anderen Benutzer können ihre Arbeit ungestört fortsetzen, da ihre Datenbanken weiterhin in Betrieb sind. Sobald eine Datenbank offline ist, gilt ihre *Bereitstellung* als *aufgehoben*. Ihr Symbol wird in der Exchange-Verwaltungskonsole mit einem Abwärtspfeil versehen, wie Sie in Abbildung 3.1 sehen, und der Datenbankstatus explizit als »Bereitstellung aufgehoben« angegeben.

Abbildg. 3.1 Datenbanken in derselben Speichergruppe sind online bzw. offline

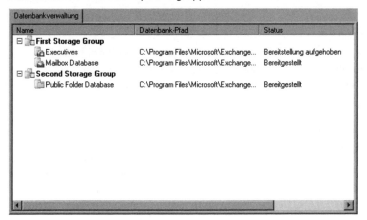

Sicherung und Wiederherstellung einzelner Datenbanken

Da Datenbanken einzeln bereitgestellt werden bzw. ihre Bereitstellung einzeln aufgehoben wird, können sie auch einzeln gesichert und wiederhergestellt werden, während andere in derselben Speichergruppe bereitgestellt und in Betrieb sind. Stellen Sie sich vor, Sie haben in einer Speichergruppe vier Postfachspeicher angelegt, je einen für eine Abteilung. Wenn einer dieser Speicher beschädigt wird, bleiben die drei anderen bereitgestellt, während Sie den vierten wiederherstellen und dann erneut bereitstellen. Sie sind also nicht gezwungen, die Bereitstellung aller Speicher in der Gruppe aufzuheben, um einen einzelnen Speicher wiederherzustellen. Kann ein Speicher aufgrund einer schweren Beschädigung nicht weiter verwendet werden, bleiben die anderen in der Gruppe davon unberührt und stehen den Benutzern weiterhin zur Verfügung.

Die Dateistruktur der Datenbanken

Exchange Server 2007-Datenbanken (auch als Postfachspeicher bezeichnet) bestehen aus einer einzigen Datei mit der Erweiterung EDB. Sie enthält alle Daten für das Benutzerpostfach, also E-Mail-Nachrichten, Voicemail-Nachrichten, Faxe, MAPI-Inhalt, Anhänge und mehr. Exchange Server 2007 bedient sich für Nicht-MAPI-Inhalte nicht mehr der Streamingdatei (STM). Exchange Server-Datenbanken werden im Datenbankformat der Extensible Storage Engine gespeichert, die weiter hinten in diesem Kapitel erörtert wird.

Die EDB-Datenbank enthält Nachrichten von MAPI-Clients wie Microsoft Outlook. MAPI-Clients greifen auf diese Nachrichten zu, ohne dass auf dem Server ein Konvertierungsprozess durchgeführt werden muss. Die RTF-Datei entspricht dem Informationsspeicher in Exchange 5.5. Es handelt sich um eine EDB-Datei mit einem Transaktionsprotokoll wie in Exchange 5.5.

Bedarfsorientierte Konvertierung des Inhalts

Wenn ein MAPI-Client eine Nachricht aus der Datenbank zu lesen versucht, muss sie nicht konvertiert werden, wenn sie ursprünglich in RTF oder als Text abgelegt war, weil dies das Eigenformat des Clients ist. Sollte jedoch ein anderer Client, beispielsweise ein HTTP-Client, versuchen, eine RTF- oder Textnachricht aus der Datenbank zu lesen, wird diese von Exchange in das gewünschte Format umgewandelt. Dieser Prozess, bei dem Nachrichten für verschiedenartige Clients wandelt werden, kann als *Konvertierung bei Bedarf* bezeichnet werden.

Clientzugriffs- und Hub-Transport-Server erledigen bei der Inhaltskonvertierung die Hauptarbeit. Für herkömmliche Outlook Web Access-Clients wird sie jedoch von einem Postfachserver erledigt. Wenn ein Client Daten anfordert, die auf einem Postfachserver konvertiert werden müssen, greift dieser auf die Daten zu, konvertiert sie und sendet sie dann an den Clientzugriffsserver.

Nachrichtenspeicherung in einer Instanz

Die Datenbanken in Exchange 2007 unterstützen weiterhin die Nachrichtenspeicherung in einer Instanz (Single-Instance Message Store, SIS). Das bedeutet, dass eine Nachricht, die an mehrere Empfänger gesendet wird, trotzdem nur einmal gespeichert wird, solange sich alle Empfänger in derselben Datenbank befinden. SIS kann nicht aufrechterhalten werden, wenn ein Postfach in eine andere Datenbank verschoben wird, selbst wenn diese in derselben Speichergruppe untergebracht ist. Sie umspannt auch nicht mehrere Datenbanken innerhalb einer Speichergruppe.

Ein Beispiel: Maria, Exchange-Administratorin in der Firma Contoso, hat zwei Speichergruppen mit jeweils vier Datenbanken bereitgestellt. Jede Gruppe umfasst zwei Postfachspeicher und zwei Informationsspeicher für Öffentliche Ordner. Maria ist Benutzerin in Hans' Netzwerk. Sie sendet eine Nachricht von 1 MB an eine Verteilerliste mit 40 Empfängern, die sich alle in der ersten Speichergruppe befinden. Dreißig Empfänger sind im Postfachspeicher 1 eingerichtet, die restlichen zehn im Postfachspeicher 2.

Ohne SIS würde die Nachricht 42 Mal kopiert (40 Kopien für die 40 Empfänger und jeweils eine Kopie für das Transaktionsprotokoll und den Ordner **Gesendete Objekte** des Absenders), sodass für die Speicherung der Nachricht insgesamt 42 MB Festplattenspeicher gebraucht würden. Mit SIS müssen dagegen, wie Abbildung 3.2 zeigt, nur drei Kopien der Nachricht gespeichert werden: eine Kopie in der Datenbank von Postfachspeicher 1, eine in der Datenbank von Postfachspeicher 2 und eine temporäre im Transaktionsprotokoll. Auf diese Weise sind nur 3 MB Festplattenspeicher notwendig, um die Nachricht an 40 Empfänger zu senden. Es werden also 39 MB gespart.

Abbildg. 3.2   Nachrichtenspeicherung in einer Instanz

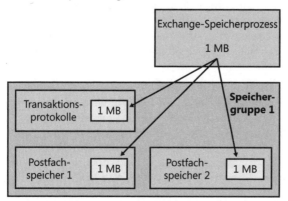

Datenwiederherstellung und Transaktionsprotokolle

Drei der zehn häufigsten Fragen an den technischen Support von Microsoft beziehen sich auf ESE und auf die Wiederherstellung von Daten. Dieser Abschnitt geht auf die Aufgaben der Transaktionsprotokolle ein und beschreibt, wie sie im Fall eines Ausfalls bzw. der Beschädigung einer Datenbank zu deren Wiederherstellung eingesetzt werden. Darüber hinaus erfahren Sie die Gründe für den Ausfall Datenbanken und die Bedeutung einiger häufiger Fehlermeldungen. Eine schrittweise Beschreibung der Wiederherstellung einer Datenbank finden Sie in ↗ Kapitel 16.

Die Extensible Storage Engine

Die Extensible Storage Engine (ESE) ist ein Transaktionsprotokollierungssystem, das im Fall eines Systemabsturzes bzw. der Beschädigung eines Speichermediums die Integrität und Konsistenz der Daten sicherstellt. Bei ihrer Entwicklung wurden vier Kriterien beachtet. An erster Stelle stand die Frage: »Was passiert, wenn es zu einem Systemabsturz kommt?« Jede Weiterentwicklung wurde an dem Gedanken orientiert, dass sie die Wiederherstellung des Systems erleichtern sollte. Zweitens wurden alle Anstrengungen unternommen, um die Anzahl der E/A-Operationen in ESE möglichst zu reduzieren. Drei E/A-Operationen lassen sich schneller durchführen als vier, und vier sind besser als fünf. Schon die Eliminierung nur eines E/A-Vorgangs führt zu gewaltigen Leistungssteigerungen, selbst wenn dadurch ein anderer um zusätzliche Berechnungen erweitert wird. Drittens sollte sich das Datenbankmodul so weit wie möglich selbst optimieren. Schließlich soll erreicht werden, dass ESE möglichst rund um die Uhr in Betrieb sein kann. Wenn einmal tatsächlich alle Wartungsaktivitäten online durchgeführt werden können, wird man auch diesem Ziel einen gewaltigen Schritt näher sein.

ESE hat hauptsächlich die Aufgabe, Transaktionen zu verwalten. Sie testet die Datenbanken auf vier verschiedene Arten, um ihre Integrität sicherzustellen. Diese Tests werden als ACID-Tests bezeichnet:

- **Atomic (Unteilbar)**   Es müssen entweder alle Operationen einer Transaktion vollständig durchgeführt werden oder keine.
- **Consistent (Konsistent)**   Die Datenbank muss zu Beginn und am Ende einer Transaktion in konsistentem Zustand sein.
- **Isolated (Isoliert)**   Die Änderungen werden erst dann sichtbar, wenn alle Operationen innerhalb der Transaktion durchgeführt wurden. Wenn alle Operationen abgeschlossen sind und sich die Datenbank wieder in konsistentem Zustand befindet, ist die Transaktion *übernommen (mit einem Commit abgeschlossen)*.
- **Durable (Dauerhaft)**   Mit Commit abgeschlossene Transaktionen bleiben erhalten, selbst wenn das System starken Belastungen ausgesetzt wird, beispielsweise bei einem Absturz.

HINWEIS   Die Dauerhaftigkeit zeigt sich, wenn das System während der Durchführung der Operationen abstürzt. Wenn einige der Operationen vor dem Absturz abgeschlossen wurden (wenn beispielsweise die Nachricht bereits aus dem Posteingang gelöscht und in den privaten Ordner eingefügt und nur die Zahl der Elemente in beiden Ordnern noch nicht aktualisiert wurde), erkennt der Prozess **Store.exe** nach dem Neustart, dass sich die Datenbank in einem inkonsistentem Zustand befindet. In diesem Fall veranlasst er ein Rollback der Operationen. Durch diese Vorsichtsmaßnahme kann die Nachricht weder beim Verschieben verloren gehen noch kann es nach einem Neustart plötzlich zwei Kopien von ihr geben. ESE stellt sicher, dass sich die Datenbank nach einem Neustart in demselben Zustand befindet wie vor Beginn der Operationen.

Aus der Praxis: Was geschieht, wenn an einer Datenbankseite eine Änderung vorgenommen wird?

Nehmen wir an, Sie verschieben eine wichtige E-Mail-Nachricht aus dem Posteingang in einen privaten Ordner mit dem Namen **Privat**. Diese Transaktion umfasst die folgenden Operationen:

Die Nachricht wird in den Ordner **Privat** eingefügt.

Die Nachricht wird aus dem Ordner **Posteingang** gelöscht.

Die Informationen über die beiden Ordner werden aktualisiert, sodass die Anzahl der in ihnen enthaltenen Elemente richtig angezeigt wird.

Die Transaktion wird in die temporäre Transaktionsprotokolldatei eingefügt.

Da diese Operationen in einer einzigen Transaktion durchgeführt werden, erledigt Exchange entweder alle oder keine von ihnen. Dies wird beim Unteilbarkeitstest geprüft. Der Commit kann erst durchgeführt werden, wenn alle Operationen erfolgreich abgeschlossen wurden. Sobald die Transaktion übernommen wurde, ist der Isoliertheitstest bestanden. Da sich die Datenbank wieder in konsistentem Zustand befindet, besteht sie auch den Konsistenztest. Nachdem die Transaktion in die Datenbank übernommen wurde, bleiben die Änderungen auch nach einem Systemabsturz erhalten. Damit sind auch die Bedingungen des Dauerhaftigkeitstests erfüllt.

Funktionsweise der Datenspeicherung

In einer ESE-Datenbankdatei sind die Daten in Abschnitten von 8 KB angeordnet, den so genannten *Seiten*. Informationen aus einer ESE-Datenbankdatei werden immer in Form einer Seite gelesen und in den Arbeitsspeicher geladen. Jede Seite enthält Datendefinitionen, Daten, Indizes, Prüfsummen, Kennzeichen, Zeitstempel und andere B-Baum-Informationen. Die Seiten werden innerhalb der

Datenbankdatei der Reihe nach nummeriert, um die Leistung zu maximieren. Eine Seite enthält entweder die Daten selbst oder Zeiger auf andere Seiten, in denen sie gespeichert sind. Diese Zeiger bilden eine B-Baumstruktur, wobei ein Baum selten mehr als drei oder vier Ebenen umfasst. Die B-Baumstruktur ist daher breit und flach.

> **Weitere Informationen**
>
> Wenn Sie mehr über die Datenbankstruktur B-Baum erfahren wollen, finden Sie im Internet eine Menge Informationen. Beginnen Sie mit der Adresse **http://www.bluerwhite.org/btree**. Wenn Sie bei Google nach »B-Baum« oder »B Tree« suchen, werden Ihnen wie gewöhnlich Seiten mit einer Fülle von Informationen angezeigt, die Sie gar nicht alle in einer Sitzung lesen können.

Eine *Transaktion* besteht aus einer Reihe von Veränderungen an einer Seite in der Datenbank. Jede einzelne Veränderung wird als *Operation* bezeichnet. Wenn eine vollständige Reihe von Operationen an einem Objekt in der Datenbank durchgeführt wurde, wird die Transaktion als abgeschlossen bezeichnet.

Um eine Transaktion endgültig mit Commit zu übernehmen, müssen die Operationen im Transaktionsprotokollpuffer gespeichert werden, bevor sie in die Transaktionsprotokolle auf der Festplatte geschrieben werden. ESE verwendet eine »Write-ahead«-Protokollierung, das heißt, das Modul zeichnet in der Protokolldatei auf, was es tun wird, bevor es eine Seite in der Datenbank ändert. Die Daten werden in eine zwischengespeicherte Version des Protokolls im Pufferbereich geschrieben, die Seite im Arbeitsspeicher wird verändert, und zwischen den beiden Einträgen wird eine Verknüpfung erstellt. Bevor die Änderungen an der Seite auf die Festplatte geschrieben werden können, muss die im Pufferbereich des Transaktionsprotokolls aufgezeichnete Änderung in der Protokolldatei auf der Festplatte abgelegt werden.

Wenn eine Seite von der Festplatte gelesen und in den Arbeitsspeicher geladen wird, bezeichnet man sie als sauber (clean). Sobald sie dann durch eine Operation verändert wurde, wird sie als unsauber oder inkonsistent (dirty) gekennzeichnet. Inkonsistente-Seiten können bei Bedarf noch mehrmals verändert werden, bevor sie auf die Festplatte zurückgeschrieben werden. Die Anzahl der Änderungen an einer Seite hat keinen Einfluss darauf, wann sie auf die Festplatte zurückgeschrieben wird. Dies wird durch andere Faktoren bestimmt, die im weiteren Verlauf des Kapitels zur Sprache kommen.

Die Operationen werden während ihrer Durchführung im Versionsspeicher aufgezeichnet. Er bewahrt eine Liste aller Veränderungen auf, die an einer Seite durchgeführt, aber noch nicht übernommen wurden. Wenn die Stromzufuhr zum Server unterbrochen wird, bevor ein Satz von Operationen übernommen werden konnte, greift ESE nach einem Neustart auf den Versionsspeicher zurück, um die nicht abgeschlossenen Operationen rückgängig zu machen (Rollback). Es ist ein virtueller Speicher – Sie finden auf der Festplatte keine Versionsspeicherdatenbank. Der Versionsspeicher befindet sich im RAM und setzt sich aus unterschiedlichen Versionen einer Seite zusammen, die von der Festplatte in den Arbeitsspeicher eingelesen wurde. Dieser Vorgang wird in Abbildung 3.3 gezeigt.

> **HINWEIS** Eine Operation kann hängen bleiben oder so umfangreich sein, dass der Versionsspeicher mehrere hundert Megabyte belegt. Dazu kann es kommen, wenn Sie eine große Tabelle indizieren oder eine sehr lange Datei in die Datenbank schreiben. Da der Versionsspeicher alle Änderungen an der Datenbank aufzeichnet, die seit dem Beginn der ältesten Transaktion vorgenommen wurden, erhalten Sie womöglich die Fehlermeldung »-1069 error (JET_errVersionStore OutOfMemory)«. In diesem Fall müssen Sie Ihre Datenbanken und Informationsspeicher unter Umständen auf eine andere Festplatte mit mehr Speicherplatz verlegen und auch in Betracht ziehen, den RAM in Ihrem System zu vergrößern.

Abbildg. 3.3 ESE-Transaktionen

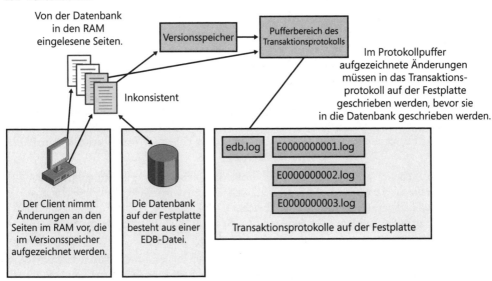

Oft wird die zwischengespeicherte Version der Änderungen an den Seiten nicht sofort auf die Festplatte geschrieben. Da die Information in den Protokolldateien aufgezeichnet wurde, stellt dies kein Problem dar. Sollten die Änderungen im RAM verloren gehen, werden beim Start von ESE die Protokolldateien wiedereingespielt (dieser Prozess wird weiter hinten in diesem Kapitel im ↗ Abschnitt »Protokolldateien bei der Wiederherstellung wiedereinspielen« ausführlich beschrieben) und die Transaktionen auf die Festplatte geschrieben. Außerdem kann sich die Systemleistung dadurch erhöhen, dass die zwischengespeicherten Daten nicht sofort in die Datenbank übertragen werden. Stellen Sie sich vor, eine Seite wird in den Arbeitsspeicher geladen und geändert. Wenn dieselbe Seite kurz darauf erneut geändert werden muss, braucht sie nicht erst wieder von der Festplatte gelesen zu werden, weil sie sich bereits im Arbeitsspeicher befindet. Auf diese Weise lassen sich die Änderungen an der Datenbank im Stapel ausführen, was die Leistung erhöht.

Datenbankdateien

Letztendlich werden alle Transaktionen in eine dieser Dateien übertragen. Bevor dies geschieht, wird eine Prüfsumme für sie errechnet, die zusammen mit den Daten in die Datenbank geschrieben wird. Wenn die Seite von der Festplatte abgerufen wird, wird die Prüfsumme erneut berechnet und auch die Seitenzahl überprüft, um sicherzustellen, dass sie mit der angeforderten Seitenzahl übereinstimmt. Wenn die Prüfsumme oder die Seitenzahl nicht passt, ruft dies einen Fehler »-1018« hervor, was bedeutet, dass die auf die Festplatte geschriebenen Daten nicht mit den Daten übereinstimmen, die ESE von der Festplatte in den Arbeitsspeicher geladen hat.

HINWEIS Schon ab Service Pack 2 (SP2) von Exchange Server 5.5 und auch jetzt in Exchange Server 2007 versucht ESE 16 Mal, die Daten zu lesen, bevor der Fehler »-1018« ausgegeben wird. Auf diese Weise kann es nicht so leicht vorkommen, dass das Problem nur von einem vorübergehenden Ereignis verursacht wird. Wenn Sie daher eine »-1018«-Fehlermeldung erhalten, wissen Sie, dass ESE zuvor mehrmals versucht hat, die Daten zu lesen.

ESE und Speicherverwaltung

Bevor ESE eine Seite in den Arbeitsspeicher laden kann, reserviert sich das Modul einen Bereich im Arbeitsspeicher zur eigenen Verwendung. Der Puffercache der Datenbank kann mithilfe der *dynamischen Pufferzuweisung* (Dynamic Buffer Allocation, DBA) schon vergrößert werden, bevor der Speicherplatz gebraucht wird. Viele Administratoren haben sich schon darüber beklagt, dass Exchange den gesamten Arbeitsspeicher des Servers für sich in Anspruch nimmt. Dies ist entwurfsbedingt, wobei der Entwurf jedoch nicht zwangsläufig den gesamten Arbeitsspeicher beansprucht und der Exchange zugewiesene Arbeitsspeicher für andere Systemprozesse auch nicht unerreichbar ist. Benötigen andere Prozesse mehr Speicher, gibt Exchange diesen frei, sodass der betreffende Prozess effizient ausgeführt werden kann. Dies geschieht nebenbei, wobei sich die von ESE verwendeten Methoden nicht konfigurieren lassen.

In Exchange 4.0 und 5.0 wurde die Größe des Caches mit der Leistungsoptimierung eingestellt. In Exchange 5.5 wurde dieser Prozess zum ersten Mal dynamisch gestaltet: ESE beobachtet das System und passt die Größe des Datenbankcaches nach Bedarf an. Mit dem Leistungsindikator **Cachegröße** können Sie verfolgen, welcher Anteil des RAM auf Ihrem Server für den Speicherprozess reserviert wird.

An dieser Stelle ist es vielleicht angebracht, die Ziele zu betrachten, die bei der Entwicklung des DBA-Prozesses die Hauptrolle spielten. Wenn Sie diese Ziele kennen, klären sich alle Fragen bezüglich der Speicherverwaltung in Exchange Server 2007. Die beiden Ziele bei der Entwicklung des DBA-Prozesses lauten:

- **Systemleistung maximieren**   Der Speicherprozess legt unter anderem anhand der beobachteten Auslagerungs- und E/A-Aktivitäten fest, wie viel RAM dem Datenbankpuffer zugewiesen wird. Dahinter verbirgt sich das Ziel, eine möglichst hohe Systemleistung zu erreichen. Es nützt nichts, wenn Exchange sehr schnell ist, während das Betriebssystem gleichzeitig laufend Auslagerungsoperationen durchführen muss.

- **Arbeitsspeichernutzung optimieren**   Nicht genutzter Systemspeicher ist Geldverschwendung. ESE weist sich selbst möglichst viel Speicher zu, ohne dabei andere Anwendungen zu beeinträchtigen. Wenn eine neue Anwendung gestartet wird, die auch RAM-Kapazität in Anspruch nimmt, gibt ESE einen Teil des Platzes frei, sodass die Anwendung effizient ausgeführt werden kann.

Es braucht Sie also nicht zu beunruhigen, wenn Sie im Task-Manager sehen, dass nur 200 MB der 1 GB RAM Ihres Systems übrig sind und der Speicherprozess 800 MB RAM in Anspruch nimmt. Der Speicherplatz wird trotzdem nicht zu knapp, und **Store.exe** weist auch kein Speicherleck auf. Diese Angabe bedeutet nur, dass der DBA-Prozess in der ESE zusätzlichen RAM reserviert hat, um die Leistung des Systems zu erhöhen. In den Abbildungen 3.4 und 3.5 werden die entsprechenden Anzeigen im Task-Manager dargestellt. In Abb. 3.4 sehen Sie, dass die Prozesse **Store.exe** und **Mad.exe** mehr Speicher verwenden als die meisten anderen. Dieser Screenshot entstand auf einem Server, der nicht beschäftigt war, und doch nimmt **Store.exe** den Spitzenplatz in der Liste des Speicherverbrauchs ein. In Abbildung 3.5 sehen Sie, dass nur 84.028 KB physischer Speicherplatz zur Verfügung stehen. Schauen Sie im Bereich **Physischer Speicher** unter **Verfügbar** nach.

Datenwiederherstellung und Transaktionsprotokolle

Abbildg. 3.4 Die Registerkarte **Prozesse** im Task-Manager zeigt, wie viel Speicherplatz den Prozessen **Store.exe** und **Mad.exe** zugewiesen ist

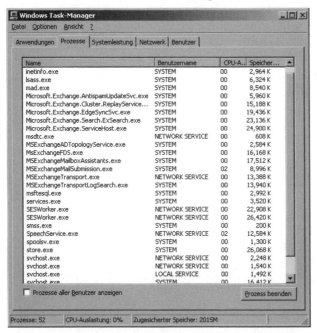

Abbildg. 3.5 Die Registerkarte **Systemleistung** im Task-Manager zeigt, wie viel Speicherplatz beansprucht wird und wie viel noch zur Verfügung steht

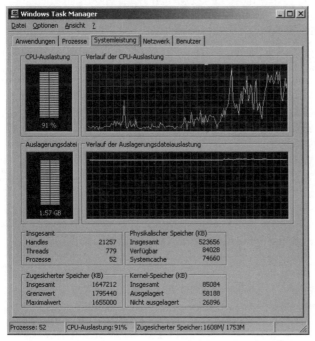

Transaktionsprotokolldateien

Transaktionsprotokolldateien Theoretisch könnte das Transaktionsprotokoll in eine unendlich groß anwachsende Datei geschrieben werden. Sie würde jedoch mit der Zeit so groß, dass sie ungeheuer viel Speicherplatz auf der Festplatte einnähme und sich nicht mehr verwalten ließe. Aus diesem Grund wird das Protokoll in *Generationen* unterteilt – in mehrere je 1 MB umfassende Dateien.

In Exchange Server 2007 ist die Größe der einzelnen Protokolldateien reduziert worden. In älteren Exchange-Versionen wurde eine neue sequenzielle Protokolldatei angelegt, wenn die aktuelle die Grenze von 5 MB erreichte. Unter Exchange Server 2007 liegt die Grenze bei 1 MB. Um das potenzielle Problem auszuschalten, dass die Namen für Protokolldateien ausgehen, was bei etwas über einer Million Dateien der Fall war, wurde der Name verlängert. Früher lautete er »E+sg+#####.log«, aber ohne die Pluszeichen. Das »sg« ist ein Bezeichner für eine Speichergruppe, die Zahl dagegen eine bis zu fünf Zeichen umfassende Hexadezimalzahl. In Exchange Server 2007 lautet die Benennungskonvention »E+nn+#######.log«. Mit einigen ESE-Berechnungen ergibt sich daraus, dass für jede Speichergruppe 2.147.483.628 Protokolldateien angelegt werden können. Außerdem verlangt die ESE-Mathematik, dass eine Protokolldatei nicht ausschließlich mit »f«-Zeichen benannt werden kann. Der längste Name ist »7fffffec«, wobei es sich um eine interne ESE-Begrenzung handelt.

Die Datei **Exx00000001.log** bildet stets die jüngste Generation. Ist sie voll, wird sie mit der nächsten fortlaufenden hexadezimalen Nummer benannt und eine temporäre Protokolldatei **Edbtemp.log** angelegt, die Transaktionen aufnimmt, bis ein neues Protokoll angelegt ist.

Jede Protokolldatei besteht aus zwei Abschnitten, dem Header und den Daten. Der Header enthält hartkodierte Pfade zu den Datenbanken, auf die er verweist. In Exchange Server 2007 können mehrere Datenbanken dieselbe Protokolldatei benutzen, weil die Protokolldateien für die gesamte Speichergruppe da sind. Aus der Sicht des Administrators wird dadurch die Wiederherstellung vereinfacht. Unabhängig davon, welche Datenbank innerhalb der Speichergruppe Sie wiederherstellen, bedienen Sie sich derselben Protokolldatei. Außerdem enthält der Header eine Signatur, die derjenigen der Datenbank entspricht, sodass die Protokolldatei nicht versehentlich der falschen Datenbank zugeordnet wird, die zufällig denselben Namen trägt.

Mit dem Befehl **Eseutil /ml** können Sie einen Auszug der Headerinformationen einer Protokolldatei erstellen (siehe Abbildung 3.6). In diesem Auszug werden die Generationsnummer, die hartkodierten Datenbankpfade und die Signaturen angezeigt. Im Datenteil der Protokolldatei sind gegebenenfalls die Transaktionsinformationen gespeichert, beispielsweise Informationen über den Beginn der Transaktion (**BeginTransaction**), über den Commit oder ein Rollback. Der Hauptanteil besteht aus physischen Änderungen an der Datenbank auf niedriger Ebene. Mit anderen Worten: Der Datenteil enthält Datensätze, die besagen, dass eine bestimmte Information an einer bestimmten Stelle einer bestimmten Seite eingefügt wurde.

Die Änderung einer Datenbank erfolgt in mehreren Schritten. Zuerst wird die betreffende Seite in den Datenbankcache gelesen und dann der Zeitstempel auf der Seite aktualisiert. Dieses schrittweise Hochsetzen des Zeitstempels findet für jede Datenbank einzeln statt. Daraufhin wird der Eintrag in das Protokoll erstellt, der besagt, welche Änderungen an der Datenbank durchgeführt werden sollen. Diese Operation findet im Cachespeicher der Protokolldatei statt. Anschließend wird die Seite geändert. Zwischen den beiden Einträgen wird eine Verbindung hergestellt, sodass die Seite erst dann auf die Festplatte geschrieben werden kann, wenn der Eintrag in der Protokolldatei bereits dort gespeichert ist. So wird sichergestellt, dass jede Änderung zuerst in die Protokolldatei auf der Festplatte geschrieben wird, bevor die Datenbank aktualisiert wird.

Abbildg. 3.6 Auszug der Headerinformationen, der mit dem Befehl **Eseutil /ml** erstellt wurde

```
C:\>eseutil /ml "F:\Exchange\Mailbox\First Storage Group\E0000000001.log"

Extensible Storage Engine Utilities for Microsoft(R) Exchange Server
Version 08.00
Copyright (C) Microsoft Corporation. All Rights Reserved.

Initiating FILE DUMP mode...

      Base name: E00
      Log file: F:\Exchange\Mailbox\First Storage Group\E0000000001.log
      lGeneration: 1 (0x1)
      Checkpoint: NOT AVAILABLE
      creation time: 02/20/2007 01:07:08
      prev gen time: 00/00/1900 00:00:00
      Format LGVersion: (7.3704.10)
      Engine LGVersion: (7.3704.10)
      Signature: Create time:02/20/2007 01:07:08 Rand:96278219 Computer:
      Env SystemPath: F:\Exchange\Mailbox\First Storage Group\
      Env LogFilePath: F:\Exchange\Mailbox\First Storage Group\
      Env Log Sec size: 512
      Env (CircLog,Session,Opentbl,VerPage,Cursors,LogBufs,LogFile,Buffers)
      (     off,     502,   25100,   14460,   25100,    2048,    2048,2000000000)
      Using Reserved Log File: false
      Circular Logging Flag (current file): off
      Circular Logging Flag (past files): off

      Last Lgpos: (0x1,A,0)

Integrity check passed for log file: F:\Exchange\Mailbox\First Storage Group\E00
00000001.log

Operation completed successfully in 0.219 seconds.

C:\>
```

Es bestehen daher berechtigte Bedenken gegenüber dem Write-back-Cache, der auf dem Controller der Festplatte mit der Protokolldatei aktiviert werden kann. Wenn der *Write-back-Cache* aktiviert ist, meldet die Hardware dem ESE-Modul, dass die Information erfolgreich auf die Festplatte übertragen wurde, obwohl sich die Information tatsächlich noch im Pufferspeicher des Controllers befindet und erst zu einem späteren Zeitpunkt auf die Festplatte geschrieben wird. Der Write-back-Cache steigert zwar die Systemleistung, doch seine Aktivierung kann bedeuten, dass die Reihenfolge des ESE-Prozesses, bei dem die Änderungen zunächst in die Protokolldatei und erst dann in die Datenbank geschrieben werden, nicht eingehalten wird. Sollte es zu einer Beschädigung des Controllers oder der Festplatte kommen, besteht die Gefahr, dass die Seite zwar auf die Festplatte geschrieben, aber nicht in der Protokolldatei aufgezeichnet wurde. Das Ergebnis wäre eine fehlerhafte Datenbank.

Protokolldateien bei der Wiederherstellung wiedereinspielen

Nachdem Sie Ihre Datenbank wiederhergestellt haben, werden beim Start des Prozesses **Store.exe** die Protokolldateien eingespielt. Dieses Abspielen und der anschließende Rollback der Operationen, die im Versionsspeicher abgelegt wurden, bilden den »Start« des Speicherprozesses. Dies wird auch häufig als *Wiederherstellungsprozess* bezeichnet. Das Abspielen der Transaktionsprotokolle bildet den ersten Teil des Wiederherstellungsprozesses und nimmt den größten Teil der Zeit in Anspruch, die beim Starten von **Store.exe** vergeht.

Beim Abspielen der Protokolldateien wird für jeden Protokolleintrag die Seite aus der Datenbank gelesen, auf die er verweist. Anschließend wird der Zeitstempel auf der Seite mit dem Zeitstempel des Protokolleintrags verglichen. Trägt der Protokolleintrag beispielsweise den Zeitstempel 12, die Seite aus der Datenbank dagegen den Zeitstempel 11, erkennt ESE, dass die Änderung an der Protokolldatei noch nicht auf die Festplatte übertragen wurde. In diesem Fall holt das Modul den Vorgang nach und schreibt den Protokolleintrag in die Datenbank. Ist der Zeitstempel auf der Seite auf der Festplatte dagegen gleich dem Zeitstempel des Protokolleintrags oder größer, schreibt ESE diesen Eintrag nicht auf die Festplatte, sondern fährt mit dem nächsten fort.

In der zweiten und letzten Phase des Wiederherstellungsprozesses werden nicht mit Commit übernommene Operationen rückgängig gemacht (Rollback): Wurde ein Teil einer E-Mail übertragen, wird die Übertragung rückgängig gemacht. Wurde eine Nachricht gelöscht, wird sie wiederhergestellt. Dies bezeichnet man als *physische Wiederherstellung* und *logische Rückgängigmachung*. Der Wiederherstellungsprozess wird jedes Mal ausgeführt, wenn der Prozess **Store.exe** gestartet wird. Wenn Sie den Speicherprozess fünfmal starten, wird auch der Wiederherstellungsprozess fünfmal ausgeführt.

Der Wiederherstellungsprozess wird zwar nicht an den Datenbanken, sondern an den Protokolldateien durchgeführt, er funktioniert aber trotzdem nicht, wenn Sie die Datenbanken verschoben haben, weil dann der hartkodierte Pfad im Header der Protokolldatei nicht mehr auf die Datenbank zeigt. Der Prozess wird dann zwar scheinbar erfolgreich abgeschlossen, aber wenn Sie die betreffende Datenbank verwenden wollen, erhalten Sie von MSExchangeIS im Anwendungsprotokoll eine Fehlermeldung mit der Ereignis-ID 9519. Dies bedeutet, dass beim Start der Datenbank ein Fehler aufgetreten ist (siehe Abbildung 3.7).

Wenn Sie die Datenbank wieder zurück an den Speicherort verschieben, wo die Protokolldatei sie zu finden erwartet, und dann den Speicherprozess starten, sollte die Wiederherstellung die Datenbank wieder in einen konsistenten und brauchbaren Zustand zurückversetzen.

Abbildg. 3.7 Meldung über einen Fehler beim Starten der Datenbank

Prüfpunktdatei

Die Prüfpunktdatei dient der Optimierung des Wiederherstellungsprozesses. Sie zeichnet auf, welche Einträge in den Protokolldateien bereits auf die Festplatte geschrieben wurden. Wenn dies bereits für alle Einträge geschehen ist, müssen die Protokolldateien bei der Wiederherstellung nicht wiedereingespielt werden. Die Prüfpunktdatei liefert ESE Informationen darüber, welche Protokolleinträge erneut wiedereingespielt werden müssen und welche nicht, und verkürzt somit die Wiederherstellung.

Eine schnellere Wiederherstellung der Datenbank ist oft auch der Grund für die Aktivierung der *Umlaufprotokollierung*. Dabei werden alle Protokolldateien gelöscht, die älter sind als der aktuelle Prüfpunkt. Diese Art der Protokollierung hat den Nachteil, dass es unter Umständen nicht mehr möglich ist, Daten von einem Sicherungsband wiederherzustellen. Wenn ein Teil der Protokolldateien seit der letzten vollständigen Sicherung durch die Umlaufprotokollierung gelöscht wurde, können Sie die Datenbank nur bis zum Zeitpunkt der letzten vollständigen Sicherung wiederherstellen. Haben Sie jedoch alle alten Protokolldateien aufbewahrt, sind Sie in der Lage, die Datenbank nach der vollständigen Wiederherstellung vom letzten Sicherungsband wieder auf den Stand zum Zeitpunkt des Ausfalls zu bringen, da dann alle Protokolldateien in die wiederhergestellte Datenbank eingespielt werden können. Denken Sie daran, dass eine vollständige Wiederherstellung nur durchgeführt werden kann, wenn sich die Datenbank physisch in demselben Zustand befindet wie zu der Zeit, als die Protokolldateien geschrieben wurden. Eine physisch zerstörte Datenbank kann nicht wiederhergestellt werden.

WICHTIG Löschen Sie nie, nie, nie Ihre Protokolldateien! Dafür gibt es folgenden Grund: Nehmen Sie an, Protokolldatei 9 enthält den Befehl, an einer bestimmten Stelle in der Datenbank eine neue Seite einzufügen, während Protokolldatei 10 den Befehl enthält, diese Seite zu löschen. Nehmen Sie außerdem an, dass der Administrator die Protokolldatei 9 löscht, weil er vielleicht denkt, dass der Zeitstempel schon zu alt ist, und auch die Prüfpunktdatei entfernt. Später muss er dann aus anderen Gründen das System neu starten. Wenn der Prozess **Store.exe** gestartet wird, wechselt ESE automatisch in den Wiederherstellungsmodus. Da keine Prüfpunktdatei vorhanden ist, muss ESE alle Protokolldateien abspielen. Bei der Protokolldatei 10 wird der Löschbefehl für die angegebene Seite ausgeführt und ihr Inhalt vernichtet. ESE kann ja nicht wissen, dass mit einem früheren Befehl an dieser Stelle eine neue Seite eingefügt worden wäre, denn die Protokolldatei 9 ist nicht mehr vorhanden. So entsteht ein Fehler in Ihrer Datenbank. *Löschen Sie also unter keinen Umständen eine Protokoll- und auch keine Prüfpunktdatei*! Sie müssen sich auch dessen bewusst sein, *dass Protokolldateien auch durch die Aktivierung des Write-back-Caches gelöscht werden können*. Am besten ist es, Sie deaktivieren den Write-back-Cache und löschen weder Protokoll- noch Prüfpunktdateien.

Protokolleinträge in der Datenbank

Wie bereits erwähnt, werden geänderte Seiten im Arbeitsspeicher und übernommene Transaktionen im Protokollpufferbereich nicht sofort auf die Festplatte geschrieben. Übernommene Transaktionen der Transaktionsprotokolldatei werden in die Datenbank kopiert, wenn eine der folgenden Situationen eintritt:

- Der Prüfpunkt in einer früheren Protokolldatei liegt zu weit zurück. Wenn die Zahl der übernommenen Transaktionen in der Protokolldatei einen bestimmten Grenzwert erreicht, überträgt ESE die Änderungen auf die Festplatte.

- Im Arbeitsspeicher stehen nur noch wenige freie Seiten zur Verfügung, was sich möglicherweise negativ auf die Systemleistung auswirkt. In diesem Fall werden übernommene Transaktionen, die sich noch im Speicher befinden, auf die Festplatte übertragen, sodass dem System im Arbeitsspeicher wieder mehr freie Seiten zur Verfügung stehen.

- Ein anderer Dienst fordert zusätzlichen Speicherplatz an, sodass ESE einen Teil des bisher von ihm beanspruchten Speicherplatzes freigeben muss. In diesem Fall überträgt das Modul mehrere Seiten aus dem Speicher in die Datenbank und aktualisiert anschließend die Prüfpunktdatei.

- Der Datenbankdienst wird abgeschaltet. In diesem Fall werden alle aktualisierten Seiten, die sich im Arbeitsspeicher befinden, in die Datenbankdatei kopiert.

Denken Sie daran, dass die Seiten nicht alle gleichzeitig und auch nicht in einer bestimmten Reihenfolge aus dem Speicher kopiert werden. Da sie demnach in willkürlicher Reihenfolge auf die Festplatte übertragen werden, kann es bei einem Systemabsturz während dieses Vorgangs dazu kommen, dass in der Datenbankdatei nur Teile einer übernommenen Transaktion aktualisiert werden. Startet nach einem solchen Fall der Prozess **Store.exe** wieder, wird die Transaktion aus den Transaktionsprotokolldateien erneut eingespielt, sodass die Datenbank vollständig aktualisiert werden kann.

> **Das installierbare Dateisystem**
>
> In Exchange 2000 Server wurde ExIFS standardmäßig bereitgestellt und als Methode zur Verwaltung von Benutzerdaten empfohlen. Das installierbare Dateisystem (Installable File System, IFS) erlaubte den Benutzern, jede beliebige Art von Dokument in der alten nativen Inhaltsdatei (einer Streamingdatei) zu platzieren und dann mit nahezu jedem beliebigen Client darauf zuzugreifen, gleichgültig, ob es sich dabei um einen Browser, einen MAPI-Client oder Internet Explorer von Microsoft handelte.
>
> Allerdings hat Microsoft davon Abstand genommen, IFS für die Daten- und Dateiverwaltung zu verwenden. In Exchange Server 2003 wurde das IFS nicht standardmäßig bereitgestellt, und aus Exchange Server 2007 ist ExIFS vollständig verschwunden.

Der Webordner-Client

WebDAV (Web Development Authoring and Versioning) ist eine Erweiterung des Protokolls HTTP und stellt eine auf Standards beruhende Schicht dar, die auf HTTP 1.1 aufsetzt. Vor allem unterstützt sie eine komplexere Befehlsstruktur, indem sie Befehle wie COPY und MOVE hinzufügt, die einzelne Objekte auf einem Webserver bearbeiten. Darüber hinaus bietet dieses neue Protokoll über HTTP und den Browser als Client Lese- und Schreibzugriff auf den Informationsspeicher. Es unterstützt relationale Datenbankstrukturen, semistrukturierte Datenbanken (beispielsweise die von Exchange) und Standarddateisysteme. Außerdem lassen sich WebDAV-Clients über das Internet durch Replikation mit serverseitigen Speichern synchronisieren und ermöglichen so einen effizienten Onlinezugriff auf die Daten sowie ihre Verwendung im Offlinebetrieb. Mit dieser Funktion können Sie beispielsweise stündlich eine aktualisierte Inventarliste an ein landesweit tätiges Vertriebsteam senden. Jeder Verkäufer kann die Informationen über das Internet abrufen, Bestellungen und Kommentare eingeben und an seinem Clientstandort immer die neuesten Informationen zur Hand haben, solange ein Zugang zum Internet besteht.

WebDAV verarbeitet alle möglichen Arten von Inhalt, sodass ein Team von Benutzern damit gemeinsam an Textverarbeitungsdokumenten, Tabellenkalkulationen und Grafiken arbeiten kann. Alles, was sich in einer Datei speichern lässt, kann potenziell mit WebDAV erstellt werden. Durch WebDAV wird das Web vom Standpunkt des Benutzers betrachtet zu einem beschreibbaren Medium. Microsoft Internet Explorer 5 und Microsoft Office 2000 (oder höher) sind beide mit WebDAV kompatibel. WebDAV bietet unter anderem folgende Leistungsmerkmale:

- **Überschreibschutz (Dateisperrung)** Benutzer können gemeinsam genutzte Dokumente bearbeiten, verändern und speichern, ohne dabei die Arbeit anderer Benutzer zunichte zu machen, und zwar unabhängig davon, welche Anwendung bzw. welchen Internetdienst sie dazu verwenden. Dies ist eine sehr wichtige Voraussetzung für Programme, die die Zusammenarbeit innerhalb eines Unternehmens unterstützen.

- **Namespaceverwaltung**   Mit dieser Funktion können die Benutzer Internetdateien und -verzeichnisse bequem verwalten. Dazu gehört auch das Kopieren und Verschieben von Dateien. Dieser Prozess entspricht der Dateiverwaltung im Explorer.
- **Zugriff auf Eigenschaften (Metadaten)**   Dieses Merkmal bietet den Benutzern die Möglichkeit, Metadaten über ein Dokument, beispielsweise den Namen des Autors, Urheberrechtsinformationen, Veröffentlichungsdatum und Schlüsselwörter, zu indizieren und auch zu suchen, um bestimmte Dokumente zu finden und abzurufen. (Weitere Informationen über dieses Thema finden Sie im Abschnitt ↗ »*Indizierung*« weiter hinten in diesem Kapitel.)

Webordner wurden entwickelt, damit Clients auf einen Webserver auf dieselbe Weise zugreifen können wie auf einen Dateiserver. In Exchange Server 2007 können Clients auf öffentliche Ordner ebenso zugreifen wie auf einem Dateiserver und die Daten in den Webordnern auch so verwalten. Der Webordner-Client wird mit Windows 2000 Professional, Windows XP und Windows Vista ausgeliefert.

Um einen Webordner zu einer Ressource im Exchange-Speicher zu machen, verwenden Sie den Assistenten **Netzwerkressource hinzufügen** unter **Netzwerkumgebung** und machen dabei eine der folgenden Angaben:

- Der Speicherort der Serverfreigabe im Format der Universal Naming Convention (UNC), zum Beispiel **\\servername\freigabename**.
- Ein URL, zum Beispiel **http://www.microsoft.com**.
- Eine FTP-Site mit der Syntax **ftp://ftp.microsoft.com**.

Ist der Webordner-Client angelegt, kann er von einer Anwendung, dem Windows-Explorer oder anderen clientseitigen Programmen eingesetzt werden, um auf Informationen zuzugreifen.

In Exchange Server 2007 wird die WebDAV-Unterstützung weniger stark betont. Dieser geschwollene Ausdruck hat eine sehr einfache Bedeutung: Suchen Sie eine andere Lösung, weil diese wahrscheinlich nicht in die nächste Exchange Server-Version übernommen wird. Glücklicherweise hat sich Microsoft entschlossen, die Technologie für Exchange Server 2007 beizubehalten, aber die Benutzer werden zu einer SharePoint-Lösung gedrängt, die WebDAV und öffentliche Ordner ersetzen soll. Wenn Sie sich den Dienst Windows SharePoint Services ansehen, werden Sie überdies feststellen, dass die Dateiverwaltung auf dem Weg von einer servergestützten zu einer Datenbankarchitektur ist. Dieser Wandel ist Teil der neuen Gesamtstrategie, von traditionellen LAN- zu Webdiensttechnologien überzugehen. Er macht bereits gute Fortschritte und zeigt sich praktisch in jeder neuen Plattform, die Microsoft vorstellt.

Öffentliche Ordner

Was können Sie tun, wenn Sie mit Exchange 2000 Server oder Exchange Server 2003 gearbeitet und Mengen von Dokumenten in öffentlichen Ordnern abgelegt haben? In Exchange Server 2007 können Sie dabei bleiben. Sie sollten jedoch beachten, dass Microsoft irgendwann eine Exchange Server-Version ohne diese Funktionen herausbringen wird. Das Webspeichersystem, wie es sich uns jetzt darstellt, ebnet dem nächsten großen Datenbankmodul den Weg, das auf SQL aufbauen wird. Sie sollten bereits jetzt für diesen bevorstehenden Wechsel vorausplanen.

In Exchange Server 2007 sind die öffentlichen Ordner noch vertreten, obwohl ihre Nutzung etwas beeinträchtigt sein wird, bis Microsoft das Service Pack 1 für Exchange Server 2007 freigibt. Bis dahin bestehen folgende Bedingungen:

- Die Verwaltung öffentlicher Ordner ist nur über die befehlszeilenbasierte Exchange-Verwaltungsshell möglich.
- In OWA 2007 ist kein Zugriff auf öffentliche Ordner möglich.

In Exchange Server 2007 weisen öffentliche Ordner wie in Exchange Server 2003 folgende Kennzeichen auf:

- Strukturen für öffentliche Ordner sind wesentlich besser skalierbar und flexibler als in der Vergangenheit. Sie können sie nun nach geografischen Gesichtspunkten, nach Abteilungen oder auch nach der Funktion erstellen. Weitere Informationen hierzu finden Sie im ↗ Abschnitt »Mehrere Strukturen für öffentliche Ordner« weiter hinten in diesem Kapitel.
- Die *öffentlichen* Ordner sind in Active Directory integriert. Das bedeutet, dass E-Mail-Einträge Ihnen erlauben, Nachrichten an einen *öffentlichen* Ordner zu senden, statt sie direkt dort platzieren zu müssen.
- Die *öffentlichen* Ordner sind durch die Benutzer- und Gruppenberechtigungen des Verzeichnisdienstes Active Directory geschützt.
- Weiterleitungen sind standardmäßig aktiviert. Da dies auch für die Weiterleitung zwischen Routinggruppen gilt, können Clients auf jeden Ordner in einer Organisation zugreifen.

Mehrere Strukturen für öffentliche Ordner

In Exchange Server 2007 können Sie für öffentliche Ordner mehrere Strukturen für verschiedene Zwecke erstellen. Nehmen Sie beispielsweise an, Sie haben ein Projektteam aus drei internen LAN-Clients, zwei Mitarbeitern Ihres Unternehmens an anderen Standorten und drei Beratern außerhalb Ihres Unternehmens. Für diese Benutzer können Sie eine Hierarchie öffentlicher Ordner erstellen, die von der standardmäßigen Struktur getrennt ist.

Die Daten der einzelnen Strukturen werden serverweise in einem einzelnen Informationsspeicher für öffentliche Ordner abgelegt. Sie können einzelne Ordner in der Struktur auf alle Server in Ihrer Organisation replizieren, deren Informationsspeicher für öffentliche Ordner dieser Struktur zugeordnet sind. Die standardmäßige Struktur für öffentliche Ordner ist über MAPI und IMAP4 zu erreichen.

Indizierung

Ein Bereich, der in Exchange Server 2007 eine deutliche Verbesserung erfahren hat, ist die Indizierung und Suche. Genau genommen wurden diese Funktionen von Grund auf neu gestaltet. Exchange Server 2007 verwendet zum Suchen und Indizieren jetzt dasselbe Modul wie SQL Server 2005.

In früheren Exchange Server-Versionen wurde der Informationsspeicher regelmäßig untersucht und der Index dabei aktualisiert. Diese Methode war jedoch langsam und selten aktuell und verschlang erhebliche Serverressourcen. Der Indexdienst von Exchange Server 2003 war zunächst deaktiviert, um die Systemleistung zu verbessern.

Unter Exchange Server 2007 wurden folgende Änderungen vorgenommen:

- Die Indizierung ist für alle neuen Postfachspeicher automatisch aktiviert.
- Die Suchkomponente benutzt jetzt — wie SQL Server 2005 — MS Search 3.0, was zu erheblich schnellerer und effizienterer Indizierung führt.

- Teilübereinstimmungen von Wörtern werden unterstützt. Suchen Sie also nach »admin«, kann der Suchdienst »admin«, »administrator« oder »adminstration« zurückgeben.
- Der Index ist immer aktuell. Sobald eine Nachricht in die Datenbank übernommen ist, wird sie indiziert, sodass ihr Inhalt sofort durchsucht werden kann. Da die Nachricht so neu ist, befindet sie sich außerdem noch im Cache, sodass der Indizierungsvorgang mit sehr wenigen E/A-Operationen auskommt.
- Noch wird ein Indizierungsvorgang und der Crawl-Methode verwendet, jedoch nur beim Bereitstellen oder Verschieben einer Datenbank oder beim Verschieben von Postfächern von einer Datenbank in eine andere. Diese Methode wird aber zugunsten der Ansprüche anderer, wichtigerer Komponenten automatisch zurückgeschraubt.
- Auch Anhänge werden indiziert, solange ihr Typ unterstützt wird.
- Öffentliche Ordner unterliegen nicht der Indizierung.
- Lokalisierung wird jetzt unterstützt.
- Der Index beruht nicht auf einzelnen Zeichen, sondern auf Wörtern.

Die neue Suchfunktion von Exchange Server 2007 ist für die Benutzer von großem Wert, die Outlook nicht im Cachemodus, sondern online betreiben. Den Cachemodus von Outlook 2007 hat Microsoft mit der Funktion *Windows-Desktopsuche* ausgestattet, die einen durchsuchbaren lokalen Index bietet. Ältere Outlook-Versionen müssen sich entweder auf Desktop-Suchclients von Drittanbietern oder das lineare Durcharbeiten des gesamten Postfachs stützen, was sehr langsam ablaufen kann.

Die serverbasierte Suche funktioniert auch bei mobilen Clients. Der Client braucht keine Indexsuche durchzuführen, sondern ihm werden die Ergebnisse der serverbasierten Indizierung zur Durchsicht gesendet.

Die Such- und Indizierungsfunktion von Exchange Server 2007 unterstützt zahlreiche Dateitypen, darunter – wie zu erwarten – mit Microsoft Office erstellte Dokumente. Sie können nach Dateien mit folgenden Erweiterungen suchen:

Indexkataloge

*.ascx	*.dot	*.inf	*.rc
*.asm	*.h	*.ini	*.reg
*.asp	*.hhc	*.inx	*.rtf
*.aspx	*.hpp	*.js	*.stm
*.bat	*.htm	*.log	*.txt
*.c	*.html	*.m3u	*.url
*.cmd	*.htw	*.mht	*.vbs
*.cpp	*.htx	*.odc	*.wtx
*.cxx	*.hxx	*.pl	*.xlc
*.def	*.ibq	*.pot	*.xls
*.dic	*.idl	*.ppt	*.xlt
*.doc	*.inc		

Im Verlauf der Indizierung werden Indexkatalogdateien angelegt, die standardmäßig im Verzeichnis der jeweiligen Speichergruppe untergebracht werden und mit **CatalogData** beginnen. Der vollständige Verzeichnisname lautet **CatalogData-<GUID_der_Datenbank>-<GUID_der_Instanz>**. Der GUID der Datenbank und der GUID der Instanz tragen dazu bei, dass der Index die Knoten in einer Postfachclusterumgebung unterscheiden kann. Abbildung 3.8 zeigt die Indexordner in den Ordnern der einzelnen Speichergruppen. Beachten Sie, dass dieser Screenshot zwei Ordner zeigt. Für jede Datenbank wird ein eigener Index angelegt.

Abbildg. 3.8 Für jede Datenbank der Speichergruppe wird ein Indexordner angelegt

Indexgröße

Versuchen Sie in Exchange Server 2007 alles, um bei der Planung des Speicherbedarfs die Größe der Indexdateien zu berücksichtigen. Planen Sie ein, dass die Indizes Platz in der Größenordnung von etwa fünf Prozent der Datenbankgröße belegen, und sehen Sie dann lieber zehn Prozent vor ... einfach für den Fall, dass!

Speicherdesign in Exchange Server

Nachdem Sie nun eine Vorstellung von der Funktionsweise der Speicher und Speichergruppen in Exchange Server 2007 gewonnen haben, ist es an der Zeit, bewährte Verfahren für den Entwurf der physischen Infrastruktur Ihrer Exchange Server 2007-Umgebung zu erörtern.

Unterstützte Speichertechnologien

Bevor Sie daran gehen, Ihre Speicherarchitektur zu entwerfen, sollten Sie wissen, welche Speichertechnologien Exchange Server 2007 unterstützt:

- Direkt angeschlossene serielle ATA- oder seriell angeschlossene SCSI-Festplatten (SATA bzw. SAS)
- iSCSI. Dies ist die einzige netzwerkgestützte Speicherung, die Exchange Server 2007 unterstützt; NAS (Network Attached Storage) ist nicht mehr im Spiel.
- Fibre Channe

Aus der Praxis: RAID-Ebenen

Je nachdem, wie Sie es betrachten, gibt es eine Vielzahl von RAID-Ebenen für Ihre Exchange-Speicherumgebung. In Tabelle 3.2 sehen sie fünf häufig vorkommende Ebenen im Vergleich.

Tabelle 3.2 RAID-Ebenen

	Geschwindigkeit	Kapazitätsausnutzung	Wiederaufbauleistung	Leistung bei Plattenausfall	E/A-Leistung
RAID10	Hervorragend	Mäßig	Hervorragend	Hervorragend	Hervorragend
RAID5	Gut	Bestens	Mäßig	Mäßig	Mäßig
RAID6	Mäßig	Gut	Mäßig	Mäßig	Mäßig
RAID1	Hervorragend	Mäßig	Hervorragend	Hervorragend	Hervorragend

Exchange Server 2007 stellt erhebliche Speicheransprüche, und für verschiedene Aspekte der Exchange-Infrastruktur gibt es eine Reihe bewährter Vorgehensweisen.

Eine RAID-Ebene auswählen

In kleinen Exchange-Umgebungen bringen Sie wahrscheinlich einfach alles, was mit Exchange zu tun hat, auf demselben Festplattenarray unter und verwenden dafür eine einzige RAID-Ebene. Um Exchange Server optimal zu nutzen, müssen Sie jedoch die RAID-Ebene für alle einzelnen Aspekte Ihrer Exchange-Infrastruktur anpassen. Am besten fangen wir mit einer Übersicht über die von Microsoft empfohlenen bewährten Vorgehensweisen für Ihre Exchange-Speicherung an.

- **Transaktionsprotokolle** Microsoft empfiehlt, Transaktionsprotokolle auf einem batteriegesicherten RAID 1- oder RAID 10-Array zu speichern. Die Leistung der Transaktionsprotokolle ist für Exchange Server von höchster Bedeutung. Von allen sinnvollen RAID-Ebenen bieten RAID 1 und RAID 10 die beste Latenz beim Schreiben. Außerdem können beide Ebenen sehr gut mit großen Festplatten umgehen.

- **Datenbanken** Was die eigentlichen Datenbanken betrifft, könnte RAID 5 ausreichen, aber RAID 10 ist besser, selbst wenn die sie dafür Hälfte der Speicherkapazität opfern müssen. In Exchange Server 2003 reichte RAID 5 für Exchange Server-Datenbanken aus. Für Exchange Server 2007 weist Microsoft darauf hin, dass RAID 5 möglicherweise nicht genug ist, insbesondere beim Neuaufbau nach einem Festplattenausfall, bei dem die Leistung ernsthaft beeinträchtigt ist. Microsoft empfiehlt daher, nach Möglichkeit RAID 10 einzusetzen, obwohl RAID 5 reicht.

- **Betriebssystem** Die Festplatten, auf denen Sie das Betriebssystem für Exchange Server 2007 installieren, sollten RAID 1 benutzen. Diese Ebene bietet den besten Ausfallschutz bei sehr hoher Leistung.

Aus der Praxis: Speicherbedarfsrechner

Eine Gesamtspeicherarchitektur für Exchange Server 2007 anzulegen ist harte Arbeit und kann sehr komplex sein, wenn Sie alle Empfehlungen von Microsoft einhalten wollen. Hätten Sie gern eine klare Anweisung, die Ihnen beim Entwerfen der Speicherarchitektur für Exchange Server 2007 hilft, einschließlich der empfohlenen Anzahl von Speichergruppen, der empfohlenen LUN-Gestaltung, der IOPS-Berechnungen auf der Grundlage von Postfachgröße und Benutzerzahl und weiterer Informationen, sollten Sie sich das vom Exchange-Team entwickelte Programm zur Speicherberechnung ansehen. Es hilft Ihnen nicht nur herauszufinden, wie viel Speicherplatz Ihre Exchange-Infrastruktur benötigt, sondern (auf anderen Registerkarten) auch, wie viele Speicher die gewünschte Konfiguration braucht. Es geht sogar so weit, ein physisches Layout zu empfehlen. Zum Schluss errechnet es anhand Ihrer Angaben sogar, wie viel Arbeitsspeicher Sie für Ihren Server einkalkulieren müssen.

Sie können das Programm von der Adresse http://msexchangeteam.com/archive/2007/01/15/432207.aspx herunterladen.

Den Bedarf an Festplattenspeicher planen

Wenn Sie Überlegungen zur Kapazität des Festplattenspeichers für Exchange Server 2007 anstellen, müssen Sie folgende Aspekte berücksichtigen:

- Die Anzahl der Benutzer, die auf einem Exchange Server-Computer verwaltet werden sollen
- Die Belastung durch die Benutzer, die auf einem Exchange Server-Computer verarbeitet werden soll
- Die Zeit für die Wiederherstellung nach einem Ausfall
- Die durchschnittliche Größe der E-Mail-Nachrichten und Anlagen sowie die Anzahl der Anlagen, die von den Benutzern gesendet und empfangen werden
- Die Anzahl und die Größe der öffentlichen Ordner

Die beiden nächsten Abschnitte befassen sich mit der Berechnung des Festplattenspeichers, der für einen Exchange Server-Computer erforderlich ist.

Den erforderlichen Plattenspeicher für Postfächer berechnen

Die Messagingaktivität Ihrer Benutzer ist nur schwer vorherzusagen. Einige Benutzer senden und empfangen pro Tag nur wenige Nachrichten, während andere tagtäglich mit sehr vielen E-Mails umgehen, zum Teil mit umfangreichen Anlagen. Generell gilt, dass bei gleicher Hardwareausstattung ein Postfachspeicher mehr Benutzer mit geringer als solche mit ausgeprägter E-Mail-Aktivität aufnehmen kann. Auch wenn es trivial klingen mag, sollten Sie ein Klassifizierungssystem für Ihre Umgebung erstellen und dann durchrechnen, wie viele Benutzer pro Speicher, pro Speichergruppe und schließlich pro Server eingerichtet werden können. Wenn Sie zu einer halbwegs genauen Einschätzung des aktuellen Messagingaufkommens gelangen, können Sie die Anforderungen an die Hardware und die Speichergruppen leichter vorherbestimmen.

Wählen Sie mindestens 15 Prozent Ihrer Benutzer nach dem Zufallsprinzip aus und untersuchen Sie deren aktuelle E-Mail-Nutzung. Vergewissern Sie sich, dass die Benutzer Kopien der gesendeten

E-Mail-Nachrichten im Ordner **Gesendete Objekte** speichern. Anhand dieser Kopien können Sie dann feststellen, wie viele Nachrichten täglich gesendet werden und wie groß sie sind. Außerdem können Sie erkennen, wie viele E-Mails mit Anlagen versehen sind. Wenn Sie die betreffenden Nachrichten öffnen, können Sie auch die Größe der Anlagen feststellen. Falls Sie aus Datenschutzgründen nicht alle benötigten Informationen auf diese Weise erhalten, bitten Sie Ihre Benutzer, einen entsprechenden Fragebogen auszufüllen.

> **HINWEIS** Microsoft hat ein Programm herausgebracht, dass Ihnen bei der organisierten Erfassung von Daten über die Messagingaktivitäten Ihrer Organisation und der Einbeziehung sämtlicher Benutzerpostfächer in die Ergebnisse helfen kann, sodass Sie den Speicherbedarf auf breiterer Datengrundlage berechnen können. Dieses Programm, die so genannte Profilanalyse, steht auf der Microsoft-Website unter folgender Adresse zum Herunterladen zur Verfügung: **http://www.microsoft.com/downloads/details.aspx?FamilyId=8F575F60-BD80-44AA-858B-A1F721108FAD&displaylang=en**.

Nachdem Sie genügend Daten gesammelt haben, unterziehen Sie sie einer Analyse. Diese Aufgabe besteht einfach aus einigen Berechnungen auf der Grundlage der erhobenen Daten. Gehen Sie zum Beispiel davon aus, dass Sie Ihre Erfassung über 60 Tage mit 300 Benutzern durchgeführt haben und jeder pro Tag durchschnittlich 20 E-Mails mit einer durchschnittlichen Größe von 10 KB und insgesamt 2 Anhängen von je 200 KB pro Benutzer und Tag gesendet oder empfangen hat. Mit diesen Daten stellen Sie folgende Berechnungen an:

- 20 E-Mail-Nachrichten x 10 KB = 200 KB pro Tag für E-Mail-Nachrichten
- 2 Anlagen x 200 KB = 400 KB pro Tag für Anlagen
- Durchschnittliche Gesamtspeichernutzung pro Tag
- Durchschnittlicher Gesamtverbrauch an Festplattenspeicher: 1,2 MB pro Tag (600 KB für den Speicher, 600 KB für die Transaktionsprotokolle)
- 1,2 MB x 300 Benutzer = 360 MB Speicherplatz pro Tag für alle 300 Benutzer. Ein Zeitraum von 60 Tagen umfasst 44 Arbeitstage, sodass 15.840 MB oder 15,8 GB Speicherplatz erforderlich ist, um sämtliche Daten unterzubringen.

Das Ergebnis von 15,8 GB ist allerdings etwas irreführend, da die Transaktionsprotokolle nicht dauerhaft gespeichert werden und die Benutzer wahrscheinlich einige der eingegangenen E-Mails löschen. Exchange entfernt schließlich alte Protokolle, sodass Speicherplatz für die erneute Belegung freigegeben wird. Gehen Sie daher davon aus, dass Exchange nur die Wochenspeichermenge an Protokollen oder 5 x 600 KB = 3 MB aufbewahrt. Für zwei Monate ergibt sich somit lediglich ein Festplattenspeicher von 7,74 KB oder 5,4 GB (44 Tage x 600 KB durchschnittlicher Verbrauch x 300 Benutzer plus 3 KB für die Protokolle) für die Ausführung von Exchange Server 2007.

Beachten Sie, dass diese Zahl keine der erweiterten Möglichkeiten berücksichtigt, die Exchange Server 2007 bereitstellt. Die Nutzung von Funktionen wie Replikation und Inhaltsindizierung, einer dedizierten Festplatte für die Wiederherstellung, die Dauer der Aufbewahrung gelöschter Elemente (in Exchange Server 2007 standardmäßig 14 Tage) und weitere Faktoren spielen bei Ihrem Speicherentwurf eine wichtige Rolle. Außerdem gehen in die Planung der Speicherarchitektur Entscheidungen über die Art der Speicherung (Fibre Channel, iSCSI-Festplatten oder direkt angeschlossene) sowie Ihr Zeitfenster für Sicherungen, die Sicherungsmethode, die Sicherungsgeschwindigkeit der Hardware und anderes ein. Letztendlich ist der Plan ja nicht gut, wenn Sie die Speicher in der für die Sicherung vorgesehenen Zeit nicht zuverlässig sichern können.

Neben all den genannten Fakten müssen Sie außerdem berücksichtigen, wie viel Speicherplatz für öffentliche Ordner erforderlich ist, wenn Sie diese in Exchange Server 2007 weiter verwenden wollen.

LUN-Layout (Logical Unit Number)

Denken Sie daran, dass der Begriff »LUN« in der Dokumentation von Microsoft großzügig verwendet wird. Eine logische Einheitennummer (Logical Unit Number, LUN) ist die Adresse eines einzelnen Festplattenlaufwerks auf Ihrem Server. Wird der Begriff für ein Speicherbereichsnetzwerk benutzt, bezieht er sich möglicherweise nicht auf die physische Festplatte, sondern auf Datenträger, die Sie auf dem Netzwerk angelegt haben. Außerdem kann damit ein Datenträger gemeint sein, der Bestandteil eines RAID ist.

Microsoft empfiehlt, eine Datenbank oder einen Informationsspeicher als Ganzes auf derselben physischen LUN zu speichern. Dies gilt jedoch nur, wenn Sie in jeder Speichergruppe eine einzige Datenbank unterbringen. Obwohl Sie laut Microsoft versuchen sollen, diese Konfiguration mit einem Speicher pro Speichergruppe in Exchange Server 2007 beizubehalten, sollten Sie auch bei mehreren Speichern pro Speichergruppe alles daran setzen, sämtliche Datenbankdateien auf derselben LUN unterzubringen.

Außerdem sollten Sie ein Design mit zwei LUNs pro Speichergruppe in Erwägung ziehen, einer für die Datenbank und einer für die Protokolldateien. Bei diesem Design haben Sie je nach der Konfiguration Ihrer physischen Platten ein geringeres Risiko, bei einem Speicherproblem sowohl die Protokolldateien als auch die Datenbank zu verlieren.

Weitere Hinweise zum Speicher

Es gibt eine Reihe weiterer Aspekte, an die Sie beim Entwurf Ihrer Speicherarchitektur für Exchange Server 2007 denken sollten. Dazu einige Empfehlungen und Beobachtungen von Microsoft:

- Beschränken Sie die Größe der einzelnen Datenbanken auf 100 GB, wenn Sie nicht die Exchange Server 2007-Funktionen der fortlaufen Replikation nutzen. Bei fortlaufender Replikation sollten die Datenbanken nicht größer werden als 200 GB.
- Versuchen Sie, eine Speicherarchitektur zu verwenden, bei der eine Speichergruppe nur eine Datenbank enthält.
- Berücksichtigen Sie beim Anlegen von Datenbanken einen Zuschlag von 20% zu allen anderen Anforderungen.
- Beim Reparieren einer Datenbank brauchen Sie Speicherkapazität im Umfang der Datenbankgröße plus 10%. Sehen Sie im Entwurf genügend freien Speicherplatz für die Reparatur der größten Datenbank vor.
- Der Indizierungsvorgang führt in Exchange Server 2007 zu weit geringerem E/A-Aufwand als in früheren Versionen, sodass er weniger Überlegung erfordert.
- Die Aufbewahrungsdauer für den Datenbankpapierkorb ist von 7 auf 14 Tage gestiegen. Er nimmt Elemente auf, die aus dem Ordner **Gelöschte Elemente** entfernt wurden.
- Wenn Sie dafür sorgen, dass Outlook 2007-Clients im Cachemodus arbeiten, können Sie die E/A-Vorgänge im Vergleich zu Outlook 2003 und Exchange Server 2003 um bis zu 70% verringern.

Die Speicherarchitektur testen

Nachdem Sie Ihre Entscheidungen zum Speicher getroffen haben, sollten Sie Ihre Pläne testen, um sich zu vergewissern, dass die Speicherarchitektur dem Missbrauch gewachsen ist, der von den Benutzern zu erwarten ist. Der erste Schritt ist dabei, Ihre Ziele zu klären. Was Exchange Server 2007 betrifft, werden Ihre Maßnahmen häufig in E/A-Vorgängen pro Sekunde (IOPS) gemessen. Sie müssen wissen, welche Leistung benötigt wird. Lassen Sie sich von dem Berechnungsprogramm helfen, das das Exchange-Team entwickelt hat. In Tabelle 3.3 finden Sie einige von Microsoft bereitgestellte Leitlinien, um die für Ihre Organisation erforderlichen Werte zu ermitteln.

Tabelle 3.3   Anhaltspunkte für benötigte E/A-Werte

Benutzertyp (Nutzungsprofil)	Ungefähre Anzahl gesendeter/empfangener Mails pro Tag bei angenommener durchschnittlicher Nachrichtengröße von 50 KB	Geschätzte Ein- und Ausgaben pro Sekunde und Benutzer
Gering	5 gesendet/20 empfangen	0,11
Durchschnittlich	10 gesendet/40 empfangen	0,18
Intensiv	20 gesendet/80 empfangen	0,32
Sehr intensiv	30 gesendet/120 empfangen	0,48

Sie können Ihre Speicherinfrastruktur auch testen, wenn keine Benutzer mit Ihrem Exchange Server-Computer verbunden sind. Microsoft stellt drei Werkzeuge bereit, die Ihnen dabei helfen. Alle stehen auf der Microsoft-Website zum Herunterladen bereit.

- **Exchange Server Jetstress**   Jetstress simuliert E/A in Exchange Server 2007, um die Leistung und die Stabilität Ihrer Speicherinfrastruktur zu überprüfen. Es ahmt das Laden von Exchange-Datenbanken und -Protokolldateien durch eine Benutzeranzahl nach, die der Anzahl in Ihrer Organisation nahe kommt. In Verbindung mit dem Systemmonitor und ESEUTIL können Sie feststellen, ob Ihr Speicher die Anforderungen oder die Empfehlungen des Programms vom Exchange-Team erfüllt oder darüber hinausgeht.

- **Exchange Load Generator**   Exchange Load Generator ist ein Simulationsprogramm, das den Einfluss von MAPI-Clients auf einen Exchange Server 2007-Computer misst. Es stellt eine echte Mailbelastung nach, sodass Sie sehen, ob Ihre Server und Ihr Speicher die vermutete Belastung verkraften.

- **Exchange Server-Profilanalyse**   Die Exchange Server-Profilanalyse sammelt Schätzdaten aus einem Postfachspeicher oder der gesamten Exchange-Organisation, anhand derer sich Leistung und Zustand der Postfachserver und der zugehörigen Speicher untersuchen lassen.

Transportarchitekturen

In Exchange Server 2007 hat Microsoft vollständig auf die Architektur der redundanten Routinggruppen verzichtet. Möglicherweise fragen Sie sich, was »redundant« bedeutet. Kurz gesagt, sollte Ihre herkömmliche Routinggruppentopologie die Netzwerkstruktur oder die Active Directory-Topologie möglichst genau nachbilden. Bei älteren Exchange-Versionen waren Sie gezwungen, eine zusätzliche Routingschicht anzulegen, die nur von Exchange Server genutzt wurde. Mit Exchange Server 2007 wurde diese Schicht beseitigt und eine Struktur zugelassen, die in einer Organisation bereits vorhanden sein und funktionieren muss – die Topologie des Active Directory-Standorts. Um das Nebeneinander einer herkömmlichen Routinggruppe und einer Exchange Server 2007-Umgebung zu ermöglichen, können Sie einen Routinggruppenconnector verwenden, wie er in Kapitel 7, »Koexistenz mit früheren Versionen von Exchange Server«, ausführlich beschrieben wird.

In diesem Abschnitt erfahren Sie, wie Exchange Server 2007 das Nachrichtenrouting handhabt. Die beiden dafür wesentlichen Serverfunktionen sind der Hub-Transport- und der Edge-Transport-Server, wobei der erste jedoch die Hauptlast trägt und im Mittelpunkt der Abhandlung steht.

SMTP-Connectors

Bevor Sie tiefer in eine Erörterung von Transportfragen einsteigen, finden Sie hier zunächst Definitionen für eine Reihe von Begriffen, die in diesem Abschnitt eine Rolle spielen:

- **Sendeconnector** Ein Sendeconnector steht für einen logischen Gateway, über den ausgehende Nachrichten von einem Hub- oder Edge-Transport-Server gesendet werden. Die meisten Sendeconnectors (mit Ausnahme eines Connectors für das Senden von E-Mails ins Internet) haben einen entsprechenden Empfangsconnector. Bei der Installation von Exchange Server 2007 werden zwar nicht explizit SMTP-Sendeconnectors erstellt, aber ausgehend von der Topologie Ihres Active Directory-Standorts gibt es implizite und unsichtbare Sendeconnectors. SMTP-Sendeconnectors leiten E-Mails zwischen den Hub-Transport-Servern Ihres Active Directory-Standorts weiter. Sendeconnectors auf Servern mit Hub-Transport-Server-Funktion sind in Active Directory gespeichert und stehen allen Hub-Transport-Servern der Organisation zur Verfügung.

- **Empfangsconnector** Ein SMTP-Empfangsconnector ist ein Verbindungspunkt für SMTP-Verkehr, der bei einem einzelnen Hub- oder Edge-Transport-Server eingeht. Empfangsconnectors lauschen aktiv auf Verbindungen, die ihren Parametern entsprechen, also der IP-Adresse und dem Port, über den sie eingehen. Ein Empfangsconnector ist nur auf dem Server gültig, auf dem er angelegt wurde.

- **Fremdconnector** Die dritte Art von SMTP-Connector in Exchange Server 2007 ist der Fremdconnector, der Exchange Server das Senden von E-Mails an ein lokales Mailsystem ermöglicht, das als Kommunikationsmechanismus nicht SMTP einsetzt.

SMTP-Connectors erstellen

Es gibt in Exchange Server 2007 drei Methoden, SMTP-Connectors zu erstellen:

- **Manuell/Explizit** Als Exchange-Administrator können Sie einen SMTP-Connector gezielt anlegen. Lesen Sie dazu in Kapitel 7 nach.

- **Implizit** Implizit erstellte SMTP-Connectors werden in Exchange Server 2007 ausgehend von der Topologie des Active Directory-Standorts angelegt und sind weder in der Exchange-Verwaltungskonsole noch in der Exchange-Verwaltungsshell sichtbar.

- **Automatisch** Bei der Einrichtung und beim Abonnieren eines Edge-Transport-Server in der Umgebung werden SMTP-Connectors erstellt, die durchgehenden Mailfluss ermöglichen. In Aktion können Sie dies in Kapitel 20 sehen, »Antispam- und Antivirusfunktionen«.

In der Praxis ist es möglich, dass Sie in Ihrer gesamten Laufbahn als Exchange-Administrator niemals mit der Konfiguration der SMTP-Connectors Ihrer Exchange-Umgebung in Berührung kommen. Verwenden Sie einen Edge-Transport-Server und brauchen sie keine strukturübergreifenden Mailübertragungen durchzuführen, stellt Exchange Server 2007 das gesamte Routing vom Ausgangs- bis zum Endpunkt für Sie bereit.

Nachrichtenrouting

In Exchange Server 2007 wird das gesamte Nachrichtenrouting durch direkte Weiterleitung erledigt. Anders ausgedrückt: Der Hub-Transport-Server stellt eine direkte IP-Verbindung zu einem anderen Hub-Transport-Server her (der wiederum Verbindung mit dem Postfachserver aufnimmt), um die Nachricht zuzustellen. Dabei stützt er sich auf die Fähigkeit des zugrunde liegenden Netzwerks, die Route bei einem Netzwerkausfall zu ändern.

HINWEIS Transportserver am selben Standort kommunizieren miteinander über MAPI/RPC, solche an unterschiedlichen Standorten über SMTP/SSL.

Aus der Praxis: Wo sind das Verbindungsstatusrouting und die Routinggruppen geblieben?

In Exchange Server 2003 konnten einzelne Server nur aus den Verbindungsstatustabellen erfahren, ob die Verbindungen zwischen Routinggruppen aktiv waren, woraus der Begriff »Verbindungsstatusrouting« entstand. In Exchange Server 2007 stützen sich die Hub-Transport-Server nicht mehr darauf, sondern benutzen deterministisches Routing. Infolgedessen verwendet Exchange Server 2007 die betreffenden Daten nicht. Deterministisches Routing bedeutet, dass der Übertragungsweg ermittelt wird, bevor die Übertragung beginnt.

Exchange Server 2003 und Exchange 2000 Server bauten in hohem Maß auf Routinggruppen als wesentlicher Bestandteil der Transportarchitektur insgesamt. Exchange Server 2007 unterstützt Routinggruppen weiterhin – bis zu einem bestimmten Punkt. Um die Fähigkeit zur Zusammenarbeit mit herkömmlichen Exchange-Umgebungen zu erhalten, lässt Exchange Server 2007 eine einzige herkömmliche Routinggruppe zu, deren alleiniger Zweck darin besteht, eine Verbindung zwischen Ihren herkömmlichen Exchange-Routinggruppen und Ihrer neuen Exchange Server 2007-Umgebung herzustellen. Diese Routinggruppe wird in Kapitel 7 eingehend beschrieben.

Exchange Server 2007 leitet Nachrichten über das physische IP-Netzwerk weiter, wann immer die Möglichkeit besteht; falls eine Anbindung dieser Art nicht vorhanden ist, wird mithilfe der bereits eingerichteten Active Directory-Standorte ein Weg für die Zustellung gesucht. Hub-Transport-Server versuchen direkte Verbindungen zu Hub-Transport-Servern am Zielstandort einzurichten, um Zwischenstationen zu vermeiden, die nichts bringen und den Vorgang lediglich verlangsamen. Dass Exchange Server 2007 die Topologie der Active Directory-Standorte nutzt, ist für Administratoren günstig, weil keine redundante Routingtopologie bedacht und betreut werden muss. Im Grunde konfiguriert Exchange Server 2007 seine Routingtopologie selbst und legt auf der Grundlage der vorhandenen Active Directory-Topologie Standardconnectors an. In Abbildung 3.9 können Sie eine direkte Verbindung in Aktion sehen. Dort sendet ein Benutzer an Standort 1 eine Nachricht an einen anderen an Standort 5. Der Hub-Transport-Server an Standort 1 baut eine direkte SMTP-Verbindung zu einem Hub-Transport-Server an Standort 5 auf, damit die Nachricht dem Empfänger zugestellt wird.

Kapitel 3   Architektur von Exchange Server 2007

Auch wenn Exchange Server 2007 alles versucht, um Hub-Transport-Server als Zwischenstationen zugunsten direkter Verbindungen zum Zielstandort zu vermeiden, kann es manchmal sinnvoll sein, einen Standort zwischenzuschalten. Stellen Sie sich zum Beispiel vor, dass die Verbindung zwischen Standort 3 und 5 wie in Abbildung 3.10 abbricht. Der Hub-Transport-Server an Standort 1 weiß, dass nun kein Weg zu Standort 5 zur Verfügung steht. Da er die Topologie des Active Directory-Standorts kennt, weiß er aber auch, dass Standort 3 dem Zielstandort 5 am nächsten liegt. In diesem Fall leitet Standort 1 die Nachricht an den Hub-Transport-Server an Standort 3 weiter. Sobald die IP-Verbindung zu Standort 5 wieder funktioniert, stellt Standort 3 die Nachricht an Standort 5 zu. Dieser Vorgang, bei dem Nachrichten an der Quelle des Problems in eine Warteschlange gestellt werden, bildet eine effiziente Möglichkeit, um Nachrichten so nah wie möglich an ihren Bestimmungsort zu bringen.

Fallen mehrere IP-Verbindungen aus, sodass die Nachricht den lokalen Standort noch nicht einmal verlassen kann, wird sie in die lokale Warteschlange eingestellt, bis das IP-Netzwerk wieder verfügbar ist.

Abbildg. 3.9 Zwischen den Standorten wird eine direkte Verbindung hergestellt, wann immer es möglich ist

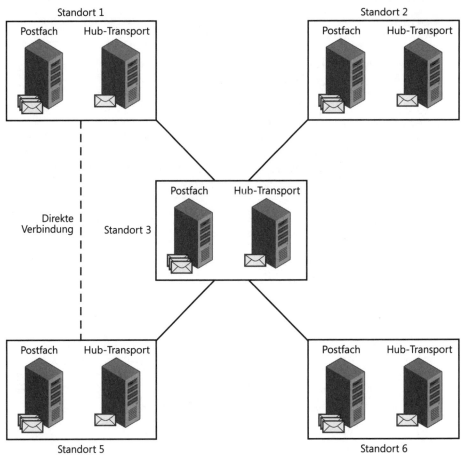

Transportarchitekturen

Ein weiteres Beispiel: Nehmen Sie an, eine Nachricht soll an mehrere Empfänger an verschiedenen Standorten gehen. Hier wird eine Nachricht von einem Benutzer an Standort 1 an Benutzer an den Standorten 5 und 6 gesendet. In Abbildung 3.11 sehen Sie, dass dies zu drei verschiedenen direkten Verbindungen führt. Die erste direkte Verbindung verläuft vom Hub-Transport-Server an Standort 1 zu einem Hub-Transport-Server an Standort 3. Was soll das bringen?

Abbildg. 3.10 Die Nachricht wird bis zum Ausfallpunkt gesendet und dort aufbewahrt, bis die Verbindung wieder hergestellt ist

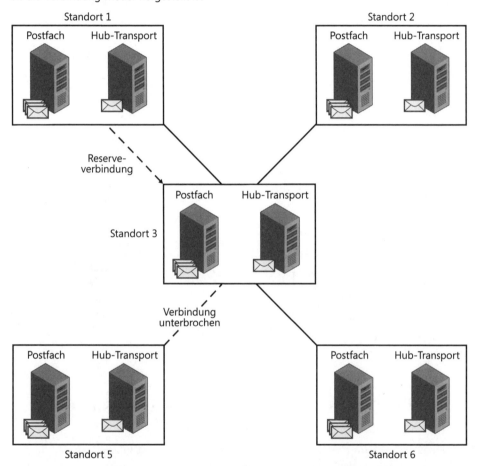

In diesem Fall sind direkte Verbindungen von Standort 1 zu Standort 5 und von Standort 1 zu Standort 6 unter dem Gesichtspunkt der Bandbreite nicht die effizienteste Lösung. Exchange Server 2007 berechnet stattdessen den letzten Punkt auf der Strecke, an dem es einen gemeinsamen Standort gibt. Dann stellt der Hub-Transport-Server des Ausgangspunktes eine direkte Verbindung mit dem Hub-Transport-Server dieses Standorts her, der die Nachricht seinerseits an die Hub-Transport-Server der beiden Zielstandorte weitergibt. Diese Zwischenstation wird als *Gabelungspunkt* bezeichnet.

Abbildg. 3.11 Eine Nachricht wird an den am weitesten entfernte gemeinsamen Punkt der Route übertragen

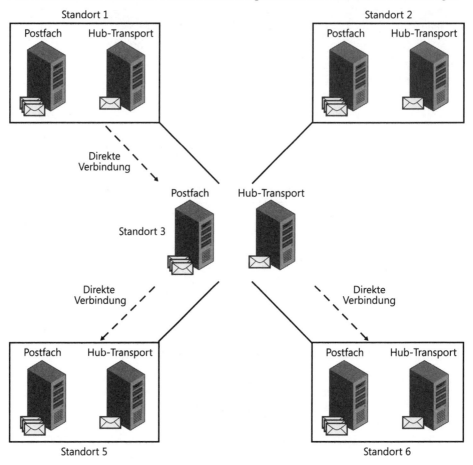

Szenarien für den Nachrichtentransport

Beim Nachrichtenrouting gibt es vier häufige Szenarien:

- Eine Nachricht wird an einen Benutzer in derselben Postfachdatenbank oder in einer Postfachdatenbank auf demselben Server gesendet.
- Eine Nachricht wird an einen Benutzer in einer Postfachdatenbank gesendet, die sich auf einem anderen Postfachserver befindet. Der empfangende Server befindet sich am selben Active Directory-Standort wie der sendende.
- Eine Nachricht wird an einen Benutzer in einer Postfachdatenbank gesendet, die sich auf einem anderen Postfachserver befindet. Der empfangende Server befindet sich an einem anderen Active Directory-Standort.
- Eine Nachricht wird ins Internet gesendet.

Alle vier Fälle werden in den folgenden Abschnitten behandelt.

E-Mails an Benutzer auf demselben Server senden

E-Mails an Benutzer auf demselben Server zu senden ist die einfachste Transportaufgabe in Exchange Server 2007, setzt aber dennoch Nachrichtenrouting in erheblichem Umfang voraus. In diesem Fall benutzen der Hub-Transport-Server und der Postfachserver möglicherweise dieselbe physische Hardware, können aber auch physisch getrennt sein. Das Endergebnis ist dasselbe. Abbildung 3.12 zeigt ein Transportdiagramm einer Umgebung, in der die Funktion des Postfach- und des Hub-Transport-Servers auf derselben Hardware angesiedelt sind.

Unter diesen Umständen gehen alle Nachrichten zwischen Postfächern auf demselben Postfachserver an den Hub-Transport-Server, um die Transportregeln auf sie anzuwenden. Danach wird die Nachricht an den Postfachserver zurückgeschickt, um sie dem Postfach des Empfängers zuzustellen.

Abbildg. 3.12   Senden von E-Mails zwischen Benutzern auf demselben Server

E-Mails an Benutzer am selben Standort senden

Auch der zweite Fall spielt sich an nur einem Standort ab, Absender- und Empfängerpostfach liegen jedoch auf verschiedenen Postfachservern. Das Szenario ist mit dem vorherigen fast identisch; es ist lediglich ein weiterer Postfachserver betroffen. Wiederum müssen alle gesendeten Nachrichten, auch die zwischen Benutzern in derselben Postfachdatenbank, einen Hub-Transport-Server durchlaufen, bevor sie an das Empfängerpostfach zugestellt werden können. Als Transportmittel dient MAPI/RPC. Abbildung 3.13 zeigt einen Blick auf die Situation.

Abbildg. 3.13   Senden von E-Mails zwischen Benutzern auf verschiedenen Postfachservern

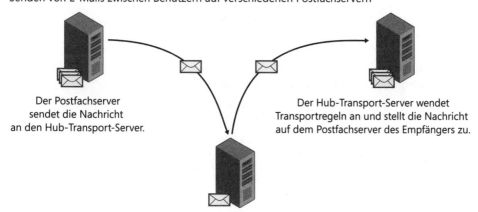

E-Mails an Benutzer an anderen Standorten senden

Das komplizierteste Transportszenario betrifft E-Mails zwischen Benutzern, deren Postfächer auf Postfachservern an unterschiedlichen Standorten untergebracht sind. In diesem Fall wird die Nachricht bei einem Postfachserver eingeliefert. Der Hub-Transport-Server am Standort übernimmt sie über MAPI/RPC und baut eine SMTP/SSL-Verbindung zu einem Hub-Transport-Server am Zielstandort auf. Anschließend gibt der dortige Hub-Transport-Server die Nachricht über MAPI/RPC an den passenden Postfachserver weiter. Abbildung 3.14 zeigt diese Situation.

Abbildg. 3.14 E-Mails zwischen Benutzern auf unterschiedlichen Postfachservern an verschiedenen Standorten

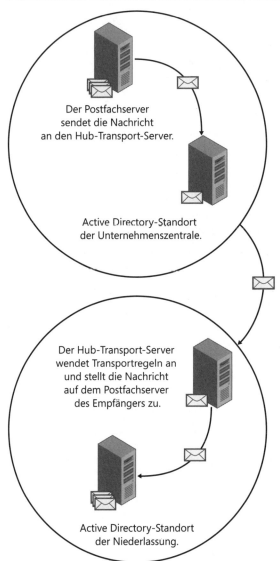

Dieses Szenario lässt sich erheblich erweitern und komplizierter gestalten, wenn Sie strukturübergreifende Nachrichtenzustellung einführen. Einen Vorgeschmack auf diese Komplexität bekommen Sie in Kürze im Abschnitt über Transportprotokolle.

E-Mails ins Internet senden

Für das Senden von E-Mails ins Internet wird mindestens ein Hub-Transport-Server mit einem SMTP-Sendeconnector mit globaler Gültigkeit ausgestattet, über den sämtliche Mails laufen, die ins Internet gehen. In Kapitel 8, »Übergang auf Exchange Server 2007«, sehen Sie, wie dieser Sendeconnector angelegt wird.

Transportprotokolle

Die folgende Liste führt Kommunikationseinheiten und die von ihnen verwendeten Kommunikationsmethoden auf.

- Die Kommunikation zwischen Postfach- und Hub-Transport-Servern erfolgt über MAPI/RPC.
- Die Kommunikation zwischen Postfach- und Clientzugriffsservern erfolgt ebenfalls über MAPI/RPC.
- Die Kommunikation zwischen Hub-Transport-Servern an unterschiedlichen Standorten erfolgt über SMTP.
- Die Kommunikation zwischen einem Hub-Transport-Server und einem herkömmlichen Exchange-Server, der über einen Routinggruppenconnector erreichbar ist, erfolgt über SMTP.
- Die Kommunikation zwischen Hub-Transport-Servern am selben Standort erfolgt über SMTP/TLS.
- Die Kommunikation zwischen Hub- und Edge-Transport-Servern erfolgt über SMTP/TLS.
- Clients benutzen natürlich eine Vielzahl von Kommunikationsprotokollen, zum Beispiel HTTP, HTTPS, MAPI, POP3, IMAP und RPC-über-HTTP/S.

Abbildung 3.15 zeigt eine relativ einfache Darstellung der Protokolle, die für die Kommunikation unterschiedlicher Partner in Ihrer Exchange-Umgebung eingesetzt werden. Bedenken Sie bei diesem Diagramm Folgendes:

- Alle E-Mails laufen über einen Hub-Transport-Server, selbst solche für ein Postfach auf demselben Server wie der Absender.
- Auch wenn ein Postfachserver einen Hub-Transport-Server auf demselben Server bevorzugt, benutzt er jeden, den er am lokalen Standort findet.
- Die Funktion des Hub-Transport-Servers führt automatisch einen Lastausgleich am lokalen Standort durch, um zu verhindern, dass ein einzelner Server die Mailzustellung aufhält.

Kurz zusammengefasst stellt der Routingmechanismus von Exchange Server 2007 eine effiziente, fehlertolerante und leicht zu verwaltende Routingplattform dar.

Abbildg. 3.15 Eine vereinfachte Darstellung der Transportarchitektur von Exchange Server 2007

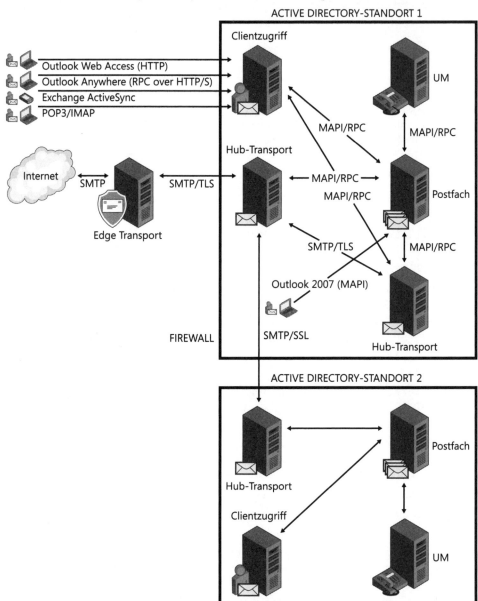

Zusammenfassung

In diesem Kapitel wurden Sie auf den neusten Stand der in Exchange Server 2007 verwendeten Speicher- und Transportarchitektur gebracht. Sie haben beispielsweise gelernt, dass der Prozess **Store.exe** mehrere Datenbanken auf einem Server verwalten kann und dass Datenbanken in verschiedene Informationsspeicher unterteilt sind, von denen jeder bis zu 50 Datenbanken umfassen kann. Außerdem haben Sie erfahren, dass es nicht besonders günstig ist, die Höchstzahl der Speicher in einer Speichergruppe auszureizen. Wichtig waren auch einige Tipps zum Design Ihrer Speicherinfrastruktur. Den Abschluss bildete ein Überblick über das Thema Routing, der zeigte, wie Exchange Server 2007 Nachrichten an unterschiedliche Stellen innerhalb Ihrer Organisation befördert.

Teil B

Die Bereitstellung planen

In diesem Teil:
Kapitel 4 Den Bedarf ermitteln   107
Kapitel 5 Die Bereitstellung planen   121

Kapitel 4

Den Bedarf ermitteln

In diesem Kapitel:

Benutzerbedürfnisse erfassen	108
Vorhandene Ressourcen ermitteln	112
Den administrativen Bedarf erfassen	118
Zusammenfassung	119

Gründliche Planung ist für jedes Projekt von großem Nutzen, doch wenn es um die Bereitstellung von Microsoft Exchange Server 2007 geht, ist sie sogar unerlässlich. Manche Exchange Server-Komponenten lassen sich nach der Installation nur schwer beziehungsweise gar nicht mehr verändern. Schlechte Planung kann daher zu Problemen führen, die von unzureichender Leistung bis hin zum völligen Ausfall von Komponenten reichen.

Die Erörterung der Planung ist in zwei Kapitel aufgeteilt: Im vorliegenden zeigen wir Ihnen, welche Informationen Sie zur Implementierung von Microsoft Exchange Server 2007 benötigen. Es behandelt die geschäftlichen Erfordernisse des Unternehmens, untersucht, wie sich die Bedürfnisse künftiger Exchange-Benutzer ermitteln lassen, und erklärt, wie Sie die Ressourcen der aktuellen Umgebung für das neue Messagingsystem nutzen können. ↗ Kapitel 5, »Die Bereitstellung planen«, beschreibt, wie Sie auf der Grundlage dieser Überlegungen die einzelnen Elemente Ihrer Exchange-Organisation planen können. Exchange Server ist zwar ein komplexes Programm, aber bei angemessener Vorbereitung wird die Implementierung der neuen Exchange-Organisation zu einer sehr viel einfacheren Aufgabe.

Wenn Sie dieses Buch von Anfang bis Ende durcharbeiten wollen, sollten Sie diese beiden Planungskapitel zunächst nur überfliegen und erst den Rest des Buches lesen. Nachdem Sie sich damit vertraut gemacht haben, wie die unterschiedlichen Komponenten einer Exchange-Organisation zusammenarbeiten, können Sie sich dann etwas eingehender mit diesen Kapiteln beschäftigen. In der Praxis kommt die Planung immer vor der Implementierung. Es ist aber hilfreich, vor der Beschäftigung mit den Einzelheiten der Planung zunächst die Implementierung verstanden zu haben.

> **Weitere Informationen**
>
> Dieses Kapitel und ↗ Kapitel 5 bieten einen Überblick über die Planung der Bereitstellung von Exchange Server 2007. Zusammen mit den Beschreibungen der verschiedenen Komponenten in diesem Buch erhalten Sie damit die Grundlage für den Entwurf einer leistungsfähigen Exchange-Organisation. Wenn Sie von einer bestehenden Exchange-Version migrieren oder aktualisieren, sollten Sie auch ↗ Kapitel 8 lesen, »Übergang auf Exchange Server 2007«.

Benutzerbedürfnisse erfassen

Ihr erster Schritt beim Entwurf jedes Systems sollte darin bestehen, zu erfassen, was es leisten soll. Bei einem Exchange-System müssen Sie sich dazu folgende Fragen stellen:

- Soll das System grundlegende Messagingdienste zur Verfügung stellen, mit deren Hilfe die Benutzer E-Mail-Nachrichten senden können?
- Soll das System Zugang zu Internetressourcen ermöglichen? Können Benutzer Internet-E-Mail senden und empfangen?
- Wollen Sie öffentliche Ordner für Gruppendiskussionen anbieten?
- Wollen Sie Konferenzen, Instant Messaging oder Chatfunktionen innerhalb Ihrer Organisation anbieten?
- Gibt es eigene Anwendungen, die Sie zusammen mit Exchange Server 2007 verwenden wollen?
- Möchten Sie Exchange Server 2007 mit dem Telefonsystem Ihres Unternehmens verbinden, damit die Benutzer Sprachnachrichten und Faxe in ihrem Posteingang empfangen können?

In diesem Planungsstadium besteht die wichtigste Aufgabe darin, Daten über die geschäftlichen Anforderungen und die Firmenkultur zu sammeln sowie die technische Umgebung (einschließlich der Netzwerktopologie und der Desktopsysteme) kennen zu lernen, in der Sie Microsoft Exchange

Server 2007 einsetzen wollen. Zum Entwurf einer Exchange-Organisation gehört außerdem die Feststellung, welche Dienste und welche Funktionalität Ihre Benutzer benötigen. Nachdem Sie die in den folgenden Abschnitten im Einzelnen vorgestellten Fragen beantwortet haben, werden Sie in der Lage sein, die Benutzer ihren Bedürfnissen entsprechend zu gruppieren. Anhand dieser Gruppen können Sie die Exchange Server-Ressourcen so planen, dass sie den Benutzerbedürfnissen gerecht werden (siehe ↗ Kapitel 5).

Messaging

Microsoft Exchange Server 2007 wird normalerweise als Messagingsystem implementiert. Mithilfe folgender Fragen können Sie die genauen Bedürfnisse Ihrer Benutzer ermitteln:

- **An wen den senden die Benutzer die meisten Nachrichten?** Messaging folgt in den meisten Netzwerken einem sehr typischen Muster: Die Benutzer senden in erster Linie anderen Benutzern in derselben Organisation Nachrichten zu. Sie müssen Nachrichten aber auch an externe Empfänger schicken können, z.B. ins Internet. Sich ein plastisches Bild von diesem Nachrichtenverkehr zu machen kann dabei helfen, Benutzer und Server richtig zu positionieren.

- **Wie viele E-Mails senden und empfangen die Benutzer erwartungsgemäß?** Manche Benutzer verwenden E-Mail sehr selten, andere senden und empfangen Dutzende von Nachrichten pro Tag. Wenn Sie wissen, wie viele Nachrichten Ihre Benutzer im Durchschnitt senden und empfangen, können Sie die Kapazität Ihrer Server, die Einstellungen für die Nachrichtenzustellung und die Anforderungen an die Bandbreite Ihres Netzwerks planen.

- **Verwenden die Benutzer Zeitplan- und Kontaktinformationen gemeinsam?** Microsoft Office Outlook 2007 bietet die Möglichkeit, Zeitplan- und Kontaktinformationen dynamisch gemeinsam zu nutzen. Dadurch wird zusätzlicher Netzwerkverkehr hervorgerufen, was Sie beim Entwurf Ihres Systems berücksichtigen müssen.

- **Welche Art von Nachrichten und Anlagen sollen die Benutzer senden dürfen?** Wenn die Benutzer untereinander umfangreiche Dateien per E-Mail senden, müssen Sie dieses Datenvolumen erlauben. Manche Organisationen begrenzen die Menge an Informationen, die in einer einzelnen Nachricht übertragen werden können, oder den Festplattenplatz, den Postfächer einnehmen können. Andere richten solche Einschränkungen nur für einzelne Postfächer ein. Mitgliedern der Geschäftsführung kann z.B. eine größere Flexibilität eingeräumt werden als anderen Angestellten.

- **Werden Benutzernachrichten hauptsächlich auf einem Exchange Server-Computer oder in lokalen persönlichen Ordnern gespeichert?** Wenn Benutzernachrichten hauptsächlich auf dem Server gespeichert werden sollen, wie viel Platz möchten Sie dann für die Postfachspeicher einräumen? Vielleicht gibt es in Ihrem Unternehmen Geschäftsregeln, nach denen Nachrichten für längere Zeit aufbewahrt werden müssen. Manche US-Regierungsstellen müssen E-Mail-Nachrichten beispielsweise für die Ewigkeit aufbewahren. Diese Informationen können Ihnen helfen, sowohl die server- als auch die clientseitigen Hardwarekapazitäten zu planen.

- **Welche Form von Sicherheit benötigen die Benutzer?** Verschlüsseln die Benutzer Nachrichten und Anlagen oder signieren sie sie digital? Wenn ja, werden Sie einen Zertifikatserver und eine Infrastruktur öffentlicher Schlüssel (Public Key Infrastructure, PKI) wie beispielsweise die Microsoft-Zertifikatdienste im Netzwerk einrichten müssen. Die Exchange-Sicherheit wird in ↗ Teil F, »Sicherheit«, behandelt.

Öffentliche Ordner

In früheren Versionen von Exchange Server haben öffentliche Ordner die Grundlage für die Zusammenarbeit in einer Organisation gebildet. In Exchange Server 2007 spielen öffentliche Ordner keine so große Rolle mehr, da eine Organisation sehr viel mehr an Zusammenarbeitsfunktionalität aus einem eigens dafür zugeschnittenen Produkt wie Microsoft SharePoint Server gewinnen kann. Öffentliche Ordner werden in Exchange Server 2007 jedoch nach wie vor unterstützt. Wenn Sie von einer früheren Version von Exchange Server aktualisieren, haben Sie wahrscheinlich schon eine Infrastruktur öffentlicher Ordner, die Sie beibehalten müssen.

Sie müssen nicht nur die Speicherkapazität für die Exchange Server-Computer festlegen, die Replikate der öffentlichen Ordner aufnehmen sollen, sondern auch die Replikation dieser Ordner und den Benutzerzugriff auf die zuständigen Server planen. Mithilfe der folgenden Fragen können Sie die Speicheranforderungen der neuen Exchange-Organisation ermitteln:

- **Wird in Ihrer Organisation eine ältere Version als Outlook 2007 eingesetzt?**   Outlook 2003 und frühere Versionen erfordern für die Verbindung mit Exchange Server 2007 und die gemeinsame Nutzung von Frei/Gebucht-Informationen, dass es mindestens eine Datenbank für öffentliche Ordner gibt. Während der Installation von Exchange Server 2007 werden sie gefragt, ob irgendwelche Clients noch eine frühere Version von Outlook verwenden. Wenn Sie mit Ja antworten, wird eine Öffentliche Ordner-Datenbank erstellt. Bei Nein wird keine Datenbank erstellt. Wenn in Ihrer Organisation keine Datenbank vorhanden ist, können Benutzer von Outlook 2003 und früheren Versionen keine Verbindung aufnehmen, bis Sie eine erstellt haben.

- **Welche Benutzer benötigen Zugriff auf welche öffentlichen Ordner?**   Manche Arbeitsgruppen arbeiten häufiger mit bestimmten Dokumenten und Nachrichten als andere. Mithilfe dieser Informationen können Sie entscheiden, wo Replikate bestimmter Ordner angelegt werden müssen und wie häufig eine Replikation notwendig ist.

- **Welche Benutzer sollen öffentliche Ordner erstellen dürfen?**   In der Standardeinstellung werden öffentliche Ordner der höchsten Ebene auf dem Basisserver des Benutzers eingerichtet, der sie erstellt. Unterordner werden auf demselben Server erstellt wie die Ordner der höchsten Ebene, in denen sie eingerichtet werden. Durch die Begrenzung der Benutzer, die Ordner der höchsten Ebene anlegen dürfen, lässt sich die Einrichtung von öffentlichen Ordnern auf den Servern steuern. Mithilfe derartiger Einschränkungen können Sie außerdem dafür sorgen, dass die Ordnerstruktur überschaubar und gut zu verwalten bleibt.

- **Wie viele Informationen werden die Benutzer erwartungsgemäß in den öffentlichen Ordnern ablegen?**   Angaben über die Art der Informationen – Dokumente, Formulare, ausführbare Dateien oder einfache Nachrichten – und die durchschnittliche Größe der Dateien können Ihnen bei der Einschätzung der erforderlichen Kapazität für die öffentlichen Ordnerspeicher helfen.

- **Wie lange werden die Nachrichten durchschnittlich in einem öffentlichen Ordner aufbewahrt?**   Anhand dieser Werte können Sie feststellen, wie viel Speicherplatz Ihre öffentlichen Ordner belegen werden und welche Belastung auf die Server zukommen wird, wenn die Benutzer auf die öffentlichen Ordner zugreifen.

- **Wie häufig werden die Benutzer auf die öffentlichen Ordner zugreifen?**   Mithilfe dieser Angaben können Sie die Belastung abschätzen, mit der die öffentlichen Server künftig fertig werden müssen, und einen Zeitplan für die Ordnerreplikation festlegen.

Anbindung an andere Systeme

Müssen einige Ihrer Benutzer auf das Internet oder ein vorhandenes Messagingsystem wie Lotus Notes zugreifen? Die Antwort auf diese Frage kann Ihnen helfen, die Platzierung von Benutzern und fremden Messagingconnectors zu planen. Wenn eine Gruppe von Benutzern einen Connector sehr stark beansprucht, sollten Sie sie auf dem Server verwalten, auf dem der Connector installiert ist, um die Anzahl der Hops zu reduzieren, die die Nachrichten zum fremden System nehmen müssen. Jeder Exchange Server-Computer kann fremde Messagingconnectors aufnehmen, die dann allen Benutzern der Organisation zur Verfügung stehen können. Sie sollten mehr als einen einzigen Connector zu einem fremden System einrichten, um die Nachrichtenlast zu verteilen.

Für den Fall, dass mehrere Connectortypen das gleiche System unterstützen, müssen Sie sich für einen Typ entscheiden. Dabei sollten Sie sowohl die Art der fremden Systeme und der Connectortypen, die von ihnen unterstützt werden, als auch die Leistung berücksichtigen, die von den Connectors zu erwarten ist.

Die Connectortypen unterscheiden sich auch hinsichtlich der von ihnen gebotenen Zusatzdienste. Ein Connector, der die Verwendung eines freigegebenen Speichers ermöglicht, ist unter Umständen einem Connector vorzuziehen, der lediglich das Senden und Empfangen von E-Mail-Nachrichten erlaubt. Falls ein Connector nur zur Migration von einer Exchange Server-Version zu einer anderen verwendet wird, gehört er in der Regel nur vorübergehend zur Exchange-Organisation. Verwenden Sie in solchen Fällen einen Connector, der den Übergang für die Benutzer am einfachsten macht. In vielen Fällen können Sie die Migration sogar von den Benutzern unbemerkt und ohne Störung ihrer Arbeit durchführen, wenn Sie vorher den richtigen Connector wählen.

Remotezugriff

Oft müssen Sie den Benutzern auch erlauben, von Remotestandorten aus auf persönliche oder öffentliche Ordner zuzugreifen. Bei der Planung einer Exchange-Organisation müssen Sie auch die Bedürfnisse von Remotebenutzern in Ihre Überlegungen einbeziehen. Diese Informationen können Sie sowohl für die Platzierung von Benutzern als auch für die Planung des RRAS- (Routing und Remote Access Service), VPN- (virtuelles privates Netzwerk) oder Internetzugriffs auf Ihr Netzwerk verwenden. Verschiedene Hersteller bieten Lösungen an, die den Remotezugriff auf Exchange ermöglichen. Diese Informationen sind außerdem für die Planung der Sicherheitsmaßnahmen wichtig. Stellen Sie sich folgende Fragen, um die Anforderungen für den Remotezugriff zu ermitteln:

- Welche Benutzer sollen von einem Remotestandort aus auf Exchange zugreifen können?
- Wählen sich die Benutzer bei einem RRAS-Server ein oder greifen sie über das Internet auf das Netzwerk zu? Die direkte Einwahl bei einem RRAS-Server bietet normalerweise bessere Steuerungsmöglichkeiten und höhere Sicherheit. Der Zugriff auf das Netzwerk über das Internet ist meistens billiger und bequemer, wobei neue Funktionen die Sicherheit verstärken.
- Wo soll gegebenenfalls der RRAS-Server stehen?
- Wie viele Benutzer greifen durchschnittlich gleichzeitig auf das Netzwerk zu? Anhand dieser Zahl können Sie festlegen, wie viele RRAS-Server, Modems und Telefonanschlüsse benötigt werden.

Benutzerdefinierte Anwendungen

Haben die Benutzer besondere Bedürfnisse, die nur von benutzerdefinierten Anwendungen erfüllt werden können? Wenn ja, können sie diese Anwendungen selbst entwerfen oder müssen Sie dazu eigens geschulte Mitarbeiter einstellen? Der richtige Zeitpunkt, um über benutzerdefinierte Anwendungen nachzudenken, ist die Planungsphase. Die Verwendung von benutzerdefinierten Anwendungen kann sich auf die Antworten zu den Fragen in diesem Abschnitt auswirken.

Schulung und Support

Ihre Benutzer werden wahrscheinlich vor der Arbeit mit dem neuen System eine besondere Schulung brauchen. Gehen Sie nicht von der falschen Vorstellung aus, dass E-Mail einfach zu verwenden sei. Outlook 2007 und andere Messagingclients sind anspruchsvolle Programme. Die Benutzer werden eine Einweisung in die Arbeit mit öffentlichen Ordnern, digitalen Signaturen und der Verschlüsselung von Nachrichten benötigen. Sollen die Benutzer die E-Mail-Clients selbst einrichten können? Wenn ja, brauchen sie dazu eine Schulung. Dazu müssen Sie unter Umständen eine komfortable Möglichkeit wie die Verwendung des Office Customization Tool einrichten, um einen automatisierten Installationspunkt zu erstellen. Das Office Customization Tool wird in ↗ Kapitel 23 behandelt, »Microsoft Office Outlook 2007 bereitstellen«.

Bedenken Sie, dass die Benutzer sehr häufig aufgefordert werden, sich in neue Dinge wie etwa neue Versionen von Betriebssystemen und anderer Software einzuarbeiten. Nehmen Sie sich die Zeit und stellen Sie sicher, dass die Benutzer das neu installierte System verstehen und wissen, an wen sie sich bei Problemen und Fragen wenden können. Um das Schulungsmaterial zu gliedern und zu speichern, können Sie öffentliche Ordner oder eine SharePoint-Site verwenden, damit es allen Benutzern zur Verfügung steht.

Vorhandene Ressourcen ermitteln

Nachdem Sie die Bedürfnisse Ihrer Benutzer ermittelt haben, besteht der nächste Planungsschritt in der Feststellung der vorhandenen Ressourcen. Dazu müssen Sie drei Diagramme erstellen: ein geografisches Profil Ihrer Organisation, ein Diagramm der Netzwerktopologie und ein Diagramm Ihres Active Directory-Netzwerkmodells.

Das geografische Profil festlegen

Am einfachsten lässt sich sicherlich das geografische Profil Ihres Unternehmens ermitteln. Nehmen Sie sich Papier und Bleistift und zeichnen Sie eine Karte. Wenn Sie es mit einem globalen Netzwerk zu tun haben, beginnen Sie mit den Ländern, in denen Ihre Firma Büros unterhält. Arbeiten Sie sich anschließend langsam nach unten durch – über die Bundesländer, Städte und Straßen bis hin zu den Standorten innerhalb der Bürogebäude.

Die Softwareumgebung erfassen

Nachdem Sie die geografischen Gegebenheiten Ihrer Firma ermittelt haben, müssen Sie Informationen darüber sammeln, wo sich die Benutzer und die Software innerhalb der einzelnen Regionen befinden. Stellen Sie fest, wo die Rechner stehen, ob die Computer für Exchange Server 2007 oder den Messagingclient Ihrer Wahl vorbereitet sind und wie viele Lizenzen Sie benötigen. Im Zuge dieser Überlegungen sollten Sie sich folgende Fragen stellen:

- Wo befinden sich die vorhandenen Server?
- Wie heißen die Server und welche Funktionen haben sie?
- Welche Versionen welcher Software sind auf den Servern installiert?
- Wie viele Arbeitsstationen befinden sich an jedem Standort?
- Welche Betriebssysteme und welche Software werden auf diesen Arbeitsstationen eingesetzt?
- Wie viele Benutzer arbeiten an jedem Standort?
- Welche Anforderungen stellen die Benutzer?

Die Netzwerktopologie erfassen

Neben dem Diagramm des geografischen Profils Ihres Unternehmens benötigen Sie auch ein Diagramm des Firmennetzwerks. Anders als das geografische Profil gibt die Netzwerktopologie genaue Auskunft über die physische Zusammensetzung des Netzwerks. Heben Sie bei der Überprüfung der geografischen Topologie Ihres Netzwerks die WAN-Verbindungen zwischen den verschiedenen Standorten besonders hervor und notieren Sie ihre Bandbreite. Dieser Schritt wird Ihnen dabei helfen, die Einschränkungen der Standorte, die zwischen ihnen erforderlichen Connectors und die Replikationsintervalle zu bestimmen. In Abbildung 4.1 sehen Sie ein Netzwerkdiagramm für ein unternehmensweites WAN.

Abbildg. 4.1 Ein Diagramm der Netzwerktopologie

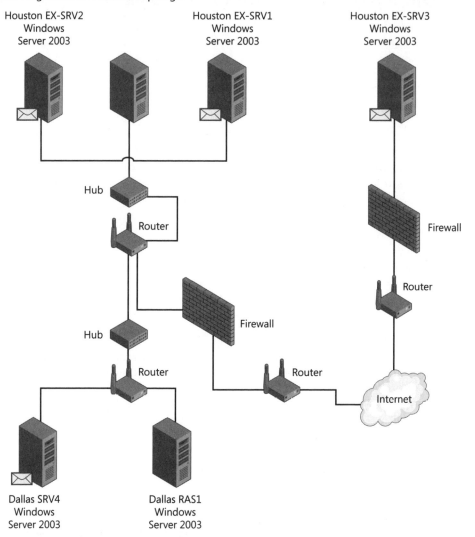

Aus der Praxis: Systems Management Server

Im Idealfall verfügen Sie bereits über eine detaillierte Aufstellung der vorhandenen Netzwerkkomponenten. Sie sollte eine Liste der Hardware- und Softwarekomponenten aller Computer im Netzwerk umfassen und berücksichtigen, wie das Netzwerk konstruiert ist, sowie möglichst auch einige Zahlen über die Netzwerkverwendung enthalten. Falls Sie noch kein Netzwerkverzeichnis haben, müssten Sie theoretisch mit dem Notizblock in der Hand alle Computer einzeln untersuchen. ▶

Aus der Praxis: Systems Management Server

Eine bessere Methode besteht allerdings in der Verwendung eines automatischen Inventursystems, beispielsweise des in Windows Server 2003 integrierten oder – für große Netzwerke – des Systems Management Servers (SMS). Mithilfe von Windows und SMS können Sie Hardware- und Softwaredaten von den Computern in Ihrem Netzwerk automatisch ermitteln lassen. Bei Verwendung von SMS können Sie außerdem die Installation von Software auf Arbeitsstationen (beispielsweise von Messagingclients) im gesamten Netzwerk von einer zentralen Stelle aus betreiben, die Clientsoftware von einem Remotestandort aus steuern und unterstützen und sogar die Lizenzdaten im Netzwerk nachverfolgen. SMS ist ein Muss für alle zukünftigen Exchange-Administratoren.

Beachten Sie aber, dass SMS keine Anwendung ist, die Sie einfach installieren und ausführen. Ex handelt sich um eine umfassende Softwaresuite zur Netzwerkverwaltung für Unternehmen. SMS erfordert SQL Server zur Verwaltung der zugrunde liegenden Datenbank, in der Informationen über das Netzwerk aufgezeichnet und verwaltet werden. Zur Implementierung von SMS und SQL Server sollten Sie bereits einen Projektplan und einen Systementwurf festgelegt und durchgeführt haben. Bei der nächsten Version wird SMS in die Produktfamilie Microsoft System Center aufgenommen und erhält den Namen System Center Configuration Manager 2007.

Weitere Einzelheiten zu den integrierten Sytemverwaltungsfunktionen von Windows Server 2003 finden Sie in der Produktdokumentation. Um mehr über Systems Management Server zu erfahren, lesen Sie *Microsoft Systems Management Server 2003 Administrator's Companion* von Steven D. Kaczmarek (Microsoft Press, 2004).

Anhand der Definition Ihrer Netzwerktopologie können Sie die Aufstellung der Server und deren Funktionen planen und Fragen zur Replikation beantworten. Unabhängig davon, ob es sich bei Ihrem Netzwerk um ein lokales Netzwerk (LAN) innerhalb eines Bürogebäudes oder um ein WAN handelt, in dem tausende von Benutzern auf der ganzen Welt miteinander verbunden sind, sollten Sie die Exchange-Organisation immer so einrichten, dass die Messagingfunktionen im gesamten Netzwerk optimal sind.

Folgende Bereiche können optimiert werden:

- Platzierung der Server und Serverfunktionen
- Platzierung des globalen Katalogs
- Nachrichtenweiterleitung

Der erste Schritt bei der Definition der Netzwerktopologie besteht in der Ermittlung der Netzwerkgröße. Sie bestimmt sehr viele Planungsentscheidungen und erübrigt manche sogar von vornherein. In einem großen WAN, vor allem in einem geografisch weit verteilten, kann Ihre Active Directory-Topologie z.B. aus mehreren Standorten mit relativ langsamen Verbindungen bestehen. Wenn Sie dagegen ein relativ kleines LAN einrichten, können alle Computer Teil eines einzigen Standorts sein und durchgängig eine Verbindung mit hoher Bandbreite genießen.

In einer kleinen Firma sind sämtliche Rechner gewöhnlich in einem Hochgeschwindigkeits-LAN miteinander verbunden. Bei größeren Unternehmen bestehen die Netzwerke meistens aus vielen kleinen LANs, die auf unterschiedliche Weise zu großen, untereinander verbundenen LANs oder WANs kombiniert werden. Nehmen Sie in Ihr Diagramm der Netzwerktopologie alle Segmente auf, aus denen Ihr Netzwerk besteht. In Abbildung 4.2 sehen Sie ein einfaches Netzwerkdiagramm für ein LAN.

Kapitel 4 Den Bedarf ermitteln

Abbildg. 4.2 Ein LAN-Diagramm

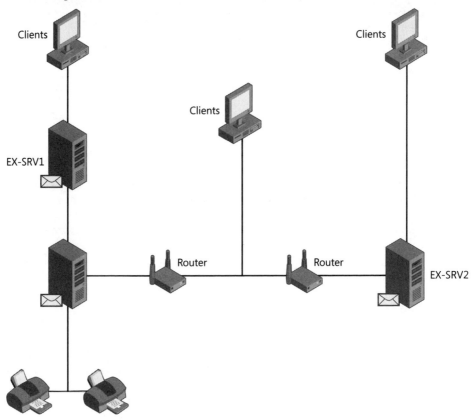

Stellen Sie sich für jedes Segment die folgenden Fragen:

- Wie groß ist das Segment? Wie viele Computer enthält es? Über welches Gebiet erstreckt es sich?
- Wie ist das Segment verkabelt? Verwendet es Shared oder Switched Ethernet, 10 Mbit/s oder 100 Mbit/s, FDDI (Fiber Distributed Data Interface) oder etwas anderes?
- Welche Bandbreite hat das Segment? Stellen Sie die optimale Bandbreite für den verwendeten Netzwerktyp fest.
- Wie ist das Segment mit den anderen verbunden? Ist das Netzwerksegment direkt an den Rest des Netzwerks angeschlossen? Ist es über einen Router, einen Switch oder eine Brücke verbunden? Ist es über eine WAN-Verbindung angeschlossen? Handelt es sich um eine permanente oder eine vermittelte Verbindung? Welche Bandbreite haben die Verbindungen?
- Welche Protokolle werden in dem Netzwerk verwendet?
- Welche Muster weist der Datenverkehr innerhalb des Netzwerksegments auf? Zu welcher Tageszeit ist der Datenverkehr am stärksten? Welche Anwendungs- und Betriebssystemfunktionen sind dafür verantwortlich?
- Welche Muster weist der Datenverkehr zwischen diesem und anderen Segmenten auf? Zu welcher Tageszeit ist der Datenverkehr am stärksten? Welche Anwendungs- und Betriebssystemfunktionen sind dafür verantwortlich?

HINWEIS   Obwohl es manchmal schwierig sein kann, müssen Sie die verfügbare Bandbreite für jedes einzelne Segment Ihres Netzwerks ermitteln. Dabei handelt es sich um die Bandbreite, die nicht von der durchschnittlichen Netzwerkaktivität verbraucht wird. Wenn der Durchsatz einer WAN-Verbindung 1,544 Mbit/s beträgt und die von ihr verbrauchte Bandbreite einen Spitzenwert von 1,544 Mbit/s, aber einen Durchschnittswert von 512 Kbit/s (d.h. 0,5 Mbit/s) erreicht, beträgt die verfügbare Bandbreite 1,044 Mbit/s (1,544 Mbit/s − 0,5 Mbit/s). Es muss immer der Durchschnitts- und nicht der Spitzenwert subtrahiert werden, weil alle Netzwerkverbindungen Spitzenwerte erreichen, die aber nicht den durchschnittlichen Bandbreitenverbrauch darstellen.

Das Active Directory-Modell ermitteln

Der letzte Schritt zur Ermittlung der aktuellen Ressourcen besteht in der Dokumentierung des im Netzwerk verwendeten Active Directory-Modells. Auch hier ist die Erstellung eines Diagramms hilfreich. Während das Topologiediagramm das physische Layout Ihres Netzwerks beschreibt (Kabel, Router usw.), veranschaulicht das Diagramm des Netzwerkmodells das logische Layout. Dieses logische Layout umfasst die Gesamtstrukturen in Ihrer Active Directory-Hierarchie und zeigt, wie viele Domänen das Netzwerk hat, wie die Interaktion zwischen diesen Domänen konfiguriert ist und welche Funktionen die Domänen und die Server darin haben. Abbildung 4.3 zeigt ein grundlegendes Beispiel für ein Active Directory-Modell.

Exchange Server 2007 stützt sich für die Nachrichtenweiterleitung auf die Standorttopologie von Active Directory und zur Durchführung von wichtigen Sicherheitsoperationen auf die Domänen und Domänencontroller. Um auf ein Exchange-Postfach zugreifen zu können, muss sich ein Benutzer zum Beispiel mit einem gültigen Benutzerkonto bei einer Domäne anmelden. Da die Exchange Server-Dienste Windows-Dienste sind, müssen auch sie von einem Domänencontroller authentifiziert werden, bevor sie ihre Funktion ausführen können. Auf jedem Server in einer Exchange-Organisation ist ein besonderes Benutzerkonto eingerichtet, mit dessen Hilfe die Exchange-Dienste überprüft werden. Eine detaillierte Übersicht über die Integration von Exchange Server 2007 in Active Directory finden Sie in ↗ Kapitel 2, »Active Directory für Exchange-Administratoren«.

Falls Ihr Netzwerk aus einer einzigen Domäne besteht, ist die Anfertigung eines Netzwerkmodells einfach. Besteht es aber aus mehreren Domänen, stellen Sie sich für jede einzelne Domäne die folgenden Fragen:

- Wie lautet der Name der Domäne?
- Welche Funktion hat sie?
- Sind besondere Vertrauensstellungen eingerichtet?
- Wie viele Benutzerkonten sind in dieser Domäne eingerichtet?
- Welche Ressourcen sind in dieser Domäne enthalten?
- Wer sind die Administratoren dieser Domäne?
- In welcher Domäne sind die Benutzerkonten der Administratoren eingerichtet?

Abbildg. 4.3 Das Diagramm eines Netzwerkmodells

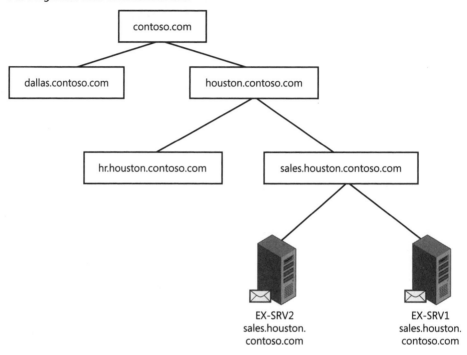

Den administrativen Bedarf erfassen

Der letzte Schritt in der Ermittlungsphase des Planungsprozesses besteht darin festzulegen, wie die Verwaltung ablaufen soll. In früheren Versionen als Exchange 2000 Server war die Exchange-Verwaltung im Wesentlichen von anderen Arten der Netzwerkverwaltung getrennt. Mit der Einführung von Exchange 2000 Server begann die umfassende Integration in Active Directory, und dies setzt sich mit Exchange Server 2007 fort, weshalb Windows- und Exchange-Administratoren miteinander auskommen müssen.

In kleinen Organisationen werden wahrscheinlich ein oder zwei Administratoren in der Lage sein, sowohl das Windows-Netzwerk als auch die Exchange-Organisation zu verwalten. Der Entwurf für eine Verwaltung größerer Netzwerke erfordert jedoch etwas mehr Planungsarbeit. Zu den Faktoren, die Sie berücksichtigen müssen, zählen folgende:

- **Benutzerverwaltung** Da Exchange und Windows gemeinsam Active Directory nutzen, ist es nur vernünftig, wenn ein- und dieselbe Person oder Gruppe sowohl die Active Directory-Benutzer als auch deren Exchange-Postfächer verwaltet. Da zur Verwaltung die gleiche Schnittstelle verwendet wird, ist nur wenig zusätzliche Schulung erforderlich.

- **Routing** Wahrscheinlich werden Sie in Ihrer Organisation eine Person oder eine Gruppe bestimmen müssen, die für das Routing verantwortlich ist, denn das Verwaltungsmodell von Exchange trennt jetzt die Routing- und die administrative Topologie. Zu den Aufgaben dieser Gruppe zählen die Definition und Pflege von Standorten, Standortverknüpfungen und Verknüpfungskosten, die Anwendung von Benutzer- und Systemrichtlinien sowie die Verwaltung von Berechtigungen. Sie dient praktisch als Exchange-Hauptverwaltungseinheit.

- **Öffentliche Ordner** Wenn Ihre Organistion über eine ausgedehnte Infrastruktur öffentlicher Ordner verfügt, ist es oft sinnvoll, einer Person oder Gruppe die Verwaltung dieser Ordner und deren Replikation zu übertragen. Vielleicht ist es sogar angezeigt, jede einzelne Öffentliche Ordner-Struktur einem anderen Mitarbeiter zuzuweisen. Oftmals können Sie die grundlegenden Verwaltungsaufgaben für öffentliche Ordner geschulten Benutzern oder den Personen überlassen, die die darin gespeicherten Informationen verwalten.

Zusammenfassung

Gute Planung ist das A und O für die Bereitstellung von Microsoft Exchange Server 2007. Dieses Kapitel hat sich mit der ersten Stufe der Planung zur Einrichtung einer Exchange-Organisation beschäftigt: der Erfassung der derzeitigen Situation. Es hat Ihnen gezeigt, wie die Benutzerbedürfnisse ermittelt werden und wie die aktuellen Ressourcen in einem geografischen Profil sowie in einem physischen und logischen Layout des Netzwerks dargestellt werden. Wir haben außerdem erläutert, welche Faktoren Sie bei der Planung der Verwaltung Ihres Exchange-Systems in einer Active Directory-Umgebung berücksichtigen müssen. Nachdem Sie jetzt alle benötigten Informationen beisammen haben, ist es an der Zeit, sie auch praktisch umzusetzen. In ↗ Kapitel 5 erfahren Sie, wie die Exchange-Organisation tatsächlich geplant wird.

Kapitel 5

Die Bereitstellung planen

In diesem Kapitel:

Die Organisation planen	122
Server planen	126
Zusammenfassung	131

In ↗ Kapitel 4, »Den Bedarf ermitteln«, haben Sie gelernt, wie Sie Informationen über die aktuelle Netzwerksituation und die Bedürfnisse Ihrer Benutzer gewinnen können. In diesem Kapitel erfahren Sie, wie Sie die gewonnenen Informationen nutzen.

Die Planung einer Microsoft Exchange-Organisation zerfällt in zwei Teilaufgaben: Entwerfen der Exchange-Organisation und Platzieren der einzelnen Exchange Server-Computer in Standorten, um das Messagingsystem zu optimieren. Dieser Lösungsansatz ermöglicht eine logische Anordnung der Ressourcen, die die Bedürfnisse der Benutzer optimal berücksichtigt.

Beginnend auf der Organisationsebene legen Sie organisationsweite Namenskonventionen sowie die Anzahl der erforderlichen Routinggruppen und deren Schnittstellen fest und planen, wie diese Gruppen miteinander verknüpft werden sollen. Auf der Serverebene legen Sie fest, welche Funktionen die einzelnen Server erfüllen sollen und welche Konfiguration dafür verwendet werden soll.

Die Organisation planen

Bei der Planung einer Exchange-Organisation beginnt man am besten ganz oben – auf der Organisationsebene. Die Planung auf dieser Ebene bedeutet vor allem, eine Namenskonvention für die verschiedenen Elemente einer Organisation aufzustellen und öffentliche Ordner sowie fremde Gateways einzuplanen.

Eine Namenskonventionen aufstellen

Eindeutige Namen sind eine Grundvoraussetzung für alle Systeme mit Verzeichnissen für Benutzer, Ressourcen und Server. Beim Übergang von Lotus Notes können doppelte Namen auftreten, wenn verschiedene Organisationen zu einem Exchange-System migriert werden. Sie sollten die Systeme auf die Möglichkeit darauf untersuchen und die erforderlichen Vorsichtsmaßnahmen ergreifen – beispielsweise Namen ändern oder alte Konten löschen, bevor Sie sie auf Exchange Server migrieren.

Umfangreiche Exchange-Systeme können tausende von Benutzern weltweit und zahlreiche Routinggruppen und Server umfassen. Die meisten Namen lassen sich nach der Erstellung des betreffenden Objekts nicht mehr ändern. Bestimmte Objekte wie etwa Benutzerpostfächer weisen außerdem unterschiedliche Arten von Namen auf. Bevor Sie den ersten Exchange Server-Computer installieren, müssen Sie eine Namenskonvention für die wichtigsten Arten von Objekten in der Exchange-Organisation aufstellen: die Organisation und die Gruppen, Server und Empfänger.

Eine Namenskonvention sowohl für Verteilergruppen als auch für Benutzer und Kontakte, die in Active Directory angezeigt werden, bedeutet für Exchange-Benutzer eine große Hilfe. Falls die Verwaltung unter mehreren Administratoren in unterschiedlichen Regionen aufgeteilt ist, kann es außerdem nützlich sein, einen Namensstandard für Connectors und andere Exchange-Objekte festzulegen.

WICHTIG Netzwerk- und Messagingsysteme dürfen keine ungültigen Zeichen in ihren Namen verwenden. Einige Systeme können ungültige Zeichen nicht verstehen, andere missverstehen Sie als besonderen Code (was manchmal als Maskierungssequenzen bezeichnet wird). Solche Fehlinterpretationen können dazu führen, dass diese Systeme versuchen, den Rest des Namens als einen Befehl aufzufassen. Dies führt natürlich zu einem Ausfall der elektronischen Kommunikation und möglicherweise zu Fehlern im Netzwerk oder im Messagingsystem. Die Liste der ungültigen Zeichen unterscheidet sich zwar von System zu System, in den meisten sind aber neben dem Leerzeichen einige oder alle der folgenden Symbole ungültig:

\ / [ ] : | < > + = ~ ! @ ; , " ( ) {}' # $ % ^ & * - _

Verwenden Sie in Namen keine ungültigen Zeichen, selbst wenn Windows oder Exchange Server sie zulassen.

Organisationsnamen

Die Organisation ist die größte Einheit eines Exchange-Systems, weshalb ihr Name auch das größte organisatorische Element des Unternehmens wiedergeben sollte. Normalerweise wird die Organisation nach dem Unternehmen benannt, obwohl es auch möglich ist, mehrere Organisationen innerhalb eines einzigen Unternehmens zu erstellen, die miteinander kommunizieren können. Organisationsnamen können bis zu 64 Zeichen lang sein. Um die Verwaltung zu erleichtern, sollten Sie sie jedoch auf weniger Zeichen beschränken. Bedenken Sie, dass die Benutzer von externen Messagingsystemen den Organisationsnamen als Teil der E-Mail-Adresse eines Exchange-Benutzers manuell eingeben müssen.

WICHTIG Wenn Sie den ersten Exchange Server-Computer für die Produktion installieren, stellen Sie sicher, dass der angegebene Organisationsname korrekt ist, selbst wenn das bedeutete, dass Sie auf eine Bestätigung der Geschäftsführung warten müssen. Eine nachträgliche Änderung des Organisationsnamens bedeutet eine Menge Arbeit. Denken Sie außerdem daran, dass der SMTP-Adressraum (Simple Mail Transfer Protocol) die Namen der Organisation und der Routinggruppen zur Erstellung der E-Mail-Adressen für das Internet verwendet. Der SMTP-Adressraum lässt sich zwar ändern, aber auch das ist eine mühselige Arbeit und führt später zu Verwirrung bei den Exchange-Administratoren.

Servernamen

Der Servername für den Exchange-Server ist derselbe wie der NetBIOS-Name des Windows Server-Computers, auf dem Microsoft Exchange Server 2007 installiert ist. Daher sollten Sie die Konvention für Servernamen bereits festlegen, bevor Sie damit beginnen, Windows zu installieren. NetBIOS-Servernamen dürfen höchstens 15 Zeichen lang sein.

Bei der Installation von Exchange Server in einem Firmennetzwerk ist es empfehlenswert, zur Benennung des Servers seinen Standort oder seine Funktion zu verwenden. Außerdem können Sie an den Namen eine oder zwei Ziffern anhängen, damit auch mehrere Windows Server-Computer am gleichen Standort mit der gleichen Netzwerkfunktion berücksichtigt werden können. Einem Exchange Server-Computer am Standort London könnten Sie zum Beispiel den Namen **LON-EX01** zuweisen.

Empfängernamen

Empfängernamen sind von etwas anderer Gestalt als die Namen der anderen Objekte. In Exchange Server können vier Empfängertypen verwendet werden: Benutzer, Kontakte, Gruppen und öffentliche Ordner. Öffentliche Ordner werden weiter hinten in diesem Kapitel behandelt. Jeder der drei anderen Empfängertypen hat vier Schlüsselnamen, die auf der Registerkarte **Allgemein** des Dialogfelds **Eigenschaften** für das betreffende Objekt angezeigt werden (siehe Abbildung 5.1):

- **Vorname**   Der vollständige Vorname des Benutzers
- **Initialen**   Anfangsbuchstabe des zweiten Vornamens des Benutzers

Kapitel 5   Die Bereitstellung planen

Abbildg. 5.1   Die Elemente des Empfängernamens

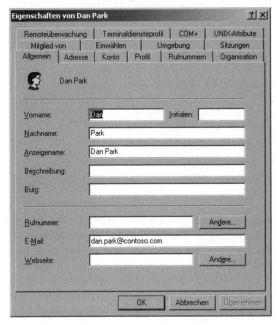

- **Nachname**   Der vollständige Nachname des Benutzers
- **Anzeigename**   Ein Name, der automatisch aus dem Vornamen, dem Initial und dem Nachnamen des Benutzers zusammengesetzt wird. Dieser Name erscheint in den Adressbüchern und in der Exchange-Verwaltungskonsole und ist auch der Name, den Exchange-Benutzer in erster Linie verwenden, wenn sie nach anderen Benutzern suchen. Anzeigenamen können bis zu 256 Zeichen lang sein.

Jede Namenskonvention sollte berücksichtigen, dass Exchange-Benutzer eventuell auch mit externen Systemen in Verbindung treten müssen. Viele ältere Messaging- und Terminplanungssysteme beschränken die Länge von Empfängernamen in ihren Adresslisten. Während Exchange Server 2007 längere Postfachnamen erlaubt, kann es geschehen, dass ältere Systeme diese langen Namen verkürzen oder sogar ganz zurückweisen, was zu Duplikaten oder fehlenden Empfängern führt. Außerdem könnten Nachrichten in den falschen Postfächern landen oder überhaupt nicht übermittelt werden. In vielen älteren Systemen sind die Empfängernamen auf acht Zeichen begrenzt. Sie können sich eine Menge Probleme ersparen, wenn Sie es bei Postfachnamen bei acht oder weniger Zeichen belassen.

Aus der Praxis: Namenskonventionen und Adressierung

Die für die Objekte Ihrer Exchange-Organisation eingerichteten Namen stellen gleichzeitig die Adressen dar, welche die Benutzer externer Systeme zum Verschicken von Nachrichten an Ihre Empfänger verwenden müssen. Fremde Systeme verwenden nicht immer die gleichen Adresskonventionen wie Exchange Server. Exchange Server muss deshalb eine Möglichkeit haben, zu erkennen, wohin eine von einem externen System eingehende Nachricht gesendet werden soll. Für jedes Messagingsystem, mit dem es verbunden ist, verwaltet Exchange Server einen Adressraum, der Informationen darüber enthält, wie fremde Adressinformationen zur Übermittlung von Nachrichten innerhalb der Exchange-Organisation behandelt werden sollen. ▶

> **Aus der Praxis: Namenskonventionen und Adressierung**
>
> Angenommen, Sie haben Exchange Server so eingerichtet, dass Ihre Benutzer E-Mail-Nachrichten mit anderen Benutzern im Internet austauschen können. In dieser Situation unterstützt Exchange Server den SMTP-Adressraum dadurch, dass er für jedes Empfängerobjekt eine SMTP-Adresse verwaltet. Ein Benutzer im Internet kann dann seine Nachrichten an Ihre Benutzer im typischen SMTP-Format adressieren, als z.B. benutzer@organisation.com. (Weitere Informationen über Adressräume finden Sie in ↗ Kapitel 25, »Unterstützung anderer Clients«. An dieser Stelle reicht es, wenn Sie wissen, welch weit reichende Auswirkungen die Benennung der Objekte in Ihrer Organisation hat.)

Öffentliche Ordner planen

Öffentliche Ordner können in Microsoft Exchange Server für mehrere Zwecke eingesetzt werden: als Diskussionsforen, als öffentliche Ablage von Dokumenten und sogar als Basis für benutzerdefinierte Anwendungen. Exchange Server erlaubt Ihnen die Einrichtung mehrerer Öffentliche Ordner-Strukturen, von denen jede eine beliebig große Anzahl öffentlicher Ordner enthalten kann. Die Ordner im Stammverzeichnis einer Öffentliche Ordner-Struktur werden als Ordner der höchsten Ebene bezeichnet. Wenn ein Benutzer einen solchen Ordner erstellt, wird dieser auf seinem Stammserver eingerichtet. Ein Ordner niedrigerer Ebene hingegen wird auf demselben Server abgelegt wie der Ordner, in dem er sich befindet. Der Inhalt eines öffentlichen Ordners kann auf einem einzelnen Server gespeichert oder auf andere Server in der Routinggruppe und der Organisation repliziert sein. (In ↗ Kapitel 12, »Öffentliche Ordner«, werden das Anlegen, das Speichern und die Replikation von öffentlichen Ordnern ausführlich behandelt.) Einige Aspekte öffentlicher Ordner sind aber auch für die Planung von Routinggruppen relevant:

- Entscheiden Sie, wie viele Strukturen öffentlicher Ordner Sie verwalten wollen. Es ist denkbar, dass jede Abteilung eine eigene Struktur verwaltet, aber auch, dass eine unternehmensweite Struktur öffentlicher Ordner eingerichtet wird.

- Legen Sie fest, ob öffentliche Ordner auf mehrere Server innerhalb der Routinggruppe aufgeteilt oder zusammen auf einem einzigen Server verwaltet werden sollen.

- Legen Sie fest, ob bestimmte Server für öffentliche Ordner reserviert werden sollen. In diesem Fall speichern die Server ausschließlich öffentliche Ordner. Sie können aber auch Server einrichten, auf denen sowohl öffentliche als auch persönliche Ordner wie Postfächer abgelegt werden.

- Legen Sie fest, welche Benutzer öffentliche Ordner für Anwendungen einsetzen sollen, die eine Zusammenarbeit mehrerer Personen ermöglichen. Stellen Sie außerdem fest, ob diese Anwendungen andere Dienste oder besondere Sicherheitsmaßnahmen erfordern.

- Falls Benutzer aus Remoteroutinggruppen auf öffentliche Ordner einer lokalen Routinggruppe zugreifen sollen, müssen Sie entscheiden, ob der Inhalt auf einen Server der Remotegruppe repliziert werden soll, um den Netzwerkverkehr zwischen den Gruppen möglichst gering zu halten.

- Überlegen Sie, welche Benutzer die Erlaubnis zur Erstellung von Ordnern der höchsten Ebene in einer Öffentliche Ordner-Struktur erhalten sollen. Durch eine Beschränkung der Anzahl dieser Benutzer haben Sie sowohl die Kontrolle über die Server, auf denen öffentliche Ordner erstellt werden, als auch über den grundlegenden Aufbau der Hierarchie öffentlicher Ordner.

- Bei der Benennung öffentlicher Ordner haben Sie etwas mehr Freiheiten als bei den Namen anderer Empfänger. Die Namen öffentlicher Ordner können bis zu 256 Zeichen lang sein. Bedenken Sie dabei aber, dass nur ein kleiner Teil des Namens tatsächlich in der Clientsoftware Ihrer Benutzer angezeigt wird, weshalb sehr lange Namen zu Problemen führen können. Der eine oder andere Benutzer wird außerdem manchmal den Namen eines öffentlichen Ordners eingeben müssen. Auch aus diesem Grund sind kurze Bezeichnungen wünschenswert.

Gateways planen

Jeder Server kann mit einem Connector zu einem Fremdsystem versehen werden. Alle anderen Server in der Organisation können dann Nachrichten über dieses Gateway weiterleiten. Wenn möglich, sollten Sie einen Connector zu einem fremden Messagingsystem auf dem Server einrichten, auf dem auch die tatsächliche physische Verbindung verwaltet wird. Falls dann eine Benutzergruppe hauptsächlich mit dem Fremdsystem korrespondiert, sollten Sie sich überlegen, diese Benutzer auf dem Server zu verwalten, auf dem der Connector installiert ist.

Server planen

Nachdem Sie den allgemeinen Aufbau der Organisation geplant haben, können Sie sich um die Server kümmern. Wie viele Server Sie benötigen, hängt von der Anzahl der Benutzer in einem Standort und von den Diensten ab, die Sie ihnen zur Verfügung stellen wollen.

Je nach Anforderungen und Ressourcen werden Sie wahrscheinlich bereits entschieden haben, ob Sie Ihre Dienste auf nur wenigen leistungsfähigen Servern zur Verfügung stellen oder auf eine größere Anzahl weniger leistungsfähiger Server aufteilen wollen. Wichtig ist lediglich, das Sie zunächst einen Plan aufstellen. Danach können Sie damit beginnen, die Hardwarevoraussetzungen Ihrer Server zu ermitteln.

Bei der Entscheidung darüber, wie leistungsfähig Ihr Exchange Server-Computer sein soll, müssen Sie die vier folgenden Hardwarekomponenten berücksichtigen: Festplatte, Prozessor, Arbeitsspeicher und Netzwerk. In den folgenden Abschnitten werden diese Kategorien nacheinander behandelt.

Überlegungen zur Festplattengröße

Bei der Planung des Plattenspeichers müssen Sie verschiedene Aspekte bedenken. Vor allem sollten Sie stets in Hochgeschwindigkeits-Festplatten und -Spindeln investieren. Festplatten mit geringerer Kapazität, die aber die Leistung aller einzelnen Spindeln nutzen, sind besser als wenige Spindeln mit großer Kapazität. Schneller Plattenspeicher mit einer ausreichenden Menge an Spindeln ist die wichtigste Investition, die Sie für Ihre Messaginginfrastruktur tätigen können.

Ihr Server muss auf der Festplatte genügend verfügbaren Speicherplatz für Windows Server 2003, Exchange Server 2007, die Verzeichnisinformationen, die Transaktionsprotokolle und die Informationsspeicher haben. Die Geschwindigkeit, mit der Exchange Server auf die Festplatten zugreifen kann, ist ein weiterer wichtiger Faktor. Ausreichende Festplattenkapazität ist entscheidend, denn wenn auf einer Festplatte mit Transaktionsprotokollen kein freier Platz mehr ist, führt das dazu, dass alle Datenbanken in der entsprechenden Speichergruppe offline geschaltet werden.

Im Folgenden finden Sie eine allgemein anerkannte Formel zur Bestimmung der Größe eines Postfachs:

Postfachgröße = Postfachkontingent + Leerraum + (wöchentlich eingehende E-Mail * 2)

Wenn die Postfächer z.B. mit einem Speicherkontingent von 2 GB eingerichtet sind und durchschnittlich 50 MB E-Mail pro Woche eingehen, dann erreichnet sich die durchschnittliche Postfachgröße wie folgt:

Postfachgröße = 2000 MB + 10 MB + (50 MB * 2) = 2110 MB (ungefähr 5% größer als das Kontingent)

> **Aus der Praxis: Die Festplattenkapazität berechnen**
>
> Wenn Sie planen, wie viel Festplattenplatz Ihre Server benötigen, sollten Sie folgende Punkte bedenken:
>
> - Windows Server 2003 Enterprise Edition nimmt je nach den installierten Optionen ungefähr 1,5 GB ein.
> - Mindestens 1,2 GB freier Festplattenspeicher werden auf dem Laufwerk benötigt, auf dem Sie Exchange Server 2007 installieren. Weitere 500 MB sind für das Unified Messaging-Sprachpaket erforderlich.
> - Daneben müssen Sie auch die Anzahl der Benutzerpostfächer und öffentlichen Ordner auf dem Server sowie den Platz berücksichtigen, den jeder Speichertyp gemäß Ihrer Planung verbrauchen darf.
> - Auch wenn Transaktionsprotokolle relativ klein sind (1 MB pro Protokoll), sollten Sie für sie ein eigenes Laufwerk reservieren.
>
> Bedenken Sie schließlich auch jegliche zusätzlichen Dienste, die Sie auf dem Server ausführen müssen, z.B. Exchange-Erweiterungen wie Antivirus- und Filterprogramme.

Wenn Sie mehrere Laufwerke verwenden, sollten Sie auch ein Hardware-RAID (Redundant Array of Independent Disks) in Betracht ziehen, um eine Form von Fehlertoleranz zu bieten. Denken Sie bei der Einführung jeglicher Art von Hardware-RAID daran, dass dessen Konfiguration und Verwaltung von der Firmware des Hardwareherstellers erledigt wird. Empfohlen werden folgende RAID-Level:

- **RAID-5** RAID-5 ist auch als Stripeset mit verteilter Parität bekannt. In einer RAID-5-Anordnung müssen alle Laufwerke bis auf eines vorhanden sein. Das bedeutet, dass beim Ausfall einer Festplatte die darauf befindlichen Daten aus den Paritätsinformationen wiederhergestellt werden können.
- **RAID-6** RAID-6, das Stripeset mit doppelter verteilter Parität, funktioniert wie RAID-5, verwendet aber zwei Festplatten des Satzes für die Paritätsinformationen statt nur einer. Dadurch wird die Zuverlässigkeit des Systems deutlich erhöht.
- **RAID-10** RAID-10 ist eine Kombination aus zwei RAID-Typen: RAID-1 (Stripeset) und RAID-0 (Spiegelung). Ein Stripeset bietet keine Fehlertoleranz, aber verbesserte Lese- und Schreibzeiten für den Festplattenzugriff. Ein Spiegelsatz dient zur Fehlertoleranz, da er eine vollständige Spiegelkopie der Hauptfestplatte anlegt. RAID-10 (also letztlich RAID 1+0) ist ein Stripeset mit Spiegelung, das sowohl erhöhte Geschwindigkeit als auch Fehlertoleranz bietet.

Ein weiterer Faktor, den Sie bedenken müssen, ist die Frage, wie die Festplatten-E/A (Eingabe/Ausgabe) auf einem Exchange Server-Computer hervorgerufen wird. Die Einzelheiten der Speicherarchitektur lernen Sie in ↗ Kapitel 3, »Architektur von Exchange Server 2007«, kennen, aber einfach ausgedrückt sind die beiden Hauptquellen für Festplatten-E/A Lese- und Schreibvorgänge in Datenbanken und die Aufzeichnung von Transaktionsprotokollen. Weitere Faktoren sind Inhaltsindizierung, SMTP-Mailübertragung, Speicherauslagerung, die Anzahl der Postfächer und die Anzahl der darin enthaltenen Elemente. Die Festplatten-E/A wird gewöhnlich in IOPS gemessen (Input/Output Per Second, Ein-/Ausgabe pro Sekunde). Sie können den IOPS-Wert vor der Bereitstellung mit dem

Exchange Load Generator abschätzen, der eine Benutzerlast auf einem Exchange-Testserver simuliert. Auf einem bestehenden Server können Sie den Systemmonitor verwenden. Beide Werkzeuge werden in ↗ Kapitel 17, »Exchange Server 2007 optimieren«, besprochen.

Auch wenn Sie versucht sind, den Exchange-Server mit so viel Speicherplatz wie möglich auszustatten, tun Sie es lieber nicht. Bedenken Sie lieber den Speicherbedarf, der sich im Laufe der Zeit ergibt, die Geschwindigkeit der Festplatten und die Aufnahmefähigkeit des Sicherungssystems. Falls der Speicherplatz die Kapazität des Sicherungssystems übersteigt, sollten Sie lieber zusätzliche Server einsetzen. Auf einem Exchange Server-Computer können sich im Laufe der Zeit viele Gigabyte an Daten ansammeln. Eventuell müssen Sie Ihr Sicherungssystem anpassen, um mit den Bedürfnissen einer wachsenden Organisation Schritt zu halten. Stellen Sie bei der Festlegung des Speicherplatzes für den Server sicher, dass das Sicherungssystem in der Lage ist, die Informationsspeicher, Transaktionsprotokolle und Betriebssystemdateien vollständig aufzunehmen. Ein großer Informationsspeicher kann bei der täglichen Sicherung bereits mehrere Bänder und viel Zeit erfordern, wobei sich die Wiederherstellung dann über mehrere Stunden erstreckt. Mehrere Server mit kleineren Informationsspeichern bieten mehr Fehlertoleranz, denn der Ausfall eines Servers beeinträchtigt weniger Benutzer weniger lange, weil der Wiederherstellungsprozess weitaus kürzer ist.

Mit zunehmender Datenmenge auf dem Exchange Server-Computer kann die Leistung sinken. Exchange Server führt eine Reihe von Hintergrundaufgaben für die Informationsspeicher durch, die umso mehr Zeit benötigen, je mehr Nachrichten im Informationsspeicher verwaltet werden müssen. Dadurch wird die Leistung des gesamten Servers verringert. Eine Möglichkeit, den Postfachspeicher nicht zu stark anwachsen zu lassen, besteht darin, die Größe der Benutzerpostfächer zu begrenzen. Eine weitere Möglichkeit ist die Einrichtung zusätzlicher Postfachspeicher. Weitere Informationen dazu finden Sie in ↗ Kapitel 13, »Speichergruppen erstellen und verwalten«.

Weitere Informationen

Mehr über die Planung des Festplattenspeichers erfahren Sie im Artikel »Planning Disk Storage« in der TechNet Library unter **http://technet.microsoft.com/en-us/library/bb124518.aspx**.

Überlegungen zur Prozessorleistung

Da es Exchange Server 2007 für Produktionsserver nur als 64-Bit-Version gibt, müssen Sie einen 64-Bit-Prozessor mit einer x64-Version von Windows Server 2003 verwenden. Dazu gehören Intel-Prozessoren, die Intel Extended Memory 64-Technologie unterstützten, oder AMD-Prozessoren mit AMD64. Itanium-Prozessoren von Intel mit der x64-Version von Windows Server 2003 können Sie nicht verwenden. Unabhängig davon, welchen Prozessor Sie verwenden, muss das Serverprodukt das Logo »Designed for Windows« tragen, um unterstützt zu werden.

Die Verwendung mehrerer Prozessoren oder Mehrkernprozessoren erhöht die Leistung eines Servers. Wenn Sie einen Dual-Core-Prozessor verwenden oder einen zweiten Prozessor zu einem Server hinzufügen, verdoppeln Sie dadurch jedoch nicht die Leistung. Die Prozessoren nutzen alle dieselbe Hauptplatine, dieselben Erweiterungskarten, Speicher und anderen Hardwarekomponenten, in denen immer Engpässe auftreten können. Allerdings unterstützt Windows Server 2003 die so genannte symmetrische Parallelverarbeitung (Symmetric Multiprocessing), und Exchange Server 2007 ist eine Multithread-Anwendung. Deshalb können verschiedene Teile des Exchange-Systems gleichzeitig auf verschiedenen Prozessoren desselben Rechners ausgeführt werden, was die Antwortzeiten erheblich verringern hilft.

In umfangreicheren Umgebungen mit erwartungsgemäß hohem Mailaufkommen sollten Sie eine entsprechende Verarbeitungsleistung des Exchange Server-Computers vorsehen. Für einen Hub-Transport-Server, einen Clientzugriffsserver, einen Unified Messaging-Server, einen Postfachserver oder einen Server mit verschiedenen Rollen ist in kleinen Organisationen ein Einkern-Prozessor geeignet. In größeren Organisationen sollten Sie lieber Zwei- oder Vierkern-Prozessoren verwenden. In sehr großen Organisationen mit hohem Mailaufkommen können sogar acht Prozessorkerne die richtige Wahl sein. Die Entscheidung für die Verarbeitungsleistung gründet sich hauptsächlich auf die folgenden Kriterien:

- Wie viele Benutzer unterstützt der Server? Handelt es sich dabei um Benutzer mit geringem Mailaufkommen (5 bis 10 gesendete Nachrichten und 20 bis 40 empfangene pro Tag) oder um solche mit hohem Aufkommen (20 bis 30 gesendete und 80 bis 120 empfangene Nachrichten pro Tag)?
- Führt der Server mehrere Funktionen aus?
- Führt der Server zusätzliche Aufgaben durch (z.B. ein Hub-Transport-Server, auf dem auch Antivirus- und Antispamanwendungen laufen)?
- Verwenden die Server die fortlaufende lokale Replikation? (Der zusätzliche Prozessoraufwand beträgt ca. 20%.)
- Greifen Forefront Security für Exchange Server oder andere nicht von Microsoft stammende Sicherheitsprodukte auf den Postfachserver zu?
- Arbeiten die Outlook-Clients ständig online oder verwenden sie den Exchange-Cache-Modus?

Tabelle 5.1 zeigt die empfohlenen Prozessorkonfigurationen für die einzelnen Exchange Server-Funktionen.

Tabelle 5.1   Empfohlene Prozessorkonfigurationen für die Exchange Server-Funktionen

Serverfunktion	Mindestvoraussetzung	Empfohlen	Maximum
Edge-Transport-Server	1 x Prozessorkern	2 x Prozessorkern	4 x Prozessorkern
Hub-Transport-Server	1 x Prozessorkern	4 x Prozessorkern	8 x Prozessorkern
Clientzugriffsserver	1 x Prozessorkern	4 x Prozessorkern	4 x Prozessorkern
Unified Messaging-Server	1 x Prozessorkern	4 x Prozessorkern	4 x Prozessorkern
Postfachserver	1 x Prozessorkern	4 x Prozessorkern	8 x Prozessorkern
Mehrere Funktionen	1 x Prozessorkern	4 x Prozessorkern	4 x Prozessorkern

Überlegungen zum Arbeitsspeicher

Der Arbeitsspeicher (Random Access Memory, RAM) wird verwendet, um die aktiven Prozesse auf dem Rechner auszuführen. Wenn der physische Speicher nicht ausreicht, ergänzt das System ihn durch Auslagerungsdateien auf der Festplatte des Computers. Im Idealfall sollten Sie genug physischen Speicher auf einem Server haben, um eine zu häufige Erstellung von Auslagerungsdateien zu vermeiden. Zurzeit ist die Vergrößerung des Arbeitsspeichers die billigste Möglichkeit zur Verbesserung der Rechnerleistung. Wir empfehlen ein Minimum von 2 GB RAM für Exchange Server. Wenn möglich, sollten Sie gleich mit 4 GB beginnen. Da Exchange Server 2007 unter der x64-Version von Windows Server 2003 ausgeführt wird, kann der betreffende Servercomputer in manchen Situationen 32 GB Speicher oder mehr verwenden.

Tabelle 5.2 zeigt die empfohlenen Speicherkonfigurationen für die einzelnen Exchange Server-Funktionen.

Tabelle 5.2 Empfohlene Speicherkonfigurationen für die Exchange Server-Funktionen

Serverfunktion	Mindestvoraussetzung	Empfohlen	Maximum
Edge-Transport-Server	2 GB	1 GB pro Kern (mindestens 2 GB)	16 GB
Hub-Transport-Server	2 GB	1 GB pro Kern (mindestens 2 GB)	16 GB
Clientzugriffsserver	2 GB	1 GB pro Kern (mindestens 2 GB)	8 GB
Unified Messaging-Server	2 GB	1 GB pro Kern (mindestens 2 GB)	4 GB
Postfachserver	2 GB; hängt auch von der Anzahl der Speichergruppen ab	2 GB plus 2 bis 5 MB pro Postfach (je nach Aktivität der Benutzer)	32 GB
Mehrere Funktionen	2 GB; hängt auch von der Anzahl der Speichergruppen ab	4 GB plus 2 bis 5 MB pro Postfach (je nach Aktivität der Benutzer)	8 GB

Weitere Informationen

Ausführlichere Informationen finden Sie im Artikel »Planning Processor and Memory Configurations« in der TechNet Library unter http://technet.microsoft.com/en-us/library/aa998874.aspx.

Überlegungen zum Netzwerk

Die Netzwerkkarten auf Ihren Servern sollten schnell genug sein, um den von den Clients und anderen Servern ausgehenden und bei ihnen eingehenden Datenverkehr bewältigen zu können. Schnelle Server können auch die Vorteile mehrerer Netzwerkkarten nutzen, mit denen gleichzeitig mehrere Verbindungen zu unterschiedlichen Servern und Clients unterhalten werden können. Viele Serverplattformen erlauben außerdem die Verwaltung mehrerer Netzwerkkarten in einem gemeinsamen Pool. Falls eine Karte in dem betreffenden Pool ausfällt, übernimmt eine andere ihre Aufgabe.

Fehlertoleranz

Um sicherzustellen, dass die Exchange Server-Computer auch beim Auftreten eines Fehlers online bleiben, können Sie bestimmte Sicherheitsvorkehrungen treffen. Eine unterbrechungsfreie Stromversorgung (USV) ist eine übliche Möglichkeit um sicherzustellen, dass der Server bei einem Stromausfall nicht offline geht. Sie kann auch verhindern, dass Spannungsspitzen die Komponenten des Servers beschädigen.

Wie wir bereits erwähnt haben, kann ein Server mehrere Festplatten, mehrere Prozessoren und mehrere Netzwerkkarten haben. Diese redundanten Komponenten bieten je nach Konfiguration bessere Leistung, Lastenausgleich und Failovermöglichkeiten. Ein Server kann außerdem mit einer doppelten Stromversorgung ausgestattet werden, mit Controllerkarten und fehlerkorrekturfähigem RAM. Mit redundanten internen Komponenten kann ein Server besser auf Fehler in ihnen reagieren. Rechner der Serverklasse werden normalerweise mit Software ausgeliefert, mit deren Hilfe sich die Hardwarekomponenten von einem zentralen Verwaltungscomputer aus überwachen lassen.

Außer für Redundanz bei den Serverkomponenten können Sie auch für redundante Server sorgen. Exchange Server-Computer lassen sich so einrichten, dass sie mithilfe des Clusterings die Vorteile eines freigegebenen Speichersystems nutzen können. Wenn mehrere Server zu einem Cluster zusammengefasst sind, wechselt das System beim Ausfall eines Servers sofort zu einem redundanten Gerät (Failover). Mehr über Cluster erfahren Sie in ↗ Kapitel 9, »Hohe Verfügbarkeit in Exchange Server 2007«.

Zusammenfassung

Im vorangegangenen Kapitel haben Sie den Bedarf Ihrer Organisation zu ermitteln gelernt. In diesem Kapitel haben Sie erfahren, wie Sie diese Informationen für den Entwurf einer Exchange-Organisation nutzen. Der Entwurf einer Organisation findet auf zwei getrennten Ebenen statt: der Organisations- und der Serverebene. Auf der Organisationsebene müssen Sie eine Namenskonvention aufstellen, öffentliche Ordner und Gateways planen. Auf der Serverebene erfolgt die Planung für die wichtigsten Hardware-Teilsysteme des Servercomputers: Festplatte, Prozessor, Arbeitsspeicher und Netzwerk.

↗ Teil B dieses Buches, »Die Bereitstellung planen«, hat Ihnen gezeigt, wie Sie Informationen sammeln und zur Planung Ihrer Exchange-Organisation verwenden können. Mit dem folgenden ↗ Kapitel 6, »Exchange Server 2007 installieren«, beginnt ↗ Teil C, »Installation und Bereitstellung«, in dem die Bereitstellung von Exchange Server 2007 behandelt wird. In ↗ Kapitel 6 erfahren Sie, wie Exchange Server 2007 installiert wird.

Teil C

Installation und Bereitstellung

In diesem Teil:

Kapitel 6	Exchange Server 2007 installieren	135
Kapitel 7	Koexistenz mit früheren Versionen von Exchange Server	167
Kapitel 8	Übergang auf Exchange Server 2007	199
Kapitel 9	Hoch Verfügbarkeit in Exchange Server 2007	223

Kapitel 6

Exchange Server 2007 installieren

In diesem Kapitel:

Die Installation vorbereiten	136
Die Installation durchführen	147
Die Installation überprüfen	158
Die Exchange Server 2007-Bereitstellung abschließen	160
Exchange funktionsfähig erhalten	164
Zusammenfassung	165

Bisher haben Sie etwas über die neuen Funktionen, die Exchange Server 2007 hinzugefügt wurden, und die Architektur von Exchange Server erfahren. In diesem und den nächsten Kapiteln greifen Sie selbst zur Tastatur und installieren Exchange Server. Dies geschieht in acht grundlegenden Schritten:

1. Bereiten Sie die Active Directory-Umgebung vor, indem Sie die für eine funktionierende Infrastruktur von Exchange erforderlichen Objekte hinzufügen.
2. Entscheiden Sie, welche Exchange Server 2007-Funktionen zu welchen Servern gehören.
3. Entscheiden Sie, ob Sie Ihre Exchange Server 2007-Umgebung durch den Einsatz der neuen Clusteroptionen unterstützen wollen, z.B. Postfachclusterserver, fortlaufende lokale Replikation oder fortlaufende Clusterreplikation.
4. Vergewissern Sie sich, dass Ihre Server für die Installation geeignet sind. Exchange Server 2007 weist einige Softwarevoraussetzungen auf, die erfüllt werden müssen.
5. Sind die Vorbereitungen abgeschlossen, führen Sie das Setupprogramm von Exchange Server 2007 aus, klicken auf einiger Schaltflächen und geben Informationen über Ihre Umgebung ein.
6. Überprüfen Sie, ob die neuen Dienste von Exchange Server 2007 vorhanden sind und gestartet werden können.
7. Führen Sie einige nach der Installation erforderlichen Aufgaben durch, z.B. das Erstellen eines Postmasterpostfachs.
8. Integrieren Sie eventuell erforderliche zusätzliche Software in Exchange Server, z.B. Service Packs für Exchange Server, Sicherungsprogramme und Antivirensoftware.

Die Installation von Exchange Server 2007 lässt sich bei guter Vorbereitung problemlos und einfach durchführen. Dies gilt sowohl für die Konfiguration des ersten als auch jedes weiteren Servers im Exchange Server-Messagingsystem. Wenn Sie die Installation jedoch nicht vorbereitet haben und die falschen Optionen wählen, kann dies unter Umständen dazu führen, dass Sie die Software neu installieren müssen oder, was noch schlimmer ist, ein bestehendes System durcheinanderbringen. Dieses Kapitel ist daher für alle wichtig, die sich mit der Installation von Exchange Server 2007 befassen.

HINWEIS Exchange Server 2007 enthält eine Reihe von Serverfunktionen. Die grundlegende ist die des Postfachservers, auf der alle anderen aufbauen. Wo es notwendig ist, weist dieses Kapitel auf Unterschiede zwischen den Serverfunktionen hin, konzentriert sich aber hauptsächlich auf die des Postfachservers.

Die Installation vorbereiten

Obwohl es einfach und die Versuchung groß ist, die Exchange Server-CD in das Laufwerk einzulegen und das Setupprogramm zu starten, empfiehlt es sich, zuvor einige vorbereitende Maßnahmen zu treffen. Vergewissern Sie sich, dass Ihr Server richtig konfiguriert ist, holen Sie Informationen ein, entscheiden Sie, welche Serverfunktionen an welcher Stelle eingesetzt werden, und richten Sie besondere Konten ein. Wenn Sie einen detaillierten Bereitstellungsplan erstellt haben, verfügen Sie wahrscheinlich über alle Angaben, die Sie benötigen.

> **Aus der Praxis: Einen Testlauf mit Exchange Server 2007 ausführen**
>
> Wenn Sie Ihre Exchange-Organisation von einer früheren Version auf Exchange Server 2007 aktualisieren wollen, sollten Sie die neue Version zunächst auf einem Test- oder einem virtuellen Server ausprobieren, um einen Eindruck von den neuen Funktionen zu bekommen. Obwohl ihr Einsatz in der Produktion nicht unterstützt wird, stellt Microsoft eine 32-Bit-Version von Exchange Server 2007 zur Verfügung, die genau für diesen Zweck geeignet ist. Dieser Testlauf mit der Software kann auch durchgeführt werden, wenn Sie keine Aktualisierung vornehmen, sondern ein neues System einrichten. Exchange Server 2007 vor der Bereitstellung zu testen, bietet Ihnen die Gelegenheit, optimale Implementierungsstrategien für die von der neuen Version angebotenen Funktionen zu planen, da diese Entscheidungen bei der eigentlichen Installation zu treffen sind.
>
> Wenn Sie sich entschließen, Exchange Server 2007 einem Testlauf zu unterziehen, sollten Sie ein Testnetzwerk oder eine virtuelle Testumgebung einrichten, die physisch (oder virtuell) von dem eigentlichen Netzwerk getrennt ist. Falls Sie nicht über die physischen Ressourcen für ein separates Netzwerk verfügen, sollten Sie die Verwendung von Microsoft Virtual PC oder Microsoft Virtual Server zur Entwicklung einer virtuellen Testumgebung in Betracht ziehen, die Ihr Produktionsserver-Netzwerk widerspiegelt.

Informationssammlung

Im Folgenden finden Sie eine Checkliste mit wichtigen Fragen, die Sie vor der Installation von Exchange Server klären sollten. Einige Antworten liegen sozusagen auf der Hand, aber dennoch ist es wichtig, dass Sie sich die Zeit für diesen Vorbereitungsschritt nehmen, um Probleme bei der anschließenden Installation zu vermeiden.

- Erfüllt der Computer, auf dem Sie Exchange Server 2007 installieren wollen, die Hardwareanforderungen? (Siehe hierzu den nächsten Abschnitt, »Hardwareanforderungen«.)
- Wird auf dem Computer, auf dem Sie Exchange Server 2007 installieren wollen, eine 64-Bit-Version von Windows Server 2003 SP1 oder Windows Server 2003 R2 ausgeführt?
- Hat der Server innerhalb des lokalen Active Directory-Standorts Zugriff auf einen Domänencontroller und einen globalen Katalogserver mit Windows Server 2003 SP1 oder höher? Wird auf dem Domänencontroller/globalen Katalogserver eine 64-Bit-Version von Windows ausgeführt? Zwar ist ein 64-Bit-Betriebssystem für Domänencontroller und globale Katalogserver in einer Exchange Server 2007-Umgebung nicht unbedingt erforderlich, doch verbessert ein solches Betriebssystem die Gesamtleistung des Verzeichnisdienstes.
- Haben Sie Zugriff auf ein Benutzerkonto mit den erforderlichen administrativen Rechten? Sie müssen lokaler Serveradministrator des Servers sein, auf dem Sie Exchange Server 2007 installieren wollen.
- Wissen Sie, welche Serverfunktionen Sie auf welchem Computer installieren wollen? Denken Sie daran, dass Exchange Server 2007 Serverfunktionen verwendet, um festzulegen, welcher Computer welche Aufgaben übernehmen soll. Einzelheiten über die Funktionen in Exchange Server 2007 finden Sie im Abschnitt »Die Rolle der Funktionen« weiter hinten in diesem Kapitel.
- Verfügen Sie über die Berechtigung, das Active Directory-Schema zu ändern? Sie müssen Mitglied der Gruppen **Organisations-Admins** und **Schema-Admins** sein, um Active Directory für die Installation vorbereiten zu können. Die zu diesem Zweck verwendeten Befehle **PrepareSchema**

und **PrepareAD** ersetzen die Befehle **domainprep** und **forestprep** von Exchange Server 2003. Wenn Sie nicht über die erforderlichen Berechtigungen verfügen, können Sie einen Administrator mit diesen Rechten bitten, das Schema zu ändern, bevor Sie mit der ersten Installation von Exchange Server 2007 in einer Domäne beginnen. (Siehe hierzu den Abschnitt »Exchange Server 2007 in einer neuen Organisation installieren« weiter hinten in diesem Kapitel.)

> **HINWEIS** Wenn Sie über die entsprechenden Berechtigungen verfügen, werden die Schritte zur Vorbereitung der Domäne bei der Installation automatisch ausgeführt.

- Ist TCP/IP (Transmission Control Protocol/Internet Protocol) ordnungsgemäß auf Ihrem Windows Server-Computer konfiguriert, und haben Sie die Möglichkeit, auf DNS-Server zuzugreifen? (Siehe hierzu den Abschnitt »TCP/IP« weiter hinten in diesem Kapitel.)
- Wie lautet der Namen der Organisation, die Sie erstellen oder der Sie beitreten wollen?
- Für welche Connectors müssen Sie bei der Installation von Exchange Server eine Unterstützung einrichten? Wenn Ihr Exchange Server 2007-Computer neben Exchange 2000 Server- oder Exchange Server 2003-Computern betrieben wird, ist ein Connector für den Nachrichtenfluss erforderlich, obwohl dies vom Installationsprogramm halbautomatisch erledigt wird. Weitere Informationen zur Koexistenz finden Sie in Kapitel 7, »Koexistenz mit früheren Versionen von Exchange Server«.
- Wie sieht die Datenträgerkonfiguration des Computers aus, auf dem Exchange Server installiert wird? Selbst wenn Exchange Server 2007 auf einem Server mit einer einzigen großen Festplatte problemlos läuft, sollten Sie die Aufgaben auf mehrere Festplatten verteilen, um die bestmögliche Leistung zu erzielen. Dies gilt auch für das Betriebssystem, die Auslagerungsdatei, die Exchange Server-Software selbst, die Exchange-Postfachdatenbanken und die mit den einzelnen Speichergruppen verbundenen Protokolldateien. Bei kleinen Organisationen können Sie all diese Elemente sicher auf einer einzigen Festplatte oder einem RAID-Array zusammenfassen.
- Werden die Internetinformationsdienste (IIS) 6.0 oder eine neuere Version auf dem Computer ausgeführt? Auf diese Voraussetzung gehen wir in diesem Kapitel noch weiter ein, da nicht alle Serverfunktionen von Exchange Server 2007 IIS-Komponenten erfordern.
- Sind die SMTP- (Simple Mail Transfer Protocol) und NNTP-Dienste (Network News Transfer Protocol) auf Ihrem Server installiert? Entfernen Sie sie, wenn dies der Fall ist. In früheren Exchange-Versionen war SMTP der Standardmechanismus für den Nachrichtentransport. In Exchange Server 2007 werden sowohl SMTP als auch MAPI (Messaging Application Programming Interface) für die Nachrichtenkommunikation verwendet, was von der jeweiligen Serverfunktion abhängt. Bei der Übertragung von Nachrichten zwischen einem Postfachserver und einem Hub-Transport-Server wird beispielsweise das MAPI-Protokoll eingesetzt. Für das Senden und Empfangen von Nachrichten zwischen Hub-Transport-Servern verwendet Exchange dagegen SMTP.

> **HINWEIS** Das Installationsprogramm von Exchange stellt eine Liste bereit, auf der die Voraussetzungen Schritt für Schritt aufgeführt sind, und führt vor der Installation der Komponenten eine vollständige Systemprüfung durch. Daher brauchen Sie sich keine Sorgen zu machen, falls Sie etwas vergessen. Das Installationsprogramm benachrichtigt Sie und gibt Ihnen die Gelegenheit, das Problem zu beheben.

Hardwareanforderungen

Vergewissern Sie sich vor der Installation von Exchange Server 2007, dass Ihr Server die Mindesthardwareanforderungen erfüllt und in der Hardwarekompatibilitätsliste unter www.windowsservercatalog.com vertreten ist. In Tabelle 6.1 sind sowohl die von Microsoft angegebene Mindest- als auch die empfohlene Hardwarekonfiguration für einen Exchange Server 2007-Computer im Einzelnen aufgeführt. Denken Sie daran, dass es sich bei diesen Mindestanforderungen um eine Konfiguration handelt, auf der Exchange Server 2007 lauffähig ist, was aber nicht unbedingt bedeutet, dass es auch *gut* läuft. Viele Exchange Server-Computer benötigen zur Ausführung der gewünschten Dienste mehrere Prozessoren und zusätzlichen Arbeitsspeicher.

Tabelle 6.1 Mindestanforderungen und empfohlene Hardwarekonfiguration

Hardware	Mindestanforderung	Empfohlen
Prozessor	64-Bit-Prozessor (EM64T/AMD64) Nur zu Testzwecken kann auch ein schneller 32-Bit-Prozessor verwendet werden.	2 oder 4 64-Bit-Multicoreprozessoren (EM64T/AMD64) für insgesamt 4 bis 8 Kerne (je nach Serverfunktion)
Arbeitsspeicher	2 GB	2 GB + 5 MB pro Postfach, 4 GB für mehrere Serverfunktionen auf einem einzelnen Servercomputer
Festplattenspeicher	1,2 GB auf dem Laufwerk, auf dem Sie Exchange Server 2007 installieren; 200 MB auf dem Systemlaufwerk	Platz für E-Mails und öffentliche Ordner; mehrere physische Datenträger, die als Stripeset oder als Stripeset mit Parität konfiguriert sind
Auslagerungsdatei	RAM-Größe + 10 MB	RAM-Größe + 10 MB
Laufwerk	DVD-Laufwerk oder Netzwerkinstallationspunkt	DVD-Laufwerk oder Netzwerkinstallationspunkt
Grafik	VGA oder besser	VGA oder besser

Weitere Informationen

Damit Sie überprüfen können, ob Ihre Hard- und Software mit einem bestimmten Microsoft-Produkt kompatibel ist, veröffentlicht Microsoft Kompatibilitätslisten. Diese Listen für verschiedene Microsoft-Betriebssysteme und -Anwendungen werden häufig aktualisiert und können im Internet unter der Adresse http://www.windowsservercatalog.com eingesehen und durchsucht werden.

Service Packs installieren

Für einen Zeitraum von fünf Jahren nach der Veröffentlichung stellt Microsoft für ein Produkt Service Packs bereit, die kostenlos online oder gegen eine geringe Gebühr auf DVD erhältlich sind. Ein *Service Pack* ist eine Aktualisierung des Betriebssystems oder einer Anwendung, die Lösungen für verschiedene Probleme umfasst. Im Gegensatz dazu sorgen *Hotfixes* oder *Aktualisierungen* nur für die unmittelbare Beseitigung eines einzelnen Problems, das bei einem Betriebssystem oder einer Anwendung aufgetreten ist. Obwohl Service Packs oftmals alle Hotfixes bis zum Zeitpunkt seiner Veröffentlichung enthalten, ist dies nicht immer der Fall, sodass Sie regelmäßig nach Hotfixes zur Lösung bestimmter Probleme Ausschau halten sollten. Service Packs und Hotfixes ermöglichen Ihnen einen schnellen Zugriff auf die neuesten Verbesserungen eines Betriebssystems oder einer Anwendung.

Die aktuellsten Service Packs und Hotfixes stehen bei Microsoft zum Herunterladen zur Verfügung. Hotfixes sind normalerweise nicht sehr umfangreich und lassen sich deshalb sehr schnell herunterladen. Service Packs haben dagegen im Allgemeinen eine Größe von mehreren Megabyte (manchmal sind es sogar mehrere Hundert), sodass das Herunterladen selbst bei einer schnellen Internetverbindung geraume Zeit in Anspruch nehmen kann. Die meisten (aber nicht alle) Service Packs enthalten auch den Inhalt der letzten Packs. Vergewissern Sie sich beim Herunterladen eines Service Packs daher, ob die früheren ebenfalls eingeschlossen sind, sofern Sie sie noch nicht auf Ihrem System installiert haben. Diese Informationen finden Sie in dem zum jeweiligen Service Pack gehörenden Artikel in der Microsoft Knowledge Base.

Nach dem Herunterladen sollten Sie das Service Pack vor der Implementierung unbedingt auf einem System testen, das nicht zu Ihrer Produktionsumgebung gehört. Der Test muss allerdings mit demselben Hardwaretyp durchgeführt werden, der in Ihrer Systemumgebung verwendet wird.

Die Rolle des Servers definieren

Sofern Sie nicht in einer sehr kleinen Umgebung arbeiten, ist ein minimal konfigurierter Exchange Server-Computer lediglich als Testserver ausreichend. Für ein Exchange Server 2007-Produktionssystem ist 64-Bit-Hardware mit möglichst viel RAM erforderlich. Selbst dann hängt die Leistung von den Aufgaben ab, die Sie auf dem Server durchführen. Eine optimale Leistung erreichen Sie, wenn der Server, auf dem Exchange Server 2007 installiert wird, nicht gleichzeitig als Active Directory-Domänencontroller für Ihr Netzwerk fungiert. Alle Domänencontroller erleiden einen gewissen Kapazitätsverlust, da zur Gewährleistung der Domänensicherheit zusätzlicher Aufwand erforderlich ist. Der Umfang dieses Overheads richtet sich nach der Größe und der Aktivität der Domäne. Um die bestmögliche Leistung zu erzielen und Konflikte zwischen den Servern zu verhindern, sollten Sie die Exchange Server-Software nur auf Servern ausführen, die für das Messaging reserviert sind.

Obwohl Exchange Server eine höhere Leistung erzielt, wenn es auf einem eigenen Messagingserver ausgeführt wird, kommt es in kleinen Netzwerken jedoch nicht selten vor, dass ein Server sowohl als Domänencontroller als auch als Exchange Server-Computer dient, da sich auf diese Weise die Kosten für einen zusätzlichen Server einsparen lassen. Diese Einsparungen führen jedoch oft zu einer Leistungsminderung, die sich sowohl bei Microsoft Windows Server als auch bei Exchange Server 2007 bemerkbar macht.

Muss der Rechner eine Doppelrolle als Exchange Server-Computer und als Domänencontroller übernehmen, sollten Sie Hardware verwenden, die leistungsfähiger ist als die in Tabelle 6.1 aufgeführten Komponenten. Wenn Exchange Server 2007 auf dem Domänencontroller ausgeführt wird, müssen die Administratoren dieses Servers gleichzeitig Administratoren für alle Domänencontroller sein, woraus sich eine potenzielle Sicherheitslücke ergibt.

Die Architektur von Exchange Server 2007 wurde für die Integration in ein Active Directory-Netzwerk entwickelt. Sie können Exchange Server 2007 tatsächlich nur in einer Active Directory-Domäne mit Zugriff auf einen globalen Katalogserver installieren. Auf allen von Exchange Server 2007 verwendeten Domänencontrollern und globalen Katalogservern muss Windows Server 2000 oder Windows Server 2003 ausgeführt werden, wobei auf mindestens einem Domänencontroller Windows Server 2003 SP1 oder Windows Server 2003 R2 installiert sein muss. Des Weiteren muss auf dem Domänencontroller mit der Windows-Schemamasterfunktion Windows Server 2003 SP1 oder Windows Server 2003 R2 ausgeführt werden. Auch domänenseitig muss als Domänenfunktionsebene **Windows 2000 pur** oder höher gewählt werden. Wenn in Ihrer Umgebung noch Exchange Server 5.5 im Einsatz ist, müssen Sie diese Umgebung zunächst vollständig auf Exchange 2000 Server oder

Exchange Server 2003 umstellen und eventuelle NT-basierte Domänencontroller entfernen, bevor Sie die Funktionsebene der Domäne heraufstufen können.

Außerdem muss in Ihrer Domäne eine DNS-Auflösung (Domain Name System) erfolgen, da DNS für Active Directory und Exchange Server 2007 zur Dienstsuche verwendet wird. Das Netzwerk kann über eine oder mehrere Active Directory-Gesamtstrukturen mit jeweils mehreren Domänenstrukturen verfügen, wobei jede Domänenstruktur aus einer oder mehreren untergeordneten Domänen bestehen kann. Bei jedem Exchange Server 2007-Computer muss es sich um ein Mitglied einer Active Directory-Domäne oder um einen Domänencontroller innerhalb der Domäne handeln. Obwohl es in einer kleinen Umgebung notwendig sein kann, Exchange Server 2007 auf einem Domänencontroller zu installieren, und dieses Bereitstellungsszenario auch unterstützt wird, ist es aus Gründen der Sicherheit und Leistung nicht zu empfehlen. Um die Funktionsfähigkeit des Exchange Server-Computers zu gewährleisten, ist es in jedem Fall erforderlich, dass er Zugang zu einem Domänencontroller hat.

Um die Rolle eines Servers festzulegen, reicht es nicht aus, ihn einfach als Domänencontroller oder Mitgliedsserver zu konfigurieren. Auch die vom Server im Netzwerk bereitgestellten Dienste müssen angegeben werden. Einer dieser Dienste ist IIS. Wenn auf Ihrem Server auch IIS oder andere Netzwerkanwendungen ausgeführt werden, ist die Hardwarekapazität noch wichtiger. Der IIS-Dienst, der für Exchange Server 2007-Computer mit der Funktion des Postfachservers erforderlich ist, verbraucht je nach Konfiguration sehr viel Arbeitsspeicher und Verarbeitungsleistung. Wenn er beispielsweise für die Bereitstellung des FTP-Dienstes (File Transfer Protocol) sowie die typische Webserverfunktion konfiguriert ist, verbraucht er mehr CPU-Zyklen und Festplattenspeicher, als es ohne die Bereitstellung dieser Dienste der Fall ist. Bei der Bestimmung der Hardwareanforderungen sollten Sie deshalb die auf dem Server einzurichtenden Dienste sowie die Voraussetzungen berücksichtigen, die für die verschiedenen Anwendungen erfüllt werden müssen. Gehen Sie von der Anwendung mit den höchsten Hardwareanforderungen aus und erhöhen Sie dann für jeden zusätzlichen Dienst den RAM-Speicher, die Prozessorgeschwindigkeit und die Speicherkapazität um etwa die Hälfte der jeweils empfohlenen Größe. Dadurch erhalten Sie eine gute Vorstellung von den Hardwareanforderungen Ihres Servers. Weitere Informationen zur Planung Ihrer Serverhardware finden Sie in Teil II, »Die Bereitstellung planen«.

HINWEIS Im Gegensatz zu früheren Versionen erfordert Exchange Server 2007 nicht mehr die vorherige Installation der IIS-Dienste SMTP und NNTP. Exchange Server 2007 enthält einen eigenen SMTP-Server und verwendet MAPI für die interne Kommunikation. Des Weiteren wird IIS nicht unbedingt auf allen Exchange Server-Computern benötigt. IIS ist nur auf Exchange Server 2007-Computern mit den Funktionen eines Postfach- oder Clientzugriffsservers erforderlich.

Hardware per Konfiguration optimieren

Eine spürbare Leistungssteigerung Ihres Exchange Server-Computers erzielen Sie, wenn Sie die Geschwindigkeit des Prozessors und den Umfang des Festplatten- und Arbeitsspeichers erhöhen. Sie können aber auch die vorhandene Hardware optimieren, um eine Leistungsverbesserung zu erzielen. Zu diesem Zweck konfigurieren Sie das Betriebssystem wie folgt:

- Verwenden Sie möglichst eine physische Festplatte und einen Festplattencontroller für Ihr Betriebssystem und eine weitere für die Auslagerungsdatei. Sie können auch die Größe der Auslagerungsdatei über die Größe des physischen Arbeitsspeichers hinaus um 50 MB oder 100 MB erhöhen.

- Richten Sie vor der Installation von Exchange Server 2007 eigene physische Festplatten oder Volumes für Ihre Informationsspeicher und Transaktionsprotokolldateien ein. Dadurch werden die Protokolldateien schneller auf die Festplatte geschrieben. Diese Geschwindigkeitserhöhung ergibt sich aus der Tatsache, dass die Protokolle sequenziell auf die Festplatte geschrieben werden, während die Speicherung der Exchange-Datenbank willkürlich erfolgt. Befinden sich die Protokolle und die Datenbank auf derselben physischen Festplatte, wird die Speicherleistung beeinträchtigt, da zusätzliche Zeit für die ständige Neupositionierung des Kopfes benötigt wird. In Verbindung mit einer geeigneten Sicherungsmethode kann Ihnen die Unterbringung der Protokolle auf einer eigenen Festplatte bei einem Ausfall der Datenbankfestplatte von Nutzen sein, da die Protokolle zur Wiederherstellung der Datenbank verwendet werden.

- Sie können auch einen aus zwei Festplatten (RAID 1) bestehenden Spiegel oder ein Stripeset mit mehreren physischen Festplatten (RAID 5, 10 oder 50) zur Unterbringung der Exchange-Informationsspeicher und anderer Hauptkomponenten verwenden, damit der Zugriff auf die unterschiedlichen Komponenten effizienter erfolgt. Zusätzlich bieten diese Speichermethoden den Vorteil der Fehlertoleranz. Da Messagingdaten in den meisten Unternehmen als kritisch angesehen werden, sollten Sie die Verwendung von Stripesets ohne Parität (RAID 0) vermeiden, damit sich das Risiko eines vollständigen Datenverlusts verringert. Ein Hardware-RAID unter Verwendung von Stripesets mit Parität bietet eine höhere Leistung als die Softwarevariante, weil das Betriebssystem in diesem Fall nicht für die Verwaltung der Festplattenaktivitäten zuständig ist.

> **Weitere Informationen**
>
> *Microsoft Windows Server 2003 Administrator's Companion*, Second Edition von Charlie Russel, Sharon Crawford und Jason Gerend (Microsoft Press, 2006) enthält alle Details zur Konfiguration von RAID-Arrays auf Windows Server-Computern. Die Microsoft TechNet-Site http://technet.microsoft.com bietet ebenfalls eine Fülle von Informationen über RAID-Arrays. Suchen Sie dort nach »Planen von Datenträgerspeicher für Exchange Server 2007« oder rufen Sie http://technet.microsoft.com/de-de/library/bb124518.aspx auf.

Anforderungen an das System

Nachdem Sie sich vergewissert haben, dass Ihr Computer für Exchange Server 2007 geeignet ist, müssen Sie noch einige andere Einstellungen überprüfen, bevor Sie mit der Einrichtung fortfahren können.

Windows Server 2003

Exchange Server 2007 läuft nur unter Windows Server 2003 x64 oder Windows Server 2003 R2 x64. Vergewissern Sie sich, dass der NetBIOS-Name Ihres Windows Server-Computers der Name ist, den Ihr Exchange Server-Computer erhalten soll. Vor der Installation von Exchange Server 2007 lässt sich der Name eines Mitgliedservers problemlos ändern, im Nachhinein ist es jedoch schwieriger. Um den Namen vorher zu ändern, klicken Sie auf der Registerkarte **Computername** im Dialogfeld **Systemeigenschaften** auf die Schaltfläche **Ändern**. Das Dialogfeld selbst erreichen Sie, indem Sie in der Systemsteuerung auf das **System**-Symbol klicken. Damit wird das in Abbildung 6.1 dargestellte Dialogfeld **Computernamen ändern** aufgerufen.

Abbildg. 6.1 Den Namen des Windows Server-Computers ändern

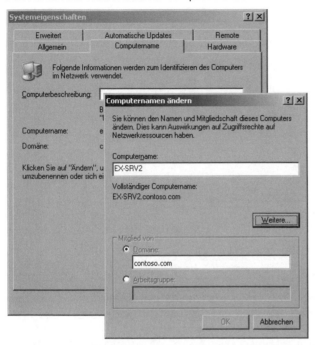

Active Directory-Domänen und -Gesamtstrukturen

Bei der Installation des ersten Exchange Server-Computers in Ihrer Organisation erstellen Sie auch eine neue Exchange-Organisation sowie eine neue administrative Gruppe. Wenn Sie Exchange Server 2007 in einem Netzwerk mit einer einzigen Domäne einrichten oder Ihre neue Exchange-Infrastruktur keine Domänengrenzen überschreitet, treten normalerweise keine Probleme auf. Sollte Ihre neue Routinggruppe jedoch Domänengrenzen überschreiten, müssen Sie vor dem Start von Setup entsprechende Sicherheitsvorkehrungen treffen.

Weiter vorn in diesem Kapitel haben Sie erfahren, dass sich Ihre Domäne im Funktionsmodus **Windows 2000 pur** oder höher befinden muss. An dieser Stelle ist es wirklich wichtig, dass weder Ihre Domäne noch die Gesamtstruktur im gemischten Modus laufen.

Starten Sie von einem Ihrer Domänencontroller das Werkzeug **Active Directory-Domänen und -Vertrauensstellungen**. Stufen Sie die Funktionsebene Ihrer Domäne vor der der Gesamtstruktur herauf. Klicken Sie mit der rechten Maustaste auf Ihre Domäne und wählen Sie **Domänenfunktionsebene heraufstufen**, um das in Abbildung 6.2 dargestellte Dialogfeld zu öffnen. Wählen Sie als Funktionsebene mindestens **Windows 2000 pur** aus und klicken Sie auf **Heraufstufen**. Windows warnt Sie, dass die Änderung nicht rückgängig gemacht werden kann. Beachten Sie diese Warnung! Stellen Sie sicher, dass auf keinem der Domänencontroller Ihrer Organisation noch Windows NT ausgeführt wird.

WICHTIG Vergewissern Sie sich, dass Ihre Domäne zum Heraufstufen der Funktionsebene geeignet ist. Wenn Sie über Windows 2000-Domänencontroller verfügen, können Sie Ihre Domäne zum Beispiel nicht auf Windows Server 2003 heraufstufen. Sofern kein Problem auftritt, teilt Windows Ihnen mit, dass die Heraufstufung erfolgreich war.

Abbildg. 6.2 Die Domänenfunktionseben heraufstufen

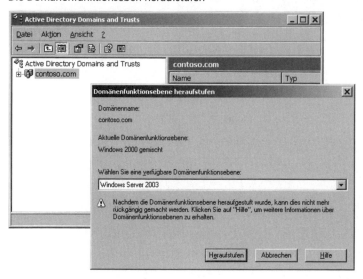

Nachdem die Domänen heraufgestuft wurden, überprüfen Sie die Gesamtstrukturfunktionsebene. Klicken Sie in **Active Directory-Domänen und -Vertrauensstellungen** auf den gleichlautenden Text. Wählen Sie **Gesamtstrukturfunktionsebene heraufstufen**, um das in Abbildung 6.3 dargestellte Dialogfeld aufzurufen. Auch hier teilt Ihnen Windows mit, ob die Änderung erfolgreich durchgeführt wurde. Wenn Sie viele Domänencontroller besitzen, lassen Sie der Gesamtstruktur und der Domäne etwas Zeit für die Weiterleitung der Änderungen.

> **HINWEIS** Sind Sie ein ungeduldiger Typ? Sie brauchen nicht auf die Replikation von Active Directory zu warten, um mit den nächsten Schritten fortzufahren. Die Replikation zu erzwingen ist einfach. Geben Sie an der Befehlszeile eines Domänencontrollers **repladmin /syncall** ein.

Abbildg. 6.3 Die Gesamtstrukturfunktionsebene heraufstufen

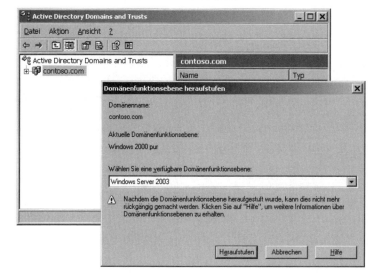

TCP/IP

Exchange Server 2007 unterstützt viele Internet-Protokolle, darunter auch SMTP und HTTP. Die von Exchange unterstützten Protokolle benötigen für ihren Betrieb TCP/IP. Um TCP/IP auf Ihrem Windows Server-Computer zu konfigurieren, öffnen Sie das Dialogfeld mit den TCP/IP-Eigenschaften für die von Ihnen verwendete Netzwerkverbindung oder setzen das Dienstprogramm Ipconfig ein, wie Abbildung 6.4 zeigt. Beachten Sie, dass die Ausgabe von Ipconfig die tatsächliche IP-Konfiguration eines Servers anzeigt und sich deshalb von Computer zu Computer unterscheidet.

Abbildg. 6.4   Die TCP/IP-Konfiguration mithilfe des Befehls **Ipconfig /all** überprüfen

Weitere Informationen

Weitere Informationen über die Konfiguration des Windows-Netzwerks finden Sie in der Windows-Dokumentation. Als weitere Informationsquelle bietet sich *Microsoft Windows Server 2003 Administrator's Companion*, Second Edition, von Charlie Russel, Sharon Crawford und Jason Gerend (Microsoft Press, 2006) an.

Cluster

Frühere Versionen von Microsoft Exchange Server stützten sich auf Windows, um die durch Cluster ermöglichte hohe Verfügbarkeit zu erreichen. Der Erfolg von Clustern mithilfe dieser Methode war gemischt. Einige Organisationen hatten großen Erfolg, andere nicht. Exchange Server 2007 enthält ganz neue, zuverlässigere Clusterfähigkeiten. Weitere Informationen über Exchange Server 2007 im Cluster finden Sie in Kapitel 9, »Hohe Verfügbarkeit in Exchange Server 2007«.

Aus der Praxis: Ordnung ins Clusterchaos

In früheren Versionen von Microsoft Exchange war die Handhabung von Clustern manchmal chaotisch und kompliziert und führte nicht immer zu den gewünschten Ergebnissen. Darüber hinaus konnten Exchange-Cluster zu einem beträchtlichen zusätzlichen administrativen Aufwand führen, wenn es um die Aktualisierung von Servern mit Patches und Service Packs ging. Aus diesem Grund waren viele Organisationen vorsichtig bei Exchange-Clustern, und viele griffen bei dem Versuch, die Messagingumgebung zu vereinfachen, auf Server ohne Cluster zurück. Exchange Server 2007 weist erhebliche Verbesserungen bei der hohen Verfügbarkeit auf, sodass Sie hoffentlich bald großartige Erfolgsgeschichten über Exchange-Cluster lesen können! Die Moral von der Geschichte lautet hier: Erst wägen, dann wagen.

Internetinformationsdienste

In Exchange Server 2007 wird IIS nicht immer benötigt. Dies hängt von den Funktionen ab, die Sie einem Server zuweisen wollen. Tatsächlich erfordern nur zwei Serverfunktionen – der Postfach- und der Clientzugriffsserver – IIS-Komponenten. Wenn Ihr Server keine dieser Funktionen ausführt, können Sie IIS außer Acht lassen.

Dies ist eine gute Gelegenheit zu wiederholen, dass Sie im Gegensatz zu früheren Exchange-Versionen die SMTP- und NNTP-Komponenten von IIS nicht installieren sollten. Während diese Komponenten für Exchange 2000 Server und Exchange Server 2003 sehr wichtig waren, verfügt Exchange Server 2007 über eine eigene SMTP-Komponente und verwendet NNTP nicht für die Kommunikation.

Wenn Sie einen Exchange Server 2007-Computer mit der Postfachserver- oder Clientzugriffsfunktion installieren, sollten Sie vor Exchange Server 2007 die Anwendungsserver-Funktion von Windows (dabei handelt es sich nicht um eine Exchange-, sondern um eine Windows-Funktion) installieren. Wählen Sie Zu diesem Zweck **Serververwaltung** aus dem Menü **Start** und befolgen Sie die Anweisungen.

Das Konto für den Exchange-Administrator erstellen

Exchange und Windows werden getrennt verwaltet. Allein die Tatsache, dass ein Konto in Windows administrative Privilegien besitzt, bedeutet nicht automatisch, dass dies auch für Exchange gilt. Wenn Sie Exchange Server 2007 installieren, erhält ein Benutzerkonto die Berechtigung zur Verwaltung von Exchange: das Konto, mit dem Sie sich zu Beginn der Installation anmelden. Wenn Sie weitere Exchange-Administratoren hinzufügen wollen, müssen Sie dies über **Active Directory-Benutzer und -Computer** manuell vornehmen.

Vergewissern Sie sich daher vor dem Start des Exchange Server-Installationsprogramms, dass Sie mit dem Konto angemeldet sind, das Sie für die anfängliche Verwaltung von Exchange verwenden wollen. Dabei kann es sich um das vorkonfigurierte Administratorkonto, Ihr eigenes oder ein besonderes Konto handeln, das Sie nur für diesen Zweck erstellt haben. Es sollte Mitglied der folgenden Active Directory-Sicherheitsgruppen sein: **Domänen-Admins**, **Organisations-Admins** und **Schema-Admins**. Später können Sie anderen Konten oder Gruppen administrative Privilegien zuweisen.

Alternativ können Sie veranlassen, dass ein Organisationsadministrator die (weiter hinten in diesem Kapitel erörterten) Werkzeuge zur Vorbereitung der Domäne ausführt und Ihrem Konto die vollständigen Berechtigungen eines Exchange-Administrators zuweist. Nach wie vor benötigen Sie dann jedoch auch die lokalen Administratorberechtigungen für den Server.

HINWEIS Das Installationsprogramm von Exchange Server 2007 fügt Active Directory eine Reihe von Gruppen hinzu, die die Verwaltung von Exchange erleichtern. Dabei handelt es sich um Exchange-Organisationsadministratoren, Exchange-Empfängeradministratoren, Exchange-Serveradministratoren und Exchange-Administratoren mit Leserechten. Wie allen anderen Active Directory-Gruppen können Sie auch diesen Gruppen Benutzer hinzufügen, um sie mit erweiterten Exchange-Administrationsrechten auszustatten.

Sicherheitsvorkehrungen

Eigentlich sollte es selbstverständlich sein, wir erwähnen es hier aber trotzdem. Sichern Sie Ihr System, bevor Sie einen so einschneidenden Vorgang wie die Installation von Exchange Server 2007 vornehmen. Sie können dazu das mit Windows bereitgestellte Sicherungsprogramm verwenden (das Sie im Ordner **Zubehör** finden). Starten Sie einfach den Sicherungs- oder Wiederherstellungs-Assistenten vom Willkommensbildschirm aus, um das gesamte System zu sichern und eine Diskette zu erstellen, mit deren Hilfe Sie den Wiederherstellungsvorgang einleiten können. Zusätzlich zu den Medien für die Datensicherung benötigen Sie dazu eine formatierte 1,44-MB-Diskette. Sollte bei der Installation etwas schief gehen, werden sie froh darüber sein, sich die Zeit für eine Sicherung genommen zu haben. In Kapitel 16, »Wiederherstellung im Notfall«, wird der Vorgang der Sicherung eines Exchange-Serves mithilfe des Sicherungsprogramms von Windows erörtert. Obwohl die Sicherung eines Windows Server-Computers ein wenig von dem dort beschriebenen Vorgang abweicht, können Sie dieses Kapitel auch als Anleitung für die Sicherung Ihres Systems vor der Installation von Exchange Server 2007 verwenden.

Die Installation durchführen

Endlich! Nun können Sie tatsächlich das Setup von Exchange Server aufrufen. Das Programm lässt sich entweder von der Exchange Server 2007-DVD oder von einem freigegebenen Installationsverzeichnis im Netzwerk aus starten. Wenn Sie die DVD verwenden, brauchen Sie sie nur in das Laufwerk einzulegen und zu warten, bis das Programm automatisch gestartet wird. Bei der Installation über das Netzwerk müssen Sie das Setupprogramm selbst suchen und ausführen. Unter Umständen sind mehrere Versionen der Installationsdateien für unterschiedliche Verschlüsselungsstufen und verschiedene Sprachen vorhanden. Vergewissern Sie sich deshalb, dass Sie die richtigen Dateien für Ihre Umgebung verwenden. Wenn Sie eine Standardinstallation von Exchange Server 2007 durchführen wollen, verwenden Sie das Setupprogramm aus dem Stammordner der DVD.

Wenn Sie die Exchange Server 2007-DVD in das Laufwerk einlegen und auf Ihrem System die **Autorun**-Funktion aktiviert ist, wird ein Begrüßungsbildschirm eingeblendet, von dem aus Sie die Voraussetzungen für Exchange installieren und auf weitere Features wie Dokumentationen und aktualisierte Werkzeuge im Web zugreifen können. Ist **Autorun** deaktiviert, müssen Sie **Setup.exe** manuell von der DVD starten.

Schließen Sie nun erst einmal den Begrüßungsbildschirm, da Sie zunächst Active Directory für Exchange Server 2007 vorbereiten müssen.

Die Active Directory-Umgebung vorbereiten

HINWEIS Sofern Sie nicht über die Berechtigung zur Aktualisierung des Active Directory-Schemas (siehe den folgenden Kasten »Fehlende Berechtigungen für die Aktualisierung des Schemas«) oder über eine komplexe Active Directory-Struktur verfügen, können Sie diesen Schritt auslassen, da das Exchange-Installationsprogramm diese Aufgabe für Sie erledigt.

Die Vorbereitung von Active Directory für eine Exchange Server 2007-Implementierung umfasst einen einzigen Schritt an der Befehlszeile, für den es erforderlich ist, dass das von Ihnen verwendete Konto Mitglied der Gruppe **Organisations-Admins** ist Achten Sie außerdem darauf, dass Sie diesen Befehl auf einem Computer ausführen, der sich in derselben Domäne und an demselben Active Directory-Standort befindet wie der Schemamaster.

Zur Vorbereitung von Active Directory gehen Sie wie folgt vor:

Kapitel 6 Exchange Server 2007 installieren

1. Öffnen Sie die Eingabeaufforderung.
2. Legen Sie die Exchange Server 2007-DVD ein (optional).
3. Wechseln Sie zu dem Laufwerk, von dem aus Sie Exchange Server 2007 installieren wollen. Dies kann die Exchange Server 2007-DVD oder eine Netzwerkfreigabe sein.
4. Führen Sie den folgenden Befehl aus:

   setup /prepareAD

   Dieser Befehl führt gleich drei Aufgaben aus: Falls Ihre Organisation über Computer mit Exchange 2000 oder Exchange Server 2003 verfügt, bereitet der Befehl **prepareAD** zuerst auch die Active Directory-Umgebung mit älteren Exchange-Berechtigungen vor, sodass der Empfängeraktualisierungsdienst für Exchange Server 2003 oder Exchange 2000 Server nach der Aktualisierung des Active Directory-Schemas auf Exchange Server 2007 richtig funktioniert. Zweitens aktualisiert dieser Befehl das Active Directory-Schema mit spezifischen Exchange Server 2007-Attributen. Zuletzt werden die globalen Exchange-Objekte in Active Directory konfiguriert und die universellen Sicherheitsgruppen von Exchange erstellt.

   Beachten Sie, dass es einige Zeit dauert, bis die von diesem Befehl vorgenommenen Änderungen, wie in Abbildung 6.5 dargestellt, auf die gesamte Active Directory-Umgebung repliziert werden. Aus diesem Grund sollten Sie mindestens einen vollständigen Replikationszyklus abwarten, bevor Sie fortfahren.

Abbildg. 6.5 Active Directory an der Befehlszeile vorbereiten

> **HINWEIS** Es stehen einschließlich **/prepareAD** insgesamt fünf Befehlszeilenoptionen zur Vorbereitung der Active Directory-Umgebung zur Verfügung. Die erste Option, **/preparelegacyexchangepermissions** (oder **/pl**), wird zur Aufrechterhaltung des ordnungsgemäßen Betriebs des Empfängeraktualisierungsdienstes von Exchange Server 2003 oder Exchange 2000 Server nach der Erweiterung des Active Directory-Schemas um die Attribute von Exchange Server 2007 verwendet. Die zweite, **/prepareschema** (oder **/ps**), aktualisiert das Active Directory-Schema mit den von Exchange Server 2007 verwendeten Objekten. Als dritte Option bereitet **/preparedomain** (oder **/pd**) die lokale Domäne für Exchange Server 2007 vor. Diese Option lässt sich in den Namen einer anderen Domäne ändern (**/pd:<FQDN der Domäne>**), die Sie stattdessen aktualisieren wollen. Abschließend bereitet **/preparealldomains** (oder **/pad**) all Ihre Domänen für Exchange vor. Sie brauchen aber nicht unbedingt eine dieser Option zu verwenden, außer vielleicht **/prepareAD**. **/prepareAD** erledigt all dies für Sie. Noch besser ist, dass das Exchange Server-Installationsprogramm Active Directory ohne erforderliches Eingreifen Ihrerseits einrichtet Um diese Änderungen vorzunehmen, müssen Sie Mitglied der Domänen-, Organisations- oder Schema-Administratoren sein.

Die Installation durchführen

Aus der Praxis: Fehlende Berechtigungen für die Aktualisierung des Schemas

In einigen großen Unternehmen oder Organisationen mit strengen Verwaltungsrichtlinien haben nur einige wenige Administratoren die Berechtigung, Eingriffe ins Active Directory-Schema vorzunehmen. Wie sollen Sie unter diesen Umständen Ihre Installation fertig stellen? Fassen Sie Mut – es gibt eine Möglichkeit. Das Exchange-Setup lässt sich an der Befehlszeile mit einer Option ausführen, durch die nur das Active Directory-Schema aktualisiert wird, ohne dass Exchange Server-Komponenten installiert werden. Der Befehl dafür lautet **Setup /prepareAD**. Dies bedeutet, dass Sie die Exchange-DVD einem Administrator geben können, der über die erforderlichen Berechtigungen verfügt, das Schema für Sie zu aktualisieren. Diesen Vorgang kann er auch durchführen, indem er die Exchange-Dateien auf einem freigegebenen Netzwerkinstallationspunkt verwendet. Nach der Aktualisierung des Schemas können Sie Exchange Server 2007 selbst installieren, sofern Sie die erforderliche Berechtigung haben. Das Schema von jemand anderem aktualisieren zu lassen, hat einen Vorteil: Sie brauchen nicht untätig darauf zu warten, bis die Aktualisierung beendet ist.

Exchange Server 2007 in einer neuen Organisation installieren

In diesem Abschnitt gehen wir davon aus, dass Sie eine neue Organisation erstellen. Informationen über den Beitritt zu einer bestehenden Exchange-Organisation finden Sie im Abschnitt »Installation in einer bestehenden Organisation« weiter hinten in diesem Kapitel.

Der Schwerpunkt dieses Abschnitts liegt auf dem Installationsbereich des Begrüßungsbildschirms. Beginnen Sie, indem Sie entweder Ihre Exchange Server 2007-DVD wieder einlegen oder **Setup.exe** aufrufen. In beiden Fällen sehen Sie zuerst den in Abbildung 6.6 dargestellten Begrüßungsbildschirm.

Abbildg. 6.6   Der Begrüßungsbildschirm

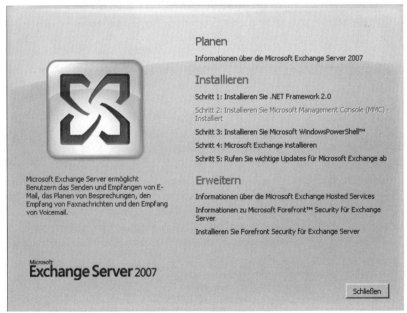

Die Hauptarbeit verbirgt sich hinter den Aufgaben unter der Überschrift **Installieren**. Exchange Server 2007 geleitet Sie Schritt für Schritt durch den Installationsprozess. Punkte, die Ihre Konfiguration bereits erfüllt, sind abgeblendet, während noch offene Anforderungen in Schwarz dargestellt sind. Um einen der Schritte auszuführen, klicken Sie ihn einfach in der Liste an. Wie Sie in Abbildung 6.6 sehen, ist vor der Installation von Exchange Server Folgendes erforderlich:

- Das .NET Framework 2.0 (x64-Edition)
- Die neueste Version von Microsoft Management Console. Wenn Sie regelmäßig Serveraktualisierungen durchführen, ist die neueste Konsole möglicherweise bereits auf Ihrem Server installiert, wie es in Abbildung 6.6 der Fall ist.
- Die neue Microsoft-Verwaltungsshell

Falls Ihnen eine Voraussetzung fehlt, klicken Sie auf den Text des betreffenden Schritts. Das Exchange-Installationsprogramm führt Sie zu der entsprechenden Downloadseite. Sobald alle Voraussetzungen erfüllt sind, können Sie mit der Installation von Exchange Server beginnen. Klicken Sie auf **Schritt 4: Microsoft Exchange installieren**, um einen interaktiven Installationsprozess zu starten, der aus sieben Schritten besteht:

- Einführung
- Lizenzvertrag
- Fehlerberichterstattung
- Installationsart
- Überprüfung der Bereitschaft
- Status
- Fertigstellung

Sie sollten sich die Einführung und den Lizenzvertrag zumindest anschauen, obwohl sie für die Installation nicht ganz so wichtig sind. Auf der Seite **Fehlerberichterstattung** werden Sie gefragt, wie viele Informationen Sie an Microsoft senden wollen, falls auf Ihrem Exchange Server-Computer ein Fehler auftritt. Sie können entscheiden, ob Informationen zu Diagnosezwecken gesendet werden sollen oder nicht. Der Vorteil beim Senden von Fehlerberichten an Microsoft besteht darin, dass Sie möglicherweise schneller eine Lösung für ein Problem erhalten. Der Nachteil ist, dass ein Fehlerbericht unbeabsichtigterweise persönliche Informationen enthalten kann. Vergewissern Sie sich, ob die Sicherheits- und Datenschutzrichtlinien Ihrer Organisation das Senden dieser recht harmlosen Informationen zulassen.

Die wichtigste Auswahl, die Sie während des Installationsprozesses treffen, betrifft die gewünschte Installationsart: die typische oder die benutzerdefinierte Installation, wie Abbildung 6.7 zeigt. Bei einer typischen Installation von Exchange Server 2007 werden die Funktionen Hub-Transport, Clientzugriff und Postfachserver sowie die Exchange-Verwaltungstools installiert. Am Ende des Vorgangs verfügen Sie über ein voll funktionsfähiges Exchange-System, das in der Lage ist, E-Mail- und Clientverbindungen zu verarbeiten. Verwenden Sie die Option **Benutzerdefinierte Installation**, um die Serverfunktionen, die im folgenden Abschnitt »Die Rolle der Funktionen« erläutert werden, unter mehreren Servern besser zu trennen, bei der typischen Installation nicht verfügbare Serverfunktionen zu installieren oder lediglich die Exchange-Verwaltungstools auf einem anderen System einzurichten.

Abbildg. 6.7 Eine Installationsart auswählen

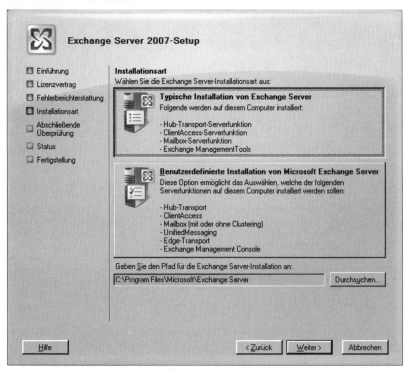

Die Rolle der Funktionen

Exchange Server 2007 lehnt sich in der Art und Weise, wie die Software die Verteilung von Komponenten handhabt, an Windows Server 2003 an und entledigt sich damit gewissermaßen des alten Konzepts der Front-End- und Back-End-Server. Exchange Server 2007 verwendet ein neues Konzept für Serverfunktionen, das bei Entscheidungen darüber, an welcher Stelle etwas ausgeführt werden soll, eine wesentlich feinere Steuerung ermöglicht. Selbst wenn Exchange-Organisationen dadurch etwas komplexer werden, gestaltet Microsoft die Vorgänge mit der Bereitstellung der Option einer »typischen« Installation für weniger komplexe Exchange-Organisationen einfach, da diese nur die Serverfunktionen installiert, die Sie für eine voll funktionsfähige Exchange-Umgebung unbedingt brauchen. Für größere oder komplexere Exchange-Umgebungen stellt Microsoft zur Verbesserung der Gesamteffizienz und Vereinfachung der Verwaltung die Möglichkeit bereit, fünf verschiedene Serverfunktionen auf jedem vorhandenen Servercomputer zu installieren. Jede Serverfunktion installiert nur die für ihren Betrieb erforderlichen Komponenten – und nicht mehr. Diese Arbeitsweise verbessert die Sicherheit Ihres Exchange Server-Computers, da keine unnötigen Komponenten Angriffen ausgesetzt sind.

Tabelle 6.2 Die Serverfunktionen von Exchange Server 2007

Bezeichnung der Serverfunktion	Beschreibung	Hinweise
Postfachserver	Diese Serverfunktion bildet die Grundlage Ihrer Exchange-Umgebung und nimmt die Postfach- und Öffentliche-Ordner-Datenbanken auf. Wenn Sie die Microsoft-Clusterdienste mit dem Installationsprogramm von Exchange Server 2007 auf Ihrem Server eingerichtet haben, können Sie diese Serverfunktion in einer Clusterumgebung installieren. In einem solchen Clusterszenario kann die Postfachserverfunktion nicht mit anderen Funktionen koexistieren.	Diese Serverfunktion allein stellt zwar keine vollständige Exchange-Funktionalität bereit, Sie müssen jedoch mindestens über einen Server verfügen, der diese Serverfunktion unterstützt.
Clientzugriff	Die Clientzugriffsfunktion ist für einen Großteil der clientbasierten Kommunikation mit den auf dem Postfachserver untergebrachten Datenbanken verantwortlich. Sie stellt den Zugang zur Exchange-Umgebung für Clients bereit, die Outlook Web Access (OWA), Outlook Anywhere, POP3 und IMPA4 verwenden.	Diese Serverfunktion stellt Outlook Web Access (OWA), ActiveSync, Outlook Anywhere (früher RPC-über-HTTP genannt), AutoDiscover (den für die automatische Konfiguration von Microsoft Office Outlook 2007 und die unterstützten mobilen Clients verantwortlichen Dienst) bereit. Beachten Sie, dass Outlook 2007-Clients direkt mit dem Postfachserver kommunizieren, aber Funktionen wie Outlook Anywhere und das Offline-Adressbuch die Clientzugriffsfunktion erfordern. Mindestens ein Server mit dieser Funktion ist erforderlich, wobei diese Funktion im Cluster nicht auf demselben Computer wie ein Postfachserver installiert werden kann.
Edge-Transport	Die Edge-Transport-Serverfunktion wird im Umkreisnetzwerk Ihres Unternehmens bereitgestellt und verarbeitet alle von außen eintreffenden E-Mails. Diese Serverfunktion kümmert sich um die Nachrichtensicherheit; dazu gehört das Filtern von Anhängen, Verbindungen, Inhalten, Absendern und Empfängern, der Spam- und Virenschutz u.a. Mit der Edge-Transport-Funktion können Sie vom Server bereitgestellte Regeln verwenden, um detailliert festzulegen, welche Nachrichten von Ihrem Exchange-System ferngehalten werden sollen.	Diese Exchange-Serverfunktion kann nicht mit anderen -koexistieren. Die Serverfunktion Hub-Transport kann einige der von Edge-Transport-Funktion erledigten Aufgaben übernehmen. Diese Serverfunktion ist für eine vollständige Exchange-Bereitstellung nicht unbedingt erforderlich.
Hub-Transport	Die Serverfunktion Hub-Transport ist für den gesamten internen Mailfluss von Exchange Server 2007 erforderlich. Zu ihren Aufgaben zählt die Zustellung von Nachrichten an das Postfach eines lokalen Empfängers, an Empfänger an entfernten Active Directory-Standorten und mithilfe eines speziellen Connectors an Postfächer auf Servern, auf denen eine frühere Exchange-Version ausgeführt wird.	Die Serverfunktion Hub-Transport kann so konfiguriert werden, dass sie bei der Bearbeitung der Mailkommunikation über das Internet an die Stelle der Edge-Transport-Funktion tritt, obwohl Sie dabei auf einen Großteil des von der Edge-Transport-Funktion bereitgestellten Schutzes verzichten. Für ein voll funktionsfähiges Exchange Server 2007-System ist mindestens ein Server mit der Hub-Transport-Funktion erforderlich.

Tabelle 6.2   Die Serverfunktionen von Exchange Server 2007 *(Fortsetzung)*

Bezeichnung der Serverfunktion	Beschreibung	Hinweise
Unified Messaging	Die mit Exchange Server 2007 eingeführte Unified Messaging-Funktion ermöglicht das Speichern von Sprach- und Faxnachrichten im Exchange-Postfach eines Benutzers, auf dessen Inhalt dann per Telefon oder Computer zugegriffen werden kann.	Diese Serverfunktion ist für ein funktionsfähiges Exchange-System nicht unbedingt erforderlich.

Auf dem Bildschirm **Installationsart** können Sie auch den Speicherort auswählen, an dem Sie Exchange installieren wollen. Denken Sie daran, das Exchange am besten funktioniert, wenn es von dem Datenträger, auf dem sich das Betriebssystem befindet, getrennt wird und eigene Spindeln für die Datenbank- und Protokolldateien zur Verfügung hat. Sie können das Laufwerk bestimmen, auf dem Exchange Server 2007 installiert werden soll. Dazu wählen Sie die Microsoft Exchange-Komponente aus und klicken auf das Dropdown-Menü **Laufwerk** auf der rechten Seite. Wenn Sie auf **Durchsuchen** klicken, können Sie den Installationspfad auf diesem Laufwerk angeben. Alle von Ihnen ausgewählten Komponenten werden auf dem angegebenen Laufwerk installiert; es ist nicht möglich, einzelne Komponenten auf anderen Laufwerken einzurichten.

Die Option Benutzerdefiniert

Falls Sie sich fragen, worin genau die Unterschiede zwischen einer typischen und einer benutzerdefinierten Exchange Server-Installation liegen, brauchen Sie nicht weiter darüber nachzugrübeln. Die beiden Optionen sind mit wenigen geringfügigen Ausnahmen nahezu identisch. Erstens haben Sie die Möglichkeit, jede gewünschte Serverfunktion von Exchange Server 2007 auf Ihrem Server zu installieren. Zweitens bietet eine benutzerdefinierte Installation die Möglichkeit, die Postfachserverfunktion in einem aktiven oder passiven Cluster zu installieren. Schließlich ermöglicht die Option **Benutzerdefiniert**, die Exchange Server 2007-Verwaltungstools zu installieren. Abbildung 6.8 zeigt die Optionen der benutzerdefinierten Installation.

Abbildg. 6.8 Die Auswahl der Optionen und Serverfunktionen bei der benutzerdefinierten Installation von Exchange Server 2007

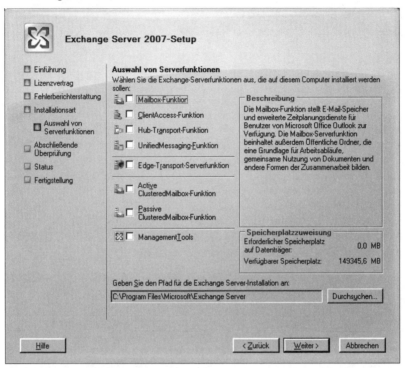

Eine Organisation erstellen

Nach der Auswahl einer Installationsart müssen Sie die von Ihnen geplante Exchange-Organisation erstellen. Sie können entweder eine neue Exchange-Organisation anlegen oder einer vorhandenen Exchange 2000- oder Exchange Server 2003-Organisation beitreten. In letzterem Falle sollten Sie Kapitel 7, »Koexistenz mit früheren Versionen von Exchange Server«, und Kapitel 8, »Übergang auf Exchange Server 2007«, lesen. Wollen Sie eine neue Exchange-Organisation erstellen, geben Sie deren Namen auf dem Bildschirm ein, wie Sie Abbildung 6.9 entnehmen können. Nehmen Sie diese Aufgabe nicht zu leicht. Obwohl Sie den Namen einer Organisation nachträglich ändern können, ist es besser, es gleich richtig zu machen. Falls Sie sich noch nicht für einen Namen entschieden haben, haben Sie Ihre Organisation nicht ordnungsgemäß geplant. Weitere Informationen über die Planung und Benennung Ihrer Organisation finden Sie in Kapitel 4, »Den Bedarf ermitteln«, und Kapitel 5, »Die Bereitstellung planen«. Klicken Sie nach der Eingabe des Namens auf **Weiter**.

Abbildg. 6.9   Den Namen einer neuen Organisation angeben

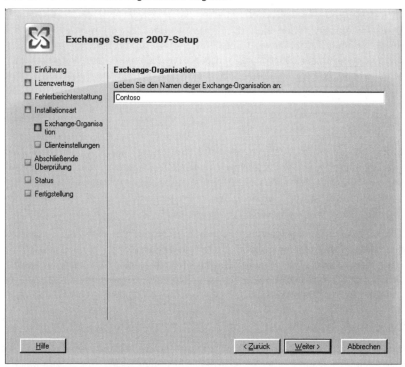

> **HINWEIS**   In diesem Abschnitt gehen wir davon aus, dass Sie eine neue Organisation erstellen. Für den Fall, dass Sie einer bestehenden Exchange-Organisation beitreten wollen, finden Sie eine Beschreibung der geringfügigen Unterschiede zwischen den beiden Verfahren im Abschnitt »Installation in einer bestehenden Organisation« weiter hinten in diesem Kapitel.

Die Option Clienteinstellungen

Im nächsten Schritt fragt das Installationsprogramm, ob Ihr Unternehmen über Computer verfügt, auf denen Microsoft Office Outlook 2003 oder eine frühere Version ausgeführt wird. Wenn Sie Clientcomputer mit Outlook 2003 oder einer früheren Version haben und **Ja** wählen, erstellt Exchange Server 2007 eine Öffentliche Ordner-Datenbank auf dem Postfachserver. Falls Sie Ihre Clientsysteme bereits auf Outlook 2007 aktualisiert haben, ist die Verwendung von öffentlichen Ordnern in Exchange Server 2007 optional. Bei der Auswahl von **Nein** erstellt Exchange Server 2007 keine Datenbank für öffentliche Ordner. Bei Bedarf können Sie aber nachträglich eine solche Datenbank hinzufügen.

> **HINWEIS** In Exchange Server 2007 brauchen Organisationen, in denen alle Clients mit Outlook 2007 ausgestattet sind, keine Öffentlichen Ordner, sofern Sie nicht für die gemeinsame Nutzung von Unternehmensinformationen benötigt werden. In früheren Versionen von Exchange und Outlook enthielten öffentliche Ordner kritische Informationen wie die Frei/Gebucht-Daten zur Planung von Besprechungen. In Exchange Server 2007 wird diese Funktionalität durch den Verfügbarkeitsdienst ersetzt, der Frei/Gebucht-Daten direkt aus den Benutzerpostfächern abruft.

Bereitschaftsüberprüfung

Nachdem Sie die Installationsart ausgewählt, den Namen für Ihre Organisation festgelegt und dem Installationsprogramm Ihre Clientcomputer mitgeteilt haben, beginnt die Bereitschaftsüberprüfung. Dieser Vorgang überprüft die Voraussetzungen und stellt sicher, dass sie erfüllt wurden. Wenn Sie es beispielsweise versäumt haben, IIS zu installieren, bevor Sie das Installationsprogramm ausführen und eine Serverfunktion auswählen, die IIS erfordert, meldet die Bereitschaftsüberprüfung, dass Sie das Installationsprogramm verlassen und nach der Installation von IIS neu starten müssen.

Eine Reihe von grünen Häkchen bedeutet, dass alles in Ordnung ist, also alle Bereitschaftsprüfungen erfolgreich durchgeführt wurden, und Sie mit der Installation fortfahren können. Zu diesem Zweck klicken Sie auf **Installieren**. Vorher sollten Sie sich jedoch vergewissern, dass Sie bei Ihrer Auswahl keinen Fehler gemacht haben. Nachdem der Installationsvorgang begonnen hat, steht die Schaltfläche **Abbrechen** nicht mehr zur Verfügung!

Installation

Setup beginnt nun mit dem Kopieren von Dateien. Je nachdem, welche Komponenten Sie für die Installation ausgewählt haben, kann dieser Vorgang einige Minuten dauern. Nach dem Kopieren der Installationsdateien installiert das Setupprogramm die von Ihnen zuvor ausgewählten Serverfunktionen.

Während dieses Prozesses teilt Ihnen das Setupprogramm möglicherweise mit, dass es das Active Directory-Schema erweitern muss. Dies geschieht, wenn Sie Exchange Server 2007 installieren und vorher nicht das Werkzeug **prepareAD** ausgeführt haben. Sofern Sie sich mit einem Benutzerkonto angemeldet haben, das über die entsprechenden Berechtigungen verfügt, erledigt Setup diesen Schritt für Sie. Machen Sie sich keine Sorgen, wenn dieser Vorgang längere Zeit in Anspruch nimmt. Die Aktualisierung des Schemas kann unter Umständen entsprechend recht lange dauern, manchmal sogar mehrere Stunden. (Eine gute Gelegenheit, sich einen kleinen Imbiss zu besorgen!) Nachdem Setup diese Aufgabe beendet hat, teilt Ihnen das Programm mit, dass die Installation erfolgreich war, wie Sie Abbildung 6.10 entnehmen können.

Abbildg. 6.10 Die Installation von Exchange Server 2007 wurde erfolgreich abgeschlossen

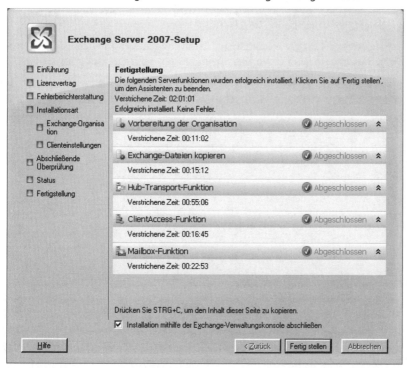

Installation in einer bestehenden Organisation

Die Installation von Exchange Server 2007 in einer bestehenden Organisation ist beinahe identisch mit der Installation des ersten Servers einer Organisation. Sie müssen lediglich einige kleine Unterschiede in der Vorgehensweise sowie eine wichtige Voraussetzung beachten: Die bestehende Exchange-Organisation muss im einheitlichen Modus betrieben werden.

Das Setupprogramm wird auf dieselbe Weise gestartet, d.h. von der DVD oder einem Installationsverzeichnis im Netzwerk. Der erste Unterschied, der Ihnen auffallen wird, besteht darin, dass das Installationsprogramm die Option **Nachrichtenübermittlungseinstellungen** anzeigt und Sie auffordert, den Exchange 2000 Server- oder Exchange Server 2003-Computer anzugeben, für den ein Exchange Server 2007-Routinggruppenconnector hinzugefügt werden soll. Klicken Sie auf **Durchsuchen** und wählen Sie den Server aus, an den Sie die E-Mails weiterleiten wollen, die von einem Exchange Server 2007-Computer stammen und für ein Postfach in einer Exchange 2000- oder Exchange Server 2003-Organisation vorgesehen sind.

Zweitens sind Sie nicht in der Lage eine Organisation für die Installation des neuen Servers auszuwählen. Der Exchange Server 2007-Computer wird in der bestehenden Exchange 2000- oder Exchange Server 2003-Organisation installiert.

Nachdem Sie den Server für die Nachrichtenübermittlung ausgewählt haben, unterscheidet sich der weitere Verlauf nicht mehr von der Installation des ersten Servers einer Organisation.

> **Aus der Praxis: Das Setup von Exchange Server 2007 automatisieren**
>
> Wenn Sie in Ihrem Unternehmen sehr viele Exchange Server-Computer bereitstellen oder über das Netzwerk einrichten wollen, machen Sie sicherlich gern von der Möglichkeit Gebrauch, den Installationsprozess zu automatisieren. Setup speichert alle Informationen, die den Dateikopiervorgang steuern, in einer Datei namens **Setup.ini**. Die dort abgelegten Einstellungen entsprechen denen, die Sie in den Dialogfeldern des Installations-Assistenten ausgewählt haben.
>
> Mithilfe der im Exchange Server 2007 Resource Kit enthaltenen Werkzeuge und Beispiele können Sie Ihre eigenen **Setup.ini**-Dateien anlegen. Dann haben Sie die Möglichkeit, ein Batchskript zu erstellen, das das Setupprogramm unter Verwendung der Informationen aus Ihrer benutzerdefinierten Datei ausführt. Wenn Sie Exchange Server 2007 auf vorhandenen Windows Server-Computern Ihres Unternehmens bereitstellen, können Sie den Installationsprozess mit Microsoft Systems Management Server oder einer ähnlichen Anwendung noch weiter automatisieren.

> **Weitere Informationen**
>
> Weitere Informationen über die Automatisierung von Exchange Server Setup und die Parameter zur Anpassung der **Setup.ini**-Dateien finden Sie in der Onlinedokumentation zum Produkt.

Die Installation überprüfen

Mit der Installation von Exchange Server ist die Arbeit allerdings noch nicht beendet. Sie müssen noch überprüfen, ob alles ordnungsgemäß funktioniert. Zunächst sollten Sie Ihren Server neu starten. Überprüfen Sie anschließend die Windows-Anwendungsprotokolle auf eventuelle Probleme. Jede Exchange-Komponente, die Bestandteil des neuen Servers ist, wird als Windows-Dienst ausgeführt. Aufgrund der funktionsbasierten Natur von Exchange Server 2007 müssen Sie jedoch die Serverfunktionen mit den Dienstnamen abstimmen und sicherstellen, dass die richtigen Dienste ausgeführt werden. Letzteres können Sie mithilfe der Konsole **Dienste** überprüfen, das Sie über den Eintrag **Verwaltung** im Startmenü erreichen. Abbildung 6.11 zeigt das Konsolenfenster **Dienste**. In Tabelle 6.3 sind die Dienste genannt, die für die einzelnen Serverfunktionen ausgeführt werden sollten.

Die Installation überprüfen

Abbildg. 6.11 Das Konsolenfenster **Dienste**

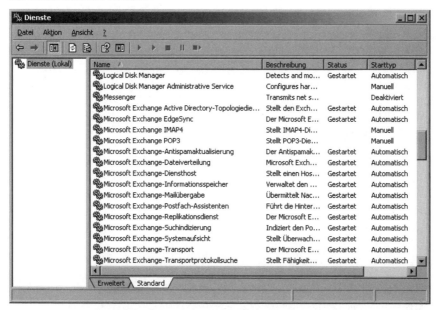

Tabelle 6.3 Übersicht über die Dienste von Exchange Server 2007

Serverfunktion	Dienste
Postfachserver	Microsoft Exchange Active Directory-Topologie Microsoft Exchange-Verwaltung Microsoft Exchange-Informationsspeicher Microsoft Exchange-Mailübergabedienst Microsoft Exchange-Postfach-Assistenten Microsoft Exchange-Replikationsdienst Microsoft Search (Exchange Server) Microsoft Exchange-Systemaufsicht
Clientzugriff	Microsoft Exchange Active Directory-Topologie Microsoft Exchange-Systemaufsicht Microsoft Exchange IMAP4 Microsoft Exchange POP3 IIS Admin HTTP SSL World Wide Web Publishing Services
Hub-Transport	Microsoft Exchange Active Directory-Topologie Microsoft Exchange-Administrationsdienst Microsoft Exchange-Verwaltung Microsoft Exchange-Transport
Edge-Transport	Microsoft Exchange-Transport MSExchangeAdam
Unified Messaging	Microsoft Exchange Active Directory-Topologie Microsoft Exchange Unified Messaging Microsoft Exchange-Sprachmodul

Je nachdem, welche optionalen Komponenten mit Exchange Server 2007 installiert wurden, werden in diesem Fenster noch weitere Microsoft Exchange-Dienste angezeigt.

Verwaltungsshell

Das Überprüfen der Diensteliste ist nicht die einzige Möglichkeit, mit der Sie sehen können, ob Exchange auf Ihrem Server ordnungsgemäß installiert ist. Für Exchange Server 2007 hat Microsoft eine vollständige Befehlszeilenschnittstelle unter Verwendung von Microsoft Windows PowerShell bereitgestellt. Um es kurz zu sagen: So ziemlich alles, was Sie von der Exchange-Verwaltungskonsole aus tun können, können Sie auch über die Exchange-Verwaltungsshell erledigen. Dies ist eine willkommene Nachricht für all jene, die gerne Skripts zur Ausführung von Aufgaben erstellen. Von hier an werden Sie im weiteren Verlauf dieses Buchs viel über dieses Befehlszeilenwerkzeug erfahren. Wählen Sie im Startmenü **Programme/Microsoft Exchange Server 2007/Exchange-Verwaltungsshell**. Daraufhin erscheint ein Fenster, das große Ähnlichkeit mit einem Befehlsfenster aufweist. Geben Sie an der Eingabeaufforderung den folgenden Befehl ein und drücken Sie die Eingabetaste:

```
Get-ExchangeServer | Format-Table Name, ServerRole
```

Dieser Befehl gibt eine Liste Ihrer Exchange Server-Computer mit den jeweils installierten Serverfunktionen zurück, wie Abbildung 6.12 zeigt.

Abbildg. 6.12   Die Exchange-Verwaltungsshell im Einsatz

Die Exchange Server 2007-Bereitstellung abschließen

In technischer Hinsicht ist Ihr Exchange Server 2007-System nun betriebsbereit. Wenn Sie wollen, können Sie jetzt fortfahren und sich in die Exchange-Verwaltungskonsole vertiefen, die sich nach der Installation automatisch geöffnet haben sollte. Die Konsole stellt eine Reihe empfohlener Maßnahmen bereit, darunter folgende:

- Erstellen eines Postmasterpostfachs oder Zuweisen der Postmasteraufgaben zu einem bestehenden Benutzerkonto
- Sicherstellen, dass die Einstellungen für Ihr Offline-Adressbuch ordnungsgemäß konfiguriert sind

Dies bedeutet allerdings nicht, dass nun alles erledigt ist. Standardmäßig ist mit dieser Postmaster-E-Mail-Adresse kein Konto verknüpft. Als solches müssen Sie entweder ein eigenes Postmasterkonto einrichten oder ein Konto auswählen, das als Postmaster für Ihre Domäne fungieren soll. Ihre Auswahl hängt davon ab, wie sorgfältig Sie bei der Überwachung von Objekten wie z.B. Unzustellbarkeitsberichten vorgehen, die im Allgemeinen an die Postmasterkonten gesendet werden.

Die Exchange Server 2007-Bereitstellung abschließen

> **Verwaltungsshell**
>
> Welche Schritte auszuführen sind, hängt von den auf Ihrem Server installierten Serverfunktionen ab. Um sich weiter mit der Exchange-Verwaltungsshell vertraut zu machen, können Sie dieses Tool verwenden, um einige Ihrer Aufgaben nach der Bereitstellung zu erledigen. Ob Ihr Exchange Server-Computer ein Postmasterpostfach aufweist, können Sie von der Exchange-Verwaltungsshell aus mit dem folgenden Befehl überprüfen:
>
> `Get-TransportServer`
>
> Unter der Überschrift **ExternalPostMasterAddress** gibt die Shell den Namen Ihres Servers und, sofern konfiguriert, ein Konto namens **postmaster@ihredomäne.com** zurück.

Um einem bestehenden Konto die Postmasterfunktion für Ihre Domäne mit der sekundären Postmasteradresse zuzuweisen, gehen Sie wie folgt vor:

1. Öffnen Sie die Exchange-Verwaltungskonsole (das GUI-Werkzeug).
2. Erweitern Sie die Option **Empfängerkonfiguration**.
3. Wählen Sie **Postfach**.
4. Klicken Sie im Ergebnisbereich (in der Mitte) mit der rechten Maustaste auf den Benutzer, dem Sie das Postmasterkonto hinzufügen wollen, und wählen Sie anschließend **Eigenschaften** aus dem Kontextmenü.
5. Klicken Sie auf der Seite **Eigenschaften** auf die Registerkarte **E-Mail-Adressen**.
6. Klicken Sie auf **Hinzufügen**.
7. Geben Sie in das Feld **SMTP-Adresse** die Adresse **postmaster@contoso.com** ein und ersetzen Sie dabei **contoso.com** durch Ihre Domäne. Anschließend erscheint die neue Adresse im Bereich **SMTP** des Felds **Adresse**, wie Sie Abbildung 6.13 entnehmen können.
8. Klicken Sie auf **OK**.

Abbildg. 6.13 Die neue Adresse erscheint in der Liste

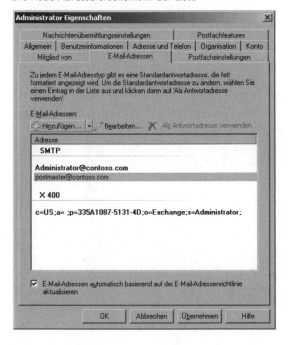

Falls Sie als Postmaster ein separates Konto verwenden wollen, können Sie wie folgt ein neues Benutzerpostfach dafür anlegen:

1. Öffnen Sie die Exchange-Verwaltungskonsole (das GUI-Werkzeug).
2. Erweitern Sie die Option **Empfängerkonfiguration**.
3. Wählen Sie im Aktionsbereich auf der rechten Seite des Fensters **Neues Postfach** aus und starten Sie den Assistenten für neue Postfächer.
4. Aktivieren Sie auf der Einführungsseite die Option **Benutzerpostfach** und klicken Sie dann auf **Weiter**.
5. Klicken Sie auf der Seite **Benutzertyp** auf **Neuer Benutzer** und anschließend auf **Weiter**.
6. Tragen Sie auf der Seite **Postfachinformationen** mindestens den Namen, den Benutzeranmeldenamen (Benutzerprinzipalname), den Benutzeranmeldenamen (Prä-Windows 2000) und die Kennwörter ein. Sie sollten diesen Benutzer **postmaster** nennen. Klicken Sie auf **Weiter**.
7. Vergewissern Sie sich auf der Seite **Postfacheinstellungen**, dass die Einstellungen Ihren Wünschen entsprechen. Auf dieser Seite haben Sie auch die Möglichkeit, den Server anzugeben, auf dem das Postmasterkonto erstellt werden soll. Außerdem können sie entscheiden, in welcher Speichergruppe und in welcher Postfachdatenbank das Konto untergebracht werden soll. Klicken Sie auf **Weiter**.
8. Sehen Sie sich die Zusammenfassung auf der Seite **Neues Postfach** an und klicken Sie anschließend auf **Neu**.
9. Abschließend erfahren Sie auf der in Abbildung 6.14 gezeigten Seite **Fertigstellung**, ob die Postfacherstellung erfolgreich war oder fehlgeschlagen ist. Dort wird auch der Befehl der Exchange-Verwaltungsshell angezeigt, der zum Erstellen des Postfachs verwendet wurde. Damit haben Sie eine hervorragende Möglichkeit, schnell ein Skript zur Postfacherstellung mit Ihren eigenen Befehlen zu schreiben.
10. Klicken Sie auf **Fertig stellen**.

Abbildg. 6.14 Das neue Postfach wurde erfolgreich erstellt.

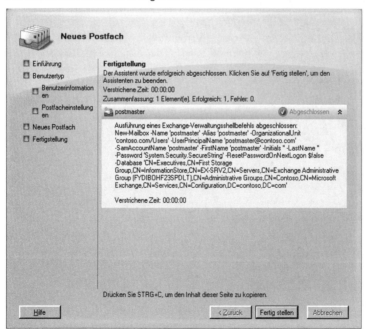

Vergewissern Sie sich, dass das Postmasterkonto konfiguriert ist. Außerdem sollten Sie daran denken, dass Exchange Server 2007 das Offlineadressbuch je nach der von Ihren Benutzern verwendeten Outlook-Version unterschiedlich verwaltet. Outlook 2003- und frühere Clients verwenden weiterhin öffentliche Ordner für die Synchronisierung des Offlineadressbuchs, während Outlook 2007-Clients einen webbasierten Verteilermechanismus einsetzen, der nicht auf öffentlichen Ordnern beruht. Bei Outlook 2007-Clients verweist Exchange den Client an einen Clientzugriffsserver, der über ein virtuelles Offlineadressbuchverzeichnis verfügt.

Wenn Sie die Option aktivieren, dass Sie Outlook 2003-Clients in Ihrer Organisation haben, erstellt das Exchange-Installationsprogramm eine Öffentliche Ordner-Datenbank für Sie. Falls Sie dies nicht tun, obwohl Sie über Outlook 2003-Clients verfügen, müssen Sie eine Öffentliche Ordner-Datenbank erstellen; andernfalls stehen Ihren Clients das Offlineadressbuchs und anderen Funktionen nicht zur Verfügung.

Um diese Konfiguration zu überprüfen, gehen Sie wie folgt vor:

1. Öffnen Sie die Exchange-Verwaltungskonsole.
2. Erweitern Sie den Knoten **Serverkonfiguration**.
3. Wählen Sie **Postfach**.
4. Wenn Sie keinen Eintrag für eine Öffentliche Ordner-Datenbank sehen, fahren Sie mit den folgenden Schritten fort. Andernfalls brauchen Sie hier nichts mehr zu tun.
5. Klicken Sie im Aktionsbereich auf **Neue Öffentliche Ordner-Datenbank**. Damit starten Sie einen Assistenten, der Sie durch den Vorgang der Datenbankerstellung leitet.
6. Sie brauchen lediglich den Namen der Datenbank für Öffentliche Ordner und den Pfad zu den Datenbankdateien anzugeben.

HINWEIS Machen Sie sich keine Sorgen, wenn Sie versehentlich versuchen, eine zweite Öffentliche Ordner-Datenbank zu erstellen. Der Assistent wird beendet teilt Ihnen mit, dass mehrere Öffentliche Ordner-Datenbanken auf dem Server nicht gestattet sind.

Wenn Sie über Clients verfügen, auf denen Exchange Server 2007 ausgeführt wird, sollte alles erledigt sein, solange Sie einen Server mit der Clientzugriffsfunktion installiert haben. Das virtuelle Verzeichnis, in dem sich das Offlineadressbuch befindet, wird bei der Installation dieser Serverfunktion automatisch erstellt. Die Verteilung des webbasierten Offlineadressbuchs muss allerdings noch aktiviert werden, bevor es einsatzbereit ist.

Zu diesem Zweck gehen Sie wie folgt vor:

1. Öffnen Sie die Exchange-Verwaltungskonsole.
2. Erweitern Sie den Knoten **Organisationskonfiguration**.
3. Wählen Sie **Postfach**.
4. Klicken Sie auf die Registerkarte **Offlineadressbuch**.
5. Klicken Sie mit der rechten Maustaste auf den Eintrag **Standard-Offlineadressbuch** und wählen Sie **Eigenschaften**. Nun sollte ein ähnlicher Bildschirm wie in Abbildung 6.15 erscheinen.
6. Klicken Sie auf die Registerkarte **Verteilung**.
7. Aktivieren Sie unter **Verteilungspunkte** das Kontrollkästchen neben Webbasierte Verteilung aktivieren.
8. Klicken Sie auf die Schaltfläche **Hinzufügen**.
9. Wählen Sie die Website aus, von der aus Sie das Offlineadressbuch verteilen wollen, und klicken Sie auf OK.
10. Klicken Sie auf der Seite **Offlineadressbuch Eigenschaften** auf OK.

Abbildg. 6.15 Die Eigenschaften für die Verteilung des Offlineadressbuchs

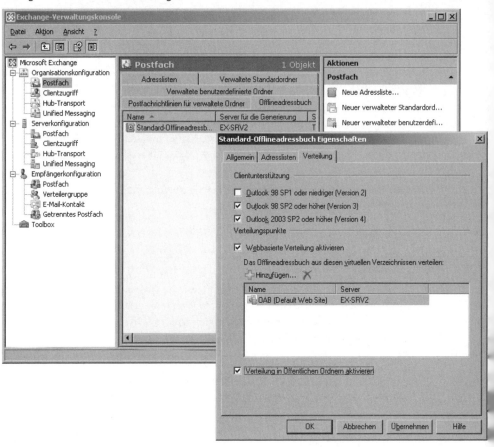

Exchange funktionsfähig erhalten

Ebenso wie für Windows veröffentlicht Microsoft Service Packs auch für Exchange Server. Um spätere Probleme zu vermeiden, sollten Sie gleich das neueste Service Pack für Exchange Server installieren. Hierzu finden Sie weitere Informationen im Abschnitt »Service Packs installieren« weiter vorn in diesem Kapitel. Wenn Sie befürchten, dass das neueste Service Pack Probleme mit sich bringt, testen Sie es zunächst auf einem nicht zur Produktionsumgebung gehörenden (oder auf einem virtuellen) Server. Starten Sie das System nach der Installation des Services Packs neu. Wenn der Server wieder online ist, überprüfen Sie das Konsolenfenster **Dienste** und vergewissern Sie sich, dass die Exchange Server-Dienste vorhanden sind und ausgeführt werden. Ihr neuer Exchange Server-Computer ist jetzt einsatzbereit. Nun dürfen Sie sich auf die Schulter klopfen. Nachdem Sie Exchange Server 2007 installiert haben, können Sie weitere Software einrichten, die Sie für Ihre Exchange-Umgebung benötigen, z.B. Sicherungssoftware von Drittanbietern, Antivirenprogramme oder Anwendungen zum Filtern von Inhalten, sofern Sie sich nicht entschließen, die neuen Funktionen von Exchange Server 2007 zu nutzen.

HINWEIS Wenn Sie überprüfen möchten, ob die Dienste auch auf einem Exchange-Remoteserver ausgeführt werden, verwenden Sie die Funktion **Verbindung mit anderem Computer herstellen** im Snap-In **Computerverwaltung**.

Nach der erfolgreichen Installation von Exchange Server 2007 werden Sie sicherlich als Erstes das System erforschen wollen, um herauszufinden, welche Komponenten an welcher Stelle installiert wurden. Nehmen Sie sich Zeit dafür, denn auf diese Weise lernen Sie sehr viel über den Aufbau von Exchange Server 2007.

Zusammenfassung

In diesem Kapitel haben Sie erfahren, wie Sie Exchange Server 2007 installieren. Es wurde erläutert, wie Sie Ihren Windows Server-Computer zur Installation vorbereiten und überprüfen können, ob die Hardware auf dem Server den Anforderungen für die Installation von Exchange Server 2007 in der gewünschten Konfiguration erfüllt. Danach wurde die Installation Schritt für Schritt erläutert und die Überprüfung nach erfolgter Installation beschrieben. Natürlich entsprechen der neue Server und das hier schwerpunktmäßig behandelte Szenario mit einem einzelnen Server nicht unbedingt Ihrer Situation. In den nächsten Kapiteln erfahren Sie, wie Sie Exchange Server so einrichten, dass es mit früheren Exchange-Versionen zusammenarbeitet, und wie Sie das System in ein rein Exchange Server 2007-basiertes Messagingsystem verwandeln.

Kapitel 7

Koexistenz mit früheren Versionen von Exchange Server

In diesem Kapitel:

Hintergrund	168
Terminologie	168
Überlegungen zur Koexistenz von Exchange Server 2007	169
Exchange Server 2007 in einer bestehenden Exchange Server 2003-Organisation installieren	172
Administrationsprobleme bei Koexistenz	174
SMTP-Connectors und Internet-E-Mail	178
Umgang mit Internet-E-Mail	179
Öffentliche Ordner	184
Empfängeraktualisierungsdienst	189
Vollständige Liste der Koexistenzoptionen	190
Zusammenfassung	197

In früheren Ausgaben dieses Handbuchs folgen die Kapitel Aktualisierung und Migration direkt auf das Installationskapitel, bevor die Koexistenz mit früheren Versionen von Exchange Server beschrieben wurde. Im Gegensatz zu früheren Produktversionen unterstützt Microsoft Exchange Server 2007 jedoch keinen Aktualisierungspfad. Warum?

Einfach gesagt kann weder von Exchange 2000 Server noch von Exchange Server 2003 direkt auf Exchange Server 2007 gewechselt werden. Exchange 2000 Server und Exchange Server 2003 laufen nur auf der 32-Bit-Version von Windows, wohingegen Exchange Server 2007 eine reine 64-Bit-Anwendung ist und somit nur auf 64-Bit-Hardware mit einem 64-Bit-Windows-System läuft. Wenn Sie von Exchange 2000 Server oder Exchange Server 2003 auf Exchange Server 2007 wechseln möchten, müssen Sie ein Koexistenz-Szenario durchlaufen, bevor dieser Wechsel möglich ist. Dies bedeutet, dass Exchange Server 2007 auf neuer Hardware neben dem bereits vorhandenen Exchange 2000 Server/Exchange Server 2003-Produkt installiert werden muss. Erst wenn Exchange Server 2007 installiert ist, kann der Übergang von Exchange 2000 Server oder Exchange Server 2003 auf Exchange Server 2007 erfolgen. Dieser Prozess wird in ↗ Kapitel 8, »Übergang auf Exchange Server 2007«, näher beschrieben.

Hintergrund

Dieses Kapitel beschäftigt sich mit der Koexistenz mit Exchange Server 2003. Der Begriff Koexistenz beschreibt eine Konfiguration, in der verschiedene Exchange Server-Versionen in der gleichen Exchange-Organisation installiert sind. Es wird jedoch darauf hingewiesen, wenn es Unterschiede bei der Koexistenz mit Exchange 2000 Server geben sollte. Einige der Informationen in diesem Kapitel wurden bereits in ↗ Kapitel 6, »Exchange Server 20007 installieren«, angesprochen. Dies ist durchaus beabsichtigt, damit dieses Kapitel mehr oder weniger unabhängig ist. Aktualisierungen von Exchange 5.5 werden nicht in diesem Kapitel angesprochen. Exchange Server 2007 unterstützt weder die Aktualisierung noch die direkte Migration von Exchange 5.5. Darüber hinaus ist die Koexistenz von Exchange 5.5 und Exchange Server 2007 nicht möglich. Von Exchange 5.5 muss zunächst zu Exchange Server 2003 und anschließend zu Exchange Server 2007 gewechselt werden.

In diesem Kapitel wird davon ausgegangen, dass Nachrichten aus und ins Internet weiterhin von Exchange Server 2003 verwaltet und dann von einem Connector für alte Routinggruppen zu Postfächern in Ihrer Exchange Server 2007-Organisation weitergeleitet werden. In ↗ Kapitel 8 erfahren Sie, wie die verbleibenden Dienste von Exchange Server 2003 nach Exchange Server 2007 verschoben werden und wie anschließend Exchange Server 2003 aus Ihrer Organisation entfernt werden kann.

Außerdem basiert der gesamte Inhalt dieses und des nächsten Kapitels auf dem Hub-Transport-Server. Mit anderen Worten, der Edge-Transport-Server wird in keinem der beiden Kapitel angesprochen. Der Grund dafür ist einfach: Der Edge-Transport-Server ist ein brandneues Konzept in Exchange Server 2007 und wird in ↗ Teil F, »Sicherheit«, eingeführt. Dort erfahren Sie, wie Sie die vom Edge-Transport-Server bereitgestellten Dienste in die neue Exchange Server 2007-Organisation integrieren können.

Terminologie

Beachten Sie die Verwendung des Begriffs »Übergang« in diesem Kapitel. Begriffe wie »Migration«, »Aktualisierung«, usw. hätten natürlich auch verwendet werden können. Microsoft verwendet jedoch bestimmte Terminologie für bestimmte Szenarien. Wie bereits erwähnt ist eine Aktualisierung bei Exchange Server 2007 nicht möglich. Bei Migration handelt es sich andererseits um den Wechsel von einem Nicht-Exchange-System zu Exchange Server 2007. Microsoft verwendet den Begriff »Übergang« ausschließlich für das in diesem Kapitel beschriebene Szenario: Aktualisierung einer früheren Exchange-Version auf Exchange Server 2007. Teil dieses Übergangs ist eine Koexistenzphase, während der sowohl Ihr altes Exchange-System als auch Exchange Server 2007 gleichzeitig verwendet werden. E-Mail wird zwischen den beiden Systemen durch einen bestimmten Connector transferiert, und Postfächer können zwischen den Organisationen im Zuge des Übergangs verschoben werden.

Überlegungen zur Koexistenz von Exchange Server 2007

Es ist Ihnen wahrscheinlich bereits klar geworden, dass es sich bei Exchange Server 2007 um ein komplett neues Produkt handelt. Microsoft hat mit diesem letzten Release einige der alten Unterstützungsstrategien über Bord geworfen, um ein mehr und mehr komplexes Produkt zu rationalisieren und zu vereinfachen. Deshalb gibt es einige Dinge, die Sie berücksichtigen sollten, bevor Exchange Server 2007 in einer vorhandenen älteren Exchange-Organisation installiert wird. Alles, was hier beschrieben wird, trifft sowohl auf Exchange 2000 Server als auch auf Exchange Server 2003 zu. Wird Exchange Server 2003 angesprochen, treffen die Informationen auch auf Exchange 2000 Server zu. Exchange Server 2007 unterstützt Koexistenz mit und Übergang sowohl von Exchange 2000 Server- als auch von Exchange Server 2003-Organisationen.

Der einheitliche Modus von Exchange Server 2003

Exchange Server 2007 kann nur mit Exchange 2000 Server oder Exchange Server 2003 koexistieren, wenn die alte Exchange-Organisation im einheitlichen Modus betrieben wird. Der einheitliche Modus einer Exchange 2000 Server/Exchange Server 2003-Organisation wird erzielt, wenn die folgenden Bedingungen erfüllt sind:

- Sie haben Kapitel 6 gelesen und verstehen die Active Directory-Domänenvorgänge, die zur Installation von Exchange Server 2007 in Ihre Umgebung ausgeführt werden müssen.

- Eine Exchange Server 5.5-Version darf nicht in Ihrer Exchange 2000 Server/Exchange Server 2003-Organisation existieren.

- Wenn Sie eine Aktualisierung von Exchange Server 5.5 durchführen, muss der Standortreplikationsdienst außer Dienst gestellt worden sein.

- Alle Active Directory-Connectors müssen außer Dienst gestellt worden sein.

- Es ist Ihnen klar, dass diese Entscheidung nicht rückgängig gemacht werden kann. Sie können Ihrer Organisation nie wieder einen Exchange 5.5-Server hinzufügen.

- Wenn Sie momentan Exchange 2000 Server verwenden und eine Koexistenz mit Exchange Server 2007 wünschen, müssen Sie sicherstellen, dass alle Server der Exchange 2000 Server-Umgebung, einschließlich aller Systeme, auf denen die Exchange 2000 Server-Verwaltungstools installiert wurden, wenigstens Exchange 2000 Server Post-Service Pack 3 (SP3) Update Rollup ausführen, damit mögliche Objektbeschädigungen vermieden werden.

Kapitel 7 Koexistenz mit früheren Versionen von Exchange Server

HINWEIS Exchange Server 2007 kann nur in einer Exchange-Organisation installiert werden, die im einheitlichen Modus betrieben wird. Beabsichtigen Sie, Exchange Server 2007 in einer neu erstellten Gesamtstruktur zu installieren, können Sie später keine älteren Exchange-Versionen hinzufügen, da dieses Szenario nicht unterstützt wird.

Nachdem diese Punkte erledigt sind, können Sie Ihre Exchange-Organisation durch die folgenden Schritte in den einheitlichen Modus konvertieren:

1. Starten Sie den Exchange-System-Manager von einem der Exchange 2000 Server-/Exchange Server 2003-Computer.
2. Klicken Sie mit der rechten Maustaste auf die Organisation, und wählen Sie **Eigenschaften** aus dem angezeigten Kontextmenü aus.
3. Klicken Sie auf der **Eigenschaftenseite** (siehe Abbildung 7.1) auf die Schaltfläche **Modus ändern**.
4. Ein Popupfenster weist darauf hin, dass es sich bei der Änderung zum einheitlichen Modus um eine Operation handelt, die nicht rückgängig gemacht werden kann. Klicken Sie auf die Schaltfläche **Ja**, wenn Sie diese Änderung vornehmen möchten.
5. Nach Abschluss dieser Aktion wird der Abschnitt **Operationsmodus** im Eigenschaftenfenster aktualisiert. Es wird angezeigt, dass Ihre Exchange-Organisation jetzt im einheitlichen Modus betrieben wird.

Abbildg. 7.1 Die Exchange-Organisation in den einheitlichen Modus schalten

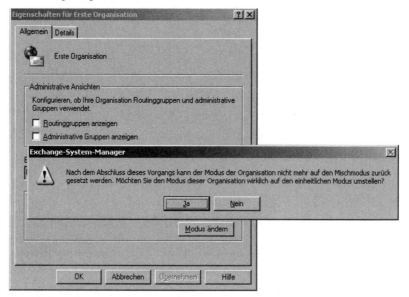

Automatische Koexistenzaufgaben

Bevor Sie mit der Bereitstellungsplanung von Exchange Server 2007 fortfahren, sollten Sie die vom Exchange Server 2007-Installationsprogramm auszuführenden Schritte genau verstehen, damit die Koexistenz mit Ihrer Exchange Server 2003-Organisation gewährleistet ist. Auch wenn diese Schritte vom Installationsprogramm automatisch ausgeführt werden, können sie im Bedarfsfall auch manuell erledigt werden. In diesem Abschnitt werden die vom Installationsprogramm automatisch ausgeführten Schritte näher beschrieben. Einige der manuellen Prozesse hinter diesen Schritten werden an verschiedenen Stellen im Kapitel näher erläutert.

Wird Exchange Server 2007 in einer vorhandenen Exchange Server 2003-Organisation installiert, führt das Installationsprogramm die folgenden koexistenzspezifischen Aufgaben aus:

- Eine universelle Active Directory-Sicherheitsgruppe wird unter dem Namen **ExchangeLegacyInterop** erstellt. Diese Gruppe ist erforderlich, damit E-Mail von Exchange Server 2003- und Exchange 2000 Server-Computern an Exchange Server 2007-Rechner geschickt werden kann.
- Die administrative Exchange Server 2007-Gruppe wird unter dem Namen **Exchange Administrative Group (FYDIBOHF23SPDLT)** erstellt.

HINWEIS Sie sollten unbedingt bedenken, dass Exchange Server 2007-Computer nicht aus dieser administrativen Gruppe entfernt werden können. Darüber hinaus sollte die administrative Gruppe nicht umbenannt werden. Exchange Server 2007 verwendet diese administrative Gruppe zur Speicherung von Konfigurationsdaten, und das Produkt sucht nach der Datenbank unter diesem Namen.

- Die Exchange Server 2007-Routinggruppe wird unter dem Namen **Exchange Routing Group (DWBGZMFD01QNBJR)** erstellt. Exchange Server 2007 verwendet diese Gruppe, um mit alten Exchange Server-Computern zu kommunizieren.

HINWEIS Wie schon bei der neu erstellten administrativen Gruppe sollten Exchange Server 2007-Computer auch nicht aus der Routinggruppe entfernt werden. Darüber hinaus sollte die Routinggruppe nicht umbenannt werden.

- Da Exchange Server 2003 und Exchange Server 2007 verschiedene Routingtopologien verwenden, wird ein wechselseitiger Routinggruppenconnector zwischen Exchange Server 2007 und Exchange Server 2003-Bridgeheadservern erstellt. Dieser Connector ist erforderlich, damit E-Mail zwischen Exchange Server 2007 und Exchange Server 2003 übermittelt werden kann.

Globale Einstellungen

Sie sollten sich damit vertraut machen, wie der Exchange Server 2007-Installationsprozess globale Einstellungen der alten Exchange-Organisationen handhabt. Hierbei handelt es sich um Delegierungsberechtigungen, Empfängerrichtlinien, Nachrichtenformate, SMTP-Connectors und andere. Globale Einstellungen werden automatisch bei der Installation von Exchange Server 2007 in die neue Exchange-Organisation übertragen. Wenn Sie also solche Objekte erstellen, müssen Sie diese in der neuen Exchange Server 2007-Organisation nicht erneut erstellen.

Exchange Server 2007 in einer bestehenden Exchange Server 2003-Organisation installieren

Lesen Sie ↗ Kapitel 6, bevor Sie mit der Installation von Exchange Server 2007 in Ihrer bestehenden Exchange Server 2003-Organisation beginnen. Insbesondere sind die Abschnitte »Die Installation vorbereiten«, »Active Directory-Domänen und -Gesamtstrukturen«, »Die Active Directory-Umgebung vorbereiten« und »Installation in einer bestehenden Organisation« von Bedeutung. Einige dieser Informationen werden der Vollständigkeit halber wiederholt.

HINWEIS In diesem Abschnitt wird eine typische Installation von Exchange Server 2007 in einer bestehenden Exchange Server 2003-Organisation durchgeführt. Darin sind die Funktionen des Hub-Transport-Servers, des Clientzugriffsservers und des Postfachservers sowie Exchange-Verwaltungswerkzeuge enthalten.

Als ersten Unterschied sehen Sie, dass vom Installationsprogramm die Option **Nachrichtenübermittlungseinstellung** angezeigt wird. Hier wählen Sie den Exchange 2000 Server- oder Exchange Server 2003-Computer aus, mit dem der Exchange Server 2007-Routinggruppenconnector eine Verbindung aufnehmen soll (siehe Abbildung 7.2). In reinen Exchange Server 2007-Organisationen werden Routinggruppen nicht mehr für das Nachrichtenrouting verwendet. Dafür wird nun die Active Directory-Standortkonfiguration eingesetzt. In Organisationen mit nur einer einzigen Version können alle Exchange Server 2007-Computer im gleichen Active Directory-Standort mithilfe von Active Directory-IP-Standortverknüpfungen miteinander kommunizieren, ohne dabei einen Connector verwenden zu müssen. Exchange Server 2007 verwendet die alten Routinggruppen nur, wenn der neue Server mit Exchange 2000 Server- oder Exchange Server 2003-Computern kommunizieren muss, die sich in der gleichen Exchange-Organisation befinden. Bei der Exchange Server 2007-Installation werden zwischen der Exchange Server 2007-Routinggruppe und der gewählten Exchange 2000 Server- oder Exchange Server 2003-Routinggruppe wechselseitige Routinggruppenconnectors erstellt. Der bei der Installation ausgewählte Exchange 2000 Server- oder Exchange Server 2003-Computern bestimmt, mit welcher Routinggruppe die Verbindung hergestellt wird. Vergessen Sie nicht, dass alle Exchange Server 2007-Computer automatisch dieser Koexistenz-Routinggruppe hingefügt werden.

HINWEIS Sie fragen sich vielleicht, warum Sie Ihren Exchange 2007 Server-Computer nicht einfach in einer der bestehenden Exchange Server 2003-Routinggruppen installieren und somit den kompletten Connector-Unsinn vergessen können. Dies liegt einfach daran, dass Exchange Server 2007-Computer automatisch in der Routinggruppe **Exchange Routing Group (DWBGZMFD01QNBJR)** platziert werden. Es können weder Exchange Server 2007-Computer in andere Routinggruppen noch alte Exchange-Server in dieser Exchange Server 2007-spezifischen Routinggruppe platziert werden. Connectors sind somit absolut notwendig.

Wenn Sie den Bridgeheadserver auswählen, zu dem der Exchange Server 2007-Routinggruppenconnector installiert werden soll, sollten Sie sich nach Möglichkeit für einen Server entscheiden, der sich in der Nähe der Hub-Routinggruppe befindet, vorausgesetzt, dass Ihre Routinggruppen im Nabe-Speichen-Format konfiguriert sind. Bedenken Sie, dass sämtliche E-Mails, die zwischen Exchange Server 2003- und Exchange Server 2007-Computern verschickt werden, durch diese neu erstellten

Exchange Server 2007 in einer bestehenden Exchange Server 2003-Organisation installieren

Connectors gehen. Die richtige Auswahl ist somit von besonderer Bedeutung. Schauen Sie sich das folgende Szenario an: Ihre Organisation hat Büros in New York, London und Houston. Alle drei Büros verwenden Exchange-Konfigurationen, wobei sich jede in einer eigenständigen Exchange-Routinggruppe befindet. Die drei Büros sind durch Punkt-zu-Punkt-Verbindungen miteinander verbunden; die Verbindungen sind jedoch ziemlich ausgelastet und bieten wenig Kapazität für zusätzlichen Verkehr. Das Büro in Houston besitzt 2 Server und wird auf Exchange Server 2007 aktualisiert. Die Hälfte der Benutzer in Houston ist auf dem ersten für die Aktualisierung ausgewählten Server gespeichert. Aus Versehen wählt der E-Mail-Administrator in Houston einen Exchange Server-Computer in New York als Bridgehead-/Nachrichtenübermittlungsserver aus. Die E-Mails von Benutzern, die sich auf verschiedenen Servern in Houston befinden, werden jetzt von Houston nach New York und wieder zurück geschickt. Darüber hinaus müssen sämtliche E-Mails, die für Exchange Server 2007-Benutzer in Houston bestimmt sind, über New York geschickt werden. Anhand dieses Beispiels können Sie sehen, wie wichtig es ist, den richtigen Nachrichtenübermittlungsserver auszuwählen. Sie können natürlich im Bedarfsfall zusätzliche Connectors erstellen. Diese Aufgabe wird später näher erläutert.

Abbildg. 7.2 Wählen Sie den Exchange Server 2003-Computer in der Routinggruppe aus, mit dem Exchange Server 2007 eine Verbindung aufnehmen wird

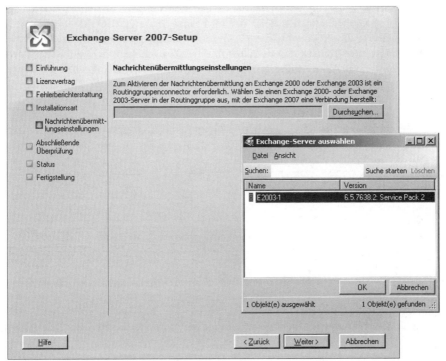

Klicken Sie bei der Exchange Server 2007-Installation auf **Durchsuchen**, und bezeichnen Sie den Server, zu dem E-Mails geschickt werden sollen, die von einem Exchange Server 2007-Computer kommen und für ein Postfach in einer Exchange 2000 Server- oder Exchange Server 2003-Organisation bestimmt sind.

HINWEIS Standortinterne Nachrichten werden in Exchange Server 2007 durch Server bearbeitet, auf denen die Hub-Transportfunktion installiert ist.

Kapitel 7 Koexistenz mit früheren Versionen von Exchange Server

Sie werden auch feststellen, dass keine Organisation ausgewählt werden kann, in der der neue Server installiert werden soll. Der Exchange Server 2007-Computer wird in einer bestehenden Exchange 2000 Server- oder Exchange Server 2003-Organisation installiert.

Nachdem Sie den Server für die Nachrichtenübermittlung ausgewählt haben, unterscheiden sich die folgenden Schritte nicht von denen, mit dem der erste Server in der Organisation installiert worden ist. Folgen Sie nun für die verbleibenden Installationsschritte den Anweisungen aus Kapitel 6.

Administrationsprobleme bei Koexistenz

Bei der Verwendung von Exchange-System-Manager und der Exchange-Verwaltungskonsole oder der Exchange-Verwaltungsshell sind einige Punkte zu beachten. Exchange Server 2007 kann nur mit der Exchange-Verwaltungskonsole oder der Exchange-Verwaltungsshell verwaltet werden. Darüber hinaus können einige Exchange Server 2003-Objekte mit diesen Exchange Server 2007-Werkzeugen bearbeitet werden. Im Gegensatz dazu kann der Exchange-System-Manager von Exchange Server 2003 viele Exchange Server 2007-Objekte anzeigen, diese jedoch nicht verwalten. Auch wenn Exchange Server 2003-Funktionen mit der Exchange Server 2007-Verwaltungskonsole/Verwaltungsshell entfernt werden können, können neue Exchange Server 2003-Objekte nicht mit diesen neuen Werkzeugen erstellt werden. Abbildung 7.3 zeigt den Exchange-System-Manager in Exchange Server 2003, in dem einige Exchange Server 2007-Objekte sichtbar sind. Beachten Sie, dass es zwei Connectors (einen für jede Administratorgruppe) gibt. Abbildung 7.4 zeigt die gleichen Routinggruppenconnectors von der anderen Seite der Verbindung.

Abbildg. 7.3 Der Exchange-Server-Manager zeigt die neu erstellten Exchange Server 2007-Objekte an

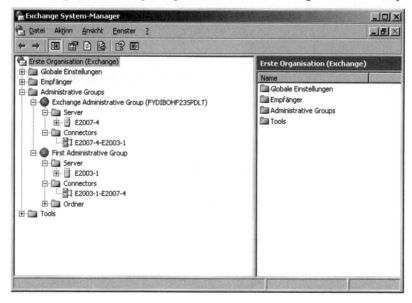

Administrationsprobleme bei Koexistenz

Abbildg. 7.4   Der Befehl **get-routinggroupconnector** in der Exchange-Verwaltungsshell zeigt die installierten Routinggruppenconnectors an

Zusätzliche Routinggruppenconnectors erstellen

In diesem Kapitel wurde bereits erwähnt, dass Sie so viele zusätzliche Routinggruppenconnectors wie erforderlich erstellen können, um eine effiziente Nachrichtenübermittlung zwischen Ihren Exchange Server 2003- und Exchange Server 2007-Organisationen zu gewährleisten. Routinggruppenconnectors müssen auf einem Exchange Server 2007-Computer mithilfe der Exchange-Verwaltungsshell erstellt werden. Neue Routinggruppenconnectors können nicht mit der graphischen Benutzeroberfläche der Exchange-Verwaltungskonsole erstellt werden.

Verwaltungsshell

Vielleicht benötigen Sie lediglich einen neuen Routinggruppenconnector, um die Nachrichtenübermittlung zwischen Ihrer neuen und alten Infrastruktur zu verbessern. Ein neuer Routinggruppenconnector kann nur in der Exchange-Verwaltungsshell mit dem Commandlet **new-routinggroupconnector** erstellt werden.

Der folgende Befehl dient als Beispiel dafür, wie ein Routinggruppenconnector zwischen einem neuen Exchange Server 2007-Computer und dem Server mit dem Namen e2003-2, der sich in einer zweiten Routinggruppe in der Exchange Server 2007-Organisation befindet, erstellt wird.

```
new-routinggroupconnector -Name "Example RCG - RG 2"
-sourcetransportservers "e2007-4.contoso.com" -targettransportservers
"e2003-2.contoso.com" -cost 100 -bidirectional $true
-publicfoldersreferralsenabled $true
```

Sie sehen, dass eine Reihe anderer Parameter mit diesem Befehl verbunden sind. Zunächst gibt es den Parameter **bidirectional $true**. Hiermit wird angegeben, dass neue Connectors in beide Richtungen gehen sollen. Am Ende des Befehls gibt **-publicfoldersreferralsenabled $true** an, dass dieser Routinggruppenconnector dazu verwendet werden kann, auf öffentliche Order auf Servern in der Zielroutinggruppe zuzugreifen, wenn diese öffentlichen Order nicht in der Quellroutinggruppe verfügbar sind. Der Parameter **cost** weist dem Connector einen Kostenwert zu, damit der Pfad zwischen den Organisationen ermittelt werden kann, der die geringsten Kosten verursacht.

Nach Ausführung dieses Befehls zeigt die Exchange-Verwaltungsshell die Namen der neu erstellten Routinggruppenconnectors an.

Aus der Praxis: Routingschleifen verhindern

Bevor Sie zusätzliche Routinggruppenconnectors erstellen, sollten Sie sicherstellen, dass es nicht zu Weiterleitungsschleifen kommt und dass ältere Exchange-Versionen ein Routing mit den geringsten Kosten verwenden, ohne dass alternative Routen berechnet werden. Aus diesem Grund sollten Sie keine geringfügigen Verbindungsstatusaktualisierungen auf Ihren Exchange Server 2007-Computern zulassen. Dies wird folgendermaßen erreicht:

1. Starten Sie den Registrierungseditor.
2. Öffnen Sie den Schlüssel **HKEY_LOCAL_MACHINE\System\CurrentControlSet\Services\RESvc \Parameters**.
3. Klicken Sie mit der rechten Maustaste auf **Parameters**, wählen Sie **Neu** im angezeigten Kontextmenü aus, und wählen Sie anschließend **DWORD** aus.
4. Nennen Sie den neuen DWORD-Wert **SuppressStartChanges**.
5. Doppelklicken Sie auf den neu erstellten Wert.
6. Geben Sie im Feld **Wertdaten** eine 1 ein, und klicken Sie auf **OK**.
7. Schließen Sie den Registrierungseditor.

Damit die Änderungen in Kraft treten können, starten Sie den SMTP-Dienst (Simple Mail Transfer Protocol), den Microsoft Exchange Routing Engine-Dienst und die Microsoft Exchange MTA Stacks-Dienste neu.

Koexistenzproblem: Versionsspezifische Administration

Wenn Ihre Exchange-Umgebung erst einmal in dieser doppelten Art und Weise eingerichtet ist, wird die Umgebungsadministration ein wenig komplizierter. Größtenteils müssen Sie einzelne Exchange Server-Computer und Exchange-Objekte mit ihren eigenen Verwaltungswerkzeugen bearbeiten. Exchange Server 2003-Computer und andere -Objekte müssen mit dem Exchange-System-Manager verwaltet werden, wohingegen Exchange Server 2007-Routinggruppenconnectors und andere -Objekte mit der Exchange-Verwaltungskonsole oder der Exchange-Verwaltungsshell verwaltet werden. Folgende wichtige Punkte, sollten Sie bei der Verwaltung einer gemischten Exchange Server 2003/Exchange Server 2007-Umbebung beachten:

- Sie können die Eigenschaften der meisten unterstützten Exchange Server 2007-Objekte mit dem Exchange-System-Manager anzeigen. Öffnen Sie dort jedoch ein Exchange Server 2007-Objekt, wird eine Fehlermeldung angezeigt (siehe Abbildung 7.5), aus der hervorgeht, dass das Objekt nur mit Exchange-System-Manager 8.0 oder neuer verwaltet werden kann. In diesem Fall bedeutet Exchange-System-Manager 8.0 die Exchange-Verwaltungskonsole, was darauf hinweist, dass das Objekt nur innerhalb von Exchange Server 2007 verwaltet werden kann.

Abbildg. 7.5 Eine neuere Version des Exchange-System-Managers ist zur Verwaltung des Objekts erforderlich

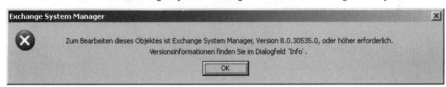

- Exchange 2000/2003-Funktionen, die nicht von Exchange Server 2007 unterstützt werden, können nur mit den alten Werkzeugen verwaltet werden.
- Servereigenschaften können nur von den Verwaltungswerkzeugen der jeweiligen Version des Servers verwaltet werden.
- Exchange Server 2003-Werkzeuge können nicht dazu verwendet werden, Postfächer auf einen oder von einem Exchange Server 2007-Computer zu verschieben.
- Auch wenn es so aussieht, als ob einige Exchange Server 2007 Postfach-/Empfängereigenschaften, wie z. B. Speichergrenzen/-quoten, mit dem Exchange-System-Manager verwaltet werden können, sollten Sie dies nicht tun. **Active Directory-Benutzer und -Computer** und der Exchange-System-Manager verfügen nicht über vollständige Verwaltungskapazitäten für Postfächer, die auf Exchange Server 2007 basieren.
- Andererseits können einige Exchange Server 2003-Postfacheigenschaften von allen Verwaltungswerkzeugen verwaltet werden. In Abbildung 7.6 sehen Sie eine Liste aller Postfächer, die in der Exchange-Messagingumgebung vorhanden sind. Einige dieser Postfächer werden als Legacypostfach ausgewiesen (sie befinden sich nicht auf einem Exchange Server 2007-Computer), wohingegen ein Postfach (Robert Zare) als Benutzerpostfach aufgeführt wird (es befindet sich auf einem Exchange Server 2007-Computer). Der Server, auf dem sich das Postfach befindet, wird ebenfalls angegeben. Bei diesen Beispielen wird die Exchange Server-Version im Servernamen angegeben; somit kann einfach festgestellt werden, mit welcher Exchange-Version ein bestimmtes Postfach verwaltet wird.

Abbildg. 7.6 Organisationspostfächer können mit den Exchange Server 2007-Verwaltungswerkzeugen verwaltet werden

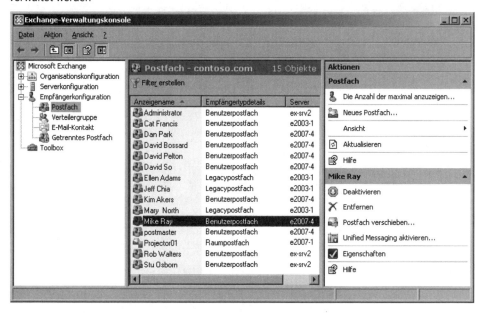

SMTP-Connectors und Internet-E-Mail

Sowohl Exchange Server 2003 als auch Exchange Server 2007 unterstützen SMTP-Connectors, und beide Versionen können Messagingverkehr zu einem Connector in der anderen Version leiten. Bei dieser versionsübergreifenden Kommunikation werden jedoch einige versionsspezifische Einstellungen ignoriert, wodurch es zu Problemen kommen kann. In Tabelle 7.1 werden alle SMTP-Connectorfunktionen aufgeführt, für die es versionsspezifische Unterschiede gibt, so dass Sie sich auf mögliche Probleme vorbereiten können.

Tabelle 7.1 SMTP-Connectorfunktionen und -administration

SMPT-Connectorfunktion	Versionsunterstützung	Anmerkung
Connectorbereich	2003, 2007	Solange keine weiteren Restriktionen von Ihnen eingeführt worden sind, können in Exchange Server 2003 nur Server in einer bestimmten Routinggruppe die mit dieser Routinggruppe verbundenen Connectors verwenden. Da in Exchange Server 2007 anstelle von Routinggruppen Active Directory-Standorte verwendet werden, sind Exchange Server 2007-Connectors für jeden Exchange Server 2007-Computer im Active Directory-Standort verfügbar.
Aktiviert/Deaktiviert	2007	Exchange Server 2003 kann nicht feststellen, dass ein bestimmter Exchange Server 2007-Connector deaktiviert ist, und fährt mit dem Routing fort, selbst wenn ein Connector nicht aktiviert ist.

Tabelle 7.1 SMTP-Connectorfunktionen und -administration *(Fortsetzung)*

SMPT-Connectorfunktion	Versionsunterstützung	Anmerkung
Maximale Nachrichtengröße	2003, 2007	Alle Nachrichten, die durch einen Connector geleitet werden, unterliegen der Nachrichtengrößeneinschränkung, die für den Connector eingerichtet worden ist.
Nachrichtenpriorität	2003	Exchange Server 2003 verwendet keine Nachrichtenpriorität und umgeht diese Einschränkung.
Nachrichtentyp	2003	Exchange Server 2007 weist keine Nachrichtentypen zu und umgeht Nachrichtentypeinschränkungen, die durch einem SMTP-Connector von Exchange Server 2003 festgelegt worden sind.
Benutzerbenachrichtigungseinschränkung	2003	Exchange Server 2007 kann Nachrichten an Exchange Server 2003-Connectors leiten, selbst wenn diese Connectors keine Verbindungen vom sendenden Benutzer zulassen.

Umgang mit Internet-E-Mail

Eine Ihrer Aufgaben ist es, SMTP-Connectors so zu konfigurieren, dass sie Internet-E-Mail handhaben können. Zunächst müssen Sie sich jedoch damit vertraut machen, wie sich die Einführung von Exchange Server 2007 in Ihrer Umgebung auf den Fluss von Internet-E-Mail auswirkt.

Bevor Sie Exchange Server 2007 in Ihrer Organisation installieren, ist der Fluss von Internet-E-Mail recht einfach. Dies trifft zumindest auf kleine und mittlere Organisationen zu, die noch keine SMTP-Connectors in ihren Organisationen eingeführt haben. Intenet-E-Mail wird durch den virtuellen SMTP-Server geleitet, der anhand seiner eigenen DNS-Fähigkeiten die Namen von Remoteservern findet. Sollten Sie einen SMTP-Connector, der für Internet-E-Mail zuständig ist, in Ihrer alten Exchange-Organisation installieren, wird diese Aufgabe natürlich nicht mehr vom virtuellen SMTP-Server durchgeführt, da sie jetzt dem neuen SMTP-Connector zugewiesen ist. Bei der Installation von Exchange Server 2007 in Ihrer Organisation sollte es somit zu keinerlei Problemen kommen. In beiden Fällen ist der Internet-E-Mail-Fluss gewährleistet.

Da sich Exchange Server 2007 auf verschiedene Funktionen stützt, kann es zu Problemen kommen, wenn Sie für Internet-E-Mail den virtuellen SMTP-Server von Exchange Server 2003 verwenden wollen. Die Funktion des Hub-Transport-Servers von Exchange Server 2007 wird innerhalb der Exchange-Organisation installiert und hat gerade genügend Standard-SMTP-Funktionen, damit mit anderen Exchange Server 2007-Computern kommuniziert werden kann. Auch wenn die Funktion des Hub-Transport-Servers (oder des Edge-Transport-Servers) für Internet-E-Mail verantwortlich ist, ist diese Funktionalität nicht standardmäßig aktiviert. Ein mit den Standardvorgaben installierter Exchange Server 2007-Computer kann somit nicht mit der Außenwelt kommunizieren.

Bei der Einführung von Exchange Server 2007 in Ihrer alten Exchange-Organisation wurde zur Vereinfachung der Kommunikation zwischen den alten und neuen Exchange Server-Computern ein Routinggruppenconnector erstellt. Dies hat zur Folge, dass Ihre alte Exchange-Umgebung den virtuellen SMTP-Server ignoriert und den neuen universellen SMTP-Connector verwendet. Alle E-Mails in das Internet gehen durch diesen Connector und in Ihre Exchange Server 2007-Organisation, in der sie darauf warten, dass ein externer SMTP-Connector erstellt wird. Sie können natürlich auch einen SMPT-Connector mit Zugang zum Internet in Ihrer alten Exchange-Organisation erstellen. In diesem

Kapitel wird beschrieben, wie Sie dort einen neuen Connector anlegen können, durch den die Kommunikation mit dem Internet vereinfacht wird. In ↗ Kapitel 8 erfahren Sie, wie ein Connector, der die gleichen Funktionen aufweist, in der Exchange Server 2007-Organisation erstellt werden kann. Dieser Connector wird später während des vollständigen Übergangsprozesses entfernt, und der neue, in der Exchange Server 2007-Orangisation erstellte Connector wird von da an verwendet.

Einen SMTP-Connector zur Legacy-Exchange-Organisation hinzufügen

Wenn Sie bereits einen SMTP-Connector für die Kommunikation mit dem Internet in Ihrer alten Exchange-Organisation erstellt haben, können Sie diesen Schritt überspringen. Falls Sie diesen SMTP-Connector noch nicht erstellt haben, wird bei der Installation der Funktion des Hub-Transport-Servers der erforderliche Routinggruppenconnector angelegt, wodurch der Internet-E-Mail-Fluss unterbrochen wird.

Dies kann vermieden werden, indem ein SMTP-Connector in der alten Exchange-Organisation erstellt wird. Dieser Connector wird erst entfernt, nachdem der vollständige Übergang zu Exchange Server 2007 erfolgt ist. Zu diesem Zeitpunkt wird ein neuer Connector in der Exchange Server 2007-Organisation erstellt. Um einen Internet-E-Mail-SMTP-Connector in Ihrer alten Exchange-Organisation zu installieren, führen Sie die folgenden Schritte durch:

1. Starten Sie den Exchange-System-Manager von einem alten Exchange Server-Computer aus.
2. Erweitern Sie **Erste Organisation (Exchange)**, **Administrative Gruppen**, **Erste administrative Gruppe, Connectors**.
3. Klicken Sie mit der rechten Maustaste auf **Connectors,** und wählen Sie im angezeigten Kontextmenü den Befehl **Neu** und anschließend **SMTP-Connector** aus. Die Eigenschaften des Connectors werden angezeigt. Auf der Registerkarte **Allgemein** (Abbildung 7.7) können Sie dem Connector einen Namen geben und einige DNS-Einstellungen auswählen.
4. Geben Sie dem neuen Connector einen Namen. Dieser sollte aussagekräftig sein, wie z. B. **Internet**.

In den folgenden Abschnitten finden Sie weitere Informationen zur Konfiguration des neuen SMTP-Connectors.

Registerkarte Allgemein

Die Registerkarte **Allgemein** enthält allgemeine Optionen für den neuen SMTP-Connector, die sich auf dessen Arbeitsweise beziehen. Wie bereits erwähnt, wird dem Connector auf dieser Registerkarte ein Name gegeben.

Abbildg. 7.7   Registerkarte **Allgemein** für den neuen SMTP-Connector

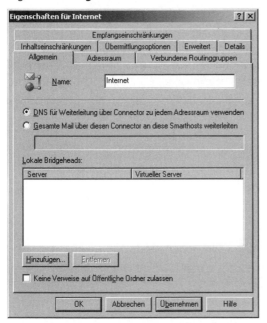

Es gibt weitere wichtige Optionen auf dieser Registerkarte:

- **DNS für Weiterleitung über Connector zu jedem Adressraum verwenden**   Konfiguriert den Connector, damit über DNS auf der Grundlage von MX-Einträgen und Voreinstellungswerten direkte Verbindungen zu SMTP-Zielservern hergestellt werden können.

- **Gesamte E-Mail über diesen Connector an diese Smarthosts weiterleiten**   Diese Option sollte aktiviert werden, wenn Sie es vorziehen, E-Mails stromaufwärts weiterzuleiten, da mehrere direkte Verbindungen zu viele Zeit oder zuviel Ressourcen in Anspruch nehmen. In das Feld unterhalb der Option können sie entweder den vollqualifizierten Domänennamen (FQDN), den Smarthost oder die IP-Adresse eingeben. Sollten Sie sich für die IP-Adresse entscheiden, verwenden Sie eckige Klammern, z.B. [192.168.2.200]. Vergessen Sie nicht, dass der hier angegebene Wert die Smarthosteinstellung im Dialogfeld **Erweiterte Übermittlungsoptionen** überschreibt. Dieses Dialogfeld wird aufgerufen, indem Sie auf der **Eigenschaftenseite** des virtuellen SMTP-Servers auf der Registerkarte **Übermittlung** auf **Erweitert** klicken.

- **Lokale Bridgeheads**   Klicken Sie auf die Schaltfläche **Hinzufügen** unterhalb der Option **Lokale Bridgeheads**, und wählen Sie den Server-Computer mit dem virtuellen SMTP-Server aus, durch den die E-Mails dieses Connectors gesendet werden.

- **Keine Verweise auf Öffentliche Order zulassen**   Für jeden Connector können Verweise auf öffentliche Order verhindert werden. Solche Verweise ermöglichen es Clients, auf öffentliche Ordner in entfernten Routinggruppen zuzugreifen.

Registerkarte Adressraum

Wenn Sie auf ein fremdes System, z.B. das Internet, zugreifen, muss der vom Connector verwendete Adressraum angegeben werden. Bei einem Adressraum handelt es sich um eine Reihe von mit einem Connector oder einem Gateway verbunden Adressinformationen, die die Domänen angeben, an die dieser Connector Nachrichten sendet. Normalerweise ist ein Adressraum Teil einer vollständigen Adresse; gewöhnlich ist es lediglich der Domänenname.

Geben Sie den Adressraum auf der Registerkarte **Adressraum** auf der **Eigenschaftenseite** des Connectors an (siehe Abbildung 7.8). Da dieser SMTP-Connector für die Internet-E-Mail Ihrer Organisation verwendet wird, verwenden Sie »*« als Adressraum. Dadurch wird angegeben, dass eine beliebige Zeichenkette gültig ist und Nachrichten über diesen Connector an beliebige Domänen gesendet werden können.

Abbildg. 7.8 Registerkarte **Adressraum** auf der **Eigenschaftenseite** des SMTP-Connectors

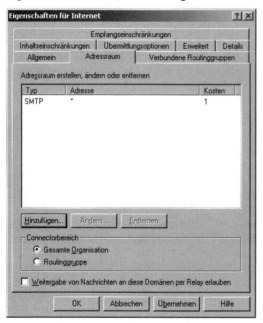

Ein Nachrichten-Relay kann verhindert werden, indem **Weitergabe von Nachrichten an diese Domänen per Relay erlauben** nicht aktiviert wird. Hierdurch wird sichergestellt, dass unerwünschte E-Mails durch diesen SMTP-Server nicht zurück ins Internet geleitet werden können. Wird dieser SMTP-Connector jedoch als Relay zwischen zwei fremden SMTP-Systemen verwendet, aktivieren Sie dieses Kontrollkästchen und geben im Adressraumbereich den Zielnamen der Domäne an, zu der die Weitergabe von Nachrichten per Relay erfolgen soll.

Wenn Sie die Verwendung des SMTP-Connectors auf Server in derselben Routinggruppe begrenzen wollen, aktivieren Sie die Option **Routinggruppe** unter **Connectorbereich**. Standardmäßig kann der Connector von allen Servern in der Organisation verwendet werden. Da davon ausgegangen werden kann, dass zu Servern, die sich in einer anderen Routinggruppe befinden, entweder eine langsame oder eine nicht dedizierte Verbindung besteht, ist es eine gute Idee, diese Option zu aktivieren, so dass Server in entfernten Routinggruppen über diesen Connector keine Nachrichten ins Internet oder in fremde E-Mail-Systeme senden können.

Umgang mit Internet-E-Mail

Registerkarte Erweitert

Abbildung 7.9 zeigt die Registerkarte **Erweitert** auf der **Eigenschaftenseite** des SMTP-Connectors. Hier sehen Sie eine Reihe wichtiger Konfigurationsoptionen, die für die Einrichtung des Connectors von Bedeutung sind.

Abbildg. 7.9 Registerkarte **Erweitert** auf der **Eigenschaftenseite** des SMTP-Connectors

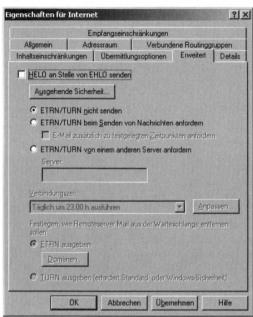

Zunächst können Sie den SMTP-Connector so einrichten, dass er HELO anstelle von EHLO sendet. Wenn ein SMTP-Client mit einem SMTP-Server eine Verbindung aufnimmt, ist normalerweise HELO der erste Befehl. Der startet eine Sitzung und identifiziert den Sender der eingehenden Nachricht. Exchange Server 2003 sendet standardmäßig den Befehl EHLO, bei dem es sich um einen Startbefehl handelt, mit dem angegeben wird, dass der Exchange Server-Computer erweiterte SMTP-Befehle (ESMTP) verwenden kann. Nicht alle SMTP-Server sind in der Lage, mit diesen erweiterten Befehlen zu kommunizieren. Sollten Sie mit einem SMTP-Server kommunizieren müssen, der ESMTP-Befehle nicht versteht, aktivieren Sie dieses Kontrollkästchen, sodass Exchange Server den Startbefehl HELO sendet.

Aus der Praxis: Einen SMTP-Server als Relay-Server einrichten

Nehmen wir einmal an, dass Ihre Organisation unter zwei verschiedenen Namen bekannt ist: **contosopharma.com** und **contoso.com**. Weiterhin gehen wir davon aus, dass alle an die Organisation gesendeten Nachrichten durch einen SMTP-Connector kommen, der sich auf einem Server in der Domäne **contosopharma.com** befindet. Durch folgende Schritte kann sichergestellt werden, dass alle Nachrichten für beide Domänen richtig weitergeleitet werden. ▶

> **Aus der Praxis: Einen SMTP-Server als Relay-Server einrichten**
>
> 1. Geben Sie einen A-Eintrag in DNS für den Hostnamen und die IP-Adresse dieses Servers ein.
> 2. Geben Sie zwei MX-Einträge in DNS ein, einen für jede Domäne, die beide auf die IP-Adresse dieses Servers verweisen.
> 3. Erstellen Sie einen SMTP-Connector für die Domäne **contosopharma.com**.
> 4. Fügen Sie **contoso.com** als gültigen Adressraum hinzu.
> 5. Aktivieren Sie das Kontrollkästchen **Weitergabe von Nachrichten an diese Domänen per Relay erlauben**.
> 6. Erstellen Sie einen MX- und einen A-Eintrag in Ihren internen DNS-Tabellen, die auf den internen SMTP-Server für die Domäne **contoso.com** zeigen.
>
> Nachrichten werden jetzt unabhängig davon, ob sie an **contoso.com** oder **contosopharma.com** adressiert sind, an den gleichen Server geleitet.

Öffentliche Ordner

Zunächst eine schlechte Nachricht: Mit Exchange Server 2007 hat Microsoft begonnen, die Verwendung von öffentlichen Ordnern zugunsten von SharePoint-Lösungen einzuschränken. Beim ersten Release von Outlook Web Access in Exchange Server 2007 werden öffentliche Ordner überhaupt nicht mehr unterstützt. Wird jedoch der vollständige Outlook-Client verwendet, sind öffentliche Ordner auch weiterhin vorhanden. Wenn Sie Exchange bereits seit einiger Zeit verwenden, haben Sie wahrscheinlich eine ganze Menge von Informationen in öffentlichen Ordnern, die auch während der Koexistenzphase bei der Exchange Server 2007-Migration verwaltet werden müssen.

HINWEIS Exchange Server 2007-Organisationen, in denen alle Clients Microsoft Office Outlook 2007 verwenden, benötigen keine öffentlichen Ordner, es sei denn, sie dienen dem Austausch organisationsspezifischer Informationen. In früheren Versionen von Exchange und Outlook enthielten öffentliche Ordner wichtige Informationen, wie z. B. Frei/Gebucht-Daten für die Besprechungsplanung. In Exchange Server 2007 wird diese Funktion vom Verfügbarkeitsdienst übernommen, der Frei/Gebucht-Informationen direkt aus dem Postfach der Benutzer bezieht. Wenn Sie in Ihrer Organisation öffentliche Ordner nicht für den Datenaustausch verwenden und alle Clients Outlook 2007 oder neuer benutzen, benötigen Sie in Exchange Server 2007 auch keine Datenbank mit öffentlichen Ordnern mehr.

Replikation öffentlicher Ordner

Wenn Ihre Organisation Informationen in öffentlichen Ordnern gespeichert hat, die während des Übergangsprozesses verwaltet werden müssen, müssen Sie sicherstellen, dass die Datenbank mit den öffentlichen Ordnern in der alten und der neuen Exchange-Organisation repliziert wird.

HINWEIS Wenn Sie auch weiterhin ältere Outlook-Clients verwenden (frühere Version bis zu Outlook 97), müssen Sie eine Datenbank mit öffentlichen Ordnern in jeder Organisation verwalten, in der Postfächer dieser Clients existieren. Ältere Exchange-Clients verwenden öffentliche Ordner zum Austausch von Frei/Gebucht-Informationen.

Öffentliche Ordner

Um einzelne öffentliche Ordner zu replizieren, führen Sie die folgenden Schritte aus:

1. Starten Sie von einem Exchange Server 2003-Computer den Exchange-System-Manager.
2. Erweitern Sie **Erste Administrative Gruppe, Ordner, Öffentliche Ordner**.
3. Klicken Sie mit der rechten Maustaste auf den öffentlichen Order, der repliziert werden soll, und wählen Sie **Eigenschaften** aus (siehe Abbildung 7.10).
4. Wählen Sie auf der **Eigenschaftenseite** (siehe Abbildung 7.11) des ausgewählten öffentlichen Ordners die Registerkarte **Replikation**.
5. Klicken Sie auf **Hinzufügen**, und wählen Sie im Fenster **Wählen Sie einen öffentlichen Informationsspeicher aus** den Server, auf den der Inhalt des Ordners repliziert werden soll.
6. Klicken Sie auf **OK**, um zum Exchange-System-Manager zurückzukehren.
7. In der Exchange-Verwaltungsshell auf dem Exchange Server 2007-Zielcomputer führen Sie den Befehl **get-publicfolderstatistics** aus. Der neu erstellte replizierte öffentliche Ordner wird in der Ordnerliste angezeigt (siehe Abbildung 7.11).

Abbildg. 7.10   Öffnen Sie die Eigenschaftenseite für einen Ihrer öffentlichen Ordner

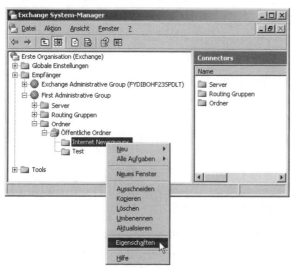

Abbildg. 7.11   Beachten Sie, das der in der Liste der öffentliche Order **Test** aufgeführt wird

Verweise auf öffentliche Ordner

In einem Koexistenzszenario oder wenn Client-Computer in Ihrer Organisation ältere Versionen des Outlook-Clients verwenden, werden Frei/Gebucht-Informationen für Postfächer auf Exchange 2000-/2003-Servern auch weiterhin in öffentlichen Ordnern bereitgestellt, damit alle Clients darauf Zugriff haben. Aus diesem Grund sollten Sie sicherstellen, das öffentliche Ordner auf Ihren Exchange Server-Computern vorhanden sind, sodass die Verwendung von Frei/Gebucht-Informationen in Ihrer Organisation unterstützt wird.

Standardmäßig sind Verweise auf öffentliche Ordner im Routinggruppenconnector zwischen Exchange Server 2007 und früheren Versionen von Exchange Server aktiviert. Werden Verweise auf öffentliche Ordner deaktiviert, können Endbenutzer mit Postfächern in Exchange Server 2003 oder Exchange 2000 Server nicht über diesen Routinggruppenconnector an Server in der neuen Exchange Server 2007-Organisation verwiesen werden.

Sollen Verweise auf öffentliche Ordner auf dem Standardroutinggruppenconnector deaktiviert werden, kann dies auf zwei Arten erfolgen. Führen Sie die folgenden Schritte in Exchange Server 2003 aus:

1. Starten Sie Exchange-Server-Manager.
2. Erweitern Sie **Administrative Gruppen**, dann **Exchange-Administrative Gruppe (FYDIBOHF2-3SPDLT)**, dann **Routinggruppen**, dann **Exchange-Routinggruppe (DWBGZMFD01QNBJR)**, und schließlich **Connectors**.
3. Klicken Sie mit der rechten Maustaste auf einen Routinggruppenconnector.
4. Wählen Sie im angezeigten Menü **Keine Verweise auf Öffentliche Ordner zulassen** aus (siehe Abbildung 7.12).

Verweise auf öffentliche Ordner können auch folgendermaßen vom anderen Ende des Connectors aus deaktiviert werden:

1. Starten Sie Exchange-Server-Manager.
2. Erweitern Sie **Administrative Gruppen**, dann **Erste administrative Gruppe**, dann **Routinggruppen**, dann die Routinggruppe, in der sich der Nachrichtenübermittlungsserver befindet, dann **Connectors**.
3. Klicken Sie mit der rechten Maustaste auf einen Routinggruppenconnector.
4. Wählen Sie im angezeigten Menü **Keine Verweise auf Öffentliche Ordner zulassen** aus.

> **Verwaltungsshell**
>
> Die Änderung der Konfiguration eines Routinggruppenconnectors, um Verweise auf öffentliche Ordner zuzulassen oder zu verhindern, kann auch schnell von der Exchange-Verwaltungsshell aus durchgeführt werden. Auch wenn Verweise auf öffentliche Ordner auf dem Connector zwischen Ihren beiden Exchange-Organisationen aktiviert sind, kann es doch vorkommen, dass diese Option deaktiviert werden soll. Dies kann mit der Änderung des Parameters **publicfolderreferralsenabled** im Befehl **set-routinggroupconnector** erzielt werden.
>
> ```
> set-routinggroupconnector -identity "E2003-1-E2007-4"
> -publicfolderreferralsenabled $true
> ```
>
> Der Parameter **identity** gibt an, welcher Connector geändert wird. Der Parameter **publicfolderreferralsenabled** kann entweder auf **$true** oder auf **$false** gesetzt werden. **$true** aktiviert Verweise auf öffentliche Order, wohingegen **$false** diese deaktiviert.

Abbildg. 7.12 Verweise auf öffentliche Ordner können über den Exchange-System-Manager aktiviert bzw. deaktiviert werden

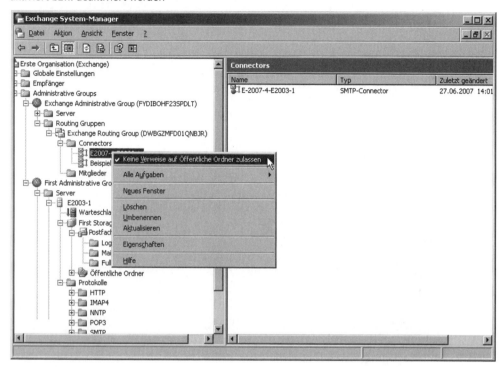

Öffentliche Ordner verwalten

Im Moment gibt es keine graphische Benutzeroberfläche in Exchange Server 2007, mit der öffentliche Ordner verwaltet werden können, sie wird jedoch demnächst in das Produkt integriert. In einer gemischten Exchange Server 2003/Exchange Server 2007-Umgebung sollten öffentliche Ordner mit dem Exchange-System-Manager von Exchange Server 2003 verwaltet werden. Es ist allerdings auch möglich, dies an der Eingabeaufforderung der Exchange-Verwaltungsshell vorzunehmen.

Verwaltungsshell

Auch wenn Microsoft in Exchange Server 2007 weniger Wert auf die Verwendung öffentlicher Ordner legt, werden diese auch weiterhin im Produkt verwendet and können in ihm verwaltet werden. Zwar hat Microsoft in Exchange Server 2007 dazu noch keine graphische Benutzeroberfläche bereitgestellt, doch verfügt die Exchange-Verwaltungsshell über alle Commandlets, die ein Benutzer zur Verwaltung dieser Archive benötigt. Beachten Sie, dass es für jede Befehlsart in der Exchange-Verwaltungsshell einige Präfixe gibt. Zu den am häufigsten verwendeten gehören:

- New   Erstellt ein Exchange-Objekt.
- Set   Verwaltet die Attribute eines bestehenden Exchange-Objekts.
- Get   Fragt Objekte der angegebenen Art ab und zeigt deren Attribute an.

Verwaltungsshell

Nachfolgend sehen Sie eine Aufstellung aller Verwaltungsbefehle für öffentliche Ordner, ihrer Funktion und Beispiele ihrer Verwendung.

- **New-PublicFolder, Remove-PublicFolder, Set-PublicFolder, Update-PublicFolder, Get-Publicfolder** Die Befehle **New-**, **Set-** und **Get-PublicFolder** erstellen und verwalten Datenbanken mit öffentlichen Ordern. Der Befehl **Update-PublicFolder** startet den Synchronisationsprozess öffentlicher Ordner.

  ```
  New-PublicFolder -Name NewPublicFolder -Server e2007-4
  Set-PublicFolder "\NewPublicFolder" -ReplicationSchedule Always
  Update-PublicFolder "\NewPublicFolder" -Server "e2007-4"
  ```

- **Enable-MailPublicFolder, Disable-MailPublicFolder, Set-MailPublicFolder, Get-MailPublicFolder** Die Commandlets **Enable-** und **Disable-MailPublicFolder** geben an, ob der angegebene öffentliche Ordner für direkte E-Mail-Übermittlung aktiviert oder deaktiviert wird.

  ```
  Enable-MailPublicFolder "\NewPublicFolder"
  Disable-MailPublicfolder "\NewPublicFolder"
  Set-MailPublicFolder "\NewPublicFolder" -PublicFolderType GeneralPurpose
  ```

- **New-PublicFolderDatabase, Set-PublicFolderDatabase, Remove-PublicFolderDatabase, Get-PublicFolderDatabase** Mit den Befehlen ***-PublicFolderDatabase** können Datenbanken mit öffentlichen Ordnern in Ihrer Exchange-Umgebung erstellt, verwaltet und gelöscht werden.

  ```
      Set-PublicFolderDatabase -Name "Beispieldatenbank mit öffentlichen Ordnern"
   -IssueWarningQuota 100MB
  ```

- **Add-PublicFolderAdministrativePermission, Remove-PublicFolderAdministrativePermission, Get-PublicFolderAdministrativePermission** Die **PublicFolderAdministrativePermission**-Commandlets verwalten die administrativen Berechtigungen für Ihre öffentlichen Ordner und deren Hierarchien.

  ```
  Add- PublicFolderAdministrativePermission -User cat.francis -Identity
      \NewPublicFolder -AccessRights ViewInformationStore
  ```

- **Add-PublicFolderClientPermission, Remove- PublicFolderClientPermission, Get-PublicFolderClientPermission** Diese Befehle haben die gleichen Funktionen wie die Befehle *- **PublicFolderAdministrativePermission**. Sie beziehen sich lediglich auf die Clientseite.

  ```
  Add- PublicFolderClientPermission -Identity "\NewPublicFolder" -User david.so
      -AccessRights CreateItems
  ```

- **Suspend-PublicFolderReplication, Resume-PublicFolderReplication** Mit diesen beiden Befehlen wird die Replikation öffentlicher Ordner zwischen Servern gestartet oder beendet.

- **Update-PublicFolderHierarchy** Dieser Befehl startet die Synchronisation der Inhalte in der Hierarchie der öffentlichen Ordner.

Empfängeraktualisierungsdienst

Bei dem ursprünglich in Exchange 2000 Server eingeführten Empfängeraktualisierungsdienst handelt es sich um einen asynchronen Dienst, der den Bereitstellungsvorgang abschließt, wann immer ein neuer Exchange-Benutzer angelegt wird. In Exchange 2000 Server und Exchange Server 2003 besteht der Empfängeraktualisierungsdienst aus zwei Teilen. Bei dem ersten Teil handelt es sich um eine API, mit der festegelegt wird, welche Eigenschaften für ein bestimmtes Objekt notwendig sind. Der zweite Teil ist ein Nebendienst, der in der Exchange-Systemaufsicht läuft. Dieser Nebendienst sucht nach Empfängern, die aktualisiert werden müssen, und weist den Objekten die von der API berechneten Eigenschaften zu. Dieser zweite Teil ist bei einem Koexistenzszenario von Bedeutung.

In Exchange Server 2007 wurde der auf der Exchange-Systemaufsicht beruhende asynchrone Dienst, der nach neuen Postfächern suchte und diese verwaltet, aus dem Produkt entfernt. Grund: In Exchange Server 2007 werden neue Konten bereits bei ihrer Erstellung vollständig konfiguriert, sodass dieser Dienst nicht mehr notwendig ist. Die API, mit der festgestellt wird, über welche Eigenschaften ein bestimmtes Objekt verfügen muss, ist direkt in die Verwaltungs-Commandlets von Exchange Server 2007 eingebunden.

Neben der Bereitstellung neuer Postfächer in Exchange führt der Empfängeraktualisierungsdienst weitere Funktionen durch, die in Exchange Server 2007 geändert worden sind. Dazu gehören unter anderem folgende:

- Berechtigungen einrichten, mit denen Verteilerlisten ausgeblendet werden: Mitgliedschaft in ausgeblendeten Verteilerlisten wird in Exchange Server 2007 nicht mehr zugelassen. Diese Funktion ist deshalb nicht notwendig.

- Exchange Enterprise Server-Gruppenmitgliedschaft verwalten: Exchange Enterprise Server-Gruppenmitgliedschaft wird in Exchange Server 2007 nicht verwendet.

- Berechtigungen für Objekte im Exchange-Systemobjekt-Container in Active Directory einrichten, mit denen Stellvertretung unterstützt wird: Objekte im Exchange-Systemobjekt-Container werden jetzt während des Exchange Server 2007-ForestPrep-Prozesses eingerichtet und nicht während der Stellvertretung geändert.

> **Weitere Informationen**
>
> Weitere Informationen darüber, was der Empfängeraktualisierungsdienst in Exchange 2000 Server und Exchange Server 2003 handhabt, finden Sie unter: http://support.Microsoft.com/kb/253770.

Wenn in Ihrer Organisation Exchange Server 2003 und Exchange Server 2007 koexistieren, müssen Sie auch weiterhin Exchange-System-Manager in Exchange Server 2003 verwenden, um den Empfängeraktualisierungsdienst für jede Domäne zu verwalten, die über Exchange-Postfächer verfügt. Solange Exchange 2000 Server oder Exchange Server 2003 installiert ist, schließt dies auch Domänen ein, die ausschließlich über Exchange Server 2007-Computer und -Benutzer verfügen.

Sie sollten sich unbedingt merken, dass ein Exchange Server 2007-Computer nicht die Quelle des Empfängeraktualisierungsdienstes sein kann. Da Exchange Server 2007 nicht über die gleiche Funktionalität des Empfängeraktualisierungsdienstes verfügt, die in älteren Versionen von Exchange Server vorhanden ist, verursacht die Angabe eines Exchange Server 2007-Computers Funktionsstörungen in diesem Dienst. In Abbildung 7.13 wird dieses Objekt im Exchange-System-Manager von Exchange Server 2003 angezeigt, sodass Sie wissen, welches Objekt nicht geändert werden darf.

Kapitel 7 Koexistenz mit früheren Versionen von Exchange Server

Vollständige Liste der Koexistenzoptionen

In einem Koexistenzszenario müssen Sie sich einigen Herausforderungen stellen, wenn es darum geht, herauszufinden, mit welchem Verwaltungswerkzeug eine bestimmte Aufgabe ausgeführt werden kann und welche Funktionen in allen Version verwendet werden können. Microsoft stellt eine komplette Liste mit Exchange Server 2007-Funktionen und Kompatibilitätsanmerkungen zu den Versionen der Werkzeuge bereit. In Tabelle 7.2 werden alle Exchange Server 2003-Funktionen und, falls vorhanden, die entsprechenden Funktionen in Exchange Server 2007 aufgeführt. Da Exchange Server 2003 sowohl vom Exchange-System-Manager als auch durch **Active Directory-Benutzer und -Computer** verwaltet wird, führt Tabelle 7.3 die ADUC-basierten Funktionen von Exchange Server 2003 neben den entsprechenden Funktionen in Exchange Server 2007 auf.

Abbildg. 7.13 Der Empfängeraktualisierungsdienst kann nicht in Exchange Server 2007 verwendet werden

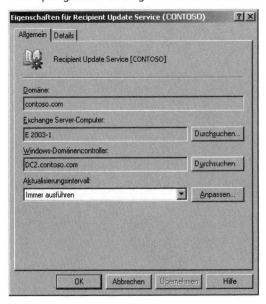

Tabelle 7.2 Gegenüberstellung der Verwaltungsfunktionen von Exchange Server 2003 und Exchange Server 2007

Exchange Server 2003-Funktion	Entsprechende Exchange Server 2007-Funktion	Verwaltung von Exchange Server 2007 aus	Verwaltung von Exchange Server 2003 aus	Anmerkungen
Objektverwaltung zuweisen	–	Nein	Ja	Zuweisung von Verwaltungsrechten muss von Exchange Server 2003 aus erfolgen.
Internet Mail-Assistent	–	Nein	Ja	Wenn der Exchange Server 2007-Edge-Transport-Server erkannt wird, funktioniert dieser Assistent nicht.
Stop PublicFolder-ContentReplication	–	Nein	Ja	Diese Einstellung wird von Exchange Server 2003 Service Pack 2 und neuer verwendet.

Vollständige Liste der Koexistenzoptionen

Tabelle 7.2 Gegenüberstellung der Verwaltungsfunktionen von Exchange Server 2003 und Exchange Server 2007 *(Fortsetzung)*

Exchange Server 2003-Funktion	Entsprechende Exchange Server 2007-Funktion	Verwaltung von Exchange Server 2007 aus	Verwaltung von Exchange Server 2003 aus	Anmerkungen
Internet-Nachrichtenformate	Remotedomäne	Ja	Ja	Diese Funktion wird direkt von der Funktion Remotedomäne in Exchange Server 2007 ersetzt. Wurden Objekte jedoch mit Exchange Server 2007 bearbeitet, wird das Objekt als aktualisiert angesehen und kann nicht mehr in Exchange Server 2003 bearbeitet werden.
Nachrichtenübermittlungseigenschaften: Absenderfilterung, Empfängerfilterung	Absenderfilterung und Empfängerfilterung	Nein	Ja	Die globalen Nachrichtenübermittlungseinstellungen von Exchange Server 2003 wurden durch neue Einträge in Exchange Server 2007 ersetzt. Diese Einstellungen werden in der Exchange-Verwaltungskonsole auf dem Edge-Transport-Server oder in der Exchange-Verwaltungsshell auf einem Hub-Transport-Server verwaltet.
Nachrichtenübermittlungseigenschaften: Verbindungsfilterung	IP-Zulassungsliste, IP-Sperrliste, Anbieter für zugelassene IP-Adressen, Anbieter für geblockte IP-Adressen	Ja	Nein	Die globalen Nachrichtenübermittlungseinstellungen von Exchange Server 2003 wurden durch neue Einträge in Exchange Server 2007 ersetzt. Diese Einstellungen werden in der Exchange-Verwaltungskonsole auf dem Edge-Transport-Server oder in der Exchange-Verwaltungsshell auf einem Hub-Transport-Server verwaltet.
Intelligente Mail-Filterung – Gatewayblockierungsschwellenwert	Edge-Transport-Server-Inhaltsfilterung – Aktionen	Ja	Nein	Exchange Server 2003 speichert den Schwellenwert und die Aktionskonfiguration der intelligenten E-Mail-Filterung an einem anderen Ort als Exchange Server 2007. Aus diesem Grund müssen die Schwellenwertaktionen aller Exchange Server-Computer als zwei verschiedene Einstellungen verwaltet werden.
Intelligente Mail-Filterung – Junk-E-Mail-Konfigurationseinstellungen speichern	Set-OrganizationConfig SCLJunkThreshold	Ja	Ja	Diese Eigenschaft kann sowohl von Exchange Server 2003 als auch Exchange Server 2007 aus verwaltet werden.
Absender-IP-Filterung	–	Nein	Ja	Interoperabilität gibt es für diese Funktion nicht. Exchange Server 2003-Objekte müssen in Exchange Server 2003 und Exchange Server 2007-Objekte in Exchange Server 2007 verwaltet werden.

Tabelle 7.2 Gegenüberstellung der Verwaltungsfunktionen von Exchange Server 2003 und Exchange Server 2007 *(Fortsetzung)*

Exchange Server 2003-Funktion	Entsprechende Exchange Server 2007-Funktion	Verwaltung von Exchange Server 2007 aus	Verwaltung von Exchange Server 2003 aus	Anmerkungen
Mobile Dienste	–	Nein	Ja	In Exchange Server 2007 wurden Outlook Mobile Access, Always-up-to-date (AUTD) System Management Server (SMS), Exchange ActiveSync und DirectPush in die entsprechenden Abschnitte der Exchange-Verwaltungskonsole für die Clientzugriffsserver verlegt. Exchange Server 2003-Objekte müssen in Exchange Server 2003 und Exchange Server 2007-Objekte in Exchange Server 2007 verwaltet werden.
Detailvorlagen und Adressvorlagen	–	Nein	Ja	Detail- und Adressvorlagen der Exchange Server-Computer müssen unabhängig voneinander als verschiedene Einstellungen verwaltet werden.
Globale Adressliste/Adresslisten	–	Ja	Ja	Sie können die globale Adressliste (GAL) und Adresslistenobjekte von Exchange Server 2003 und Exchange Server 2007 bearbeiten. Sie müssen Exchange Server 2003-Objekte jedoch zuerst aktualisieren, bevor sie in Exchange Server 2007 aus bearbeitet werden können. Nachdem ein Objekt aktualisiert worden ist, kann es nicht mehr in Exchange Server 2003 bearbeitet werden.
Offlineadressliste	–	Ja	Ja	Sie können die Exchange Server 2003-Offlineadressliste (OAB) von Exchange Server 2003 und Exchange Server 2007 aus bearbeiten. Damit die OAB mit Exchange Server 2007 verwaltet werden kann, muss sie jedoch mithilfe der Exchange Server 2007-Werkzeuge zunächst auf den Exchange Server 2007-Computer verschoben werden. Wurde ein Objekt nach Exchange Server 2007 verschoben, wird es als aktualisiert angesehen und kann nicht mehr von Exchange Server 2003 bearbeitet werden, es sei denn, es wird mit den Exchange Server 2007-Werkzeugen zurück nach Exchange Server 2003 verschoben.
Offlineadressliste – Neuerstellungsaktion	Update-OfflineAddressBook	Ja	Ja	Die Exchange Server 2003-Offlineadressliste kann mit Exchange Server 2003 oder 2007 aktualisiert und neu erstellt werden. Zusätzlich kann die Aktualisierung oder Neuerstellung der Exchange Server 2007-Offlineadressliste von Exchange Server 2003 aus gestartet werden.

Tabelle 7.2 Gegenüberstellung der Verwaltungsfunktionen von Exchange Server 2003 und Exchange Server 2007 *(Fortsetzung)*

Exchange Server 2003-Funktion	Entsprechende Exchange Server 2007-Funktion	Verwaltung von Exchange Server 2007 aus	Verwaltung von Exchange Server 2003 aus	Anmerkungen
Empfängeraktualisierungsdienst	Update-Addresslist und Update-EmailAddressPolicy	Nein	Ja	Der Empfängeraktualisierungsdienst besteht nicht mehr als eigenständiger Dienst in Exchange Server 2007. Aus diesem Grund kann ein Exchange Server 2007-Computer nicht als Empfängeraktualisierungsdienstserver konfiguriert werden. Exchange Server 2007-Computer werden in der Liste der Empfängeraktualisierungsdienstserver aufgeführt, da die Filter nach allen Servern suchen, die nicht als Front-End-Server konfiguriert sind. Wird ein Exchange Server 2007-Computer als Empfängeraktualisierungsdienstserver eingerichtet, funktioniert der Empfängeraktualisierungsdienst nicht mehr.
Empfängerrichtlinien	E-Mail-Adressrichtlinien und akzeptierte Domänen	Siehe Anmerkung	Siehe Anmerkung	In Exchange Server 2003 definiert das Empfängerrichtlinienobjekt für eine autorisierende Domäne sowohl die Proxyadressen, die in die Empfängerobjekte aufgenommen sind, als auch die Domänen, aus denen E-Mail in die Organisation akzeptiert wird. In Exchange Server 2007 wurden diese beiden Konzepte in E-Mail-Adressrichtlinien und akzeptierte Domänen geteilt. In Exchange Server 2007 handelt es sich hierbei um vollkommen unterschiedliche Einstellungen. Allerdings stehen akzeptierte Domänen den E-Mail-Adressrichtlinien zu Verfügung.
Empfängerrichtlinien	Akzeptierte Domänen	Ja	Nein	Sie können Empfängerrichtlinien von Exchange Server 2003 aus hinzufügen. Akzeptierte Domänen müssen jedoch manuell als akzeptierbare Domänen für Exchange Server 2007 hinzugefügt werden; anderenfalls kann für sie kein Routing durchgeführt werden. Fügen Sie eine neue akzeptierte Domäne in Exchange Server 2007 hinzu, müssen Sie alle akzeptierten Domänen manuell von Exchange Server 2007 aus in Exchange Server 2003-Empfängerrichtlinien hinzufügen, damit Exchange Server 2003 Server-Computer das Routing für sie durchführen können.

Tabelle 7.2 Gegenüberstellung der Verwaltungsfunktionen von Exchange Server 2003 und Exchange Server 2007 *(Fortsetzung)*

Exchange Server 2003-Funktion	Entsprechende Exchange Server 2007-Funktion	Verwaltung von Exchange Server 2007 aus	Verwaltung von Exchange Server 2003 aus	Anmerkungen
Empfängerrichtlinien	E-Mail-Adressrichtlinien	Ja	Ja	E-Mail-Adressrichtlinien können von Exchange Server 2003 und Exchange Server 2007 aus bearbeitet werden. Wenn Sie allerdings die E-Mail-Adressrichtlinien von Exchange Server 2007 verwalten möchten, muss das Objekt zunächst aktualisiert werden. Wurde die E-Mail-Adressrichtlinie aktualisiert, kann sie nicht mehr von Exchange Server 2003 bearbeitet werden. Wenn Sie eine neue E-Mail-Adressrichtlinie in Exchange Server 2007 hinzufügen, muss sie mit einer vorhandenen akzeptierten Domäne in Exchange Server 2007 verknüpft werden. Hierdurch wird sichergestellt, dass das in Exchange Server 2007 angelegte Routing in Exchange Server 2003 widergespiegelt wird. Exchange Server 2007 ignoriert zwar, dass E-Mail-Adressrichtlinien eine akzeptierte Domäne bilden, Exchange Server 2003 aber nicht.
Empfängerrichtlinien – Aktion: Diese Richtlinie jetzt anwenden	E-Mail-Adressrichtlinien: Update-E-MailAdress-Policy	Ja	Ja	Das Stempelverhalten des Exchange Server 2003-Empfängeraktualisierungsdienstes unterscheidet sich von der Adressenbereitstellung in Exchange Server 2007. Wird in Exchange Server 2003 eine Änderung vorgenommen, tritt sie erst dann in Kraft, wenn der Empfängeraktualisierungsdienst die Änderungen den Objekten zugewiesen hat. Wird die Änderung in Exchange Server 2007 vorgenommen, werden die aktualisierten Proxyadressen nach der Richtlinienänderung immer von Exchange Server 2007 gestempelt.
Postfach-Manager-Richtlinie	–	Ja	Ja	Auch wenn die Postfächer in Exchange Server 2007 mit der Postfach-Manager-Richtlinie gestempelt werden, findet keine Verarbeitung anhand dieser Exchange Server 2007-Postfächer statt.

Tabelle 7.2 Gegenüberstellung der Verwaltungsfunktionen von Exchange Server 2003 und Exchange Server 2007 *(Fortsetzung)*

Exchange Server 2003-Funktion	Entsprechende Exchange Server 2007-Funktion	Verwaltung von Exchange Server 2007 aus	Verwaltung von Exchange Server 2003 aus	Anmerkungen
Warteschlangen	Warteschlangenanzeige	Nein	Ja	Die Warteschlangenanzeigefunktion in Exchange-System-Manager verwendet den WMI-Dienst (Windows Management Instrument), der aus Exchange Server 2007 entfernt worden ist. Aus diesem Grund kann die Exchange-System-Manager-Warteschlangenanzeige bei einem Exchange Server 2007-Computer nicht funktionieren. Sie sind allerdings auch weiterhin in der Lage, Exchange Server 2007-Computer in der Exchange Server 2003-Warteschlangenanzeige einzusehen. Sollten Sie jedoch versuchen, auf eine Verbindung zuzugreifen, wird eine Fehlermeldung angezeigt, aus der hervorgeht, dass Exchange nicht auf die Warteschlangen zugreifen konnte.
Speichergruppe	–	Nein	Ja	Zur Verwaltung von Exchange Server 2003-Speichergruppeneinstellungen muss der Exchange-System-Manager verwendet werden.
Postfachspeicher	–	Nein	Ja	Zur Verwaltung von Exchange Server 2003-Postfachspeichereinstellungen muss der Exchange-System-Manager verwendet werden.
Informationsspeicher für öffentliche Ordner	–	Nein	Ja	Zur Verwaltung von Exchange Server 2003-Informationsspeichereinstellungen für öffentliche Ordner muss der Exchange-System-Manager verwendet werden.
Protokolle: X.400-Connector und MTA-Objekt (Mail Transfer Agent)	–	Nein	Ja	X.400-Connectors und das MTA-Objekt des Exchange-System-Managers werden in Exchange Server 2007 nicht mehr verwendet. Da die Konfiguration von Exchange Server 2007-Computern ignoriert wird, können Sie jedoch auch weiterhin den Exchange-System-Manager verwenden, um X.400-Connectors und MTA-Objekte, die sich in Exchange Server 2003-Routinggruppen befinden, zu verwalten.
Virtueller SMTP-Server	Empfangsconnector	Nein	Ja	Virtuelle SMTP-Server werden in Exchange Server 2007 nicht mehr verwendet. Sie können jedoch Exchange-System-Manager verwenden, um virtuelle SMTP-Server zu verwalten, die auf Exchange Server 2003-Computern konfiguriert worden sind.

Tabelle 7.2 Gegenüberstellung der Verwaltungsfunktionen von Exchange Server 2003 und Exchange Server 2007 *(Fortsetzung)*

Exchange Server 2003-Funktion	Entsprechende Exchange Server 2007-Funktion	Verwaltung von Exchange Server 2007 aus	Verwaltung von Exchange Server 2003 aus	Anmerkungen
Virtueller SMTP-Server: Anonyme E-Mails auflösen	Empfangsconnector: extern gesichert mit konfigurierter Exchange Server-Berechtigungsgruppe	Nein	Ja	Sie können zur Auflösung anonymer E-Mails ein Exchange Server 2007-Objekt erstellen, das die gleiche Funktionalität aufweist wie ein virtueller SMTP-Server in Exchange Server 2003. Erstellen Sie auf einem Hub-Transport-Server mit Exchange Server 2007 einen neuen Empfangsconnector oder modifizieren Sie einen bereits vorhandenen. Konfigurieren Sie den Empfangsconnector so, dass er Exchange Server-Berechtigungsgruppen zuweist und *Extern gesichert* als Authentifizierungsmethode verwendet.
Routinggruppe	–	Nein	Ja	Die Exchange-Routinggruppe (DWBGZMFD01QNBJR) kann nicht geändert werden und darf nur Exchange Server 2007-Computer enthalten. Das Vorhandensein von Exchange Server 2003-Computern und Exchange Server 2007-Computern in derselben Routinggruppe wird nicht unterstützt.
Routinggruppenconnectors	Routinggruppenconnectors	Ja	Ja	Wurde ein Routinggruppenconnector so konfiguriert, dass er einen Exchange Server 2007-Computer als Quell- oder Zielserver verwendet, kann er nicht durch Exchange-System-Manager verwaltet werden. Sie müssen die Commandlets New-RoutingGroupConnector und Set-RoutingGroupConnector in der Exchange-Verwaltungsshell verwenden, wenn ein Exchange Server 2007-Computer in der Konfiguration des Routinggruppenconnectors angegeben ist.
SMTP-Connectors	Sendeconnector	Nein	Ja	Aufgrund von Unterschieden in der Schemakonfiguration müssen Sie diese Connectors mit versionsspezifischen Werkzeugen verwalten. Sendeconnectoreinstellungen in Exchange Server 2007 können nicht auf SMTP-Connectoreinstellungen in Exchange Server 2003 angewandt werden. Exchange Server 2007 erkennt darüber hinaus auch keine Exchange Server 2003-SMTP-Connectoreinstellungen, die in Exchange Server 2007 nicht verfügbar sind.

Tabelle 7.3 Gegenüberstellung der Exchange Server 2003-ADUC-Befehle und der entsprechenden Exchange Server 2007-Funktionen

Active Directory-Benutzer- und -Computer-Funktion in Exchange Server 2003	Entsprechende Funktion in Exchange Server 2007	Verwaltung von Exchange Server 2007 aus	Verwaltung von Exchange Server 2003 aus
Outlook Mobile Access: Aktivieren oder deaktivieren	Exchange ActiveSync	Nein	Ja
ActiveSync und Aktualisierungsbenachrichtigungen	Exchange ActiveSync	Nein	Ja
Protokolle: Outlook Web Access, POP3 und IMAP4: Aktivieren oder deaktivieren	–	Nein	Ja
Postfachberechtigungen	Set-MailboxPermission	Nein	Ja
Übermittlungseinschränkungen	Set-MailboxPermission	Nein	Ja
Übermittlungsoptionen	Set-MailboxPermission	Nein	Ja
Speichergrenzwerte	Set-MailboxPermission	Ja	Nein
Postfach verschieben	Move-Mailbox	Nein	Ja
E-Mail-Adresse einrichten	Enable-Mailbox	Nein	Ja
Postfach löschen	Disable-Mailbox	Nein	Ja
Exchange-Funktionen konfigurieren	Set-Mailbox oder New-Mailbox	Nein	Ja
Exchange-Attribute entfernen	Disable-Mailbox	Nein	Ja
E-Mail-Adresse einrichten	Enable-MailContact	Nein	Ja
E-Mail-Adressen löschen	Disable-MailContact	Nein	Ja
Exchange-Attribute entfernen	Disable-MailContact	Nein	Ja
E-Mail-Adressen hinzufügen	–	Ja	Ja
E-Mail-Adressen löschen	–	Ja	Ja
Gruppen eine abfragebasierte Verteilergruppe hinzufügen	–	Ja	Ja
Gruppen öffentliche Ordner hinzufügen	–	Ja	Ja

Zusammenfassung

In diesem Kapitel haben Sie sich mit der Koexistenz von Exchange Server 2003 und Exchange Server 2007 vertraut gemacht. Sie wissen nun, dass Exchange Server 2007 nur in einer alten Exchange-Organisation installiert werden kann, die im einheitlichen Modus betrieben wird. Außerdem wurden einige der Aufgaben angesprochen, die automatisch bei der Erstellung einer Koexistenzumgebung ausgeführt werden. Sie verstehen die Bedeutung der alten Exchange Server 2003-Routinggruppenconnectors und wissen, welche Auswirkung die gleichzeitige Verwendung verschiedener Exchange-Versionen auf SMTP-Connectors hat. Am wichtigsten ist es aber wohl, dass Sie jetzt verstehen, in welcher Version bestimmte Exchange-Funktionen verwaltet werden und wie Sie Verweise auf öffentliche Ordner in den verschiedenen Exchange-Versionen aktivieren und deaktivieren.

Im nächsten Kapitel lernen Sie, wie die Koexistenzsituation wieder beseitigt wird und Sie zu einer Exchange-Organisation mit einer einzigen Version zurückkehren.

Kapitel 8
Übergang auf Exchange Server 2007

In diesem Kapitel:

Beispielszenario	200
Übergangsoptionen	201
Grenzen für den Übergang	202
Internet-Mail auf Exchange Server 2007 verschieben	203
Postfächer auf Exchange Server 2007 verschieben	208
Server außer Betrieb stellen	214
Zusammenfassung	222

In Kapitel 7, »Koexistenz mit früheren Versionen von Exchange Server«, wurden die Möglichkeiten der Koexistenz zwischen Microsoft Exchange Server 2007 und Exchange Server 2003 beschrieben. Koexistenz ist der erste Schritt beim Übergang auf Exchange Server 2007. Da von älteren Exchange-Versionen nicht direkt auf Exchange Server 2007 aktualisiert werden kann, muss Ihr Übergangsprojekt eine Koexistenzphase enthalten. In diesem Buch wird vorausgesetzt, dass während dieser Koexistenzphase weder Postfächer migriert noch SMTP-Connectors zur Außenwelt geändert werden müssen. Kurz gesagt wird davon ausgegangen, dass Sie Ihren ersten Exchange Server 2007-Computer eingerichtet, die Anweisungen im vorherigen Kapitel befolgt und dann dieses Kapitel aufgeschlagen haben.

Dieses Kapitel beschreibt den vollständigen Übergang von Exchange Server 2003 auf Exchange Server 2007. Anhand von Abbildungen wird erklärt, wie Benutzer und öffentliche Ordner auf Exchange Server 2007 verschoben werden, bevor anschließend Ihre alte Exchange-Umgebung vollständig außer Dienst gestellt wird. Da die ausführliche Beschreibung des Übergangsprozesses wahrscheinlich genauso lang wie das gesamte Buch wäre, werden in diesem Kapitel nur die gebräuchlichsten Werkzeuge beschrieben und wichtige Meilensteine für den Übergang von Exchange Server 2003 auf Exchange Server 2007 angegeben.

Alle Beispiele in diesem Kapitel behandeln Computer, bei denen die Funktion des Hub-Transport-Servers verwendet wird. Da die Funktion des Edge-Transport-Servers neu in Exchange Server 2007 ist, wird diese nicht in den Beispielen verwendet. Die Dienste, die diese neue Funktionalität bereitstellt, werden in Teil IV, »Sicherheit«, eingeführt.

Beispielszenario

Die Beispiele in diesem Kapitel basieren auf einem ziemlich einfachen Szenario: Übergang von zwei Exchange Server 2003-Computern auf einen neuen Exchange Server 2007-Computer. Im vorherigen Kapitel wurde die Koexistenzperiode beschrieben, die einen leichter zu verwaltenden Übergang auf Exchange Server 2007 in mehreren Phasen ermöglicht. In diesem Kapitel lernen Sie, wie die folgenden Aktionen ausgeführt werden:

- Postfächer zwischen Exchange Server-Versionen verschieben
- Internet-E-Mail von Exchange Server 2003 auf Exchange Server 2007 umleiten
- Sicherstellen, dass alle Funktionen auch während der Koexistenzphase des Übergangs weiterhin ausgeführt werden können
- Alte Exchange Server-Computer außer Betrieb nehmen

Nachfolgend finden Sie die relevanten Angaben zu den Servern, die im Übergangsbeispiel verwendet werden:

- Der Active Directory-Domänencontroller wird DC2 genannt und führt Microsoft Windows Server 2003 x64 Enterprise Edition aus.
- Es gibt zwei Exchange Server 2007-Computer, die mit E2003-1 und E2003-2 bezeichnet werden. Beide enthalten Postfächer für Benutzer in Ihrer Organisation.
- In der Organisation ist ebenfalls ein Exchange Server 2007-Computer installiert, auf dem es jedoch keine Postfächer gibt.

Der Übergangsprozess kann in einige wenige wesentliche Teilziele zerlegt werden. In diesem Kapitel werden Sie der Reihe nach die folgenden Schritte ausführen:

1. Sie installieren Exchange Server 2007 in der Umgebung. Dieser Vorgang wird in Kapitel 7 beschrieben.
2. Sie erstellen Replikate öffentlicher Ordner in der Exchange Server 2007-Umgebung. Auch dieser Vorgang wird in Kapitel 7 beschrieben.
3. Sie erstellen einen SMTP-Sendeconnector in der Exchange Server 2007-Organisation, sodass E-Mails ins Internet gesendet werden können.
4. Sie konfigurieren den standardmäßigen SMTP-Empfangsconnector auf dem Hub-Transport-Server mit Exchange Server 2007, sodass E-Mails aus dem Internet empfangen werden können.
5. Sie verlegen alle Postfächer von den zwei Exchange Server 2003-Computern auf den neuen Exchange Server 2007-Computer.
6. Sie verlegen alle öffentlichen Ordner vollständig auf einen Exchange Server 2007-Computer.
7. Sie entfernen Connectors zu alten Exchange-Routinggruppen.
8. Sie konfigurieren den Empfängeraktualisierungsdienst, sodass er auf dem Exchange Server 2007-Postfachserver laufen kann.
9. Sie entfernen die Exchange Server 2003-Computer aus Ihrer Organisation.
10. Sie entfernen alte Exchange-Routinggruppen.
11. Sie behalten einen Computer bei, auf dem der Exchange-System-Manager ausgeführt wird.

In den Beispielen in diesem Kapitel wird davon ausgegangen, dass Sie Ihre Umgebung bereits vorbereitet haben (durch Aktualisierung Ihrer Organisation zum Betrieb im einheitlichen Modus usw.) und wenigstens einen Exchange Server 2007-Computer installiert haben, der mit einem Exchange Server 2003-Computer koexistiert.

Übergangsoptionen

Der Übergang kann auf verschiedene Arten ausgeführt werden:

- Reproduzieren Sie so weit wie möglich Ihre vorhandene Exchange-Organisation. Die Anzahl der zu installierenden Exchange Server 2007-Computer sollte mit der der vorhandenen Exchange Server 2003-Computer übereinstimmen, sodass eine 1:1-Migration der Benutzerpostfächer zwischen den Computern durchgeführt werden kann.
- Sie sollten die Übergangsphase nutzen, um Ihre bestehende Exchange-Umgebung zu säubern. Im Laufe der Zeit neigen insbesondere größere Unternehmen dazu, weniger organisiert zu arbeiten.
- Sie sollten damit beginnen, Ihre Exchange-Umgebung auf weniger Computer zu konsolidieren. Die 64-Bit-Architektur von Exchange Server 2007 ermöglicht die Verwendung von wesentlich mehr Arbeitsspeicher. Aufgrund dieser und anderer Produktverbesserungen unterstützt Exchange Server 2007 im Vergleich zu älteren Exchange-Versionen wesentlich mehr Benutzer pro Computer. Dies ermöglicht Ihnen Einsparungen bei den Hardwarekosten. Das Microsoft-Team stellt für Exchange Server 2007 ein herausragendes Werkzeug zur Berechnung der Speicheranforderungen bereit, mithilfe dessen Sie in der Lage sind, die Größenkonfiguration Ihrer Computer korrekt zu bestimmen. Dieses Werkzeug kann im Internet heruntergeladen werden.

Kapitel 8 Übergang auf Exchange Server 2007

Grenzen für den Übergang

Einige der in früheren Exchange-Versionen vorhandenen Funktionen sind in Exchange Server 2007 nicht mehr verfügbar. Dazu gehören beispielsweise:

- Novell GroupWise-Connector
- Network News Transfer Protocol (NNTP)
- Microsoft Mobile Information Server
- Instant Messaging-Dienst
- Exchange Chat-Dienst
- Exchange 2000-Konferenzserver
- Schlüsselverwaltungsdienst
- cc:Mail-Connector
- MS Mail-Connector

Es gibt jedoch verschiedene Möglichkeiten, diese nicht mehr vorhandenen Dienste auch weiterhin zu benutzen:

- **Erwerben Sie das Produkt, das diesen Dienst enthält**   Seit der Veröffentlichung von Exchange 2000 Server und Exchange Server 2003 hat Microsoft eine Reihe von Änderungen an der Produktpalette vorgenommen. Instant Messaging ist jetzt beispielsweise in Live Communications Server 2005 enthalten. Bestimmen Sie Ihre Funktionsanforderungen und finden Sie heraus, ob ein entsprechendes Produkt dieser Anforderung Rechnung trägt.

- **Eliminieren Sie die Funktion**   In einigen Fällen kann es notwendig sein, eine Funktion aus der Messaging-Organisation zu entfernen. Wenn Sie beispielsweise zu einer vollständigen Exchange Server 2007-Umgebung übergehen und darüber hinaus von GroupWise migrieren möchten, sollten Sie, bevor mit dem Übergang auf Exchange Server 2007 begonnen wird, zunächst von GroupWise zu einer älteren Exchange-Version wechseln.

- **Behalten Sie eine Koexistenzumgebung teilweise bei**   Wenn eine der eliminierten Funktionen unbedingt weiterverwendet werden muss, Sie jedoch nicht in der Lage sind, ein Produkt mit dieser Funktion zu kaufen, ist es unter Umständen erforderlich, dass Sie einen Exchange 2000 Server- oder Exchange Server 2003-Computer so lange in Ihrer Organisation behalten, bis Sie eine der anderen Möglichkeiten ergreifen können. In diesem Fall können Sie zwar alle Benutzerpostfächer der alten Exchange-Version nach Exchange Server 2007 verlegen, die letzten Schritte, mit denen die alten Exchange-Computer aus der Umgebung entfernt werden, können jedoch nicht durchgeführt werden.

In der offiziellen Microsoft-Dokumentation wird empfohlen, beim Übergang auf Exchange Server 2007 zunächst die Computer bereitzustellen, auf denen die Clientzugriffsfunktion installiert ist. In diesem Kapitel wird jedoch davon ausgegangen, dass Sie einen vollständigen Exchange Server 2007-Computer in Ihrer alten Exchange-Organisation bereitgestellt haben. Dieser Computer enthält bereits die Funktionen des Clientzugriffsservers, des Hub-Transport-Servers und des Postfachservers

Internet-E-Mail auf Exchange Server 2007 verschieben

Im vorherigen Kapitel haben Sie gelernt, wie Sie einen SMTP-Connector in Ihrer alten Exchange-Organisation erstellen, wodurch gewährleistet wird, dass nach Einführung des Exchange Server 2007-Routinggruppenconnectors auch weiterhin E-Mails ins Internet gesendet werden können.

E-Mails, die von Postfächern in der neuen Exchange Server 2007-Organisation ins Internet geleitet werden sollen, können nur dann zugestellt werden, wenn Sie in Ihrer Umgebung einen nach außen gerichteten SMTP-Connector erstellt haben. Als Teil des Übergangsprozesses muss ein SMTP-Sendeconnector in der neuen Exchange Server 2007-Umgebung erstellt werden, bevor Postfächer aus der alten Exchange-Organisation verschoben werden können. Exchange Server 2007 verwendet SMTP-Sendeconnectors, um Nachrichten einen Hop weiter auf ihrem Weg zum Endziel zu leiten. Bei der Installation der Funktion des Hub-Transport-Servers werden standardmäßig keine Sendeconnectors erstellt.

HINWEIS Auch wenn bei der Installation von Exchange Server 2007 keine SMTP-Sendeconnectors ausdrücklich erstellt werden, werden sie doch basierend auf der Standorttopologiestruktur von Active Directory implizit und verborgen angelegt. SMTP-Sendeconnectors werden dazu verwendet, E-Mails zwischen Hub-Transport-Servern im Active Directory-Standort weiterzuleiten. Sendeconnectors auf Computern mit Hub-Transport-Serverfunktion werden in Active Directory gespeichert. Alle Computer in Ihrer Organisation, die die Funktion des Hub-Transport-Servers haben, können auf diese Connectors zugreifen.

Es wird empfohlen, dass Sie zunächst neue SMTP-Sendeconnectors in der Exchange Server 2007-Organisation erstellen und anschließend, nachdem alle Postfächer in die neue Organisation verschoben worden sind, den auf das Internet ausgerichteten SMTP-Connector aus der alten Exchange-Organisation entfernen. Wenn Sie bei der E-Mail-Kommunikation mit dem Internet keinen Edge-Transport-Server verwenden, müssen Sie auch den standardmäßigen SMTP-Empfangsconnector auf dem Hub-Transport-Server neu konfigurieren, damit anonyme Verbindungen zugelassen werden. Dadurch wird der Empfang von Mail von anderen SMTP-Servern im Internet ermöglicht.

HINWEIS In kleineren Exchange-Organisationen kann es durchaus möglich sein, dass Sie den alten auf das Internet gerichteten SMTP-Connector entfernen können, bevor alle Postfächer in die neue Exchange-Organisation verschoben worden sind. In diesem Fall werden für das Internet bestimmte E-Mails durch den Routinggruppenconnctor von Exchange Server 2007 und dann durch den neuen SMTP-Sendeconnector geleitet. Grund: Nachdem der alte Connector ins Internet entfernt worden ist, übernimmt der virtuelle SMTP-Server dessen Aufgaben. Der neue Routinggruppenconnector in Exchange Server 2007 hat diesem gegenüber jedoch Vorrang, sodass alle Internet-Mail durch Ihre neue Exchange Server 2007-Organisation geleitet wird.

E-Mails ins Internet gelangen lassen

Für das Internet bestimmte E-Mails aus der Exchange Server 2007-Organisation können erst dann weitergeleitet werden, wenn in dieser Organisation ein SMTP-Sendeconnector erstellt worden ist. Führen Sie die folgenden Schritte aus, um einen Sendeconnector für Internet-E-Mail zu erstellen:

Kapitel 8 Übergang auf Exchange Server 2007

1. Starten Sie die Exchange-Verwaltungskonsole von einem Exchange Server 2007-Computer aus.
2. Erweitern Sie den Knoten **Organisationskonfiguration**.
3. Wählen Sie **Hub-Transport** unter **Organisationskonfiguration** aus.
4. Wählen Sie im Aktionsbereich **Neuer Sendeconnector** aus. Hierdurch wird ein Assistent gestartet, der Sie durch den Rest des Erstellungsprozesses führt.
5. Auf der Einführungsseite des Assistenten müssen Sie dem Connector einen Namen geben und auch den vorgesehenen Verwendungszweck angeben. Wählen Sie einen aussagekräftigen Namen aus (z.B. **Ins Internet**) und geben Sie an, dass dieser Connector ins Internet führen soll (siehe Abbildung 8.1). Klicken Sie auf **Weiter**, um mit dem nächsten Schritt fortzufahren.

Abbildg. 8.1 Für den Sendeconnector müssen ein Name und die vorgesehene Verwendung eingegeben werden

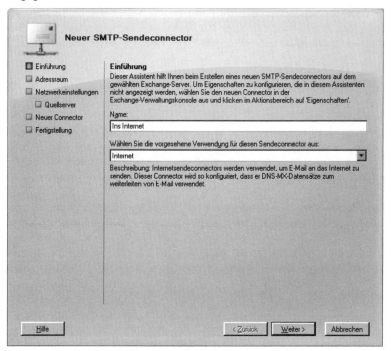

6. Auf der Seite **Adressraum** können Sie den Bereich des neuen Sendeconnectors angeben. Klicken Sie auf dieser Seite auf **Hinzufügen** (siehe Abbildung 8.2), geben Sie * in das Fenster **Adressraum** ein, und klicken Sie auf **OK**. Klicken Sie auf **Weiter**, um fortzufahren.
7. Auf der Seite **Netzwerkeinstellungen** (siehe Abbildung 8.3) aktivieren Sie die **Option MX-Datensätze des DNS (Domain Name System) zum automatischen Weiterleiten von E-Mail verwenden**. Falls Sie andererseits Ihre E-Mails durch einen stromaufwärtsliegenden Smarthost leiten wollen, aktivieren Sie die Option **E-Mail über folgende Smarthosts leiten** und klicken anschließend auf **Hinzufügen**, um diese Smarthosts anzugeben. Hosts können entweder mit Ihrem Namen oder Ihrer IP-Adressen hinzugefügt werden. Sollte Ihr lokaler DNS-Dienst keine Internetadressen auflösen, aktivieren Sie die erste Option.

Internet-E-Mail auf Exchange Server 2007 verschieben

Abbildg. 8.2 Geben Sie den Bereich des neuen Sendeconnectors an

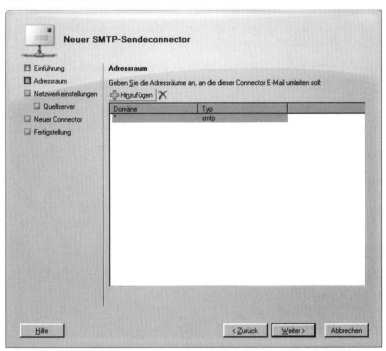

Abbildg. 8.3 Legen Sie fest, wie der neue Connector die DNS-Auflösung handhaben soll

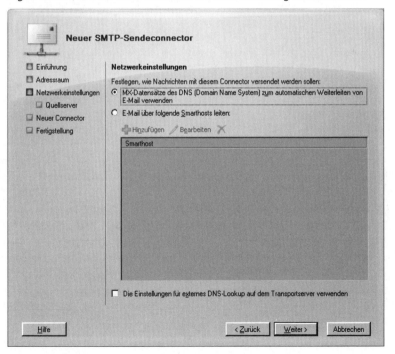

8. Auf der Seite **Quellserver** des Assistenten (siehe Abbildung 8.4) müssen Sie den Server auswählen, mit dem dieser Sendeconnector verknüpft werden soll. Die Folgebildschirme dienen nur Informationszwecken. Sobald Sie den Assistenten abgeschlossen haben, sollten Sie in der Lage sein, E-Mails von Ihrer Exchange Server 2007-Organisation ins Internet zu senden.

Abbildg. 8.4 Verknüpfen Sie den neuen Connector mit einem Ihrer Hub-Transport-Server.

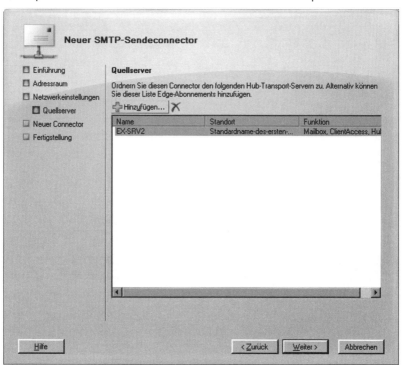

Verwaltungsshell

Damit E-Mails von Exchange Server 2007-Postfächern ins Internet geleitet werden können, muss in der Exchange Server 2007-Organisation ein SMTP-Sendeconnector installiert sein. Ihre alte Exchange-Organisation wird auch weiterhin den zuvor erstellten Connector ins Internet verwenden. Um in Ihrer Organisation einen SMTP-Sendeconnector mithilfe der Exchange-Verwaltungsshell zu erstellen, führen Sie den folgenden Befehl aus und ersetzen dabei **E2007-4** durch den Namen des Exchange Server 2007-Computers, auf dem die Funktion des Hub-Transport-Servers installiert ist. Sollten die von Ihnen verwendeten DNS-Voreinstellungen von denen abweichen, die dem Netzwerkadapter auf dem Exchange-Computer zugewiesen sind, muss die Einstellung **UseExternalDNSServersEnabled** geändert werden.

```
new-SendConnector -Name 'Ins Internet' -Usage 'Internet' -AddressSpaces 'smtp:*;1' -
DNSRoutingEnabled $true -UseExternalDNSServersEnabled $false -SourceTransportServers
'E2007-4'
```

Eingehende E-Mails aus dem Internet zulassen

Nach der anfänglichen Installation von Exchange Server 2007 ist noch kein SMTP-Empfangsconnector in der Organisation vorhanden, der den Eingang von E-Mails aus dem Internet ermöglicht. Wenn Sie beim Übergang nicht die Funktion des Edge-Transport-Servers verwendet haben, müssen Sie einen entsprechenden Connector hinzufügen oder einen bereits vorhandenen aktualisieren, damit Verbindungen von außen in Ihre Exchange Server 2007-Organisation möglich sind. Am einfachsten ist es, den Empfangsconnector **Default** <*Servername*> so einzurichten, dass er E-Mails aus dem Internet empfängt.

> **Sicherheitshinweis**
>
> Vergessen Sie nicht, dass direkte Verbindungen zu Ihrem Exchange-Computer ein Sicherheitsrisiko darstellen. Stellen Sie sicher, dass Sie die entsprechenden Vorkehrungen treffen. Dazu gehören z.B. eine korrekt konfigurierte Firewall, Antivirussoftware und Antispamfilter.

Führen Sie die folgenden Schritte aus, um den standardmäßigen SMTP-Empfangsconnector so zu ändern, dass er anonyme Verbindungen zulässt.

1. Starten Sie die Exchange-Verwaltungskonsole von einem Ihrer Exchange Server 2007-Computer aus.
2. Erweitern Sie **Serverkonfiguration**, und wählen Sie **Hub-Transport** aus.
3. Wählen Sie im Arbeitsbereich den Exchange Server 2007-Computer aus, auf dem der zu modifizierende Empfangsconnector vorhanden ist.
4. Wählen Sie unter dem ausgewählten Server aus dem Menü **Aktion** den Befehl **Eigenschaften** aus.
5. Klicken Sie im Eigenschaftenfenster auf die Registerkarte **Berechtigungsgruppen**.
6. Auf der Registerkarte **Berechtigungsgruppen** (siehe Abbildung 8.5) aktivieren Sie das Kontrollkästchen **Anonyme Benutzer** und klicken auf **OK**.

Abbildg. 8.5   Anonymen Benutzern Zugriff auf diesen Empfangsconnector erlauben

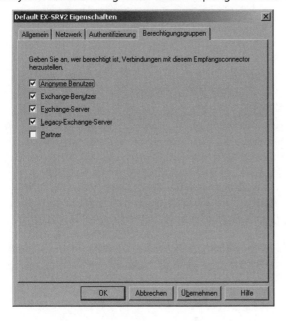

> **HINWEIS** Anstatt den standardmäßigen Empfangsconnector zu ändern, können Sie einen neuen Empfangsconnector erstellen, der die aus dem Internet eingehenden E-Mails handhabt. In diesem Fall müssen Sie dann allerdings auch den Bereich des standardmäßigen Empfangsconnectors ändern, sodass eine Überschneidung des Adressraums vermieden wird. Zwei Connectors können nicht gleichzeitig denselben IP-Adressenbereich oder IP-Port verwenden.

> **Verwaltungsshell**
>
> Damit E-Mails aus dem Internet empfangen werden können, muss ein SMTP-Empfangsconnector auf dem Computer konfiguriert werden, auf dem die Internet-E-Mail eingehen soll. Es ist wohl am einfachsten, den bei der Installation von Exchange Server 2007 automatisch installierten standardmäßigen SMTP-Empfangsconnector neu zu konfigurieren. Dies kann durch den Befehl **set-receiveconnector** erfolgen.
>
> ```
> Set-ReceiveConnector -Identity "Default E2007-4" -PermissionGroups
> AnonymousUsers,ExchangeUsers,ExchangeServers,ExchangeLegacyServers
> ```
>
> Die aufgeführten Gruppen mit Ausnahme der anonymen Benutzer haben standardmäßig Zugriff auf diesen Connector. Dieser Befehl fügt anonyme Benutzer dieser Liste hinzu.

Postfächer auf Exchange Server 2007 verschieben

Während der Koexistenzphase Ihres Übergangprojekts müssen Sie sich irgendwann entscheiden, wann Ihre Postfächer von der alten Exchange-Umgebung in die Exchange Server 2007-Umgebung verschoben werden sollen. Zu diesem Zeitpunkt werden die Benutzer feststellen, dass sich am Mailsystem etwas geändert hat.

> **HINWEIS** Zu diesem Zeitpunkt sollten die Benutzer über den bevorstehenden Übergang in Kenntnis gesetzt werden. Probleme beim Übergang können schließlich dazu führen, dass Benutzer in ihrer täglichen Arbeit beeinträchtigt werden.

Das Verschieben eines Postfachs in Ihre Exchange Server 2007-Organisation kann in wenigen einfachen Schritten durchgeführt werden:

1. Starten Sie die Exchange-Verwaltungskonsole von einem Exchange 2007 Server-Computer aus.
2. Erweitern Sie **Empfängerkonfiguration**. Eine Liste aller in Ihrer Exchange-Organisation vorhandenen Postfächer wird im mittleren Fensterbereich angezeigt. Postfächer, die sich in Exchange 2000 Server oder Exchange Server 2003 befinden, werden in der Spalte **Empfängertypendetails** als **Legacypostfach** ausgewiesen (siehe Abbildung 8.6).
3. Wählen Sie das Postfach des Legacypostfachbenutzers aus, das Sie verschieben wollen. Sie können auch mehrere Postfächer gleichzeitig verschieben, indem Sie bei der Auswahl der Postfächer `Strg` gedrückt halten.
4. Wählen Sie unter dem Namen des ausgewählten Benutzers im Menü **Aktion** den Befehl **Postfach verschieben** aus. Hierdurch wird der Assistent zum Verschieben von Postfächern gestartet.

Postfächer auf Exchange Server 2007 verschieben

Abbildg. 8.6 Die Exchange-Verwaltungskonsole zeigt sowohl aktuelle Postfächer als auch Legacypostfächer an

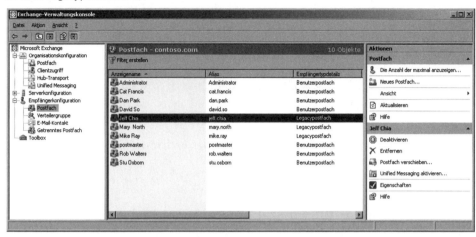

5. Auf der Einführungsseite des Assistenten (siehe Abbildung 8.7) müssen Sie einen Server, eine Speichergruppe und eine Postfachdatenbank für das Benutzerlegacypostfach auswählen. Klicken Sie hierzu auf den Dropdownpfeil neben jeder Option. Klicken Sie anschließend auf **Weiter**.

Abbildg. 8.7 Wählen Sie den Server, die Speichergruppe und die Postfachdatenbank aus, wo das Benutzerpostfach verwaltet werden soll

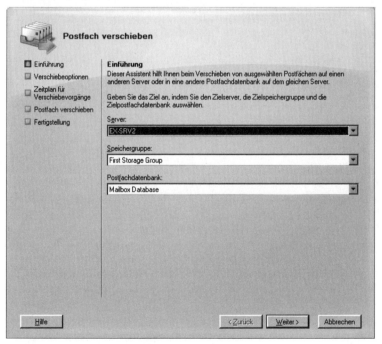

6. Auf der Seite **Verschiebeoptionen** des Assistenten (siehe Abbildung 8.8) legen Sie fest, wie eine mögliche Postfachbeschädigung gehandhabt werden soll. Leider kann auch eine Exchange-Datenbank beschädigt werden. Dies geschieht am ehesten, wenn Sie alle Einträge im Postfach durchgehen. Und genau das wird beim Verschieben eines Postfachs gemacht. Es wird empfohlen, dass Sie beim ersten Durchgang die Option **Das Postfach auslassen** aktivieren. Wenn es zu Problemen bei einer großen Anzahl von Postfächern kommt, sollten Sie die Integrität der Datenbank überprüfen, bevor Sie fortfahren. Falls jedoch nur dann und wann Beschädigungen auftreten, aktivieren Sie stattdessen die Option **Die fehlerhaften Nachrichten auslassen** und geben an, wie viele beschädigte Nachrichten erlaubt sind, bevor das komplette Postfach übersprungen wird. Klicken Sie auf **Weiter**, wenn Sie festgelegt haben, wie Beschädigungen gehandhabt werden sollen.

Abbildg. 8.8   Legen Sie fest, wie bei möglicher Datenbankbeschädigung vorgegangen werden soll

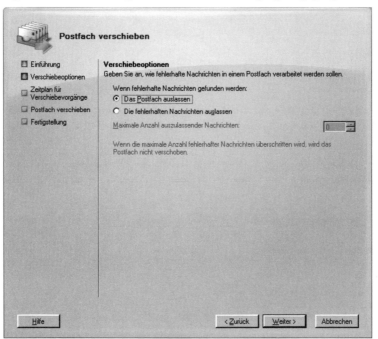

7. Damit die Funktion **Postfach verschieben** nicht die Leistung der gesamten Exchange-Infrastruktur beeinträchtigt, kann im Assistenten der Zeitpunkt festgelegt werden, an dem der Vorgang stattfinden soll. Wie Sie in Abbildung 8.9 sehen können, gibt es drei Optionen, von denen zwei den Zeitplan festlegen. Bei Auswahl der ersten Option, **Sofort**, beginnt der Vorgang unmittelbar mit dem Beenden des Assistenten. Bei der zweiten Option, **Zum folgenden Zeitpunkt**, können Sie anhand der Dropdownpfeile festlegen, wann der Vorgang begonnen werden soll. Das Kontrollkästchen **Noch ausgeführte Tasks abbrechen nach** (**Stunden**) ermöglicht es Ihnen, Postfächer über Nacht zu verschieben und den Vorgang im Bedarfsfall morgens abzubrechen, bevor Ihre Mitarbeiter ins Büro kommen. Diese Option ist besonders dann nützlich, wenn mehrere Postfächer verschoben werden sollen. Nach Auswahl der Zeitplanoptionen klicken Sie auf **Weiter**.
8. Bevor mit dem Verschieben des Postfachs begonnen wird, haben Sie noch die Gelegenheit, die ausgewählten Option zu überprüfen. Erst dann sollten Sie auf **Verschieben** klicken (siehe Abbildung 8.10).

Abbildg. 8.9 Legen Sie den Zeitplan des Verschiebevorgangs fest, entweder sofort oder außerhalb der Spitzenzeiten

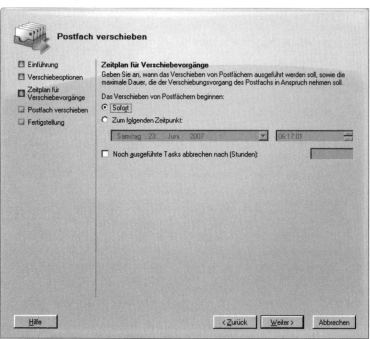

Abbildg. 8.10 Überprüfen Sie die ausgewählten Verschiebeoptionen

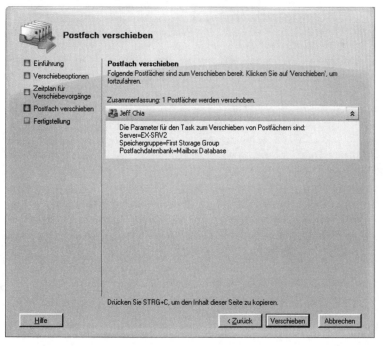

Kapitel 8 Übergang auf Exchange Server 2007

9. Während des gesamten Verschiebevorgangs werden Sie über den aktuellen Status informiert (siehe Abbildung 8.11). Sobald der Vorgang abgeschlossen ist, wird das Fertigstellungsfenster angezeigt, aus dem Sie entnehmen können, ob der Vorgang erfolgreich gewesen ist oder nicht. Es wird auch angegeben, wie viel Zeit der Vorgang in Anspruch genommen hat. Klicken Sie auf **Fertig stellen**, wenn Sie das Fenster schließen wollen.

Abbildg. 8.11 Das Verschieben des Postfachs wurde wie geplant durchgeführt

Aus der Praxis: Empfängerrichtlinien bei der Verschiebung von Postfächern

Empfängerrichtlinien haben sich in Exchange 2000 Server und Exchange Server 2003 als ein wenig problematisch erwiesen. Je nachdem, wie neue Empfängerrichtlinien verwaltet wurden, war es möglich, dass neue Richtlinien nie auf Postfächer angewandt wurden, die bereits vor Erstellung der Richtlinie existierten. Es konnte auch passieren, dass die primäre E-Mail-Adresse eines Empfängers unerwartet geändert wurde, wenn neue Richtlinien manuell auf alle Postfächer angewandt wurden. Warum gab es dieses Problem?

Einfach gesagt, konnte ein Administrator entscheiden, ob eine Empfängerrichtlinie angewandt werden sollte oder nicht. Wurde eine Richtlinie nicht angewandt, traf sie nur auf die Postfächer zu, die nach ihrem Inkrafttreten erstellt wurden. Wurde eine Richtlinie manuell vom Administrator angewandt, konnte dies zur Folge haben, dass die Antwortadresse unerwarteter Weise geändert wurde.

In Exchange Server 2007 hat sich die Situation grundlegend geändert. Der Administrator hat im Vergleich zu älteren Exchange-Versionen keine Wahlmöglichkeiten mehr. Wird von ihm eine neue Empfängerrichtlinie erstellt (in Exchange Server 2007 E-Mail-Adressrichtlinie genannt), wird die Richtlinienmitgliedschaft untersucht und die Richtlinie ggf. neu angewandt. Wie wirkt sich dies nun auf Ihre Postfachmigration aus? ▶

Postfächer auf Exchange Server 2007 verschieben

Aus der Praxis: Empfängerrichtlinien bei der Verschiebung von Postfächern

Werden Postfächer von Ihren akteb Exchange-Computern nach Exchange Server 2007 verschoben, werden die unternehmensspezifischen E-Mail-Adressrichtlinien auf die Postfächer angewandt. Wurden in der alten Exchange-Organisation keine bestimmten Empfängerrichtlinien manuell angewandt, werden diese nun bei der Postfachverschiebung durchgesetzt. Dadurch könnten Benutzern neue primäre E-Mail-Adressen zugewiesen oder Richtlinien automatisch auch auf solche Postfächer angewandt werden, für die sie eigentlich nicht bestimmt waren.

Abbildg. 8.12 Schließen Sie dieses Konto aus der Empfängerrichtlinie aus

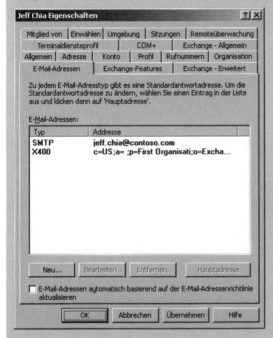

In der Exchange-Verwaltungsshell von Exchange Server 2007 geben Sie folgendes ein:

```
Set-Mailbox -identity garth.fort-EmailAddressPolicyEnabled:$false
```

Es ist natürlich durchaus möglich, dass nicht alle Postfächer diesem Schicksal ausgesetzt werden sollen. Dies erreichen Sie dadurch, indem Sie bestimmte Postfächer von der automatischen E-Mail-Adressenaktualisierung aufgrund von Richtlinien ausschließen. Sowohl **Active Directory-Benutzer und -Computer** (alte Exchange-Computer) als auch die Exchange-Verwaltungsshell (Befehlszeile) ermöglichen die Ausführung dieser Aufgabe.

In **Active Directory-Benutzer und -Computer** öffnen Sie die Eigenschaftenseite eines Benutzers und klicken auf die Registerkarte **E-Mail-Adressen**.

Server außer Betrieb stellen

Sie haben Ihre Postfächer nun von Ihren Legacy-Exchange-Computern auf Exchange Server 2007 verschoben. In Kapitel 7 haben Sie darüber hinaus gelernt, wie Sie Ihre öffentlichen Ordner auf die neuen Exchange-Computer replizieren. Damit ist jetzt der Zeitpunkt gekommen, die alte Infrastruktur aufzulösen und alte Exchange-Computer aus Ihrer Organisation zu entfernen. Wenn Sie diesen Abschnitt abgeschlossen haben, werden sich in Ihrer Organisation keine alten Exchange-Computer mehr befinden, womit die Koexistenzphase des Übergangs abgeschlossen ist.

Clientdienste umleiten

Bei den Clientdiensten hat es einige Änderungen zwischen den Exchange-Versionen gegeben. Diese Dienste umfassen Outlook Web Access und RPC-über-HTTP, in Exchange Server 2007 nun Outlook Anywhere genannt. Clients, die noch immer auf Ihren alten Exchange-Computer weisen, werden auch weiterhin funktionieren; es kann jedoch passieren, dass Benutzer ihre Anmeldeinformationen zweimal eingeben müssen, bevor ihnen der Zugriff auf Ressourcen erlaubt wird, die auf neue Rechner verschoben worden sind. Dies kann behoben werden, indem die Clients auf Ihre neuen Computer verwiesen werden. Hierbei sollten jedoch einige Punkte beachtet werden. Beispielsweise lässt sich Outlook Web Access auf Ihren alten Exchange-Computern über **https://server/exchange** aufrufen. In Exchange Server 2007 hat sich diese Adresse jedoch in **https://server/owa** geändert. In vielen Fällen wird die Umleitung von Clients am besten auf der Firewallebene gehandhabt, indem die Regeln, von denen diese Clientdienste abhängig sind, geändert werden.

> **HINWEIS** Manuelle Konfigurationsänderungen sind für vollständige Outlook-Clients nicht notwendig. Sobald ein Postfach von Ihrem alten Exchange-Computer auf Exchange Server 2007 verschoben worden ist, konfigurieren sich Outlook-Clients automatisch und verweisen auf den neuen Computer.

> **WICHTIG** Wenn Sie momentan Outlook Mobile Access in Ihrer alten Exchange-Umgebung verwenden, bedenken Sie, dass dieser Dienst in Exchange Server 2007 nicht mehr verfügbar ist. Sollten Ihre Clients auf diesen Dienst angewiesen sein, müssen Sie sich nach Alternativen umsehen, wie z.B. das neue Outlook Web Access (falls möglich) und ActiveSync/DirectPush. Als letztes Mittel können Sie sich natürlich auch Geräte anschaffen, die diese neuen Technologien unterstützen.

SMTP-Connectors aus der Legacy-Exchange-Umgebung entfernen

Nachdem Sie den neuen SMTP-Sendeconnector für das Internet in Ihrer Exchange Server 2007-Organisation erstellt und alle Postfächer in die neue Organisation verschoben haben, entfernen Sie den zusätzlichen Connector aus der Legacy-Exchange-Organisation. Vorausgesetzt, dass es keine weiteren alten SMTP-Connectors mit überlappendem Bereich gibt, übernimmt nach Durchführung dieses Schritts der virtuelle SMTP-Server in Ihrer Legacy-Exchange-Umgebung die Aufgaben des entfernten SMTP-Connectors. Wie Sie bereits zuvor erfahren haben, bedeutet dies, dass alle durch Ihre alte Exchange-Organisation gesendeten ausgehenden E-Mails durch den in Exchange Server 2007 erstellten Routinggruppenconnector geleitet werden. Natürlich sollten zu diesem Zeitpunkt bereits alle Postfächer aus Ihrer Legacy-Exchange-Organisation verschoben worden sein, sodass dieser Connector nicht mehr verwendet wird. Nachfolgend sind der Vollständigkeit halber die Schritte aufgeführt, die zur Entfernung des entsprechenden Connectors aus Ihrer alten Exchange-Umgebung ausgeführt werden müssen:

1. Starten Sie den Exchange-System-Manager von einem der älteren Exchange-Computer aus.
2. Erweitern Sie **Erste Organisation (Organisationsname)**, dann **Administrative Gruppen**, dann **Erste Administrative Gruppe** und anschließend **Connectors**. Klicken Sie mit der rechten Maustaste auf den Connector, der für ausgehende Internet-E-Mail zuständig ist, und wählen Sie den Befehl **Löschen** im angezeigten Menü aus. Sie werden aufgefordert, diese Aktion zu bestätigen.

Wenn Sie nach Abschluss dieses Vorgangs E-Mails von einem Konto in Ihrer alten Exchange-Organisation senden, weist die Kopfzeile in der E-Mail darauf hin, dass diese durch die Exchange Server 2007-Organisation ins Internet geleitet worden ist. In Abbildung 8.13 sehen Sie ein Beispiel einer solchen Kopfzeile.

Abbildg. 8.13 Diese Nachricht wurde in der alten Exchange-Organisation erstellt und durch die Exchange Server 2007-Organisation geleitet

Received: from E2003-1.contoso.com (192.168.0.21) by E2007-4.contoso.com (192.168.0.22) with Microsoft SMTP Server id 8.0.685.24

Öffentliche Ordner umleiten

Wie in Kapitel 7 angesprochen wurde, ist die Replikation der öffentlichen Ordner zwischen der alten Exchange-Organisation und der Exchange Server 2007-Organisation Teil der Koexistenzphase. Da sich diese nun ihrem Ende nähert, müssen Inhalte nicht mehr in die alte Exchange-Organisation repliziert werden, da diese bald außer Betrieb genommen wird. Aus diesem Grund sollten Sie die öffentlichen Ordner in Ihre neue Exchange Server 2007-Organisation umleiten.

HINWEIS Dieser Abschnitt kann übergangen werden, falls Sie alle Clients auf Microsoft Outlook 2007 aktualisiert haben und in Ihrer Organisation keine öffentlichen Ordner verwenden.

Öffentliche Ordner können am einfachsten mithilfe des Exchange-System-Managers von einem Ihrer alten Exchange-Computer aus umgeleitet werden. Führen Sie dazu die folgenden Schritte aus:

1. Starten Sie den Exchange-System-Manager von einem Ihrer Exchange Server 2003-Computer aus.
2. Erweitern Sie **Erste Administrative Gruppe**, dann **Server**, dann (**Servername mit Instanz des öffentlichen Informationsspeichers**), dann **Erste Speichergruppe**, and anschließend **Informationsspeicher für Öffentliche Ordner (Servername)**.
3. Klicken Sie mit der rechten Maustaste auf **Informationsspeicher für Öffentliche Ordner (Servername)**.
4. Wählen Sie im angezeigten Menü den Befehl **Alle Replikate verschieben** aus.
5. Wählen Sie im Fenster **Alle Replikate verschieben** den Exchange Server 2007-Computer aus (siehe Abbildung 8.14), auf den die Replikate der öffentlichen Ordner verschoben werden sollen.
6. Das Werkzeug stellt Ihnen Informationen über den Verschiebevorgang zur Verfügung und warnt, dass dieser einige Zeit in Anspruch nehmen kann. Um die Gefahr des Datenverlustes zu minimieren, sollten Sie die Datenbank mit den öffentlichen Ordnern nicht gewaltsam entfernen, bevor dieser Vorgang abgeschlossen ist.

Abbildg. 8.14 Verschieben Sie alle Replikate öffentlicher Ordner auf einen Exchange Server 2007-Computer

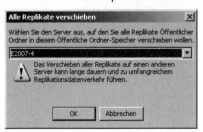

Noch sind Sie nicht am Ziel. Um sicherzustellen, dass die neue Exchange Server 2007-Datenbank mit den öffentlichen Ordnern auch nach dem Entfernen der alten administrativen Exchange-Gruppe bereitgestellt werden kann, verschieben Sie die Struktur mit den öffentlichen Ordnern von dem alten Exchange-Computer auf einen Exchange Server 2007-Computer. Führen Sie dazu die folgenden Schritte aus:

1. Starten Sie den Exchange-System-Manager von einem Ihrer alten Exchange-Computer aus.
2. Erweitern Sie **Administrative Gruppen**.
3. Klicken Sie mit der rechten Maustast auf **Exchange – Adminstrative Gruppe (FYDIBOHF23-SPDLT)**, und wählen Sie im angezeigten Menü den Befehl **Neu** und anschließend **Öffentlicher Ordner-Container** aus. Die administrative Exchange Server 2007-Gruppe bleibt erweitert. Mit diesem Befehl wird ein neuer Eintrag mit dem Namen **Ordner** in der administrativen Exchange Server 2007-Gruppe erstellt.
4. Erweitern Sie **Erste Administrative Gruppe** und anschließend **Ordner**.
5. Klicken Sie auf den Eintrag **Öffentliche Ordner** und ziehen Sie ihn in den **Ordner**-Container in Ihrer administrativen Exchange Server 2007-Gruppe (siehe Abbildung 8.15).

Abbildg. 8.15 Die Hierarchie der öffentlichen Ordner existiert nun in der administrativen Exchange Server 2007-Gruppe

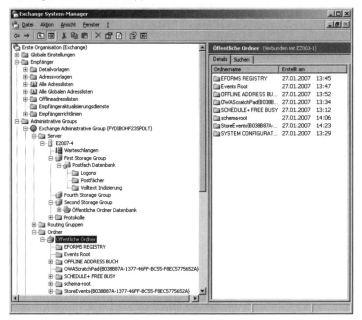

Das Offlineadressbuch nach Exchange Server 2007 verschieben

Solange der Server, der die Offlineadressbücher generiert, nicht geändert wird, erledigt einer Ihrer alten Exchange-Computer diese Ausgabe. Damit Ihre Clients auch nach dem Übergang unterstützt werden können, muss diese Funktionalität auf einen Exchange Server 2007-Computer verschoben werden. Benutzen Sie dazu die Exchange-Verwaltungskonsole in Exchange Server 2007:

1. Starten Sie die Exchange-Verwaltungskonsole von einem Ihrer Exchange Server 2007-Computer aus.
2. Erweitern Sie **Organisationskonfiguration** und wählen Sie **Postfach** aus.
3. Klicken Sie im Arbeitsbereich auf die Registerkarte **Offlineadressbuch**.
4. Klicken Sie mit der rechten Maustaste auf die Option **Standard-Offlineadressliste** und wählen Sie den Befehl **Verschieben** aus, um den Assistenten zum Verschieben der Offlineadressliste zu starten.
5. In Abbildung 8.16 sehen Sie die einzige Seite dieses Assistenten. Geben Sie hier den Namen des Servers an, der das Offlineadressbuch generieren soll. Klicken Sie auf **Durchsuchen**, um einen Exchange Server 2007-Computer für diese Aufgabe auszuwählen.
6. Klicken Sie anschließend auf **Verschieben**.

Abbildg. 8.16 Welcher Exchange Server 2007-Computer soll das Offlineadressbuch generieren?

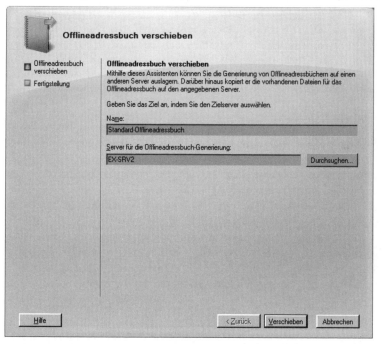

> **Verwaltungsshell**
>
> Das Offlineadressbuch ist auch weiterhin ein wichtiger Bestandteil der Exchange-Topologie. Selbst nach der Installation von Exchange Server 2007 in Ihrer Organisation wird das Offlineadressbuch weiterhin von Ihren alten Exchange-Computern generiert, solange Sie keine Schritte unternehmen, um dies zu ändern. Da dieses Kapitel das Ziel hat, sämtliche Spuren der alten Exchange-Computer aus Ihrer Umgebung zu entfernen, ist es sinnvoll, dass auch das Offlineadressbuch von einem Ihrer Exchange Server 2007-Computer generiert wird. Mit dem folgenden Befehl wird eine Adressliste – die Standard-Offlineadressliste – auf einen Exchange Server 2007-Computer verschoben. E2007-4 ist in diesem Fall lediglich der in diesem Beispiel verwendete Name des Servers. Denken Sie daran, ihn entsprechend Ihrer Situation zu ändern.
>
> ```
> move-OfflineAddressBook -Identity 'Default Offline Address List' -Server 'E2007/4'
> ```
>
> Der Parameter **Server** gibt den Exchange Server 2007-Computer an, der die im Parameter **Identity** angegebenen Liste generieren soll. Wiederholen Sie diesen Befehl für jede Offlineadressliste in Ihrer Organisation.

Den Empfängeraktualisierungsdienst nach Exchange Server 2007 verschieben

Damit die komplette alte Exchange-Software von den alten Computern entfernt werden kann, muss der Empfängeraktualisierungsdienst auf einen der Exchange Server 2007-Computer verschoben werden. Ohne diesen Schritt können Sie den Vorgang, die alten Exchange-Computer zu entfernen, nicht fortführen. Verwenden Sie den Exchange-System-Manager, um den Empfängeraktualisierungsdienst von den alten Exchange-Computern in Ihre neue Umgebung zu verschieben. Führen Sie dazu die folgenden Schritte aus:

1. Erweitern Sie **Erste Organisation (Organisationsname)** und anschließend **Empfänger**.
2. Wählen Sie **Empfängeraktualisierungsdienste**. Sie sollten wenigstens zwei Empfängeraktualisierungsdienstrichtlinien auf der rechten Seite des Fensters sehen.
3. Klicken Sie mit der rechten Maustaste auf die erste Empfängeraktualisierungsdienstrichtlinie und wählen Sie **Eigenschaften** im angezeigten Menü aus.
4. Auf der Eigenschaftenseite (Abbildung 8.17) klicken Sie auf die Schaltfläche **Durchsuchen**, die sich neben dem Feld **Exchange Server-Computer** befindet.
5. Geben Sie im Fenster **Exchange Server-Computer auswählen** den Namen des Exchange Server 2007-Computers ein, auf den die Richtlinie verschoben werden soll.
6. Klicken Sie auf **OK**, bis Sie sich wieder im Exchange-System-Manager befinden.
7. Wiederholen Sie die Schritte 3 bis 6 für jeden Empfängeraktualisierungsdiensteintrag.

Abbildg. 8.17 Die Eigenschaftenseite für eine Empfängeraktualisierungsdienstrichtlinie

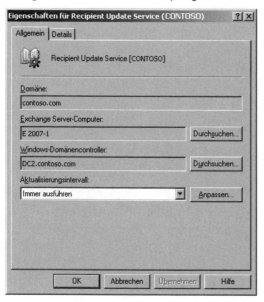

Legacy-Connectors entfernen

Zu diesem Zeitpunkt im Übergangsprozess haben Sie mindestens einen SMTP-Connector in Ihrer alten Exchange-Umgebung. Der wurde während der Installation von Exchange Server 2007 erstellt, um die Kommunikation zwischen Ihrer alten und Ihrer neuen Exchange-Organisation zu vereinfachen. Löschen Sie diesen Connector, bevor Sie die Exchange-Software von Ihren Legacy-Computern entfernen.

Auch wenn dieser Connector nicht mit dem Exchange-System-Manager verwaltet werden kann, lässt er sich sowohl mit ihm als auch mit der Exchange-Verwaltungsshell in Exchange Server 2007 löschen. Vergessen Sie nicht, dass dieser Connector zwei Enden aufweist. Um ihn komplett zu entfernen, müssen beide Enden gelöscht werden. Führen Sie dazu die folgenden Schritte aus:

1. Erweitern Sie im Exchange-System-Manager **Erste Organisation (Organisationsname)**, dann **Administrative Gruppen**, dann **Erste Administrative Gruppe** und anschließend **Connectors**.
2. Klicken Sie mit der rechten Maustaste auf den während der Exchange Server 2007-Installation erstellen Connector. Der Name dieses Connectors besteht normalerweise aus den Namen der beiden Server, z.B. »e2003-1 e2007-4« oder ähnlich.
3. Wählen Sie im angezeigten Menü den Befehl **Löschen** aus.
4. Erweitern Sie **Erste Organisation (Organisationsname)**, dann **Administrative Gruppen**, dann **Exchange Administrative Group (FYDIBOHF23SPDLT)** und anschließend **Connectors**.
5. Klicken Sie mit der rechten Maustaste auf den während der Exchange Server 2007-Installation erstellten Connector. Der Name dieses Connectors besteht normalerweise aus den Namen der beiden Server, die in diesem Fall jedoch in umgekehrter Reihenfolge aufgeführt werden, z.B. »e2007-4 e2003-1« oder ähnlich.

6. Wählen Sie im angezeigten Menü den Befehl **Löschen** aus.
7. Wiederholen Sie diese Schritte für andere Routinggruppenconnectors, die in Ihrer alten Exchange-Organisation möglicherweise vorhanden sind.

> **Verwaltungsshell**
>
> Der vollständige Erfolg des Übergangsprozess hängt davon ab, dass Sie Ihre Exchange-Organisation so weit wie möglich aufgeräumt haben. Ältere Objekte, die nicht vollständig entfernt worden sind, können später zu unerwarteten Problemen führen und die Fehlerbehebung erheblich problematischer gestalten.
>
> Zu den zu entfernenden Objekten gehören Routinggruppenconnectors in Ihrer alten Exchange-Organisation. Sie können mithilfe des Befehls **Remove-RoutingGroupConnector** entfernt werden.
>
> Wurde Exchange Server 2007 in einer bestehenden Exchange-Organisation installiert, wurde bei der Installation ein beidseitiger Routinggruppenconnector erstellt, der den Mailfluss zwischen den Exchange-Organisationen ermöglicht. Beide Enden dieses Connectors müssen entfernt werden. Dies kann mit den folgenden Befehlen erzielt werden. Der erste Befehl entfernt das Exchange Server 2003-Ende des Connectors, der zweite das Exchange Server 2007-Ende.
>
> ```
> Remove-RoutingGroupConnector -Identity "First Administrative Group\First Routing
> Group\e2003-1-e2007-4" -confirm:$false
> Remove-RoutingGroupConnector -Identity "Exchange Administrative Group
> (FYDIBOHF23SPDLT)\Exchange Routing Group (DWBGZMFD01QNBJR)\e2007-4-e2003-1" -
> confirm:$false
> ```
>
> Wiederholen Sie diese Schritte für andere Routinggruppenconnectors, die in Ihrer alten Exchange-Organisation möglicherweise vorhanden sind.

Exchange auf Legacy-Exchange Server-Computern deinstallieren

Exchange von Legacy-Exchange Server-Computern zu entfernen ist wahrscheinlich der wohl erschreckendste Teil des Übergangs auf Exchange Server 2007. Sie haben alles getan, um der neuen Exchange-Umgebung einen guten Start ins Leben zu geben. Dennoch sind Sie wahrscheinlich immer noch ein wenig beunruhigt, bis Sie diese ohne Unterstützung der alten Exchange-Umgebung laufen sehen. Dennoch handelt es sich hierbei wohl um den einfachsten Schritt, wenn wir vom Entfernen des zuerst installierten alten Exchange-Computers absehen. Führen Sie dazu die folgenden Schritte aus:

1. Öffnen Sie auf einem alten Exchange-Computer die **Systemsteuerung** und wählen Sie **Software** aus.
2. Wählen Sie **Microsoft Exchange** aus und klicken Sie auf **Ändern/Entfernen**.
3. Auf dem Komponenteninstallationsbildschirm wählen Sie den Befehl **Entfernen** in der Dropdownliste aus.
4. Wiederholen Sie diese Schritte für jede ältere Exchange Server-Version in Ihrer Organisation.

Legacy-Exchange-Routinggruppen entfernen

Einer der letzten Schritte im Übergangsprozess besteht darin, die Legacy-Exchange-Routinggruppen zu entfernen. Diese sind nun nicht mehr notwendig, da alle Benutzer auf Exchange Server 2007 verschoben worden sind und das neue System anstelle von Routinggruppen die Active Directory-Topologie verwendet. Im Grunde genommen werden Routinggruppen in einer reinen Exchange Server 2007-Umgebung nicht mehr verwendet.

Bevor eine Routinggruppe von einem alten Exchange Server-Computer gelöscht werden kann, dürfen dieser Routinggruppe keine Rechner mehr angehören. Stellen Sie somit sicher, dass Exchange Server vollständig von den alten Servern entfernt worden ist, bevor Sie mit den folgenden Schritten fortfahren.

WICHTIG Sie fragen sich vielleicht, wie beim Entfernen von Routinggruppen vorzugehen ist. Schließlich ist Exchange auf den meisten Ihrer Servercomputer nur noch ein Relikt der Vergangenheit. Die Lösung ist einfach: Installieren Sie die Exchange-Verwaltungswerkzeuge auf einem der Exchange-Computer, der außer Betrieb gesetzt worden ist. Bevor Sie fortfahren, stellen Sie darüber hinaus sicher, dass das neueste Service Pack für Ihre Exchange-Version installiert ist.

1. Erweitern Sie im Exchange-System-Manager **Erste Organisation (Organisationsname)**, dann **Administrative Gruppen**, dann **Erste Administrative Gruppe**, dann **Routinggruppen** und anschließend **Erste Routinggruppe**.
2. Klicken Sie mit der rechten Maustaste auf **Erste Routinggruppe** und wählen Sie im angezeigten Menü den Befehl **Löschen** aus.
3. Wenn der Exchange-System-Manager danach fragt, ob Sie die Routinggruppe wirklich löschen möchten klicken Sie auf **Ja** (siehe Abbildung 8.18).

Abbildg. 8.18 Möchten Sie die Routinggruppe wirklich löschen?

Aus der Praxis: Alte administrative Gruppen entfernen

Bevor Sie der Versuchung erliegen, auch die letzte Spur des alten Exchange-Systems zu entfernen, sollten Sie sich diesen letzten Schritt wirklich sorgfältig überlegen. Alte administrative Gruppen, die einst Benutzerpostfächer enthielten, sollten nämlich nicht gelöscht werden. Warum? Die Eigenschaft **LegacyExchangeDN** eines Benutzerkontos verweist auch weiterhin auf alte administrative Gruppen. Solange Clients Outlook-Versionen verwenden, die älter als Outlook 2007 sind, wird diese Eigenschaft dazu verwendet, Frei-/Gebucht-Informationen zu finden. Wird die administrative Gruppe entfernt, kann der Ordner mit diesen Informationen nicht für solche Benutzer gefunden werden, die einen übereinstimmenden Wert für die Eigenschaft **LegacyExchangeDN** aufweisen. Dies kann dann zu Problemen beim Abrufen der Frei-/Gebucht-Informationen für diese Benutzer führen.

WICHTIG Sie sollten nach Möglichkeit den Exchange-System-Manager auf einem Ihrer Computer installiert lassen. Dieses Werkzeug der alten Version ermöglicht Ihnen, öffentliche Ordner, die sich auf Ihren Exchange Server 2007-Computern befinden, mithilfe einer grafischen Benutzeroberfläche zu verwalten. Dies kann im Moment nicht über die Exchange-Verwaltungskonsole in Exchange Server 2007 erfolgen.

Zusammenfassung

Der Übergang von einer früheren Exchange-Version auf Exchange Server 2007 ist mit Sicherheit einfacher, als von Exchange Server 5.5 auf Exchange 2000 Server zu aktualisieren. Dennoch erfordert dieser Prozess erhebliche Aufmerksamkeit. Eine Reihe von Schritten muss in der richtigen Reihenfolge durchgeführt werden, damit das Risiko des Datenverlusts so gering wie möglich gehalten wird. In diesem Kapitel haben Sie den Prozess abgeschlossen, den Sie in Kapitel 6, »Exchange Server 2007 installieren«, mit der Installation des ersten Exchange Server 2007-Computers in Ihrer Umgebung begonnen haben. Der restliche Teil dieses Handbuchs befasst sich nun damit, wie Sie aus Ihrer Exchange-Investition Kapital schlagen können.

Kapitel 9

Hochverfügbarkeit in Exchange Server 2007

In diesem Kapitel:

Fortlaufende Replikation und Transaktionsprotokolle	225
Fortlaufende lokale Replikation	227
Fortlaufende Clusterreplikation	237
Einzelkopiecluster	252
Zusammenfassung	255

In allen Situationen, die hohe Verfügbarkeit erfordern, sorgen Sie am besten dafür, dass es keine kritischen Ausfallpunkte gibt. Ein typisches Beispiel dafür ist ein Fallschirm. Falls sich ein Schirm nicht öffnet, gibt es einen zweiten. Dasselbe gilt für Flugzeuge, bei denen es redundante Motoren, Treibstoffleitungen und sogar Piloten gibt, die verpflichtet sind, andere Arten von Mahlzeiten zu essen – um einen kritischen Ausfallpunkt zu vermeiden.

Innerhalb Ihrer Exchange-Organisation liegt der Schlüssel für hohe Verfügbarkeit nicht nur bei Ihren Exchange Server-Computern, denn auch wenn diese möglicherweise perfekt funktionieren, können Sie den Zugriff darauf verlieren, wenn ein abhängiges System wie Active Directory oder DNS ein Problem hat. Perfekte Verfügbarkeit zu bieten gehört nicht zu Ihrer Aufgabe als Administrator (oder auch nur zu Ihren Möglichkeiten), stellt jedoch ein gutes Ziel dar, auf das Sie hinarbeiten können. Sie können für Redundanz, Failoverpläne und möglichst geringe Ausfallzeiten sorgen. In einem gewissen Sinn können Sie nahezu ideale Verhältnisse erreichen, wenn Sie möglichst viele kritische Ausfallpunkte beseitigen und sich ständig auf Wiederherstellungsmethoden konzentrieren.

Dieses Kapitel stellt drei Funktionen für hohe Verfügbarkeit in Exchange Server 2007 in den Mittelpunkt, die dazu dienen, Ihre Postfachserver zu schützen:

- Fortlaufende lokale Replikation (Local Continuous Replication, LCR)
- Fortlaufende Clusterreplikation (Cluster Continuous Replication, CCR)
- Einzelkopiecluster (Single Copy Clusters, SCC)

HINWEIS Andere Exchange-Serverfunktionen erfordern möglicherweise eine Hochverfügbarkeitsplanung, die dieses Kapitel nicht abdeckt. Untersuchen Sie folgende Möglichkeiten, um für die im Folgenden genannten Serverfunktionen eine höhere Verfügbarkeit zu gewährleisten. Einen guten Ausgangspunkt stellt der TechNet-Artikel unter der Adresse **http://technet.microsoft.com/en-us/library/bb124721.aspx dar**.

- Hub-Transport- und Unified Messaging-Server: Stellen Sie redundante Server bereit, um die Verfügbarkeit zu verbessern.
- Clientzugriff: Setzen Sie den Netzwerklastenausgleich (Network Load Balancing, NLB) ein.
- Edge-Transport: Arbeiten Sie mit DNS-Umlauftechniken.

Aus der Praxis: Serviceverträge

Zwar verlangen viele Organisationen Lösungen mit hoher Verfügbarkeit, häufig ignorieren sie jedoch den finanziellen Faktor. Die Kosten für neue Hard- und Software, für die eventuelle Schulung der IT-Mitarbeiter und für vieles andere können relativ hoch ausfallen.

Microsoft TechNet erörtert die komplexen Probleme im Zusammenhang mit der Notwendigkeit hoher Verfügbarkeit in folgendem Artikel: **http://technet.microsoft.com/en-us/library/bb123523.aspx**.

In größeren Firmen bedeutet hohe Verfügbarkeit üblicherweise, sich auf Hilfe von außen durch Drittanbieter zu verlassen. Wenn Sie Unterstützung brauchen, sollten Sie Serviceverträge abschließen, die Leitlinien und Standards für die Erwartungen schriftlich festhalten. Ein guter Vertrag sollte klare Bedingungen für beide Seiten enthalten – den Serviceanbieter und den Kunden.

Im folgenden TechNet-Artikel erläutert Microsoft ausführlicher die Notwendigkeit, Bedingungen für Serviceverträge im Voraus zu planen: **http://technet.microsoft.com/en-us/library/bb124694.aspx**.

Fortlaufende Replikation und Transaktionsprotokolle

Clusterszenarien für frühere Exchange Server-Versionen wurden kritisiert, weil die Server im Cluster dieselben physischen Daten nutzen mussten, sodass der Cluster zwar für die Exchange-Systemressourcen Redundanz bot, aber nicht für die Datenspeicherung (wozu entweder eine alternative Fehlertoleranzlösung oder eine Sicherung für die Wiederherstellung im Notfall erforderlich gewesen wäre). Dadurch galten die Daten als kritischer Ausfallpunkt. Je nach Größe der Datenbank konnte die Wiederherstellung erhebliche Zeit in Anspruch nehmen, es sei denn, Sie hatten kostspielige Lösungen von Drittanbietern ausgewählt oder waren bei der Planung der Wiederherstellung sehr kreativ.

Ein weiterer Punkt der Kritik an Exchange-Clusterlösungen betraf das früher unterstützte Aktiv/Aktiv-Clusterszenario, in dem beide Server (dabei waren nur zwei zulässig) gleichzeitig aktiv waren. Aufgrund von Leistungsproblemen wurde dieses Szenario in Exchange Server 2007 nicht fortgeführt. Häufiger war in den früheren Exchange-Versionen der Aktiv/Passiv-Cluster, in dem ein Server aktiv bleibt, bis ein Fehler auftritt, worauf der passive die Aktivität übernimmt. Dieser Clustermodus wurde ausgebaut und in Exchange Server 2007 übernommen, wobei als deutliche Verbesserung die Redundanz der Speicherdatenbank hinzukam, die diesen Ausfallpunkt beseitigte.

Das Konzept der fortlaufenden Replikation ist in Exchange Server 2007 neu. Dabei werden die Datenbank und die Protokolldateien einer Speichergruppe an einen anderen Ort kopiert (entweder auf einen anderen Server – fortlaufende Clusterreplikation – oder an einen anderen Speicherort – fortlaufende lokale Replikation). Die zugängliche Speichergruppe enthält die aktive Kopie der Datenbank, der zweite Ort eine passive Kopie. Die Replikation zwischen den Clusterservern erfolgt asynchron und wird mit einer Technik durchgeführt, die als *Protokollversand* der Transaktionsprotokolle bezeichnet und mit Techniken zum Wiedereinspielen kombiniert wird. Asynchronität bedeutet, dass der passive Server nicht hundertprozentig mit dem aktiven synchron ist, weil die Transaktionsprotokolle erst kopiert werden, wenn sie nicht mehr benutzt werden und geschlossen sind.

Transaktionsprotokolle sind und bleiben ein wesentliches Element beim Betrieb eines Exchange Server-Computers. Wenn eine Nachricht an einen Mailserver gesendet wird, befindet sie sich zunächst im Systemspeicher und wird dann in das Transaktionsprotokoll geschrieben, bevor sie in die Exchange-Datenbank übernommen wird, sobald es die Systemauslastung zulässt. Kommt es zu einem Serverfehler, bevor der Commit für die Transaktionen stattgefunden hat, hätten Sie die Transaktionsprotokolle gern an einem sicheren Ort. Am besten bringen Sie sie auf einer Festplatte unter, die weder das Betriebssystem noch die Postfachdatenbanken enthält. Außerdem sollten Sie den Ablageort der Transaktionsprotokolle fehlertolerant machen, damit Redundanz gegeben ist (oder Sie replizieren ihn bei Exchange Server 2007 mit einer der bereitgestellten Hochverfügbarkeitslösungen).

Exchange unterhält für die Datenbank einer Speichergruppe einen einzigen Satz Protokolle. Die Transaktionsprotokolle werden sequenziell erstellt (als so genannter *Protokollstream*). Ihre Größe beträgt jetzt 1 MB (im Unterschied zu Exchange Server 2003 mit 5 MB). Die Reduzierung der Dateigröße zählt zu den Änderungen, die zur Unterstützung der fortlaufenden Replikation eingeführt wurden. Ein Protokollstream kann bis zu 2.147.483.647 Protokolldateien aufnehmen, was nicht vom Speicherplatz auf dem Server abhängt, sondern von der möglichen Anzahl der Dateinamen.

In Exchange Server 2003 wurden die Protokolldateien mit dem größeren Umfang von 5 MB im Format *Ennfffff.log* benannt. Dabei ist *nn* das Präfix, das sich je nach Speichergruppe unterscheidet, und *fffff* die Nummer, die etwa eine Million Protokolle ermöglicht.

In Exchange Server 2007 wurde die Benennungskonvention auf *Ennffffffff.log* erweitert, was die Möglichkeit bietet, mehr als 400 Mal so viele Daten zu handhaben, und zwar pro Speichergruppe, nicht pro Server.

> **HINWEIS** In Exchange Server 2007 Standard Edition können Sie jeweils bis zu fünf Speichergruppen anlegen und Datenbanken bereitstellen, in Exchange Server 2007 Enterprise Edition jeweils bis zu fünfzig.

Die Transaktionsprotokolle wurden in Exchange Server 2007 verkleinert, damit die Menge der nicht synchronen Daten zwischen dem Originalprotokoll und der replizierten Kopie geringer ist. Falls der Server ausfällt und ein Transaktionsprotokoll noch nicht repliziert ist, können Sie 1 MB Daten verlieren, die noch nicht ins Transaktionsprotokoll geschrieben wurden.

Der Commit für die Transaktionsprotokolle erfolgt erst dann, wenn der gesamte Protokollsatz vollständig ist. Wenn der letzte Teil der Daten fehlt, lassen sich die Protokolle nicht wiederherstellen. Wenn eine E-Mail mit 3 MB Daten gesendet wurde, werden drei Protokolle angelegt. Fällt der Server jedoch aus, bevor der letzte Teil der Daten protokolliert und der Commit abgeschlossen ist, geht bei der Wiederherstellung die gesamte Nachricht verloren. Dessen sollten Sie sich unbedingt bewusst sein, weil Sie schließlich die Entscheidung treffen müssen, ob Sie oder Ihre Firma einen Verlust in dieser Höhe verkraften können. Es ist nur wenig, aber es ist ein Verlust. Beachten Sie, dass zwischen CCR- und LCR-Verfügbarkeitslösungen ein Unterschied beim Umfang des möglichen Verlustes besteht. Ist dies nicht akzeptabel, müssen Sie nach anderen Formen der Datensicherung suchen, die Ihnen sekundengenaue Dienste bieten.

> **Weitere Informationen**
>
> Auf der Liste der Exchange Server 2007-Partner von Microsoft stehen EMC Corporation, CommVault und NSI Software Inc. (Double-Take). Die vollständige Liste finden Sie unter der Adresse http://www.microsoft.com/exchange/partners/2007/backup.mspx.

Die folgende Liste enthält einige Empfehlungen, wie Sie Ihre Exchange-Festplatten strukturieren sollten, bevor Sie überhaupt an Replikation und Cluster denken:

- Bringen Sie Ihre Betriebssystem- und Exchange Server-Binärdateien auf derselben Festplatte unter.

- Legen Sie Ihre Datenbankdateien auf einer anderen Festplatte an als das Dateisystem und die Transaktionsprotokolle. Aus Leistungsgründen können Sie ein Stripeset in Erwägung ziehen.

- Speichern Sie die Transaktionsprotokolle auf einem anderen physischen Plattensatz als die Datenbank. Fällt eine Festplatte mit Datenbank und Transaktionsprotokollen aus, sind die letzten Sicherungen der nächstliegende Wiederherstellungspunkt. Sind jedoch Protokolle und Datenbank getrennt, können die Protokolldateien beim Ausfall der Datenbankplatte verwendet werden, um Daten mit einem Stand wiederherzustellen, der näher am Ausfallzeitpunkt liegt.

Der *Protokollversand* ist der Vorgang, bei dem Protokolle an ihren Sekundärort kopiert und in eine Kopie der Datenbank gespielt werden. Das Endergebnis ist eine Failoversicherung (entweder ein ganzer Server, der für den Einsatz als aktiver Server bereitsteht, oder einfach eine Failoverdatenmenge zur Verwendung bei fortlaufender lokaler Replikation eines Servers), die mit fast allen Transaktionsprotokolldaten ausgestattet und bereit für den Einsatz ist.

Fortlaufende Replikation gibt es in zwei Varianten: als lokale und als Clusterreplikation. Nachdem Sie nun die zugrunde liegende Struktur der Datenbank und der Transaktionsprotokolle kennen, führt der nächste Abschnitt Sie zum tieferen Verständnis dieser beiden Arten von Hochverfügbarkeitslösungen.

Fortlaufende lokale Replikation

Die fortlaufende lokale Replikation gibt Ihnen die Möglichkeit, eine Kopie einer Speichergruppe von einem einzelnen Exchange Server-Computer mithilfe der weiter vorn erläuterten Verfahren auf einen sekundären Plattensatz zu replizieren. Die Datenbank wird über die sekundäre passive Speichergruppe kopiert; die Protokolle werden versendet, nachdem sie ihre Transaktionen an der primären Datenbank abgeschlossen haben. Anschließend werden, sie auf die passive Kopie überspielt (siehe Abbildung 9.1). Bei einem Plattenausfall ist Exchange Server durch manuelles Umschalten mit einer sekundären Kopie der Daten in Nullkommanichts wieder in Betrieb.

Abbildg. 9.1   Fortlaufende lokale Replikation

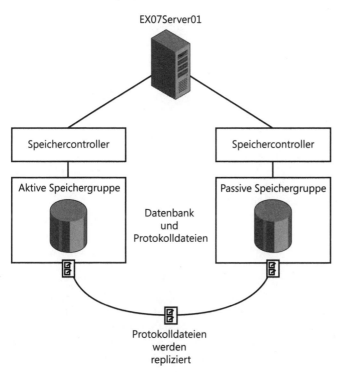

Die fortlaufende lokale Replikation ermöglicht die schnelle Wiederherstellung nach einer Beschädigung der Datenbank, einem Platten- oder Controllerausfall. Außerdem können Sie aus der passiven Kopie der Datenbank und der Protokolle eine Sicherung des Exchange Server-Computers erstellen, was das Zeitfenster für die Sicherung erweitert. Alles in allem gewinnen Sie dadurch Seelenfrieden und niedrigere Gesamtbetriebskosten.

Vorbereitung auf fortlaufende lokale Replikation

Das wichtigste Anliegen bei der Implementierung der lokalen fortlaufenden Replikation ist das korrekte Konfigurieren der Speichergruppe und der Datenbank sowie das Bereitstellen einer angemessenen Speicherlösung für die Replikation.

Eine Empfehlung besagt, dass das passive Speichermedium für die Kopie der Daten in Kapazität und Leistung dem der aktiven Kopie entsprechen soll. Dazu kommen noch folgende Aspekte:

- Pro Speichergruppe ist nur eine Datenbank möglich. Legen Sie eine Speichergruppe an und binden Sie eine Datenbank ein (entweder eine Postfachdatenbank oder eine für öffentliche Ordner), müssen Sie bei der Planung daran denken, dass die fortlaufende lokale Replikation nur funktioniert, wenn die Speichergruppe nur eine Datenbank enthält. Versuchen Sie, sie für eine Speichergruppe mit weiteren Datenbanken zu aktivieren, kommen Sie nicht zum Erfolg.

- Die fortlaufende lokale Replikation funktioniert bei einer Speichergruppe mit einer Datenbank für öffentliche Ordner nicht, wenn die Organisation mehrere Öffentliche-Ordner-Datenbanken unterhält. In einer Organisation mit mehreren solchen Datenbanken erfolgt die Replikation automatisch. Kommen Sie zu der Entscheidung, dass Ihre Organisation mehrere Öffentliche-Ordner-Datenbanken benötigt, müssen Sie dies berücksichtigen. In diesem Fall müssen Sie zuerst die fortlaufende lokale Replikation für die Speichergruppe beenden.

- Für Exchange-Daten werden Volumebereitstellungspunkte empfohlen. Sie tragen zur schnellen Wiederherstellung nach einem Absturz bei, weil Sie damit den Speicherort für die Datenbankdateien und Transaktionspunkte schnell umstellen können.

- Vor der Aktivierung der lokalen fortlaufenden Replikation müssen Sie Überlegungen zu Speicherplatz, Prozessor und Arbeitsspeicher anstellen. Microsoft empfiehlt, dass sich die Platten für die aktive und die passive Kopie in Größe und Leistung relativ ähnlich sein und viel Platz für das Wachstum der Postfachdatenbank bieten sollten. Außerdem werden Sie Verarbeitungskosten von etwa 20% haben (im Wesentlichen durch das Kopieren und Überspielen von Protokollen in die passive Kopie der Datenbank). Es wird empfohlen, den physischen Speicher Ihrer Systeme zu vergrößern (auf mindestens 1 GB), um die Effizienz des ESE-Datenbankcaches während der lokalen fortlaufenden Replikation zu gewährleisten.

- Auch wenn die Redundanz Ihrer Daten Ihnen möglicherweise ein besseres Sicherheitsgefühl gibt und Ihnen erlaubt, die Datenbanken größer als vorher werden zu lassen, sollten Sie in dieser Hinsicht nicht sorglos werden. Microsoft empfiehlt, die Datenbank auf einem Mailserver mit lokaler fortlaufender Replikation nicht größer als 200 GB werden zu lassen (während die Empfehlungen für einen Mailserver ohne fortlaufende lokale Replikation bei 100 GB liegen). Diese Empfehlung gilt jedoch nicht absolut. Jede Firma arbeitet anders, und die Grenze für Ihre Datenbanken sollte auf die Sicherungs- und Wiederherstellungsfaktoren für Ihre Firma abgestimmt werden. Es handelt sich hier um Empfehlungen für Höchstwerte. Wenn die aktive Kopie ausfällt, schwenken Sie auf die passive um. Denken Sie daran, dass Sie nun keine Redundanz mehr haben. Wenn die passive Kopie (die jetzt die aktive Datenbank ist) ebenfalls ausfällt, können Sie nur noch auf die Sicherungen zurückgreifen, und es gehen Daten verloren. Erstellen Sie möglichst schnell eine neue passive Kopie, was je nach der Größe der Datenbank recht lange dauern kann. Insofern ist Vorsicht angebracht, damit die Datenbank nicht zu groß wird. Wenn die aktive Festplatte ausfällt, müssen Sie sofort etwas unternehmen.

Fortlaufende lokale Replikation aktivieren

Es gibt zwei Methoden, die fortlaufende lokale Replikation für eine Speichergruppe zu aktivieren, nämlich für eine bereits bestehende Speichergruppe oder schon beim Anlegen der Gruppe. Dazu können Sie die Exchange-Verwaltungskonsole oder die Exchange-Verwaltungsshell benutzen. Achten Sie darauf, dass Ihr Konto auf dem Server mit der Postfachfunktion als Mitglied der lokalen Administratorengruppe und der Exchange Server-Administratorrolle konfiguriert ist.

Fortlaufende lokale Replikation für eine bestehende Speichergruppe

Um die fortlaufende lokale Replikation für eine bestehende Speichergruppe zu aktivieren, unternehmen Sie folgende Schritte:

1. Öffnen Sie die Exchange-Verwaltungskonsole.
2. Erweitern Sie die Knoten **Microsoft Exchange** und **Serverkonfiguration** und wählen Sie **Postfach**.
3. Wählen Sie im Ergebnisfenster den Postfachserver mit der Speichergruppe, die Sie replizieren wollen. Auf der Registerkarte **Datenbankverwaltung** für den betreffenden Postfachserver sehen Sie eine Auflistung Ihrer Speichergruppen und der entsprechenden Datenbanken. (Denken Sie an die erwähnten Anforderungen für die Anzahl der Speichergruppen und die Begrenzungen für öffentliche Ordner.) Außerdem erkennen Sie den Zustand der Postfachdatenbank als »Bereitgestellt«.
4. Wählen Sie die Speichergruppe, für die Sie die fortlaufende lokale Replikation aktivieren wollen.
5. Das Aktionsfenster zeigt Optionen für Ihre Speichergruppe. Klicken Sie auf **fortlaufende lokale Replikation aktivieren**, um den Assistenten zur Aktivierung der lokalen fortlaufenden Replikation für Speichergruppen zu starten.
6. Überprüfen Sie auf der Einführungsseite den Namen der Speichergruppe und der Datenbank und klicken Sie auf **Weiter**.
7. Auf der Seite **Pfade festlegen** sind die Pfade der Replikationssystemdatei und der Protokolldatei auf Ihr lokales Laufwerk gesetzt. Das ist zwar möglich und kann zu Testzwecken sinnvoll sein, aber eigentlich sollten Sie auf **Durchsuchen** klicken und einen anderen Ort für die Replikation suchen (siehe Abbildung 9.2). Klicken Sie danach auf **Weiter**.
8. Klicken Sie auf der Seite **Postfachdatenbank** auf **Durchsuchen**, um den Pfad für die Datenbank **Postfachdatenbank.edb** festzulegen, und dann auf **Weiter**.
9. Auf der Seite **Aktivieren** können Sie die Zusammenfassung der Konfiguration überprüfen, bevor Sie auf **Aktivieren** klicken. Wenn Sie etwas korrigieren müssen, klicken Sie auf **Zurück**. Wenn alle Einstellungen sinnvoll aussehen, klicken Sie auf **Aktivieren**.

> **HINWEIS** Was hier ablaufen soll, ist das so genannte *Seeding* Ihrer Datenbank, also das Anlegen des Ausgangspunkts für die LCR-Version Ihrer Datenbankdatei. Dabei kann es sich um eine Offlinekopie der Produktionsdatenbank oder eine neue leere Datenbank handeln, in die die vorhandenen Transaktionsprotokolle eingespielt werden. Das Seeding muss erfolgen, damit die fortlaufende lokale Replikation funktioniert.

10. Auf der Seite **Fertigstellung** klicken Sie auf **Fertig stellen**. Beachten Sie, dass Sie die zum Anlegen dieser Pfade verwendeten Befehle mit [Strg] + [C] kopieren können, was hilfreich sein kann, wenn Sie sich entschließen, die Konfiguration Ihres Servers in der Exchange-Verwaltungsshell vorzunehmen.

Abbildg. 9.2 Umleiten von Protokolldateien auf eine andere Festplatte

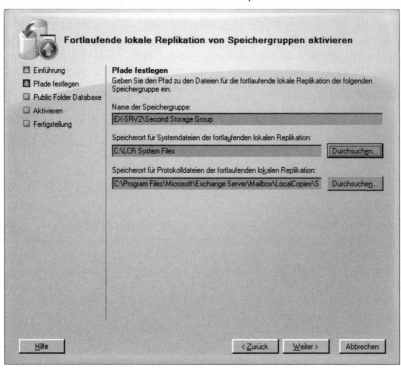

Wenn Sie mit dem Einrichten der lokalen fortlaufenden Replikation fertig sind, sollten Sie in der Exchange-Verwaltungskonsole eine Änderung des Symbols neben Ihrer Speichergruppe feststellen. Bei einem Rechtsklick auf eine LCR-aktivierte Speichergruppe sehen Sie die Optionen **Fortlaufende lokale Replikation deaktivieren** und **Fortlaufende lokale Replikation anhalten** (siehe Abbildung 9.4).

HINWEIS Eine hervorragende Methode, das Funktionieren Ihrer LCR-Einrichtung zu bestätigen, besteht darin, den Ordner für den aktiven Ort Ihrer Transaktionsprotokolle zu öffnen und daneben auf dem Desktop einen weiteren offenen Ordner zu platzieren, der die passive Kopie der Protokolle enthält. Senden Sie dann über Outlook Web Access oder einen Outlook-Client eine größere E-Mail, um einige Transaktionsprotokolle zu erzeugen. Beobachten Sie, wie zunächst die Protokolle auf dem aktiven Server wachsen und dann langsam in die passive Kopie tröpfeln. Zu wissen, dass die Replikation funktioniert, ist ein gutes Gefühl.

HINWEIS Wenn Sie zum Aktivieren der lokalen fortlaufenden Replikation die Exchange-Verwaltungsshell benutzen, sehen Sie möglicherweise in der Verwaltungskonsole nicht sofort einen Hinweis darauf, dass der Vorgang erfolgreich war. Aktualisieren Sie die Konsole in diesem Fall im Aktionsfenster manuell, sollte sich das Symbol der Speichergruppe ändern.

Fortlaufende lokale Replikation

Abbildg. 9.3 Die fortlaufende lokale Replikation ist vollständig eingerichtet

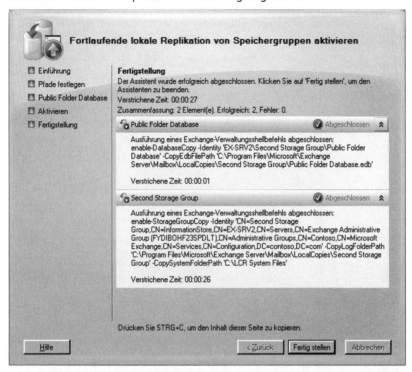

Verwaltungsshell

Sie können die fortlaufende lokale Replikation auch mit den Commandlets **Enable-DatabaseCopy** und **Enable-StorageGroupCopy** von der Verwaltungsshell aus aktivieren. Die Syntax für diese Befehle sieht wie folgt aus:

```
Enable-DatabaseCopy -Identity <Server>\<Speichergruppe>\<Datenbank>
-CopyEDBFilePath:<Vollständiger_Pfad_mit_Datenbanknamen>
Enable-StorageGroupCopy -Identity <Server>\<Speichergruppe>
-CopyLogFolderPath:<Vollständiger_Pfad> -CopySystemFolderPath:<Vollständiger_Pfad>
```

Um das vorstehende Beispiel fortzuführen, können Sie folgende Befehle verwenden:

```
Enable-DatabaseCopy -Identity 'DC1\First Storage Group\Mailbox Database'
-CopyEdbFilePath 'E:\LCR Database\Mailbox Database.edb'
Enable-StorageGroupCopy -Identity 'DC1\First Storage Group\
Mailbox Database' -CopyLogFolderPath 'E:\LCR Log Files'
-CopySystemFolderPath 'E:\LCR System Files'
```

Abbildg. 9.4 Optionen für Ihre Speichergruppe nach dem Aktivieren der lokalen fortlaufenden Replikation

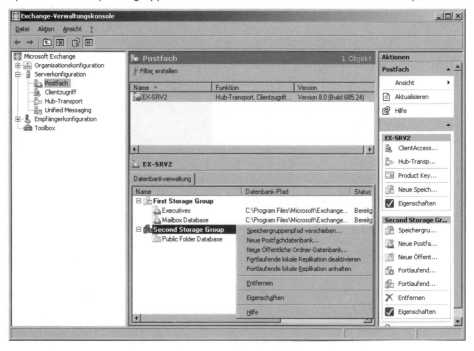

Fortlaufende lokale Replikation für neue Speichergruppen und Postfachdatenbanken

Um die fortlaufende lokale Replikation beim Anlegen einer neuen Speichergruppe und Postfachdatenbank zu aktivieren, führen Sie folgende Schritte durch:

1. Öffnen Sie die Exchange-Verwaltungskonsole.
2. Erweitern Sie die Knoten **Microsoft Exchange** und **Serverkonfiguration** und wählen Sie **Postfach**
3. Wählen Sie den Server, dem Sie die neue Speichergruppe hinzufügen wollen. Klicken Sie im Aktionsfenster auf **Neue Speichergruppe**.
4. Geben Sie im Fenster **Neue Speichergruppe** (siehe Abbildung 9.5) im Feld **Name der Speichergruppe:** einen Namen für die neue Speichergruppe ein.
5. Legen Sie mithilfe der **Durchsuchen**-Schaltflächen den Ort für Ihre Protokoll- und Systemdateien fest.
6. Wählen Sie dann **Fortlaufende lokale Replikation für diese Speichergruppe aktivieren**.
7. Legen Sie mithilfe der **Durchsuchen**-Schaltflächen den Ort für Ihre LCR-Protokoll- und -Systemdateien fest.
8. Prüfen Sie Ihre Eingaben auf Korrektheit und klicken Sie auf **Neu**.
9. Nachdem Sie die Speichergruppe angelegt haben, klicken Sie auf **Fertig stellen**.
10. Fügen Sie die Datenbank hinzu. Wenn Sie im Aktionsfenster die neue Speichergruppe auswählen und dann auf **Neue Postfachdatenbank** klicken, können Sie den Ort für Ihre Datenbank und Ihre LCR-Datenbank bestimmen (siehe Abbildung 9.6).
11. Geben Sie der Postfachdatenbank einen Namen, legen Sie die Pfade für Ihre Datenbank und Ihre LCR-Replikationsdatenbank fest und klicken Sie auf **Neu**.

Fortlaufende lokale Replikation

Abbildg. 9.5   Eine neue Speichergruppe anlegen und dabei die fortlaufende lokale Replikation aktivieren

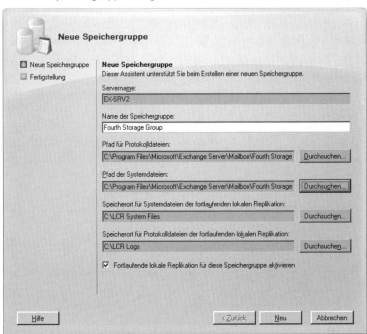

Abbildg. 9.6   Eine neue Postfachdatenbank mit LCR-Konfiguration in einer Speichergruppe anlegen

Verwaltungsshell

Auch hier kann die Exchange-Verwaltungsshell mit dem Befehlszeilenansatz das Leben erleichtern. Um eine LCR-aktivierte Speichergruppe mithilfe der Verwaltungsshell anzulegen, benutzen Sie folgende Befehlssyntax:

```
New-StorageGroup -server <Server> -name <Name_der_Speichergruppe>
-HasLocalCopy:$true -CopyLogFolderPath <Pfad_fuer_LCR-Protokolldateien>
-CopySystemFolderPath <Pfad_fuer_LCR-Systemdateien>
```

Das folgende Beispiel zeigt die Syntax für eine neue Speichergruppe **Second Storage Group**, für die die Replikation auf Laufwerk E aktiviert ist:

```
new-StorageGroup -Server 'DC1' -Name 'Second Storage Group'
-LogFolderPath 'C:\Programme\Microsoft\Exchange Server\Mailbox'
-SystemFolderPath 'C:\Programme\Microsoft\Exchange Server\
Mailbox\Second Storage Group' -HasLocalCopy $true -CopyLogFolderPath
'E:\LCR Log Files' -CopySystemFolderPath 'E:\LCR System Files'
```

Legen Sie die Speichergruppe und das Postfach an, richten Sie die Replikation für das Postfach ein und stellen Sie es bereit. All dies erledigt der Assistent automatisch, aber wenn Sie mit der Befehlszeile arbeiten, müssen Sie selbst daran denken. Für ein neues Postfach brauchen Sie folgende Syntax:

```
New-MailboxDatabase -Name <Name_der_Datenbank> -StorageGroup:
<Name_der_Speichergruppe> -HasLocalCopy:$true
-EdbFilePath:<Vollständiger_Pfad_mit_Namen_der_Datenbankdatei>
-CopyEdbFilePath:<Vollständiger_Pfad_mit_Namen_der_Datenbankdatei>
```

Das folgende Beispiel zeigt, wie Sie die Postfachdatenbank in der Speichergruppe **Second Storage Group** erstellen, die LCR-Kopie auf Laufwerk E anlegen und die Datenbank bereitstellen. Die Befehle werden mit [Strg] + [C] aus dem Assistenten kopiert.

```
new-mailboxdatabase -StorageGroup 'CN=Second Storage
Group,CN=InformationStore,CN=DC1,CN=Servers,
CN=Exchange Administrative Group (FYDIBOHF23SPDLT),
CN=Administrative Groups,CN=TestOrg,CN=Microsoft
Exchange,CN=Services,CN=Configuration,DC=cliptraining,DC=com'
-Name 'Second Mailbox' -EdbFilePath 'C:\Programme\
Microsoft\Exchange Server\Mailbox\Second Mailbox.edb'
-HasLocalCopy $true -CopyEdbFilePath 'E:\LCR Database\
Second Mailbox.edb'
mount-database -
Identity 'CN=Second Mailbox,CN=Second Storage Group,CN=InformationStore,
CN=DC1,CN=Servers,CN=Exchange Administrative Group (FYDIBOHF23SPDLT),
CN=Administrative Groups,CN=TestOrg,CN=Microsoft Exchange,CN=Services,
CN=Configuration,DC=cliptraining,DC=com'
```

Die Funktionsfähigkeit der fortlaufenden lokalen Replikation überprüfen

Wenn Sie in der Exchange-Verwaltungskonsole die LCR-aktivierten Speichergruppen betrachten, sehen Sie eine Spalte **Kopiestatus** mit den Optionen **Beschädigt, Deaktiviert, Fehlerfrei** und **Fehlgeschlagen** (mit Sicherheit keine aussagekräftige Form technischer Kommunikation). Es gibt andere Methoden, den Status Ihrer LCR-Kopien einzusehen, die sich beim Status **Fehlgeschlagen** möglicherweise als hilfreicher erweisen. Von der Exchange-Verwaltungskonsole aus können Sie Folgendes unternehmen:

1. Wählen Sie unter **Serverkonfiguration** die Option **Postfach** und dann den Server, den Sie näher untersuchen wollen.
2. Klicken Sie mit der rechten Maustaste auf die LCR-aktivierte Speichergruppe und wählen Sie **Eigenschaften**.
3. Klicken Sie auf die Registerkarte **Fortlaufende lokale Replikation** (siehe Abbildung 9.7). Sie finden dort grundlegende Informationen, die sich bei der Ermittlung von Problemursachen als hilfreich erweisen.

Abbildg. 9.7 Anzeige des Status Ihrer fortlaufenden lokalen Replikation in der Exchange-Verwaltungskonsole

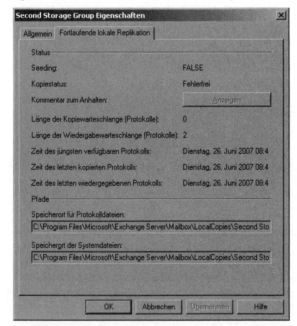

> **HINWEIS** Um ähnliche Informationen von der Exchange-Verwaltungsshell aus einzusehen, geben Sie an der Befehlszeile Folgendes ein:
>
> Get-StorageGroupCopyStatus -Identity <Server>\<Speichergruppe>

Einige der möglichen Reaktionen, die auf Schwierigkeiten bei der lokalen fortlaufenden Replikation hindeuten, sind lange Warteschlagen beim Kopieren oder Einspielen von Protokollen oder ein fehlgeschlagener Kopiestatus. Stellen Sie sicher, dass alle Pfade für Ihre Konfiguration stimmen und zugänglich sind. Korrigieren Sie festgestellte Fehler, halten Sie dann die fortlaufende lokale Replikation für die Speichergruppe an und starten Sie sie neu. Möglicherweise stellen Sie auch fest, dass ein fehlendes Transaktionsprotokoll die Replikation verzögert, das Sie dann suchen müssen. Wenn Sie es nicht finden, müssen Sie mit dem Commandlet **Update-StorageGroupCopy** ein neues Seeding durchführen.

> **Weitere Informationen**
>
> Mehr über die Fehlerbehebung bei der LCR-Konfiguration finden Sie im TechNet-Artikel http://technet.microsoft.com/en-us/library/aa996038.aspx.

Replikationsaktivitäten im Systemmonitor anzeigen

Den Fortschritt der Replikation von der aktiven auf die passive Kopie zu beobachten, ist ganz einfach mit dem Systemmonitor möglich, der in Kapitel 17, »Exchange Server 2007 optimieren«, behandelt wird. Alle Indikatoren, die Sie sehen wollen, finden Sie unter dem Objekt **MSExchange-Replikation**. Beachten Sie, dass nur die Speichergruppen, für die die fortlaufende lokale Replikation aktiviert ist, zur Beobachtung zur Verfügung stehen.

Sie können alle Indikatoren zusammen aktivieren oder einfach einige auswählen, die einen sinnvollen Einblick in die Aktivitäten geben können. Sehr aufschlussreich sind die beiden folgenden:

- **CopyGenerationNumber:** Nummer des Protokolls, das gerade erstellt wird
- **ReplayQueueLength:** Anzahl der ausstehenden Transaktionsprotokolle, die noch in die Datenbank eingespielt werden müssen

Wiederherstellung nach Fehlern der aktiven Kopie

Fällt die Festplatte aus, die die aktive Kopie Ihrer Daten enthält (durch Beschädigung der Datenbank oder einen Plattenfehler), können Sie Ihre Daten aus der passiven Kopie schnell wiederherstellen (allerdings manuell). Dazu sind drei Aktionen erforderlich: Aufheben der Bereitstellung der Datenbank, Umstellen des Zeigers für die Datenbank auf die passive Kopie der Daten und erneutes Bereitstellen der Datenbank. Um Ihre Daten mithilfe der passiven Kopie wiederherzustellen, unternehmen Sie Folgendes:

1. Beurteilen Sie die Brauchbarkeit der passiven Kopie. Ihr Status ist hoffentlich fehlerfrei, sodass Sie möglichst viele Daten wiederherstellen können.
2. Heben Sie die Bereitstellung der beschädigten Datenbank auf, indem Sie entweder die Datenbank auswählen und im Aktionsfenster die Option **Bereitstellung aufheben** wählen oder mit der rechten Maustaste auf die Datenbank klicken und die Option **Bereitstellung der Datenbank aufheben** wählen. Sie können auch in der Exchange-Verwaltungsshell das Commandlet **Dismount-Database** verwenden.
3. Jetzt können Sie versuchen, die Dateien der passiven Kopie an den Produktionsspeicherort zu verschieben, sodass die Pfade nicht geändert werden. Das ist möglich, wenn die Platte selbst noch verfügbar ist und nur die Daten beschädigt sind. Sind Sie dazu in der Lage (sowohl physisch als auch in einem sinnvollen Zeitrahmen, damit Sie die hohe Verfügbarkeit erreichen, die Sie anstreben), verschieben Sie die Dateien und stellen die Aktivierung der Datenbank mit folgendem Befehl wieder her:

```
Restore-StorageGroupCopy -Identity:<Server>\<Name_der_Speichergruppe>
```

4. Wollen Sie die passive Kopie schnell verschieben und die Speichergruppe mit einem neuen Datenbankpfad aktivieren, benutzen Sie den folgenden Befehl:

```
Restore-StorageGroupCopy -Identity:<Server>\<Name_der_Speichergruppe>
-ReplaceLocations:$true
```

5. Stellen Sie die Datenbank erneut bereit. Es geht schnell, wenn Sie die Postfachdatenbank in der Exchange-Verwaltungskonsole auswählen und im Aktionsfenster auf **Datenbank bereitstellen** klicken.

> **HINWEIS** Zu diesem Zeitpunkt ist Ihr Mailserver möglicherweise wieder in Betrieb und alles scheint wunderbar, aber jetzt sind Sie an einem kritischen Ausfallpunkt verwundbar. Sie sind nicht mehr durch fortlaufende lokale Replikation geschützt. Nun sind mehrere Möglichkeiten zu erwägen. Wenn die Festplatte mit Ihrer aktiven Datenbank ausgefallen ist, sollten Sie den Zeitpunkt zum Ersetzen der Festplatte planen. In der Zwischenzeit können Sie die fortlaufende lokale Replikation Ihrer Speichergruppe vorübergehend auf eine andere Platte verlagern. Ist nur die Datenbank beschädigt, wollen Sie die betreffenden Dateien vielleicht löschen und dann eine fortlaufende lokale Replikation von der passiven Kopie (die jetzt als aktive Kopie dient) auf die (wiederhergestellte) aktive Kopie durchführen. Sobald die beiden synchronisiert sind und die Zeit es erlaubt, stellen Sie sie auf den Zustand zurück, den Sie ursprünglich geplant hatten. Dadurch stellen Sie sicher, dass Ihre Exchange-Struktur erhalten bleibt.

Fortlaufende Clusterreplikation

Die fortlaufende Clusterreplikation (Cluster Continuous Replication, CCR) nutzt dasselbe Konzept wie die fortlaufende lokale Replikation mit Seeding der Datenbank und Transaktionsprotokollversand. Anstatt einfach zwei Speicherorte für die Datenbanken (die aktive und die passive) zu haben, gibt es jedoch zwei Knoten, die in einer Aktiv/Passiv-Konfiguration betrieben werden, sodass die Wiederherstellung nach einem Fehler auf dem aktiven Knoten sofort durch den passiven Knoten gegeben ist.

Wiederum sehen Sie den asynchronen Protokollversand und das Einspielen, wie Sie es bei der lokalen fortlaufenden Replikation kennen gelernt haben, aber nun kombiniert mit den automatischen Failovermechanismen eines Clusters. Eine Exchange Server 2007-Topologie für fortlaufende Clusterreplikation (siehe Abbildung 9.8) kann nur zwei Systeme unterstützen, eins als aktiven und eins als passiven Knoten, aber dies reicht aus, um zu gewährleisten, dass es keinen kritischen Ausfallpunkt gibt (weder den Server selbst noch den Ort der Datenspeicherung). Außerdem kann ein CCR-Cluster die routinemäßige Wartung unterstützen, die in Ihrer Organisation von Zeit zu Zeit erfolgt, weil Sie die Produktionsseite auf den passiven Knoten verschieben können, während die aktive Seite gewartet wird, und die Verbindung anschließend wiederherstellen. können. Wie bei der lokalen fortlaufenden Replikation können Sie auch die Sicherungen mithilfe der passiven Seite des Clusters durchführen.

Die fortlaufende Clusterreplikation erfordert ein tieferes Verständnis der Technologie und ein wenig mehr Planung, um sie in Ihrer Organisation korrekt zu implementieren. Befassen Sie sich zunächst mit einigen wichtigen neuen Begriffen.

Abbildg. 9.8 Fortlaufende Clusterreplikation

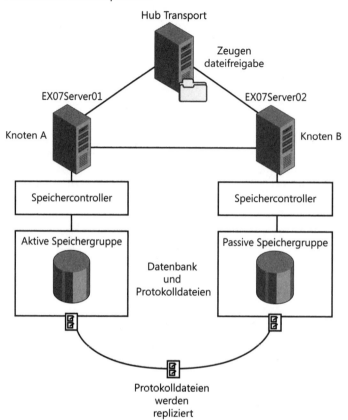

Terminologie der fortlaufenden Clusterreplikation

Möglicherweise ist Ihnen in Abbildung 9.8 aufgefallen, dass die Struktur der fortlaufenden Clusterreplikation Bestandteile aufweist, die in der lokalen fortlaufenden Replikation nicht vorkommen. Es gibt zum Beispiel mehrere Server, die alle als Knoten bezeichnet werden. Außerdem enthält der Hub-Transport-Server eine Zeugendateifreigabe.

Zur Bildung eines CCR-Clusters wird der Standardclusterdienst von Windows Server 2003 eingesetzt. Noch vor der Installation von Exchange Server 2007 auf den Servern – den Knoten, die Mitgliedsserver Ihrer Domäne sein sollten – konfigurieren Sie mithilfe der Clusterverwaltung einen Cluster mit zwei Knoten. Diese Anlage unterscheidet sich dadurch, dass ein dritter Computer benötigt wird, um eine neue Art von Quorummodell für Cluster zu bilden. Sie wird als MNS-Quorum (Majority Node Set, Hauptknotensatz) mit Dateifreigabezeuge bezeichnet.

HINWEIS Wir gehen davon aus, dass Sie einen Cluster mit zwei Knoten bilden und das MNS-Quorum mit Dateifreigabezeugen verwenden wollen. In einem herkömmlichen MNS-Quorum ist es jedoch möglich, einen Cluster mit drei Knoten anzulegen. Dieses Kapitel beschreibt die erstgenannte Variante.

Das Quorum ist die Konfigurationsdatenbank des Clusters. Sie befindet sich in der Datei **\MSCS\quolog.log** und hat zwei sehr wichtige Aufgaben: Zum einen informiert sie den Cluster, welcher Knoten aktiv ist (sodass jeder Knoten seine konkrete Rolle im Cluster kennt), zum anderen greift sie ein, wenn die Kommunikation zwischen den Knoten ausfällt. Unter normalen Umständen nutzen die Knoten eines Clusters zur Kommunikation miteinander ein privates Netzwerk, sodass alle Knoten auf dem aktuellen Stand sind und wissen, dass der aktive Knoten in Betrieb ist. Um zu kommunizieren, senden die Systeme einander *Takte*. Fällt die Kommunikation zwischen zwei Knoten aus (aus welchem Grund auch immer), denkt der passive Knoten, er solle aktiv werden, was als *Split-Brain-Syndrom* (gelegentlich auch *Weltchaos*) bezeichnet wird. Das Quorum trägt als redundantes System dazu bei, dies zu verhindern.

Wenn zwei Server nicht miteinander kommunizieren können, kann es eine Reihe von Gründen dafür geben, aber das Quorum (das sich auf einem dritten Server befindet) trifft die Entscheidung, wenn es ebenfalls nicht mit einem Server kommunizieren kann, und ordnet den Clusterfailover an.

Sie müssen das neue MNS-Quorum mit Dateifreigabezeugen installieren, indem Sie entweder auf beiden Knoten in Ihrem Cluster Windows Server 2003 Service Pack 2 installieren (das das erforderliche Hotfix einschließt) oder ein Hotfix herunterladen und es auf beiden Knoten in Ihrem CCR-Cluster installieren, bevor Sie den Cluster anlegen. Das Hotfix und Einzelheiten über seine Merkmale finden Sie im Knowledge Base-Artikel unter der Adresse http://support.microsoft.com/kb/921181. Der Artikel erläutert die beiden folgenden wichtigen Merkmale genauer, die Ihrem Cluster hinzugefügt werden:

- **Dateifreigabezeuge** Mit diesem Merkmal können Sie eine Dateifreigabe, die außerhalb Ihres Clusters liegt und von den beiden Knoten getrennt ist, als zusätzlichen Entscheidungsträger dafür konfigurieren und verwenden, ob die Verbindung zwischen den Knoten wirklich abgebrochen ist, um einen unnötigen Failover zu vermeiden. Die Dateifreigabe für den Dateifreigabezeugen kann technisch auf einem beliebigen Windows Server-Computer untergebracht werden, aber es wird empfohlen, sie auf dem Hub-Transport-Server an dem Active Directory-Standort einzurichten, an dem sich die Knoten des Clusters befinden.

- **Konfigurierbare Clustertakte** Wir haben erwähnt, dass zwischen den Knoten Taktsignale hin- und hergesendet werden. Der aktuelle Standardalgorithmus für einen Takt beträgt 1,2 Sekunden von jeder Schnittstelle eines Knotens. Lässt ein Knoten zwei aufeinander folgende Takte aus, vermutet der Clusterdienst ein Problem und beginnt mit Nachforschungen. Bei diesem Merkmal des Hotfix können Sie die Taktfrequenz nicht ändern, aber Toleranzstufen konfigurieren, die den Ausfall von mehr Takten zulassen, bevor etwas geschieht. Wie Sie dazu vorgehen, erfahren Sie im Knowledge Base-Artikel 921181.

Der Transportpapierkorb

Der Transportpapierkorb ist eine für die fortlaufende Clusterreplikation erforderliche Komponente, die sich auf den Hub-Transport-Servern befindet. Er ist nicht standardmäßig aktiviert, sondern nur bei fortlaufender Clusterreplikation. Auch dieses Merkmal trägt dazu bei, einen sauberen Failover zwischen den beiden Clusterknoten zu gewährleisten. Es funktioniert folgendermaßen: Geht ein Knoten außer Betrieb und übergibt an den sekundären passiven Knoten, kommt es zu einem geringen Datenverlust. Möglicherweise wurde die letzte E-Mail noch nicht in die Protokolle eingetragen und an den anderen Knoten gesendet. Bei einer Konfiguration mit lokaler fortlaufender Replikation können Sie nicht viel tun, um diesen Verlust zu verhindern. Hub-Transport-Server unterhalten jedoch in einem Bereich, der als *Transportpapierkorb* bezeichnet wird, eine Warteschlange mit den E-Mails, die kurz vorher an den CCR-Postfachcluster zugestellt wurden.

Bei einem nicht verlustfreien Failover fordert die fortlaufende Clusterreplikation die Hub-Transport-Server auf, alle E-Mails aus der Warteschlange des Transportpapierkorbs erneut zu übertragen. Duplikate werden automatisch ausgesondert. Dieses Vorgehen trägt dazu bei, bei einem ungeplanten Failover Datenverluste zu verhindern.

Vorbereitung auf fortlaufende Clusterreplikation

Bevor Sie Ihren Cluster aktivieren, sollten Sie die folgende Liste von Anforderungen abarbeiten:

- Sorgen Sie dafür, dass auf allen Servern im Cluster (Knoten A und B) Windows Server 2003 Enterprise Edition (mit denselben Buchstaben für das Start- und das Systemlaufwerk) und entweder Service Pack 2 oder das Hotfix aus dem Knowledge Base-Artikel 921181 installiert sind. Auf den Knoten innerhalb des Clusters wird nur die Funktion des Postfachservers installiert.
- Legen Sie für den Clusterdienst ein eigenes Konto an. Es muss Mitglieder der Gruppe *Exchange Server-Administratoren* oder *Exchange-Organisationsadministratoren* sein. Platzieren Sie es außerdem in der lokalen Gruppe *Administratoren* für jeden Knoten.
- Exchange Server 2007 wird erst installiert, nachdem die Cluster eingerichtet sind. Auf den Servern innerhalb des Clusters sind weder ältere Exchange-Versionen noch SQL Server zulässig. Achten Sie bei der Installation darauf, dass sich Exchange Server 2007 auf beiden Knoten des Clusters am selben physischen Ort befindet.
- Die Funktion des Dateifreigabenzeugen kann auf einem beliebigen Windows Server-Computer angelegt werden, empfohlen wird dafür jedoch der Hub-Transport-Server.
- Jeder Knoten des Clusters benötigt zwei Netzwerkkarten mit statischen IP-Adressen, eine für das öffentliche und eine für Ihr privates Netzwerk. Das öffentliche Netzwerk dient zur Kommunikation mit Active Directory, anderen Exchange Server-Computern usw. Auch die Transaktionsprotokolle werden darüber repliziert. Das private Netzwerk wird für die Kommunikation innerhalb des Clusters eingesetzt, um Takte auszutauschen.
- Denken Sie daran, dass die Hochverfügbarkeitsoptionen von Exchange Server 2007 Einschränkungen hinsichtlich der Speichergruppen unterliegen. Auf einem Clusterserver ist nur eine Datenbank pro Speichergruppe erlaubt. Sie können jedoch eine ganze Menge Speichergruppen unterhalten (in der Enterprise-Version von Exchange Server 2007 bis zu 50).

> **Weitere Informationen**
>
> Zusätzliche Anforderungen und Checklisten für die Planung finden Sie in der TechNet-Bibliothek unter der Adresse http://technet.microsoft.com/en-us/library/bb124521.aspx.

Fortlaufende Clusterreplikation aktivieren

Die Einrichtung der fortlaufenden Clusterreplikation ist ein umfangreicher Prozess. Sie müssen den Dateifreigabenzeugen konfigurieren, die Netzwerkkarten mit öffentlichen und privaten Adressen ausstatten (sorgen Sie dafür, dass auf den Knoten entweder Windows Server 2003 Service Pack 2 oder das Hotfix aus KB 921181 installiert ist), den Cluster anlegen und erst auf dem aktiven, dann auf dem passiven Knoten Exchange Server 2007 installieren. Wir verfolgen diesen Weg Schritt für Schritt.

Den Dateifreigabenzeugen konfigurieren

Der Dateifreigabezeuge für das MNS-Quorum kann auf einem beliebigen Windows Server-Computer angelegt werden, empfohlen wird dafür jedoch der Hub-Transport-Server an dem Standort, an dem sich die Clusterknoten befinden. Die folgenden Schritte zum Anlegen, Freigeben und Schützen des Verzeichnisses lassen sich über die grafische Benutzeroberfläche oder die Befehlszeilenschnittstelle durchführen:

1. Legen Sie das Verzeichnis an und geben Sie ihm den gewünschten Namen. Um das Leben für Sie und für andere leichter zu machen, die das Verzeichnis möglicherweise ohne Ihre Hilfe finden müssen, empfehlen wir jedoch einen aussagekräftigen Namen zu wählen. Sie können es direkt auf dem Stammlaufwerk Ihres Systems unterbringen und es **MNS_FS_ExCluster** (für **Majority Node Set_File Share_ Exchange Cluster**) oder ähnlich nennen.
2. Geben Sie den Ordner frei und richten Sie die Berechtigungen so ein, dass der Domänenadministrator (oder das Clusterdienstkonto) und der lokale Administrator Vollzugriff haben.

> **HINWEIS** Wollen Sie dieselben Aufgaben an der Befehlszeile durchführen, verwenden Sie die Befehle **mkdir** (um das Verzeichnis anzulegen), **net share** (um das Verzeichnis freizugeben und Freigabeberechtigungen zu erteilen) und **cacls** (um die Berechtigungen für das freigegebene Verzeichnis einzurichten).

Vom Cluster aus lassen Sie den Cluster später auf diese Freigabe zeigen.

Die Netzwerkkarten konfigurieren

Es ist wichtig, die Netzwerkkarten mit statischen IP-Adressen einzurichten, die in verschiedenen Teilnetzen liegen: einer für das private und einer für das öffentliche Netzwerk. Sie können die Verbindungsnamen für die Karten ändern. Denken Sie daran, dies auf beiden Servern zu tun, damit Sie verfolgen können, welche statische IP-Adresse und welches Teilnetz zu welcher Verbindung gehört.

> **HINWEIS** Es ist nicht vorgeschrieben, aber empfehlenswert, den Knotenservern aussagekräftige Namen wie **ExNode1** und **ExNode2** oder **Ex2K7NodeA** und **Ex2K7NodeB** zu geben.

Denken Sie beim Einrichten Ihrer öffentlichen und Ihrer privaten Adresse daran, dass die öffentliche Adresse statisch sein und in Ihrem Standardnetzwerk funktionieren muss. Sie wird mit der Karte verbunden, die mit den anderen Servern Kontakt aufnimmt, darunter mit dem Domänencontroller und den anderen Exchange Server-Computer. Außerdem befindet sich die öffentliche Adresse im selben Netzwerk wie die virtuelle, die Sie Ihrem Cluster später geben.

Die private Adresse muss sich in einem vollkommen anderen Netzwerk befinden als die öffentliche. Microsoft empfiehlt für die beiden Knoten die Adressen 10.10.10.10 und 10.10.10.11 mit der Subnetzmaske 255.255.255.0. Möglicherweise erleichtert Ihnen dies das Leben, weil Sie sich nicht zu viele Gedanken über die Auswahl der Adressen zu machen brauchen. Außerdem brauchen sie für das private Netzwerk weder einen Standardgateway noch DNS-Einstellungen einzurichten; dies ist nur im öffentlichen Netzwerk erforderlich.

Bei der Einrichtung der Netzwerkadressen wollen Sie sicher auch die Bindungsreihenfolge der beiden Netzwerke ändern. Um die erweiterten Einstellungen zu öffnen, doppelklicken Sie in der Systemsteuerung auf **Netzwerkverbindungen** und wählen im Menü zunächst **Erweitert** und dann **Erweiterte Einstellungen**. Auf der Registerkarte **Netzwerkkarten und Bindungen** sehen Sie **Die Verbindungen** werden in der Reihenfolge aufgeführt, in der Netzwerkdienste darauf zugreifen. Verschieben Sie die öffentliche Verbindung an den Anfang der Liste. Das private Netzwerk ist nur für die Takte da, sodass es als zweites in der Liste vorkommt. Beachten Sie, dass alle Verbindungen für den Remotezugriff am Ende stehen. Für Ihr privates Netzwerk wollen Sie sicher auch die Option **Datei- und Druckerfreigabe für Microsoft-Netzwerke** deaktivieren (weil dieses Netzwerk nicht für irgendeine Form der Dateioder Druckfreigabe vorgesehen ist).

> **HINWEIS** Für die Netzwerkkarten müssen Sie noch einige weitere Schritte durchführen. Beispielsweise müssen Sie für jede Karte auf die Registerkarte **WINS** wechseln und dafür sorgen, dass **NetBIOS über TCP/IP deaktivieren** für das private Netzwerk aktiviert ist, aber nicht für das öffentliche. Außerdem müssen Sie sicherstellen, dass Ihre DNS-Einstellungen für das öffentliche Netzwerk die Serveradressen in der Reihenfolge der Benutzung aufführen und dass die DNS-Suffixe korrekt sind. Auf der privaten Seite sind diese Einstellungen jedoch nicht notwendig und sollten leer bleiben.

Nachdem Sie Ihre Netzwerkkarten mit einer öffentlichen und einer privaten Adresse ausgestattet haben, können Sie zum nächsten Schritt übergehen. Denken Sie daran, entweder Windows Server 2003 Service Pack 2 oder das Hotfix aus dem KB-Artikel 921181 zu installieren, bevor Sie den Cluster zwischen Ihren Knoten einrichten.

Den Cluster einrichten

Wenn Ihre Systeme bereit sind, können Sie anfangen, Ihren Cluster mit zwei Knoten einzurichten.

1. Beginnen Sie mit dem ersten Knoten des Clusters (nennen wir ihn **NodeA**), indem Sie den Assistenten zum Erstellen eines neuen Serverclusters durch die Eingabe von **cluster.exe /create /wizard** an der Befehlszeile oder durch einen Klick auf **Start|Verwaltung|Clusterverwaltung** und die Auswahl von **Neuen Cluster erstellen** im Listenfeld starten. Wenn Sie auf **OK** klicken, sind Sie an der Stelle, an die Sie auch beim Eingeben des Befehls gekommen wären. Lesen Sie die erste Seite des Assistenten und klicken Sie auf **Weiter**.
2. Beachten Sie, dass das Feld **Domäne** auf der Seite **Clustername und Domäne** bereits ausgefüllt ist, Sie dem Cluster aber einen innerhalb der Domäne eindeutigen Namen geben müssen. Dafür eignet sich ein Begriff wie »ExchangeCluster« oder »Ex2K7Cluster«. Klicken Sie auf **Weiter** (siehe Abbildung 9.9).
3. Geben Sie den Namen des Servers ein, der der erste Clusterknoten werden soll. (Sie können Ihre Server **Node1** und **Node2** oder **NodeA** und **NodeB** usw. nennen.) Klicken Sie auf **Weiter**.
4. Der Clusterassistent analysiert die Konfiguration, wie Sie in Abbildung 9.10 sehen. Klicken Sie auf **Weiter**, wenn die Analyse fertig ist, um fortzufahren, auch wenn einige Warnungen erscheinen.
5. Sie werden nach der IP-Adresse gefragt, die die Clusterverwaltungswerkzeuge für die Verbindung zum Cluster verwenden sollen. Achten Sie darauf, eine IP-Adresse aus Ihrem öffentlichen Netzwerk einzugeben, die nicht von einem anderen System benutzt wird. Klicken Sie danach auf **Weiter**.
6. Sie werden nun nach dem Clusterdienstkonto gefragt. In einer realen Situation sollten Sie für den Clusterdienst ein eigenes Konto eingerichtet haben. Klicken Sie auf **Weiter**.

Abbildg. 9.9 Die Seite **Clustername und Domäne**

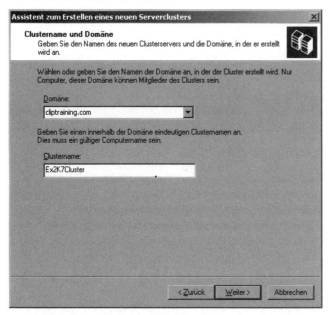

Abbildg. 9.10 Analyse der Clusterkonfiguration

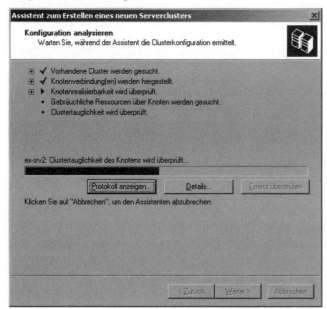

7. Sie sehen jetzt die Einstellungen für Ihre vorgeschlagene Clusterkonfiguration und können überprüfen, ob sie stimmen, oder auf **Zurück** klicken und Änderungen vornehmen. Eine Änderung ist unbedingt erforderlich, und zwar in Quorum. Dazu klicken Sie auf **Quorum** und dann auf den

Abwärtspfeil im Dialogfeld **Clusterkonfigurationsquorum** und wählen anschließend **Hauptknotensatz** wie in Abbildung 9.11. Klicken Sie auf **OK** und dann auf **Weiter**.

Abbildg. 9.11 Das Quorum als Hauptknotensatz einrichten

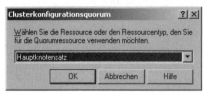

8. Jetzt befinden Sie sich auf der Seite **Cluster wird erstellt**, auf der der erste Knoten für Ihren Cluster angelegt wird. Klicken Sie auf **Weiter**, wenn alle Aufgaben erledigt sind.
9. Im Abschlussfenster können Sie das Protokoll des gesamten Vorgangs einsehen. Nach einem Klick auf **Fertig stellen** ist Ihr Cluster eingerichtet.
10. Um sich zu überzeugen, dass der erste Knoten online ist und funktioniert, öffnen Sie die Clusterverwaltung (Abbildung 9.12). Erweitern Sie den Namen Ihres Clusters. Unter **Gruppen** und **Clustergruppe** sollten Sie Ihre Clustergruppen mit dem Status **Online** sehen.

Abbildg. 9.12 In der Clusterverwaltung überzeugen Sie sich, dass Ihr erster Knoten online ist.

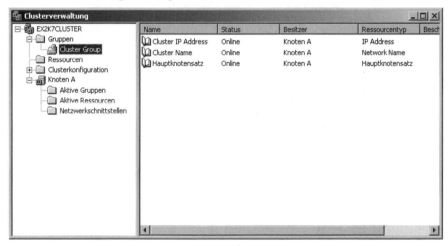

Bisher haben Sie einen Cluster angelegt, der einen einzigen Knoten enthält, was bei einem Problem natürlich nicht besonders hilfreich ist. Sie müssen nun den zweiten Knoten hinzufügen, wozu Sie die Clusterverwaltung benutzen können:

1. Öffnen Sie die Clusterverwaltung. Sie sehen den Namen des Clusters und darunter den Namen des ersten Servers darin. Klicken Sie mit der rechten Maustaste auf den Clusternamen, zeigen Sie auf **Neu** und wählen Sie **Knoten**. Damit starten Sie den Assistenten zum Hinzufügen von Knoten. Fahren Sie mit **Weiter** fort. Beachten sie, dass Sie den Assistenten mit **cluster.exe/cluster:<Name_des_Clusters> /add /wizard** auch von der Befehlszeile aus starten können.
2. Wählen Sie einen Computer. Geben Sie den Namen Ihres zweiten Knotens ein und klicken Sie auf **Hinzufügen**. Wie Sie sehen, ist im Feld **Ausgewählte Computer** noch Platz für weitere Namen (Abbildung 9.13). Die Clusterdienste von Windows Server 2003 erlauben Ihnen nämlich, mehr

Fortlaufende Clusterreplikation

als zwei Knoten zu einem Cluster zusammenzufassen, aber in Ihrem Fall – bei einem CCR-Cluster – sind es nur zwei. Klicken Sie auf **Weiter**.

Abbildg. 9.13 Hinzufügen des zweiten Knotens zum CCR-Cluster

3. Der Assistent prüft die Clusterkonfiguration, um sicherzustellen, dass sie für die Aufnahme zusätzlicher Knoten bereit ist. Wenn die Analyse abgeschlossen ist, klicken Sie auf **Weiter**.
4. Sie werden nach einem Konto gefragt, unter dem der Clusterdienst laufen soll. Haben Sie ein eigenes Konto für den Clusterdienst eingerichtet, verwenden Sie es. Klicken Sie auf **Weiter**.
5. Die Seite **Vorgeschlagene Clusterkonfiguration** mit Ihren Einstellungen erscheint. Falls etwas nicht in Ordnung sein sollte, klicken Sie auf **Zurück**, um es zu korrigieren. Wenn alles korrekt aussieht, starten Sie mit **Weiter** das Hinzufügen des Knotens.
6. Nachdem sich der Cluster konfiguriert hat, klicken Sie auf **Weiter**. Wenn der Assistent auf Schwierigkeiten stößt, können Sie das Protokoll oder die Details einsehen, um festzustellen, welche Probleme aufgetreten sind.
7. Wenn der Cluster erfolgreich ergänzt ist, klicken Sie auf **Fertig stellen**.

Um sich von der Bildung Ihres Zwei-Knoten-Clusters zu überzeugen, öffnen Sie die Clusterverwaltung. Dort sollten Sie Ihren Cluster und die beiden Serverknoten sehen. Die Spalte **Status** sollte angeben, dass sie betriebsbereit sind (siehe Abbildung 9.14).

HINWEIS Außerdem können Sie sich vom Funktionieren überzeugen, indem Sie an der Befehlszeile eines (beliebigen) Knotens **cluster.exe** verwenden. Bestätigen Sie den Cluster durch Eingabe von **cluster group**. Die Antwort sollte eine Liste aller verfügbaren Ressourcengruppen und ihres Status sein. Sie können auch **cluster node** eingeben und erhalten dann eine Liste der verfügbaren Knoten samt Status. Fallen die Antworten positiv aus, funktioniert Ihr Cluster.

Abbildg. 9.14 In der Clusterverwaltung überzeugen Sie sich, dass Ihr Cluster mit zwei Knoten betriebsbereit ist

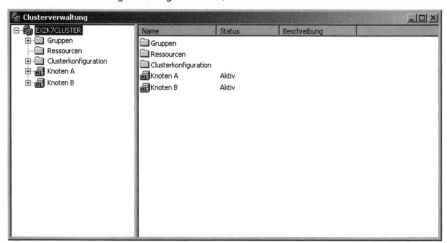

Das MNS-Quorum zur Verwendung des Dateifreigabenzeugen konfigurieren

Nachdem der Cluster errichtet ist, weisen Sie Ihr MNS-Quorum an, die auf dem Hub-Transport-Server angelegte Dateifreigabe zu benutzen. Setzen Sie dazu an einer Befehlszeile die Eigenschaft *private* für die MNS-Ressource so, dass sie auf die Freigabe zeigt. Die Ressource muss offline und wieder online geschaltet werden.

Geben Sie an der Befehlszeile Folgendes ein:

```
Cluster res "Majority Node Set" /priv MNSFileShare=\\Servername\Freigabename
```

Denken Sie daran, dabei den freigegebenen UNC-Pfad für den Ordner zu benutzen, den Sie vorher angelegt haben. Beachten Sie, dass der Befehl nur funktioniert, wenn Sie Windows Server 2003 mit Service Pack 2 oder dem Hotfix installiert haben. Es erscheint eine Warnung, die besagt, dass die Änderungen erst wirksam werden, wenn die Ressource das nächste Mal online geht. Die schnellste Methode ist, sie offline zu nehmen und wieder online zu schalten. Dazu können Sie die Clustergruppe verschieben (was sie offline nimmt und wieder online bringt). Dazu verwenden Sie den folgenden Befehl:

```
Cluster group "Clustergruppe" /move
```

Er sollte folgendes Ergebnis zeigen:

```
Moving resource group 'Cluster Group'
Group           Node            Status
Cluster Group   <Knotenname>    Online
```

Damit verschieben Sie die Clustergruppe auf den sekundären Knoten. Wenn Sie wollen, können Sie sie zurückholen. Um sich zu überzeugen, dass der Wert für **MNSFileShare** richtig konfiguriert ist, können Sie folgenden Befehl benutzen:

```
Cluster res "Majority Node Set" /priv
```

Sie haben ihn schon verwendet, aber dieses Mal wollen Sie keine Änderungen vornehmen, sondern nur sehen, ob Ihre Dateifreigabe in die richtige Richtung zeigt.

Exchange Server 2007 im Cluster installieren

Nachdem Sie jetzt wissen, dass Ihr MNS-Quorumcluster funktioniert, können Sie Exchange Server 2007 installieren. Wie Sie bereits erfahren haben, müssen dafür einige andere Dinge installiert sein: .NET Framework 2.0, MMC 3.0 und PowerShell. Außerdem sollten Sie darauf achten, dass die Internetinformationsdienste installiert und die folgenden Komponenten vorhanden sind:

- Gemeinsame Dateien
- IIS-Manager
- WWW-Dienst

Exchange Server 2007 auf dem aktiven Knoten installieren

Die Installation beginnt wie üblich. Arbeiten Sie sich durch die Abschnitte zu Lizenzvereinbarungen und die Fehlerberichterstattung und fahren Sie dann wie folgt fort:

1. Wählen Sie auf der Seite **Installationsart** die Option **Benutzerdefinierte Installation**, weil Sie im Cluster nur einen Postfachserver installieren können. Klicken Sie auf **Weiter**.
2. Sie sehen eine Reihe von Optionen für Serverfunktionen und wählen in diesem Fall **Active ClusteredMailbox-Funktion** wie in Abbildung 9.15. Beachten Sie, dass standardmäßig auch die ManagementTools zur Installation ausgewählt sind. Klicken Sie auf **Weiter**.

> **HINWEIS** In Schritt 3 werden Sie aufgefordert, einen Namen und eine IP-Adresse für den Postfachclusterserver anzugeben, der früher als virtueller Exchange- Server bezeichnet wurde. Dabei handelt es sich um einen eindeutigen Namen, den die Outlook-Clients verwenden, wenn sie Verbindung zu ihrem Exchange Server-Computer aufnehmen.

3. Auf der Seite **Clustereinstellungen** (Abbildung 9.16) werden Sie nach dem Namen Ihres virtuellen Servers (dem Namen, den Ihre Outlook-Clients benutzen sollen, wenn sie Verbindung aufnehmen) und nach einer IP-Adresse für das Clusterpostfach gefragt. Dies soll keine der Adressen sein, die Sie bereits für die Knoten eingerichtet haben, sondern eine innerhalb Ihres Netzwerks eindeutige. Außerdem können Sie den Pfad für die Datenbankdateien des Clusterpostfachservers festlegen. Wie Sie in der Abbildung sehen, ist der vorgegebene Wert geeignet. Wenn Sie fertig sind, klicken Sie auf **Weiter**.
4. Der Einrichtungsassistent führt eine Bereitschaftsprüfung durch, um festzustellen, ob Exchange installiert werden kann. Wenn alles in Ordnung ist, klicken Sie auf **Installieren**.
5. Wenn die abschließende Seite erscheint, klicken Sie auf **Fertig stellen**.

Nach dem aktiven Knoten können Sie Exchange Server 2007 auch auf dem passiven installieren.

Abbildg. 9.15 Auswählen der Funktion **Active ClusteredMailbox**

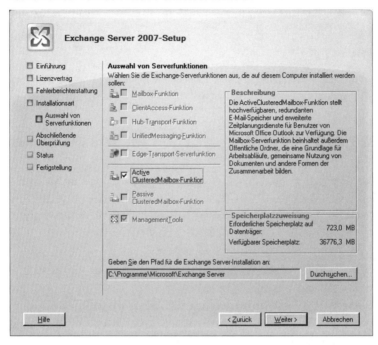

Abbildg. 9.16 Geben Sie in den Clustereinstellungen ein virtuelles Postfach, eine IP-Adresse und einen Datenbankpfad an

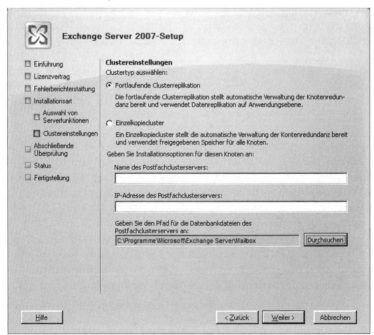

Exchange Server 2007 auf dem passiven Knoten installieren

Die Installation auf dem passiven Knoten setzt dieselben Vorbereitungen voraus wie die auf dem aktiven. Der einzige Unterschied besteht darin, welche Wahl Sie nach der Entscheidung für eine benutzerdefinierte Serverfunktion treffen: In diesem Fall ist es **Passive ClusteredMailbox-Funktion**. Beachten Sie, dass Sie in diesem Dialogfeld auch den Speicherort der Datenbank für den passiven Knoten einrichten können.

Den Status der fortlaufenden Clusterreplikation prüfen

Zu Beginn können Sie sich in der Clusterverwaltung davon überzeugen, dass Sie eine neue Clustergruppe mit einer Anzahl von Ressourcen haben, die online sind. Außerdem können Sie den Speicherort der Datenbank und der Transaktionsprotokolle für **NodeA** und **NodeB** überprüfen, um sicher zu sein, dass die Daten kopiert wurden. Dazu können Sie einen ähnlichen Test durchführen wie bei der lokalen fortlaufenden Replikation, indem Sie eine lange E-Mail senden und das Wachstum der Protokolle von **NodeA** sowie den Protokollversand an **NodeB** beobachten.

Eine andere Methode zur Überprüfung des Clusterstatus bietet die Exchange-Verwaltungsshell. Geben Sie nach dem Öffnen von PowerShell Folgendes ein, um einen Bericht über den Status des Clusterpostfachservers zu erhalten:

```
Get-ClusteredMailboxServerStatus -Identity <Name_des_Clusters>
```

Beachten Sie, dass der Status des Servers in der Antwort (siehe Abbildung 9.17) **Online** ist und der zweite Knoten, **NodeB**, aktuell der aktive ist, wodurch er zum Besitzer des Clusters wird.

Abbildg. 9.17   Mit dem Befehl **Get-ClusteredMailboxServerStatus** können Sie den Status Ihres Clusters überprüfen

Failoverfähigkeit des Servers prüfen

Nachdem Sie sich vom Funktionieren Ihrer Clusterpostfachserver überzeugt haben, können Sie deren Failoverfähigkeit prüfen. Dazu verschieben Sie die Exchange-Ressourcen von der Exchange-Verwaltungsshell aus vom aktiven auf den passiven Knoten. Wird dies von einem Administrator manuell erledigt, handelt es sich nicht um einen Failover, sondern um eine Übergabe (Handoff), ein absichtliches Verschieben ohne Verluste. Geben Sie den folgenden Befehl ein:

```
Move-ClusteredMailboxServer -Identity:<Name_des_Clusters>
-TargetMachine:<passiver Knoten>
```

Als *<passiver Knoten>* fungiert dabei der Knoten, der gerade passiv ist. Außerdem können Sie am Ende des Befehls mit dem Tag **–MoveComment** einen Kommentar unterbringen, zum Beispiel -MoveComment: »Failoverübung«.

HINWEIS   In früheren Exchange-Versionen haben Sie zur Simulation des Ausfalls die Clusterverwaltung eingesetzt. Das ist immer noch möglich, jedoch war eins der Ziele des Exchange-Entwicklungsteams, die Notwendigkeit für die Verwendung der Clusterverwaltung zu reduzieren.

Wenn Sie die Übergabe des Clusters an den passiven Knoten durchführen, können Sie den Vorgang auf dem Bildschirm verfolgen, indem Sie die Clusterverwaltung öffnen und die Gruppe **Exchange-CCR** auswählen. Die Verschiebung von einem Knoten auf den anderen sollte in Echtzeit zu beobachten sein.

Bei einem echten Ausfall kann der Failover bis zu einer Minute dauern. Dies ist so kurz, dass die Verbindung wiederhergestellt ist, bevor die Benutzer reagieren können, selbst wenn sie den Abbruch bemerken. Aus der Perspektive des Benutzers hat sich nichts geändert.

Transportpapierkorb einrichten

Weiter vorn in diesem Kapitel haben Sie den Zweck des Transportpapierkorbs kennen gelernt. Die Hub-Transport-Server unterhalten eine Warteschlange mit den letzten E-Mails. Bei einem Ausfall (also nicht bei einem verlustfreien Failover, weil ein Teil der Daten noch nicht auf den anderen Knoten repliziert wurde) kann der Transportpapierkorb den Datenverlust verringern, indem er dem aktiven Server alle E-Mails sendet, die noch in der Warteschlange stehen. Damit er überhaupt von Nutzen ist, müssen Sie Einstellungen für ihn festlegen, was Sie über die Verwaltungsshell erledigen können.

Um die aktuellen Konfigurationseinstellungen für Ihren Transportpapierkorb einzusehen (Abbildung 9.18), geben Sie den Befehl **get-transportconfig** ein.

In der Abbildung sehen Sie zwei Einstellungen (zurzeit ohne Werte), die Sie festlegen müssen:

- **MaxDumpsterSizePerStorageGroup**   Diese Einstellung gibt die maximale Länge der Transportpapierkorbwarteschlange für jede Speichergruppe an. Empfohlen wird die eineinhalbfache Länge der längsten möglichen E-Mail. Kann die längste Nachricht 10 MB umfassen, wählen Sie also 15 MB. Um zu ermitteln, wie viel Speicherplatz Sie benötigen, damit der Transportpapierkorb funktioniert, multiplizieren Sie einfach den Betrag dieser Einstellung mit der Anzahl der Speichergruppen auf dem Postfachserver.

- **MaxDumpsterTime** Diese Einstellung gibt die maximale Zeit an, die Nachrichten im Transportpapierkorb verbringen können. Die Empfehlung lautet sieben Tage, was eine Menge Zeit ist, um Systeme ohne Datenverlust wieder online zu bringen.

Abbildg. 9.18 Die aktuellen Konfigurationseinstellungen für den Transportpapierkorb

Zum Einrichten dieser Einstellungen benutzen Sie den Befehl **Set-TransportConfig**. Haben Sie sich an die Beispielwerte 15 MB und sieben Tage gehalten, geben Sie in der Exchange-Verwaltungsshell Folgendes ein:

```
Set-TransportConfig -MaxDumpsterSizePerStorageGroup 15MB
-MaxDumpsterTime 07.00:00:00
```

Abschließende Gedanken zur fortlaufenden Clusterreplikation

In diesem Kapitel ging es um die zugrunde liegende Theorie für die fortlaufende Clusterreplikation, die erforderliche Planung für die Implementierung in Ihrer Exchange-Organisation (einschließlich verschiedener Vorsichtsmaßnahmen bei der Einrichtung), eine Schritt-für-Schritt-Anleitung zum Konfigurieren des Clusters sowie Methoden, um seine Funktions- und Failoverfähigkeit zu testen. Außerdem gab es einige Anmerkungen über die Aktivierung des Transportpapierkorbs.

> **Weitere Informationen**
>
> Über die fortlaufende Clusterreplikation gibt es noch mehr Wissens- und Erlernenswertes, darunter weitere Befehlszeilenoptionen für die Exchange-Verwaltungsshell, Failovereinstellungen und die Optimierung des Clusters. Die Produktdokumentation zu Exchange Server 2007 ist eine hervorragende Quelle, die Sie an folgenden Stellen finden:
>
> Online-Webhilfe: http://technet.microsoft.com/en-us/library/cb24ddb7-0659-4d9d-9057-52843f861ba8.aspx
>
> Hilfedateien zum Herunterladen: http://www.microsoft.com/downloads/details.aspx?FamilyID=555f5974-9258-475a-b150-0399b133fede&DisplayLang=en

Einzelkopiecluster

Einzelkopiecluster (Single Copy Cluster, SCC) wurden mit einigen Verbesserungen aus den Clusterlösungen von Exchange Server 2003 in Exchange Server 2007 übernommen. Wie Sie in Abbildung 9.19 sehen, enthält der Cluster mehrere Knoten, die nur eine einzige Kopie der Postfachdatenbank in einem gemeinsam genutzten Speicherbereich benutzen. Exchange Server 2007 unterstützt nicht wie die früheren Exchange-Versionen Aktiv/Aktiv-Cluster, sondern nur die Aktiv/Passiv-Konfiguration.

Abbildg. 9.19 Ein Einzelkopiecluster

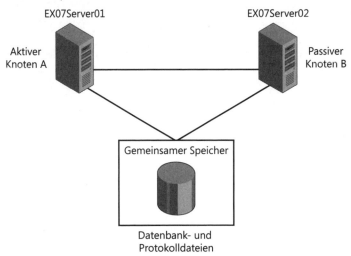

Vieles von dem, was Sie im Abschnitt über die fortlaufende Clusterreplikation gelernt haben, gilt auch für Einzelkopiecluster. Der Cluster hat eine eigene Identität, die Outlook-Clients für die Verbindung benutzen, aber hinter den Kulissen gibt es mehrere Knoten, von denen einer aktiv ist. Falls der aktive Knoten ausfällt, übernimmt der passive, der denselben gemeinsamen Speicher benutzt wie alle Knoten. Dabei handelt es sich normalerweise um ein SAN oder NAS mit eigener Fehlertoleranzlösung. Der Cluster bietet Redundanz für die Ressourcen des Exchange Server-Computers, aber nicht für die Daten.

Der gemeinsam genutzte Datenspeicher ist ein kritischer Ausfallpunkt, über den Sie sich Gedanken machen müssen. Mit einer teuren Festplattenlösung wie einem SAN/NAS sollten Sie natürlich auf einen Festplattenausfall vorbereitet sein, doch wenn Sie lediglich ein Festplattenarray benutzen, bei dem die Redundanz nicht über die Sicherungskopie hinausgeht, besteht die Möglichkeit, Daten zu verlieren, selbst in einem Cluster. Die fortlaufende Clusterreplikation nutzt dagegen die Stärken des Clusters zum Vorteil der Systemressourcen, nämlich die neuen Protokollversandmechanismen, die redundantes Speichern ermöglichen.

Die Vorbereitung, Implementierung und Überprüfung des Einzelkopieclusters läuft fast genauso ab wie bei der fortlaufenden Clusterreplikation. Auf jedem Knoten des Clusters müssen Windows Server 2003 Enterprise Edition und zwei Netzwerkkarten vorhanden sein, die mit statischen IP-Adressen in einem öffentlichen und einem privaten Netzwerk konfiguriert sind. Beachten Sie, dass Sie bei einem Einzelkopiecluster weder das Service Pack 2 für Windows Server 2003 noch das Hotfix aus dem KB-Artikel 921181 zu installieren brauchen, obwohl es immer empfehlenswert ist, die Server möglichst aktuell zu halten.

Bevor Sie den Cluster erstellen, konfigurieren Sie den gesamten gemeinsam genutzten Speicher. Die Quorumfestplatte befindet sich auf dem gemeinsam genutzten Speicherarray, sodass alle Knoten des Clusters in der Lage sein müssen, darauf zuzugreifen. Ist das Quorum nicht für alle Knoten erreichbar, kann der Cluster nicht funktionieren.

Wenn Sie die Speicherkarten konfiguriert haben und das Speicherarray für alle Knoten zugänglich ist, fahren Sie mit der Installation fort. Die Schritte für die Installation des ersten und zweiten Clusterknotens sind bei einem Einzelkopiecluster genau dieselben wie bei der fortlaufenden Clusterreplikation, sodass Sie die Clusterinstallation danach durchführen können. Es gibt nur einen bemerkenswerten Unterschied: Wenn Sie die Seite **Vorgeschlagene Clusterkonfiguration** des Assistenten zum Erstellen eines neuen Clusters erreicht haben (Schritt 7 unter der Überschrift »Den Cluster einrichten«), brauchen Sie das Quorum nicht in einen Hauptknotensatz zu ändern, weil es sich nicht um einen CCR-Cluster handelt. Behalten Sie die Standardwerte bei und fahren Sie mit der Einrichtung der Knoten fort.

Anschließend können Sie mithilfe der Clusterverwaltung überprüfen, ob der Cluster funktioniert und korrekt eingerichtet ist. Sie zeigt Ihnen außerdem die verwendeten Netzwerke (es wird empfohlen, sie auf allen Knoten mit **Öffentlich** und **Privat** zu benennen, damit Sie den Überblick behalten). Sie können sie so einrichten, dass das private Netzwerk für die interne Clusterkommunikation für den Takt (privates Netzwerk) und das öffentliche Netzwerk für die gesamte Kommunikation eingesetzt wird (gemischtes Netzwerk).

Eine andere Methode, sich von der Betriebsfähigkeit des Clusters zu überzeugen, besteht darin, eine Befehlszeile zu öffnen und den Status der Gruppe und der Knoten mit den Befehlen **cluster group** bzw. **cluster node** einzusehen.

HINWEIS Sind Sie nicht sicher, welche Art von Cluster eine Firma verwendet (Einzelkopiecluster oder fortlaufende Clusterreplikation), geben Sie in der Exchange-Verwaltungsshell **get-mailboxserver** ein. Suchen Sie in den Ergebnissen nach dem Wert von **ClusteredStorageType**. Für einen Server außerhalb eines Clusters lautet er **Disabled**, für die fortlaufende Clusterreplikation **NonShared** und für einen Einzelkopiecluster **Shared**.

Die Installation von Exchange Server 2007 entspricht bis auf eine Ausnahme ebenfalls der bei fortlaufender Clusterreplikation: Sobald die Mitgliedsserver alle Voraussetzungen für die Installation (darunter .NET Framework 2.0, MMC 3.0 und PowerShell) sowie die für einen Exchange-Postfachserver erforderlichen Komponenten aufweisen (was auch in einem Einzelkopiecluster die einzige Serverfunktion ist, die Sie installieren können), können Sie mit der Installation des aktiven Knotens fortfahren. Folgen Sie den angegebenen Schritten, bis Sie die Stelle erreichen, an der das Setup für Exchange Server 2007 Sie auffordert, einen Clustertyp auszuwählen. Dort wählen Sie **Einzelkopiecluster**.

Der verbleibende Vorgang für den aktiven und den passiven Knoten ist derselbe wie bei der fortlaufenden Clusterreplikation. Dann wählen Sie eine der folgenden Möglichkeiten, um den Cluster zu überprüfen:

- Öffnen Sie die Clusterverwaltung und überzeugen Sie sich, dass beide Knoten angelegt sind. Erweitern Sie einen Knoten und wählen Sie **Aktive Ressourcen**, um festzustellen, ob die Ressourcen angelegt wurden und online sind.

- Öffnen Sie die Exchange-Verwaltungsshell und stellen Sie mit **Get-ClusteredMailbox-ServerStatus** fest, ob der Clusterstatus **Online** lautet und welcher Knoten aktiv ist, also die Zuständigkeit für das Quorum innehat.

- Um die Failoverfähigkeit des Clusters zu prüfen, können Sie mit dem Commandlet **Move-ClusteredMailboxServer** eine geplante Übergabe durchführen, wie Sie es bereits bei der fortlaufenden Clusterreplikation getan haben.

HINWEIS Bei einem Einzelkopiecluster besteht weder die Notwendigkeit, SP2 oder das Hotfix aus dem KB-Artikel 921181 zu installieren, noch müssen Sie auf dem Hub-Transport-Server einen Dateifreigabenzeugen einrichten oder Änderungen am Transportpapierkorb vornehmen, weil diese Aspekte den Cluster nicht betreffen.

Aus der Praxis: Gute Vorbereitung ist entscheidend

Ich erinnere mich noch daran, wie mein Vater zum ersten Mal ein Fahrrad für mich zusammenbaute. »Wer braucht schon eine Anleitung?«, wurde offiziell geäußert, und wie im Film blieben Teile über. Insgesamt war das Fahrrad trotzdem toll. Erlebnisse, bei denen wir etwas bauen oder in diesem Fall Software installieren, ohne die Voraussetzungen zu erfüllen, können unsere Ansicht stärken, wir brauchten keine Anweisungen zu befolgen. Die Clusterbildung in Exchange Server 2007 gehört jedoch nicht dazu.

Ein Administrator konfigurierte einmal alles perfekt. Er richtete seine Netzwerkkarten ein (benannte sie sogar in **Öffentlich** und **Privat** um) und installierte das für die fortlaufende Clusterreplikation erforderliche KB-Hotfix. Alle Vorbedingungen für die Installation von Exchange Server 2007 waren erfüllt. Als aber der erste Knoten des Clusters angelegt werden sollte, scheiterte dies. Auch die Ermittlung zur Clusterfähigkeit schlug fehl. Noch einmal überprüfte der Administrator die Einstellungen, schlug in der Dokumentation nach und las schließlich die Protokolldateien. Anscheinend ließ diese Version keinen Cluster zu. Der Grund? Die fortlaufende Clusterreplikation erfordert Windows Server 2003 Enterprise Edition, er hatte aber die Standard Edition installiert. Kein Weltuntergang, aber einige Stunden Arbeit waren verloren. Lektion für das nächste Mal gelernt.

Es gibt von **MSExchange.org** unter der Adresse **http://forums.msexchange.org** eine Menge hervorragender Informationen über Erfolg und Misserfolg von Exchange Server 2007-Clustern in der Praxis (und andere Themen). Außerdem bietet Microsoft TechNet unter folgendem Link einiges an Unterstützung für die Fehlerbehebung bei Clustern, die eine echte Herausforderung sein kann: http://technet.microsoft.com/en-us/library/aa998567.aspx.

Zusammenfassung

Wie am Anfang des Kapitels bereits gesagt, bietet Exchange Server 2007 hohe Verfügbarkeit von Serverressourcen (bei einem Einzelkopiecluster), Festplattenressourcen (bei lokaler fortlaufender Replikation) oder beides (bei fortlaufender Clusterreplikation). Ihr Ziel zum Erreichen einer hohen Verfügbarkeit besteht darin, kritische Ausfallpunkte bei Ihren Exchange-Postfächern zu beseitigen, Ihre Daten zu schützen und sich mehr Seelenfrieden zu gönnen. Die neuen Techniken und Mechanismen von Exchange Server 2007 machen zusammen mit der neuen (auf PowerShell basierenden) Exchange-Verwaltungsshell das Implementieren, Konfigurieren und Überwachen Ihrer Hochverfügbarkeitslösung wesentlich einfacher.

Teil D

Verwaltung

In diesem Teil:

Kapitel 10	Exchange Server 2007 verwalten	259
Kapitel 11	Empfänger erstellen und verwalten	279
Kapitel 12	Mit öffentlichen Ordnern arbeiten	315
Kapitel 13	Speichergruppen erstellen und verwalten	327
Kapitel 14	Unified Messaging	355

Kapitel 10

Exchange Server 2007 verwalten

In diesem Kapitel:

Microsoft Management Console	260
Die Exchange-Verwaltungskonsole verwenden	265
Die Exchange-Verwaltungsshell verwenden	273
Zusammenfassung	278

Kapitel 10   Exchange Server 2007 verwalten

Nach der Installation von Exchange Server 2007 sind Sie wahrscheinlich auf die Arbeit mit dem Server gespannt. Sie werden anfangen wollen, Postfächer, Gruppen und andere Empfänger zu erstellen, doch dazu benötigen Sie Grundkenntnisse über die Verwaltung des Exchange-Systems.

Exchange Server 2007 leitet eine radikale Wende in der Art der Verwaltung von Exchange Server-Computern und Organisationen ein. Es ist komplett auf einer neuen Befehlszeilenschnittstelle namens Exchange-Verwaltungsshell aufgebaut – einer modifizierten Version der neuen Windows PowerShell. Sie können nahezu jede vorstellbare administrative Funktion in Exchange Server 2007 mithilfe der Shell-Befehle (Commandlets) ausführen.

Die grafische Verwaltungsschnittstelle von Exchange Server 2007 ist die Exchange-Verwaltungskonsole. Sie ist im Grunde ein Snap-In für die Microsoft Management Console (MMC), die für die Ausführung von Befehlen der Exchange-Verwaltungsshell entwickelt wurde. Immer wenn Sie in der Konsole ein Objekt konfigurieren oder einen Assistenten ausführen, verwendet die Schnittstelle die zugrunde liegende Exchange-Verwaltungsshell, um die entsprechenden Befehle auszuführen. Tatsächlich stellt die Konsole sogar Informationen bereit, die deren Ausführung in der Exchange-Verwaltungsshell erklären. Damit bietet sie einen angenehmen Weg, um die Shell-Schnittstelle und deren Befehlstruktur kennen zu lernen.

Dieses Kapitel stellt Ihnen die Microsoft Management Console, die Exchange-Verwaltungskonsole und die Exchange-Verwaltungsshell vor. In diesem Buch erfahren Sie durchgängig, wie Sie administrative Funktionen in beiden Schnittstellen ausführen. Das Grundwissen über diese beiden Möglichkeiten zur Verwaltung von Exchange Server 2007, stellt dieses Kapitel bereit.

Microsoft Management Console

Microsoft Management Console (MMC) stellt eine zentrale Umgebung für die Verwaltung der System- und Netzwerkressourcen zur Verfügung. Es handelt sich dabei um ein Framework für die *Snap-Ins*, die die eigentlichen Werkzeuge zur Verwaltung der Ressourcen bilden. So verwenden Sie beispielsweise das Snap-In **Microsoft Exchange** für die Verwaltung von Exchange Server 2007.

> **HINWEIS**   Der Menüeintrag für den Start der Echange-Verwaltungskonsole erstellt im Grunde eine MMC und lädt dann das Snap-In **Microsoft Exchange** dafür. So können Sie nahezu alle administrativen Aufgaben über diese Verknüpfung erledigen. Allerdings kann es auch sinnvoll sein, das Snap-In **Microsoft Exchange** zu einer MMC-Konsole hinzuzufügen, die Sie zusammen mit anderen Snap-Ins, für Ihre häufig anfallenden Aufgaben erstellt haben.

MMC verfügt über keine eigene Verwaltungsfunktionalität, sondern stellt eine Umgebung bereit, in die Snap-Ins integriert werden können. Administratoren und andere Benutzer haben dadurch die Möglichkeit, benutzerdefinierte Verwaltungswerkzeuge zu erstellen, die auf Snap-Ins verschiedener Hersteller beruhen. Die Administratoren können die erstellten Tools speichern und für andere Administratoren und Benutzer freigeben, um Verwaltungsaufgaben zu delegieren. Zu diesem Zweck legt der Administrator verschiedene Werkzeuge unterschiedlicher Komplexität an und übergibt sie Benutzern, die damit bestimmte Aufgaben ausführen.

Die Benutzeroberfläche von Microsoft Management Console

Wenn Sie MMC zum ersten Mal laden, werden Sie eine gewisse Ähnlichkeit mit Microsoft Windows-Explorer feststellen. MMC verwendet das so genannte Multiple-Document Interface (MDI). Das bedeutet, dass Sie im übergeordneten MMC-Fenster gleichzeitig mehrere Konsolenfenster laden und anzeigen können. In Abbildung 10.1 sehen Sie dieses übergeordnete Fenster, in dem das Snap-In **Exchange** angezeigt wird. Die wichtigsten Komponenten des Fensters werden in den nachfolgenden Abschnitten beschrieben.

Die MMC-Symbolleiste

Die Hauptsymbolleiste von MMC enthält sechs Menüs: **Datei, Aktion, Ansicht, Favoriten, Fenster** und **Hilfe**. Die Menüs **Ansicht, Favoriten, Fenster** und **Hilfe** enthalten die gängigen Befehle, die Sie aus der Windows-Umgebung kennen. Mithilfe des Menüs **Ansicht** können Sie die Spalten in der Anzeige anpassen und visuelle Effekte ein- oder ausschalten. Mit dem Menü **Favoriten** können Sie Objekte zu einer Favoritenliste hinzufügen und diese Liste in Kategorien gliedern. Die Favoritenliste kann beispielsweise Verknüpfungen zu Tools, Konsolenelementen und Aufgaben enthalten. Mit den Befehlen des Menüs **Fenster** werden die Konsolenfenster verwaltet, die in MMC geöffnet sind. Das Menü **Hilfe** ermöglicht den Zugriff auf die allgemeine MMC-Hilfe sowie auf Informationen zum jeweils geladenen Snap-In.

Abbildg. 10.1 Das MMC-Fenster mit dem Snap-In **Microsoft Exchange**

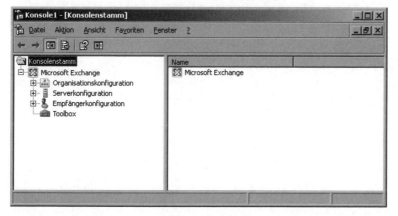

Das Menü **Aktion** stellt passende Befehle zu dem ausgewählten Objekt in der Konsole bereit. Die Befehle in diesem Menü verändern sich abhängig von dem geladenen Snap-In und dem gerade ausgewählten Objekt.

Das Menü **Datei** ist das zentrale Bearbeitungsmenü: Mit seinen Befehlen öffnen und speichern Sie Konsolen und legen neue an. Außerdem können Sie über dieses Menü Snap-Ins in geöffnete Konsolen einfügen oder daraus entfernen und allgemeine MMC-Optionen festlegen. Folgende Einstellungen lassen sich hier vornehmen:

- **Konsolenname**   Dieser Name wird in der Titelleiste des MMC-Fensters angezeigt.
- **Konsolenmodus**   Der *Autorenmodus* gewährt einem Benutzer einen umfassenden Zugriff auf alle Funktionen von MMC. Der Modus *Benutzer* verfügt über drei Stufen: *Vollzugriff* ermöglicht den Zugriff auf alle MMC-Befehle, ausgenommen die Befehle für das Hinzufügen und Entfernen von Snap-Ins und für das Ändern von Konsoleneigenschaften. **Beschränkter Zugriff, mehrere Fenster** erlaubt einem Benutzer nur den Zugriff auf die Bereiche der Konsolenstruktur, die beim Speichern der Konsole sichtbar waren, sowie das Öffnen neuer Fenster. **Beschränkter Zugriff, Einzelfenster** entspricht dem Modus **Beschränkter Zugriff, mehrere Fenster** mit der Ausnahme, dass der Benutzer keine neuen Fenster öffnen darf.

Mithilfe weiterer Optionen können Sie festlegen, ob die Benutzer auf Kontextmenüs in Aufgabenblöcken zugreifen, Änderungen an der Konsole speichern und Ansichten anpassen dürfen.

Das Bereichsfenster

Das Bereichsfenster enthält eine Containerhierarchie, die als Konsolenstruktur bezeichnet wird. Einige Container werden in Form von Symbolen angezeigt, die den Containerinhalt grafisch wiedergeben, andere als Ordner, um kenntlich zu machen, dass sie weitere Objekte enthalten. Klicken Sie auf das Pluszeichen neben einem Container, um ihn zu erweitern und die darin enthaltenen Objekte einzusehen. Wenn Sie auf das Minuszeichen klicken, wird der Container wieder ohne Inhalt angezeigt.

Das Detailfenster

Im Detailfenster wird der Inhalt des Containers angezeigt, der im Bereichsfenster ausgewählt ist. Anders ausgedrückt zeigt das Detailfenster die Ergebnisse des ausgewählten Bereichs an. Die Informationen in diesem Fenster können auf unterschiedliche Art und Weise, in so genannten *Ansichten*, dargestellt werden.

HINWEIS   Mithilfe des Menüs **Ansicht** lassen sich auch die Spalten im Bereichs- und Detailfenster ändern. Im Detailfenster können Sie sie neu anordnen und auf eine Spaltenüberschrift klicken, um die Zeilen alphabetisch oder chronologisch zu sortieren.

Zusätzlich zu den Standardansichten können Sie für einige Snap-Ins eine Aufgabenblockansicht für das Detailfenster erstellen. Dabei handelt es sich um eine dynamische HTML- oder DHTML-Seite mit Verknüpfungen zu den Befehlen, die für das im Bereichsfenster markierte Objekt zur Verfügung stehen. Jeder Befehl wird als Aufgabe dargestellt, die sich aus einem Bild, einer Bezeichnung, einer Beschreibung und einem Mechanismus zusammensetzt, mit dem das Snap-In zur Ausführung des Befehls veranlasst wird. Benutzer können einen Befehl aufrufen, indem sie auf die entsprechende Aufgabe klicken.

Mit Aufgabenblockansichten können Sie Folgendes tun:

- Verknüpfungen zu den Aufgaben erstellen, die ein bestimmter Benutzer durchführen soll.
- Aufgaben nach Funktionen oder Benutzern gruppieren, indem Sie mehrere Aufgabenblockansichten in einer Konsole erstellen.
- Vereinfachte Aufgabenlisten anlegen. So können Sie beispielsweise Aufgaben in eine Aufgabenblockansicht einfügen und danach die Konsolenstruktur ausblenden.
- Komplexe Aufgaben vereinfachen. Wenn ein Benutzer beispielsweise häufig eine Aufgabe durchführt, zu der er mehrere Snap-Ins und andere Werkzeuge braucht, können Sie an einem zentralen Ort Verknüpfungen zu den Aufgaben zusammenstellen, die die betreffenden Eigenschaftenseiten, Befehlszeilen, Dialogfelder oder Skripts ausführen.

Der Snap-In-Stammcontainer

Der Snap-In-Stammcontainer ist der oberste Container im Snap-In und wird normalerweise nach dem Produkt oder der Aufgabe benannt, zu der er gehört. MMC unterstützt eigenständige Snap-Ins und Snap-In-Erweiterungen. Ein eigenständiges Snap-In wie **Exchange** stellt die gesamte Verwaltungsfunktionalität ohne Unterstützung durch ein anderes Snap-In bereit und verfügt über nur einen Stammcontainer. Snap-In-Erweiterungen benötigen dagegen ein übergeordnetes Snap-In, das in der Konsolenstruktur über ihnen angesiedelt ist, und vergrößern dessen Funktionsumfang.

Container und Objekte

Exchange Server 2007 ist ein ideales Beispiel für eine objektbasierte, hierarchische Verzeichnisumgebung. All die kleinen Einzelteile und Komponenten von Exchange stellen Objekte dar, die auf irgendeine Weise miteinander interagieren. Die Objekte, die Sie im Bereichs- und Detailfenster sehen, lassen sich in zwei Kategorien einteilen:

- **Container** Container können weitere Container sowie Objekte enthalten, die keine Container sind, und lassen sich im Detailfenster anzeigen. Sie ermöglichen die logische Gruppierung der Objekte, die zu einer Verwaltungsumgebung gehören. Ein Administrator nutzt Containerobjekte, um die Struktur zu gliedern und zu durchsuchen.

- **Blattobjekte** Ein Blattobjekt kann keine anderen Objekte enthalten. Server und Connectors sind Blattobjekte, mit denen Administratoren täglich arbeiten.

Alle Objekte in einer MMC-Konsole werden mithilfe von Eigenschaftenseiten verwaltet. Eine *Eigenschaftenseite* ist ein Dialogfeld, das Sie öffnen, indem Sie ein Objekt auswählen und im Menü **Aktion** auf **Eigenschaften** klicken. Sie besteht aus einer oder mehreren Registerkarten mit Steuerelementen, mit denen jeweils eine Gruppe verwandter Eigenschaften festgelegt wird. In Abbildung 10.2 sehen Sie die Eigenschaftenseite für ein Serverobjekt im Snap-In **Microsoft Exchange**.

Abbildg. 10.2 Die Eigenschaftenseite für ein Serverobjekt

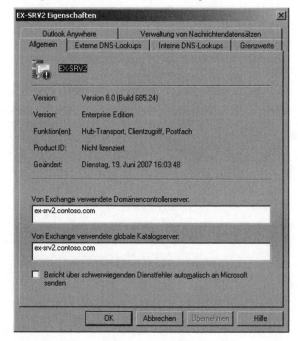

Funktionsweise von Microsoft Management Console (MMC)

Die Schnittstelle von MMC erlaubt die Integration von Snap-Ins in eine gemeinsame Verwaltungskonsole, wodurch die verschiedenen Snap-Ins unabhängig von ihrer Funktionsweise ein ähnliches Aussehen und Verhalten bekommen. Die Konsole selbst stellt keine Verwaltungsfunktionen bereit, sondern fungiert vielmehr als Träger für Snap-Ins. Snap-Ins befinden sich immer in einer Konsole und können nicht eigenständig ausgeführt werden.

Snap-Ins

Jedes MMC-Tool setzt sich aus Instanzen kleinerer Werkzeuge zusammen, die als MMC-Snap-Ins bezeichnet werden. Ein Snap-In ist die kleinste Einheit der Konsolenerweiterung und dient zur Ausführung einer bestimmten Verwaltungsaufgabe. Es kann andere unterstützende Elemente und DLLs (Dynamic Link Libraries) zur Ausführung seiner Aufgabe aufrufen.

Snap-Ins erweitern MMC, indem sie Verwaltungsfunktionen hinzufügen und aktivieren. Dies kann in unterschiedlicher Form geschehen. Snap-Ins können beispielsweise Elemente in die Containerstruktur einfügen oder ein bestimmtes Werkzeug erweitern, indem sie Kontextmenüs, Symbolleisten, Registerkarten für Eigenschaftenseiten, Assistenten oder Hilfefunktionen in einem vorhandenen Snap-In implementieren. Es gibt zwei Grundtypen von Snap-Ins:

- **Eigenständige Snap-Ins** Sie stellen die Verwaltungsfunktionalität bereit, ohne dass sich weitere unterstützende Snap-Ins in der Konsole befinden, sind also nicht auf andere Snap-Ins angewiesen. Das Exchange-Snap-In ist ein Beispiel für ein eigenständiges Snap-In.
- **Snap-In-Erweiterungen** Sie stellen besondere Funktionen zur Verfügung, müssen aber immer in Verbindung mit einem übergeordneten Snap-In verwendet werden. Einige dieser Snap-Ins erweitern den Namespace der Konsole, andere lediglich die Kontextmenüs oder bestimmte Assistenten.

> **HINWEIS** Viele Snap-Ins unterstützen beide Betriebsmodi. Sie bieten eine gewisse eigenständige Funktionalität, können aber auch die Funktionalität anderer Snap-Ins erweitern.

Pakete

Snap-Ins werden normalerweise in Gruppen ausgeliefert, die als Pakete bezeichnet werden. Das Betriebssystem Microsoft Windows enthält beispielsweise ein oder mehrere Snap-In-Pakete. Außerdem gibt es Hersteller, die ein Produkt ausschließlich in Form von Snap-In-Paketen bereitstellen. Diese Zusammenfassung von Snap-Ins zu Paketen erleichtert das Herunterladen und Installieren eines Produkts. Außerdem können so mehrere Snap-Ins wichtige DLLs gemeinsam nutzen, ohne dass diese in jedes Snap-In eingefügt werden müssen.

Benutzerdefinierte Werkzeuge

MMC ermöglicht die Erstellung von benutzerdefinierten Verwaltungswerkzeugen. Administratoren können eine Konsole mit mehreren Snap-Ins, die auf ganz bestimmte Aufgaben zugeschnitten ist, erstellen, speichern und danach weitergeben. Diese speziellen Snap-Ins lassen sich dann zu einem Tool (oder Dokument) kombinieren, das in einer Instanz von MMC ausgeführt wird. So können Sie beispielsweise ein Werkzeug erstellen, mit dem unterschiedliche Netzwerkkomponenten (wie Active Directory, Replikationstopologie, Dateifreigabe) verwaltet werden. Der Administrator kann die kombinierten Snap-Ins in einer MSC-Datei speichern, die später lediglich geladen werden muss, um das Tool aufzurufen. Die MSC-Datei lässt sich auch per E-Mail an andere Administratoren senden, damit diese das Werkzeug nutzen können.

Benutzerdefinierte Konsolen

Die Möglichkeit zur Anpassung ist einer der größten Vorteile von MMC. Sie können benutzerdefinierte Konsolen für bestimmte Verwaltungsaufgaben entwickeln und an andere Administratoren weitergeben. Dabei lassen sich auch die jeweiligen Verwaltungsanforderungen verschiedener Administratorgruppen berücksichtigen.

Sie können beispielsweise eine benutzerdefinierte Konsole erstellen (siehe Abbildung 10.3), die die Snap-Ins **Microsoft Exchange**, **Active Directory-Benutzer und -Computer**, **Datenträgerverwaltung** und **Ereignisanzeige** enthält – verschiedene Werkzeuge, die für jeden Exchange-Administrator wichtig sind.

Abbildg. 10.3   Eine benutzerdefinierte Konsole mit mehreren Snap-Ins

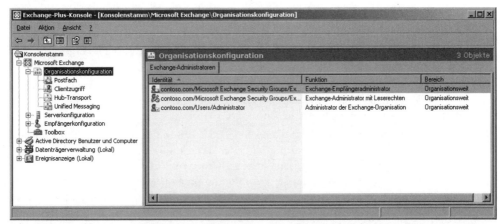

Weitere Informationen

Der Leistungsumfang von MMC kann in einem einzigen Kapitel nicht annähernd beschrieben werden, zumal im vorliegenden Kapitel das Snap-In **Microsoft Exchange** im Mittelpunkt steht. Wenn Sie mehr über MMC erfahren möchten, sehen Sie sich die Hilfedatei an, die in jedem Konsolenfenster angeboten wird.

Die Exchange-Verwaltungskonsole verwenden

Die Exchange-Verwaltungskonsole stellt alle Ressourcen und Komponenten einer Exchange-Organisation in grafischer Form dar. Sie können alle vorhandenen Server in einem einzigen Konsolenfenster verwalten, unabhängig davon, wie viele es sind. In diesem Fenster und mithilfe der Eigenschaftenseiten der darin enthaltenen Objekte durchsuchen Sie die Exchange-Organisationsstruktur und führen Verwaltungsaufgaben aus.

Für die Verwaltung einer Exchange-Organisation werden Container und Blattobjekte herangezogen. Die meisten Objekte im Konsolenfenster (Container und Blattobjekte) weisen eine Eigenschaftenseite auf, mit deren Hilfe Sie ihre verschiedenen Parameter konfigurieren und sie so einrichten können, dass sie die Anforderungen Ihrer Exchange-Organisation optimal erfüllen. Eine Eigenschaftenseite öffnen Sie, indem Sie das gewünschte Objekt auswählen und dann im Menü **Aktion** auf **Eigenschaften** klicken. Sie können aber auch mit der rechten Maustaste auf ein Objekt klicken und dann im daraufhin angezeigten Kontextmenü den Eintrag **Eigenschaften** auswählen. Exchange Server 2007 wird mithilfe von Eigenschaftenseiten konfiguriert und verwaltet.

Hauptbereiche der Exchange-Verwaltungskonsole

Um die Exchange-Verwaltungskonsole zu starten, klicken Sie auf **Start**, zeigen auf **Alle Programme** und auf **Microsoft Exchange Server 2007** und klicken dort auf **Exchange-Verwaltungskonsole**. Die Exchange-Verwaltungskonsole ist in folgende Hauptbereiche aufgeteilt (siehe Abbildung 10.4):

- **Konsolenstruktur** Die Konsolenstruktur befindet sich auf der linken Seite der Konsole und ist in Container gegliedert, die die Hierarchie der Exchange-Organisation repräsentieren. Welche Container dargestellt werden, hängt von den installierten Serverrollen ab. Wenn Sie einen Container in der Konsolenstruktur auswählen, werden die Ergebnisse im Ergebnisbereich angezeigt.

- **Ergebnisbereich** Der Ergebnisbereich befindet sich in der Mitte der Konsole. Er zeigt Objekte an, die den in der Struktur markierten Container widerspiegeln. Wenn Sie beispielsweise das Postfachobjekt im Container **Empfängerkonfiguration** ausgewählt haben, zeigt der Ergebnisbereich die einzelnen Postfächer an.

- **Arbeitsbereich** Der Arbeitsbereich befindet sich unterhalb des Ergebnisbereichs. Er wird nur angezeigt, wenn Sie Objekte im Container **Serverkonfiguration** (wie **Postfach**, **Clientzugriff** oder **Unified Messaging**) ausgewählt haben. Hier werden Objekte abhängig von der Serverrolle angezeigt, die Sie im Container **Serverkonfiguration** ausgewählt haben. Wenn Sie beispielsweise das Postfachobjekt im Container **Serverkonfiguration** ausgewählt haben, zeigt der Ergebnisbereich eine Liste der Postfachserver an. Wenn Sie dagegen einen Server im Ergebnisbereich auswählen, werden die Speichergruppen des Servers im Arbeitsbereich angezeigt.

- **Aktionsbereich** Der Aktionsbereich befindet sich auf der rechten Seite der Konsole. Abhängig von den Objekten die in der Konsolenstruktur, dem Ergebnisbereich und dem Arbeitsbereich angezeigt werden, werden hier ausführbare Aktionen aufgelistet. Diese Aktionen können Sie auch im Aktionsmenü oder durch Rechtsklicken eines Objektes aufrufen. Aus diesem Grund kann es für Sie sinnvoll sein, den Aktionsbereich auszublenden. Das erreichen Sie, indem Sie in der Exchange-Verwaltungskonsole auf **Ansicht** in der Menüleiste klicken, dann **Anpassen** wählen und im folgenden Fenster das Kontrollkästchen **Aktionsfeld** deaktivieren.

Die Exchange-Verwaltungskonsole verwenden

Abbildg. 10.4 Bereiche der Exchange-Verwaltungskonsole

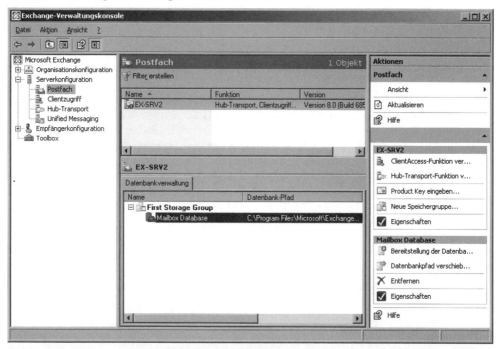

Aus der Praxis: Experimentieren Sie!

Bei der Verwaltung von Exchange Server 2007 werden Sie mit einer entmutigend großen Anzahl von Eigenschaftenseiten konfrontiert. Lassen Sie sich dadurch nicht einschüchtern! Nehmen Sie sich einfach ein wenig Zeit und experimentieren Sie mit dem Programm, um Ihre Befürchtungen abzubauen. Sie werden sicherlich nicht immer genau sagen können, wohin Sie sich in Exchange Server 2007 wenden müssen, um eine Verwaltungsaufgabe auszuführen. Da Sie jedoch wissen, wozu diese Aufgabe dient, haben Sie eine gute Ausgangsposition für die Suche nach dem geeigneten Werkzeug. Wenn Sie die Handhabung aller Postfächer auf einem Server verwalten wollen, suchen Sie den Container Postfach innerhalb des Containers Serverkonfiguration auf. Wenn Sie ein einzelnes Postfach bearbeiten möchten, verwenden Sie den Container Postfach innerhalb des Containers Empfängerkonfiguration. Jede Komponente behandelt immer nur einen Aspekt einer Konfiguration, sodass für eine Aufgabe unter Umständen mehrere Komponenten eingesetzt werden müssen. Je länger Sie mit dem Programm arbeiten und je vertrauter Sie mit der Exchange-Umgebung werden, umso schneller werden Sie die Objekte finden, die Sie zur Ausführung einer Verwaltungsaufgabe benötigen.

Anhand des Inhalts und Aufbaus der verschiedenen Eigenschaftenseiten im Snap-In Exchange lässt sich die Funktionsweise von Exchange Server 2007 umfassend nachvollziehen. Sobald Sie gelernt haben, Aktionen auf die Struktur von Exchange Server 2007 abzustimmen, können Sie Ihre Verwaltungsaufgaben leicht und schnell ausführen.

Die Exchange-Hierarchie untersuchen

Die Spitze der Hierarchie in der Struktur der Exchange-Verwaltungskonsole ist der Snap-In-Stammcontainer, der die Exchange-Organisation repräsentiert (siehe Abbildung 10.5). Dieser Container hat den Namen **Microsoft Exchange**. Alle Container von Exchange befinden sich in diesem Container. Wenn Sie den Stammcontainer auswählen, werden zwei Registerkarten im Ergebnisbereich angezeigt. Die Karte **Bereitstellung abschließen** zeigt Ihnen Aufgaben an, die Sie nach der Installation erledigen sollten (diese werden in Kapitel 6, »Exchange Server 2007 installieren«, besprochen). **End-to-End-Szenario** ermöglicht Ihnen die Konfiguration von End-to-End-Lösungen, wie beispielsweise die Implementierung von empfohlenen Vorgehensweisen für die Wiederherstellung.

Es gibt vier Hauptcontainer, die sich im Stammcontainer des Snap-Ins befinden. Sie werden in den folgenden Abschnitten beschrieben.

Abbildg. 10.5 Die Exchange-Hierarchie

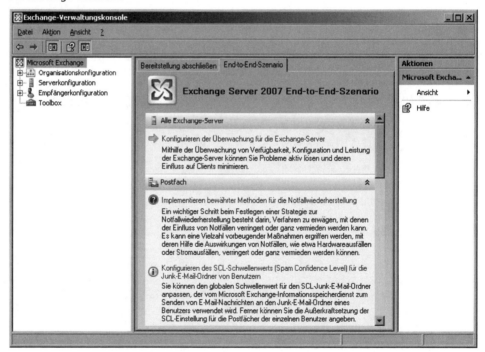

Organisationskonfiguration

Wenn Sie den Container **Organisationskonfiguration** auswählen, werden Ihnen alle Benutzer angezeigt, die als Exchange-Administrator konfiguriert sind. Hier können Sie administrative Zugriffsrollen für Benutzer und Gruppen einrichten (siehe Abbildung 10.6). Sie müssen Mitglied der Exchange Server-Administratorengruppe sein, damit Ihnen der Container **Organisationskonfiguration** angezeigt wird und Sie Veränderungen an Benutzerrollen vornehmen können.

Abbildg. 10.6 Anzeige von Exchange-Administratoren im Container

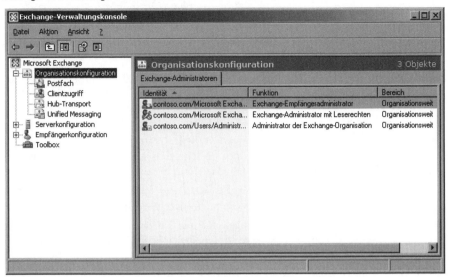

Organisationskonfiguration

Exchange-Administratorrollen sind funktionell mit Windows Server-Sicherheitsgruppen identisch. Sie ermöglichen Ihnen eine einfache Zuweisung von Berechtigungssätzen für die gebräuchlichsten Funktionen von Exchange Server an Benutzer. Es gibt folgende Exchange-Administratorrollen:

- **Exchange Server-Administratoren** Diese Rolle berechtigt nur zum Zugriff auf lokale Exchange Server-Konfigurationsdaten, entweder in Active Directory oder auf dem physischen Computer, auf dem Exchange Server 2007 installiert ist. Benutzer, die Mitglieder der Exchange Server-Administratorrolle sind, haben Berechtigungen zur Verwaltung des jeweiligen Servers, aber keine Berechtigungen, um Operationen auszuführen, die die Exchange-Organisation als Ganzes beeinflussen. Mitgliedern dieser Rolle wird Folgendes bewilligt:
    - Sie werden zu Besitzern aller lokaler Serverkonfigurationsdaten gemacht. Als Besitzer haben die Mitglieder dieser Rolle die volle Kontrolle über die lokalen Serverkonfigurationsdaten
    - Sie werden zum lokalen Administrator des Computers, auf dem Exchange installiert ist.
    - Sie werden außerdem zu Mitgliedern der Rolle Exchange-Administrator mit Leserechten.

- **Administrator der Exchange-Organisation** Diese Rolle bietet Administratoren den vollen Zugriff auf alle Eigenschaften und Objekte von Exchange in der Organisation. Zusätzlich wird Mitgliedern dieser Rolle Folgendes bewilligt:
    - Sie werden zu Besitzern der Exchange-Organisation im Konfigurationscontainer von Active Directory gemacht. Als Besitzer haben diese Mitglieder die Kontrolle über die Exchange-Organisationsdaten im Konfigurationscontainer von Active Directory und die lokale Exchange Server-Administratorengruppe.
    - Sie haben Leseberechtigung für alle Container der Domänenbenutzer in Active Directory. Exchange gewährt diese Berechtigung beim Einrichten des ersten Exchange Server 2007-Computers der Domäne, und zwar für jede Domäne in der Organisation. Diese Berechtigungen werden auch Mitgliedern der Rolle Exchange-Empfängeradministratoren gewährt.

- Sie haben Schreibberechtigungen für alle Attribute, die Exchange betreffen, und in allen Containern der Domänenbenutzer in Active Directory. Exchange gewährt diese Berechtigung beim Einrichten des ersten Exchange Server 2007-Computers der Domäne, und zwar für jede Domäne in der Organisation. Diese Berechtigungen werden auch Mitgliedern der Rolle Exchange- Empfängeradministratoren gewährt.
- Sie werden zu Besitzern aller lokaler Serverkonfigurationsdaten gemacht. Als Besitzer haben diese Mitglieder die volle Kontrolle über den lokalen Exchange Server-Computer. Exchange Server 2007 gewährt diese Berechtigung bei der Installation eines jeden Exchange Server-Computers.

- **Exchange-Empfängeradministrator** Diese Rolle besitzt Berechtigungen zum Ändern jeder Exchange-Eigenschaft von Active Directory-Benutzern, Kontakten, Gruppen, dynamischen Verteilerlisten und Öffentliche Ordner-Objekten. Den Mitgliedern wird Folgendes gewährt:
  - Sie erhalten Leseberechtigung für alle Container der Domänenbenutzer in Active Directory, in deren Domänen **Setup/PrepareDomain** ausgeführt wurde.
  - Sie erhalten Schreibberechtigungen für alle Exchange-Attribute in den Containern der Domänenbenutzer in Active Directory, in denen **Setup/PrepareDomain** ausgeführt wurde.
  - Sie werden automatisch zu Mitgliedern der Rolle Exchange-Administrator mit Leserechten.
- **Exchange-Administrator mit Leserechten** Diese Rolle erteilt Leseberechtigung für die gesamte Exchange-Organisationstruktur im Active Directory-Konfigurationscontainer und Leseberechtigung für alle Container der Windows-Domäne, in denen sich Exchange-Empfänger befinden.

Der Container **Organisationskonfiguration** enthält folgende Container:

- **Postfach** Der Container **Postfach** erlaubt Ihnen die organisationsweite Verwaltung von Einstellungen der Postfachserverfunktion, die für die gesamte Exchange-Organisation gelten. Sie können Adresslisten, verwaltete benutzerdefinierte Ordner, Postfachrichtlinien für die Verwaltung von Nachrichtendatensätzen (Messaging Records Management, MRM) und Offlineadressbücher (OABs) erstellen und verwalten. Mehr darüber erfahren Sie in ↗ Kapitel 11, »Empfänger erstellen und verwalten«.
- **Clientzugriff** Der Container **Clientzugriff** erlaubt Ihnen die organisationsweite Erstellung und Verwaltung von Exchange ActiveSync-Postfachrichtlinien für mobile Benutzer. Durch diese Richtlinien werden übliche Sätze von Sicherheitseinstellungen oder Richtlinien für mehrere Benutzer angewendet.
- **Hub-Transport** Der Container **Hub-Transport** erlaubt Ihnen die organisationsweite Konfiguration von Eigenschaften der Serverfunktion Hub-Transport. Diese Serverfunktion erledigt den gesamten internen Postverkehr, wendet Richtlinien der Organisation für das Nachrichtenrouting an und ist für die Auslieferung der Nachrichten an die Empfängerpostfächer verantwortlich.
- **Unified Messaging** Der Container **Unified Messaging** erlaubt Ihnen die organisationsweite Verwaltung von Einstellungen der Unified Messaging-Serverfunktion, die für die gesamte Exchange Server 2007-Organisation gelten. Sie können bestehende UM-Wählpläne, UM-IP-Gateways, UM-Postfachrichtlinien und automatische UM-Telefonzentralen warten und neue erstellen. Weitere Informationen über Unified Messaging finden Sie in Kapitel 14, »Unified Messaging«.

Serverkonfiguration

Den Container **Serverkonfiguration** (siehe Abbildung 10.7) verwenden Sie, um sich eine Liste aller Server in Ihrer Exchange-Organisation anzeigen zu lassen und spezifische Aufgaben der einzelnen

Serverfunktionen durchzuführen. Wenn Sie diese Container auswählen, können Sie die Funktion, die Version, die Ausgabe, die Produkt-ID, den Clusterstatus, die Zeit der letzten Änderung und den Standort jedes Servers im Ergebnisbereich sehen. Weitere Informationen darüber, wie Sie diese Spalten im Ergebnisbereich anzeigen lassen können, finden Sie im Abschnitt »Benutzerdefinierte Konsolen« weiter vorn in diesem Kapitel.

Abbildg. 10.7   Anzeige des Containers **Serverkonfiguration**

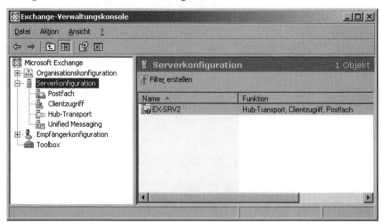

Die Container, die unterhalb von **Serverkonfiguration** erscheinen, zeigen nur die Server an, die jeweils eine bestimmte Serverfunktion installiert haben. Der Container **Serverkonfiguration** enthält folgende Container:

- **Postfach**   Der Container **Postfach** erlaubt Ihnen die Anzeige einer Liste aller Server in der Organisation, auf denen die Postfachserverfunktion installiert ist und die Ausführung von spezifischen Aktionen für diese Funktion. Die Registerkarte **Datenbankverwaltung** im Arbeitsbereich listet alle Speichergruppen und Datenbanken auf, die auf dem markierten Server vorhanden sind.

- **Clientzugriff**   Der Container **Clientzugriff** erlaubt Ihnen die Anzeige und Wartung der Einstellungen für Microsoft Outlook Web Access (OWA), Exchange ActiveSync und das Offlineadressbuch (OAB) auf den einzelnen Servern.

- **Hub-Transport**   Der Container **Hub-Transport** erlaubt Ihnen die Anzeige einer Liste aller Server in der Organisation, auf denen die Hub-Transport-Serverfunktion installiert ist und die Ausführung von spezifischen Aktionen für diese Funktion.

- **Unified Messaging**   Der Container **Unified Messaging** erlaubt Ihnen, jeweils serverweise einen gemeinsamen Speicher für Sprachnachrichten, Fax- und E-Mail-Nachrichten einzurichten, auf den die Benutzer sowohl über Telefon als auch über einen Computer zugreifen können. Exchange Server 2007 Unified Messaging verbindet Microsoft Exchange mit Telefonnetzwerken und verbindet Unified Messaging-Funktionalität mit dem Kern von Microsoft Exchange.

Empfängerkonfiguration

Der Container **Empfängerkonfiguration** (siehe Abbildung 10.8) erlaubt Ihnen verschiedene Verwaltungsaufgaben für Empfänger auszuführen. Sie können sich alle Empfänger in Ihrer Organisation anzeigen lassen und neue erstellen. Außerdem können Sie bestehende Postfächer, E-Mail-Kontakte, E-Mail-Benutzer und Verteilergruppen verwalten.

Abbildg. 10.8 Anzeige des Containers **Empfängerkonfiguration**

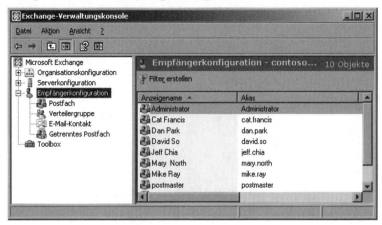

Der Container **Empfängerkonfiguration** enthält folgende Container:

- **Postfach** Der Container **Postfach** erlaubt Ihnen die Verwaltung von Postfachbenutzern und Ressourcenpostfächern für einzelne Empfänger. Zu den Ressourcenpostfächern gehören Raum- und Gerätepostfächer. Sie können neue Postfächer erstellen sowie vorhandene entfernen, deaktivieren und verschieben. Über dies können Sie Postfacheigenschaften konfigurieren, Unified Messaging (UM) aktivieren oder deaktivieren und mobile Geräte verwalten.

- **Verteilergruppe** Der Container **Verteilergruppe** erlaubt Ihnen die Verwaltung von E-Mail-aktivierten Verteilergruppen (unter die auch Sicherheitsgruppen fallen) und dynamischen Verteilergruppen. Sie können neue Verteilergruppen erstellen sowie bestehende entfernen, deaktivieren und konfigurieren.

- **E-Mail-Kontakt** Der Container **E-Mail-Kontakt** erlaubt Ihnen E-Mail-Kontakte zu verwalten. Sie können neue E-Mail-Kontakte erstellen sowie bestehende löschen und konfigurieren.

- **Getrenntes Postfach** Der Container Getrenntes Postfach erlaubt Ihnen die Anzeige von getrennten Postfächern und bietet die Möglichkeit, diese wieder zu verbinden. Getrennte Postfächer werden auf der Grundlage der konfigurierten Postfachdatenbankbeschränkungen aufbewahrt. Sie können nur die Postfächer sehen, die während des Aufbewahrungszeitraums getrennt wurden. Dieser Zeitraum ist in der Postfachdatenbank festgelegt.

Toolbox

Die Toolbox ist eine Sammlung von Werkzeugen, die zusammen mit Microsoft Exchange Server 2007 installiert werden. Sie ist ein zentraler Ort für Diagnose-, Fehlerbehebungs- und Wiederherstellungsaktivitäten, bei denen verschiedene Exchange-Tools verwendet werden.

Diese Tools sind in folgende Kategorien unterteilt:

- **Konfigurationsverwaltungstools** Diese Kategorie enthält nur den Exchange Server Best Practices Analyzer, der die Exchange Server 2007-Bereitstellung automatisch untersucht und feststellt, ob die Konfiguration mit den von Microsoft empfohlenen Vorgehensweisen übereinstimmt. Führen Sie den Exchange Server Best Practices Analyzer nach der Installation eines neuen Exchange Server-Computers oder nach Konfigurationsänderungen aus. Mehr darüber erfahren Sie in Kapitel 15, »Fehlerbehebung bei Exchange Server 2007«.

- **Wiederherstellungstools**   Diese Kategorie enthält zwei Werkzeuge: Datenbankwiederherstellungs-Verwaltung und Datenbank-Problembehandlung. Beide arbeiten eine Reihe von Fehlerbehebungsschritten ab, die bei der Identifizierung und der Lösung von Datenbankproblemen helfen.
- **Nachrichtenübermittlungstools**   Diese Kategorie enthält folgende drei Werkzeuge:
  - **Nachrichtenübermittlungs-Problembehandlung**   Dieses Tool ermöglicht Ihnen die Fehlersuche bei Problemen der Nachrichtenübermittlung. Nachdem Sie ein Symptom der aufgetretenen Übermittlungsprobleme ausgewählt haben (wie Verzögerungen oder Unzustellbarkeitsberichte), versucht das Tool eine Lösung für diese Probleme zu finden. Danach gibt es Hilfestellung bei der Durchführung der richtigen Schritte zur Fehlerbehebung. Es zeigt eine Aufstellung möglicher Grundursachen der Probleme und macht Vorschläge für korrigierende Maßnahmen bereit.
  - **Nachrichtenverfolgung**   Dieses Tool zeigt ein detailliertes Protokoll aller Nachrichtenaktivitäten von und zu dem Exchange Server 2007-Computer an, der die Hub-Transport-Funktion, die Postfachserver-Funktion oder die Edge-Transport-Funktion ausübt. Sie können die Nachrichtenverfolgungs-Protokolle für die Analyse, Berichterstattung und Fehlerbehebung verwenden.
  - **Warteschlangenanzeige**   Dieses Tool ermöglicht die Untersuchung der Nachrichtenübermittlung und die Inspektion von Warteschlangen und Nachrichten. Sie können auch Aktionen an den Datenbanken der Warteschlangen ausführen, wie beispielsweise das Anhalten oder die Wiederaufnahme einer Warteschlange oder das Löschen.
- **Leistungstools**   Diese Kategorie enthält zwei Tools: den Systemmonitor und die Leistungsproblembehandlung. Der Systemmonitor kann so konfiguriert werden, dass er Informationen über die Leistung Ihres Nachrichtensystems sammelt. Sie können ihn gezielt zur Überwachung, zur Erstellung von Diagrammen und zur Protokollierung von Leistungsmetriken der inneren Systemfunktionen einsetzen. Der Systemmonitor wird detailliert im Kapitel 17, »Exchange Server 2007 optimieren«, beschrieben. Die Leistungsproblembehandlung hilft Ihnen die leistungsbezogenen Probleme zu lokalisieren und zu identifizieren, die einen Exchange Server-Computer beeinflussen können. Sie diagnostizieren ein Problem, indem Sie die beobachteten Symptome auswählen. Das Tool (das in Kapitel 15 näher beschrieben wird) führt Sie aufgrund dieser Symptome durch die Problembehandlung.

Die Exchange-Verwaltungsshell verwenden

Die Exchange-Verwaltungsshell (siehe Abbildung 10.9) basiert auf der Microsoft Windows PowerShell, die eine leistungsfähige Befehlszeilen-Schnittstelle für die Ausführung und Automatisierung administrativer Aufgaben bereitstellt. Sie können jeden Aspekt von Exchange Server 2007 mit der Exchange-Verwaltungsshell handhaben – z.B. die Aktivierung neuer E-Mail-Konten, der Konfiguration der Eigenschaften von Speicherdatenbanken und nahezu jede andere Verwaltungsaufgabe, die mit Exchange Server 2007 zusammenhängt.

Sie können jede Aufgabe, die sich mit der Exchange-Verwaltungskonsole erledigen lässt, auch mit der Exchange-Verwaltungsshell lösen und zusätzlich noch eine Anzahl weiterer Aufgaben ausführen. Stellen Sie es sich am besten folgendermaßen vor: Die Exchange-Verwaltunskonsole bietet eine grafische Schnittstelle für die meisten Funktionen der Exchange-Verwaltungsshell. Wenn Sie in der Exchange-Verwaltungskonsole einen Befehl geben, wird in Wirklichkeit die Exchange-Verwaltungsshell aufgerufen, um den Befehl auszuführen. Die grafische Schnittstelle zeigt Ihnen oftmals sogar den dazugehörigen Verwaltungsshell-Befehl an (siehe Abbildung 10.10).

Abbildg. 10.9 Die Exchange-Verwaltungsshell

```
Machine: ex-srv2 | Scope: contoso.com

            Welcome to the Exchange Management Shell!
Full list of cmdlets:           get-command
Only Exchange cmdlets:          get-excommand
Cmdlets for a specific role:    get-help -role *UM* or *Mailbox*
Get general help:               help
Get help for a cmdlet:          help <cmdlet-name> or <cmdlet-name> -?
Show quick reference guide:     quickref
Exchange team blog:             get-exblog
Show full output for a cmd:     <cmd> | format-list

Tip of the day #17:
Wenn Sie alle Anbieter für geblockte IP-Adressen testen möchten, müssen Sie einf
ach nur das Cmdlet Get-IpBlockListProvider mittels Pipelining an das Cmdlet Test
-IpBlockListProvider umleiten:

Get-IpBlockListProvider | Test-IpBlockListProvider -IpAddress 192.168.0.1

[PS] C:\Dokumente und Einstellungen\Administrator>
```

Abbildg. 10.10 Anzeige von Shell-Befehlen in der Exchange-Verwaltungskonsole

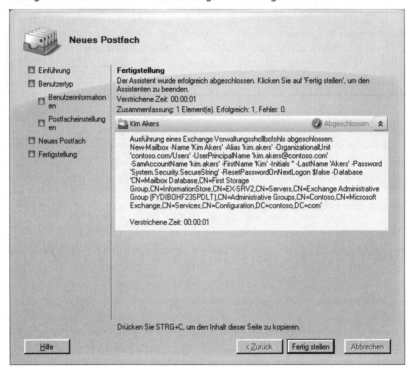

Warum sollten Sie also die Shell anstatt der Konsole verwenden? Neben der Tatsache, dass einige Befehle (wie etwa die zur Verwaltung öffentlicher Ordner) nur als Shell-Befehle verfügbar sind, bietet die Shell außerdem noch eine Flexibilität, mit der Sie allgemeine Operationen vereinfachen und beschleunigen können. So können Sie beispielsweise mit einem einzigen Shell-Befehl eine Liste aller Empfänger abrufen, diese Liste nach bestimmten Kriterien filtern und dann eine Funktion an den Empfängern in der gefilterten Liste ausführen.

HINWEIS Die Exchange-Verwaltungsshell bietet zusätzlich eine solide und flexible Skriptplattform, die komplexe aktuelle Microsoft Visual Basic-Skripts vereinfachen kann. Aufgaben, die vorher viele Zeilen in Visual Basic-Skripten benötigten, lassen sich nun mit einer einzigen Codezeile in der Exchange-Verwaltungsshell ausführen. Die Exchange-Verwaltungsshell bietet diese Flexibilität an, da sie anstelle von Text ein auf der Microsoft .NET-Plattform basierendes Objektmodell zur Interaktion mit dem System verwendet. Dieses Objektmodell ermöglicht den Commandlets der Exchange-Verwaltungsshell, die Ausgabe eines Befehls auf nachfolgende Befehle anzuwenden.

Um die Exchange-Verwaltungsshell zu öffnen, führen Sie folgende Schritte aus:

1. Klicken Sie auf **Start**, zeigen Sie auf **Alle Programme** und wählen Sie dann **Microsoft Exchange Server 2007**.
2. Klicken Sie auf **Exchange-Verwaltungsshell**.

> **Weitere Informationen**
>
> Dieser Abschnitt soll Ihnen die Grundlagen für die Nutzung der Exchange-Verwaltungsshell vorstellen. Einzelne Beispiele von Shell-Befehlen zur Ausführung von Verwaltungsaufgaben erhalten Sie überall in diesem Buch. Weitere Informationen über die Verwendung der Exchange-Verwaltungsshell finden Sie in den Exchange Server 2007-Hilfedateien. Diese Hilfe enthält detaillierte Empfehlungen für die Nutzung erweiterter Optionen wie etwa WhatIf, vergleichender Parameter, Befehlsausgaben, Shell-Variablen, strukturierten Daten und Skripts.

Grundlagen zu Commandlets

Auf den ersten Blick sieht die Shell anderen Befehlszeilen-Schnittstellen ähnlich, mit denen Sie sich vielleicht auskennen. Allerdings werden Sie nach kurzer Zeit dramatische Unterschiede feststellen.

Ein Commandlet ist die kleinste Funktionseinheit in der Exchange-Verwaltungsshell und entspricht in etwa einem integriertem Befehl anderer Arten von Shells. Sie geben diese Commandlets direkt an der Schnittstelle der Shell ein.

Alle Commandlets bestehen aus mindestens zwei Teilen:

- **Einem Verb** Das Verb repräsentiert die Aktion des Befehls. Ein Beispiel für ein Verb ist **get**, dass zur Abfrage von Informationen eines Objekts genutzt wird. Tabelle 10.1 listet die gebräuchlichsten Verben der Exchange-Verwaltungsshell auf.
- **Einem Nomen** Das Nomen steht für den Empfänger der Aktion des Verbs. Ein Beispiel eines Nomens ist ein Objekt in der Exchange-Organisation wie etwa ein Postfachserver. Das Nomen lautet in diesem Fall **MailboxServer**.

Commandlets bestehen aus einem Verb und einem Nomen, die mit einem Bindestrich getrennt sind. Um das vorherige Beispiel fortzuführen, lautet das Commandlet zur Abfrage von Informationen über einen Postfachserver:

```
Get-MailboxServer
```

Tabelle 10.1 Gebräuchliche Verben der Exchange-Verwaltungsshell

Verb	Funktion
Disable	Deaktiviert das angegebene Exchange-Objekt
Enable	Aktiviert das angegebene Exchange-Objekt
Get	Ruft Informationen über ein Objekt ab
Move	Verschiebt ein Objekt von einem Container in einen anderen
New	Erstellt ein neues Objekt
Remove	Löscht ein Objekt
Set	Verändert die Eigenschaften eines Objekts

Augenscheinlich können Sie nur mit einem Verb und einem Nomen nicht viel ausrichten. Beispielsweise bietet das Commandlet **Get-MailboxServer** der Shell nicht genügend Informationen, um etwas auszuführen. Sie müssen den Postfachserver bestimmen und gewöhnlich auch die Art der Information, die Sie erhalten möchten. Sie geben diese Zusatzinformationen mithilfe von Parametern an. Parameter stellen Informationen für das Commandlet bereit. Entweder bezeichnen sie ein Objekt und die betreffenden Attribute oder sie bestimmen, wie das Commandlet die Aufgabe ausführt.

Um Parameter zu verwenden, geben Sie nach dem Verb und dem Nomen ein Leerzeichen ein und anschließend die benötigten Parameter. Dem Namen eines Parameters wird immer ein Bindestrich (-) vorangestellt, und die Verwendung folgt dieser Syntax:

```
Verb-Nomen -Parametername <Parameterwert>
```

Um beispielsweise Informationen über einen bestimmten Postfachserver abzurufen (hier ein Server namens **conotso-exsrv1**), fügen Sie die Identifizierungsparameter zu dem Commandlet wie folgt hinzu:

```
Get-MailboxServer -Identity contoso-exsrv1
```

HINWEIS Sie finden in den Exchange Server 2007-Hilfedateien eine vollständige Referenz der Commandlets für die Exchange-Verwaltungsshell, einschließlich der Parameter. Die Commandlets für die Ausführung zahlreicher Aktivitäten sind in diesem Buch enthalten.

Hilfefunktionen

Es ist schwierig, sich alle Verben, Nomen und Parameter zu merken, die in der Exchange-Verwaltungsshell verfügbar sind. Glücklicherweise gibt es in der Shell verschiedene Wege, um Hilfe zu erhalten.

Hilfe-Commandlets

Drei Hilfe-Commandlets sind in der Shell verfügbar, die Sie bei der Suche nach Informationen zur Ausführung der Aufgaben unterstützen: **Get-Help**, **Get-Command** und **Get-ExCommand**.

Wenn Sie den Befehl **Get-Help** für sich ausführen (also ohne zusätzliche Parameter anzugeben), erhalten grundsätzliche Informationen über die Verwendung der Shell (siehe Abbildung 10.11).

Abbildg. 10.11 Hilfestellung in der Exchange-Verwaltungskonsole

Sie können auch verschiedene Parameter mit dem Commandlet **Get-Help** verwenden, um genauere Hilfe zu den Aufgaben zu erhalten, die Sie auszuführen versuchen. So können Sie beispielsweise den Namen eines Commandlets als Parameter eingeben, um Hilfe über dessen Verwendung zu erhalten. Geben Sie Folgendes ein, um mehr über die Verwendung des Commandlets **Get-MailboxServer** zu erfahren:

```
Get-Help Get-MailboxServer
```

Sie können sogar noch einen Schritt weitergehen, indem Sie Parameter hinzufügen, die die gewünschte Hilfestellung genauer bestimmen. Der Syntax **Get-Help** <*Commandlet*> folgend, können Sie folgende Parameter hinzufügen:

- **Get-Help** <*Commandlet*> **-Full**   Bietet die komplette Hilfe für das angegebene Commandlet.
- **Get-Help** <*Commandlet*> **-Parameter** <*Parametername*>   Bietet nur die Hilfeansicht für den angegebenen Parameter und das genannte Commandlet.
- **Get-Help** <*Commandlet*> **-Examples**   Stellt nur den Beispielbereich der Hilfeansicht, für das genannte Commandlet bereit.

Sie können das Commandlet **Get-Command** (ohne Parameter) verwenden, um sich eine Liste aller in der Shell verfügbaren Befehle anzeigen zu lassen. Sie können auch die Parameter **-noun** und **-verb** zur Syntax **Get-Command** <*Befehlsname*> hinzufügen, um sich eine Liste aller Commandlets mit dem angegebenen Nomen oder Verb anzeigen zu lassen.

Außerdem können Sie das Commandlet **Get-ExCommand** verwenden, um alle Commandlets anzeigen zu lassen, die zu Exchange Server 2007 gehören. Ansonsten funktioniert das Commandlet **Get-Excommand** genau wie das Commandlet **Get-Command**.

Vervollständigung per Tabulator

Die Vervollständigung per Tabulator hilft Ihnen die Eingabe bei der Verwendung der Shell zu reduzieren. Wenn Sie einen Teil des Namens eines Commandlets eingegeben haben, drücken Sie TAB, woraufhin die Exchange-Verwaltungsshell den Namen des Commandlet vervollständigt, wenn sie ein passendes findet. Entdeckt sie mehrere passende Commandlets, durchläuft sie die Liste, wenn Sie wiederholt auf TAB drücken. Wenn Sie die Vervollständigung per Tabulator verwenden, müssen Sie zumindest das Verb und den Bindestrich (-) eingeben.

Sie können beispielsweise die Vervollständigung per Tabulator verwenden, um sich schnell alle Nomen anzeigen zu lassen, die zu dem Verb **GET** gehören. Geben Sie dazu einfach **Get-** an der Befehlszeile ein und drücken Sie danach wiederholt auf die Taste TAB. So durchlaufen Sie die verfügbaren Nomen, die Sie mit **get** verwenden können.

Wenn Sie sich nicht an ein vollständiges Commandlet wie **Get-MailboxServer** erinnern können (oder es auch einfach nicht eintippen wollen), so geben Sie **Get-Mail** ein und drücken auf die Taste TAB, um das korrekte Commandlet zu finden, ohne den vollständigen Namen eingeben zu müssen.

Zusammenfassung

In diesem Kapitel wurden die Werkzeuge vorgestellt, mit denen eine Exchange Server 2007-Organisation verwaltet werden kann. Das wichtigste Verwaltungstool für Exchange Server 2007 ist die Exchange-Verwaltungskonsole. Sie verfügt über eine grafische Benutzeroberfläche und ermöglicht die Konfiguration der verschiedenen Dienste und Komponenten einer Exchange-Organisation. Exchange Server 2007 stellt auch die neue Exchange-Verwaltungsshell bereit, eine leistungsfähige Befehlszeilenschnittstelle zur Verwaltung einer Exchange-Organisation. Mit Kapitel 11 beginnt eine Reihe von Kapiteln, die sich auf einzelne Aspekte der Verwaltung von Exchange konzentrieren. Sie lernen dort, wie die grundlegenden Empfänger von Exchange erstellt und verwaltet werden.

Kapitel 11

Empfänger erstellen und verwalten

In diesem Kapitel:

Empfängertypen	280
Benutzer	281
Postfachressourcen	300
E-Mail-Kontakte	301
Verteilergruppen	303
Empfänger filtern	309
Vorlagen	310
Adresslisten	310
Zusammenfassung	314

Das Senden und Empfangen von Nachrichten bildet die Grundlage für Messagingsysteme, Groupware und Microsoft Exchange Server 2007. In diesem Kapitel wird der Vorgang der Nachrichtenübermittlung in einem Exchange-System erläutert. Exchange Server 2007 beruht auf einer Vielzahl von Messagingkomponenten, doch bei genauerer Analyse wird deutlich, wie sie zusammenwirken, um ein unternehmensweites Messagingsystem zu bilden.

Empfänger sind Objekte im Verzeichnisdienst Active Directory, die auf Ressourcen verweisen, welche durch Interaktion mit Exchange Server 2007 Nachrichten empfangen können. Zu diesen Ressourcen zählen beispielsweise die Postfächer im Postfachspeicher, in denen Ihre Benutzer E-Mail-Nachrichten empfangen, oder öffentliche Ordner, in denen Informationen für viele Benutzer freigegeben werden.

Ein Empfängerobjekt für eine Ressource in Ihrem Netzwerk wird immer in Active Directory erstellt. Dabei spielt es keine Rolle, wo sich die betreffende Ressource befindet. Eine Ihrer Hauptaufgaben als Administrator ist die Erstellung und Verwaltung dieser Empfängerobjekte. Aus diesem Grund befasst sich das vorliegende Kapitel nicht nur mit Postfächern und dem Nachrichtentransfer, sondern auch mit der Erstellung und Verwaltung der verschiedenen Arten von Empfängern.

Empfängertypen

Sie können sich einen Empfänger als Postfach oder als Objekt vorstellen, das in der Lage ist, eine Nachricht zu empfangen. Vom Standpunkt eines Administrators aus ist diese Betrachtungsweise auch durchaus angebracht. Trotzdem ist es wichtig zu wissen, wie die zu Grunde liegende Architektur die Arbeit mit Empfängern in Exchange Server beeinflusst.

In Exchange Server empfängt ein Empfängerobjekt selbst keine Nachrichten, sondern stellt vielmehr einen Verweis auf eine Ressource dar, die Nachrichten empfangen kann. Dies ist ein kleiner, aber sehr wichtiger Unterschied. Empfängerobjekte sind in Active Directory enthalten und werden auch dort verwaltet. Die Ressourcen, auf die diese Objekte Bezug nehmen, können sich an einer beliebigen Stelle befinden. So kann beispielsweise ein Postfach für einen Benutzer in Ihrer Organisation eine solche Ressource sein. Die Postfachressource befindet sich im Postfachspeicher eines bestimmten Exchange Server-Computers und wird von diesem verwaltet. Ein anderes Beispiel für eine Ressource ist ein Benutzer im Internet. In diesem Fall enthält das Empfängerobjekt eine Referenz auf diese Ressource und implementiert die Regeln, die die Übertragung von Nachrichten ins Internet steuern.

In Exchange stehen fünf Empfängertypen zur Verfügung:

- **Benutzer** Ein Benutzer ist eine Person, die Anmeldeprivilegien für das Netzwerk hat. In Exchange Server kann jeder Benutzer in Active Directory ein Postfachbenutzer oder ein E-Mail-aktivierter Benutzer sein oder aber keine dieser Eigenschaften aufweisen. Ein Postfachbenutzer verfügt über ein Postfach auf einem Exchange-Server. Benutzerpostfächer sind private Speicherbereiche, in denen Benutzer Nachrichten senden, empfangen und speichern. Ein *E-Mail-aktivierter* Benutzer besitzt eine E-Mail-Adresse und kann Nachrichten empfangen, aber nicht senden.

- **Ressourcenpostfach** Ein Ressourcenpostfach repräsentiert einen Konferenzraum oder ein gemeinsam verwendetes Gerät. Benutzer können Ressourcenpostfächer bei Besprechungsanfragen als Ressourcen verwenden, was ihrer Organisation eine einfache Methode für die zeitliche Planung der Ressourcenverfügbarkeit bietet. In Microsoft Exchange Server 2007 gibt es zwei Arten von Ressourcenpostfächern: Raum und Gerät. Raumpostfächer werden Besprechungsorten zugeteilt, z.B. einem Konferenzzimmer. Gerätepostfächer werden einer Ressource zugeteilt, die nicht ortsgebunden ist, z.B. einem Projektor oder einem Firmenfahrzeug.

- **E-Mail-Kontakt**   Ein E-Mail-Kontakt stellt im Wesentlichen nichts anderes dar als einen Zeiger auf ein Postfach in einem externen Messagingsystem, das normalerweise von einer Person außerhalb der Organisation verwendet wird. Dieser Empfängertyp zeigt auf eine Adresse, an die Nachrichten für diese Person übermittelt werden, sowie auf die Eigenschaften, mit denen die Art und Weise der Nachrichtenübermittlung festgelegt wird. Kontakte werden häufig dazu verwendet, eine Organisation mit fremden Messagingsystemen zu verbinden, beispielsweise mit Lotus Notes oder dem Internet. Kontakte werden vom Administrator erstellt, damit häufig verwendete E-Mail-Adressen in der globalen Adressliste als echte Namen zur Verfügung stehen. Dies erleichtert das Versenden von E-Mail-Nachrichten, da die Benutzer dann nicht gezwungen sind, mit kryptischen E-Mail-Adressen zu arbeiten.

- **Verteilergruppe**   Bei einer Verteilergruppe handelt es sich um ein E-Mail-aktiviertes Gruppenobjekt in Active Directory. An eine Gruppe gesendete Nachrichten werden an jedes ihrer Mitglieder weitergeleitet. Gruppen können jede beliebige Kombination von Empfängertypen sowie andere Gruppen enthalten. An Verteilergruppen gesendete Nachrichten erreichen alle Mitglieder, ohne dass der Absender deren Adressen angeben muss. Eine typische Gruppe ist die mit dem Namen **Jeder**, zu deren Mitgliedern alle Exchange-Empfänger erklärt werden. Der Absender einer öffentlichen Verlautbarung sendet seine Nachricht einfach an die Gruppe **Jeder** und erspart sich dadurch das Auswählen der einzelnen Benutzerpostfächer aus der globalen Adressliste.

- **Öffentlicher Ordner**   Ein öffentlicher Ordner ist ein öffentlicher Speicherbereich, der normalerweise allen Benutzern in der Organisation offen steht. Die Benutzer können hier Nachrichten bereitstellen oder vorhandene Nachrichten beantworten und somit ein dauerhaftes Forum für die Diskussion verschiedenster Themen schaffen. In öffentlichen Ordnern können alle Arten von Dokumenten gespeichert und abgerufen werden. Die Verwendung eines öffentlichen Ordners als Empfänger erscheint auf den ersten Blick etwas verwirrend, da es sich bei ihm um einen freigegebenen Speicherort für Informationen handelt.

Ein öffentlicher Ordner, der als Empfänger fungiert, erfüllt neben dem Übermitteln und Empfangen von Nachrichten noch weitaus mehr Funktionen. Deshalb befasst sich dieses Kapitel nur mit den vier Empfängertypen Benutzer, Ressourcenpostfächer, E-Mail-Kontakte und Verteilergruppen. Die Funktionen und die Verwaltung öffentlicher Ordner werden in Kapitel 12 ausführlich erläutert.

Benutzer

Es gibt zwei E-Mail-Konfigurationen für Benutzer: den Postfachbenutzer und den E-Mail-aktivierten Benutzer. Beide Arten werden in den folgenden Abschnitten erläutert.

Postfachbenutzer

Postfächer (das Kernstück jedes Messagingsystems) sind private, serverbasierte Speicherbereiche, in denen die E-Mail-Nachrichten der Benutzer verwaltet werden. Da in den meisten Unternehmen die Kommunikation per E-Mail eine große Rolle spielt, müssen alle Mitarbeiter in der Lage sein, solche Nachrichten zu senden und zu empfangen. In Exchange Server 2007 wird ein Benutzer, der über ein Postfach verfügt, als Postfachbenutzer bezeichnet. Postfachbenutzer können Nachrichten senden und empfangen sowie Nachrichten auf einem Exchange-Server speichern. Eine Ihrer Hauptaufgaben als Administrator ist daher die Erstellung und Konfiguration von Benutzerpostfächern.

Kapitel 11 Empfänger erstellen und verwalten

In älteren Versionen von Exchange Server wurden viele der Postfachfunktionen (einschließlich der Erstellung neuer Postfächer) mit dem Snap-In **Active Directory-Benutzer und -Computer** erledigt. In Exchange Server 2007 wird die gesamte Postfachverwaltung innerhalb der Exchange-Verwaltungskonsole vorgenommen. Sie können ein neues Postfach gemeinsam mit einem neuen Active Directory-Benutzer oder aber für einen bestehenden Benutzer erstellen. Sie konfigurieren über die Exchange-Verwaltungskonsole auch alle postfachbezogenen Eigenschaften.

Ein neues Postfach für einen neuen Benutzer erstellen

Sie können über die Exchange-Verwaltungskonsole einen neuen Benutzer in Active Directory und gleichzeitig ein neues Postfach für diesen Benutzer erstellen. Nachdem Sie den neuen Benutzer und das Postfach erstellt haben, kann dieser unmittelbar damit beginnen, Nachrichten zu senden und zu empfangen.

Um ein neues Postfach für einen neuen Benutzer zu erstellen, gehen Sie wie folgt vor:

1. Klicken Sie auf **Start**, zeigen Sie auf **Alle Programme**, **Microsoft Exchange Server 2007** und wählen dann **Exchange-Verwaltungskonsole**.
2. Erweitern Sie den Knoten **Empfängerkonfiguration** in der Konsolenstruktur und klicken Sie auf den Unterknoten **Postfach**.
3. Klicken Sie im Aktionsbereich auf **Neues Postfach**, um den in Abbildung 11.1 gezeigten Assistenten **Neues Postfach** zu öffnen.

HINWEIS Sie können auch nach einem Rechtsklick auf den Knoten **Empfängerkonfiguration** oder den Subknoten **Postfach** im Kontextmenü auf **Neues Postfach** klicken, um den Assistenten zu öffnen.

Abbildg. 11.1   Startseite des Assistenten **Neues Postfach**

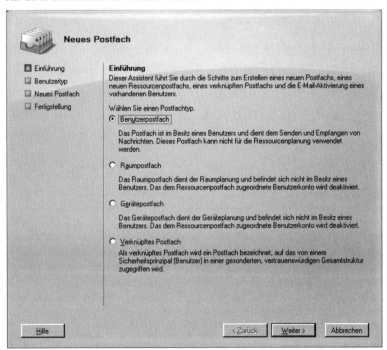

4. Klicken Sie auf der Einführungsseite auf **Benutzerpostfach** und anschließend auf **Weiter**.
5. Wählen Sie auf der Seite **Benutzertyp** die Option **Neuer Benutzer** und klicken Sie auf **Weiter**.
6. Geben Sie auf der in Abbildung 11.2 gezeigten Seite **Benutzerinformationen** die Daten für den neuen Active Directory-Benutzer an. Geben Sie den Vornamen, die Initialen sowie den Nachnamen ein. Das Feld **Name** wird automatisch für Sie ausgefüllt. Geben Sie einen Anmeldenamen für den Benutzer ein, der den Benennungsstandards Ihrer Organisation entspricht. Geben Sie ein Kennwort ein und bestätigen Sie es, legen Sie fest, ob der Benutzer es bei seiner ersten Anmeldung ändern muss, und klicken Sie auf **Weiter**.

Abbildg. 11.2 Erstellen eines neuen Active Directory-Benutzers im Assistenten **Neues Postfach**

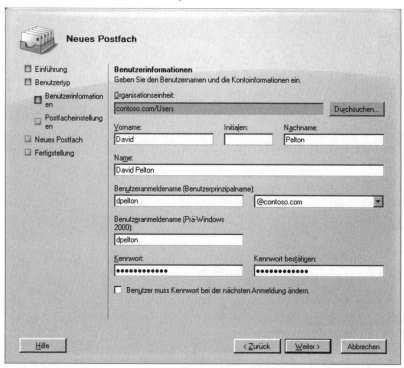

7. Geben Sie auf der in Abbildung 11.3 gezeigten Seite **Postfacheinstellungen** die Daten für das neue Postfach an. Legen Sie hier folgende Optionen fest und klicken Sie anschließend auf **Weiter**:
   - **Alias** Ein Alias stellt eine alternative Adresse des Benutzers dar. Standardmäßig wird der von Ihnen auf der Seite **Benutzerinformationen** eingegebene **Benutzerprinzipalname** als Alias verwendet, Sie können ihn aber Ihren Bedürfnissen entsprechend verändern.
   - **Server** Wählen Sie den Exchange-Postfachserver aus, auf dem das Postfach erstellt werden soll.
   - **Speichergruppe** Wählen Sie die Speichergruppe aus, in der das Postfach erstellt werden soll.
   - **Postfachdatenbank** Wählen Sie die Postfachdatenbank aus, in der das Postfach erstellt werden soll.

Kapitel 11 Empfänger erstellen und verwalten

Abbildg. 11.3 Erstellen eines neuen Postfachs im Assistenten **Neues Postfach**

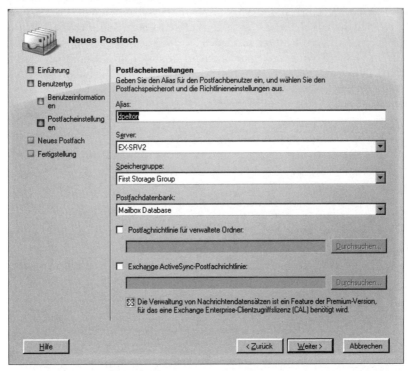

- Postfachrichtlinien für verwaltete Ordner Wahlweise können Sie auch eine MRM-Richtlinie (Messaging Records Management, Verwaltung von Nachrichtendatensätzen) angeben, die mit diesem Postfach verknüpft werden soll. Verwenden Sie diese Option z.B. dafür, um das Postfach dazu zu bringen, sich an eine Richtlinie wie den Aufbewahrungszeitraum für die Postfachdaten zu halten.

Weitere Informationen

Weitere Informationen über MRM finden Sie unter **http://technet.microsoft.com/en-us/bb123507.aspx**.

- Postfachrichtlinien für Exchange ActiveSync Wahlweise können Sie auch eine Exchange Active-Sync-Richtlinie angeben, die mit diesem Postfach verknüpft werden soll.

8. Überprüfen Sie auf der Seite **Neues Postfach** nochmals die Einstellungen, die Sie für den neuen Benutzer und das neue Postfach vorgenommen haben. Sie können auf **Zurück** klicken, um auf den Seiten des Assistenten Änderungen vorzunehmen. Wenn Sie mit der Konfiguration zufrieden sind, klicken Sie auf **Neu**, um den Benutzer samt Postfach zu erstellen.

9. Klicken Sie auf der abschließenden Seite auf **Fertig stellen**, um den Assistenten zu beenden.

> **Verwaltungsshell**
>
> Sie können auch mithilfe der Exchange-Verwaltungsshell einen neuen Benutzer und ein neues Postfach erstellen. Dazu verwenden Sie das Commandlet **New-Mailbox**. Sie müssen dabei eine Reihe von Parametern übergeben, die den Benutzernamen sowie die Exchange-Speichergruppe und -Datenbank angeben, in denen das Postfach erstellt wird.
>
> Die Syntax für die Erstellung eines neuen Benutzers samt Postfach lautet:
>
> ```
> New-Mailbox -Alias <Aliasname> -Database <"Speichergruppep\Postfachdatenbank">
>    -Name <VornameNachname> -OrganizationalUnit <Organisationseinheit> -FirstName <Vorname>
>    -LastName <Nachname> -DisplayName <"Anzeigename"> -UserPrincipalName
>    <Benutzerprinzipalname>
> ```
>
> Um beispielsweise einen Benutzer namens **Dan Jump** mit dem Alias **Dan** in der ersten Postfachdatenbank der ersten Speichergruppe einer Organisation namens **contoso.com** anzulegen, können Sie folgendes Commandlet verwenden:
>
> ```
> New-Mailbox -Alias dan -Database "Storage Group 1\Mailbox Database 1"
>    -Name DanJump -OrganizationalUnit Users -FirstName Dan
>    -LastName Jump -DisplayName "Dan Jump" -UserPrincipalName
>    djump@contoso.com
> ```

Ein neues Postfach für einen vorhandenen Benutzer erstellen

Die Erstellung eines neuen Postfachs für einen vorhandenen Benutzer ist sogar noch einfacher als die gleichzeitige Erstellung eines neuen Benutzers und eines Postfachs. Sie verwenden dazu denselben Assistenten und gehen grundsätzlich genauso vor, nur wählen Sie den Active Directory-Benutzer, für den Sie das Postfach erstellen, einfach aus, anstatt seine Daten erst eingeben zu müssen.

Um ein neues Postfach für einen bestehenden Benutzer zu erstellen, gehen Sie wie folgt vor:

1. Klicken Sie auf **Start**, zeigen Sie auf **Alle Programme**, **Exchange Server 2007** und wählen dann **Exchange-Verwaltungskonsole**.
2. Erweitern Sie den Knoten **Empfängerkonfiguration** in der Konsolenstruktur und klicken Sie auf den Unterknoten **Postfach**.
3. Klicken Sie im Aktionsbereich auf **Neues Postfach**, um den Assistenten **Neues Postfach** zu öffnen.
4. Klicken Sie auf der Einführungsseite auf **Benutzerpostfach** und anschließend auf **Weiter**.
5. Klicken Sie auf der Seite **Benutzertyp** auf **Vorhandener Benutzer**. Klicken Sie auf **Durchsuchen**, markieren Sie den Namen desjenigen Benutzers, für den Sie ein neues Postfach einrichten wollen, und klicken Sie auf **OK**. Klicken Sie auf **Weiter**.
6. Konfigurieren Sie auf der Seite **Postfacheinstellungen** die Daten für das neue Postfach (wie im vorigen Abschnitt beschrieben) und klicken Sie auf **Weiter**.
7. Überprüfen Sie auf der Seite **Neues Postfach** nochmals die Einstellungen, die Sie für das neue Postfach vorgenommen haben. Sie können auf **Zurück** klicken, um auf den Seiten des Assistenten Änderungen vorzunehmen. Wenn Sie mit der Konfiguration zufrieden sind, klicken Sie auf **Neu**, um das neue Postfach zu erstellen.
8. Klicken Sie auf der abschließenden Seite auf **Fertig stellen**, um den Assistenten zu beenden.

> **Verwaltungsshell**
>
> Sie können auch mithilfe der Exchange-Verwaltungsshell ein neues Postfach für einen vorhandenen Benutzer erstellen. Dazu verwenden Sie das Commandlet **Enable-Mailbox**. Sie müssen dabei Parameter übergeben, die die Exchange-Speichergruppe und -Datenbank angeben, in denen das Postfach erstellt wird.
>
> Die Syntax für die Erstellung eines neuen Postfachs lautet:
>
> ```
> Enable-Mailbox <Benutzerprinzipalname>
> -Database <"Speichergruppe\Postfachdatenbank">
> ```
>
> Um beispielsweise ein Postfach für einen Benutzer namens Brad Joseph anzulegen, verwenden Sie das folgende Commandlet:
>
> ```
> Enable-Mailbox bjoseph@contoso.com -Database "MyServer\First Storage
>     Group\Mailbox Database"
> ```

Eigenschaften von Postfächern festlegen

Postfächer werden immer mithilfe der Eigenschaftenseiten des jeweiligen Postfachs konfiguriert. Dabei spielt es keine Rolle, mit welcher Methode sie selbst erstellt wurden. Markieren Sie dazu ein beliebiges Postfach in der Exchange-Verwaltungskonsole und wählen Sie **Eigenschaften** im Aktionsbereich (oder führen Sie einen Rechtsklick auf das Postfach aus und wählen Sie **Eigenschaften** aus dem Kontextmenü). Die Eigenschaftenseite für ein Postfach verfügt über eine ganze Reihe von Registerkarten. In den folgenden Abschnitten werden diejenigen erläutert, die zur Konfiguration der Postfächer dienen.

Registerkarte Allgemein

Auf der in Abbildung 11.4 gezeigten Registerkarte **Allgemein** werden Ihnen allgemeine Informationen zum Postfach angezeigt, zu denen die Postfachgröße und die Gesamtzahl der enthaltenen Elemente gehören. Hier finden Sie auch den Speicherort des Postfachs, einschließlich des Servers und der Datenbank, denen es zugeordnet ist, sowie einige Verwaltungsinformationen, z.B. die Zeitpunkte der letzten Anmeldung des Benutzers und der letzten Änderung des Postfachs.

Sie können den Aliasnamen des Postfachs ändern, bei dem es sich um einen alternativen E-Mail-Alias handelt, der für den Versand einer Nachricht an einen Empfänger verwendet werden kann (insbesondere von einem externen System wie dem Internet aus). Der Alias kann eine Zeichenkette sein, die durch einen Punkt unterbrochen werden, aber keine Leerzeichen enthalten kann. Der Benutzer Dan Park kann in der Organisation **contoso.com** beispielsweise über den Alias **dan.park** verfügen, woraus sich als seine E-Mail-Adresse dan.park@contoso.com ergibt.

Sie können auch angeben, ob das Postfach in Exchange-Adresslisten verborgen werden soll. Per Voreinstellung sind alle Empfänger mit Ausnahme der öffentlichen Ordner in der globalen Adressliste aufgeführt. Wählen Sie die Option **Nicht in Exchange-Adresslisten anzeigen**, um das Postfach aus der Liste oder aus anderen Listen auszunehmen, die in der Exchange-Verwaltungskonsole angelegt wurden. Das Postfach empfängt auch dann weiterhin E-Mails; es wird nur nicht in Adresslisten aufgeführt.

Abbildg. 11.4 Allgemeine Postfachinformationen auf der Registerkarte **Allgemein** überprüfen

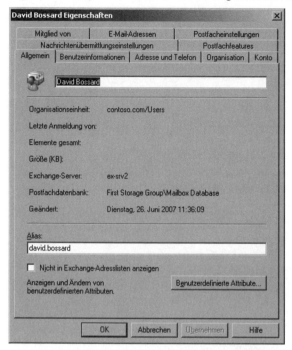

Wenn Sie auf die Schaltfläche **Benutzerdefinierte Attribute** klicken, wird das in Abbildung 11.5 gezeigte Dialogfeld **Benutzerdefinierte Attribute von Exchange** geöffnet. Hier können Sie in 15 Feldern spezielle Informationen zu einem Postfach angeben, deren Eingabe auf anderen Registerkarten nicht möglich ist. Diese Felder stehen allen Benutzern in der globalen Adressliste zur Verfügung und tragen per Voreinstellung die Namen **Custom Attribute 1** bis **Custom Attribute 15**, doch können Sie dies jederzeit ändern.

Registerkarte Benutzerinformationen

Auf der in Abbildung 11.6 gezeigten Registerkarte **Benutzerinformationen** legen Sie die grundlegenden Benutzerinformationen fest. Aus dem hier eingegebenen Vornamen, dem Anfangsbuchstaben des zweiten Vornamens und dem Nachnamen wird der Anzeigename gebildet, der als Name des Empfängers in der Exchange-Verwaltungskonsole angezeigt wird.

Der **Einfache Anzeigename** ist ein alternativer Name für das Postfach, der angezeigt wird, wenn der vollständige Name nicht einblendet werden kann. Diese Situation ist häufig dann gegeben, wenn in einem Netzwerk mehrere Sprachversionen der Exchange-Verwaltungskonsole verwendet werden.

Sie können auch die Internetseite des Benutzers angeben und beliebige Notizen speichern, die noch von Nutzen sein können. Fast alle diese Informationen stehen den Benutzern in der globalen Adressliste zur Verfügung.

Abbildg. 11.5 Weitere Empfängerinformationen in benutzerdefinierten Attributfeldern eingeben

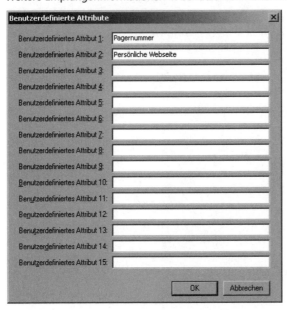

Abbildg. 11.6 Benutzernamen und Adressen auf der Registerkarte **Benutzerinformationen** überprüfen

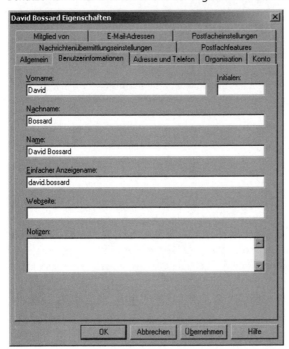

Benutzer

Registerkarte Adresse und Telefon

Die in Abbildung 11.7 gezeigte Registerkarte **Adresse und Telefon** ermöglicht es Ihnen, weitere Informationen über einen Benutzer festzulegen, einschließlich der Postanschrift und unterschiedlicher Telefonnummern. Auch diese Informationen stehen den Benutzern in der globalen Adressliste zur Verfügung.

Abbildg. 11.7   Benutzernamen und Adressen auf der Registerkarte **Adresse und Telefon** überprüfen

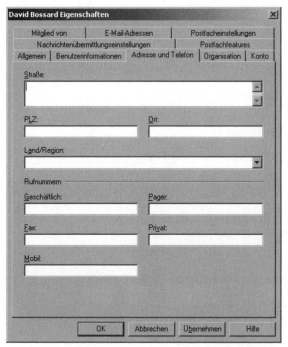

Registerkarte Organisation

Mithilfe der in Abbildung 11.8 gezeigten Registerkarte **Organisation** werden zusätzliche Informationen zur Position des Benutzers in der Firma angegeben. Hier können Sie seinen Vorgesetzten eintragen und eine Liste seiner Mitarbeiter einsehen. Klicken Sie auf **Durchsuchen**, wenn Sie eine Liste der Empfänger in der Organisation einsehen wollen. Alle Informationen, die Sie auf dieser Registerkarte festlegen, stehen in der globalen Adressliste zur Verfügung.

Registerkarte Konto

Auf der in Abbildung 11.9 gezeigten Registerkarte **Konto** werden Informationen über das Active Directory-Konto des Benutzers angezeigt. Sie können die Anmeldenamen des mit dem Postfach verknüpften Active Directory-Benutzerkontos anzeigen lassen oder verändern.

Abbildg. 11.8 Die Position eines Benutzers im Unternehmen beschreiben

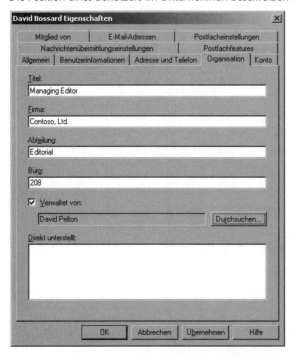

Abbildg. 11.9 Anzeige des mit dem Postfach verknüpften Active Directory-Benutzerkontos

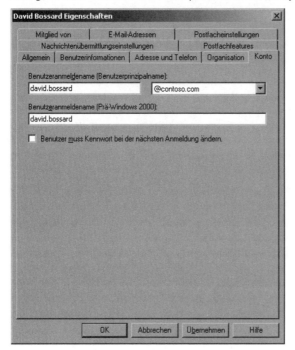

Registerkarte Mitglied von

Auf der in Abbildung 11.10 angezeigten Registerkarte **Mitglied von** werden die Gruppen genannt, denen der Benutzer zurzeit angehört. Sie selbst können auf dieser Registerkarte aber nicht geändert werden. Die Gruppenmitgliedschaft verwalten Sie unter Verwendung von Active Directory-Benutzer und -Computer. Ausführliche Informationen über Verteilergruppen finden Sie weiter hinten in diesem Kapitel.

Abbildg. 11.10 Die Gruppen anzeigen, zu denen ein Postfach gehört

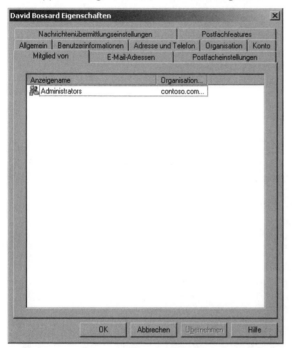

Registerkarte E-Mail-Adressen

Auf der in Abbildung 11.11 gezeigten Registerkarte **E-Mail-Adressen** konfigurieren Sie die E-Mail-Adressen für das Postfach, ändern vorhandene Adressen oder legen zusätzliche an. Jedes Postfach muss über mindestens eine primäre SMTP-Adresse (Simple Mail Transfer Protocol) verfügen. Per Voreinstellung verfügt jeder Empfänger über E-Mail-Adressen, die auf den in Ihrer Exchange-Organisation festgelegten Adressenrichtlinien basieren.

Klicken Sie auf **Hinzufügen**, um das Postfach um eine weitere E-Mail-Adresse zu ergänzen. Sie können entweder eine weitere SMTP-Adresse oder eine benutzerdefinierte Adresse hinzufügen, über die Sie Verbindungen mit anderen Messagingsystemen wie Lotus Notes oder X.400-Systemen herstellen können.

Registerkarte Postfacheinstellungen

Auf der in Abbildung 11.12 gezeigten Registerkarte **Postfacheinstellungen** legen Sie die Verwaltung von Nachrichtendatensätzen (Messaging Records Management, MRM) und Speicherkontingente für das Postfach fest. Klicken Sie auf eine der Optionen und dann auf **Eigenschaften**, um die jeweilige Eigenschaftenseite aufzurufen.

Abbildg. 11.11 E-Mail-Adressen für ein Postfach anzeigen

Abbildg. 11.12 Postfacheinstellungen anzeigen

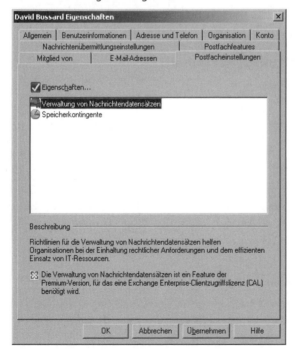

Richtlinien für die Verwaltung von Nachrichtendatensätzen unterstützen Ihre Organisation bei der Erfüllung rechtlicher Anforderungen, z.B. hinsichtlich der Aufbewahrungs- und Löschungsrichtlinien für Nachrichten. Die in Abbildung 11.13 gezeigte Eigenschaftenseite für die Verwaltung von Nachrichtendatensätzen ermöglicht Ihnen, folgende Eigenschaften zu konfigurieren:

- **Postfachrichtlinien für verwaltete Ordner**   Aktivieren Sie dieses Kontrollkästchen und klicken Sie auf **Durchsuchen**, um die Richtlinie für verwaltete Ordner zu finden.
- **Anhalten der Aufbewahrungszeit für Elemente in diesem Postfach aktivieren**   Aktivieren Sie dieses Kontrollkästchen, um die Aufbewahrungszeiten für Elemente im Postfach zu konfigurieren, die auch für von Benutzern gelöschte Objekte gelten. Diese Einstellung ist praktisch, wenn Ihre Organisation Datensätze über einen festgelegten Zeitraum aufbewahren muss.

Abbildg. 11.13   Die Verwaltung der Eigenschaften von Nachrichtendatensätzen einstellen

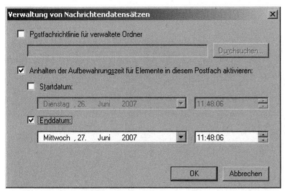

Speicherkontingente erlauben Ihnen die Verwaltung der Größe eines Benutzerpostfachs. In dem in Abbildung 11.14 gezeigten Dialogfeld **Speicherkontingente** können Sie Parameter für Speichergrenzen und für die Aufbewahrungszeit für gelöschte Elemente festlegen. Standardmäßig werden diese Werte aus den für alle Postfächer auf der Serverebene vorgenommenen Einstellungen übernommen. Sie können mit den Einstellungen auf dieser Registerkarte die Datenbankvoreinstellungen überschreiben, indem Sie sie für ein einzelnes Postfach konfigurieren.

Benutzer senden und speichern oft eine große Anzahl von Anlagen oder vergessen einfach, ihre Postfächer zu bereinigen. Dadurch wird sehr viel Speicherplatz auf der Festplatte des Servers belegt. Administratoren können für jedes Postfach glücklicherweise drei Arten von Speichergrenzen festlegen:

- **Warnmeldung senden ab (KB)**   Mit dem hier eingegebenen Wert wird die Größe in Kilobyte festgelegt, bei der ein Benutzer in einer entsprechenden Meldung zum Bereinigen seines Postfachs aufgefordert wird.
- **Senden verbieten ab (KB)**   Mit dem hier eingegebenen Wert wird die Postfachgröße in Kilobyte festgelegt, bei der einem Benutzer verboten wird, neue E-Mails zu senden. Dieses Verbot wird aufgehoben, sobald der Benutzer durch Löschen genug Platz geschaffen hat, dass der Grenzwert wieder unterschritten wird.
- **Senden und Empfangen verbieten ab (KB)**   Mit dem hier eingegebenen Wert wird die Postfachgröße in Kilobyte festgelegt, bei der einem Benutzer verboten wird, neue E-Mails zu senden, empfangen oder zu erstellen. Die einzige Tätigkeit, die der Benutzer noch durchführen kann, ist das Löschen von Nachrichten. Dieses Verbot wird aufgehoben, sobald der Benutzer durch Löschen genug Platz geschaffen hat, dass der Grenzwert wieder unterschritten wird. Dazu muss er Ele-

mente aus seinem Postfach löschen und anschließend den Ordner **Gelöschte Elemente** leeren. Wenn ein Benutzer eine Nachricht an einen Empfänger sendet, der keine neuen Nachrichten empfangen kann, wird ein Unzustellbarkeitsbericht an den Absender übermittelt. Das Verbot, Nachrichten zu senden und empfangen, gehört zu den strengsten Maßnahmen, die Sie als Administrator ergreifen können. Sie sollten diese Möglichkeit nur dann anwenden, wenn sich Probleme ständig wiederholen und nicht anderweitig lösen lassen.

Abbildg. 11.14 Speichergrenzwerte für ein Postfach festlegen

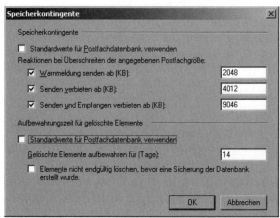

Exchange Server 2007 stellt eine Funktion zur Verfügung, die den Benutzern einen bestimmten zeitlichen Spielraum zugesteht, in dem sie aus dem Ordner **Gelöschte Objekte** entfernte Elemente wiederherstellen können. Wenn ein Benutzer eine Nachricht mithilfe einer Clientanwendung wie Microsoft Outlook löscht, wird sie in seinen bereits erwähnten Ordner **Gelöschte Objekte** verschoben. Nur wenn der Benutzer die Objekte in diesem Ordner löscht, werden sie aus seinen persönlichen Ordnern entfernt. Das gelöschte Objekt ist aber weiterhin im Postfachspeicher vorhanden und bleibt (als verborgen markiert) während der festgelegten Zeitspanne erhalten. In diesem Zeitraum kann der Benutzer das Objekt mithilfe der Clientanwendung wiederherstellen.

Im Bereich **Aufbewahrungszeit für gelöschte Objekte** des Dialogfelds **Speichergrenzwerte** geben Sie an, wie lange gelöschte Objekte aufbewahrt werden, und überschreiben damit alle von der Serverebene übernommenen Standardeinstellungen. Sie können den voreingestellten Wert übernehmen, der für den gesamten Postfachspeicher wirksam ist, haben aber auch die Möglichkeit, diese Voreinstellung für ein bestimmtes Postfach mit einem anderen Wert zu überschreiben. In diesem Fall können Sie auch festlegen, dass gelöschte Nachrichten erst dann endgültig entfernt werden, nachdem der Postfachspeicher gesichert wurde.

Registerkarte Nachrichtenübermittlungseinstellungen

Die in Abbildung 11.15 gezeigte Registerkarte **Nachrichtenübermittlungseinstellungen** ermöglicht den Zugriff auf Funktionen, die die Nachrichtenübermittlung steuern, wozu Funktionen für Auslieferungsoptionen, Beschränkungen der Nachrichtengröße sowie der Nachrichtenauslieferung gehören. Wie bei den Einstellungen auf der Registerkarte **Postfacheinstellungen** werden mit den Änderungen auf der Registerkarte **Nachrichtenübermittlungseinstellungen** Eigenschaften überschrieben, die standardmäßig von den Einstellungen auf Serverebene übernommen wurden. Mit den Einstellungen auf dieser Registerkarte verändern Sie die Eigenschaften für ein einzelnes Postfach.

Abbildg. 11.15 Nachrichtenübermittlungseinstellungen eines Postfachs ändern

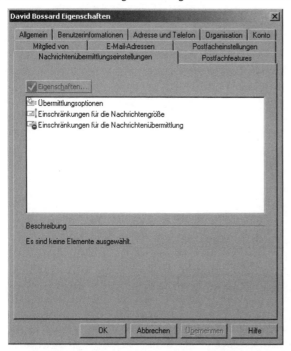

Die in Abbildung 11.16 gezeigte Eigenschaftenseite Übermittlungsoptionen steuert unterschiedliche weitere Aktionen, die ausgelöst werden können, wenn Nachrichten an das oder aus dem Postfach gesendet werden. Die Berechtigung **Senden im Auftrag von** ermöglicht einem anderen Benutzer das Senden von Nachrichten im Auftrag des Benutzers desjenigen Postfachs, das Sie gerade konfigurieren. Benutzer, die in dieser Liste aufgeführt sind, können Nachrichten senden, die genauso aussehen, als würden sie vom ausgewählten Postfach stammen. Alle gesendeten Nachrichten enthalten den Namen des Hauptpostfachbenutzers und den Namen des tatsächlichen Absenders. Diese Berechtigung könnte beispielsweise von einem Assistenten genutzt werden, der eine Nachricht für einen außer Haus weilenden Abteilungsleiter senden muss.

HINWEIS Die Berechtigung **Senden im Auftrag von** kann auch bei der Fehlersuche von Nutzen sein. Wenn Sie sich als Administrator diese Berechtigung selbst zuweisen, können Sie Testnachrichten von jedem Empfänger in der Organisation aus senden. Dies ist eine gute Möglichkeit, um die Verbindungen von Remoteservern zu überprüfen. Sie sollten zu diesem Zweck eigene Testpostfächer einrichten und nicht vorhandene Benutzerpostfächer verwenden, da sicherlich viele Benutzer diese Art des Zugriffs als Übergriff empfinden.

Abbildg. 11.16 Zustelloptionen für ein Postfach festlegen

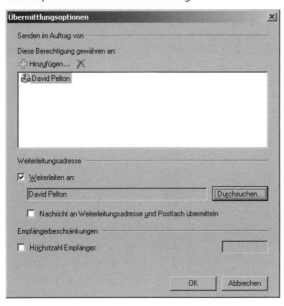

Auf der Eigenschaftenseite **Zustelloptionen** haben Sie außerdem die Möglichkeit, einem Postfach eine Weiterleitungsadresse zuzuordnen. Alle an dieses Postfach gesendeten Nachrichten werden dann an das Postfach des angegebenen Empfängers weitergeleitet. Sie können auch festlegen, dass Nachrichten an das Hauptpostfach und an den zusätzlichen Empfänger gesendet werden. Exchange Server übermittelt jedem Postfach einen eigenen Verweis auf die Nachricht, sodass beim Löschen der Nachricht in einem Postfach nicht auch die Nachricht in dem anderen entfernt wird. Schließlich können Sie noch die maximale Anzahl der Empfänger angeben, an die ein Benutzer eine Nachricht senden kann. Standardmäßig ist für diese Option keine Beschränkung festgelegt.

Auf der in Abbildung 11.17 gezeigten Eigenschaftenseite **Einschränkungen für die Nachrichtengröße** können Sie die maximale Größe der Nachrichten festlegen, die in ein bestimmtes Postfach übermittelt oder daraus versendet werden dürfen. Wenn ein- oder ausgehende Nachrichten diesen Grenzwert überschreiten, werden sie nicht empfangen bzw. gesendet, und der Sender der Nachricht erhält einen Unzustellbarkeitsbericht.

Abbildg. 11.17 Einschränkungen für die Nachrichtengröße für ein Postfach festlegen

Auf der in Abbildung 11.18 gezeigten Eigenschaftenseite **Einschränkungen für die Nachrichtenübermittlung** können Sie einschränken, vom wem das ausgewählte Postfach Nachrichten erhalten darf. Per Voreinstellung werden Nachrichten ohne Einschränkung von allen Absendern angenommen. Sie können aber festlegen, dass nur Nachrichten von bestimmten Absendern oder von allen Absendern mit Ausnahme bestimmter, in einer Liste aufgeführter Benutzer angenommen werden. Wählen Sie die gewünschte Option aus und klicken Sie auf **Hinzufügen**, um Empfänger auszuwählen, die in Active Directory aufgeführt sind. Sie können auch verlangen, dass nur Nachrichten von authentifizierten Benutzern angenommen werden dürfen (also von Benutzern mit gültigen Anmeldeinformationen für das Netzwerk). Diese Option wird zusammen mit den anderen von Ihnen eingerichteten Nachrichteneinschränkungen durchgesetzt.

Abbildg. 11.18 Einschränkungen für ein Postfach festlegen

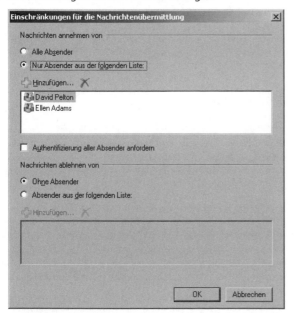

HINWEIS Das Festlegen von allgemein gültigen Grenzwerten für einen ganzen Standort oder Server ist weitaus effizienter, als Grenzwerte für jeden einzelnen Benutzer zu definieren. Grenzwerte für ein bestimmtes Postfach sollten dann festgelegt werden, wenn der betreffende Benutzer umfangreiche Nachrichten senden muss oder einfach dazu neigt, Nachrichten anzusammeln.

Registerkarte Postfachfeatures

Auf der Registerkarte **Postfachfeatures** können Sie Zusatzfunktionen für ein Benutzerpostfach aktivieren und deaktivieren, einschließlich der folgenden:

- Outlook Web Access
- Exchange ActiveSync
- Unified Messaging
- MAPI

Auch diese Features werden normalerweise für alle Benutzer auf der Organisations- oder Serverebene festgelegt, und es erscheint ratsam, es dabei zu belassen. Im Bedarfsfall können Sie über diese Registerkarte jedoch die Einstellungen der höheren Ebenen überschreiben, indem Sie die Funktionen für einzelne Benutzer aktivieren oder deaktivieren.

> **Verwaltungsshell**
>
> Alle Postfacheigenschaften, die Sie über die Exchange-Verwaltungskonsole einstellen können, lassen sich auch aus der Exchange-Verwaltungsshell heraus festlegen. Sie können die in den vorangegangenen Abschnitten behandelten Eigenschaften mithilfe der Commandlets **Set-User** und **Set-Mailbox** konfigurieren. **Set-User** ändert Eigenschaften des Benutzerobjekts in Active Directory. **Set-Mailbox** ändert postfachspezifische Eigenschaften. Sie können diese Commandlets dazu verwenden, die Eigenschaften eines Benutzers oder eines Postfachs zurzeit zu verändern, oder die Ausgabe eines **Get**-Commandlets per Pipeline auf sie umleiten, um mehrere Benutzer anzupassen.
>
> Weitere Information über **Set-User** und **Set-Mailbox** finden Sie in den Exchange Server 2007-Hilfedateien. Weitere Information zu den Parametern für diese Commandlets finden Sie in Kapitel 10, »Exchange Server 2007 verwalten«.

E-Mail-aktivierte Benutzer

Ein *E-Mail-aktivierter Benutzer* verfügt über eine E-Mail-Adresse, besitzt aber kein Postfach auf einem Exchange-Server. Das bedeutet, dass er E-Mail-Nachrichten zwar unter seiner eigenen Adresse empfangen, aber nicht mit dem Exchange-System versenden kann. Wie bei den Postfächern auch können Sie einen neuen E-Mail-Benutzer zur gleichen Zeit wie den Active Directory-Benutzer erstellen oder einen bestehenden Benutzer für E-Mail aktivieren.

Um einen neuen E-Mail-aktivierten Benutzer zu erstellen, gehen Sie wie folgt vor:

1. Öffnen Sie die Exchange-Verwaltungskonsole und klicken Sie auf den Knoten **Empfängerkonfiguration**.
2. Klicken Sie im Aktionsbereich auf **Neuer E-Mail-Benutzer** (Sie können auch einen Rechtsklick auf den Knoten **Empfängerkonfiguration** ausführen und **Neuer E-Mail-Benutzer** aus dem Kontextmenü wählen).
3. Klicken Sie auf der Einführungsseite des Assistenten **Neuer E-Mail-Benutzer** auf **Neuer Benutzer** und anschließend auf **Weiter**. (Wenn Sie die E-Mail-Aktivierung für einen bestehenden Benutzer durchführen wollen, klicken Sie an dieser Stelle auf **Vorhandener Benutzer** und wählen ihn aus.)
4. Geben Sie auf der in Abbildung 11.19 gezeigten Seite **Benutzerinformationen** den Namen des Benutzers, seinen Anmeldenamen und das Kennwort ein und klicken Sie auf **Weiter**. Legen Sie auf der Seite **E-Mail-Einstellungen** einen Alias fest, wenn Sie den standardmäßig vorgegebenen nicht verwenden wollen. Sie müssen auch eine externe Adresse anlegen, z.B. eine SMTP-Adresse oder eine Adresse für ein externes E-Mail-System. Klicken Sie auf **Weiter**.
5. Überprüfen Sie auf der Seite **Neuer E-Mail-Benutzer** nochmals die Einstellungen, die Sie für den neuen E-Mail-aktivierten Benutzer vorgenommen haben. Sie können auf **Zurück** klicken, um auf den Seiten des Assistenten Änderungen vorzunehmen. Wenn Sie mit der Konfiguration zufrieden sind, klicken Sie auf **Neu**, um den neuen Benutzer zu erstellen.
6. Klicken Sie auf der abschließenden Seite auf **Fertig stellen**.

Abbildg. 11.19 Einen E-Mail-aktivierten Benutzer erstellen

Verwaltungsshell

Sie können auch mithilfe der Exchange-Verwaltungsshell einen neuen E-Mail-Benutzer erstellen. Dazu verwenden Sie das Commandlet **New-MailUser**. Sie müssen ebenfalls eine Reihe von Parametern angeben, die den Benutzernamen und die externe E-Mail-Adresse nennen.

Die Syntax für die Erstellung eines neuen E-Mail-Benutzers lautet:

New-MailUser -Name <*Name*> -FirstName <*Vorname*> -LastName <*Nachname*>
-ExternalEmailAddress <*externe_Mailadresse*> -UserPrincipalName
<*Benutzerprinzipalname*> -OrganizationalUnit <*Organisationseinheit*>

Um beispielsweise einen Benutzer namens Marc Boyer mit der externen Adresse marc.boyer@adventureworks.com anzulegen, können Sie folgendes Commandlet verwenden:

New-MailUser -Name Marc -FirstName Marc -LastName Boyer -ExternalEmailAddress
marc.boyer@adventureworks.com -UserPrincipalName marc@contoso.com
-OrganizationalUnit contoso.com

Postfachressourcen

Ressourcenpostfächer sind nicht für den Nachrichtenempfang gedacht, sondern sollen Ressourcen in einer Organisation repräsentieren, deren Verwendung Benutzer planen können – wie z.B. Konferenzräume, Projektoren oder Firmenwagen. Benutzer können Ressourcenpostfächer bei Besprechungsanfragen auf dieselbe Weise wie jedes andere Postfach einschließen. Auf diese Weise können die Benutzer den Einsatz der Ressourcen in Ihrer Organisation sehr einfach planen.

In Exchange Server 2007 gibt es zwei Arten von Ressourcenpostfächern:

- **Raumpostfach** Raumpostfächer werden Besprechungsorten zugeteilt, z.B. einem Konferenzzimmer oder einem Auditorium.
- **Gerätepostfach** Diese Art von Ressourcenpostfach wird einer Ressource zugeteilt, die keinen festen Standort hat.

Beide Arten von Ressourcenpostfächern können Sie mit demselben Assistenten **Neues Postfach** anlegen, mit dem Sie auch ein neues Postfach für einen Benutzer erstellen. Öffnen Sie die Exchange-Verwaltungskonsole, markieren Sie den Knoten **Empfängerkonfiguration** und klicken Sie im Aktionsbereich auf **Neues Postfach**. Auf der in Abbildung 11.20 gezeigten Einführungsseite des Assistenten **Neues Postfach** wählen Sie aus, ob Sie ein **Raumpostfach** oder ein **Gerätepostfach** erstellen wollen.

Abbildg. 11.20 Ein Ressourcenpostfach erstellen

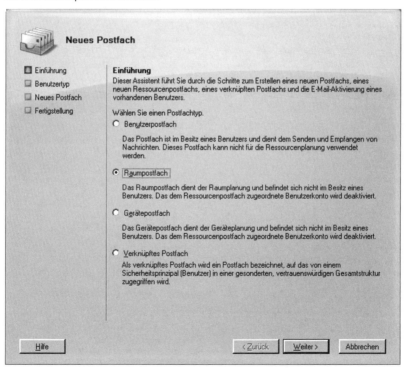

Die einzelnen Schritte des Assistenten entsprechen fast genau denen bei der Erstellung eines Postfachs für einen Benutzer. Sie wählen aus, ob das Ressourcenpostfach mit einem neuen oder einem vorhandenen Benutzer verknüpft werden soll, wählen Letzteren aus oder erstellen die Benutzerdetails in Active Directory und legen als letztes die Postfacheinstellungen fest. Die Benutzer können die Ressource ab sofort in ihren Besprechungsanfragen berücksichtigen.

> **Verwaltungsshell**
>
> Sie können auch mithilfe der Exchange-Verwaltungsshell einen neue Postfachressource erstellen. Dazu verwenden Sie das Commandlet **New-MailBox**. Sie müssen dabei eine Reihe von Parametern übergeben, die die Ressource benennen.
>
> Die Syntax für die Erstellung einer neuen Postfachressource lautet:
>
> ```
> New-Mailbox -database <"Speichergruppe\Postfachdatenbank"> -Name <Name>
> -OrganizationalUnit <"Organisationseinheit"> -DisplayName <"Anzeigename">
> -UserPrincipalName <Benutzerprinzipalname> -Typ
> ```
>
> Der Parameter **type** kann die Werte **room** oder **equipment** annehmen. Um beispielsweise ein Raumpostfach namens Übung1 innerhalb einer Organisationseinheit mit der Bezeichnung Übungsräume anzulegen, können Sie folgendes Commandlet verwenden:
>
> ```
> New-Mailbox -database "Storage Group 1\Mailbox Database 1" -Name Übung1
> -OrganizationalUnit "Übungsräume" -DisplayName "Übung1"
> -UserPrincipalName uebung1@contoso.com -Room
> ```

E-Mail-Kontakte

E-Mail-Kontakte sind Objekte, die Verweise auf Ressourcen außerhalb einer Exchange-Organisation darstellen. Sie können sich einen Kontakt als einen Zeiger vorstellen, der eine Adresse für externe Ressourcen und Regeln zur Durchführung der Nachrichtenübermittlung enthält. Wenn ein Benutzer eine Nachricht an einen E-Mail-Kontakt sendet, wird sie von Exchange Server an das entsprechende fremde Messagingsystem weitergeleitet. Kontakte haben viele der Attribute von Postfächern und können in der globalen Adressliste angezeigt werden.

E-Mail-Kontakte erstellen

Um einen neuen E-Mail-Kontakt zu erstellen, gehen Sie wie folgt vor:

1. Erweitern Sie den Knoten **Empfängerkonfiguration** in der Konsolenstruktur der Exchange-Verwaltungskonsole und klicken Sie auf den Unterknoten **E-Mail-Kontakt**.
2. Klicken Sie im Aktionsbereich auf **Neuer E-Mail-Kontakt**.
3. Klicken Sie auf der Einführungsseite des Assistenten **Neuer E-Mail-Kontakt** auf **Neuer Kontakt** und anschließend auf **Weiter**. (Einen E-Mail-Kontakt für einen vorhandenen Benutzer erstellen Sie, indem Sie auf **Durchsuchen** klicken.)
4. Auf der in Abbildung 11.21 gezeigten Seite **Kontaktinformationen** geben Sie den Namen des E-Mail-Kontakts und den Aliasnamen an (wenn Sie einen anderen als den vorgegebenen wünschen), erstellen die externe E-Mail-Adresse für den Kontakt und klicken auf **Weiter**.
5. Überprüfen Sie auf der Seite **Neuer E-Mail-Kontakt** nochmals die Zusammenfassung der Optionen, die Sie für den neuen E-Mail-Kontakt ausgewählt haben. Klicken Sie auf **Zurück**, falls Sie Änderungen vornehmen wollen. Um den neuen E-Mail-Kontakt zu erstellen, klicken Sie auf **Neu**.

Kapitel 11 Empfänger erstellen und verwalten

6. Überprüfen Sie auf der Seite **Neuer E-Mail-Kontakt** nochmals die Einstellungen, die Sie für den neuen E-Mail-Kontakt vorgenommen haben. Sie können auf **Zurück** klicken, um auf den Seiten des Assistenten Änderungen vorzunehmen. Wenn Sie mit der Konfiguration zufrieden sind, klicken Sie auf **Neu**, um den neuen Benutzer zu erstellen.
7. Klicken Sie auf der abschließenden Seite auf **Fertig stellen**.

Abbildg. 11.21 Einen neuen E-Mail-Kontakt erstellen

Verwaltungsshell

Sie können auch mithilfe der Exchange-Verwaltungsshell einen neuen E-Mail-Kontakt erstellen. Dazu verwenden Sie das Commandlet **New-MailContact**. Sie müssen ebenfalls eine Reihe von Parametern angeben, die den Namen des Kontakts und die externe E-Mail-Adresse nennen.

Die Syntax für die Erstellung eines neuen E-Mail-Kontakts lautet:

```
New-MailContact -Name <"Name"> -ExternalEmailAddress <Adresse>
-OrganizationalUnit <Organisationseinheit>
```

Um beispielsweise einen Benutzer namens Peter Brehm mit der externen Adresse **peter.brehm@adventure-works.com** anzulegen, können Sie folgendes Commandlet verwenden:

```
New-MailContact -Name "Peter Brehm" -ExternalEmailAddress
peter.brehm@adventure-works.com -OrganizationalUnit contoso.com
```

E-Mail-Kontakte konfigurieren

Wie alle anderen Objekte in Active Directory werden auch E-Mail-Kontakte mithilfe von Eigenschaftenseiten konfiguriert. Die Registerkarten für E-Mail-Kontakte sind dieselben wie die für Postfachbenutzer, jedoch ist nur eine Teilmenge von ihnen verfügbar. Außerdem werden Sie eine Reihe von Unterschieden feststellen:

- Auf der Registerkarte **Allgemein** der Eigenschaftenseite eines E-Mail-Kontakts legen Sie fest, ob für den Kontakt das MAPI-RTF (Rich Text Format) verwendet werden soll. Sie können diese Eigenschaft so einstellen, dass immer MAPI-RTF benutzt wird, oder niemals, oder dass von den entsprechenden Einstellungen in der Messagingsoftware des Clients ausgegangen werden soll.
- Auf der Registerkarte **Nachrichtenübermittlungseinstellungen** können Sie keine Speichergrenzwerte konfigurieren, weil der Benutzer kein Postfach innerhalb der Exchange-Organisation hat.

Verteilergruppen

In Active Directory stellt eine *Gruppe* einen Container dar, der Benutzer und andere Gruppen enthalten kann. Berechtigungen, die Sie einer Gruppe zuweisen, werden von ihren gesamten Mitgliedern geerbt. Gruppen sind aus diesem Grund ein wichtiges Sicherheitskonstrukt. Exchange Server 2007 verwendet Gruppen auch für andere Zwecke. Eine Gruppe kann E-Mail-aktiviert und dann mit E-Mail-aktivierten und Postfachempfängern gefüllt werden, um so eine Verteilerliste zu erstellen (Sie kennen diese Listen aus früheren Versionen von Exchange Server). Ein Gruppe kann Benutzer, E-Mail-Kontakte, öffentliche Ordner und andere Verteilergruppen enthalten. Wenn Sie einer Verteilergruppe eine Nachricht senden, wird sie an jedes einzelne Mitglied der Liste weitergeleitet. Verteilergruppen werden in der globalen Adressliste angezeigt.

In Exchange Server 2007 können Sie drei Arten von Verteilergruppen anlegen:

- **E-Mail-aktivierte universelle Verteilergruppe**   Dies ist die wichtigste Art von Verteilergruppe, die Sie verwenden, um E-Mail-Nachrichten an große Empfängergruppen zu senden. Einer E-Mail-aktivierten universellen Verteilergruppe können Sie keine Berechtigungen zuweisen.
- **E-Mail-aktivierte universelle Sicherheitsgruppe**   Diese Art von Gruppe können Sie verwenden, um einer Empfängergruppe Berechtigungen zu erteilen, auf Ressourcen in Active Directory zuzugreifen, sowie um allen Empfängern in der Gruppe E-Mail-Nachrichten zu senden.
- **Dynamische Verteilergruppe**   Dieser Gruppentyp verfügt nicht über eine statische Empfängerliste, sondern ermittelt die infrage kommenden Mitglieder mithilfe von Filtern, sobald eine Nachricht an die Gruppe gesendet wird. Sie können über eine dynamische Verteilergruppe beispielsweise Nachrichten an alle Empfänger außerhalb der Organisation, die bei einer bestimmten Firma angestellt sind, oder an alle Benutzer in einer bestimmten Abteilung oder in einem bestimmten Stockwerk eines Gebäudes senden. Sobald jemand eine Nachricht an diese dynamische Verteilergruppe schickt, fragt Exchange alle Empfänger, auf die der Filter und die angegebene Bedingung zutreffen, aus Active Directory ab.

Verteilergruppen erstellen

Eine neue Verteilergruppe zu erstellen, ist ein einfacher Vorgang, der größtenteils der Erstellung eines Postfachs entspricht. Um eine neue Verteilergruppe zu erstellen, gehen Sie wie folgt vor:

1. Erweitern Sie den Knoten **Empfängerkonfiguration** in der Konsolenstruktur der Exchange-Verwaltungskonsole und klicken Sie auf den Unterknoten **Verteilergruppe**.
2. Klicken Sie im Aktionsbereich auf **Neue Verteilergruppe**.
3. Klicken Sie auf der Einführungsseite des Assistenten **Neue Verteilergruppe** auf **Neue Gruppe** und anschließend auf **Weiter**. (Sie können auch auf Vorhandene Gruppe klicken, um die E-Mail-Aktivierung für eine Sicherheitsgruppe auszuführen, die sich bereits in Active Directory befindet.)
4. Auf der in Abbildung 11.22 gezeigten Seite **Gruppeninformationen** wählen Sie aus, ob Sie eine neue Verteilergruppe oder eine Sicherheitsgruppe erstellen wollen. Wählen Sie die Organisationseinheit aus, geben Sie einen Namen für die Gruppe ein, ändern Sie den Aliasnamen, falls Ihnen der vorgegebene nicht zusagt, und klicken Sie anschließend auf **Weiter**.

Abbildg. 11.22   Eine neue Verteilergruppe erstellen

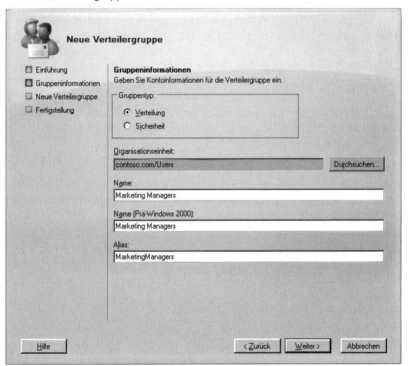

5. Überprüfen Sie auf der Seite **Neue Verteilergruppe** nochmals die vorgenommenen Einstellungen. Sie können auf **Zurück** klicken, um auf den Seiten des Assistenten Änderungen vorzunehmen. Wenn Sie mit der Konfiguration zufrieden sind, klicken Sie auf **Neu**, um die neue Verteilergruppe zu erstellen.
6. Klicken Sie auf der abschließenden Seite auf **Fertig stellen**.

> **Verwaltungsshell**
>
> Sie können auch mithilfe der Exchange-Verwaltungsshell eine neue Verteilergruppe erstellen. Dazu verwenden Sie das Commandlet **New-DistributionGroup**. Sie müssen dabei eine Reihe von Parametern übergeben, die die Gruppe benennen.
>
> Die Syntax für die Erstellung einer neuen Verteilergruppe lautet:
>
> ```
> New-DistributionGroup -Name <"Name"> -OrganizationalUnit <"Organisationseinheit">
> -SAMAccountName <"SAM-Kontoname"> -Type <"Typ">
> ```
>
> Um beispielsweise eine Verteilergruppe namens **Marketingmanager** anzulegen, verwenden Sie das folgende Commandlet:
>
> ```
> New-DistributionGroup -Name "Marketingmanager" -OrganizationalUnit
> "Contoso.com/Users" -SAMAccountName "Marketingmanager" -Type "Distribution"
> ```
>
> Um anstelle einer normalen Verteilergruppe eine neue Sicherheitsverteilergruppe zu erstellen, verwenden Sie für den Parameter **type** den Wert **Security** anstelle von **Distribution**.

Gruppen konfigurieren

Gruppen werden ebenso wie alle anderen Empfänger mithilfe von Eigenschaftenseiten konfiguriert. Viele Registerkarten ihrer Eigenschaftenseiten sind identisch mit denen in den Eigenschaftenseiten für Benutzerobjekte. Ausführliche Informationen hierzu finden Sie weiter vorne in diesem Kapitel im Abschnitt »Benutzer«. Einige der Registerkarten in den Benutzereigenschaftenseiten sind für Gruppen nicht verfügbar. Im Folgenden werden die drei Registerkarten beschrieben, die sich von denen der Benutzereigenschaftenseiten unterscheiden.

Registerkarte Gruppeninformationen

Die Registerkarte **Gruppeninformationen** ermöglicht Ihnen, den Gruppennamen zu ändern, und der Gruppe einen Manager zuzuweisen. Der Manager der Gruppe steuert deren Mitgliedschaft. Per Voreinstellung ist dies der Administrator, der die Gruppe erstellt hat, doch Sie können auch einen Benutzer, eine Gruppe oder einen Kontakt aus der globalen Adressliste als Manager festlegen. Wenn Sie einen anderen Benutzer angeben, kann dieser mithilfe von Outlook die Mitgliedschaft der Gruppe ändern, ohne auf die Exchange-Verwaltungskonsole zugreifen zu müssen. Sie können daher eine Menge Arbeit delegieren, indem Sie den von Ihnen erstellten Gruppen Manager zuweisen. Je größer die Gruppen werden, desto größer wird auch der Verwaltungsaufwand.

Registerkarte Mitglieder

Auf dieser Registerkarte werden alle Mitglieder der Gruppe aufgeführt. Über die Schaltfläche **Hinzufügen** greifen Sie auf die Active Directory-Liste zu, von der aus neue Mitglieder in die Gruppe eingefügt werden können. Mit der Schaltfläche **Löschen** lassen sich ausgewählte Mitglieder aus der Gruppe entfernen. Wie zuvor erwähnt, können Gruppen jede andere Art von Objekt enthalten, darunter Benutzer, Kontakte, öffentliche Ordner sowie weitere Gruppen.

Registerkarte Erweitert

Auf der in Abbildung 11.23 gezeigten Registerkarte **Erweitert** legen Sie einen einfachen Anzeigenamen für die Gruppe fest.

Abbildg. 11.23 Erweiterte Eigenschaften für eine Gruppe festlegen

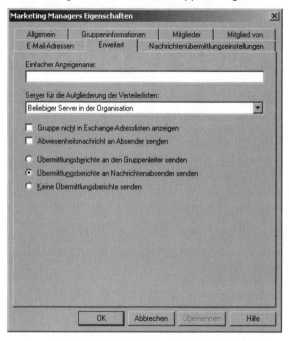

Es sind aber noch weitere Optionen vorhanden, die die Funktionsweise der Verteilergruppe bestimmen:

- **Server für die Aufgliederung der Verteilergruppe** Wenn eine Nachricht an eine Gruppe gesendet wird, muss die Gruppe aufgegliedert werden, damit die Nachricht zu jedem Mitglied gelangen kann. Diese Aufgliederung erledigt ein einzelner Exchange-Server. Voreingestellt ist diese Option mit **Beliebiger Server in der Organisation**. Diese Einstellung bewirkt, dass immer der Basisserver des Benutzers, der die Nachricht sendet, die Gruppe aufgliedert. Sie können aber auch einen bestimmten Server mit der Durchführung dieser Aufgabe betrauen. Dies ist vor allem bei großen Gruppen sinnvoll, da die Aufgliederung einen hohen Betrag an Serverressourcen verschlingt und somit bei stark beanspruchten Rechnern die Leistung beeinträchtigen kann.

- **Gruppe nicht in Exchange-Adresslisten anzeigen** Wenn Sie diese Option aktivieren, wird die Gruppe nicht in der globalen Adressliste angezeigt.

- **Abwesenheitsnachricht an Absender senden** Bei der Auswahl dieser Option können die Benutzer Exchange-Clients so konfigurieren, dass eingegangene Nachrichten bei Abwesenheit der Benutzer automatisch beantwortet werden. Die Benutzer, die eine Nachricht an die Gruppe senden, erhalten dann diese automatischen Antworten. Bei sehr großen Gruppen sollte diese Option nicht aktiviert werden, da die Übermittlung der automatischen Nachrichten dann einen starken Netzwerkverkehr verursacht.

- **Übermittlungsberichte an den Gruppenleiter senden** Wenn Sie diese Option wählen, wird der Besitzer der Gruppe über Fehler benachrichtigt, die während der Übermittlung von Nachrichten an die Gruppe oder an ein Gruppenmitglied auftreten. Diese Option ist nicht verfügbar, wenn der Gruppe kein Manager zugewiesen wurde.

- **Übermittlungsberichte an Nachrichtenabsender senden** Bei der Auswahl dieser Option wird der Benutzer, der eine Nachricht an die Gruppe gesendet hat, von einem aufgetretenen Fehler benachrichtigt. Ist auch die Option **Übermittlungsberichte an den Gruppenleiter senden** aktiviert, erhalten sowohl der Absender als auch der Manager der Gruppe eine entsprechende Meldung.
- **Keine Übermittlungsberichte senden** Wenn Sie diese Option wählen, werden keine Übermittlungsberichte gesendet.

> **Aus der Praxis: Empfangseinschränkungen für Gruppen festlegen**
>
> Die Optionen Einschränkungen für die Nachrichtengröße und Einschränkungen für die Nachrichtenübermittlung auf der Registerkarte Nachrichtenübermittlungseinstellungen der Eigenschaftenseite einer Gruppe spielt bei der Einrichtung von Gruppen oft eine wichtigere Rolle als bei der Konfiguration einzelner Benutzer. In großen Organisationen können Gruppen einen erheblichen Umfang erreichen und tausende von Benutzern umfassen. Um jeglichen Missbrauch auszuschließen, sollten Sie keinen allgemeinen Zugriff auf große Gruppen zulassen. Stellen Sie sich die Zunahme des Netzwerkverkehrs vor, wenn Ihre Benutzer jedes Mal Nachrichten an hunderte von Empfängern senden, nur weil ihre Kinder CDs zu verkaufen haben oder weil sie einen guten Witz weitererzählen möchten. Mithilfe von Empfangseinschränkungen für Gruppen können Sie den Zugriff auf die Gruppen auf einige wenige, verantwortungsbewusste Benutzer beschränken.
>
> Ein weiteres potenzielles Risiko liegt darin, dass ein Internetbenutzer über die SMTP-Adresse einer Gruppe jedem Firmenmitglied E-Mail-Nachrichten senden kann. Stellen Sie sich vor, was es für Ihre Arbeit als Administrator bedeutet, wenn eines Tages eine anonyme Person E-Mail-Nachrichten mit irreführenden Informationen an alle Mitarbeiter der Firma sendet. Durch die Festlegung von Empfangseinschränkungen für Gruppen können Sie den Empfang unerwünschter E-Mails verhindern.

Dynamische Verteilergruppen erstellen

Mit Exchange Server 2007 wird die dynamische Verteilergruppe eingeführt (die eine Fortentwicklung der abfragebasierten Verteilergruppen von Exchange Server 2003 darstellt). Dieser Gruppentyp ist deswegen dynamisch, weil er nicht bestimmte Objekte zu Gruppenmitgliedern erklärt, sondern seine Mitglieder anhand von Ihnen erstellter Filter zu dem Zeitpunkt bestimmt werden, wenn eine Nachricht gesendet wird. So können Sie z.B. eine dynamische Verteilergruppe anlegen, die alle postfachaktivierten Exchange-Benutzer enthält. Niemand muss die Mitgliedschaften dieser Gruppe manuell aktualisieren, denn sie werden ermittelt, wann immer eine Nachricht an die Gruppe gesendet wird.

Obwohl es sich bei dynamischen Verteilergruppen um eine nützliche Ergänzung von Exchange Server 2007 handelt, müssen Sie einige wenige Einschränkungen und Nachteile bedenken:

- Die laufende Erstellung der Mitgliedschaften führt auf dem dafür zuständigen Server – dem Server für die Aufgliederung der Verteilerlisten – zu einem erhöhten Rechenaufwand. Sie müssen damit rechnen, dass er jedes Mal, wenn eine Nachricht an die Gruppe gesendet wird, eine erhöhte CPU- und Festplattenaktivität zeigt.
- Die Aufstellung der Mitgliedschaften führt auch zu erhöhtem Netzwerkverkehr und stärkerer Active Directory-Nutzung, da der Server für die Aufgliederung der Verteilerlisten jedes Mal, wenn eine Nachricht an die Gruppe gesendet wird, eine Abfrage an Active Directory senden muss, um die aktuellen Mitgliedschaften zu ermitteln.

Aufgrund des erhöhten Aufwands sind dynamische Verteilergruppen am besten für regelmäßige Ankündigungen an wichtige Gruppen geeignet, aber nicht als Ersatz für standardmäßige Verteilergruppen.

Eine dynamische Verteilergruppe zu erstellen, ist ein recht einfacher Vorgang. Öffnen Sie die Exchange-Verwaltungskonsole, erweitern Sie den Knoten **Empfängerkonfiguration**, markieren Sie den Unterknoten **Verteilergruppe** und klicken Sie im Aktionsbereich auf **Neue dynamische Verteilergruppe**. Geben Sie der Gruppe einen Namen sowie einen Alias und klicken Sie auf **Weiter**. Auf der in Abbildung 11.24 gezeigten Seite **Filtereinstellungen** wählen Sie einen vordefinierten Filter aus der Liste. Auf der anschließenden Seite **Bedingungen** haben Sie die Möglichkeit, die Filter für die Empfänger an Ihre Bedürfnisse anzupassen. Falls Sie dies nicht wünschen, können Sie diese Seite einfach ignorieren, **Weiter** klicken, den Assistenten beenden und die Gruppe erstellen.

Benutzerdefinierte Filter lassen sich auf ganz ähnliche Weise wie die Nachrichtenregeln in Outlook erstellen. Wählen Sie zunächst eine Bedingung aus. Bedingungen lassen sich für die Attribute des Postfachs aufstellen, z.B. Status, Abteilung, Firma oder beliebige der benutzerdefinierten Attribute, die in Ihrer Organisation Verwendung finden. Bearbeiten Sie die Bedingung, nachdem Sie sie ausgewählt haben. So können Sie z.B. einen bestimmten Status oder eine Abteilung angeben und eine dynamische Verteilergruppe anlegen, die alle Postfachbenutzer in der Marketingabteilung enthält.

Abbildg. 11.24 Einen Filter für eine dynamische Verteilergruppe festlegen

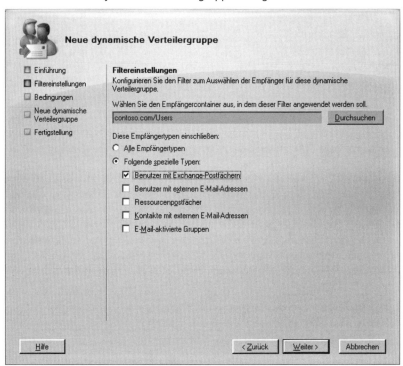

Empfänger filtern

Wenn Sie nur über relativ wenige Empfänger verfügen, ist es leicht, bestimmte Empfänger oder Gruppen von ihnen zu finden, indem Sie Ihre Liste mithilfe der Spaltenüberschriften in der Exchange-Verwaltungskonsole jeweils passend sortieren. Wenn es in Ihrer Organisation jedoch hunderte oder tausende von Empfängern gibt, brauchen Sie leistungsfähigere Werkzeuge, um diejenigen Empfänger zu isolieren, mit denen Sie arbeiten wollen. Die Exchange-Verwaltungskonsole verfügt über ein Filterwerkzeug für Empfänger, das dabei hilft, nur ausgewählte Empfängertypen anzuzeigen. So können Sie beispielsweise entscheiden, nur Postfachbenutzer oder nur Kontakte zu zeigen, oder alternativ komplexere Filter erstellen, die Ihnen nur die Empfänger präsentieren, auf die ein bestimmtes Attribut zutrifft.

Um einen Filter anzuwenden, klicken Sie in einer beliebigen Empfängeransicht der Exchange-Verwaltungskonsole auf die oben in der Ansicht vorhandene Schaltfläche **Filter erstellen**, wie in Abbildung 11.25 gezeigt. Stellen Sie einen Filterausdruck zusammen, indem Sie aus der Dropdown-Liste ganz links ein Attribut und anschließend einen Operator wählen (z.B. **Gleich**, **Ungleich**, **Enthält**, **Enthält nicht**, **Beginnt mit**, **Endet mit**, **Ist vorhanden**, **Ist nicht vorhanden**) und einen Wert eingeben. Für Ihren Ausdruck können Sie beispielsweise **Stadt** aus der Dropdown-Liste wählen, den Operator **Gleich** hinzufügen und als Wert **Flensburg** eingeben. Das Ergebnis ist ein Filter, der nur Empfänger anzeigt, deren **Stadt**-Attribut **Flensburg** lautet. Wenn Sie einen Filter erstellt haben, klicken Sie auf **Filter anwenden**, um die gefilterte Empfängerliste anzuzeigen. Komplexere Filter erstellen Sie, indem Sie auf **Ausdruck hinzufügen** klicken, um mehrere Ausdrücke zu kombinieren. Sie können z.B. drei Ausdrücke anlegen: einen, der Empfänger einer bestimmten Stadt, einen, der eine bestimmte Abteilung, und einen, der Büronummern herausfiltert, die mit einer bestimmten Ziffer beginnen. Der kombinierte Filtereffekt dieser Ausdrücke wäre eine Liste der Empfänger, die sich in einer angegebenen Abteilung, einem bestimmten Bürobereich und in der angegebenen Stadt befinden.

Abbildg. 11.25 Eine Ansicht in der Exchange-Verwaltungskonsole filtern

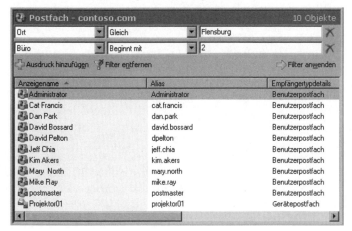

Vorlagen

Eine **Vorlage** ist ein Empfängerobjekt, das als Modell für die Erstellung anderer Objekte desselben Typs verwendet wird. Alle Empfängertypen mit Ausnahme der öffentlichen Ordner können als Vorlage dienen. Um eine Vorlage zu erstellen, legen Sie wie gewohnt ein Empfängerobjekt an. Geben Sie die Informationen ein, die das Modell enthalten soll. Um beispielsweise eine Postfachbenutzer-Vorlage für neue Mitarbeiter zu erstellen, geben Sie alle organisationsspezifischen Informationen sowie Telefonnummern und Adressen für Ihre Firma ein.

> **HINWEIS** Wenn Sie einen Empfänger als Vorlage erstellen, werden Sie ihn wahrscheinlich im Adressbuch ausblenden wollen, sodass er Benutzern nicht in der globalen Adressliste angezeigt wird. Im Snap-In **Active Directory-Benutzer und -Computer** bzw. in der Exchange-Verwaltungskonsole wird er natürlich immer angezeigt. Außerdem sollten Sie der Vorlage einen Namen zuweisen, der ein schnelles Auffinden ermöglicht und eine deutliche Unterscheidung von regulären Empfängern erlaubt. Sie können die Namen mit **template** einleiten, damit alle Vorlagen bei der Anzeige zusammengefasst werden, oder sogar mit **ztemplate**, damit sie gesammelt am Ende der Liste erscheinen.

Ein neues Postfach können Sie aus einer Vorlage nur über die Exchange-Verwaltungsshell erstellen. Dazu verwenden Sie zwei Befehle. Der erste ruft die Vorlageninformationen ab und speichert sie in einer temporären Variable namens **$Template**:

```
$Template = Get-Mailbox <"Vorlagenname">
```

Der zweite Befehl erstellt das Postfach aus den abgerufenen Informationen:

```
New-Mailbox -Name <"Name"> -UserPrincipalName <"Benutzerprinzipalname">
-Database <"Servername\Postfachdatenbanke"> -OrganizationalUnit <"Organisationseinheit">
-TemplateInstance $Template
```

> **HINWEIS** Weitere Informationen zur Verwendung von Vorlagen bei der Erstellung von Empfängern, einschließlich der gleichzeitigen Erstellung mehrerer Empfänger aus einer einzigen Vorlage, finden Sie in den Hilfedateien von Exchange Server 2007.

Adresslisten

Bei Adresslisten handelt es sich um Zusammenstellungen von Empfängern, die es den Benutzern leichter machen, bestimmte Empfänger innerhalb Ihrer Organisation zu finden. Sie werden automatisch gefüllt, sodass Sie die Empfänger nicht manuell hinzufügen brauchen. In Exchange Server 2007 gibt es sechs standardmäßige Adresslisten, die in Abbildung 11.26 aufgeführt sind.

Abbildg. 11.26 Adresslisten in der Exchange-Verwaltungskonsole anzeigen

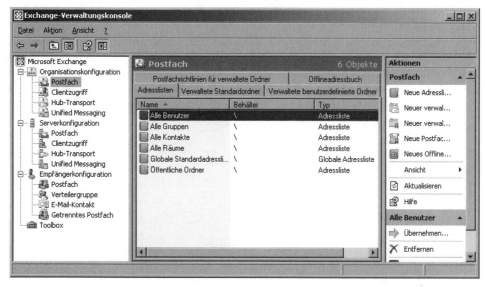

- **Alle Kontakte**   Diese Adressliste enthält alle E-Mail-aktivierten Kontakte Ihrer Organisation. Dabei handelt es sich um diejenigen Empfänger, die über eine externe E-Mail-Adresse verfügen.
- **Alle Gruppen**   Diese Adressliste enthält alle Verteilergruppen in Ihrer Organisation.
- **Alle Räume**   Diese Adressliste enthält alle Postfachressourcen Ihrer Organisation, die als Räumlichkeiten definiert wurden.
- **Alle Benutzer**   Diese Adressliste enthält alle E-Mail-aktivierten Benutzer in Ihrer Organisation. Ein E-Mail-aktivierter Benutzer stellt einen Benutzer von außerhalb Ihrer Exchange-Organisation dar, der über eine externe E-Mail-Adresse verfügt.
- **Globale Standardadressliste**   Diese Adressliste enthält alle E-Mail-aktivierten Benutzer, Kontakte, Gruppen und Räume in der Organisation.
- **Öffentliche Ordner**   Diese Adressliste enthält alle öffentlichen Ordner in Ihrer Organisation.

In großen Organisationen kann es Benutzern schwer fallen, Empfänger in den Standardadresslisten zu finden. Mithilfe von benutzerdefinierten Adresslisten können Sie die Empfänger noch weiter organisieren. So können Sie z.B. eine benutzerdefinierte Adressliste anlegen, die nur Postfachbenutzer einer bestimmten Abteilung enthält. Sie können in einer benutzerdefinierten Adressliste auch Unterkategorien anlegen und damit der unstrukturierten Ansicht in der Adressliste eine hierarchische Gliederung zuweisen. Sie können z.B. für alle Benutzer eines bestimmten Landes eine benutzerdefinierte Adressliste anlegen, innerhalb der Sie dann eine Kategorie erstellen, die die Benutzer nach Städten dieses Landes gruppiert.

Um eine benutzerdefinierte Adressliste mithilfe der Exchange-Verwaltungskonsole zu erstellen, führen Sie folgende Schritte durch:

1. Erweitern Sie den Knoten **Organisationskonfiguration** in der Konsolenstruktur der Exchange-Verwaltungskonsole und klicken Sie auf den Unterknoten **Postfach**.
2. Klicken Sie im Aktionsbereich auf **Neue Adressliste**.
3. Auf der Einführungsseite des Assistenten **Neue Adressliste**, die Sie in Abbildung 11.27 sehen, geben Sie einen Namen für die Adressliste ein. Die Adressliste wird standardmäßig im Container **Hauptadressliste** angelegt, Sie können aber nach einem Klick auf **Durchsuchen** einen anderen Container auswählen. Wählen Sie die in der Adressliste einzuschließenden Empfängertypen aus und klicken Sie auf **Weiter**.

Abbildg. 11.27   Eine benutzerdefinierte Adressliste erstellen

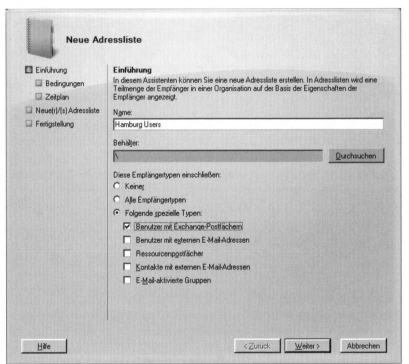

4. Auf der in Abbildung 11.28 gezeigten Seite **Bedingungen** wählen Sie eine Bedingung aus, um Ihre Adressliste anhand des Empfängerattributs weiter anzupassen. Diese Seite ist optional. Wenn Sie die Adressliste nicht weiter anpassen wollen, klicken Sie auf **Weiter**. Wenn Sie Bedingungen einrichten wollen, wählen Sie zunächst eine aus. Bedingungen lassen sich für die Attribute des Postfachs aufstellen, z.B. Status, Abteilung, Firma oder beliebige der benutzerdefinierten Attribute, die in Ihrer Organisation Verwendung finden. Wenn Sie eine Bedingung ausgewählt haben, bearbeiten Sie sie im unteren Fenster – indem Sie z.B. einen bestimmten Status oder eine Abteilung angeben. Bei der Einrichtung von Bedingungen können Sie jederzeit auf Vorschau klicken, um eine ihnen entsprechende Empfängerliste in der Adressliste angezeigt zu bekommen. Klicken Sie auf **Weiter**, wenn Sie die gewünschten Bedingungen definiert haben.

Abbildg. 11.28 Bedingungen für eine benutzerdefinierte Adressliste erstellen

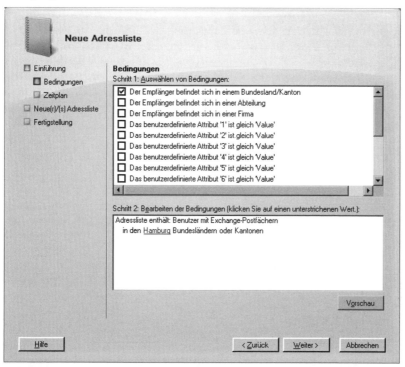

HINWEIS Die von Ihnen für die Bedingungen eingegebenen Werte müssen denen in den Attributen der Empfänger exakt entsprechen.

5. Auf der Seite **Zeitplan** können Sie angeben, ob Exchange die Adressliste sofort oder zu einem vorgesehenen späteren Zeitpunkt erstellen soll. In großen Organisationen kann die Erstellung von Adresslisten einige Zeit in Anspruch nehmen, sodass Sie die Systemressourcen schonen können, indem Sie die Zusammenstellung der Liste auf Zeiten geringerer Auslastung wie z.B. die Nachtstunden verschieben.
6. Überprüfen Sie die vorgenommenen Einstellungen nochmals auf der Seite **Neue Adressliste**. Klicken Sie auf **Neu**, um die Adressliste anzulegen.
7. Überzeugen Sie sich auf der Seite **Fertigstellung** davon, dass die Adressliste erfolgreich angelegt wurde. Ein als **Abgeschlossen** angegebener Status weist darauf hin, dass die Erstellung erfolgreich war. Ein als **Fehler** angegebener Status weist darauf hin, dass die Erstellung nicht erfolgreich war. Wenn der Auftrag gescheitert ist, überprüfen Sie die Zusammenfassung auf mögliche Hinweise und klicken Sie auf **Zurück**, um entsprechende Änderungen vorzunehmen. Klicken Sie auf **Fertig stellen**, um den Assistenten zu schließen.

Adresslisten erweisen sich in großen oder komplexen Organisationen oft als praktisch. Benutzer können die Listen in Clientanwendungen öffnen und schnell die gewünschten Informationen über die Empfänger finden. Den Administratoren dienen die Listen in der Exchange-Verwaltungskonsole als Hilfsmittel für die Gruppierung von Empfängern.

Zusammenfassung

In diesem Kapitel wurde die Arbeit mit Empfängern erläutert, dem Zielpunkt aller Exchange-Interaktionen. Sie haben einige der grundsätzlichen Empfängertypen von Exchange Server 2007 kennen gelernt – Postfachbenutzer, Ressourcenpostfächer, E-Mail-aktivierte Kontakte und Verteilergruppen – und erfahren, wie sie erstellt und konfiguriert werden. Sie haben auch gelernt, wie Sie Empfänger filtern und den Empfängerbereich in der Exchange-Verwaltungskonsole ändern können, um das Auffinden von Empfängern in großen Organisationen leichter zu machen. Sie haben erfahren, wie eine Vorlage erstellt wird, die bei der Erstellung von Empfängern als Modell dienen kann, und wie Sie Adresslisten erstellen, in denen die Empfänger auf unterschiedliche Weise gruppiert werden. Im nächsten Kapitel wird ein weiterer Empfängertyp erläutert, der in einer Exchange-Organisation zur Verfügung steht: der öffentliche Ordner.

Kapitel 12

Mit öffentlichen Ordnern arbeiten

In diesem Kapitel:

Der Informationsspeicher für öffentliche Ordner	316
Öffentliche Ordner in Outlook 2007 verwenden	317
Öffentliche Ordner-Datenbanken in der Exchange-Verwaltungskonsole verwalten	320
Öffentliche Ordner in der Exchange-Verwaltungsshell erstellen und verwalten	323
Zusammenfassung	326

Die Freigabe von Informationen erleichtert die Tätigkeit von Arbeitsgruppen. Vor allem dann, wenn Mitarbeiter eines Teams räumlich voneinander getrennt sind, ist die Möglichkeit einer gemeinsamen Datennutzung von erheblicher Bedeutung. Microsoft Exchange Server 2007 stellt diese leistungsfähige Groupware-Funktion in Form von öffentlichen Ordnern bereit.

In Kapitel 11, »Empfänger erstellen und verwalten«, haben Sie Grundtypen von Exchange-Empfängern (E-Mail-Benutzer, Ressourcenpostfächer, Verteilergruppen und E-Mail-Kontakte) kennen gelernt und erfahren, wie sie erstellt und verwaltet werden. Dieses Kapitel behandelt eine andere Art von Empfänger – den öffentlichen Ordner. Zu Beginn unseres Überblicks über die Architektur der freigegebenen Speicher von Exchange Server-Systemen erläutern wir in diesem Kapitel, wie sich freigegebener Speicher für Benutzer darstellt und wie Sie öffentliche Ordner in einer Exchange-Organisation erstellen und verwalten können.

Im Exchange Server 2007 haben die öffentlichen Ordner weniger Bedeutung, als dies bei früheren Versionen von Exchange Server der Fall war. Während Sie mit der Exchange-Verwaltungsshell öffentliche Ordner erstellen und verwalten können, gibt es dafür in der Exchange-Verwaltungskonsole keine Unterstützung – zumindest nicht in der derzeitigen Version des Produkts. Es ist wahrscheinlich, dass dieser Bedeutungsverlust auf die steigende Popularität und Leistungsfähigkeit von Mircosoft SharePoint Server zurückzuführen ist, der wie die öffentlichen Ordner von Exchange Server eine zentrale Dokumentenspeicherung bietet. Allerdings stellt SharePoint Server auch fortgeschrittene Dokumentenverwaltung, Versionssteuerung und Nachrichtenverfolgung bereit, also Features, an denen es öffentlichen Ordnern mangelt.

Wenn alle Benutzer in Ihrer Organisation Microsoft Office Outlook 2007 verwenden, besteht keine Notwendigkeit für öffentliche Ordner, es sei denn, Sie möchten sie zur zentralen Speicherung verwenden. Wenn Benutzer in ihrer Organisation noch ältere Versionen von Outlook nutzen, werden öffentliche Ordner benötigt, da sie Offlineadressbuch-Verteilung, Frei/Gebucht-Informationen und Outlook-Sicherheitseinstellungen bereitstellen. Während der Installation von Exchange Server 2007 werden Sie gefragt, ob Benutzer vorhanden sind, die Outlook 2003 oder ältere Versionen verwenden. Wenn Sie dies mit »Ja« beantworten, aktiviert Exchange Server 2007 öffentliche Ordner während der Installation. Bei »Nein« sind öffentliche Ordner standardmäßig deaktiviert und Sie müssen eine Datenbank für öffentliche Ordner später hinzufügen.

Der Informationsspeicher für öffentliche Ordner

Öffentliche Ordner sind der zentrale Speicherort für nahezu alle Dokument- und Nachrichtenarten und ermöglichen Benutzern in einer Organisation den kontrollierten Zugriff auf die Daten. Für die Verwaltung öffentlicher Ordner verwenden Sie die Exchange-Verwaltungsshell. Sie können die Exchange-Verwaltungskonsole zur Ausführung einiger datenbankbezogener Aufgaben nutzen. Außerdem können Sie den Microsoft Outlook-Client verwenden, um öffentliche Ordner zu erstellen und auf sie zuzugreifen.

Ein öffentlicher Ordner ist im Grunde eine spezielle Art von Postfach. Wie andere Postfächer können öffentliche Ordner E-Mail-aktiviert oder E-Mail-deaktiviert sein. Ebenso können öffentliche Ordner im Ordner der obersten Ebene eine Hierarchie von Ordnern enthalten. Sie unterscheiden sich dadurch, dass sie für die Benutzer innerhalb der Organisation öffentlich verfügbar sind.

Wenn Sie einen öffentlichen Ordner erstellen, wird er in der Datenbank für öffentliche Ordner auf einem bestimmten Server eingefügt. Alle Exchange Server-Computer, die über eine Datenbank für öffentliche Ordner verfügen, können einen öffentlichen Ordner aufnehmen. Öffentliche Ordner, die in einer Datenbank für öffentliche Ordner eines bestimmten Servers erstellt wurden, können in die Datenbank für öffentliche Ordner anderer Server repliziert werden. In der Regel befinden sich in einer Standardorganisation nicht alle öffentlichen Ordner auf einem einzigen Server, sondern sind auf mehrere verteilt.

Innerhalb einer Struktur öffentlicher Ordner werden die erstplatzierten als Ordner der obersten Ebene bezeichnet. Wenn ein Benutzer einen öffentlichen Ordner der obersten Ebene erstellt, wird dieser in den Informationsspeicher auf seinem Basisserver eingefügt. Dagegen werden öffentliche Ordner auf niedrigerer Ebene in den Informationsspeicher eingefügt, in dem sich ihr übergeordneter Ordner befindet. Jeder öffentliche Ordner kann auf andere Server in der Organisation repliziert werden, was die Sache kompliziert macht. Öffentliche Ordner befinden sich auf unterschiedlichen Servern, wobei einige dieser Ordner über Instanzen auf mehreren Servern verfügen.

> **Aus der Praxis: Exchange Server 2003 für tief verwurzelte Strukturen öffentlicher Ordner beibehalten**
>
> Wenn Ihre bestehende Organisation eine umfangreiche Struktur öffentlicher Ordner nutzt und Sie keine Absichten hegen, zu etwas wie SharePoint Server zu migrieren, sollten Sie einen Exchange Server 2003-Computer in Ihrer Organisation behalten und diesen als dedizierten Server für öffentliche Ordner verwenden. Die Konsole Systemverwaltung in Exchange Server 2003 bietet eine angenehme grafische Schnittstelle zum Erstellen und Verwalten von Strukturen öffentlicher Ordner. Mehr über die Koexistenz mit Exchange Server 2003 können Sie in Kapitel 7, »Koexistenz mit früheren Versionen von Exchange Server«, erfahren.

Öffentliche Ordner in Outlook 2007 verwenden

Ihre Benutzer (und Sie selbst) können mit dem Client Outlook 2007 öffentliche Ordner erstellen und bestimmte Eigenschaften von ihnen verwalten. (Beide Themen werden im vorliegenden Abschnitt ausführlich behandelt.) Dies ist auch mit früheren Versionen von Outlook-Clients möglich. In diesem Abschnitt liegt der Schwerpunkt der Erläuterungen jedoch auf der Verwendung von Outlook 2007. Die beschriebenen Techniken lassen sich aber auch auf die anderen Clients anwenden.

Einen öffentlichen Ordner in Outlook erstellen

Öffentliche Ordner lassen sich in Microsoft Outlook schnell und einfach erstellen. Wenn Sie einen öffentlichen Ordner erstellen wollen, vergewissern Sie sich zunächst, dass das Objekt **Öffentliche Ordner** (bzw. der Ordner, in dem der neue Ordner angelegt werden soll) markiert ist. Danach klicken Sie im Menü **Datei** auf den Befehl **Neu | Ordner**. Im Dialogfeld **Neuen Ordner erstellen** geben Sie den Namen für den neuen Ordner ein, wählen die Art der Elemente aus, die er enthalten soll, bestimmen den Ordner, in dem er angelegt werden soll, und klicken dann auf **OK**. Sie können auch die Nachrichtentypen (Kalenderelemente, Notizen, Aufgaben und Mailobjekte) angeben, die im neuen Ordner bereitgestellt werden sollen. Per Voreinstellung wird der Elementtyp übernommen, der für den übergeordneten Ordner ausgewählt wurde.

Öffentliche Ordner in Outlook verwalten

Nachdem Sie einen öffentlichen Ordner erstellt haben, können Sie ihn auf unterschiedliche Art und Weise konfigurieren. Die Verwaltung öffentlicher Ordner erfolgt an zwei Orten: im Outlook-Client und in der Exchange-Verwaltungsshell. Da auch Benutzer öffentliche Ordner erstellen können, sollte ihnen sinnvollerweise eine gewisse Verwaltungsverantwortung übertragen werden. Dies ist auch der Grund dafür, dass ein Teil der Verwaltungsaufgaben auf dem Client durchgeführt wird.

Wenn ein Benutzer einen öffentlichen Ordner erstellt, wird er automatisch zu dessen Besitzer. Der Besitzer ist für die Grundkonfiguration zuständig, zu der unter anderem Zugriffsberechtigungen, Regeln und die Verknüpfung mit elektronischen Formularen gehören. Zur Ausführung dieser Verwaltungstätigkeiten kann der Benutzer in Outlook die Eigenschaftenseite des betreffenden Ordners öffnen.

Registerkarte Ordnerverwaltung

Auf der Registerkarte **Ordnerverwaltung** legen Sie unterschiedliche Optionen fest, mit denen die Verwendung eines öffentlichen Ordners gesteuert wird. Diese Registerkarte enthält folgende Einstellungen:

- **Erste Ansicht des Ordners**   Mit dieser Option wählen Sie die Outlook-Ansicht aus, die beim Öffnen des Ordners verwendet werden soll. Zu den verfügbaren Ansichten gehören die Normalansicht mit der Darstellung als Thread sowie solche, die nach Absender, Betreff oder Thema geordnet sind.

- **Drag/Drop führt Folgendes aus**   Legt fest, was passiert, wenn ein Objekt in einen öffentlichen Ordner gezogen wird. Folgende Möglichkeiten stehen zur Wahl: *Verschieben/Kopieren* und *Weiterleiten*.

- **Ordneradresse hinzufügen zu**   Hier fügen Sie die Adresse des Ordners als Kontakt zum Kontaktordner von Outlook hinzu.

- **Dieser Ordner steht zur Verfügung**   Mit dieser Option wird festgelegt, ob nur die Besitzer oder auch Benutzer mit entsprechenden Berechtigungen auf den Ordner zugreifen können.

- **Ordner-Assistent**   Mit diesem Assistenten können Sie Regeln erstellen, die auf neue Elemente im Ordner angewendet werden. Zu diesen Regeln gehören unter anderem das automatische Beantworten oder Ablehnen von Nachrichten aufgrund des sendenden Benutzers oder des Themas.

- **Moderierter Ordner**   Mit dieser Option können ein oder mehrere Moderatoren für den Ordner eingerichtet werden. In einem *moderierten Ordner* muss ein Moderator alle neuen Elemente bestätigen, bevor sie der Öffentlichkeit zur Verfügung gestellt werden. Klicken Sie auf diese Schaltfläche, um die Moderatoren für den Ordner festzulegen. Beachten Sie, dass gesendete Nachrichten in einem moderierten Ordner nicht sofort angezeigt werden. Sie sollten deshalb für moderierte Ordner eine automatische Antwort einrichten, in der der Absender einer Nachricht davon unterrichtet wird, dass der Moderator die Mitteilung erhalten hat. Legen Sie dazu im Bereich **Auf neue Objekte antworten mit** eine Standard- oder eine benutzerdefinierte Antwort fest.

Registerkarte Formulare

Auf der Registerkarte **Formulare** geben Sie die Formulare an, die in Verbindung mit den öffentlichen Ordnern verwendet werden können. Diejenigen, die Sie hier festlegen, werden auf der Registerkarte **Allgemein** in der Dropdownliste **Bereitstellen in diesem Ordner mit** als Auswahlmöglichkeiten angeboten. Sie können auch jedes dazugehörige Formular von dieser Registerkarte aus verwalten.

Registerkarte Berechtigungen

Auf der Registerkarte **Berechtigungen** können Sie Benutzern des aktuellen öffentlichen Ordners Berechtigungen zuweisen. Jedem von ihnen kann eine Rolle zugeordnet werden, mit der jeweils bestimmte Berechtigungen verbunden sind. Folgende Berechtigungen stehen zur Auswahl:

- **Elemente erstellen**   Erlaubt dem Benutzer, Objekte im Ordner bereitzustellen.
- **Elemente lesen**   Erlaubt dem Benutzer, alle Objekte im Ordner zu öffnen.
- **Unterordner erstellen**   Erlaubt dem Benutzer, Unterordner im Ordner zu erstellen.
- **Elemente bearbeiten**   Gibt an, welche Objekte im Ordner von Benutzern geändert werden können. Die Option **Keine** erlaubt keinerlei Änderungen an Objekten, die Option **Eigene** nur die Bearbeitung von Objekten, die die Benutzer selbst erstellt haben. Die Option **Alle** gestattet den Benutzern Änderungen an allen Objekten des Ordners.
- **Besitzer des Ordners**   Gewährt dem Benutzer alle Berechtigungen für den Ordner einschließlich der Möglichkeit, Berechtigungen zuzuweisen.
- **Ordnerkontaktperson**   Gibt an, dass der Benutzer Kopien von Statusnachrichten (einschließlich Unzustellbarkeitsberichten) für diesen Ordner erhält.
- **Ordner sichtbar**   Erlaubt dem Benutzer, den Ordner in der Hierarchie öffentlicher Ordner zu sehen.
- **Elemente löschen**   Gibt an, welche Objekte im Ordner von Benutzern gelöscht werden können. Die Option **Keine** legt fest, dass Benutzer keine Objekte löschen können, die Option **Eigene** erlaubt die Löschung von Objekten, die die Benutzer selbst erstellt haben. Die Option **Alle** erlaubt Benutzern, alle Objekte im Ordner zu entfernen.

Sie können die Berechtigungen ändern, die mit einer Rolle verbunden sind. Tabelle 12.1 zeigt die verfügbaren Rollen und die mit ihnen verbundenen Standardberechtigungen.

Tabelle 12.1 Standardberechtigungen der Rollen für öffentliche Ordner

Rolle	Erstellen	Lesen	Bearbeiten	Löschen	Unterordner	Besitzer	Kontakt	Sichtbar
Besitzer (Stufe 8)	Ja	Ja	Alle	Alle	Ja	Ja	Ja	Ja
Veröffentlichender Herausgeber (Stufe 7)	Ja	Ja	Alle	Alle	Ja	Nein	Nein	Ja
Herausgeber (Stufe 6)	Ja	Ja	Alle	Alle	Nein	Nein	Nein	Ja
Veröffentlichender Autor (Stufe 5)	Ja	Ja	Eigene	Eigene	Ja	Nein	Nein	Ja
Autor (Stufe 4)	Ja	Ja	Eigene	Eigene	Nein	Nein	Nein	Ja

Tabelle 12.1 Standardberechtigungen der Rollen für öffentliche Ordner *(Fortsetzung)*

Rolle	Erstellen	Lesen	Bearbeiten	Löschen	Unterordner	Besitzer	Kontakt	Sichtbar
Nicht heraus gebender Autor (Stufe 3)	Ja	Ja	Keine	Eigene	Nein	Nein	Nein	Ja
Lektor (Stufe 2)	Nein	Ja	Keine	Keine	Nein	Nein	Nein	Ja
Mitarbeiter (Stufe 1)	Ja	Nein	Keine	Keine	Nein	Nein	Nein	Ja
Keine	Nein	Nein	Keine	Keine	Nein	Nein	Nein	Ja

Öffentliche Ordner-Datenbanken in der Exchange-Verwaltungskonsole verwalten

Wenn Sie während der Installation von Exchange Server 2007 angegeben haben, dass in Ihrer Organisation keine älteren Versionen von Outlook als Outlook 2007 vorhanden sind, werden öffentliche Ordner nicht von vornherein aktiviert. Für den Fall, dass Sie doch öffentliche Ordner nutzen möchten, müssen Sie eine neue Datenbank für öffentliche Ordner erstellen. Abhängig von der Größe Ihrer Infrastruktur öffentlicher Ordner möchten Sie vielleicht auch mehrere Datenbanken für öffentliche Ordner erstellen.

Eine neue Öffentliche Ordner-Datenbank erstellen

Sie können eine neue Datenbank für öffentliche Ordner entweder mit der Exchange-Verwaltungskonsole oder mit der Exchange-Verwaltungsshell erstellen. Mit der Exchange-Verwaltungskonsole gehen Sie wie folgt vor:

1. Erweitern Sie den Knoten **Serverkonfiguration** in der Konsolenstruktur der Exchange-Verwaltungskonsole und klicken auf den Unterknoten **Postfach**.
2. Klicken Sie im Ergebnisbereich auf den Server, auf dem die neue Datenbank für öffentliche Ordner erstellt werden soll (siehe Abbildung 12.1).
3. Klicken Sie im Arbeitsbereich auf die Speichergruppe, in der die neue Datenbank für öffentliche Ordner erstellt werden soll.
4. Klicken Sie im Aktionsbereich auf **Neue Öffentliche Ordner-Datenbank**.
5. Auf der Seite **Neue Öffentliche Ordner-Datenbank** des Assistenten (siehe Abbildung 12.2) geben Sie den Namen der neuen Datenbank ein. Wenn Sie den Datenbank-Dateipfad festlegen möchten, klicken Sie auf **Durchsuchen** und geben dann den Namen und die Position der neuen Exchange-Datenbankdatei (EDB) für den öffentlichen Ordner ein. Standardmäßig wird die Datenbank gleich nach dem Anlegen bereitgestellt. Wenn Sie die Datenbank später manuell bereitstellen möchten, deaktivieren Sie das Kontrollkästchen **Diese Datenbank bereitstellen**. Klicken Sie auf **Neu**, wenn Sie die erforderlichen Informationen eingegeben bzw. ausgewählt haben.
6. Klicken Sie auf der abschließenden Seite auf **Fertig stellen**.

Öffentliche Ordner-Datenbanken in der Exchange-Verwaltungskonsole verwalten

Abbildg. 12.1   Auswahl des Servers, auf dem die neue Datenbank für öffentliche Ordner erstellt werden soll

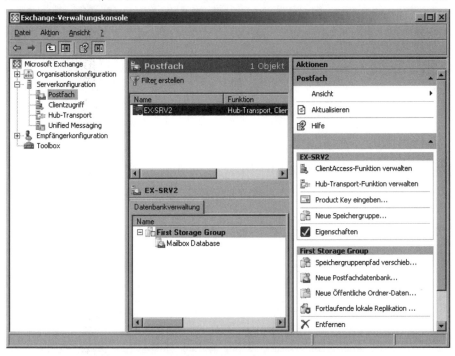

Abbildg. 12.2   Eine Neue Öffentliche Ordner-Datenbank erstellen

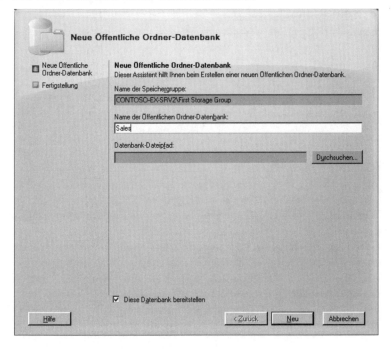

> **Verwaltungsshell**
>
> Sie können auch mithilfe der Exchange-Verwaltungsshell eine neue Datenbank für öffentliche Ordner erstellen. Der Befehl, den Sie dafür verwenden können, lautet New-PublicFolderDatabase. Außerdem müssen Sie noch einige Parameter angeben, um die Position und den Namen der Datenbank festzulegen. Die Syntax für den Befehl New-PublicFolderDatabase lautet:
>
> New-PublicFolderDatabase -Name<"*Datenbankname*">
>
> -StorageGroup <"*Speichergruppe*"
>
> Wenn Sie zum Beispiel eine neue Datenbank für öffentliche Ordner namens **Sales** in der ersten Speichergruppe auf dem Server **contoso-exsrv1** erstellen möchten, verwenden Sie folgenden Befehl:
>
> New-PublicFolderDatabase -Name<"*Sales*">
>
> -StorageGroup <"*First Storage Group*">

Eine Öffentliche Ordner-Datenbank entfernen

Sie können nicht mehr genutzte Öffentliche Ordner-Datenbanken entfernen. Bevor Sie dies tun, sollten Sie sich jedoch über Folgendes im Klaren sein:

- Sie können keine Öffentliche Ordner-Datenbank entfernen, die Daten enthält. Sie müssen die beinhalteten öffentlichen Ordner löschen oder in einen andere Datenbank verschieben.
- Sie können keine Öffentliche Ordner-Datenbank entfernen, wenn Postfachdatenbanken mit ihr verbunden sind. Wenn Postfachdatenbanken den öffentlichen Ordner als ihre standardmäßige Datenbank nutzen, weisen Sie ihnen einen andere Datenbank zu.
- Wenn Sie eine Öffentliche Ordner-Datenbank entfernen, wird sie nicht von der Festplatte gelöscht – Sie müssen die Datei manuell entfernen. Die standardmäßige Position für Öffentliche Ordner-Datenbankendateien ist C:\Programme \Microsoft\ExchangeServer\Mailbox \<*Speichergruppenname*>\<*Name der Öffentlichen Ordner-Datenbank*>.
- Wenn sich in Ihrer Organisation noch Server befinden, auf denen frühere Versionen von Exchange Server laufen, können Sie die letzte Öffentliche Ordner-Datenbank nicht entfernen. Dazu müssen Sie einen besonderen Befehl in der Exchange-Verwaltungsshell ausführen. Nachdem die letzte Öffentliche Ordner-Datenbank entfernt wurde, können nur noch Benutzer von Outlook 2007 oder Outlook Web Access eine Verbindung mit der Organisation herstellen.

Um eine Datenbank für öffentliche Ordner mithilfe der Exchange-Verwaltungskonsole zu entfernen, führen Sie folgende Schritte durch:

1. Erweitern Sie den Knoten **Serverkonfiguration** in der Konsolenstruktur der Exchange-Verwaltungskonsole und klicken auf den Unterknoten **Postfach**.
2. Klicken Sie im Ergebnisbereich auf den Server, von dem die Datenbank für öffentliche Ordner entfernt werden soll.
3. Erweitern Sie im Arbeitsbereich die Speichergruppe, aus der die Öffentliche Ordner-Datenbank entfernt werden soll, und klicken Sie dann auf die Datenbank, die Sie entfernen möchten.
4. Klicken Sie im Aktionsbereich auf **Entfernen**. In einer Meldung werden Sie gefragt, ob Sie sicher sind, dass Sie die Datenbank entfernen möchten. Klicken Sie auf **Ja**.
5. Eine Exchange-Warnungsseite erscheint und zeigt an, dass die Datenbank erfolgreich gelöscht wurde und Sie die Datenbankdateien manuell entfernen müssen.

> **Verwaltungsshell**
>
> Sie können auch mithilfe der Exchange-Verwaltungsshell eine Datenbank für öffentliche Ordner entfernen. Der Befehl, den Sie dafür verwenden können, lautet Remove-PublicFolderDatabase. Außerdem müssen Sie noch einige Parameter angeben, um die Position und den Namen der Datenbank festzulegen. Die Syntax für den Befehl Remove-PublicFolderDatabase lautet:
>
> ```
> Remove-PublicFolderDatabase -Identity "<Servername>\
> <Speichergruppe>\<Öffentliche Ordner-Datenbank>"
> ```
>
> Wenn Sie zum Beispiel eine Datenbank für öffentliche Ordner namens Sales in der ersten Speichergruppe auf dem Server **contoso-exsrv1** entfernen möchten, verwenden Sie folgenden Befehl:
>
> ```
> Remove-PublicFolderDatabase -Identity "<contoso-exsrv1>\
> <First Storage Group>\<Sales>"
> ```
>
> Beim Entfernen der letzten Öffentlichen Ordner-Datenbank in einer Organisation ist zu beachten, dass Sie mit Ja antworten müssen, wenn eine Bestätigung des Vorgangs verlangt wird und Sie davor gewarnt werden, dass nur noch Benutzer von Outlook 2007 in der Lage sein werden, sich mit der Organisation zu verbinden.

Öffentliche Ordner in der Exchange-Verwaltungsshell erstellen und verwalten

In Exchange Server 2007 werden öffentliche Ordner innerhalb der Exchange-Verwaltungsshell erstellt und verwaltet. Der folgende Abschnitt beschreibt die Befehle dafür.

Einen öffentlichen Ordner erstellen

Um einen neuen öffentlichen Ordner im Stamm der Struktur öffentlicher Ordner auf dem am nächsten gelegenen Server (der eine Öffentliche Ordner-Datenbank besitzt), zu erstellen verwenden Sie das Commandlet New-PublicFolder. Um den am nächsten befindlichen Server zu bestimmen, überprüft Exchange Server 2007 als Erstes, ob der lokale Server ein Postfachserver mit einer Öffentliche Ordner-Datenbank ist. Wenn nicht, fallen Standortkosten für die Bestimmung des am nächsten gelegenen Postfachservers mit einer Öffentliche Ordner-Datenbank an.

Die Syntax für dieses Commandlet lautet:

```
New-PublicFolder -Name <"Name des öffentlichen Ordners">
```

Sie können auch den Postfachserver bestimmen, auf dem der neue öffentliche Ordner erstellt werden soll. Außerdem können Sie noch seine Position in der Hierarchie der öffentlichen Ordner mit folgender Syntax bestimmen:

```
New-PublicFolder -Name <"Name des Ordners"> -Path <Pfad>
-Server <"Servername">
```

Um zum Beispiel einen neuen öffentlichen Ordner namens **Brochures** innerhalb eines vorhandenen Ordners der obersten Ebene namens **Sales** auf dem Server **contoso-exsrv1** zu erstellen, verwenden Sie folgenden Befehl:

```
New-PublicFolder -Name "Brochures" -Path \Sales
-Server "contoso-exsrv1"
```

Einen öffentlichen Ordner entfernen

Verwenden Sie das Commandlet Remove-PublicFolder, um einen öffentlichen Ordner zu entfernen. Die Syntax lautet:

```
Remove-PublicFolder -Identity <"Pfad\Ordnername">
```

Um den Ordner *Brochures* aus dem Ordner **Sales** zu entfernen, nutzen Sie folgenden Befehl:

```
Remove-PublicFolder -Identity <"\Sales\Brochures">
```

Benutzen Sie folgende Syntax, um den Server anzugeben, von dem der öffentliche Ordner entfernt werden soll:

```
Remove-PublicFolder -Identity <"Pfad\Ordnername">
-Server <"Servername>"
```

Um einen öffentlichen Ordner mitsamt allen Unterordnern zu entfernen, verwenden Sie folgende Syntax:

```
Remove-PublicFolder -Identity <"Pfad\Ordnername">
-Recurse: $True
```

HINWEIS   Denken Sie daran, dass Sie für viele Commandlets (darunter **Remove-Public-Folder**) den Parameter **-WhatIf** verwenden können – so testen Sie, wie sich der Befehl auswirkt, ohne wirkliche Änderungen vorzunehmen.

Informationen über einen öffentlichen Ordner abrufen

Zum Abruf von Informationen über öffentliche Ordner oder über deren Hierarchie können Sie die Varianten des Commandlets **Get-PublicFolder** verwenden. Mit dem Commandlet **Get-PublicFolder** ohne weitere Parameter rufen Sie Informationen über den Stamm des öffentlichen Ordners ab.

Um die Namen des Stammordners und aller Ordner anzuzeigen, die sich darunter in der Hierarchie befinden, geben Sie folgendes Commandlet ein:

```
Get-PublicFolder -Recurse | Format-List Name
```

Zum Abruf von Informationen über einen bestimmten öffentlichen Ordner in der Hierarchie benutzen Sie folgende Syntax:

Öffentliche Ordner in der Exchange-Verwaltungsshell erstellen und verwalten

```
Get-PublicFolder -Identity <"Pfad \Ordnername">
```

Um beispielsweise Informationen über den Ordner *Brochures* im Stammordner **Sales** abzurufen, geben Sie folgendes Commandlet ein:

```
Get-PublicFolder -Identity <"\Sales\Brochures">
```

Ein Abruf von Informationen über einen bestimmten Ordner in der Hierarchie mitsamt allen seinen Unterordnern ist durch Hinzufügen des Parameters –**GetChildren** möglich.

> **Weitere Informationen**
>
> Weitere Informationen über die Parameter, die Sie mit dem Commandlet **Get-PublicFolder** verwenden können, erhalten Sie in den Exchange Server 2007-Hilfedateien.

Einstellungen für einen öffentlichen Ordner verwalten

Es gibt einige Einstellungen für öffentliche Ordner, die Sie mit dem Commandlet **Set-PublicFolder** modifizieren können. Normalerweise verwenden Sie dieses Commandlet mit der Option –**Identity**, um den Pfad zum öffentlichen Ordner zu bezeichnen. Dies geschieht zusammen mit den Parametern, die Sie für die Modifikation bestimmter Einstellungen des Ordners verwenden möchten.

Tabelle 12.2 führt einige Parameter auf, die zusammen mit dem Commandlet **Set-PublicFolder** verwendet werden können. Mit folgender Syntax können Sie für jeden dieser Parameter Hilfestellung erhalten:

```
Get-Help Set-PublicFolder -Parameter <Parametername>
```

> **HINWEIS** Der Inhalt öffentlicher Ordner wird in einer Organisation nicht automatisch auf andere Postfachserver repliziert. Wenn eine Replikation gewünscht wird, muss sie manuell Ordner für Ordner eingerichtet werden. Sie können jeden einzelnen Ordner so konfigurieren, dass Replikate von ihm auf mehreren Postfachservern angelegt werden. Wenn Sie für einen übergeordneten Ordner eine Replikation fordern, werden die zugehörigen Unterordner ebenfalls repliziert. Diese Einstellung können Sie jedoch für einzelne untergeordnete Ordner wieder ändern. Sie können die Replikation mithilfe der Replikationsparameter des Commandlets **Set-PublicFolder** einrichten.

Tabelle 12.2 Parameter für das Commandlet Set-PublicFolder

Parameter	Beschreibung
AgeLimit	Bestimmt die Verfallszeit in einem Ordner. Dieser Parameter kann nicht zusammen mit dem Parameter UseDatabaseAgeDefaults verwendet werden.
DomainController	Bestimmt den Domänencontroller für Konfigurationsänderung in Active Dircetory. Benutzen Sie den vollständig qualifizierten Domänennamen (Fully Qualified Domain Name, FQDN) des Domänencontrollers, den Sie verwenden möchten.

Tabelle 12.2 Parameter für das Commandlet Set-PublicFolder *(Fortsetzung)*

Parameter	Beschreibung
HiddenFromAddressListsEnabled	Legt fest, dass der öffentliche Ordner in Adresslisten nicht angezeigt wird.
LocalReplicaAgeLimit	Bestimmt die Verfallszeit der Replikation auf einem verbundenen Server.
MaxItemSize	Bestimmt die maximale Größe für zu sendende Elemente in Kilobyte (KB). Dieser Parameter und UseDatabaseQuotaDefaults schließen sich gegenseitig aus.
Name	Bestimmt den Namen des öffentlichen Ordners.
PerUserReadStateEnabled	Legt fest, dass der Status »gelesen« und »nicht gelesen« benutzerweise geführt wird.
PostStorageQuota	Bestimmt die Größe (in KB), ab der ein öffentlicher Ordner das Senden nicht mehr erlaubt. Dieser Parameter kann nicht mit dem Parameter UseDatabaseQuotaDefaults verwendet werden.
Replicas	Gibt eine Liste von Postfachservern an, auf die der öffentliche Ordner repliziert wird.
ReplicationSchedule	Bestimmt den Replikationszeitplan für Ordner im folgenden Format: Wochentag.Stunde:Minute [AM/PM]-Wochentag.Stunde:Minute [AM/PM].
RetainDeletedItemsFor	Bestimmt die Aufbewahrungsdauer für gelöschte Objekte. Dieser Parameter kann nicht mit dem Parameter UseDatabaseRetentionDefaults verwendet werden.
Server	Gibt den Server an, auf dem die ausgewählten Operationen ausgeführt werden.
StorageQuota	Legt die Größe (in KB) fest, ab der ein Ordner anfängt, Warnungen auszugeben. Dieser Parameter kann nicht mit dem Parameter UseDatabaseQuotaDefaults verwendet werden.
UseDatabaseAgeDefaults	Legt fest, dass die Verfallszeit einer Datenbank verwendet wird.
UseDatabaseQuotaDefaults	Legt fest, dass die Speicherkontingente für öffentliche Speicher verwendet werden.
UseDatabaseReplicationSchedule	Legt fest, dass der Replikationszeitplan verwendet wird.
UseDatabaseRetentionDefaults	Legt fest, dass die standardmäßige Aufbewahrungszeit einer Datenbank verwendet wird.

Zusammenfassung

Öffentliche Ordner sind der zentrale Speicherort für nahezu alle Arten von Dokumenten und Nachrichten und ermöglichen den Benutzern in einer Organisation den kontrollierten Zugriff darauf. In diesem Kapitel haben Sie erfahren, wie Sie in Ihrer Exchange-Organisation ein System von öffentlichen Ordnern erstellen und verwalten können. Nun können Sie sich einem anderen Aspekt der Exchange-Speicherarchitektur zuwenden. In Kapitel 13, »Speichergruppen erstellen und verwalten«, erfahren Sie, wie Speichergruppen von Exchange Server 2007 konfiguriert und verwaltet werden.

Kapitel 13

Speichergruppen erstellen und verwalten

In diesem Kapitel:

Ein zweiter Blick auf die Speicherarchitektur von Exchange Server 2007	328
Vorteile von Speichergruppen	329
Speichergruppen planen	332
Speichergruppen verwalten	337
Speicher verwalten	344
Zusammenfassung	353

Kapitel 13 Speichergruppen erstellen und verwalten

In den drei vorangegangenen Kapiteln haben Sie erfahren, wie Sie Microsoft Exchange Server 2007, Empfänger sowie öffentliche Ordner verwalten können, falls Sie Letztere in Ihrer Organisation noch verwenden. Ein Element, das wir bisher noch nicht behandelt haben, stellt einen der wichtigsten Aspekte von Exchange Server 2007 dar: die Verwaltung von Speichergruppen.

In diesem Kapitel möchten wir Ihre Aufmerksamkeit auf diese Grundbausteine von Exchange lenken und Ihnen einen kleinen Einblick verschaffen, worauf es bei der Erstellung und der Verwaltung von Speichergruppen in Ihrer Exchange Server 2007-Organisation ankommt. Folgende Themen kommen in diesem Kapitel zur Sprache:

- Planung mehrerer Datenbanken
- Planung mehrerer Speichergruppen
- Erörterung, ob und wann Sie die Umlaufprotokollierung verwenden sollten
- Erstellung, Verwaltung und Löschen von Speichergruppen und Speichern
- Bereitstellen und Aufheben der Bereitstellung von Speichern

Ein zweiter Blick auf die Speicherarchitektur von Exchange Server 2007

In diesem Kapitel sehen wir uns einige Informationen aus Teil I, »Einleitung«, und Teil II, »Die Bereitstellung planen«, ein zweites Mal an, konzentrieren uns aber ganz darauf, Sie dabei zu unterstützen, die besten Entscheidungen für die Speicherarchitektur Ihrer Exchange-Umgebung zu treffen. Exchange Server 2007 ist hinsichtlich der Speicherverwaltung gegenüber früheren Exchange-Versionen deutlich verbessert worden.

Bevor Sie richtig ins Thema einsteigen, ist noch entscheidend, dass Sie verstehen, was mit den Begriffen »Speicher« und »Speichergruppe« gemeint ist. In Exchange stellt ein *Speicher* die Entität dar, in der sich Benutzerpostfächer befinden. Ihm ist auch eine eigene Datenbankdatei zugeordnet, in der die Postfachinhalte gespeichert werden. *Speichergruppen*, die zusammen mit Exchange 2000 Server als Maßnahme für bessere Skalierbarkeit eingeführt wurden, sind Zusammenstellungen einzelner Speicher. Von der in Ihrer Organisation verwendeten Version von Exchange Server hängt es ab, inwieweit Sie Speicher und Speichergruppen nutzen können. Tabelle 13.1 führt die für die Unterstützung von Speichern und Speichergruppen in Exchange Server 2007 wesentlichen Änderungen auf, die an den inneren Abläufen von Exchange vorgenommen wurden.

Tabelle 13.1 Exchange Server-Speicher und -Speichergruppen

	2000 Std.	2000 Ent.	2003 Std.	2003 Ent.	2007 Std.	2007 Ent.
Speichergruppen	1	4	1	4	5	50
Speicher je Gruppe	2	5	2	5	5	50
Speicher je Server	2 (einer ist für den Öffentliche Ordner-Speicher vorgesehen)	20	2	20	5	50
Max. Datenbankgröße	16 GB	16 TB	75 GB	16 TB	16 TB	16 TB

Tabelle 13.1   Exchange Server-Speicher und -Speichergruppen *(Fortsetzung)*

	2000 Std.	2000 Ent.	2003 Std.	2003 Ent.	2007 Std.	2007 Ent.
Wiederherstellungsgruppe	Nein	Nein	Ja	Ja	Ja	Ja

HINWEIS   In diesem Kapitel sind die Begriffe Speicher, Informationsspeicher und Datenbank mehr oder weniger austauschbar.

Achten Sie insbesondere auf die Werte für *Speicher je Server* in den beiden Editionen von Exchange Server 2007. In Exchange Server 2003 wurde der Maximalwert für auf einem einzelnen Server erlaubte Speicher ganz einfach über eine Multiplikation der Maximalzahl von Speichergruppen mit der Maximalzahl von Speichern je Speichergruppe bestimmt. Die erlaubte Zahl von Speichern und Speichergruppen wurde in beiden Ausgaben von Exchange Server 2007 deutlich erhöht, was zum Teil auch der 64-Bit-Architektur von Exchange Server 2007 zuzuschreiben ist. Die Maximalzahl von Speichern pro Server wird jedoch nicht mehr aus der Anzahl der Speicher und Speichergruppen je Server berechnet. Stattdessen unterstützt die Standard Edition von Exchange Server 2007 bis zu fünf Speicher auf einem Server, während die Enterprise Edition 50 Speicher auf einem einzelnen Server zulässt.

In Exchange Server 2007 stehen Ihnen beim Entwurf Ihrer Speicherorganisation zahlreiche Optionen zur Verfügung. Eine Speichergruppe befindet sich in einem Exchange Server 2007-System auf einem Postfachserver und besteht aus bis zu 50 Datenbanken (Speichern) im Falle der Enterprise Edition bzw. fünf im Falle der Standard Edition. In jedem einzelnen Speicher wird eine einzige Datenbankdatei neben weiteren Informationen gespeichert, wozu Datendefinitionen, Indizes und andere mit Benutzerpostfächern oder öffentlichen Ordnern in Verbindung stehende Daten gehören.

Wie in früheren Exchange-Versionen auch sind Protokolldateien der Speichergruppe und nicht den einzelnen Speichern zugeordnet. Alle Datenbanken einer Speichergruppe teilen sich dieselben Transaktionsprotokolldateien. In Exchange Server 2007 besteht jede Datenbank aus einer Einzeldatei, der Datenbank, die bisweilen auch in Anlehnung an die Dateierweiterung der eigentlichen Datei als *EDB-Datei* bezeichnet wird. Diese Datei wird vom *Informationsspeicherdienst* verwaltet.

HINWEIS   Falls Sie vorher mit Exchange 2000 Server oder Exchange Server 2003 gearbeitet haben, beachten Sie, dass es die Streaming-Datei (STM-Datei), die vormals mit jedem Informationsspeicher verknüpft war, nicht mehr gibt. Der gesamte Inhalt wird nun in der Datenbank gespeichert, was den Speicherverbrauch der E/A in Exchange vermindert und so eine der Gestaltungsvorgaben von Exchange Server 2007 umsetzt. Das ExIFS (Exchange Installable File System) wurde ebenfalls entfernt.

Vorteile von Speichergruppen

Heutzutage sind gewaltige Exchange-Datenbanken von über 100 GB keine Seltenheit mehr. Für die Sicherung solcher Datenbanken werden oft mehrere Stunden benötigt. Dieser Zeitraum ist jedoch bei der täglichen Arbeit nicht der kritische Punkt. Das Problem stellt vielmehr die Zeitspanne dar, die zur *Wiederherstellung* einer umfangreichen Datenbank benötigt wird, da während dieser Zeit die Produktivität der Benutzer hinsichtlich der Benutzung von E-Mail extrem eingeschränkt ist. Bei der Planung von Exchange-Datenbanken gilt daher die alte Weisheit: »Nur wer den Fehlerfall mit einplant, hat letztendlich den gewünschten Erfolg.« Durch die kluge Verwendung von Speichergruppen lässt sich die Datenbankwiederherstellung im Notfall erfolgreich durchführen.

Mit der Einführung von Speichergruppen und der Möglichkeit, mehrere Datenbanken pro Postfachserver einzurichten, hat Microsoft die ESE-Datenbankarchitektur (Extensible Storage Engine) deutlich geändert. Diese Änderungen fallen umso dramatischer aus, wenn Sie bis auf Exchange Server 5.5 zurückblicken (siehe Tabelle 13.1). Ziel dieses Wandels war es, die Wiederherstellung von beschädigten Exchange-Datenbanken zu optimieren und Ausfallzeiten auf ein Minimum zu reduzieren. Speichergruppen haben darüber hinaus noch weitere Vorteile, die in den folgenden Abschnitten behandelt werden:

- Jeder Server kann mehr Benutzer bedienen als zuvor.
- Jede Datenbank kann einzeln gesichert und wiederhergestellt werden.
- Auf jedem Server können mehrere Geschäftsbereiche verwaltet werden.
- Für besondere Postfächer, die andere Grenzwerte als die Benutzer in anderen Speichern benötigen, kann ein eigener Speicher verwendet werden.

Verbesserte Benutzerunterstützung

Der wahrscheinlich größte Nutzen von Speichergruppen liegt darin, dass die Benutzer auf verschiedene Datenbanken und Speichergruppen desselben Exchange Server 2007-Servers verteilt werden können. Dies hat folgende drei Vorteile:

- **Sie können auf einem einzelnen Server mehr Benutzer unterstützen, als das bei früheren Exchange-Versionen der Fall war.** Der Unterschied tritt bei einem Blick auf die Architektur von Exchange Server 2007 nur umso deutlicher zutage. Die 64-Bit-Fähigkeiten des Produkts ermöglichen die Verwendung von erheblich mehr Arbeitsspeicher, was die Maximalzahl von Benutzern je Server erhöht.
- **Die Ausfallzeiten bei der Beschädigung einer Datenbank sind geringer.** Indem Sie Ihre Benutzer auf einzeln verwaltete Gruppen verteilen, halten Sie die Gesamtgrößen der Datenbanken für jede einzelne Gruppe geringer und verringern so den Zeitaufwand für die Wiederherstellung nach einem Ausfall.
- **Sie können auf einem Exchange-Server mehr Benutzer unterbringen, da sich die Größe der Datenbanken auf einen verwaltungsfreundlichen Wert beschränken lässt.** Die zusätzlich erstellten Speichergruppen werden zu separat verwalteten Einheiten, die einzeln gesichert und wiederhergestellt werden. Wenn eine Datenbank beschädigt wird, wirkt sich dies auf weniger Benutzer aus.

Eine Speichergruppe kann bis zu 50 Datenbanken enthalten, und jeder Server kann bis zu 50 Speichergruppen umfassen. Die Gesamtzahl von Datenbanken pro Server kann jedoch nicht mehr als 50 betragen, ganz gleich, wie viele Speichergruppen Sie erstellen. Denken Sie daran, dass diese Zahlen nur für die Enterprise Edition von Exchange Server 2007 gelten. Die Standard Edition ist stärker beschränkt, wie Sie Tabelle 13.1 entnehmen können.

Es gibt gute Gründe dafür, nicht die maximal mögliche Zahl von Datenbanken in einer einzigen Speichergruppe anzulegen. Erstens kann eine fehlerhafte Protokolldatei alle Datenbanken in einer Speichergruppe zum Absturz bringen und Ihrer IT-Abteilung so eine Menge Arbeit verschaffen. Ferner, wenn Sie **Isinteg.exe** (Information Store Integrity Checker) für eine Datenbank ausführen, müssen Sie die Bereitstellung des Informationsspeichers dieser Datenbank aufheben. Außerdem wird während der Ausführung von **Isinteg.exe** eine zweite, temporäre Datenbank angelegt. Wenn eine

Speichergruppe auf einem Standard Edition-Server bereits fünf Datenbanken enthält, müssen Sie daher die Bereitstellung einer weiteren Datenbank aufheben, damit **Isinteg.exe** fehlerfrei ausgeführt werden kann. Es ist deshalb sinnvoll, die Anzahl der Datenbanken in einer Speichergruppe auf eine geringere Zahl als das Maximum zu beschränken, da dann immer genügend Platz für die Ausführung von **Isinteg.exe** zur Verfügung steht.

Durch die Verteilung der Benutzer auf mehrere Datenbanken entstehen jeweils nur für eine bestimmte Benutzergruppe Ausfallzeiten, wenn eine Datenbank aus welchem Grunde auch immer offline ist. Die anderen Benutzer können ihre Arbeit ungestört fortsetzen, da ihre Datenbanken weiterhin in Betrieb sind. Sobald eine Datenbank offline ist, gilt ihre Bereitstellung als aufgehoben. In der Exchange-Verwaltungskonsole sind die Symbole solcher Datenbanken durch einen Abwärtspfeil gekennzeichnet (siehe Abbildung 13.1). Der Status der jeweiligen Datenbank wird zusätzlich als **Bereitstellung aufgehoben** gelistet.

Abbildg. 13.1   Eine einzelne Speichergruppe mit Datenbanken – online und offline

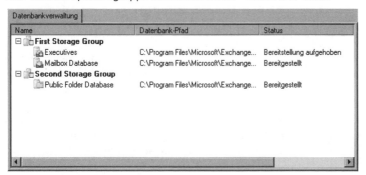

Sicherung und Wiederherstellung einzelner Datenbanken

Da Datenbanken einzeln bereitgestellt werden bzw. ihre Bereitstellung einzeln aufgehoben wird, können sie auch einzeln gesichert und wiederhergestellt werden. Während der Sicherung oder Wiederherstellung einer Datenbank bleiben die anderen Datenbanken in der Speichergruppe weiterhin in Betrieb. Wenn einer dieser Speicher beschädigt wird, bleiben die vier anderen bereitgestellt, während Sie den fünften Speicher wiederherstellen und dann erneut bereitstellen. Sie sind also nicht gezwungen, die Bereitstellung aller Speicher in der Gruppe aufzuheben, um einen einzelnen Speicher wiederherzustellen. Kann ein Speicher auf Grund einer schweren Beschädigung nicht weiter verwendet werden, bleiben die anderen in der Gruppe davon unberührt und stehen den Benutzern weiterhin zur Verfügung.

HINWEIS   Exchange Server 2007 stellt auch weiterhin die erstmals mit Exchange Server 2003 eingeführten *Speichergruppen für die Wiederherstellung* zur Verfügung. Diese sind als temporäre Gruppen gedacht, die Sie bei Wiederherstellungsvorgängen online schalten können. Dies kann zum Beispiel geschehen, um darin Postfächer wiederherzustellen und den Benutzern den Zugriff darauf zu gewähren, während Sie einen neuen Speicher erstellen oder die Probleme mit der Originaldatenbank beheben. Anschließend können Sie die Postfächer der Wiederherstellungsspeichergruppe wieder mit denen der ursprünglichen zusammenführen. Die Verwendung von Speichergruppen für die Wiederherstellung wird in Kapitel 16, »Wiederherstellung im Notfall«, genauer beschrieben.

Mehrere Geschäftsbereiche auf einem Server

Wenn Sie für den E-Mail-Verkehr mehrerer Geschäftsbereiche zuständig sind, können Sie die Nachrichten auf einem einzigen Server verwalten. Sie haben die Möglichkeit, für jeden Geschäftsbereich einen eigenen Speicher anzulegen oder bei Bedarf einem Bereich eine ganze Speichergruppe zuzuordnen. Exchange Server 2007 hält die Informationen für einen Geschäftsbereich im jeweiligen Speicher vollständig getrennt von den Informationen der anderen.

Auf Grund der absoluten Eigenständigkeit der einzelnen Speicher können für die Geschäftsbereiche unterschiedliche Verwaltungszeitpläne umgesetzt werden. So führen beispielsweise viele Administratoren täglich vollständige Sicherungen durch, während andere dies nur einmal wöchentlich tun. Manche Administratoren möchten jede Abteilung in einen eigenen Speicher einfügen, andere ziehen es vor, alle Benutzer in demselben Speicher zu verwalten. Auf Grund dieser Flexibilität können Sie die unterschiedlichen Anforderungen Ihrer Kunden problemlos erfüllen.

Unterstützung besonderer Postfächer

Durch geschickten Einsatz von Speichergruppen und Speichern können Sie besondere Postfächer abtrennen und sie in einem eigenen Speicher unterbringen. Eine sinnvolle Anwendung besteht darin, einen separaten Speicher für das Postfach eines Protokollanten einzurichten, der Kopien von bestimmten E-Mail-Nachrichten in der Organisation erhält und sie aufbewahrt, um gesetzliche Vorschriften oder unternehmensspezifische Auflagen zu erfüllen. Ein weiteres Beispiel wäre ein eigener Speicher oder eine eigene Öffentliche Ordner-Struktur für das Postfach eines Projektteams, das mit streng vertraulichen und schützenswerten Firmeninformationen arbeitet.

Speichergruppen planen

In den meisten Neuimplementierungen, ganz gleich, ob es sich um Aktualisierungen oder Neuinstallationen handelt, nützt eine sorgfältige Planung sowohl Ihren kurzfristigen als auch Ihren langfristigen Zielen und erspart Ihnen spätere Ausfallzeiten. Es kann aber nicht oft genug darauf hingewiesen werden, dass mangelnde Planung unweigerlich zu einer unzureichenden Implementierung und auf lange Sicht zu einem unnötig hohen Verwaltungsaufwand führt. Wenn Sie einen Monat lang alle täglich anfallenden Supportaktivitäten aufzeichnen würden, könnten Sie bei der Durchsicht dieser Liste feststellen, dass mindestens 50 Prozent der Arbeiten wegfielen, wenn eine gründlichere Planung und eine durchdachte Implementierung durchgeführt worden wäre. Wenn auch die meisten IT-Fachleute angesichts des Arbeitsaufwands abwinken, zahlt es sich im weiteren Verlauf enorm aus, ein wenig mehr Zeit in die Planung Ihrer Exchange Server 2007-Speicheranforderungen zu investieren.

Den Bedarf an Festplattenspeicher planen

Da sich das vorliegende Kapitel mit Speichergruppen befasst, konzentriert sich die Erörterung auf Überlegungen zur Planung des Festplattenspeichers, mehrerer Datenbanken und Speichergruppen. (Um einen Überblick über die Planung für Exchange Server 2007 zu erhalten, lesen Sie Kapitel 4, »Bedarfsermittlung«, und Kapitel 5, »Die Bereitstellung planen«.). Wenn Sie Überlegungen zur Kapazität des Festplattenspeichers für Ihre Exchange Server 2007-Infrastruktur anstellen, müssen Sie folgende Aspekte berücksichtigen:

> **Aus der Praxis: Verwaltung der Dienstebene**
>
> In vielen Organisationen ist die Verwaltung der Dienstebene mitentscheidend bei der Einschätzung der Effizienz der IT-Organisation. Schließlich kann ein Ausfall in jedem beliebigen rechnergestützten System eine Firma ungeheuer viel Geld kosten. Darüber hinaus kann eine Analyse der Dienstebenenverwaltung einer Organisation die Entscheidung darüber erleichtern, welche Investitionen im IT-Bereich erfolgen sollten, um die Organisation voranzubringen oder Risiken zu verringern. Microsoft bietet zu diesem Thema sehr vielfältige Literatur an. Die umfassendste Anleitung, der *Microsoft Operations Framework Service Management Functions Guide*, steht unter http://www.microsoft.com/downloads/details.aspx?displaylang=en&familyid=1952dffb-f132-4e96-90ae-06bb9a077c2c zum Download bereit. Dieses Dokument kann sich bei der Planung jedes beliebigen Dienstes in Ihrer Organisation als unschätzbar hilfreich erweisen, u.a. auch bei der Bereitstellung von Exchange Server 2007 in der Umgebung.
>
> Ziehen Sie auch die Verwendung von *Microsoft System Center* in Betracht, das eine zentrale Rolle in Microsofts Vision einnimmt, IT-Organisationen sich selbst verwaltende, dynamische Systeme zur Verfügung zu stellen. Zu Microsoft Systems Center gehören Werkzeuge wie der *System Center Operations Manager* (bisher als Microsoft Operations Manager bekannt) sowie der *System Center Configuration Manager* (bisher als SMS bekannt). Weitere Informationen über Microsoft System Center finden Sie unter http://www.microsoft.com/systemcenter/about/default.aspx.

- Die Anzahl der Benutzer, die auf einem Exchange-Server verwaltet werden sollen
- Die durchschnittliche Arbeitslast der Benutzer, die von dem Exchange-Server bedient werden
- Der Zeitaufwand für die Wiederherstellung nach einem Ausfall
- Die durchschnittliche Größe der E-Mail-Nachrichten und Anlagen sowie die Anzahl der Anlagen, die von den Benutzern gesendet und empfangen werden
- Die Anzahl und die Größe der öffentlichen Ordner

Die beiden nächsten Abschnitte befassen sich mit der Berechnung des Festplattenspeichers, der für einen Exchange-Server erforderlich ist.

Erforderlichen Plattenspeicher für Postfächer berechnen

Die Messagingaktivität Ihrer Benutzer ist nur schwer vorherzusagen. Einige Benutzer senden und empfangen pro Tag nur wenige Nachrichten, während andere tagtäglich mit sehr vielen E-Mails, zum Teil mit umfangreichen Anlagen, umgehen. Natürlich können Sie bei identischen Hardwarespezifikationen in einem einzelnen Postfachspeicher mehr Wenignutzer unterbringen als solche mit hohem Mailaufkommen. Dies mag trivial klingen, aber Sie sollten ein Klassifizierungssystem für Ihre Umgebung erstellen und dann durchrechnen, wie viele Benutzer pro Speicher, pro Speichergruppe und pro Server eingerichtet werden können. Wenn Sie zu einer halbwegs genauen Einschätzung des aktuellen Messagingaufkommens gelangen, können Sie die Anforderungen an die Hardware und die Speichergruppen leichter vorherbestimmen.

Wählen Sie mindestens 15 Prozent Ihrer Benutzer nach dem Zufallsprinzip aus und untersuchen Sie ihre aktuelle E-Mail-Nutzung. Vergewissern Sie sich, dass die Benutzer Kopien der gesendeten E-Mail-Nachrichten im Ordner **Gesendete Objekte** speichern. Anhand dieser Kopien können Sie dann feststellen, wie viele Nachrichten täglich gesendet werden und wie groß sie sind. Außerdem können Sie erkennen, wie viele E-Mails mit Anlagen versehen sind. Wenn Sie die betreffenden Nachrichten öffnen, können Sie auch die Größe der Anlagen feststellen. Falls Sie aus Datenschutzgründen nicht alle benötigten Informationen auf diese Weise erhalten, bitten Sie Ihre Benutzer, einen entsprechenden Fragebogen auszufüllen.

Kapitel 13 Speichergruppen erstellen und verwalten

> **Weitere Informationen**
>
> Microsoft hat ein Werkzeug bereitgestellt, das diese Datenerhebung organisieren hilft und alle Ihre Benutzerpostfächer berücksichtigt, sodass Sie die Speicherberechnungen für Exchange Server 2007 anhand einer erheblich größeren Datenbasis vornehmen können. Dieses *Profile Analyzer* genannte Tool können Sie von der Microsoft-Website unter **http://www.microsoft.com/technet /prodtechnol/exchange/downloads/2003/tools-name.mspx** herunterladen.

Nachdem Sie genügend Informationen gesammelt haben, unterziehen Sie sie einer Analyse. Dabei handelt es sich um einige einfache Berechnungen, die Sie an dem gesammelten Datenmaterial vornehmen. Betrachten Sie folgendes Beispiel: Sie haben Ihre Analyse der Postfächer von 300 Benutzern über einen Zeitraum von 60 Tagen durchgeführt und stellen fest, dass jeder Benutzer pro Tag im Durchschnitt 20 E-Mails mit einer mittleren Größe von 1 KB sowie zwei Datenanhänge mit einer durchschnittlichen Größe von jeweils 200 KB versandt hat. Mit diesen Daten stellen Sie folgende Berechnungen an:

- 20 E-Mail-Nachrichten x 10 KB = 200 KB pro Tag für E-Mail-Nachrichten
- 2 Anlagen x 200 KB = 400 KB pro Tag für Anlagen
- Durchschnittlicher täglicher Gesamtverbrauch an Festplattenspeicher: 600 KB.
- Durchschnittlicher Gesamtverbrauch an Festplattenspeicher: 1.2 MB pro Tag (600 KB für den Speicher, 600 KB für die Transaktionsprotokolle)
- 1.2 MB x 300 Benutzer = 360 MB Festplattenspeicher pro Tag für alle 300 Benutzer. Bei einer Zeitspanne von 60 Tagen ergeben sich 44 Arbeitstage, sodass 15.840 MB oder 15.8 GB Festplattenspeicher zur Speicherung aller Daten erforderlich sind.

Das Ergebnis von 15.8 GB ist allerdings etwas irreführend, da die Transaktionsprotokolle nicht dauerhaft gespeichert werden und die Benutzer wahrscheinlich einige der erhaltenen E-Mails löschen werden. Exchange löscht alte Protokolle, sodass Speicherplatz für die Belegung durch neue freigegeben wird. Sie können davon ausgehen, dass Exchange die Protokolle eine Woche lang aufbewahrt, also 5 x 600 KB = 3 MB. Für zwei Monate ergibt sich somit lediglich ein Festplattenspeicher von 7,74 GB (44 Tage x 600 KB durchschnittlicher Verbrauch x 300 Benutzer plus 3 MB für die Protokolle), der für die Ausführung von Exchange Server 2007 benötigt wird.

Beachten Sie, dass in dieser Zahl keine der erweiterten Möglichkeiten berücksichtigt ist, die Exchange Server 2007 Ihnen bietet. Die Verwendung dieser Zusatzfunktionen wie z.B. Replikation, Inhaltsindizierung, Verwendung einer dedizierten Wiederherstellungsfestplatte, die gewählte Aufbewahrungszeit für gelöschte Elemente (die Voreinstellung in Exchange Server 2007 beträgt 14 Tage) sowie weitere Faktoren spielen eine bedeutende Rolle für Ihren Speicherentwurf. Auch Entscheidungen, die die Art der Speicherung betreffen, z.B. Fibre Channel, iSCSI-Speicher oder direkt angeschlossene Festplatten, und ferner das gewählte Zeitfenster für die Sicherung, die Sicherungsmethode, die hardwarebedingte Sicherungsgeschwindigkeit und mehr fließen in die Planung Ihrer Speicherarchitektur ein. Denn wenn Sie Ihre Speicher nicht zuverlässig im dafür vorgesehenen Zeitrahmen sichern können, ist Ihr Plan nicht gut genug.

Neben allen genannten Umständen müssen Sie auch berücksichtigen, wie viel Speicherplatz für öffentliche Ordner erforderlich ist, wenn Sie sie in Exchange Server 2007 weiterhin verwenden wollen.

Einen Bestandteil dieses Planungsvorgangs stellt die Messung der Gesamtleistung Ihrer Speicherinfrastruktur in *IOPS* (*Input/Output Operations Per Seconds, E/A-Operationen pro Sekunde*) dar. Exchange Server 2007 nutzt die verfügbaren Festplatten intensiv und benötigt daher Speicherlösungen, die den Beanspruchungen standhalten können. Die E/A-Eigenschaften des Programms unter-

Speichergruppen planen

scheiden sich deutlich von denen früherer Produktversionen, weshalb Sie die Grundlast messen und neu festlegen sollten, um sicherzustellen, dass Ihre Speicherarchitektur die Standards von Exchange Server 2007 erfüllen kann.

> **Weitere Informationen**
>
> Messen Sie die Gesamteffizienz Ihrer Exchange-Speicherarchitektur mit dem Hilfsprogramm *iometer*, damit Sie sichergehen können, dass sie in der Lage ist, die Anzahl von Benutzern laufend zu unterstützen, die Zugriff auf Ihre Exchange-Umgebung benötigt. Weitere Informationen zu *iometer* erhalten Sie unter **http://www.iometer.org**.

Die von Ihrem Speicher unterstützte Anzahl von IOPS lässt sich mit dem Hilfsprogramm *iometer* leicht bestimmen. Etwas schwieriger kann es jedoch sein, herauszufinden, wie viel Leistung Sie von Ihrem Speicher *benötigen*. In diesem Abschnitt verraten wir Ihnen zwei Tricks, die diese Berechnung sehr vereinfachen.

Erstens stellt Microsoft eine Liste von Standard-IOPS-Werten basierend auf den Benutzertypen Ihrer Umgebung zur Verfügung. Diese Liste, die vier Benutzerklassen umreißt, finden Sie in Tabelle 13.2.

Tabelle 13.2 Geschätzte IOPS nach Benutzertypen

Benutzertyp (Nutzungsprofil)	Senden/Empfangen pro Tag, durchschnittl. Nachrichtengröße 50 KB	Geschätzte IOPS pro Benutzer
Wenig	5 versandt / 20 empfangen	0,11
Durchschnitt	10 versandt / 40 empfangen	0,18
Stark	20 versandt / 80 empfangen	0,32
Sehr stark	30 versandt / 120 empfangen	0,48

Verwenden Sie diese Tabelle, indem Sie die ungefähre Benutzeranzahl für jeden Typ bestimmen und diese Zahl mit dem für den jeweiligen Benutzertyp in der Spalte *Geschätzte IOPS pro Benutzer* genannten Faktor multiplizieren. Addieren Sie dann die IOPS aller Benutzertypen, um die IOPS-Gesamtzahl für Ihre Exchange Server 2007-Organisation zu erhalten. Ein Arbeitsblattbeispiel finden Sie in Tabelle 13.3.

Tabelle 13.3 Arbeitsblatt für die Berechnung der IOPS

Benutzertyp (Nutzungsprofil)	Benutzeranzahl	Geschätzte IOPS pro Benutzer	IOPS je Klasse
Wenig	100	0.11	11
Durchschnitt	600	0.18	108
Stark	300	0.32	96
Sehr stark	100	0.48	48
		IOPS insgesamt	263

Die Berechnung in Tabelle 13.3 legt nahe, dass die Speicherinfrastruktur 263 IOPS unterstützen muss. Dabei handelt es sich jedoch nur um eine einfache Rechnung, die Ihnen eine erste Einschätzung der benötigten Speicherleistung verschafft. Sie müssen diverse weitere Faktoren in Ihren Berechnungen berücksichtigen. Wenn Ihre Outlook-Clients beispielsweise statt im Online- im Cachingmodus betrieben werden, muss Ihr Exchange Server 2007 nicht ganz so schwere Arbeit leisten, da viele Festplattenzugriffe nun lokal erfolgen. In dem Fall können Sie Ihre IOPS-Schätzungen daher nach unten korrigieren.

Damit kommen wir zur zweiten, viel genaueren Methode zur Festlegung der IOPS für Ihre Organisation. Das Microsoft Exchange-Team hat einen umwerfend guten Kalkulator entwickelt, der es Ihnen ermöglicht, die willkürliche Schätzung aus der Speicherplanung und -leistung herauszuhalten. Er hilft Ihnen nicht nur bei der Bestimmung des erforderlichen Festplattenspeichers für Ihre Exchange-Infrastruktur, sondern erleichtert auch die Festlegung, wie viele Speicher Ihre Wunschkonfiguration benötigt, und berechnet sogar Ihre IOPS basierend auf den von Ihnen gemachten Angaben. Sie erhalten auch einen Vorschlag für den physischen Aufbau Ihres Speichers. Als Letztes findet das Tool anhand aller Ihrer Eingaben auch heraus, über wie viel RAM Ihr Server verfügen sollte. Es steht unter **http://msexchangeteam.com/archive/2007/01/15/432207.aspx** zum Download bereit.

Planung mehrerer Speichergruppen

Nachdem Sie nun wissen, wie viel Festplattenplatz Sie benötigen, ermitteln Sie, wie viele Speichergruppen nötig sind. Ein Aspekt, der dabei eine Rolle spielt, ist die Priorität der Arbeiten, die von den Benutzern ausgeführt werden. Angenommen, 20 der 300 Benutzer erledigen Aufgaben, die absolut unternehmensentscheidend sind. Dazu gehören beispielsweise Mitarbeiter der Verkaufsabteilung, die Aufträge per Telefon akquirieren oder Kundenaufträge aus einem öffentlichen Ordner bearbeiten, der auf der Website angeboten wird. Bereits bei einer Ausfallzeit von einer Viertelstunde würde der Firma ein hoher finanzieller Verlust entstehen. Aus diesem Grund sollten Sie die Benutzer in zwei Gruppen einteilen und jeder Gruppe einen eigenen Postfachspeicher und einen eigenen Informationsspeicher für Öffentliche Ordner zuweisen. Es ist dagegen nicht erforderlich, die Gruppen jeweils in einer eigenen Speichergruppe unterzubringen. Angesichts zweier Faktoren – der Empfehlung von Microsoft, nach Möglichkeit Speicher und Speichergruppen stets im Verhältnis 1:1 anzulegen, sowie der Tatsache, dass Ihnen 50 Speichergruppen zur Verfügung stehen, – sollten Sie dies jedoch ernsthaft in Erwägung ziehen.

Sollten bei dieser Anordnung die Datenbanken der restlichen 280 Benutzer auf Grund einer Störung ausfallen, sind diese 20 Benutzer davon nicht betroffen. Sie können die Bereitstellung für einen Informationsspeicher bzw. eine Kombination von Speichern aufheben und eine entsprechende Wiederherstellung durchführen, während ein anderer Speicher in derselben Speichergruppe weiterhin betriebsbereit ist. Außerdem lässt sich die (kleine) Datenbank einer einzelnen Gruppe viel schneller wiederherstellen als die firmenweite Datenbank, in der sich die 280 anderen Benutzer befinden. Da die Benutzer auf zwei Datenbanken aufgeteilt sind, kann die eine Hälfte problemlos weiterarbeiten, wenn in der zweiten Gruppe eine Störung zum Ausfall der Datenbank führt. Aus diesen Gründen sollte bei der Planung der Speichergruppen vor allem auf eine einfache und sichere Wiederherstellbarkeit der Daten geachtet werden. Die Nutzung des Festplattenspeichers ist erst in zweiter Linie wichtig.

Planung des Sicherungs- und Wiederherstellungsdurchsatzes

Dem Administrator stehen viele unterschiedliche Sicherungs- und Wiederherstellungsverfahren zur Verfügung. Bei der Sicherung und der Wiederherstellung stellt der Durchsatz die entscheidende Metrik dar, d.h. die Anzahl an Megabyte, die pro Sekunde auf Ihre und von Ihren Produktionsfestplatten kopiert werden kann. Nachdem Sie den Durchsatz bestimmt haben, müssen Sie entscheiden, ob er ausreicht, die geschlossenen Serviceverträge für Sicherung und Wiederherstellung zu erfüllen. Wenn Sie beispielsweise in der Lage sein müssen, die Sicherung innerhalb von 4 Stunden abzuschließen, müssen Sie zu dem Zweck möglicherweise weitere Hardware hinzufügen. Je nach Hardwarekonfiguration können Sie Verbesserungen auch dadurch erzielen, dass Sie die Größe der Zuordnungseinheiten ändern. Dies kann sich sowohl auf Onlinesicherungen per Streaming als auch auf die Eseutil-Integritätsprüfung positiv auswirken, die während einer VSS-Sicherung durchgeführt wird.

Bei 2000 Benutzern auf einem Server vergrößert eine Erhöhung der Postfachgröße von 200 MB auf 2 GB die Datenbank auf das zehnfache. Viele Administratoren sind nicht an Datenmengen dieses Ausmaßes auf einem einzigen Server gewöhnt. Ein Server mit zweitausend 2-GB-Postfächern umfasst inklusive des bereits erwähnten Mehraufwands mehr als 4 Terabyte an Daten. Bei einer angenommenen Sicherungsgeschwindigkeit von 175 GB pro Stunde (48 MB pro Minute) würde es mindestens 23 Stunden dauern, den Server komplett zu sichern. Für Server, die weder LCR noch CCR einsetzen, besteht die Alternative darin, täglich ein Siebtel aller Datenbanken zu sichern und eine inkrementelle Sicherung des Rests vorzunehmen, wie Tabelle 13.4 zeigt.

Tabelle 13.4   Beispiel für Sicherungsmethode

	Tag 1	Tag 2	Tag 3	Tag 4	Tag 5	Tag 6	Tag 7
Vollständig	DB 1-2	DB 3-4	DB 5-6	DB 7-8	DB 9-10	DB 11-12	DB 13-14
Inkrementell	DB 3-14	DB 1-2 DB 5-14	DB 1-4 DB 7-14	DB 1-6 DB 9-14	DB 1-8 DB 11-14	DB 1-10 DB 13-14	DB 1-12

Die Sicherungszeit stellt allerdings nur die eine Hälfte der Gleichung dar. Die Wiederherstellungszeit ist mindestens ebenso wichtig. Angenommen, das Ergebnis dieser Besprechungen ergibt, dass kein Benutzer mehr als 30 Minuten auf die Exchange-Dienste verzichten kann. Um zu berechnen, wie diese Vorgabe einzuhalten ist, dividieren Sie die im vorherigen Abschnitt ermittelte Wiederherstellungszeit durch die maximal zulässige Ausfallzeit. Daraus ergibt sich dann die Zahl der Speicher, die Sie auf dem Exchange-Server einrichten müssen.

Vergessen Sie während der Planung nicht, dass Exchange-Server je Speichergruppe nur einen Satz von Transaktionsprotokollen verwenden. Indem Sie eine größere Zahl von Speichergruppen einrichten, vermeiden Sie, dass in den einzelnen Gruppen zu viele Transaktionsprotokolle auflaufen, wobei sich allerdings die Gesamtzahl der Transaktionsprotokolle im Gesamtsystem erhöht.

Speichergruppen verwalten

Wie frühere Versionen von Exchange stellt auch Exchange Server 2007 umfassende Verwaltungsfunktionen für den Umgang mit Speichergruppen zur Verfügung, wozu das Erstellen, Verändern und Löschen dieser Speichercontainer gehört. In Exchange Server 2007 stellen Speichergruppen eine Funktion des Postfachservers dar und werden entweder über die Exchange-Verwaltungskonsole oder über die Exchange-Verwaltungsshell verwaltet. In diesem Abschnitt erfahren Sie, wie Sie Speichergruppen verwalten.

Speichergruppen erstellen

Bevor Sie eine neue Speichergruppe anlegen, sollten Sie sich vergewissern, dass Sie über ausreichend Festplattenspeicherplatz verfügen, um Ihr Speicher-Gesamtkonzept für Exchange umsetzen zu können. Um eine Speichergruppe zu erstellen, gehen Sie wie folgt vor:

Kapitel 13 Speichergruppen erstellen und verwalten

1. Starten Sie die Exchange-Verwaltungskonsole von dem Postfachserver aus, auf dem Sie die neue Speichergruppe einrichten wollen. Sie können dies zwar von jedem Server aus erledigen, wir wählen hier aber die Option, direkt auf dem Server zu arbeiten, den Sie verwalten wollen.
2. Erweitern Sie den Container **Serverkonfiguration**.
3. Wählen Sie den Postfachserver aus, auf dem Sie die neue Speichergruppe erstellen wollen.
4. Klicken Sie im Aktionsbereich auf **Neue Speichergruppe**. Daraufhin startet ein Assistent, der Sie durch den weiteren Prozess geleitet.
5. Der Assistent besteht aus einem einzigen Dialogfeld (siehe Abbildung 13.2), in dem Sie um einige wenige Angaben gebeten werden. Genauer gesagt müssen Sie der neuen Speichergruppe einen Namen geben. Die restlichen Angaben sind optional, falls Sie die Speicherorte für die Protokoll- und die Datenbankdateien nicht verändern wollen. Wenn Sie darüber hinaus für Ihre neue Speichergruppe die fortlaufende lokale Replikation verwenden wollen, aktivieren Sie das Kontrollkästchen neben **Fortlaufende lokale Replikation für diese Speichergruppe aktivieren**. Klicken Sie jeweils auf **Durchsuchen**, um den einzelnen Elementen bestimmte Speicherorte zuzuweisen. Sie sollten für jede Speichergruppe stets ein eigenes Unterverzeichnis anlegen.

Abbildg. 13.2 Eine Speichergruppe erstellen

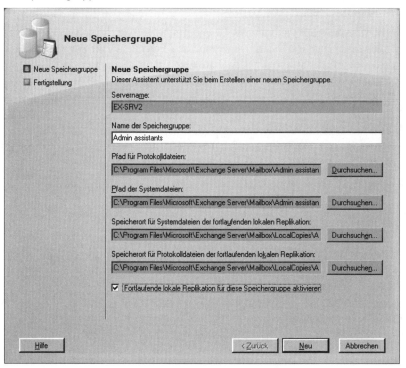

Ganz gleich, mit welcher Methode Sie die neue Speichergruppe erstellen, erscheint sie danach im Fenster der Exchange-Verwaltungskonsole, wie Abbildung 13.3 zeigt. Beachten Sie, dass die Symbole der beiden neuen Speichergruppen (Admin Assistants und Purchasing Managers) sich leicht von den anderen unterscheiden. Dieser Unterschied weist darauf hin, dass die fortlaufende lokale Replikation für diese Speichergruppen aktiviert ist.

Speichergruppen verwalten

Verwaltungsshell

Exchange Server 2007 stützt sich, wie seine Vorgänger auch, auf Kombinationen aus Speichergruppen und Datenbankspeichern, um E-Mails effektiv verwalten zu können. Dank der Unterstützung von bis zu 50 einzelnen Speichergruppen je Server lassen sich Exchange Server 2007-Computer viel besser skalieren als ältere Produktversionen. Die Erstellung einer neuen Speichergruppe von der Befehlszeile aus verlangt nicht mehr als die Eingabe des Befehls **new-StorageGroup** und die Entscheidung, welche Optionen Sie aktivieren möchten, um z.B. die Speichergruppendateien in einem anderen Verzeichnis zu speichern oder die fortlaufende lokale Replikation zu verwenden. Der folgende Befehl legt eine neue Speichergruppe auf dem Server mit der Bezeichnung **E2007-4** an. Sie erhält den Namen **Purchasing Managers**, und die mit ihr verknüpften Dateien (Protokolldateien usw.) werden im Verzeichnis **Mailbox** in einem Unterverzeichnis desselben Namens gespeichert, was über die Parameter **LogFolderPath** und **SystemFolderPath** erledigt wird. Die Verwendung des Parameters **HasLocalCopy** aktiviert für diese neue Speichergruppe die fortlaufende lokale Replikation. Die Parameter **CopyLogFolderPath** und **CopySystemFolderPath** geben den Ort an, an dem die replizierte Kopie der Daten gespeichert wird.

```
new-StorageGroup -Server 'E2007-4' -Name 'Purchasing Managers'
-LogFolderPath 'F:\Exchange\Mailbox\Purchasing managers'
-SystemFolderPath 'F:\Exchange\Mailbox\Purchasing managers'
-HasLocalCopy $true -CopyLogFolderPath 'F:\Exchange\Mailbox\LocalCopies\Purchasing managers'
-CopySystemFolderPath
'F:\Exchange\Mailbox\LocalCopies\Purchasing managers'
```

Beachten Sie, dass Sie die neuen Verzeichnisse nicht bereits vorher anlegen müssen. Das Commandlet **new-StorageGroup** nimmt Ihnen diese Arbeit ab.

Abbildg. 13.3 Die neu erstellten Speichergruppen in der Exchange-Verwaltungskonsole

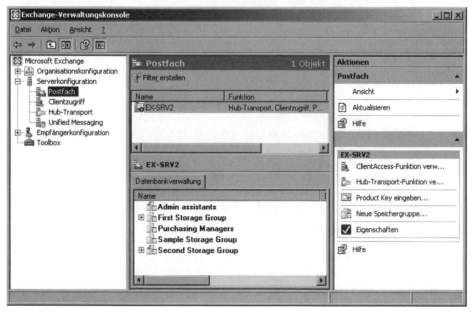

Kapitel 13 Speichergruppen erstellen und verwalten

Verwaltungsshell

Indem Sie eine Liste der Speichergruppen von der Befehlszeile aus abrufen, können Sie schnell in Erfahrung bringen, welche Speichergruppen sich auf welchem Server befinden, und sich auch über übergeordnete Optionen informieren, z.B. ob die fortlaufende lokale Replikation aktiviert oder ob es sich bei einer Speichergruppe um eine für die Wiederherstellung handelt. Verwenden Sie das Commandlet **get-StorageGroup**, um eine Liste der in Ihrer Organisation in Gebrauch befindlichen Speichergruppen anzuzeigen. Die folgende Grafik veranschaulicht die Ausgabe dieses Befehls:

Die Speichergruppenkonfiguration ändern

Nachdem Sie Ihre Speichergruppe erstellt haben, kann es vorkommen, dass Sie Änderungen an dem neuen Objekt vornehmen wollen. Eventuell wollen Sie z.B. die Umlaufprotokollierung (auf die wir gleich zu sprechen kommen) für eine bestimmte Speichergruppe aktivieren. Wie in Exchange meistens der Fall, können Sie diese Änderungen über die Eigenschaftenseite der Speichergruppe vornehmen. Änderungen an der Speichergruppenkonfiguration werden jeweils unterschiedlich gehandhabt, je nachdem, was Sie modifizieren wollen.

Im Folgenden finden Sie einen kurzen Überblick darüber, was sich auf der Seite **Eigenschaften der Musterspeichergruppe** ändern lässt, auf die Sie zugreifen, indem Sie einen Rechtsklick auf eine bestehende Speichergruppe ausführen und **Eigenschaften** wählen:

- **Die Speichergruppe umbenennen** Der Name der Speichergruppe befindet sich ganz oben auf der Eigenschaftenseite. Wollen Sie die Gruppe umbenennen, überschreiben Sie den Inhalt dieses Feldes einfach mit dem gewünschten Namen.

- **Umlaufprotokollierung aktivieren** Die Option **Umlaufprotokollierung aktivieren** aktiviert die Umlaufprotokollierung für die Speichergruppe, wodurch grundsätzlich die auf der Festplatte gespeicherte Anzahl von Transaktionsprotokollen verringert wird, was aber mit Einschränkungen verbunden ist. Sie sollten diese Möglichkeit nur für Speichergruppen in Anspruch nehmen, die keine unternehmenskritischen Daten enthalten. Wenn die Umlaufprotokollierung aktiv ist, können Sie Ihre Daten nur bis zur letzten vollständigen Sicherung wiederherstellen. Bevor Sie diese Option wählen, sollten Sie sich über die Auswirkungen im Klaren sein, die der Verlust jüngerer Daten nach sich zieht (siehe Abbildung 13.4).

- **Fortlaufende lokale Replikation** Wenn Sie die fortlaufende lokale Replikation aktiviert haben, ist eine Registerkarte desselben Namens auf der Eigenschaftenseite verfügbar. Auf dieser Registerkarte können Sie keinerlei Konfigurationen vornehmen, sondern nur Informationen zum aktuellen Zustand erfahren (siehe Abbildung 13.5).

Abbildg. 13.4 Ändern einiger Parameter der Speichergruppenkonfiguration

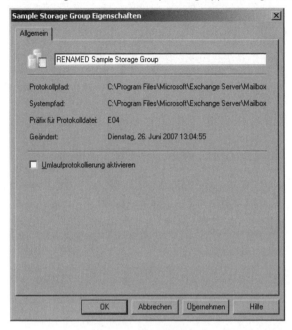

Abbildg. 13.5 Der Inhalt der Registerkarte **Fortlaufende lokale Replikation**

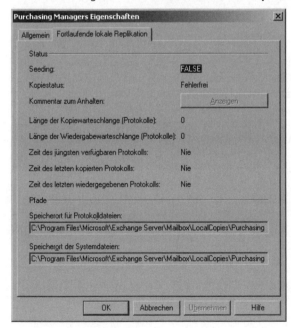

Kapitel 13 Speichergruppen erstellen und verwalten

Verwaltungsshell

Wenn Ihre neue Speichergruppe in Betrieb ist, ist wahrscheinlich so lange alles in bester Ordnung, bis Sie feststellen, dass Sie sie umbenennen oder die Umlaufprotokollierung aktivieren müssen. Die Umlaufprotokollierung veranlasst Ihre Speichergruppe, weniger Festplattenplatz zu belegen, möglicherweise aber auf Kosten der Wiederherstellbarkeit der Datenbank. Beide Optionen lassen sich von der Exchange-Verwaltungsshell aus mithilfe des Commandlets **set-StorageGroup** konfigurieren. Das folgende Beispiel benennt die Speichergruppe **Admin assistants** in **Administrative Assistants** um und aktiviert die Umlaufprotokollierung:

```
Set-StorageGroup -Identity "Admin assistants"-Name "Administrative Assistants" -
CircularLoggingEnabled:$true
```

Das war auch schon alles, was Sie von der Eigenschaftenseite einer Speichergruppe aus einstellen können. Weitere Optionen lassen sich jedoch konfigurieren, indem Sie einen einfachen Rechtsklick auf eine Speichergruppe ausführen. Den Inhalt dieses Kontextmenüs zeigt Abbildung 13.6.

Abbildg. 13.6   Es gibt noch weitere Optionen zur Konfiguration Ihrer Speichergruppe

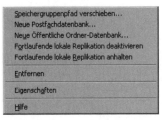

Dazu gehören u.a. folgende Optionen:

- **Speichergruppenpfad verschieben**   Solange Sie diese Option nicht verwenden, werden die Protokolldateien Ihrer Speichergruppe in dem Verzeichnis gespeichert, das Sie ursprünglich bei Ihrer Erstellung angegeben haben. Wählen Sie diese Option, erhalten Sie die Möglichkeit, diese Pfade zu ändern. Abbildung 13.7 zeigt Ihnen das mittlerweile vertraute Bild. Bevor Sie eine ganze Speichergruppe verschieben können, wählen Sie aus dem Kontextmenü der Speichergruppe den Befehl **Fortlaufende lokale Replikation anhalten**, um ebendies zu tun. Während dieses Vorgangs wird die Bereitstellung aller Postfachdatenbanken in der Speichergruppe aufgehoben, was sie für die Zeitdauer des Verschiebens unerreichbar macht, um sie daraufhin erneut bereitzustellen. Beachten Sie, dass dieser Befehl die eigentliche Datenbank (die EDB-Datei) nicht verschiebt. Er verschiebt hingegen alle Protokoll- und Systemdateien der Speichergruppe sowie den mit ihr verknüpften Volltextindex. Wollen Sie eine einzelne Datenbank innerhalb der Speichergruppe verschieben, verwenden Sie den Befehl **Datenbankpfad verschieben**, der im weiteren Verlauf des Kapitels vorgestellt wird.

- **Neue Postfachdatenbank**   Diese Option wird im weiteren Verlauf des Kapitels vorgestellt.

- **Neue Öffentliche Ordner-Datenbank**   Öffentliche Ordner wurden in Kapitel 12, »Öffentliche Ordner«, behandelt.

Speichergruppen verwalten

Abbildg. 13.7   Teilen Sie dem Assistenten die für das Verschieben der Speichergruppe erforderlichen Informationen mit

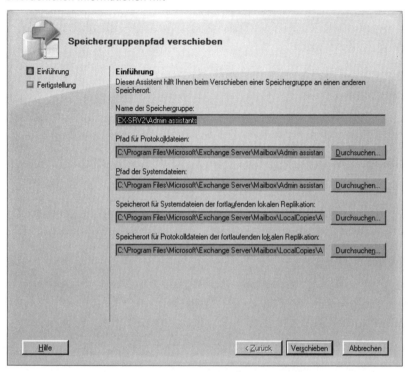

- **Optionen für die fortlaufende lokale Replikation**   Wenn Sie die fortlaufende lokale Replikation für eine Speichergruppe bisher nicht aktiviert haben, stellt deren Aktivierung die einzige Option in diesem Kontextmenü dar. Entschließen Sie sich, diese Art der Replikation für eine bestehende Speichergruppe zu nutzen, sollten Sie wissen, dass Sie ein Verhältnis von 1:1 zwischen Speichern und Speichergruppen aufrechterhalten müssen. Anders ausgedrückt, die fortlaufende lokale Replikation unterstützt nicht den Betrieb von mehreren Speichern in einer Speichergruppe. Nur eine einzige Datenbank lässt sich jeweils replizieren. Ist die fortlaufende lokale Replikation für die gewählte Speichergruppe bereits aktiv, ermöglicht Ihnen das Kontextmenü, diese Verfügbarkeitsfunktion entweder zu deaktivieren oder ihren Betrieb vorübergehend anzuhalten.

Verwaltungsshell

Wenn Sie eine Speichergruppe an einen anderen Ort auf der Festplatte verschieben wollen, verwenden Sie das Commandlet **move-StorageGroupPath**. Der folgende Befehl verschiebt die Protokolldateien, die Systemdateien und den Volltextindex der Speichergruppe jeweils an die in den Parametern **LogFolderPath** und **SystemFolderPath** genannten Orte. Die Parameter **CopyLogFolderPath** und **CopySystemFolderPath** erledigen dasselbe für die replizierte Version:

```
move-StorageGroupPath -Identity 'E2007-4\Administrative Assistants'
-LogFolderPath 'F:\Exchange\Mailbox\New Storage Group Location'
-SystemFolderPath 'F:\Exchange\Mailbox\New Storage Group Location'
-CopyLogFolderPath 'F:\Exchange\Mailbox\LocalCopies\
```

> **Verwaltungsshell**
>
> ```
> New Storage Group Location' -CopySystemFolderPath
> 'F:\Exchange\Mailbox\LocalCopies\New Storage Group Location'
> ```

Speichergruppen entfernen

Ob Sie eine Abteilung in Ihrem Hause auflösen oder nur Postfächer in Speicher anderer Speichergruppen verschieben: Irgendwann kommt der Zeitpunkt, an dem Sie eine Speichergruppe aus Ihrem Exchange-System entfernen müssen. Dies ist schnell erledigt, jedoch gibt es eine strikte Bedingung: In der zu löschenden Speichergruppe dürfen sich keine Speicher bzw. Datenbanken mehr befinden. Falls doch, verweigert Exchange Server 2007 die Ausführung und gibt eine Fehlermeldung aus.

Wenn der Speichergruppe keine Speicher mehr zugeordnet sind, kann sie gelöscht werden. Dazu klicken Sie sie in der Exchange-Verwaltungskonsole mit der rechten Maustaste an und wählen **Entfernen**. Exchange Server 2007 fragt nun, ob Sie diesen Schritt wirklich ausführen wollen. Stimmen Sie dem zu, wird die Speichergruppe aus dem Fenster der Exchange-Verwaltungskonsole entfernt. Eventuell noch im Verzeichnis der gelöschten Speichergruppe vorhandene Protokolldateien müssen Sie jedoch manuell entfernen.

> **Verwaltungsshell**
>
> Sie können eine Speichergruppe, die Sie nicht mehr benötigen, auch aus der Exchange-Verwaltungsshell heraus entfernen. Dabei handelt es sich um einen einfachen Vorgang, der mithilfe des Commandlets **Remove-StorageGroup** erledigt wird:
>
> ```
> Remove-StorageGroup -Identity "Division 3"
> ```

Nachdem Sie die Speichergruppen beiseite geräumt haben, können Sie Ihre Aufmerksamkeit nun der Datenbankseite der Gleichung zuwenden – den *Speichern*.

Speicher verwalten

In Exchange werden in einer Speichergruppe zwei Arten von Speichern, oder einzelne Postfach- bzw. Öffentliche Ordner-Datenbanken angelegt: *Postfachspeicher* für Nachrichten und *Informationsspeicher für Öffentliche Ordner*. Jedem Speicher ist eine eigene Datenbankdatei zugeordnet, aber die Protokolldateien verwendet er gemeinsam mit den anderen Speichern der Speichergruppe. Ein Speicher kann erst erstellt werden, wenn eine Speichergruppe vorhanden ist. Bei der Installation von Exchange Server 2007 wird eine Speichergruppe namens **Erste Speichergruppe** angelegt, die einen Postfach- und, falls Sie angegeben haben, dass Sie ältere Outlook-Clients unterstützen müssen, auch einen Informationsspeicher für öffentliche Ordner enthält.

Davon abgesehen, können Sie auch Ihre eigenen zusätzlichen Speicher erstellen, eine Reihe von mit einem Speicher verknüpften Parametern verändern und schließlich einen Speicher auch löschen. Diese drei Verwaltungsthemen werden im nun folgenden Abschnitt behandelt.

Postfachspeicher erstellen

Wenn es darum geht, Speicher für die Unterbringung von Postfächern zu erstellen, stellen sowohl die Exchange-Verwaltungskonsole als auch die Exchange-Verwaltungsshell das passende Mittel dar. Um einen neuen Postfachspeicher mithilfe der Exchange-Verwaltungskonsole zu erstellen, führen Sie folgende Schritte durch:

1. Starten Sie die Exchange-Verwaltungskonsole von dem Postfachserver aus, auf dem Sie den neuen Speicher einrichten wollen. Sie können dies zwar von jedem Server aus erledigen, wir wählen hier aber die Option, direkt auf dem Server zu arbeiten, den Sie verwalten wollen.
2. Erweitern Sie den Knoten Serverkonfiguration.
3. Wählen Sie den Postfachserver aus, auf dem Sie den neuen Speicher erstellen wollen.
4. Wählen Sie die Speichergruppe aus, in der Sie den neuen Postfachspeicher bzw. die Datenbank erstellen wollen.
5. Klicken Sie im Aktionsbereich auf **Neue Postfachdatenbank**. Daraufhin startet ein Assistent, der Sie durch den weiteren Prozess geleitet.
6. Den Inhalt dieses Assistenten zeigt Abbildung 13.8. Geben Sie der neuen Speichergruppe in diesem Dialogfeld einen Namen. Wenn Sie wollen, können Sie auch den Speicherort für die Datenbankdatei und, falls Sie die entsprechende Funktion nutzen, auch den Pfad, unter dem die replizierte Datenbankkopie gespeichert wird, ändern. Wenn Sie die Datenbank nach ihrer Erstellung sofort bereitstellen möchten, aktivieren Sie das Kontrollkästchen **Diese Datenbank bereitstellen**. Klicken Sie auf **Weiter**.

Abbildg. 13.8   Geben Sie die Informationen für den neuen Datenbankspeicher ein

Kapitel 13 Speichergruppen erstellen und verwalten

Wenn Sie diese Schritte abgeschlossen haben, erscheint die neue Datenbank in der Exchange-Verwaltungskonsole innerhalb der von Ihnen gewählten Speichergruppe.

Verwaltungsshell

Ein Postfachspeicher ist ein entscheidender Bestandteil des Gesamtbilds von Exchange. Ohne ihn wäre Ihre Exchange-Organisation für Ihre Firma kaum von Nutzen. Ein Postfachspeicher wird innerhalb einer der bestehenden Speichergruppen angelegt, wobei es sich allgemein bewährt hat, nur einen Postfachspeicher pro Speichergruppe zu erstellen. Einen Postfachspeicher erstellen Sie, indem Sie das Commandlet **new-MailboxDatabase** gemeinsam mit dem Parameter **StorageGroup** verwenden, um anzugeben, in welcher Speichergruppe die neue Postfachdatenbank untergebracht werden soll. Wahlweise können Sie zusätzlich über die Parameter **EdbFilePath** und **CopyEdbFilePath** angeben, wo die Datenbank und das Replikat jeweils gespeichert werden sollen.

```
new-MailboxDatabase -StorageGroup 'CN=Administrative
Assistants,CN=InformationStore,CN=E2007-4,CN=Servers, CN=Exchange Administrative Group
(FYDIBOHF23SPDLT),
CN=Administrative Groups,CN=First Organization,
CN=Microsoft Exchange,CN=Services,CN=Configuration,
DC=contoso,DC=com' -Name 'Org 1 Administrative Assistants'
-EdbFilePath 'F:\Exchange\Mailbox\Administrative Assistants\
Org 1 Administrative Assistants.edb' -HasLocalCopy $true
-CopyEdbFilePath 'F:\Exchange\Mailbox\LocalCopies\
Administrative Assistants\Org 1 Administrative Assistants.edb'
```

Nachdem Sie die neue Datenbank erstellt haben, müssen Sie sie bereitstellen, bevor sich das Postfach füllen lässt. Dies erledigen Sie mithilfe des Commandlets **mount-Database**:

```
mount-database -Identity 'CN=Org 1 Administrative Assistants,
CN=Administrative Assistants,CN=InformationStore,CN=E2007
-4,CN=Servers,CN=Exchange Administrative Group (FYDIBOHF23SPDLT),
CN=Administrative Groups,CN=First Organization,
CN=Microsoft Exchange,CN=Services,CN=Configuration,DC=contoso,
DC=com'
```

Postfachdatenbankkonfiguration ändern

Das Erstellen der Datenbank stellt nur den ersten Schritt hinsichtlich der Verwaltung Ihres neuen Postfachspeichers dar. Nachdem der Speicher angelegt ist, können Sie nun einige der mit ihm verknüpften Konfigurationsoptionen ändern, z.B. ob die Datenbank beim Systemstart automatisch bereitgestellt werden soll, Grenzwerte für Versand und Empfang sowie die Clients betreffende Einstellungen. Um auf die Einstellungen der Postfachdatenbank von der Exchange-Verwaltungskonsole aus zuzugreifen, rechtsklicken Sie auf die zu konfigurierende Postfachdatenbank und wählen Sie **Eigenschaften** aus dem Kontextmenü.

Allgemeine Optionen von Postfachdatenbanken ändern

Auf der in Abbildung 13.9 gezeigten Registerkarte **Allgemein** finden Sie einige Optionen, über die Sie definieren können, wie die Postfachdatenbank arbeitet.

Im Folgenden finden Sie einen Überblick darüber, was die einzelnen Optionen bewirken:

- **Das Namensfeld**   Beachten Sie, dass Sie in diesem Feld Änderungen vornehmen können, indem Sie seinen Inhalt überschreiben und die Postfachdatenbank umbenennen.

- **Journalempfänger**   In der heutigen überregulierten Welt müssen Organisationen diverse Anstrengungen unternehmen, um unterschiedlichste gesetzliche Anforderungen zu erfüllen. Exchange Server 2007 unterstützt Sie dabei, indem es die Möglichkeit bietet, jede gesendete Nachricht automatisch an einen sicheren Speicherort zu kopieren. Ein Teil dieser Funktionalität besteht darin, dass Sie eine Postfachdatenbank so konfigurieren können, dass alle E-Mails in ein abgetrenntes Postfach kopiert werden. Aktivieren Sie das Kontrollkästchen **Journalempfänger** und klicken Sie dann auf **Durchsuchen**, um das Benutzerpostfach ausfindig zu machen, in das Sie die Nachrichten kopieren wollen.

- **Wartungszeitplan**   Legen Sie das Zeitintervall für die Ausführung der Dienstprogramme zur Wartung des aktuellen Speichers fest.

Abbildg. 13.9   Allgemeine Optionen der Postfachdatenbank

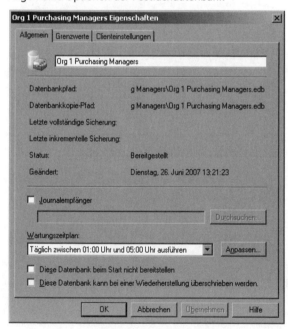

- **Diese Datenbank beim Start nicht bereitstellen**   Aktivieren Sie dieses Kontrollkästchen, wenn Sie verhindern wollen, dass diese Postfachdatenbank beim Systemstart bereitgestellt wird. Diese Option kann nützlich sein, wenn Sie an einem Speicher gleich nach einem Neustart Wartungsarbeiten vornehmen müssen.

- **Diese Datenbank kann bei einer Wiederherstellung überschrieben werden** Exchange schützt seine Datenbanken, indem es es erschwert, sie bei einer Wiederherstellung versehentlich zu überschreiben. Wenn Sie eine Datenbank aus einer Sicherung wiederherstellen wollen, müssen Sie zunächst dieses Kontrollkästchen aktivieren.

> **Aus der Praxis: Datenbanken überschreiben**
>
> Jede Datenbank verfügt über einen GUID, der innerhalb der Datenbank in einer der Mehrzwecktabellen gespeichert wird. Der Datenbank-GUID wird zusammen mit seinem genauen Verzeichnispfad auf der Festplatte auch in Active Directory gespeichert. Eine Funktion des Speicherprozesses **Store.exe** besteht in der Bereitstellung der Datenbank. Zu diesem Zweck wird der in ihr vorgefundene GUID einschließlich des Verzeichnispfads mit dem Datenbank-GUID in Active Directory verglichen.
>
> Wenn diese Daten übereinstimmen, wird die Datenbank bereitgestellt. Sollte keine Übereinstimmung bestehen, verweigert der Speicherprozess **Store.exe** den Start der Datenbank. Zu dieser Situation kommt es beispielsweise, wenn Datenbankdateien von einem anderen Server oder aus einem anderen Verzeichnis an den gegenwärtigen Speicherort verschoben wurden. Der Speicherprozess **Store.exe** verhindert durch den Vergleich der GUIDs, dass eine Datenbank versehentlich an eine andere Position verschoben und dann in einer anderen Speichergruppe mit anderen Transaktionsprotokollen aktiviert wird.
>
> Wenn das Kontrollkästchen **Diese Datenbank kann bei einer Wiederherstellung überschrieben werden** aktiviert ist, geht der Speicherprozess **Store.exe** davon aus, dass die Datenbank wirklich an die aktuelle Position verschoben werden soll. Beim Start »repariert« er dann die Datenbank, indem er dem GUID in der Datenbank den Wert des GUID in Active Directory zuweist. Beim nächsten Bereitstellungsversuch stimmen die beiden Werte wieder überein, sodass die Datenbank bereitgestellt wird. Danach wird das Kontrollkästchen automatisch deaktiviert.
>
> Wenn der Speicherprozess **Store.exe** beim Bereitstellungsversuch keine Datenbank im Pfad findet, werden Sie zur Erstellung einer neuen aufgefordert. Die Option **Diese Datenbank kann bei einer Wiederherstellung überschrieben werden** tritt nur in Kraft, wenn während dieses Prozesses eine Datenbank im angegeben Pfad gefunden wird, ihr Abgleich mit dem GUID im Active Directory jedoch nicht erfolgreich war.
>
> Das Kontrollkästchen **Diese Datenbank kann bei einer Wiederherstellung überschrieben werden** funktioniert auch bei der Wiederherstellung auf ähnliche Weise. Im Verlaufe des Vorgangs übergibt Ntbackup den GUID, den Namen der Datenbank und den Namen der Speichergruppe an den Speicherprozess **Store.exe**. Wenn eine Übereinstimmung vorhanden ist, gibt der Speicherprozess die Speicherorte zurück, an denen die Dateien wiederhergestellt werden sollen. Anderenfalls überprüft der Speicherprozess **Store.exe** die Einstellung dieses Kontrollkästchens und gibt bei aktivierter Option die Datenbank an den Sicherungsvorgang zurück, in dem die Datenbankdateien dann überschrieben werden.
>
> Wenn Datenbanken verschoben werden und das Kontrollkästchen **Diese Datenbank kann bei einer Wiederherstellung überschrieben werden** aktiviert ist, werden unter Umständen zwei oder mehr Datenbanken mit demselben GUID angelegt. Wenn Sie versuchen, beide Datenbanken bereitzustellen, kann dies auf Grund des GUID-Konflikts nur für eine erfolgreich verlaufen. Generell sollten nie zwei Datenbanken mit demselben GUID vorhanden sein oder Datenbanken »ausgetauscht« werden, da dies meist unerwünschte Ergebnisse nach sich zieht.

Speicher verwalten

> **Verwaltungsshell**
>
> Postfachdatenbanken lassen sich von der Exchange-Verwaltungsshell aus mithilfe des Commandlets **set-MailboxDatabase** konfigurieren. Die Elemente der Registerkarte **Allgemein** bilden keine Ausnahme. Der folgende Befehl verwendet den Parameter **MountAtStartup**, um anzugeben, dass die Postfachdatenbank beim Systemstart bereitgestellt werden soll:
>
> ```
> Set-MailboxDatabase "Org 1 Purchasing Managers" -MountAtStartup:$true
> ```
>
> Verwenden Sie denselben Befehl, nur mit dem Parameter **JournalRecipient**, um festzulegen, dass das Postfach Journalkopien von Nachrichten empfangen soll.
>
> ```
> Set-MailboxDatabase "Org 1 Purchasing Managers"
> -JournalRecipient contoso\tony.allen
> ```
>
> Wie im Folgenden gezeigt, können Sie durch Verwendung des Parameters **Name** eine Postfachdatenbank auch von der Befehlszeile aus umbenennen:
>
> ```
> Set-MailboxDatabase "Org 1 Purchasing Managers" -Name "PMs"
> ```
>
> Damit eine Datenbank von einer Wiederherstellungsoperation überschrieben werden darf, geben Sie folgenden Befehl ein:
>
> ```
> Set-MailboxDatabase "Org 1 Purchasing Managers"
> -AllowFileRestore:$true
> ```

Grenzwerte für Einstellungen von Postfachdatenbanken

Wechseln Sie nun zur in Abbildung 13.10 gezeigten Registerkarte **Grenzwerte**.

Abbildg. 13.10 Registerkarte **Grenzwerte** für die Postfachdatenbank

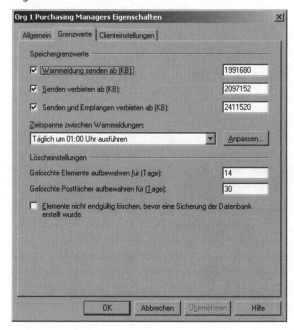

Auf dieser Registerkarte können Sie die Grenzwerte festlegen, die für die in der Postfachdatenbank beheimateten Postfächer gelten. Die meisten in der Abbildung aufgeführten Einträge erklären sich mehr oder weniger von selbst, aber einige sind besonders wichtig:

- **Speichergrenzwerte** Verwenden Sie die Optionen in diesem Abschnitt dazu, den Punkt festzulegen, an dem die Größe eines Benutzerpostfachs Warnmeldungen auslöst oder dazu führt, dass E-Mails weder versandt noch empfangen werden können. Beachten Sie, dass alle Werte in KB angegeben sind.

- **Zeitspanne zwischen Warnmeldungen** Dieser Parameter bestimmt die Uhrzeit, zu der Nachrichten an die Benutzer gesandt werden, die einen der von Ihnen festgesetzten Grenzwerte für die Postfachdatenbank überschritten haben.

- **Elemente nicht endgültig löschen, bevor eine Sicherung der Datenbank erstellt wurde** Wie im Falle der Archivierung kann diese Option in einer regulierten Umgebung von Nutzen sein. Ganz gleich, welche Löschungseinstellungen Sie vorgenommen haben: Ist dieses Kontrollkästchen aktiviert, werden Elemente nicht gelöscht, bevor sie gesichert worden sind.

> **Verwaltungsshell**
>
> Sie können in Exchange Server 2007 für einen Postfachspeicher eine ganze Reihe von speicherbezogenen Grenzwerten festsetzen, z.B. den Punkt, ab dem ein Benutzer benachrichtigt wird, dass sein Postfach über eine Verwarnungsgrenze hinaus angewachsen ist, und den Punkt, ab dem er E-Mails weder senden noch empfangen kann. Diese Steuerungsmöglichkeiten helfen Ihnen, eine aus den Nähten platzende Postfachdatenbank zumindest ansatzweise im Griff zu behalten.
>
> Mithilfe des Commandlets **Set-MailboxDatabase** stellen Sie die unterschiedlichen Grenzwerte Ihres Postfachspeichers ein. Der unten aufgeführte Befehl setzt folgende Grenzwerte:
>
> - Dem Benutzer eine Warnung senden: 500 MB (512.000.000 Byte)
> - Die Benutzerberechtigung deaktivieren, E-Mails zu senden: 550 MB (563.200.000 Byte)
> - Die Benutzerberechtigung deaktivieren, E-Mails zu senden oder zu empfangen: 600 MB (614.400.000 Byte)
>
> ```
> Set-MailboxDatabase "Org 1 Purchasing Managers"
> -IssueWarningQuota 512000000 -ProhibitSendQuota 563200000
> -ProhibitSendReceiveQuota 614400000
> ```
>
> Beachten Sie bei der Festlegung der Grenzwerte per Befehlszeile, dass die Angaben in Byte erfolgen müssen. Im GUI werden hingegen Angaben in KB erwartet. Wenn Sie also runde Werte wie 500 MB über die Befehlszeile einstellen wollen, müssen Sie diese jeweils mit 1024 multiplizieren.

Clienteinstellungen für Postfachdatenbanken festlegen

Auf der letzten Registerkarte der Postfachkonfiguration, **Clienteinstellungen** (siehe Abbildung 13.11), können Sie bestimmen, welche Datenbank für öffentliche Ordner und welches Offlineadressbuch mit dieser Postfachdatenbank verknüpft werden. Wenn Sie ältere Clients in Ihrer Organisation betreiben, müssen Sie an dieser Stelle entsprechende Angaben machen, damit die Clients ordnungsgemäß funktionieren. Sie müssen einen öffentlichen Informationsspeicher für die Verknüpfung mit dem neuen Postfachspeicher auswählen, da jeder ältere Exchange-Client über einen Standardinformationsspeicher verfügen muss, um auf öffentliche Ordner zugreifen zu können. Durch diese Festlegung wird der Benutzerzugriff auf andere öffentliche Informationsspeicher oder Öffentliche Ordner-Strukturen nicht eingeschränkt. Der hier ausgewählte Informationsspeicher stellt vielmehr den Eintrittspunkt für den Zugriff auf alle öffentlichen Ordner bereit.

Nach der Auswahl des öffentlichen Informationsspeichers für den Postfachspeicher klicken Sie auf die Schaltfläche **Durchsuchen** neben dem Feld **Standard-Offlineadressbuch**, um eine Standard-Offlineadressliste für die Benutzer dieses Speichers auszuwählen. Die Benutzer können auch andere Offlineadresslisten herunterladen, denn mit dieser Option wird lediglich die Standardeinstellung festgelegt.

Abbildg. 13.11   Registerkarte **Clienteinstellungen** für die Postfachdatenbank

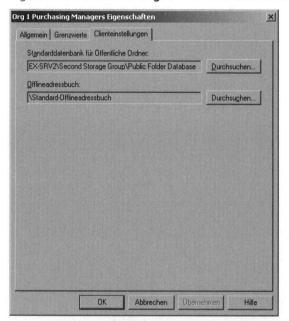

Verwaltungsshell

Wenn Sie alte Clients weiterverwenden wollen, definieren Sie, welcher Informationsspeicher für öffentliche Ordner als Standard für Clients mit Postfächern in dieser Datenbank verwendet wird. Geben Sie auch an, welches Offlineadressbuch dieselben Clients standardmäßig verwenden sollen. Dabei sind Ihnen die Parameter **PublicFolderDatabase** und **OfflineAddressList** im Zusammenspiel mit dem Commandlet **Set-MailboxDatabase** behilflich.

```
Set-MailboxDatabase "PMs" -PublicFolderDatabase
"Public Folder Database"
-OfflineAddressBook "Default Offline Address List"
```

Postfachdatenbanken bereitstellen und die Bereitstellung aufheben

Damit Benutzer auf eine Datenbank zugreifen können, muss sie bereitgestellt werden. Umgekehrt müssen Sie die Bereitstellung gegebenenfalls aufheben, wenn Sie Wartungsarbeiten an ihr vornehmen. Um eine Datenbank bereitzustellen oder die Bereitstellung aufzuheben, rechtsklicken Sie auf darauf und wählen entweder **Datenbank bereitstellen** oder **Bereitstellung der Datenbank aufheben** aus dem Kontextmenü.

> **Verwaltungsshell**
>
> Um eine bestimmte Postfachdatenbank bereitzustellen bzw. ihre Bereitstellung aufzuheben, verwenden Sie die Commandlets **mount-Database** bzw. **dismount-Database**.
>
> ```
> mount-Database "PMs"
> dismount-Database "PMs" -confirm:$false
> ```

Postfachdatenbanken verschieben

Das Verschieben einer Postfachdatenbank verlangt nicht mehr als einen Rechtsklick auf das zugeordnete Element in der Exchange-Verwaltungskonsole und die anschließende Auswahl des Eintrags **Datenbankdateien verschieben** aus dem Kontextmenü. Sobald Sie das getan haben, startet ein aus einem einzigen Dialogfeld bestehender und in Abbildung 13.12 gezeigter Assistent, über den Sie den Speicherort für die Datenbank und ihre lokal replizierte Kopie auswählen können.

Abbildg. 13.12 Der Assistent **Datenbank verschieben**

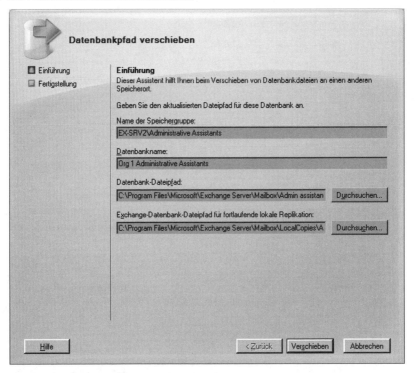

Postfachdatenbanken entfernen

Bisweilen kann es nötig sein, eine Postfachdatenbank vollständig aus Ihrer Organisation zu entfernen. Bevor Sie dies tun, vergewissern Sie sich, dass Sie alle Postfächer aus der Datenbank in andere Postfachdatenbanken Ihrer Organisation verschoben haben.

Verwaltungsshell

Das Verschieben einer Postfachdatenbank ist ein alltäglicher Vorgang bei der Verwaltung eines Exchange-Servers. Irgendwann kann Ihre Datenbank zu groß für den ihr ursprünglich zugeteilten Platz werden und Sie zwingen, sie an einen neuen Speicherort verschieben zu müssen. Das Commandlet **move-DatabasePath** nimmt Ihnen diese Arbeit ab.

```
move-DatabasePath -Identity 'E2007-4\Administrative Assistants\
Org 1 Administrative Assistants' -EdbFilePath
'F:\Exchange\Mailbox\Administrative Assistants\
Org 1 Administrative Assistants.edb' -CopyEdbFilePath
'F:\Exchange\Mailbox\LocalCopies\Administrative Assistants\
Org 1 Administrative Assistants.edb'
```

Wenn Sie eine durch die fortlaufende lokale Replikation verwaltete Kopie der Datenbank angelegt haben, wird auch diese aus Active Directory entfernt, sobald Sie die Hauptdatenbank löschen.

Wenn der Postfachdatenbank keine Postfächer mehr zugeordnet sind, kann sie gelöscht werden. Dazu klicken Sie sie in der Exchange-Verwaltungskonsole mit der rechten Maustaste an und wählen **Entfernen**. Exchange Server 2007 fragt nun, ob Sie diesen Schritt wirklich ausführen wollen. Stimmen Sie dem zu, wird die Datenbank aus dem Fenster der Exchange-Verwaltungskonsole entfernt. Beachten Sie, dass dabei nur das Objekt aus Active Directory entfernt wird. Wollen Sie den von der Datenbank belegten Speicherplatz freigeben, müssen Sie die Dateien von Hand entfernen.

Verwaltungsshell

Von Zeit zu Zeit kann es notwendig werden, eine Postfachdatenbank aus Ihrer Organisation zu entfernen. Verwenden Sie zu diesem Zweck das Commandlet **Remove-MailboxDatabase**, wie folgt:

```
Remove-MailboxDatabase -Identity "Org 1 Administrative Assistants"
```

Zusammenfassung

In diesem Kapitel haben Sie alle Informationen erhalten, die Sie für die Verwaltung von Speichergruppen und Postfachdatenbanken in einer Exchange-Organisation benötigen. Sie sollten nun ihre Architektur kennen und in der Lage sein, Speichergruppen und Speicher zu erstellen und zu verwalten. Im nächsten Kapitel erfahren Sie, wie Sie die neuen Unified Messaging-Funktionen von Exchange Server 2007 implementieren.

Kapitel 14

Unified Messaging

In diesem Kapitel:

Überblick über Unified Messaging	356
Unified Messaging-Objekte erstellen und verwalten	360
Server mit Wählplänen verknüpfen	375
Unified Messaging für einzelne Postfächer aktivieren	377
Zusammenfassung	379

Kapitel 14 Unified Messaging

Sie konnten sich bereits an anderer Stelle davon überzeugen, dass Microsoft Exchange Server 2007 eine brandneue Architektur sowie zahlreiche neue Funktionen bietet, die das Produkt zu einer umfangreichen Aktualisierung für viele Unternehmen machen. Die Unified Messaging-Dienste von Exchange Server 2007 stehen vom funktionalen Standpunkt aus betrachtet ganz oben auf der Liste der Dinge, die Administratoren lernen müssen. In diesem Kapitel lernen Sie die Funktionen von Unified Messaging in Exchange Server 2007 kennen und erfahren, wie Sie diesen neuen Dienst verwalten können.

Bei dem vielfältigen Angebot an verfügbarer Telefonhardware und der Anzahl an Optionen, die Sie haben, um Ihre Ausstattung mit Exchange Server 2007 zusammenarbeiten zu lassen, ist es nicht möglich, ein für beliebige Gruppen passendes praxisnahes Bereitstellungsszenario vorzustellen. Sie erhalten daher in diesem Kapitel genügend Informationen über die Bereitstellung und Verwaltung der Unified Messaging-Serverfunktion. Telefonanlagen (PBX) und andere Integrationsmöglichkeiten werden nicht behandelt.

In diesem Kapitel lernen Sie, wie Sie Wählpläne, Postfachrichtlinien und IP-Gateways erstellen. Sie erfahren außerdem, wie Sie Wählpläne mit dem Unified Messaging-Server verknüpfen und damit den Unified Messaging-Dienst auf diesem Server aktivieren können. Zu guter Letzt zeigen wir Ihnen, wie Sie die Unified Messaging-Funktionen in einem Benutzerkonto aktivieren.

Weitere Informationen

Microsoft geht davon aus, dass Sie die neuen Dienste erst einmal testen möchten, bevor Sie in Unified Messaging eintauchen, und damit sicherstellen, dass diese mit den Anforderungen Ihrer Organisation übereinstimmen. Daher wird von Microsoft das Unified Messaging Test Phone zur Verfügung gestellt – eine Anwendung, die auf einer Arbeitsstation installiert wird und es Ihnen ermöglicht, die Funktionalität von einzelnen Unified Messaging-Funktionen zu testen, z.B. das Beantworten von Anrufen, den Teilnehmerzugriff und die automatische Telefonzentrale. Microsoft bietet als Teil dieser Anwendung Anleitungen für die Konfiguration aller für Ihren Testserver notwendigen Unified Messaging-Objekte an, damit diese mit dem Test Phone funktionieren. Weitere Informationen zur Bereitstellung dieser Testumgebung erhalten Sie unter http://technet.microsoft.com/en-us/library/aa997146.aspx.

Überblick über Unified Messaging

Früher gehörte die Verwaltung von Voicemail in den Aufgabenbereich der Person oder Gruppe, die für die Telefonanlagen einer Organisation verantwortlich war. Heutzutage verwischt die Grenze zwischen Sprach- und Datenkommunikation zunehmend, da viele Anbieter von Telefonanlagen Unified Messaging-Produkte zur Verfügung stellen, die für die Integration unterschiedlicher Kommunikationsgeräte entwickelt wurden, z.B. E-Mail, Voicemail und Fax. Exchange-Administratoren, die bisher nur für die Kommunikation per E-Mail verantwortlich gewesen sind, werden feststellen, dass Unified Messaging die täglichen Aufgaben wesentlich komplexer werden lässt. Des weiteren müssen alle Exchange-Administratoren für Unified Messaging eine hohe Lernbereitschaft an den Tag legen, da sämtliche traditionellen Voicemailfunktionen in Exchange Server integriert wurden. In diesem Abschnitt führen wir Sie in die Funktionen der Unified Messaging-Dienste von Exchange Server 2007 ein. Außerdem lernen Sie die verschiedenen Komponenten – Software und Hardware – für Unified Messaging in Exchange Server 2007 kennen.

Funktionen von Unified Messaging

Exchange Server 2007 enthält sämtliche Funktionen, die Sie bereits aus traditionellen Voicemailsystemen kennen, darunter auch den Posteingang für Voicemail sowie automatische Telefonzentralen. Exchange Server 2007 baut auf diesen traditionellen Funktionen auf und fügt viele weitere hinzu. In diesem Kapitel lernen Sie, wie Sie diese Objekte erstellen und verwalten. Einige Objekte haben sowohl physische als auch logische Komponenten. Im Fall eines IP-Gateways gibt es z.B. ein physisches Gerät, das tatsächlich eine Arbeitslast aufweist, und ein damit verknüpftes logisches Active Directory-Objekt.

- **Voicemessaging**   Exchange Server 2007 ersetzt das in einem Unternehmen vorhandene Voicemailsystem und integriert den Eingang für Voicemail in den E-Mail-Posteingang des Benutzers. Der Vorteil besteht im E-Mail-Zugriff über Outlook, der zentralen Verwaltung und reduzierten Hardwarekosten. Der Zugriff auf Nachrichten ist über Outlook, Outlook Web Access, Outlook Voice Access, Office Outlook Mobile, ActiveSync sowie durch andere Clients über Anhänge möglich.

- **Faxmessaging**   Die Faxmessaging-Funktion von Unified Messaging in Exchange Server 2007 erweitert eine Organisation um die Funktion eines Faxservers und stellt Faxe so zur Verfügung, wie es bereits unter dem Punkt Voicemessaging beschrieben worden ist.

- **Active Directory-Integration**   Zwei komplett unterschiedliche Nachrichtenumgebungen – Voicemail und Exchange-E-Mail – bedeuten häufig die Verwaltung von zwei getrennten Benutzerdatenbanken. Indem Sie den Exchange Server 2007 mit Unified Messaging implementieren, verringern Sie den Administrationsaufwand, da sämtliche Benutzerinformationen in Active Directory gespeichert sind.

- **Sprachaktivierte automatische Telefonzentrale**   Viele Unternehmen haben automatische Telefonzentralen implementiert, um Kosten zu senken und eine stetig wachsende Anzahl an Anrufen bearbeiten zu können. Eine automatische Telefonzentrale wird verwendet, um Anrufer effizient an die gewünschte Abteilung oder Person weiterzuvermitteln. Die automatische Telefonzentrale in Exchange Server 2007 kann sowohl über Tastentöne (Dual Tone Multifrequency, DTMF) als auch durch Sprachbefehle gesteuert werden. Exchange Server 2007 unterstützt Spracherkennung, sodass Anrufer in Ihrem Menüsystem die Auswahl zwischen diesen beiden Möglichkeiten haben.

- **Flexible Telefonanlagenintegration**   Zwar unterstützen nicht alle Anbieter von Telefonanlagen das Kommunikationsprotokoll SIP (Session Initiation Protocol) von Exchange Server 2007, direkt in allen Versionen ihrer Hard- und Software, doch kann nahezu jede Telefonanlage mit diesem VoIP-Standard in den Unified Messaging-Server von Exchange Server 2007 integriert werden. Für Nebenstellen ohne SIP bietet Exchange Server 2007 die Unterstützung von IP/PBX-Gateways von Drittanbietern an. Diese Gateways sitzen zwischen dem Exchange Server-Computer und der Telefonanlage und verarbeiten die Kommunikation zwischen den beiden Geräten.

- **Sprachgestützter Zugriff auf den Posteingang**   Unified Messaging in Exchange Server 2007 bietet eine Reihe an Möglichkeiten für den Zugriff auf Informationen, die über den traditionellen Client hinausgehen, z.B. E-Mail, Kalender und Voicemail. Tatsächlich können Benutzer auf die meisten Informationen von Exchange per Telefon zugreifen. Mit Outlook Voice Access können sie z.B. mit jedem verfügbaren Standardtelefon auf ihr Exchange-Postfach zugreifen. Über sprachaktivierte Menüs oder per Tastenton lassen sich Kalender abhören und bearbeiten, E-Mail-Nachrichten (die von Text in Sprache übersetzt werden) und Voicemail-Nachrichten abhören, persönliche Kontakte aufrufen oder beliebige Benutzer aus dem Unternehmensverzeichnis anrufen.

- **Wiedergabe über Telefon** Es ist sehr komfortabel, dass sämtliche Kommunikationsdaten in einen einzigen Posteingang übermittelt werden und über Outlook zur Verfügung stehen. Ein Benutzer kann eine E-Mail auf dem Bildschirm lesen oder sich über die Computerlautsprecher eine Voicemail anhören. In stark frequentierten oder sicherheitsrelevanten Umgebungen kann diese öffentliche Übermittlung von Voicemail jedoch unerwünscht sein. Aus diesem Grund bietet Unified Messaging in Exchange Server 2007 ein Feature an, das es Ihnen ermöglicht, ein Symbol in Outlook anzuklicken und Exchangen Server anzuweisen, Sie unter einer beliebigen Telefonnummer anzurufen und Ihre Nachrichten über Telefon abzuspielen.

Unified Messaging-Objekte von Exchange Server 2007

Neben dem Verständnis für einige Funktionen, die in Unified Messaging enthalten sind, benötigen Sie auch Kenntnis über die jeweiligen Voraussetzungen, damit Unified Messaging in Ihrer Umgebung funktioniert. Es gibt tatsächlich eine Reihe von Objekten, die benötigt werden, damit Unified Messaging korrekt arbeitet.

Wählpläne

Ein Wählplan ist ein Active Directory-Containerobjekt mit Sätzen oder Gruppierungen von Telefonanlagen, die den allgemeinen Teil der Durchwahlnummern von Benutzern gemeinsam haben. Benutzer können die Durchwahl eines anderen Benutzers wählen, ohne ihr eine besondere Nummer hinzufügen oder die vollständige Telefonnummer eingeben zu müssen. Ein Wählplan repräsentiert die Durchwahlnummern einer Telefonanlage und stellt sicher, dass die Durchwahl eines Benutzers seinem Exchange-Postfach eindeutig zugeordnet ist.

IP-Gateways

Die Unified Messaging-Dienste in Exchange Server 2007 sind auf VoIP- und IP-Protokolle wie SIP (Session Initiation Protocol), RTP (Realtime Transport Protocol) oder T.38 für den Faxtransport in Echtzeit angewiesen. Solange eine Telefonanlage nicht IP-aktiviert ist und direkt mit dem Exchange Server-Computer über eines dieser Protokolle kommunizieren kann, ist ein Gerät notwendig, das TDM-Signale (Time Division Multiplex) für eins der unterstützten Protokolle übersetzen kann. Ein physischer IP-Gateway ist solch ein Gerät, das die benötigte IP-Umwandlung durchführt. Ein IP-Gateway*objekt* für Unified Messaging richtet eine logische Verknüpfung zwischen dem IP/VoIP-Gateway, einem Wählplan, sowie einem einzelnen oder mehreren Sammelanschlüssen ein.

Sammelanschlüsse

Ein Sammelanschluss ist eine Gruppe von Telefonanlagenressourcen oder Durchwahlnummern, die gemeinsam von Benutzern verwendet werden. Sammelanschlüsse werden benutzt, um Anrufe effektiv innerhalb oder außerhalb einer bestehenden Geschäftseinheit zu verteilen. Eine Telefonanlage kann z.B. so konfiguriert sein, dass sie über zehn Durchwahlnummern für die Verkaufsabteilung verfügt. Diese zehn Durchwahlnummern werden als ein Sammelanschluss konfiguriert. In einer Telefonanlage werden Sammelanschlüsse verwendet, um auf effiziente Weise eine offene Leitung, eine Durchwahl oder einen offenen Kanal zu lokalisieren, wenn ein Anruf eingeht. In einem Telefonnetzwerk wird ein Sammelanschluss als Satz von Durchwahlnummern definiert, die als eine einzige logische Einheit gruppiert sind. Geht ein Anruf ein, verwendet die Telefonanlage den Sammelanschluss, der für eine verfügbare oder offene Leitung, eine Durchwahl oder einen Kanal definiert ist und zur Entgegennahme des Anrufs verwendet werden kann.

Nachfolgend finden Sie einige wichtige Begriffe zur Verwaltung von Sammelanschlüssen:

- **Pilotnummer** Da eine Telefonanlage über mehrere Sammelanschlüsse verfügen kann, benötigt das System für die Weiterleitung eines Anrufs zu einem bestimmten Ziel eine Möglichkeit, um zu erkennen, wo ein bestimmter Sammelanschluss beginnt. Hierfür gibt es für jeden Sammelanschluss so genannte Pilotnummern. Dies ist häufig die erste Telefondurchwahl, die einem Sammelanschluss zugewiesen wurde. Haben Sie z.B. einen Sammelanschluss mit den Telefonnummern 9000, 9001, 9002, 9003, 9004 und 9005, können Sie die 9000 als Pilotnummer verwenden. Geht für die Durchwahl 9000 ein Anruf ein, hält die Telefonanlage nach der nächsten verfügbaren Durchwahl des Sammelanschlusses Ausschau, um den Anruf an das richtige Telefon durchzustellen.
- **Sammelanschlüsse bei Unified Messaging** Exchange Server 2007 stützt sich in hohem Maße auf die Sammelanschlüsse in Unified Messaging, bei denen es sich um logische Darstellungen der Sammelanschlüsse der Telefonanlage handelt. Ein Sammelanschluss in Unified Messaging wird verwendet, um den Sammelanschluss der Telefonanlage zu lokalisieren, von dem ein eingehender Anruf angenommen worden ist. Eine falsche Konfiguration von Unified Messaging führt zu Anruffehlern, da der Server nicht weiß, wie er eingehende Anrufe behandeln soll. Sammelanschlüsse in Unified Messaging sind Verknüpfungen zwischen Unified Messaging-IP-Gateways und Unified Messaging-Wählplänen. Aus diesem Grund muss ein einzelner Sammelanschluss in Unified Messaging wenigstens einem Unified Messaging-IP-Gateway und einem Unified Messaging-Wählplan zugewiesen sein.

Postfachrichtlinien

Wenn Sie Benutzer für Unified Messaging aktivieren, werden Postfachrichtlinien benötigt. Sie sind hilfreich beim Zuweisen und Standardisieren von Konfigurationseinstellungen für Benutzer, die für Unified Messaging aktiviert sind. Sie können z.B. folgende Richtlinien setzen:

- **PIN-Richtlinien** Jeder Unified Messaging-aktivierte Benutzer erhält eine PIN, die es ihm ermöglicht, über Telefon auf sein Postfach zuzugreifen. Mit PIN-Richtlinien können Sie Einstellungen festzulegen, z.B. die Mindestanzahl an Ziffern in einer PIN oder die maximal zulässigen Anmeldeversuche.
- **Wahlbeschränkungen** Wahlbeschränkungen beeinflussen die Art und Weise, wie Mitarbeiter in einem Unternehmen nach draußen telefonieren dürfen.

Automatische Telefonzentralen

In Telefon- oder Unified Messaging-Umgebungen übermittelt eine automatische Telefonzentrale Anrufer an die Durchwahl eines Benutzers oder einer Abteilung, ohne einen Empfangsmitarbeiter oder eine Vermittlungsstelle einzuschalten. In vielen automatischen Telefonzentralen kann man einen Mitarbeiter oder eine Vermittlungsstelle erreichen, indem man die 0 drückt oder »null« sagt. In den meisten modernen Telefon- und Unified Messaging-Lösungen sind automatische Telefonzentralen bereits integriert.

Unified Messaging in Exchange Server 2007 ermöglicht Ihnen, eine oder mehrere automatische Unified Messaging-Telefonzentralen in Abhängigkeit von den Anforderungen Ihrer Organisation zu erstellen. Diese können verwendet werden, um für eine Organisation ein System mit einem Sprachmenü zu erstellen, das externe und interne Anrufer durch die automatische Unified Messaging-Telefonzentrale leitet, um Anrufe an Mitarbeiter oder Abteilungen des Unternehmens durchzustellen.

Automatische Telefonzentralen können für die Geschäftszeiten sowie die Zeit nach Geschäftsschluss konfiguriert werden. Für diese Zeiten möchten Sie eventuell jeweils unterschiedliche Willkommensnachrichten abspielen oder den Benutzern unterschiedliche Menüs präsentieren. Die Benutzer können dann nach Geschäftsschluss direkt zu Teilnehmern weitergeleitet werden, die noch Telefondienst haben, und müssen nicht mit der Voicemailbox des Angestellten vorlieb nehmen, der sich nur tagsüber an seinem Arbeitsplatz befindet.

Unified Messaging-Objekte erstellen und verwalten

Wir gehen an dieser Stelle davon aus, dass Sie die Unified Messaging-Serverfunktion auf einem Ihrer Exchange Server 2007-Computer installiert haben. Diese Serverfunktion wird wie die meisten anderen mit dem Installer von Exchange Server 2007 installiert.

Damit Unified Messaging funktioniert, müssen Sie mehrere Active Directory-Objekte erstellen und einen Ihrer Unified Messaging-Servercomputer mit einem Unified Messaging-Wählplan verknüpfen. Dieser Abschnitt erläutert, wie Sie die notwendigen Objekte erstellen und die benötigten Verknüpfungen ausführen. Beachten Sie, dass dieser Vorgang stark von der Telefonanlagen- oder Gateway-Hardware abhängt, die in Ihrem Unternehmen eingesetzt wird. Es wird auch empfohlen, dass Sie eng mit Ihrem Telefonanbieter zusammenarbeiten, wenn Sie Unified Messaging für Exchange Server 2007 einrichten.

Wählpläne für Unified Messaging

Ein Wählplan ist das grundlegende Objekt für die Unified Messaging-Serverfunktion von Exchange Server 2007 und stellt eine logische Verbindung zwischen einem Telefonanlagen-Wählplan und Active Directory dar.

Einen neuen Wählplan aufstellen

Führen Sie folgende Schritte durch, um einen neuen Wählplan in Ihrer Organisation aufzustellen:

1. Öffnen Sie die Exchange-Verwaltungskonsole.
2. Wählen Sie **Organisationskonfiguration** und anschließend **Unified Messaging**.
3. Klicken Sie auf die Registerkarte **UM-Wählplan**, wie Sie es Abbildung 14.1 entnehmen können.
4. Wählen Sie im Aktionsbereich **Neuer UM-Wählplan** aus.
5. Der Assistent **Neuer UM-Wählplan** hat nur eine einzige Seite und benötigt lediglich zwei Informationen: den Namen des UM-Wählplans und die Anzahl von Stellen in den Durchwahlnummern Ihrer Organisation (siehe Abbildung 14.2).
6. Klicken Sie auf **Neu**, um den neuen Wählplan zu erstellen.

Unified Messaging-Objekte erstellen und verwalten

Abbildg. 14.1 Die Registerkarte **UM-Wählplan**

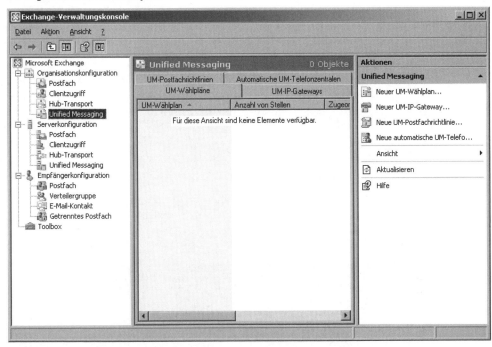

Abbildg. 14.2 Der Assistent **Neuer UM-Wählplan**

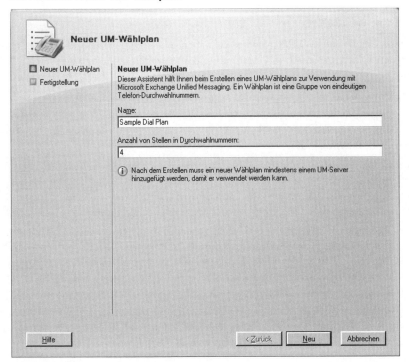

Wenn Sie einen neuen Wählplan mit der Exchange-Verwaltungskonsole aufstellen, wird zusätzlich eine Standardpostfachrichtlinie mit dem Namen »*Name des Wählplans* Standardrichtlinie« erstellt. Möchten Sie das automatische Anlegen einer Postfachrichtlinie unterdrücken, verwenden Sie zur Erstellung eines Wählplans die Exchange-Verwaltungsshell.

Verwaltungsshell

Ein Wählplan ist das Grundelement im Unified Messaging-Dienst von Exchange Server 2007, das alle weiteren Unified Messaging-Elemente zusammenführt. Wenn Sie die Exchange-Verwaltungskonsole verwenden, um einen neuen Wählplan aufzustellen, können Sie nur den Namen des Wählplans sowie die Anzahl der Ziffern in den Durchwahlnummern Ihrer Organisation festlegen. Die folgenden Befehle bilden diese eingeschränkte Funktionalität nach:

```
new-UMDialPlan -Name 'Sample Dial Plan' -NumberOfDigitsInExtension '4'
```

Der Befehl **new-UMDialPlan** in der Exchange-Verwaltungsshell gibt Ihnen die Möglichkeit, eine Anzahl weiterer Parameter festzulegen, wie die Verschlüsselung des Signalkanals, die Erstellung einer Standardpostfachrichtlinie, eine Liste mit Pilotnummern usw. Der nachstehende Befehl bewirkt z.B. Folgendes:

- erstellt einen neuen Wählplan mit dem Namen **Sample Dial Plan**.
- legt fest, dass die Durchwahlen der Organisation aus vier Ziffern bestehen.
- deaktiviert die Sicherheit für VoIP.
- deaktiviert die Erstellung einer Standardpostfachrichtlinie.

```
New-UMDialPlan -Name "Sample Dial Plan" -NumberofDigits 4 -VOIPSecurity Unsecured -GenerateUMMailboxPolicy:$false
```

Wählpläne verwalten

Nachdem Sie einen neuen Wählplan aufgestellt haben, gibt es eine Vielzahl an Möglichkeiten, wie Sie ihn nach den Erfordernissen Ihrer Organisation konfigurieren können. Sie können z.B. Folgendes einstellen:

- **Begrüßung**   Entscheiden Sie, welche Begrüßung Benutzern vorgespielt werden soll.

- **Informationsansage**   Konfigurieren Sie eine Informationsansage, die an Benutzer übermittelt wird. Sie können diese Ansage so einstellen, dass sie nicht unterbrochen werden kann und die Benutzer ihr zuhören müssen.

- **Zugeordnete Teilnehmerzugriffsnummern**   Verwenden Sie dieses Feld, um Telefonnummern oder Durchwahlnummern hinzuzufügen, sodass ein Benutzer das Unified Messaging-System über Outlook Voice Access aufrufen kann. In den meisten Fällen werden Sie eine Durchwahlnummer oder eine externe Telefonnummer eingeben, wie es in Abbildung 14.3 gezeigt wird.

- **Kurzwahlnummern**   Werden ein- oder ausgehende Anrufe zum oder vom Unified Messaging-Server getätigt, können Sie Kurzwahlen festlegen, die für diesen Zugriff verwendet werden (siehe Abbildung 14.4). Benötigt Ihre Telefonanlagenkonfiguration z.B. die 9 für eine Amtsleitung oder 011 für einen internationalen Anruf, können Sie diese Information als Teil des Wählplans festlegen.

- **Die Vermittlung an Benutzer durch Anrufer zulassen**   Standardmäßig können Benutzer, die mit dem Wählplan verbunden sind, Gespräche an andere Benutzer desselben Wählplans vermitteln. Ändern Sie die Option **Anrufer können sich wenden an**, um die Vermittlungsmöglichkeiten zu erweitern oder einzuschränken (siehe Abbildung 14.5).

Unified Messaging-Objekte erstellen und verwalten

- **Anrufern das Senden von Sprachnachrichten ermöglichen** Erlaubt Benutzern, die mit dem Wählplan verknüpft sind, standardmäßig, Sprachnachrichten an Benutzer desselben Wählplans zu senden. Ändern Sie die Option **Anrufer können sich wenden an**, um die Vermittlungsmöglichkeiten zu erweitern oder zu beschränken.

Abbildg. 14.3   Die Registerkarte **Teilnehmerzugriff** im Fenster **Eigenschaften** des Wählplans

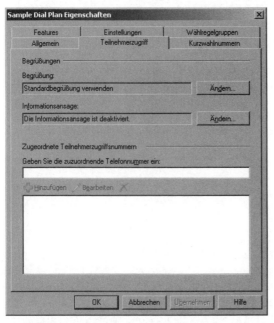

Abbildg. 14.4   Die Registerkarte **Kurzwahlnummern** im Fenster **Eigenschaften** des Wählplans

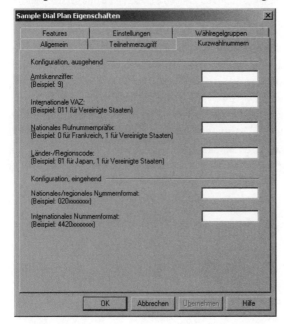

Abbildg. 14.5 Die Registerkarte **Features** im Fenster **Eigenschaften** des Wählplans

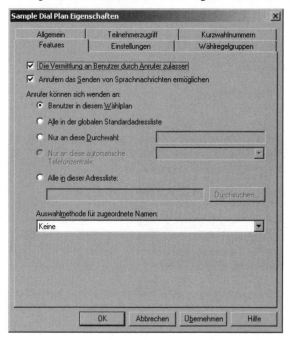

- **Anrufer können sich wenden an** Ermöglicht es, Anrufe an eine größere oder begrenzte Gruppe von Benutzern zu vermitteln. Sie können den Standard **Benutzer in diesem Wählplan** auswählen oder Sie können die erweiterte Option **Alle in der globalen Standardadressliste** aktivieren. Falls gewünscht, können Sie Vermittlungen nur zu einer bestimmten Durchwahlnummer oder zu einer bestimmten Telefonzentrale zulassen, sofern Sie eine automatische Telefonzentrale erstellt haben. Schließlich können Sie für diesen Zweck auch eine andere Adressliste verwenden.

- **Auswahlmethode für zugeordnete Namen** Haben Sie Benutzer mit ähnlichen Namen, stellt sich die Frage, wie sie im Wählplan unterschieden werden sollen. Sie können eine Unterscheidung nach Stellenbezeichnung, Abteilung, Standort oder dem Alias eines Benutzers ermöglichen.

- **Primäre Methode für Wahl nach Namen** Wenn Sie die Funktion **Wahl nach Namen** benutzen, stellt sich die Frage, was Benutzer verwenden können, um einen Namen herauszufinden. Der Standard ist der Nachname gefolgt vom Vornamen, wie Sie Abbildung 14.6 entnehmen können. Die verfügbaren Optionen sind **Nachname Vorname**, **Vorname Nachname** und **SMTP-Adresse**.

- **Sekundäre Methode für Wahl nach Namen** Bietet eine zweite Möglichkeit für Anrufer, Benutzer zu finden. Standard bei der sekundären Methode ist **SMTP-Adresse**. Sie müssen keine sekundäre Methode verwenden.

Unified Messaging-Objekte erstellen und verwalten

Abbildg. 14.6 Die Registerkarte **Einstellungen** im Fenster **Eigenschaften** des Wählplans

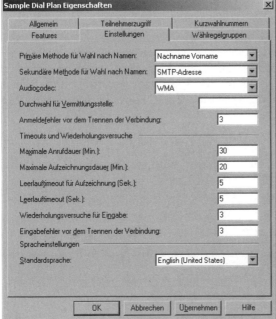

- **Audiocodec** Unified Messaging unterstützt drei Formate, in denen Nachrichten aufgezeichnet werden können: WMA (Windows Media Audio), PCM (G.711 Pulse Code Modulation Linear) und GSM (Group System Mobile 06.10 Global System for Mobile Communications). Empfohlener Standard ist WMA aufgrund seiner hohen Qualität und seines hohen Komprimierungsgrades.

- **Durchwahl für Vermittlungsstelle** Wie lautet die Durchwahl für die Vermittlungsstelle dieses Wählplans? Drückt ein Anrufer die Taste # und sagt »Vermittlung« oder überschreitet er Ihren Grenzwert für Wiederholungen, wird er an die entsprechende Durchwahl weitergeleitet. Wenn Sie dieses Feld leer lassen, werden Anrufer getrennt, sobald sie versuchen, eine Vermittlungsstelle zu erreichen.

- **Anmeldefehler vor dem Trennen der Verbindung** Legt fest, wie viele aufeinander folgende erfolglose Anmeldeversuche erlaubt sind, bevor ein Anrufer getrennt wird. Der Standard liegt bei drei Versuchen, der Wert kann von 1 bis 20 reichen.

- **Maximale Anrufdauer (Min.)** Legt fest, wie lang (in Minuten) ein eingehender Anruf mit dem System verbunden bleiben kann, ohne dass er zu einer gültigen Durchwahl durchgestellt werden kann. Der Standard liegt bei 30 Minuten, der Wert kann von 10 bis 120 Minuten reichen.

- **Maximale Aufzeichnungsdauer (Min.)** Legt die maximale Länge für Sprachaufzeichnungen in Minuten fest, wenn ein Anrufer eine Voicemail hinterlässt. Der Standard beträgt 20 Minuten, möglich sind 5 bis 100 Minuten.

Kapitel 14 Unified Messaging

- **Leerlauftimeout für Aufzeichnung (Sek.)** Legt fest, wie viele Wartesekunden beim Aufzeichnen einer Nachricht verstreichen können, bevor der Anruf beendet wird. Der Standard liegt bei fünf Sekunden, möglich sind 2 bis 16 Sekunden.

- **Leerlauftimeout (Sek.)** Legt fest, wie lange das System auf die Eingabe des Anrufers wartet, bevor ein Sprachbefehl ausgeführt wird.

- **Wiederholungsversuche für Eingabe** Legt fest, wie oft das System einen Anrufer auffordert, eine Eingabe zu tätigen, bevor der Anruf zu der Durchwahl vermittelt wird, die im Feld **Durchwahl für Vermittlungsstelle** festgelegt ist. Der Standard liegt bei drei Versuchen, das Feld bietet jedoch einen Bereich von 1 bis 16 Versuchen an.

- **Eingabefehler vor dem Trennen der Verbindung** Legt fest, wie oft ein Anrufer falsche Daten eingeben kann, bevor die Verbindung getrennt wird. Dieser Parameter greift, wenn ein Anrufer z.B. zu einer Durchwahlnummer vermittelt werden will, die es nicht gibt. Der Standardwert liegt bei drei Versuchen, kann aber auf einen Wert von 1 bis 20 eingestellt werden.

- **Standardsprache** Legt die Sprache fest, die vom Unified Messaging-Server verwendet werden soll.

- **Nationale/regionsinterne Regelgruppen** Erstellt Nummernmasken, die lokalen Standards entsprechen (siehe Abbildung 14.7).

- **Internationale Regelgruppen** Erstellt Nummernmasken, die internationale Anrufe ermöglichen.

Abbildg. 14.7 Die Registerkarte **Wählregelgruppen** im Fenster **Eigenschaften** des Wählplans

> **Verwaltungsshell**
>
> Nachdem Sie einen Wählplan erstellt haben, gibt es eine Vielzahl an Möglichkeiten, wie Sie ihn den Anforderungen Ihrer Organisation entsprechend anpassen können. Der Befehl **Set-UMDialPlan** der Exchange-Verwaltungsshell ermöglicht Ihnen die Anpassung der Konfiguration für einen bestehenden Wählplan. Nachfolgend finden Sie einige Beispielbefehle, die Sie dafür verwenden können.
>
> Der folgende Befehl konfiguriert einen Wählplan mit dem Namen *Sample Dial Plan* so, dass die 9 als Zugriffscode für den Amtsanschluss verwendet wird:
>
> ```
> Set -UMDialPlan -Identity "Sample Dial Plan" -OutsideLineAccessCode 9
> ```
>
> Der folgende Befehl konfiguriert denselben Wählplan und beschränkt dabei die Gesprächsdauer auf 15 Minuten und die maximale Aufnahmezeit auf 10 Minuten. Außerdem wird die Durchwahl für die Vermittlungsstelle auf 1234 und der Audiocodec auf WMA gesetzt.
>
> ```
> Set -UMDialPlan -Identity "Sample Dial Plan" -MaxCallDuration 15 -MaxRecordingDuration 10
> -OperatorExtension 1234 -AudioCodec WMA
> ```

Postfachrichtlinien für Unified Messaging

Sie haben in diesem Kapitel bereits gelernt, dass Sie Postfachrichtlinien konfigurieren können, die u.a. die Begrüßungsdauer begrenzen und die Mindestanzahl an Ziffern in der PIN eines Benutzers festlegen können.

Postfachrichtlinien aufstellen

Es gibt viele Möglichkeiten, Postfachrichtlinien in Exchange Server 2007 zu erstellen. Wenn Sie mit der Exchange-Verwaltungskonsole einen Wählplan erstellen, wird eine Standardpostfachrichtlinie erstellt und dem Wählplan automatisch zugeordnet. Sie können aber auch Ihre eigene Postfachrichtlinie erstellen, müssen aber im Vorfeld einen Wählplan anlegen, den Sie mit der Richtlinie verknüpfen. Führen Sie dazu folgende Schritte aus:

1. Öffnen Sie die Exchange-Verwaltungskonsole.
2. Wählen Sie **Organisationskonfiguration** und anschließend **Unified Messaging** aus.
3. Klicken Sie auf die Registerkarte **UM-Postfachrichtlinien** (siehe Abbildung 14.1).
4. Wählen Sie im Aktionsbereich **Neue UM-Postfachrichtlinie**.
5. Der Assistent für **Neue UM-Postfachrichtlinie** benötigt lediglich zwei Informationen, die auf einer einzigen Seite eingetragen werden – den Namen der UM-Postfachrichtlinie sowie den ihr zugeordneten Wählplan. Sie müssen die Postfachrichtlinie mit einem vorhandenen Wählplan verknüpfen (siehe Abbildung 14.8).
6. Klicken Sie auf **Neu**, um die neue Postfachrichtlinie zu erstellen. Sie wird angelegt und mit dem angegebenen Wählplan verknüpft.

Abbildg. 14.8 Der Assistent **Neue UM-Postfachrichtlinie**

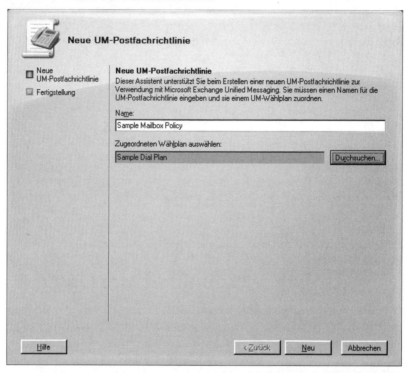

Verwaltungsshell

Mit einer Postfachrichtlinie kann ein Exchange-Administrator die Messagingumgebung schützen, indem er die Mindestlänge der PIN und die Anzahl an Eingabefehlern festlegt, nach denen eine PIN automatisch zurückgesetzt wird. Der Befehl **New-UMMailboxPolicy** der Exchange-Verwaltungsshell wird verwendet, um einen neue Postfachrichtlinie aufzustellen.

```
New-UMMailboxPolicy -Name "Sample Mailbox Policy"
-UMDialPlan "Sample Dial Plan"
```

Dieser Befehl weist keine anderen konfigurationsbezogenen Parameter auf.

Postfachrichtlinien verwalten

Nachdem Sie eine neue Postfachrichtlinie erstellt haben, können Sie weitere Konfigurationsparameter mithilfe der Exchange-Verwaltungskonsole einstellen. Sie können z.B. auf der Registerkarte **Allgemein** im Dialogfeld **Eigenschaften Postfachrichtlinie** folgende Konfigurationseinstellungen vornehmen (siehe Abb. 14.9):

- **Name** Ändern Sie falls gewünscht den Namen der Postfachrichtlinie.

- **Maximale Dauer der Begrüßung (Minuten)** Legen Sie fest, wie viele Minuten höchstens für die Begrüßung jedes Benutzers vorgesehen sind. Der Standard liegt bei fünf Minuten, der Wert kann von ein bis zehn Minuten reichen.

Unified Messaging-Objekte erstellen und verwalten

- **Benachrichtigungen über verpasste Anrufe zulassen** Aktivieren Sie dieses Kontrollkästchen für eine Richtlinie, die eine E-Mail immer dann an Benutzer sendet, wenn diese einen Anruf verpasst haben. Der Benutzer erhält zwei Nachrichten, wenn der Anrufer zusätzlich eine Voicemail hinterlassen hat.

Abbildg. 14.9   Die Registerkarte **Allgemein** des Dialogfelds <*Postfachrichtlinie*> **Eigenschaften**

Auf der Registerkarte **Nachrichtentext** im Dialogfeld <*Postfachrichtlinie*> **Eigenschaften** können Sie folgende Einstellungen vornehmen:

- **Fax-Identität** Die Kennung, die an das empfangende Faxgerät zusammen mit dem Fax gesendet wird.
- **Beim Aktivieren eines UM-Postfachs gesendeter Text** Wird das Postfach eines Benutzers für Unified Messaging aktiviert, erhält dieser Benutzer eine Begrüßungsnachricht und seine PIN für den Zugriff. Sie können in dieses Feld bis zu 512 Zeichen für den Begrüßungstext eingeben.
- **Beim Zurücksetzen einer PIN gesendeter Text** Hat ein Benutzer beim Anmeldevorgang am Unified Messaging-Servercomputer zu viele Fehlversuche, wird seine PIN automatisch zurückgesetzt. Sie können in dieses Feld eine 512 Zeichen lange Nachricht eingeben, die die Zurücksetzungsbenachrichtigung an den Benutzer begleitet.
- **In eine Sprachnachricht eingefügter Text** Sie können jeder Voicemail-Nachricht, die ein Benutzer erhält, einen Text mit bis zu 512 Zeichen hinzufügen. So können Sie z.B. eine Warnmeldung mitgeben, die besagt, dass die Weiterleitung einer Voicemail außerhalb der Organisation durch eine Unternehmensrichtlinie untersagt ist.
- **In eine Faxnachricht eingefügter Text** Sie können jeder Faxnachricht, die ein Benutzer erhält, eine Nachricht von bis zu 512 Zeichen hinzufügen.

Abbildg. 14.10 Die Registerkarte **Nachrichtentext** im Dialogfeld *<Postfachrichtlinie>* **Eigenschaften**

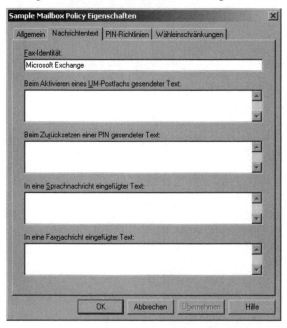

Auf der Registerkarte **PIN-Richtlinien** im Dialogfeld *<Postfachrichtlinie>* **Eigenschaften** können Sie folgende Einstellungen vornehmen (siehe Abb. 14.11):

- **Minimale PIN-Länge** Legt die Mindestanzahl an Ziffern in einer PIN fest. Die Standardeinstellung liegt bei sechs Ziffern, es können aber zwischen 4 und 24 Ziffern verwendet werden.

- **PIN-Gültigkeitsdauer (Tage)** Sie können von Benutzern verlangen, dass sie ihre PINs für Unified Messaging regelmäßig ändern – ähnlich wie bei Kennwörtern für das Netzwerk. Standardmäßig müssen Benutzer ihre PINs alle 60 Tage ändern. Legen Sie einen Wert von 0 fest, um das Ablaufen von PINs zu deaktivieren. Der Wert kann bis zu 999 Tagen reichen.

- **Anzahl der nicht zuzulassenden vorherigen PINs** Wenn Sie Benutzern gestatten, alte PINs erneut zu verwenden, können Sie die Gesamtsicherheit Ihres Messagingsystems verringern. Durch die Eingabe eines Werts in dieses Feld können Sie festlegen, wie viele alte PINs nicht mehr verwendet werden dürfen. Der Standard liegt bei fünf PINs, der Wert kann von 1 bis 20 alten PINs reichen.

- **Gängige Muster in PINs zulassen** Um einen leichteren Zugriff zu haben, setzen viele Benutzer ihre PINs auf Werte wie 123456 oder 111111 oder 222222 oder ihre Durchwahl usw. Diese Muster sind leicht herauszubekommen und können die Gesamtsicherheit Ihres Messagingsystems herabsetzen. Aktivieren Sie diese Einstellung, wenn Sie diese Vereinfachung zulassen wollen und sich der Folgen für die Sicherheit bewusst sind.

- **Anzahl fehlerhafter PIN-Einträge vor dem automatischen Zurücksetzen der PIN** Mit einem Standard von fünf Versuchen und möglichen 0 bis 999 Versuchen legt dieser Eintrag fest, wie viele Versuche ein Benutzer hat, um seine PIN korrekt einzugeben. Geben Sie einen Wert von 0 ein, wird die PIN eines Benutzers vom System nie zurückgesetzt. Sie müssen einen niedrigeren Wert als beim Parameter **Lockout** eingeben.

- **Anzahl fehlerhafter PIN-Einträge vor dem Sperren des UM-Postfachs** Im Rahmen Ihrer Sicherheitsrichtlinie kann ein Benutzer komplett vom System ausgeschlossen werden, wenn er eine bestimmte Anzahl von Fehlversuchen bei der Anmeldung hatte. In diesem Fall liegt der Standardwert bei 15 Versuchen mit möglichen Werten von 1 bis 999.

Abbildg. 14.11   Die Registerkarte **PIN-Richtlinien** im Dialogfeld *<Postfachrichtlinie>* **Eigenschaften**

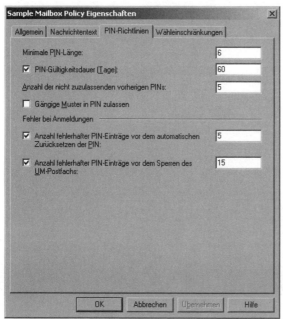

Auf der Registerkarte **Wähleinschränkungen** im Dialogfeld *<Postfachrichtlinie>* **Eigenschaften** können Sie folgende Einstellungen vornehmen:

- **Anrufe an Benutzer innerhalb desselben Wählplans zulassen** Erlaubt Unified Messaging-aktivierten Benutzern, Anrufe an andere Unified Messaging-Benutzer zu tätigen, die sich auf demselben Wählplan befinden. Diese Option ist standardmäßig aktiviert.
- **Anrufe an Durchwahlen zulassen** Gestattet Unified Messaging-aktivierten Benutzern, Anrufe direkt an eine vom Wählplan angebotene Durchwahl zu tätigen. Diese Option ist standardmäßig deaktiviert.
- **Zugelassene nationale/regionsinterne Regelgruppen aus dem Wählplan auswählen** Wählen Sie diejenigen regionalen Gruppen aus dem Wählplan aus, die unter diese Richtlinie fallen sollen.
- **Zugelassene internationale Regelgruppen aus dem Wählplan auswählen** Wählen Sie diejenigen internationalen Gruppen aus dem Wählplan aus, die unter diese Richtlinie fallen sollen.

Kapitel 14 Unified Messaging

Abbildg. 14.12   Die Registerkarte **Wähleinschränkungen** im Dialogfeld *<Postfachrichtlinie>* **Eigenschaften**

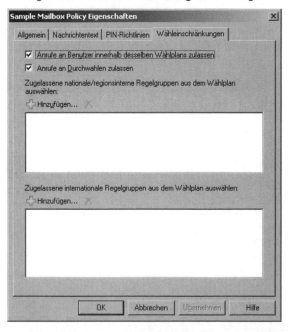

Verwaltungsshell

Beim Einrichten der Postfachrichtlinie bieten weder die Exchange-Verwaltungskonsole noch die Exchange-Verwaltungsshell Konfigurationsparameter. Aus diesem Grund müssen Sie zuerst die Richtlinie einrichten und anschließend die gewünschten Änderungen vornehmen. Nachdem Sie eine Postfachrichtlinie erstellt haben, verwenden Sie den Befehl **UMMailboxPolicy** der Exchange-Verwaltungsshell, um die Konfiguration für eine bestehende Postfachrichtlinie zu ändern. Nachfolgend finden Sie einen Beispielbefehl, den Sie dafür verwenden können:

```
Set-UMMailboxPolicy -Identity "Sample Mailbox Policy"
-AllowCommonPatterns:$true -AllowMissedCallNotifications:$true
```

Dieser Befehl konfiguriert eine Postfachrichtlinie mit dem Namen *Sample Mailbox Policy* so, dass sich wiederholende Muster in PINs zugelassen und Benachrichtigungen bei verpassten Anrufen aktiviert werden.

IP-Gateways für Unified Messaging

Ihr Unified Messaging-Server mit Exchange Server 2007 benötigt ein Gerät, mit dem er sich austauschen kann, um ordnungsgemäß zu funktionieren. Unified Messaging-Servercomputer werden mit einem IP-Gateway für Unified Messaging verwendet, um eine Verbindung zu einem IP/VoIP-Gateway oder einer SIP-aktivierten IP-Telefonanlage herzustellen. Sie sollten im Hinterkopf behalten, dass die in diesem Abschnitt beschriebenen Schritte die Erstellung und die Verwaltung der logischen Sicht eines physischen Gateways abdecken. Dieser Abschnitt behandelt nicht die Konfiguration des physischen IP/VoIP-Gateways oder der SIP-aktivierten IP-Telefonanlage.

IP-Gateways erstellen

Mit der Exchange-Verwaltungskonsole können Sie leicht IP-Gateways für Unified Messaging erstellen und benötigen dafür lediglich einige Parameter, wie einen Namen, die IP-Adresse für den physischen Gateway oder die SIP-aktivierte Telefonanlage sowie den Namen eines Wählplans, mit dem Sie den IP-Gateway verknüpfen. Führen Sie die folgenden Schritte aus, um einen IP-Gateway für Unified Messaging zu erstellen:

1. Öffnen Sie die Exchange-Verwaltungskonsole.
2. Wählen Sie **Organisationskonfiguration** und dann **Unified Messaging** aus.
3. Klicken Sie auf die Registerkarte **UM-IP-Gateways** (siehe Abbildung 14.1).
4. Wählen Sie im Aktionsbereich **Neuer UM-IP-Gateway**.
5. Der Assistent **Neuer UM-IP-Gateway** besteht aus einer einzigen Seite, die lediglich drei Informationen benötigt – den Namen des UM-IP-Gateways, die IP-Adresse oder den vollqualifizierten Domänennamen des physischen Gateways oder der SIP-aktivierten Telefonanlage und den Namen des Wählplans, mit dem der neue IP-Gateway verknüpft werden soll. Sie müssen in diesem Schritt noch nicht den IP-Gateway mit einem bestehenden Wählplan verknüpfen. Machen Sie es trotzdem, wird automatisch ein Sammelanschluss erstellt (siehe Abb. 14.13).
6. Klicken Sie auf **Neu**. Der neue IP-Gateway wird erstellt und mit dem festgelegten Wählplan verknüpft sofern er unterstützt wird.

Abbildg. 14.13   Der Assistent **Neuer UM-IP-Gateway**

Kapitel 14 Unified Messaging

Verwaltungsshell

Ein UM-IP-Gateway wird verwendet, um eine logische Verbindung zwischen einem Unified Messaging-Servercomputer und einem IP/VoIP-Gateway oder einer SIP-aktivierten IP-Telefonanlage bereitzustellen.

Der Befehl **New-UMIPGateway** der Exchange-Verwaltungsshell wird benutzt, um ein neues IP-Gateway-Objekt auf einem Unified Messaging-Servercomputer zu erstellen.

```
New-UMIPGateway -Name "Sample IP Gateway" -Address "10.1.64.13"
-UMDialPlan "Sample Dial Plan"
```

Dieser Befehl weist keine weiteren konfigurationsrelevanten Parameter auf. Wenn Sie einen Wählplan festgelegt haben, erstellt die Exchange-Verwaltungsshell zur Vervollständigung dieses Befehls einen zugewiesenen Sammelanschluss.

IP-Gateways verwalten

Es gibt sehr wenige Parameter, die mit dem IP-Gateway-Objekt verknüpft sind. Sie finden sie in Abbildung 14.14 sowie in der folgenden Liste:

- **Name** Ändern Sie falls gewünscht den angezeigten Namen des IP-Gateways.
- **IP-Adresse** Geben Sie optional die IP-Adresse des Gateways oder der SIP-aktivierten Telefonanlage ein.
- **Vollqualifizierter Domänenname (FQDN)** Geben Sie optional den vollständigen DNS-Namen für den physischen Gateway ein.
- **Ausgehende Anrufe über diesen Unified Messaging-IP-Gateway zulassen** Erlaubt dem UM-IP-Gateway, nach draußen gehende Anrufe zu akzeptieren und zu verarbeiten. Diese Option ist standardmäßig aktiviert.

Abbildg. 14.14 Die Registerkarte **Sample-IP- Gateway Eigenschaften**

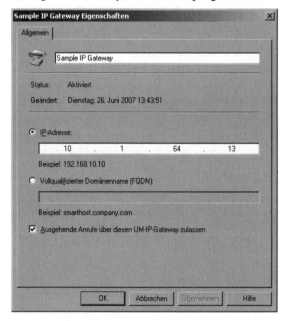

> **Verwaltungsshell**
>
> Bei vielen Befehlen der Exchange-Verwaltungsshell gibt es eine Anzahl an verfügbaren Parametern, auf die nicht über die Exchange-Verwaltungskonsole zugegriffen werden kann. Im Fall des Befehls **Set-UMIPGateway**, der bestehende IP-Gateway-Objekte verwaltet, können Sie über die GUI nur wenige Parameter nicht erreichen.
>
> Nachdem Sie ein neues IP-Gateway-Objekt erstellt haben, verwenden Sie die Exchange-Verwaltungsshell, um die Objektkonfiguration zu modifizieren. In dieses Beispiel wird ein IP-Gateway-Objekt mit dem Namen **Sample IP Gateway** so konfiguriert, dass es ausgehende Anrufe zulässt und einen nicht standardmäßigen TCP-Port für die Kommunikation verwendet:
>
> ```
> Set-UMIPGateway -Identity "Sample IP Gateway"
> -OutcallsAllowed:$true -Port:65535
> ```
>
> Eine vollständige Liste der beim Befehl **Set-UMIPGateway** zulässigen Parameter finden Sie unter http://technet.microsoft.com/en-us/library/aa996577.aspx.

Server mit Wählplänen verknüpfen

Selbst wenn Sie eine Anzahl an Unified Messaging-Objekten erstellen, um die Arbeit der Unified Messaging-Dienste zu ermöglichen, wie z.B. einen Wählplan, eine Postfachrichtlinie und einen IP-Gateway, müssen Sie die Dienste auf jedem Server aktivieren, auf dem Sie die Unified Messaging-Serverfunktion installiert haben. Führen Sie folgende Schritten durch, um Ihr Ziel zu erreichen:

1. Öffnen Sie die Exchange-Verwaltungskonsole.
2. Wählen Sie **Serverkonfiguration** und dann **Unified Messaging** aus.
3. Wählen Sie den Server aus, auf dem Sie die Unified Messaging-Serverfunktion installiert haben.
4. Klicken Sie im Aktionsbereich auf die Option **Eigenschaften**. Die Seite **Eigenschaften** für den Server öffnet sich.
5. Klicken Sie auf die Registerkarte **UM-Einstellungen**, wie Sie es in Abb. 14.15 sehen können.
6. Im Abschnitt **Zugeordnete Wählpläne** klicken Sie auf **Hinzufügen**. Das Fenster **Wählplan auswählen** wird geöffnet, wie Sie Abb. 14.16 entnehmen können.
7. Wählen Sie in diesem Fenster den Wählplan aus, den Sie mit diesem Server verknüpfen möchten, und klicken sie anschließend auf **OK**.
8. Klicken Sie auf der Registerkarte **UM-Einstellungen** auf OK.

Kapitel 14 Unified Messaging

Abbildg. 14.15 Die Registerkarte **UM-Einstellungen** in den Servereigenschaften

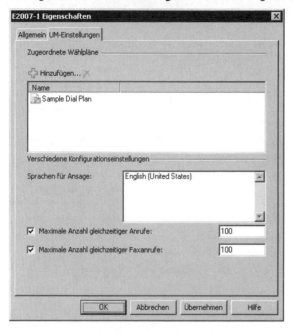

Abbildg. 14.16 Das Dialogfeld **Wählplan auswählen**

> **Verwaltungsshell**
>
> Wenn Sie die Unified Messaging-Serverfunktion auf einem Exchange Server 2007-Computer installieren, wird der Dienst standardmäßig aktiviert. Sie müssen jedoch den Unified Messaging-Server einem Ihrer Wählpläne zuordnen, bevor der Server eingehende Anrufe bearbeiten kann. Verwenden Sie den Befehl **Set-UMServer** wie im folgenden Beispiel, um dies zu erreichen. Stellen Sie sicher, dass die Parameter **identity** und **DialPlans** mit dem Namen Ihres Unified Messaging-Servercomputers und dem Namen eines Ihrer Wählpläne übereinstimmen.
>
> ```
> Set-UMServer -Identity e2007-1 -DialPlans "Sample Dial Plan"
> ```

Unified Messaging für einzelne Postfächer aktivieren

Nachdem Sie die notwendigen Unified Messaging-Objekte installiert und einen Unified Messaging-Servercomputer mit einem Wählplan verknüpft und sichergestellt haben, dass die Verbindung funktioniert, können Sie damit beginnen, Unified Messaging für einzelne Postfächer zu aktivieren. Führen Sie folgende Schritt aus:

1. Öffnen Sie die Exchange-Verwaltungskonsole.
2. Wählen Sie **Empfängerkonfiguration** und anschließend **Postfach**.
3. Wählen Sie im Aktionsbereich den Benutzer aus, für den Sie Unified Messaging aktivieren möchten.
4. Wählen Sie im Aktionsbereich die Option **Unified Messaging aktivieren** aus. Dadurch wird ein Assistent mit einer Seite gestartet (siehe Abb. 14.17), auf der Sie Nachrichtenoptionen für den Benutzer einstellen können.
5. Auf der Assistentenseite **Unified Messaging aktivieren** wählen Sie eine im Vorfeld erstellte UM-Postfachrichtlinie aus, die für den Benutzer gelten soll. Klicken Sie auf **Durchsuchen**, um die Richtlinie zu suchen.
6. Besitzt der Benutzer in Active Directory eine Telefondurchwahl, steht die Option **Automatisch generierte Postfachdurchwahl** zur Verfügung und bezieht die Durchwahl des Benutzers aus Active Directory. Aktivieren Sie ansonsten die Option **Manuell eingegebene Postfachdurchwahl** und geben Sie eine Durchwahlnummer ein.
7. Unterhalb der PIN-Einstellungen können Sie Exchange erlauben, für den Benutzer eine PIN zu generieren, indem Sie die Option **PIN für Zugriff auf Outlook Voice Access automatisch generieren** aktivieren. Möchten Sie dem Benutzer manuell eine PIN zuweisen, aktivieren Sie die Option **PIN manuell angeben** und geben eine PIN ein. Aktivieren Sie für eine stärkere Sicherheit das Kontrollkästchen **Zurücksetzen der PIN beim ersten telefonischen Anmelden durch den Benutzer anfordern**.
8. Klicken Sie auf **Aktivieren**.

Abbildg. 14.17 Die Optionen zum Aktivieren von Unified Messaging für ein Benutzerpostfach

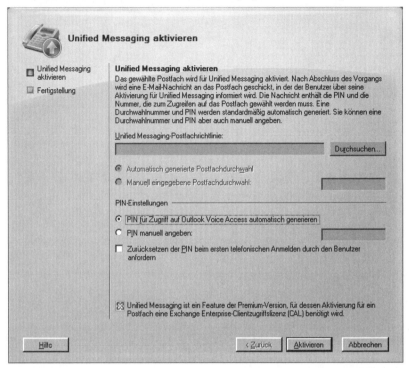

Wenn Sie für einen Benutzer Unified Messaging aktivieren, erhält er eine E-Mail, die seine neu zugewiesene PIN enthält (siehe Abb. 14.18).

Verwaltungsshell

Nachdem Sie die notwendigen Unified Messaging-Objekte erstellt und einen Unified Messaging-Servercomputer mit einem Wählplan verknüpft sowie sichergestellt haben, dass die Verbindung funktioniert, können Sie damit beginnen, Unified Messaging für einzelne Postfächer zu aktivieren.

Verwenden Sie den Befehl **Enable-UMMailbox**, um Unified Messaging für das Postfach eines Benutzers zu aktivieren. Der Parameter **PinExpired:$false** verlangt, dass ein Benutzer seine PIN bei der ersten Anmeldung nicht ändern muss. Die Richtlinienparameter **Extensions** und **UMMailbox** geben die vom Benutzer verwendete Telefondurchwahl und die für ihn geltende Postfachrichtlinie an.

```
Enable-UMMailbox -identity kim.akers@contoso.com
-PinExpired:$false -UMMailboxPolicy "Sample MMailbox Policy"
-Extensions "1002"
```

Abbildg. 14.18 Die E-Mail-Nachricht, die nach der Aktivierung von Unified Messaging gesendet wird

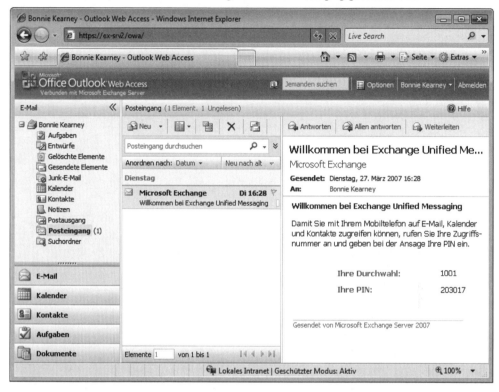

Zusammenfassung

Eine der bemerkenswertesten Verbesserungen in Exchange Server 2007, die Unified Messaging-Serverfunktion, erfordert zahlreiche Vorarbeiten und eine gute Zusammenarbeit mit Ihrem Telefonanlagenhersteller, um den besten Weg für die Bereitstellung herauszufinden. In diesem Kapitel haben Sie in Bezug auf Exchange die Grundlagen kennen gelernt – Wählplan, Postfachrichtlinie und IP-Gateway-Objekte. Sie haben außerdem gelernt, wie Sie einen Server mit einem Wählplan verknüpfen und wie Sie ein Benutzerpostfach für Unified Messaging aktivieren können.

Teil E

Wartung

In diesem Teil:

Kapitel 15	Fehlerbehebung bei Exchange Server 2007	383
Kapitel 16	Wiederherstellung im Notfall	403
Kapitel 17	Exchange Server 2007 optimieren	433

Kapitel 15

Fehlerbehebung bei Exchange Server 2007

In diesem Kapitel:

Mit den Werkzeugen zur Fehlerbehebung arbeiten	384
Weitere nützliche Hilfsprogramme	399
Hilfeinformationen	400
Zusammenfassung	401

Nichts ist wirklich vollkommen – weder Ihr Auto noch Ihr Haus, ja, nicht einmal Microsoft Exchange Server 2007. Kein Wunder, dass Autowerkstätten und Baumärkte so gute Geschäfte machen. Auch ein so stabiles System wie Exchange Server 2007 kann gelegentlich ausfallen. Fehler von Exchange Server 2007 beheben zu können, ist eine Fertigkeit, die sich entwickelt, während Sie an den Problemen in Ihrem Netzwerk arbeiten. Ein einziges Kapitel kann Sie natürlich nicht auf alle Schwierigkeiten vorbereiten, denen Sie als Administrator begegnen können, es stellt Ihnen aber einige der in Exchange Server 2007 verfügbaren Werkzeuge zur Fehlerbehebung vor und zeigt Ihnen, wo Sie weitere Informationen über spezielle Exchange-Probleme finden.

Mit den Werkzeugen zur Fehlerbehebung arbeiten

Bei der Fehlersuche in einem System, das so komplex ist wie Exchange Server 2007, ist das wertvollste Werkzeug eines Administrators seine Kenntnis des Systems. Erforderlich sind dabei Wissen über Exchange Server 2007 im Allgemeinen und über die Struktur der eigenen Organisation im Besonderen. Im Idealfall hat Ihnen dieses Buch grundlegende Kenntnisse über Exchange Server 2007 vermittelt, und wenn Sie dem Rat aus ↗ Kapitel 4, »Den Bedarf ermitteln«, gefolgt sind, haben Sie Ihr Netzwerk vollständig dokumentiert. Mit diesen Kenntnissen sind Sie gut gerüstet, um alle Probleme, die in Ihrer Organisation auftreten können, zu finden und zu beheben. Dieser Abschnitt stellt Ihnen einige der Hilfsmittel vor, die Sie bei der Fehlerbehebung einsetzen können.

Die Ereignisanzeige verwenden

In Microsoft Windows Server 2003 werden zahlreiche Ereignisse in Ereignisprotokollen aufgezeichnet. Die Protokolle der lokalen und der Remoteserver lassen sich im Dienstprogramm *Ereignisanzeige* einsehen, das Sie im Menü **Alle Programme** im Ordner **Verwaltung** finden. Windows führt drei getrennte Protokolle:

- **Anwendung** Im Anwendungsprotokoll werden alle von den Anwendungen hervorgerufenen Ereignisse aufgezeichnet, und auch alle Dienste von Exchange Server 2007 schreiben ihre Statusinformationen in dieses Protokoll. Wenn Sie für eine Exchange-Komponente das Diagnostikprotokoll aktivieren, gelangen auch diese Informationen in das Anwendungsprotokoll. Es hilft Ihnen am meisten bei der Überwachung des allgemeinen Systemzustands eines Exchange Server-Comptuers. In Abbildung 15.1 sehen Sie einen Eintrag im Anwendungsprotokoll, der einen Fehler aufgrund eines fehlenden DNS-Eintrags eines Domänencontrollers beschreibt.

- **Sicherheit** Die Einträge im Sicherheitsprotokoll beruhen auf den Überwachungseinstellungen, die Sie in den lokalen Richtlinien des Computers oder der für ihn gültigen Gruppenrichtlinie festgelegt haben.

- **System** Im Systemprotokoll werden Ereignisse aufgezeichnet, die die Komponenten des Systems betreffen, beispielsweise der Ausfall von Gerätetreibern oder des Netzwerks.

Mit den Werkzeugen zur Fehlerbehebung arbeiten

Abbildg. 15.1   Ein von Exchange Server 2007 hervorgerufenes Anwendungsereignis einsehen

HINWEIS   Je nachdem, welche Dienste Sie auf einem Server installiert haben, werden in der Ereignisanzeige möglicherweise noch weitere Ereignisprotokolle dargestellt. Wenn auf einem Server beispielsweise DNS installiert ist, gibt es auch ein Protokoll des DNS-Dienstes. Auf Domänencontrollern wird oft auch ein Protokoll des Dateireplikations- und des Verzeichnisdienstes angezeigt. Exchange Server-Computer zeigen auch ein PowerShell- und ein Windows PowerShell-Protokoll für Ereignisse an, die auf die neue Exchange-Verwaltungsshell zurückgehen.

Wenn Sie eine bestimmte Protokolldatei speichern wollen, stehen dafür drei verschiedene Formate zur Verfügung. Sie können sie entweder als binäre Ereignisprotokolldatei mit der Erweiterung EVT, als Textdatei mit der Erweiterung TXT oder als kommaseparierte Textdatei mit der Erweiterung CSV speichern. Binäre Dateien mit der Erweiterung EVT können nur in der Ereignisanzeige gelesen werden, die beiden Textdateiformate lassen sich dagegen in einem beliebigen ASCII-Editor betrachten und sogar in ein Tabellenkalkulationsprogramm oder eine Datenbank importieren.

HINWEIS   Die Ereignis-ID eines Ereignisses kann für die Fehlerbehebung hilfreich sein. Sie können diese Kennung als Schlüsselwort für die Suche in der Microsoft Knowledge Base verwenden, in der Sie oftmals gute Beschreibungen und Vorschläge zur Fehlerbehebung finden. Die Knowledge Base finden Sie auf der Microsoft-Supportseite **http://support.microsoft.com**.

In den drei Protokollen gibt es fünf verschiedene Arten von Ereignissen. Jeder dieser Ereignistypen wird durch ein bestimmtes Symbol gekennzeichnet, sodass die informativen Einträge leicht von den Fehlermeldungen zu unterscheiden sind. In Tabelle 15.1 finden Sie eine Liste dieser Symbole samt Beschreibung. Im Zusammenhang mit Exchange Server werden in der Regel nur die drei obersten Symbole aus der Tabelle verwendet. Die Klassifizierung der Ereignisse erfolgt automatisch durch die Anwendungen bzw. das System und kann vom Administrator nicht geändert werden.

Tabelle 15.1 Ereignistypen in der Ereignisanzeige

Symbol	Ereignis	Beschreibung
⊗	Fehler	Ein ernsthaftes Problem ist aufgetreten. Beispiel: Ein Exchange Server-Dienst konnte nicht ordnungsgemäß gestartet werden.
⚠	Warnung	Es ist ein Ereignis eingetreten, das derzeit noch keinen Schaden im System verursacht, aber in Zukunft Probleme bereiten könnte.
ⓘ	Information	Eine Operation wurde erfolgreich durchgeführt. Beispiel: Ein Exchange Server-Dienst wurde erfolgreich gestartet.
🔑	Überwachung erfolgreich	Ein überwachter Zugriff – beispielsweise eine Anmeldung am System – war erfolgreich.
🔒	Überwachungs-fehler	Ein überwachter Zugriff – beispielsweise ein Zugriff auf eine überwachte Datei bzw. ein überwachtes Verzeichnis – war nicht erfolgreich.

Die Diagnostikprotokollierung verwenden

Für alle Exchange Server 2007-Dienste werden bestimmte wichtige Ereignisse im Windows Server 2003-Anwendungsprotokoll aufgezeichnet. Für manche Dienste können Sie jedoch zusätzlich verschiedene Grade der Diagnostikprotokollierung einrichten. Diagnostikprotokolle gehören zu den wichtigsten Hilfsmitteln für die Problembehebung von Exchange Server 2007.

Sie können den Grad der Diagnostikprotokollierung auf dem jeweiligen Exchange Server-Computer nur mit der Exchange-Verwaltungsshell modifizieren. Es gibt keine Unterstützung für diese Änderungen in der Exchange-Verwaltungskonsole.

Den Protokollierungsgrad für einen Prozess ändern

Der erste Schritt zur Änderung des Protokollierungsgrads für einen Exchange-Prozess besteht darin, herauszufinden, ob der Protokollierungsgrad des Prozesses konfigurierbar ist, und diesen Grad festzustellen. Benutzen Sie folgendes Commandlet in der Exchange-Verwaltungsshell, um den Grad der Protokollierung aller konfigurierbaren Prozesse anzeigen zu lassen und dabei gleichzeitig herauszufinden, für welche Prozesse Sie den Protokollierungsgrad ändern können.

```
get-eventloglevel
```

Abbildung 15.2 zeigt einen Teil der Ergebnisse dieses Befehls, mit der Anzeige der modifizierbaren Prozesse und deren derzeitigem Protokollierungsgrad.

Wenn Sie bei dem Namen eines Prozesses nicht sicher sind oder nur sehen möchten, welche Prozesse modifiziert werden können, ist das Commandlet `get-eventloglevel` hilfreich. Falls Sie den Namen des Prozesses schon kennen, den Sie überprüfen wollen, können Sie diesen Namen in folgender Weise an das Commandlet anhängen:

```
get-eventloglevel <Prozessname>
```

Dieser Befehl gibt nur den benannten Prozess und dessen Protokollierungsgrad wieder, was manchmal hilfreicher und schneller ist, als die gesamte Liste durchzusehen.

Nachdem Sie herausgefunden haben, dass der Protokollierungsgrad eines Prozesses geändert werden kann, geben Sie zur Anpassung folgendes Commandlet ein:

```
set-eventloglevel <Prozess> -level <Protokollierungsgrad>
```

Mit den Werkzeugen zur Fehlerbehebung arbeiten

Abbildg. 15.2   Anzeige des Grads der Diagnostikprotokollierung für verfügbare Prozesse

Wenn Sie beispielsweise den Protokollierungsgrad des Prozesses MSEchange OWA\Core auf den Grad 5 (Maximum) setzen möchten, geben Sie folgendes Commandlet ein:

```
set-eventloglevel MSExchange OWA\Core -level 5
```

HINWEIS   Wenn Sie den Protokollierungsgrad eines Prozess auf etwas anderes einstellen als **Lowest**, können Sie die Nummer für den Parameter **-level** verwenden, um den gewünschten Grad anzugeben. Jedoch müssen Sie für die Einstellung des niedrigsten Protokollierungsgrads das Wort »Lowest« anstatt der Nummer 0 verwenden.

Protokollierungsgrade

Für jeden Prozess können Sie zwischen fünf verschiedenen Graden wählen. Allen auftretenden Ereignissen in Exchange Server 2007 ist ein Protokollierungsgrad von Lowest (0), Low (1), Medium (3), Maximum (5) oder Expert (7) zugewiesen. Der gesetzte Protokollierungsgrad entscheidet, welche Grade von Ereignissen protokolliert werden. Dabei gibt es folgende Grade:

- **Lowest**   Nur kritische Ereignisse, Fehler und andere Ereignisse mit dem Protokollierungsgrad von 0 werden aufgezeichnet. Dazu gehören Fehler in Anwendungen und im System. Dieser Grad ist der voreingestellte Grad für alle Exchange-Prozesse bis auf zwei (die auf Low eingestellt sind): MSExchange ASAccess\Validation und MSExchange ADAccess\Topology. Tabelle 15.1 zeigt die Prozesse, für die eine Diagnostikprotokollierung konfiguriert werden kann, mit ihrem voreingestellten Protokollierungsgrad.
- **Low**   Alle Ereignisse mit der Protokollierungsstufe 1 oder niedriger werden aufgezeichnet.
- **Medium**   Alle Ereignisse mit der Protokollierungsstufe 3 oder niedriger werden aufgezeichnet.

- **Maximum** Alle Ereignisse mit der Protokollierungsstufe 5 oder niedriger werden aufgezeichnet.
- **Expert** Alle Ereignisse mit der Protokollierungsstufe 7 oder niedriger werden aufgezeichnet.

Eine Liste aller Prozesse, für die der Grad der Diagnostikprotokollierung geändert werden kann, und ihrer voreingestellten Grade finden Sie in Anhang D, »Standardmäßige Grade der Diagnostikprotokollierung für Exchange-Prozesse«.

> **HINWEIS** In der Exchange-Verwaltungsshell wird ein Protokollierungsgrad von 5 als »High« bezeichnet. In den Exchange Server 2007-Hilfedateien und anderen Dokumentationen heißt dieser Protokollierungsgrad jedoch »Maximum«. Sie sollten sich dieser Unstimmigkeit bewusst sein.

Aus der Praxis: Die Größe des Anwendungsprotokolls in der Ereignisanzeige

Durch die Diagnostikprotokollierung für Exchange Server 2007-Komponenten werden zahlreiche Einträge in das Anwendungsprotokoll der Ereignisanzeige eingefügt, vor allem, wenn Sie die Protokollierung auf den Grad »Maximal« oder »Expert« eingestellt haben. Sie sollten die Diagnostikprotokollierung daher nur zur Behebung potenzieller Probleme in bestimmten Komponenten einsetzen und sie anschließend wieder deaktivieren. Die Größe der Anwendungsprotokolldatei ist standardmäßig auf 16.384 KB beschränkt, was für die meisten Situationen eine ausreichende Größe ist. Wenn Sie die Diagnostikprotokollierung durchführen, wird eine Größe von mindestens 4 MB (4096 KB) empfohlen. Standardmäßig überschreiben die Protokolldateien Ereignisse, falls dies erforderlich ist. Das Protokoll entfernt also ältere Dateien, um Platz für neue zu machen, nachdem es seine maximale Größe erreicht hat.

Die Standardeinstellungen für die Größe und das Überschreiben können Sie mithilfe der Optionen **Maximale Protokollgröße** und **Wenn die maximale Protokollgröße erreicht ist** auf der Eigenschaftenseite des Protokolls ändern. Zum Öffnen dieses Dialogfelds klicken Sie in der Ereignisanzeige mit der rechten Maustaste auf das betreffende Protokoll und wählen **Eigenschaften**. Die Optionen befinden sich auf der Registerkarte **Allgemein** im Bereich Protokollgröße. Die Option **Maximale Protokollgröße** lässt sich in Schritten von 64 KB verändern.

Für das Überschreiben der Protokolle gibt es drei Optionen. Sie lauten **Ereignisse bei Bedarf überschreiben**, **Ereignisse überschreiben, die älter als x Tage sind** und **Ereignisse nie überschreiben**. Wenn Sie die letzte Option aktivieren, müssen Sie die Protokolldatei manuell löschen. Stellen Sie sicher, dass Sie die für Ihre Zwecke geeignetste Möglichkeit ausgewählt haben. Wenn Sie beispielsweise die Option **Ereignisse bei Bedarf überschreiben** aktivieren, verlieren Sie möglicherweise wichtige Informationen, die Ihnen bei der Lösung Ihres Problems geholfen hätten.

Aus der Praxis: Diagnostikprotokolle mit hohem Grad verwenden

Diagnostikprotokolle sind zwar in vielen Fällen eine wertvolle Hilfe, in anderen können sie sich aber auch als sehr hinderlich erweisen. Wenn Sie hohe Grade (**Medium** und höher) der Diagnostikprotokollierung aktivieren, wird das Anwendungsprotokoll oft sehr schnell voll geschrieben, und wichtige Ereignisse des Niveaus 0 gehen in einer Flut von unbedeutenden Einträgen unter. Außerdem werden viele Ereignisse aufgezeichnet, die auf den ersten Blick wie Fehler aussehen, aber keine sind, beispielsweise Routinefehler und Zeitüberschreitungen, die beim normalen Betrieb von Exchange Server 2007 auftreten.

Zudem werden viele Fehler aufgezeichnet, die nirgendwo in der Literatur zu dem Produkt dokumentiert sind. Exchange-Entwickler verwenden diese undokumentierten Fehler für ihre eigenen Diagnosezwecke.

Für den allgemeinen Gebrauch wird wird eine Diagnostikprotokollierung des Grades **Lowest** empfohlen. Wenn Sie Fehlfunktionen in einem bestimmten Dienst beheben müssen, können Sie für kurze Zeit den Grad Low oder Medium wählen.

Posteingang reparieren

Nicht alle Probleme in einer Exchange-Organisation treten auf dem Server auf. Die meisten Benutzer verwalten auf ihren Clientrechnern persönliche Ordner und Offlineordner. Ein Satz persönlicher Ordner wird in einer einzelnen Datei mit der Erweiterung PST gespeichert. Der Name und die Position der PST-Datei werden auf der Eigenschaftenseite der persönlichen Ordner in Outlook angezeigt (siehe Abbildung 15.3). Mehrere Sätze persönlicher Ordner können auf einem einzelnen Clientcomputer gespeichert werden. Wie jeder andere Dateityp können auch Dateien persönlicher Ordner beschädigt werden. Zum Glück bietet Microsoft Outlook das Werkzeug *Posteingang reparieren*, mit dem sich Dateien persönlicher Ordner reparieren lassen.

Abbildg. 15.3 Persönliche Ordner werden in einer PST-Datei gespeichert

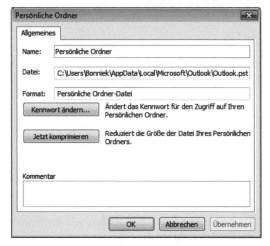

Das Dienstprogramm *Posteingang reparieren* (**Scanpst.exe**) wird während der Standardinstallation von Microsoft Outlook eingerichtet, erhält aber keine Verknüpfung im Startmenü. In Outlook 2007 finden Sie die Datei **Scanpst.exe** im Verzeichnis **\Programme\Microsoft Office\Office12**. Beachten Sie, dass dies Standardpfade sind, die Sie während der Clientinstallation auch geändert haben können. Beim Start von **Posteingang reparieren** wird ein Dialogfeld geöffnet, in das Sie den Pfad und den Dateinamen der beschädigten Datei eingeben und anschließend auf **Start** klicken (siehe Abbildung 15.4).

Das Werkzeug *Posteingang reparieren* untersucht den gesamten Inhalt der angegebenen Datei und zeigt Ihnen dann, was für Fehler es gefunden hat (siehe Abbildung 15.5). Danach haben Sie die Möglichkeit, die Datei zu sichern, bevor Sie Reparaturmaßnahmen an ihr vornehmen – eine Gelegenheit, die Sie stets nutzen sollten. Gewöhnlich verschiebt dieses Werkzeug Nachrichten, die es nicht reparieren kann, in den besonderen Ordner **LostAndFound**, aber oft verwirft es sie auch. Ohne eine

Sicherung sind diese Nachrichten endgültig verloren. Wenn *Posteingang reparieren* fertig gestellt ist, starten Sie Outlook, um auf den Ordner **LostAndFound** zuzugreifen. Legen Sie einen neuen Satz persönlicher Ordner an und verschieben Sie wiederhergestellte Elemente dorthin. Oftmals löst das Werkzeug *Posteingang reparieren* die Probleme in Outlook auf einfache Weise, sodass Sie ihm stets eine Chance geben sollten.

Abbildg. 15.4 Das Tool zum Reparieren des Posteingangs

Abbildg. 15.5 Das Tool zum Reparieren des Posteingangs nach der Untersuchung einer PST-Datei

HINWEIS Die Integritätsprüfung (**Scanost.exe** – im Verzeichnis **Programme\Microsoft Office\ Office12** von Outlook 2007) erledigt die Aufgaben, die **Scanpst.exe** für persönliche Ordner erfüllt, für Offlineordnerdateien (OST-Dateien). Sie durchsucht OST-Dateien nach Anzeichen von Fehlern und versucht Fehler zu beheben.

Das Programm RPing

Viele Verbindungen zwischen Computern in einer Exchange-Umgebung arbeiten mit Remoteprozeduraufrufen (Remote Procedure Calls, RPCs). Um es mit einfachen Worten auszudrücken: Ein RPC ruft ein Protokoll auf, mit dessen Hilfe ein Programm auf dem einen Computer ein Programm auf einem anderen Rechner ausführen kann. Exchange Server-Computer in einer Routinggruppe stützen sich zur Kommunikation untereinander auf RPCs, und Exchange-Clients stellen die Verbindung zu Exchange Server ebenfalls über RPCs her. Auch die Exchange-Verwaltungskonsole nimmt über RPCs

Mit den Werkzeugen zur Fehlerbehebung arbeiten

Kontakt mit Remoteservern auf. Verbindungsprobleme in einer Exchange-Organisation haben ihre Ursache häufig in schlechten RPC-Verbindungen.

Mithilfe des Dienstprogramms RPing können Sie die RPC-Verbindung zwischen zwei Systemen überprüfen und sicherstellen, dass die Exchange-Dienste auf Anforderungen von Clients und anderen Server ordnungsgemäß reagieren. RPing besteht aus zwei Teilen, einer Server- (**Rpings.exe**) und einer Clientkomponente (**Rpingc.exe**). Sie finden beide Komponenten im Verzeichnis der Windows Server 2003 Resource Kit-Tools. Folgen Sie den Installationsanweisungen für die Resource Kit-Tools, die auf der Seite http://www.microsoft.com/downloads/details.aspx?familyid=9d467a69-57ff-4ae7-96eeb18c4790cffd &displaylang=en verfügbar sind.

RPing-Server

Die Serverkomponente von RPing ist eine Datei namens **Rpings.exe**, die auf dem Server gestartet werden muss, bevor Sie mit der Clientkomponente arbeiten können. Geben Sie zum Start der Serverkomponente **Rpings.exe** an der Befehlszeile ein. Dieser Befehl startet die Serverkomponente mit allen verfügbaren Protokollsequenzen (siehe Abbildung 15.6). Eine *Protokollsequenz* ist eine Routine, mit deren Hilfe ein Ping für ein bestimmtes Netzwerkprotokoll wie etwa TCP/IP oder IPX/SPX zurückgegeben wird. Sie können die Serverkomponente mithilfe der folgenden Befehlszeilenoptionen auch auf bestimmte Protokollsequenzen beschränken:

- -p ipx/spx
- -p namedpipes
- -p netbios
- -p tcpip
- -p vines

Um die Serverkomponente zu beenden, geben Sie die Zeichenfolge **@q** an der Eingabeaufforderung des RPing-Servers ein.

Abbildg. 15.6   RPing auf einem Exchange Server-Computer

RPing-Client

Nachdem Sie den RPing-Server auf dem Exchange Server-Computer gestartet haben, können Sie mithilfe des RPing-Clients (siehe Abbildung 15.7) auf einem anderen Rechner die RPC-Verbindung zu diesem Server testen.

Abbildg. 15.7   RPC-Verbindungen mit **Rpingc.exe** überprüfen

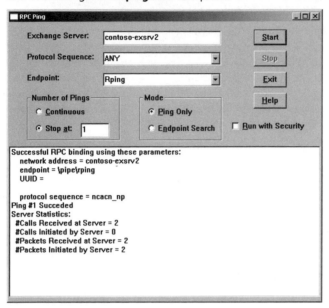

Die Eingaben, die Sie hier vornehmen müssen, sind denkbar einfach:

- **Exchange Server**   Geben Sie hier den NetBIOS-Namen oder die IP-Adresse (falls TCP/IP im Netzwerk verwendet wird) des Servers an, auf dem der RPing-Server ausgeführt wird.
- **Protocol Sequence**   Hier geben Sie den RPC-Mechanismus an, der für den Test verwendet werden soll. Folgende Optionen stehen zur Verfügung: **Any** (alle Protokollsequenzen werden getestet), **Named Pipes, IPX/SPX, NetBIOS** und **VINES**. Die hier festgelegte Protokollsequenz muss mit den Einstellungen auf dem RPC-Server übereinstimmen.
- **Endpoint**   Hier geben Sie den protokollspezifischen Port an, den der RPC-Client zur Kommunikation mit dem Server verwendet. Wählen Sie **Rping**, wenn Sie Daten über die RPC-Client/Server-Kommunikation selbst sammeln möchten, und **Store**, wenn Sie eine Kommunikationsverbindung mit dem Informationsspeicherdienst auf dem Exchange Server-Computer simulieren wollen. Wählen Sie **Admin,** um Kommunikation mit Exchange Server zu simulieren.
- **Number Of Pings**   Hier geben Sie an, ob eine bestimmte oder eine unendliche Anzahl von Pings an den Server gesendet werden soll. Diese Option steht nur dann zur Verfügung, wenn Sie den Modus **Ping Only** gewählt haben.
- **Mode**   Bestimmt den Modus. **Ping Only** bedeutet, das der Ping direkt vom RPing-Server zurückgegeben wird. **Endpoint**Search gibt den Ping vom gefundenen Endpunkt zurück.
- **Run With Security**   Überprüft authentifizierte RPCs.

Wenn der RPC-Ping vom Client mit einem bestimmten Protokoll erfolgreich war, sollten Sie das betreffende Protokoll an die erste Stelle in der Bindungsreihenfolge setzen, damit das Clientsystem keine Probleme bei der Verbindungsaufnahme mit Exchange Server hat. Falls RPing mit keinem Protokoll erfolgreich verläuft, überprüfen Sie, ob es auf dem Client eine beschädigte Datei **Rpc.dll** gibt. Zur Unterstützung von Remoteprozeduraufrufen werden auf Windows-Clients neun solcher Dateien verwendet. Alle diese Dateien sind sowohl in Windows Server 2003, als auch in Windows XP und Windows Vista enthalten. Wenn sich das Problem nicht durch den Austausch der DLL-Dateien beheben lässt, verfolgen Sie die zwischen dem Clientsystem und dem Exchange Server-Computern ausgetauschten Datenpakete. Ein Paketanalysator wie der Netzwerkmonitor von Windows kann in derartigen Situationen sehr praktisch sein.

Die Microsoft Windows Server 2003 Resource Kit Tools, die Sie unter **http://www.microsoft.com/downloads/details.aspx?familyid=9d467a69-57ff-4ae7-96ee-b18c4790cffd&displaylang=en** herunterladen können, enthalten auch ein Dienstprogramm namens RPCPing, ein einfacheres Befehlszeilenwerkzeug zum Überprüfen der RPC-Verbindungen eines Computers. Öffnen Sie eine Eingabeaufforderung, wechseln Sie zum Verzeichnis der Resource Kit Tools und geben sie **rpcping /?** ein, um eine Liste der Optionen für diesen Befehl zu erhalten.

Das Offlineprogramm Eseutil.exe

Der Informationsspeicher für öffentliche Ordner und der Postfachspeicher eines Exchange Server-Computers sind zu Beginn nur leere Datenbankdateien. Je mehr Nachrichten gesendet werden, desto größer werden diese Datenbanken. Leider werden sie aber auch nicht kleiner, wenn Sie zwischendurch Nachrichten löschen, denn die routinemäßige Speicherbereinigung des Informationsspeicherdienstes kennzeichnet die geleerten Bereiche lediglich als verfügbar. Bei der Aufnahme neuer Nachrichten in die Datenbank werden diese einfach in den verfügbaren freien Bereichen gespeichert, bevor die Datenbank weiter vergrößert wird. Diese Methode zur Nutzung der freien Bereiche kann dazu führen, dass einzelne Elemente zerteilt und an unterschiedlichen physischen Standorten innerhalb der Datenbank abgelegt werden – ein Prozess, der allgemein als *Fragmentierung* bezeichnet wird.

Während der regelmäßig durchgeführten Wartungsarbeiten defragmentiert der Informationsspeicherdienst die Datenbank und überprüft sie außerdem beim Herunterfahren und Starten des Servers auf Inkonsistenzen. Dank dieser routinemäßig durchgeführten Wartungsarbeiten ist die Dateifragmentierung für einen Exchange Server-Computer kein Problem. Das Onlinedefragmentierungsprogramm unternimmt jedoch nichts bezüglich der Datenbankgröße. Um die Datenbank zu komprimieren, müssen Sie sich eines Offlineprogramms bedienen. Exchange Server 2007 bietet ein Offlinedefragmentierungswerkzeug namens **Eseutil.exe**, mit dem Sie bei beendetem Informationsspeicher eine Datenbankdefragmentierung durchführen können.

HINWEIS Eseutil.exe darf nicht als normales Werkzeug zur regelmäßigen Wartung Ihres Exchange Server-Computers eingesetzt werden. Sie sollten es nur anwenden, wenn Sie mit dem technischen Support von Microsoft in Verbindung stehen.

Geben Sie zum Start dieses Programms **Eseutil.exe** an der Befehlszeile ein. Es befindet sich im Verzeichnis **Programme\Microsoft\Exchange Server\bin**. Mithilfe des Befehls **Eseutil.exe** können Sie acht unterschiedliche Funktionen durchführen:

- **Defragmentierung (/d)** Mit dieser Befehlszeilenoption wird die Datenbank defragmentiert, indem die benutzten Seiten in der Datenbank in zusammenhängende Blöcke einer neuen Datenbank verschoben werden. Nicht belegte Seiten werden entfernt – die einzige Möglichkeit, leere Bereiche innerhalb der Datenbank zur anderweitigen Verwendung freizugeben. In der Standardeinstellung speichert **Eseutil.exe** den Inhalt der Datenbankdatei in einer temporären Datei mit dem Namen **Tempdfrg.edb**. Nach Abschluss dieses Vorgangs wird die temporäre Datei zur neuen Datenbank und ersetzt die ursprüngliche.

- **Wiederherstellung (/r)** Diese Option führt eine Wiederherstellung durch, bei der alle Datenbanken in einen konsistenten Zustand überführt werden. Diese Funktion wird vor einer Defragmentierung automatisch ausgeführt.

- **Integritätsprüfung (/g)**   Diese Befehlszeilenoption überprüft die Integrität der Datenbank und wird im Allgemeinen von Entwicklerteams zu Debuggingzwecken verwendet. Es handelt sich dabei um einen Befehl, der keine Änderungen an der Datenbank vornimmt. Er untersucht den Datenbankindex, erstellt einen zweiten Index in einer temporären Datenbank (**Iteg.edb**) und vergleicht die beiden miteinander.
- **Dateiabbild (/m)**   Mit dieser Option werden Informationen über die Datenbank-, Protokoll- und Prüfpunktdateien einer Protokolldatei angezeigt.
- **Reparatur (/r)**   Mit dieser Befehlszeilenoption wird die Struktur der Datenbank untersucht und die Wiederherstellung unterbrochener Verknüpfungen versucht. Dieser Vorgang ist langsam und unsicher und sollte nur als letzter Ausweg versucht werden. Wenn das Reparaturprogramm einen physischen Schaden findet, der als Fehler 1018, 1019 oder 1023 angezeigt wird, entfernt es die beschädigten Seiten, sodass deren Daten verloren gehen. Nach Abschluss der Reparatur werden Sie angewiesen, alle aktuellen Transaktionsprotokolle zu löschen. Dieser Schritt ist erforderlich, weil die Seitenzahlen in der Datenbank nicht mehr mit den Zahlen übereinstimmen, die in der Transaktionsprotokollen angegeben sind. Die Befehlszeilenoption **/r** sorgt außerdem dafür, dass die Datenbanksignatur überschrieben wird.
- **Konsistenz (/c)**   Diese Option wird verwendet, um einen Speicher in einen konsistenten Zustand zu überführen. Diese Funktion wird vor einer Defragmentierung automatisch angewandt.
- **Prüfsumme (/k)**   Diese Option errechnet einen Prüfsummenwert und vergleicht ihn mit dem der Datenseite. Diese Funktion wird automatisch während des Reparaturvorgangs durchgeführt.
- **Kopie (/y)**   Erstellt eine Kopie der Prüfpunktdatei.

Best Practices Analyzer

Der Best Practices Analyzer ist ein neues Tool in Exchange Server 2007, das über die Toolbox der Exchange-Verwaltungskonsole zur Verfügung steht. Er untersucht eine Bereitstellung von Exchange Server 2007 automatisch und entscheidet, ob die Konfiguration mit den empfohlenen Vorgehensweisen von Microsoft übereinstimmt.

Führen Sie den Best Practices Analyzer nach der Installation von Exchange Server 2007 und nach Konfigurationsänderungen an einem Server aus. Da Ihnen der Best Practices Analyzer hilft, den Gesamtzustand Ihres Exchange Server-Computers und Ihrer Unternehmenstopologie festzustellen, kann er ein nützliches Fehlerbehebungstool sein.

Führen Sie folgende Schritte aus, um den Best Practices Analyzer zu starten:

1. Öffnen Sie die Exchange-Verwaltungskonsole und klicken Sie in der Konsolenstruktur auf **Toolbox**.
2. Klicken Sie im Ergebnisbereich auf **Best Practices Analyzer**.
3. Auf der Seite **Willkommen beim Exchange Best Practices Analyzer** (siehe Abbildung 15.8) klicken Sie auf **Optionen für neue Überprüfung auswählen**. Wenn Sie sich eine vorhergehende Überprüfung anschauen möchten, klicken Sie auf **Bewährte Methoden-Überprüfung zum Anzeigen auswählen**.
4. Auf der Seite **Mit Active Directory verbinden** melden Sie sich am Active Directory-Server an. Wenn Sie bereits mit einen Konto auf dem Server angemeldet sind, das Zugriff auf Active Directory hat, fahren Sie fort und klicken auf **Mit dem Active Directory-Server verbinden**. Sind Sie dagegen mit einem Konto angemeldet, das nicht über diese Privilegien verfügt, klicken Sie auf **Erweiterte Anmeldeoptionen anzeigen** und geben die Anmeldeinformationen eines Kontos mit Zugriffsberechtigung für Active Directory an. Danach klicken Sie auf **Mit dem Active Directory-Server verbinden**.

Abbildg. 15.8 Verwendung des Best Practices Analyzer

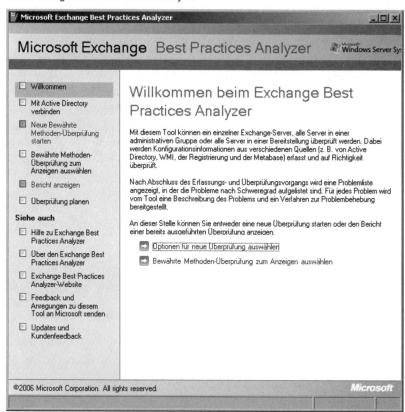

5. Auf der Seite **Neue Bewährte Methoden-Überprüfung starten** (siehe Abbildung 15.9) richten Sie die Überprüfung ein. Geben Sie eine Bezeichnung ein, die ausreichend beschreibt, wofür die Überprüfung erstellt wurde, falls das Sie diese später noch einmal durchsehen möchten – normalerweise sind das Datum und die Art der Überprüfung ausreichend. Bestimmen Sie den Bereich der Überprüfung. Sie können den Bereich auf einen einzelnen Server beschränken oder eine gesamte Organisation überprüfen. Als Nächstes wählen Sie den Überprüfungstyp aus folgenden Möglichkeiten aus:

- **Systemdiagnose** Eine Systemdiagnose führt eine komplette Überprüfung aus. Sie sucht nach Fehlern, Warnungen, nicht standardmäßigen Konfigurationen, jüngsten Änderungen und anderen Konfigurationsinformationen. Führen Sie eine Systemdiagnose aus, wenn Sie den Zustand Ihrer Exchange Server-Organisation überprüfen oder ein bestimmtes Problem lösen wollen.

- **Berechtigungsprüfung** Diese Überprüfung untersucht Berechtigungen auf jedem Exchange Server-Computer im Überwachungsbereich. Führen Sie diese Überprüfung aus, wenn Sie Probleme mit Zugriffsberechtigungen haben.

- **Konnektivitätsprüfung** Diese Überprüfung untersucht Netzwerkverbindungen auf jedem Exchange Server-Computer im Überwachungsbereich. Führen Sie diese Überprüfung durch, wenn Sie ein Konnektivitätsproblem vermuten oder Firewalls in Ihrem Netzwerk haben.

Kapitel 15 Fehlerbehebung bei Exchange Server 2007

- **Basislinie** Die Basislinienüberprüfung vergleicht Konfigurationen von Serven mit Parametern, die sie vorgeben. Der Bericht zeigt als Abweichungen von der Basislinie alle Eigenschaften auf den ausgewählten Servern, die Unterschiede zu den von Ihnen gewählten Eigenschaften aufweisen.

- **Exchange 2007-Bereitschaftsprüfung** Diese Überprüfung untersucht die Bereitschaft eines Servercomputers für die Ausführung von Exchange Server 2007. Sie wird automatisch während des Setups von Exchange Server 2007 ausgeführt. Weitere Informationen darüber, was dabei untersucht wird, finden Sie in Kapitel 6, »Exchange Server 2007 installieren«.

Abschließend geben Sie die Geschwindigkeit des Netzwerks an. Sie können **Schnelles LAN, LAN, Schnelles WAN** oder **WAN** wählen. Nachdem Sie die Untersuchungsoptionen festgelegt haben, klicken Sie auf **Überprüfung starten** (oder **Basislinienoptionen,** wenn Sie eine Basislinienüberprüfung ausgewählt haben).

6. Bis auf die Basislinienüberprüfung starten alle Überprüfungen sofort, und Sie können nach deren Abschluss die Ergebnisse anschauen oder speichern. Wenn Sie eine Basislinienüberprüfung ausführen, müssen Sie zunächst die Parameter festlegen, mit denen andere Server verglichen werden.

Abbildg. 15.9 Einstellung von Optionen für eine Überprüfung

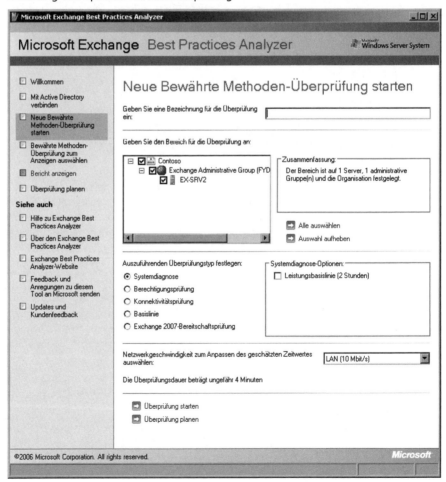

Nachrichtenübermittlungs-Problembehandlung

Der Assistent für die Exchange-Nachrichtenübermittlungs-Problembehandlung (siehe Abbildung 15.10) hilft Ihnen, allgemeine Nachrichtenübermittlungsprobleme aufzuspüren. Dies können Nachrichten sein, die nicht gesendet oder empfangen wurden, oder lange Verzögerungen bei der Auslieferung auftraten. Der Assistent sammelt Daten von Exchange Server-Computern und hält Hinweise zur Lösung der Probleme bereit.

Wenn Sie die Exchange-Nachrichtenübermittlungs-Problembehandlung ausführen, können Sie aus 6 verbreiteten Symptomen auswählen, die Sie oder Ihre Benutzer festgestellt haben.

- **Die Benutzer empfangen unerwartete Unzustellbarkeitsberichte beim Senden von Nachrichten**
  Wählen Sie dieses Symptom aus, wenn Nachrichten in eine Schleife geraten oder wenn die Benutzer Unzustellbarkeitsberichte (NonDelivery Reports, NDRs) erhalten, sobald sie Nachrichten an bestimmte Empfänger senden möchten. Normalerweise treten Unzustellbarkeitsberichte auf, wenn Übermittlungen an Empfänger außerhalb der Exchange-Organisation fehlschlagen. Zwar können sie auch von fehlgeschlagenen Auslieferungen zwischen Benutzern innerhalb der gleichen Organisation herrühren, doch dies ist selten. Wenn möglich analysiert die Exchange-Nachrichtenübermittlungs-Problembehandlung das Problem und stellt Empfehlungen zur Lösung bereit. Seien Sie sich jedoch bewusst, das die meisten Unzustellbarkeitsberichte von außerhalb einer Organisation kommen. Somit können die Probleme auch dort begründet sein und daher nicht Ihrer Kontrolle unterliegen. Anhang B, »Benachrichtigungscodes für den Übermittlungsstatus«, bietet weitere Hilfestellung für die Interpretation von Unzustellbarkeitsberichten.

Abbildg. 15.10   Verwendung der Exchange-Nachrichtenübermittlungs-Problembehandlung

- **Die erwarteten Nachrichten von Absendern treffen verzögert ein oder werden von einigen Empfängern nicht empfangen** Wählen Sie dieses Symptom aus, wenn Nachrichten von Absendern außerhalb der Exchange-Organisation nicht empfangen werden können oder Verzögerungen aufweisen.

- **Die an Empfänger adressierten Nachrichten treffen verzögert ein oder werden von einigen Empfängern nicht empfangen** Wählen Sie dieses Symptom aus, wenn Nachrichten, die an Empfänger außerhalb der Organisation adressiert sind, nicht ordnungsgemäß ausgeliefert werden, oder wenn Nachrichten auf einem Nicht-Exchange-Gateway-Server an Ihrer Netzwerkgrenze blockiert werden.

- **In mindestens einer Warteschlange auf einem Server stauen sich Nachrichten** Wahlen Sie dieses Symptom aus, wenn Nachrichten in Exchange Server-Warteschlangen verbleiben, vor allem in der Remotezustellungswarteschlange, der Warteschlange mit ausstehender Verzeichnissuche und der lokalen Zustellwarteschlange.

- **Für die gesendeten Nachrichten mindestens eines Benutzers steht die Übermittlung auf dem/den betreffenden Postfachserver(n) aus (nur für Exchange Server 2007)** Wählen Sie dieses Symptom aus, wenn Nachrichten auf dem Postfachserver der Benutzer verbleiben und nicht zu anderen Servern übertragen werden.

- **Probleme bei der Edge-Server-Synchronisierung mit Active Directory (nur Exchange 2007)** Wählen Sie dieses Symptom aus, wenn Auslieferungsprobleme bei Nachrichten auftreten, weil ein Edge-Server nicht ordnungsgemäß mit Active Directory synchronisiert ist.

> **HINWEIS** Einige der Symptome in der Exchange-Nachrichtenübermittlungs-Problembehandlung können sich überschneiden oder gleiche Ursachen haben. Wenn sich beispielsweise Nachrichten in einer oder mehreren Warteschlangen stauen, kann das sowohl innerhalb als auch außerhalb der Organisation zu Verzögerungen oder nicht ausgelieferten Nachrichten führen. Es mag daher nötig sein, den Assistenten mehrfach mit verschiedenen Einstellungen der Symptome auszuführen, um ein Problem zu lösen.

Leistungsproblembehandlung

Die Exchange-Leistungsproblembehandlung (siehe Abbildung 15.11) ist ein anderes Tool, dass Sie ebenfalls in der Toolbox der Exchange-Verwaltungskonsole finden. Es ist nützlich, um Leistungsprobleme bei der RPC-Konnektivität zu diagnostizieren. Die Exchange-Leistungsproblembehandlung sammelt Daten aus verschiedenen Ressourcen, analysiert sie und bietet Ratschläge zur Lösung der gefundenen Probleme.

Bei der Ausführung der Exchange-Leistungsproblembehandlung können Sie aus drei verbreiteten Symptomen für die Diagnose auswählen.

- **Verzögerungen bei der Verwendung von Outlook für mehrere Benutzer./ Schließbares Outlook-RPC-Dialogfeld wird häufig angezeigt** Diese Option hilft bei der Diagnose von Problemen, wenn bei Benutzern Verzögerungen in Outlook auftreten. Das schließt Verzögerungen ein, die beim Anmelden an einen Server auftreten, beim Wiederherstellen von Nachrichten oder beim Wechseln zwischen Ordnern. Einige Versionen von Outlook zeigen auch eine Datenanforderungsmeldung, wenn ein Server nicht schnell genug antwortet. Diese Probleme treten typischerweise auf, wenn eine hohe Serverbelastung vorliegt oder es ein Leistungsproblem auf dem Server gibt.

Abbildg. 15.11 Ausführen der Exchange-Leistungsproblembehandlung

- **Die Anzahl der RPC-Vorgänge pro Sekunde ist höher als erwartet** Diese Option hilft bei der Diagnose von Problemen, wenn ein Server langsamer ist als eigentlich erwartet. Die Exchange-Leistungsproblembehandlung hilft das Problem auf dem Server zu diagnostizieren. Als Teil der Überprüfung untersucht der Exchange Server-Benutzermonitor (Exmon) auch die RPCs von Outlook und anderen MAPI-Clients. Entdeckt er eine unnormal hohe Benutzerlast, isoliert er die Quelle des Problems (zum Beispiel einen einzelnen Benutzer, der die Serverprobleme verursacht).
- **Die Anzahl der ausstehenden RPC-Anforderungen ist hoch** Diese Option hilft Probleme zu diagnostizieren, die auftreten, wenn zu viele RPC-Anfragen in Warteschlangen verschoben werden und es den Anschein hat, dass der Server nur langsam darauf antwortet. Diese Schwierigkeiten werden häufig durch Leistungsprobleme auf dem Server verursacht.

Weitere nützliche Hilfsprogramme

Sie können auch viele andere Tools für die Fehlerdiagnose von Exchange Server 2007 verwenden. Tabelle 15.2 führt einige davon auf, beschreibt ihre Verwendung und sagt Ihnen, wo Sie sie finden können.

Tabelle 15.2 Dienstprogramme zur Fehlersuche und -behebung in Exchange Server 2007

Dateiname	Verwendungszweck	Speicherort
Dnsdiag.exe	Überprüft die DNS-Verbindungen eines Computers	Dieses Programm ist als eines der Windows-Supporttools auf der CD von Windows Server 2003 erhältlich.
Filever.ex	Zeigt unterschiedliche Versionen von EXE- und DLL-Dateien an.	An der Befehlszeile von Windows Server 2003 verfügbar.
Isinteg.exe	Überprüft die Integrität der Informationsspeicher.	*Exchange Server\Bin* in Ihrer Exchange-Installation.

Hilfeinformationen

Als Administrator werden Sie wahrscheinlich gelegentlich auf Probleme stoßen, die Sie nicht alleine beheben können. Wenn Sie wissen, an wen Sie sich in einem solchen Fall wenden können, ersparen Sie sich viel Mühe. Über Exchange Server 2007 stehen eine Reihe von Informationsquellen zur Verfügung.

Produktdokumentation

Die Produktdokumentation für Exchange Server 2007 ist ziemlich gut. (Viele Administratoren sehen sie sich leider nicht an – hauptsächlich deshalb, weil sie eine ebenso schlechte Dokumentation wie für andere Produkte erwarten.) Die Dokumentation steht im Hilfemenü der Exchange-Verwaltungskonsole zur Verfügung.

Microsoft TechNet

TechNet ist eine Onlinequelle von Microsoft, die eine Fülle von technischen Ressourcen für IT-Experten bereithält, z.B. Artikel, White Papers, Webcasts, Newsletter und Zugriff auf die Microsoft Knowledge Base. Wenn Sie sich nicht schon mit TechNet auskennen, sollten Sie es gleich ausprobieren. Sie finden TechNet unter **http://technet.microsoft.com/en-us/default.aspx**. Außerdem ist TechNet im Exchange Server TechCenter unter **http://www.microsoft.com/technet/prodtechnol/exchange/default.mspx** zu finden, wo Sie alle möglichen Informationen über Exchange Server 2007 erhalten.

TechNet ist auch als DVD-Abonnement verfügbar, in dem Sie regelmäßig mit aktuellen Informationen über die Bewertung, den Einsatz und den Support aller Microsoft-Produkte beliefert werden. Es besteht aus Hunderttausenden Seiten von Informationen, einschließlich des vollständigen Textes aller Microsoft Resource Kits und der vollständigen Microsoft Knowledge Base. Abonnenten erhalten jeden Monat außerdem weitere DVDs und CD-ROMs mit nützlichen Inhalten, beispielsweise sämtlichen veröffentlichten Service Packs für alle Microsoft-Produkte, Client- und Serverhilfsprogrammen sowie Microsoft Seminar Online.

Weitere Informationen erhalten Sie bei Ihrer lokalen Microsoft-Niederlassung oder auf der Website des Microsoft-Supports unter **http://support.microsoft.com**.

Internet-Newsgroups

Über Newsgroups, die Microsoft auch Benutzergemeinden nennt, können Sie mit anderen Administratoren kommunizieren und deren Ansichten und Vorschläge zu bestimmten Problemen lesen. Im Internet stehen zahlreiche Newsgroups zur Verfügung. Microsoft unterhält einen öffentlichen Usenet-Server mit Hunderten von Newsgroups zu allen möglichen Microsoft-Produkten. Wenn Sie einen neuen Newsreader-Client aufsetzen, ist die Adresse des zu verwendenden Servers **msnews.microsoft.com**. Sie können diese Benutzergemeinden auch im Internet auf der Seite **http://www.microsoft.com/communities/newsgroups/default.mspx** anschauen, wo Sie auch Blogs von Microsoft-Mitarbeitern und zertifizierten Experten (Most Valuable Professionals, MVPs) finden.

Die folgende Liste enthält einige der auf diesem Server zur Verfügung stehenden Exchange-spezifischen Newsgroups:

- Exchange Server-Administration – **microsoft.public.exchange.admin**
- Exchange Server-Clients – **microsoft.public.exchange.clients**
- Exchange Server-Clustering – **microsoft.public.exchange.clustering**
- Exchange Server-Entwurf – **microsoft.public.exchange.design**
- Exchange Server-Bereitstellung – **microsoft.public.exchange.development**
- Exchange Server – Weitere Gesichtspunkte – **microsoft.public.exchange.misc**
- Exchange Server-Setup – **microsoft.public.exchange.setup**
- Exchange Server-Tools – **microsoft.public.exchange.tools**

Hunderte von Menschen, einschließlich der Mitarbeiter von Microsoft und Exchange-MVPs, greifen täglich auf diese Newsgroups zu. Sie werden außerdem von vielen Usenet-Servern repliziert und können deshalb unter Umständen auch über den Newsserver Ihres eigenen Internetdienstanbieters abgerufen werden.

Zusammenfassung

In diesem Kapitel haben wir einige der Werkzeuge vorgestellt, mit denen Sie Exchange Server 2007-Probleme beheben können, darunter das Tool *Posteingang reparieren*, die OST-Integritätsprüfung, der Exchange Best Practices Analyzer, das Dienstprogramm RPCPing und die Exchange-Leistungsproblembehandlung. Darüber hinaus haben wir hier einige andere Informationsquellen angegeben, z.B. TechNet und die Newsgroup-Benutzergemeinden. Das nächste Kapitel führt die Diskussion der Wartung von Exchange Server2007 mit dem Schwerpunkt der Notfallwiederherstellung weiter.

Kapitel 16

Wiederherstellung im Notfall

In diesem Kapitel:

Sicherungs- und Wiederherstellungstechnologien	404
Sicherungs- und Wiederherstellungsstrategien	414
Empfohlene Vorgehensweisen	431
Zusammenfassung	432

Sicherung und Wiederherstellung von Exchange Server 2007-Datenbanken sind äußerst wichtige Aspekte der Exchange-Planung und -Konfiguration. Leider übersehen viele Organisationen, welche Bedeutung diesem Gebiet zukommt. Selbst wenn sie regelmäßig Sicherungskopien anlegen, kommt es vor, dass diese nicht ausreichend getestet werden.

Dieses Kapitel dreht sich um das Sichern und Wiederherstellen Ihrer Exchange Server 2007-Datenbanken. Im ersten Teil werden die Exchange-Datenbankarchitektur sowie die verschiedenen Arten der Sicherung und Wiederherstellung ausführlich behandelt. Der zweite Teil erörtert Methoden für die Implementierung üblicher Sicherungs- und Wiederherstellungsverfahren. Außerdem machen Sie sich mit den Werkzeugen vertraut, die oftmals als Hilfe bei der Implementierung und bei der Behebung von Problemen erforderlich sind.

Sicherungs- und Wiederherstellungstechnologien

In diesem Abschnitt werden die Exchange-Datenbankarchitektur sowie die verschiedenen Arten der Sicherung und Wiederherstellung vorgestellt, die diese Architektur ermöglicht. Dabei kommen einige Merkmale von Exchange Server 2007 zur Sprache, beispielsweise die fortlaufende lokale Replikation (Local Continuous Replication, LCR) und die fortlaufende Clusterreplikation (Clustered Continuous Replication, CCR). Dabei handelt es sich um Protokollversandfunktionen, die implementiert werden, indem auf einem separaten Speicher (bei LCR auf demselben Server, bei CCR dagegen auf einem anderen Clusterknoten) ein Seeding eines Replikats der Datenbank durchgeführt wird und die geschlossenen Transaktionsprotokolle aus der Produktionskopie in das Replikat zurückgespielt werden, um es auf dem aktuellen Stand zu halten.

Die Exchange-Datenbank

Die Hauptkomponente der Exchange-Postfachserverfunktion ist der Exchange-Informationsspeicher. Kenntnisse über ihn und die zugrunde liegende ESE-Datenbank (Extensible Storage Engine) bilden eine wichtige Voraussetzung, um zu verstehen, wie Sicherungen und Wiederherstellungen in Exchange Server 2007 funktionieren.

HINWEIS Die ESE-Datenbank wurde bisher als Jet Blue bezeichnet (ist also eine andere Version als die von Microsoft Office verwendete Datenbank Jet Red).

Grundlegende Architektur

Die von Exchange Server 2007 eingesetzte ESE-Datenbank ist dieselbe Version der B+-Baum-Datenbank, wie sie Exchange Server 2003 SP1 und Active Directory benutzen. Exchange Server 2007 implementiert sie mit einer Reihe von aktualisierten Attributen:

- Die Größe der Protokolldatei sinkt von 5 auf 1 MB.
- Die Seitengröße der Datenbank steigt von 4 auf 8 KB.

Diese Attribute sind erforderlich, um die integrierten Protokollversandfunktionen und ein flacheres E/A-Profil zu unterstützen. Die Protokollversandfähigkeiten (LCR und CCR) benötigen die kleineren Protokolldateien, um die möglichen Datenverluste auf kleinere Blöcke zu begrenzen. Das flachere

E/A-Profil wird durch eine Reihe von Exchange Server 2007-Funktionen erreicht und ermöglicht eine größere Anzahl von Benutzern pro Server als die früheren Versionen. Die Attribute sind wichtig für Konfiguration und Leistung und um Verständnis dafür zu entwickeln, was beim Sichern und Wiederherstellen vor sich geht.

Transaktionen

Die Datenbanktransaktionen sind ACID-Operationen, d.h., sie sorgen dadurch für Integrität, dass sie atomar (A), konsistent (C), isoliert (I) und dauerhaft (D) sind.

- **Atomar** besagt, dass die Änderung eines Transaktionszustands ganz oder gar nicht stattfindet, was bedeutet, dass die gesamte Transaktion abgeschlossen sein muss, bevor irgendein Teil von ihr als abgeschlossen gelten kann. Atomare Zustandsänderungen umfassen die Neuordnung von Datenbankseiten, Ergänzungen der Postfachordneransicht und die Übertragung von E-Mails. Ohne den atomaren Charakter können vollständige Transaktionen nicht garantiert werden.

- **Konsistent** besagt, dass eine Transaktion eine korrekte Transformation des aktuellen Zustands der Datenbank darstellt. Die Aktionen verletzen als Gruppe keine der Integritätseinschränkungen, die mit dem aktuellen Zustand der Datenbank verknüpft sind. Ohne die Eigenschaft der Konsistenz wäre es möglich, dass während des normalen Betriebs beschädigte E-Mails in die Datenbank gelangen.

- **Isoliert** besagt, dass es für jede Transaktion so scheint, als ob andere entweder vor oder nach ihr ausgeführt würden, aber nicht beides, obwohl die Transaktionen in Wirklichkeit gleichzeitig stattfinden. Ohne diese Eigenschaft könnte ein Objekt als gelesen markiert werden, bevor es dem Postfach zugestellt wird.

- **Dauerhaft** besagt, dass die Änderungen durch eine Transaktion Ausfälle überstehen, sobald sie erfolgreich abgeschlossen ist (also per Commit in die Datenbank übernommen wurde). Dies bedeutet außerdem, dass die gesamte Transaktion zurückgenommen wird, wenn sie nicht in ihrer Gesamtheit abgeschlossen wurde (wenn also kein Commit für sie vorliegt). Ohne Dauerhaftigkeit wäre die Datenbank nach Strom- oder Serverausfall oder anderen inkonsistenten Zuständen nicht bis zur letzten E-Mail wiederherstellbar, die einem Postfach zugestellt wurde.

Die genannten Eigenschaften sind für Sicherungs- und Wiederherstellungsoperationen unverzichtbar. Ohne sie genießt der Exchange-Administrator nicht das Gefühl von Sicherheit, das durch die Seltenheit der Beschädigung von ESE-Datenbanken entsteht. Die Eigenschaften tragen dazu bei, die Einhaltung der folgenden Regeln zu gewährleisten:

- Exchange nimmt alle Änderungen (oder E-Mails) zurück, die nicht vollständig in der Datenbank angekommen sind.

- Exchange schenkt Seiten, die nicht in Ordnung sind, keine Beachtung, um Beschädigungen zu verhindern.

- Exchange akzeptiert keine Operationen, durch die die Datenbank nicht ohne Weiteres konsistent wird.

- Exchange lässt nur die Übernahme jeweils einer Transaktion in die Datenbank zu, obwohl mehrere gleichzeitige Transaktionen erlaubt sind, um die Leistung zu erhöhen.

- Exchange garantiert, dass eine Transaktion innerhalb der Datenbankdatei vollständig wiederherstellbar ist, sobald der Commitvorgang stattgefunden hat.

An diese Garantien müssen Sie unbedingt denken, wenn Sie ein Verfahren zum Sichern und Wiederherstellen beurteilen.

Protokollierung

An welcher Stelle kommen nun all diese Protokolldateien ins Spiel? Das Grundprinzip hinter der ESE-Datenbank lautet, dass das Ablegen im Arbeitsspeicher kostengünstiger ist als das Speichern auf der Festplatte. Das ist seit den Anfängen von Exchange Server der Fall und wurde mit der Umstellung auf eine 64-Bit-Architektur in Exchange Server 2007 sogar noch verstärkt. Wenn Daten zuerst in den Arbeitsspeicher geschrieben und später auf die Festplatte übertragen werden, besteht das Problem darin, dass die im Arbeitsspeicher abgelegten Informationen zustandslos sind. Für Exchange bedeutet dies, dass der Commit und die Wiederherstellbarkeit der E-Mail nicht garantiert sind, solange sie sich im Arbeitsspeicher befindet. Um sicherzustellen, dass die Zustandslosigkeit kein Problem darstellt, wurden die Protokolldateien eingeführt, die dafür sorgen, dass alle Transaktionen aufgezeichnet werden, während sie in den Arbeitsspeicher geschrieben werden. Diese Vorgehensweise wird als *Zweiphasencommit* bezeichnet (siehe Abbildung 16.1).

- Phase 0: Schneller Commit der Transaktion des Benutzers

    Sequenzielles Schreiben der Änderungen an der Seite (Ändern, Löschen, Einfügen)
- Phase 1: Atomare Aktualisierung der Datenbank

Abbildg. 16.1 Zweiphasencommit

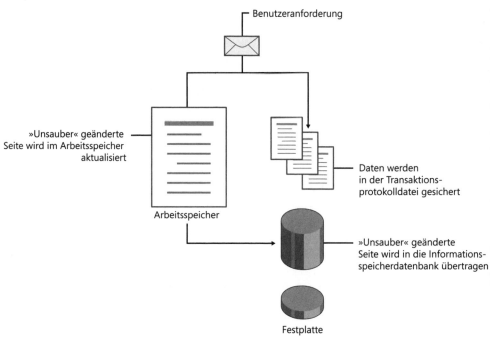

Um sich den Vorgang klarzumachen, nehmen Sie an, dass Benutzer 1 eine Nachricht von 2.500 KB (2,4 MB) an Benutzer 2 sendet, einen anderen Benutzer im selben Nachrichtenspeicher:

- Benutzer 1 sendet eine 2.500-KB-Nachricht.
- Im Arbeitsspeicher werden 312,5 8-KB-Seiten belegt.
- 2,44 Protokolldateien werden auf die Festplatte geschrieben.
- Die Nachricht von Benutzer 1 wird in dessen Outlook-Client als GESENDET registriert.

- Benutzer 2 empfängt eine Nachricht mit einem Zeiger auf den Datensatz im Arbeitsspeicher für die 312,5 Seiten, die die Nachricht enthalten.

Zu diesem Zeitpunkt ist die Nachricht gesendet; sie steht im Arbeitsspeicher und wurde sequenziell in eine Protokolldatei geschrieben. Mit der Aufnahme in die Protokolldateien befindet sie sich in einem halb wiederherstellbaren Zustand, weil der letzte Teil (die 0,44 MB) in einer offenen Protokolldatei steht. Außerdem ist sie nicht so gespeichert oder indiziert, dass sie später leicht auffindbar ist. Dazu muss sie in die Datenbank geschrieben werden. Die ESE-Datenbank verfügt über mehrere Methoden, Daten aus dem Arbeitsspeicher in die Datenbank zu übertragen:

- **Anomale Schreibvorgänge**   Dies ist die häufigste Vorgehensweise von ESE. In diesem Szenario wurde eine Seite in den Arbeitsspeicher geschrieben, aber in letzter Zeit nicht angefordert. Eine solche Seite wird häufig als unsauber bezeichnet.
- **Schreibvorgänge bei Leerlauf**   Schreibvorgänge dieser Art führt ESE am seltensten durch. In dieser Situation passiert auf dem Server nichts anderes und es gibt viele zusätzliche Zyklen, um Daten vom Arbeitsspeicher auf die Festplatte zu verlagern.
- **Rechtzeitige Schreibvorgänge**   Sie sind in Exchange Server 2007 häufiger als in früheren Versionen. Hierbei werden Seiten geschrieben, die zwar möglicherweise nicht zum Schreiben bereit, aber für Datenbankseiten bestimmt sind, die einem schreibbereiten Vorgang benachbart sind. Dabei kann es sich um mehrere E-Mails für einen einzigen B+-Baum, zwei Anhänge für eine Anhangstabelle o.Ä. handeln.
- **Normale Schreibvorgänge**   Merkwürdigerweise sind sie nicht normal. Sie treten auf, wenn die Prüfpunkttiefe ihre Grenze erreicht hat (standardmäßig 20 MB pro Speichergruppe). Diese Situation kommt nur in einem stark belasteten System vor und sollte genau beobachtet werden. Außerdem bringt sie eine Verlangsamung der Sicherung während des Schreibens mit sich, weil sich die Datenbank vor dem Anlegen einer Kopie in einem wiederherstellbaren Zustand befinden muss.
- **Wiederholte Schreibvorgänge**   Sie kommen nicht oft vor, denn eine Seite wird nur in Systemen mit hoher Auslastung mehrfach geschrieben. Dies bedeutet, dass sie im Arbeitsspeicher abgelegt und dann mit einer der vier vorstehenden Methoden auf die Festplatte übertragen wurde. Anschließend verschiebt sich der Prüfpunkt über diese Seite hinaus. Wird die Seite wiedergefunden – was voraussetzt, dass ein Benutzer eine Nachricht sofort geändert (bearbeitet, gelöscht o.Ä.) hat –, wird sie als wiederholt geschriebene Seite erkannt.

Sie müssen diese Konzepte unbedingt kennen, um zu verstehen, wie die ACID-Eigenschaften in der Datenbank implementiert werden und wie die verschiedenen Technologien mit dem Charakter der ESE-Datenbank in Konflikt geraten können. Eine Technologie, die Daten im Arbeitsspeicher sichert, ist beispielsweise nicht gut, weil die betreffenden Seiten aktualisiert, gelöscht oder verworfen werden können, bevor sie es überhaupt in die Datenbank schaffen.

Umlaufprotokollierung

Die *Umlaufprotokollierung* soll den Speicherbedarf für die Transaktionsprotokolle reduzieren, nachdem die aufgezeichneten Transaktionen per Commit in die Datenbank übernommen wurden. Sie wird für Produktions-Mailsysteme im Allgemeinen nicht empfohlen. In ESE-Implementierungen, bei denen die Wiederherstellbarkeit einer einzelnen Datenbank nicht absolut erforderlich ist (beispielsweise für Active Directory oder die Exchange-Funktion des Hub-Transportservers) wird sie wegen der Art, wie sie die Protokolldateien nach dem Commit behandelt, standardmäßig eingesetzt. Bei aktiver Umlaufprotokollierung werden die Protokolle nach der Übernahme in die Datenbank aus dem System gelöscht, was dazu führt, dass sich immer nur wenige Protokolle auf dem System befinden. Es bedeutet außerdem, dass Sie während einer Wiederherstellung keinen Rollforward der

Datenbank durchführen können, weil bei einer vollständigen Sicherung die Protokolle nicht gesichert werden. Glücklicherweise ist die Umlaufprotokollierung außer auf Edge- und Hub-Transport-Servern standardmäßig deaktiviert. Diese Serverfunktionen enthalten weitgehend kurzlebige Daten und erfordern es in den meisten Fällen nicht, dass Sicherungen von ihnen angelegt werden.

Prüfsummen

Die *Prüfsumme* (auch Nachrichten-Hash genannt) ist ein String, der berechnet und dann jeder Seite der Datenbank hinzugefügt wird, um die Integrität der Seite zu dokumentieren. Dabei garantiert sie die Integrität nicht selbst. Statt dessen gewährleistet die Neuberechnung der Summe beim Einlesen der Seite in den Arbeitsspeicher, dass die aus der Datenbank gelesenen Daten mit denen identisch sind, die in die Datenbank geschrieben wurden.

Wenn eine Seite in den Arbeitsspeicher geladen wird, wird die Prüfsumme berechnet und die Seitennummer überprüft. Stimmt die Prüfsumme nicht mit der überein, die beim Speichern in der Datenbank auf der Seite abgelegt wurde, können Sie sicher sein, dass die Seite beschädigt oder verfälscht ist. ESE ignoriert oder korrigiert einfache Fehler durch *umgekippte Bits*, also solche, bei denen ein einzelnes Bit als 1 anstatt als 0 geschrieben wird. Der Fehler wird ignoriert, wenn er in Verbindung mit einer manuellen Prüfung der Summe festgestellt wird (zum Beispiel bei einer Sicherung durch den Volumenschattenkopie-Dienst [Volume Shadow Copy Service, VSS]).

Beachten Sie, dass ESE den Schaden an der Seite nicht verursacht, sondern nur meldet. In fast allen Fällen ist die Beschädigung der Datenbank das Ergebnis der Fehlfunktion eines Hardwaregeräts oder Gerätetreibers. ESE kann keine Beschädigungen auf Seitenebene verursachen. Sie treten auf, wenn die Daten auf die Festplatte geschrieben werden, und sind auf Ihre Hardware oder Ihre Gerätetreiber zurückzuführen. Deshalb müssen Sie unbedingt dafür sorgen, dass Ihre gesamte Firmware und Ihre Gerätetreiber über die neuesten Patches und Aktualisierungen verfügen und die gesamte Hardware die WHQL-Tests bestanden hat. Der Microsoft-Kundendienst wird zusammen mit Ihrem Hardwarehersteller alle Probleme lösen, die möglicherweise zwischen Ihrer Hardware und Ihrer Exchange Server 2007-Datenbank bestehen.

Der Volumenschattenkopie-Dienst

Der Volumenschattenkopie-Dienst (VSS) ist eine übliche Methode, die zum Sichern und Wiederherstellen von Exchange Server 2007 eingesetzt wird. Alle Sicherungen auf VSS-Basis werden als Onlinesicherungen betrachtet, weil sie voraussetzen, dass während des Vorgangs der Exchange-Informationsspeicher läuft. Sie stützen sich in hohem Maß auf den Virtual Disk Service (VDS) und das Windows-VSS-Framework. Dieses Framework beruht auf folgenden Voraussetzungen:

- Windows stellt ein Framework bereit, das regelt, wie Anwendungen gesichert werden. Dies ist möglich, weil es alle Komponenten versteht, die unter dem Betriebssystem ausgeführt werden.
- Anwendungen stellen Writer bereit, die regeln, wann die Anwendung zum Anlegen einer Sicherungskopie bereit ist. Dies ist möglich, weil der Writer die Anwendung versteht.
- Microsoft und Drittanbieter stellen Requestoren bereit, die mit einer Anwendung für die Gesamtsicherung zusammenarbeiten. Dies ist möglich, weil der Requestor versteht, wie die Sicherungsanwendung funktioniert, und weiß, welche Daten sie benötigt, um erfolgreich zu sein.
- Microsoft und Drittanbieter stellen Hard- und Software bereit, die verstehen, wie Speicherarrays synchronisiert und die Volumens anschließend aufgeteilt werden können.

Sicherungs- und Wiederherstellungstechnologien

Aus diesen vier Komponenten ergibt sich schließlich eine Lösung, in der ein Requestor Windows auffordert, eine Umgebung einzurichten, in der ein VSS-Snapshot erstellt werden kann. Anschließend fordert er den Writer der Anwendung auf, einen Snapshot der Anwendung einzurichten. Der Writer fordert seinerseits den Provider auf, auf der Grundlage irgendeiner von ihm unterstützten Technologie einen Snapshot einzurichten. Sind alle Puzzleteile zusammengefügt, teilt der Writer dem Requestor mit, zu welchem Zeitpunkt die Anwendung seiner Entscheidung nach für einen Snapshot bereit ist. Für Exchange bedeutet dies, dass der aktuelle Vorgang, mit dem Seiten auf die Festplatte geschrieben wurden, abgeschlossen ist und in der Datenbank keine neuen Transaktionen gestartet wurden. Diese Pause in der Aktivität darf nur zehn Sekunden dauern, während der Provider seinen Snapshot der Daten anfertigt. Ist der Snapshot abgeschlossen, informiert der Requestor den Writer, dass alles gut gelaufen ist und die Transaktionsverarbeitung wieder aufgenommen werden kann. Zu diesem Zeitpunkt hat der Provider eine Kopie der Datenbank und der Protokolldateien erhalten. Dann arbeitet der Provider mit dem Requestor zusammen, um sicherzustellen, dass die Datenbank auf Konsistenz geprüft wird und die Protokolle auf dem Produktionsdatenträger abgeschnitten werden. Damit Sie sich dies besser vorstellen können, zeigt Abbildung 16.2 ein Diagramm dieses Vorgangs.

Abbildg. 16.2 Das VSS-Framework (Volumenschattenkopie-Dienst)

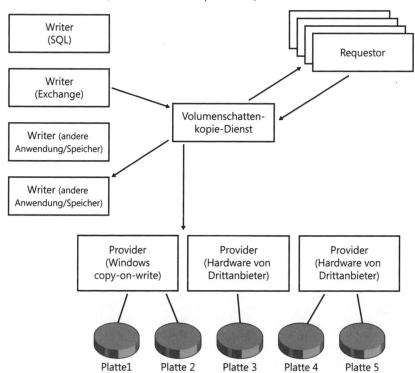

Unterstützte Typen von VSS-Sicherungen

Die verfügbaren Requestoren unterscheiden sich in ihrer Funktionalität und darin, welche VSS-Funktionen sie unterstützen. Das VSS-Framework unterstützt beispielsweise alle Standardsicherungsmethoden: vollständige, differenzielle, inkrementelle und Kopiesicherung; die meisten Anbieter implementieren jedoch nur die vollständige und die differenzielle Sicherung. Dieser Abschnitt beschreibt, was bei den einzelnen Typen geschieht.

Vollständige Sicherung

Der Datenträger oder die Datei mit der Datenbank wird mithilfe von Hard- oder Software auf einen anderen Speicherort gespiegelt.

1. Der Exchange-Writer informiert den Requestor, wann er für einen Snapshot bereit ist.
2. Der Requestor hat zehn Sekunden, um den Snapshot aufzunehmen. Dies umfasst das Spiegeln der verbleibenden Blöcke in der Datenbank oder auf dem Datenträger, die nicht synchron sind, und das Trennen der Beziehung.
3. Anschließend ist der Requestor dafür zuständig, die Spiegelung an einem anderen Ort bereitzustellen, um eine Prüfsumme der Datenbank zu bilden. Dies geschieht mithilfe einer Prüfsummen-API oder mit dem Befehl **eseutil.exe /k**. Je nach Größe der Datenbank kann dieser Vorgang langwierig sein und das Speicherteilsystem mit einer Folge von sequenziellen Lesevorgängen in Anspruch nehmen. Er kann gedrosselt werden, um die Beanspruchung zu verringern, muss jedoch abgeschlossen sein, bevor die Protokolldateien abgeschnitten werden können.

Inkrementelle Sicherung

Der Datenträger oder die Datei mit dem Protokoll wird mithilfe von Hard- oder Software auf einen anderen Speicherort gespiegelt.

1. Der Exchange-Writer informiert den Requestor, wann er für einen Snapshot bereit ist.
2. Der Requestor hat zehn Sekunden, um den Snapshot aufzunehmen. Dies umfasst das Spiegeln der verbleibenden Protokolldatei oder der Blöcke auf dem Datenträger der Protokolldatei, die nicht synchron sind, und das Trennen der Beziehung.
3. Die Datenbankdateien bleiben unberührt und werden erst bei der nächsten vollständigen Sicherung berücksichtigt. Jede inkrementelle Sicherung, die angelegt wird, enthält also sämtliche Protokolldateien seit der letzten vollständigen oder inkrementellen Sicherung. Für die Wiederherstellung werden nur die letzte vollständige und die letzte inkrementelle Sicherung benötigt.

Differenzielle Sicherung

Der Datenträger oder die Datei mit dem Protokoll wird mithilfe von Hard- oder Software auf einen anderen Speicherort gespiegelt.

1. Der Exchange-Writer informiert den Requestor, wann er für einen Snapshot bereit ist.
2. Der Requestor hat zehn Sekunden, um den Snapshot aufzunehmen. Dies umfasst das Spiegeln der verbleibenden Protokolldatei oder der Blöcke auf dem Datenträger der Protokolldatei, die nicht synchron sind, und das Trennen der Beziehung.

Der Unterschied besteht darin, dass bei der differenziellen Sicherung die seit der letzten Sicherung angelegten Protokolldateien nicht abgeschnitten werden. Jede differenzielle Sicherung, die angelegt wird, enthält also nur die Protokolldateien seit der letzten vollständigen oder inkrementellen Sicherung. Für die Wiederherstellung werden die letzte vollständige und alle folgenden differenziellen Sicherungen benötigt.

Kopiesicherung

Die Kopiesicherung läuft ähnlich ab wie eine vollständige. Der Unterschied besteht darin, dass die Protokolldateien nicht abgeschnitten werden.

Die Exchange-Streamingsicherung-API

Die Exchange-Streamingsicherung-API gibt es seit Exchange Server 5.5. Sie wurde leicht aktualisiert, blieb aber weit gehend unverändert, um die Sicherungsanwendungen zu unterstützen, die sie nutzen. Die mit ihrer Hilfe angelegten Sicherungen werden als Streamingsicherungen bezeichnet. Es handelt sich ebenfalls um Onlinesicherungen, weil sie voraussetzen, dass der Exchange-Informationsspeicher läuft. In Exchange Server 2007 benötigte die ausgereifte Streaming-API keinerlei Aktualisierungen. Um sie einzusetzen, starten Sie einfach die Sicherungsanwendung. Diese informiert ESE, dass sie in einen Sicherungsmodus wechselt, woraufhin für jede betroffene Datenbank eine Patchdatei (PAT) angelegt wird (vorausgesetzt, es handelt sich um eine vollständige Sicherung). Während einer vollständigen Onlinesicherung steht die Datenbank für Geschäftsvorgänge zur Verfügung, und Transaktionen können in die Datenbanken aufgenommen werden. Wenn eine Transaktion eine geteilte Operation über die Sicherungsgrenze (die Stelle in der EDB-Datei, die besagt, was bereits gesichert wurde und was noch nicht) hinaus veranlasst, wird die Seite, die vor der Grenze liegt, in der PAT-Datei festgehalten. Für jede Datenbank in der Sicherung wird eine eigene PAT-Datei verwendet, etwa **Priv1.pat** oder **Pub1.pat**. Diese Dateien kommen nur während einer Sicherung oder Wiederherstellung vor. Bei differenziellen oder inkrementellen Sicherungen gibt es keine PAT-Dateien.

Wenn ESE in einen Sicherungsmodus wechselt, wird eine neue Protokolldatei geöffnet. Heißt die aktuelle Protokolldatei beispielsweise **Edb.log**, wird sie geschlossen und in die letzte Generation umbenannt, und eine neue Datei mit dem Namen **Edb.log** wird geöffnet. Dies ist der Augenblick, in dem ESE die Protokolldateien abschneiden kann, nachdem die Sicherung abgeschlossen ist.

Zu Beginn fordert die Sicherungsanwendung ESE auf, die Seiten einzulesen und in eine Reihenfolge zu bringen. Anschließend werden die Seiten in Blöcke zu 64 KB (8 Seiten) unterteilt und in den Arbeitsspeicher geladen. Dann prüft ESE die Prüfsummen der einzelnen Seiten, um die Integrität der Daten sicherzustellen. Stimmt die errechnete Prüfsumme einer Seite nicht mit der beim Schreiben auf die Festplatte aufgezeichneten überein, untersucht der Informationsspeicher, ob es sich um einen Fehler durch ein einzelnes umgekipptes Bit handelt (ob also ein Bit 1 ist, wenn es 0 sein müsste, oder umgekehrt). In diesem Fall wird versucht, den Fehler zu korrigieren. Andernfalls wird der Sicherungsvorgang angehalten und eine Fehlermeldung in die Ereignisprotokolle aufgenommen. Die Sicherungsanwendung verhindert auf diese Weise, dass beschädigte Daten aufgezeichnet werden.

Außerdem nimmt die Sicherungs-API diese Gelegenheit wahr, um die Seiten zu bereinigen, wenn das Flag »Gelöschte Seiten eliminieren« gesetzt ist. Dies geschieht nur bei einer Online-Streamingsicherung, und erst nachdem die Originaldaten in den anderen Speicher verschoben wurden, überschreibt die Streaming-API Seiten, die keine Verweise von anderen Seiten enthalten (beispielsweise Indizes und Mailobjekte), mit einer Reihe alphanumerischer Zeichen. Das Schöne daran ist, dass Sie nach einer erfolgreichen Onlinesicherung Ihrer Exchange-Datenbanken mithilfe des Exchange-Agents von Ihrem Softwareanbieter sicher sein können, dass die Datenbank auf Ihrer Plattenbibliothek oder Ihrem Band vollkommene Integrität aufweist, weil die Gesamtheit der Seiten in den Arbeitsspeicher eingelesen, die Prüfsumme berechnet und die Datenbank dann auf Platte oder Band kopiert wurde. Es ist auch etwas anderes als eine VSS-Sicherung, bei der die Prüfsummen der einzelnen Seiten nicht überprüft werden. Als Administrator sollten Sie dies bei der Planung eines Verfahrens für die Sicherung bedenken.

Nachdem die Sicherung erfolgreich abgeschlossen ist und alle Seiten gelesen wurden, kopiert die Sicherungs-API die Protokolle und die Patchdateien in den Sicherungssatz. Anschließend werden die Protokolldateien an dem Punkt abgeschnitten oder gelöscht, an dem die neue Generation zu Beginn der Sicherung eingesetzt hat. Der Sicherungssatz wird geschlossen, ESE wechselt in den Normalmodus und die Sicherung ist fertig.

Eine inkrementelle oder differenzielle Sicherung betrifft nur die Protokolldateien. Es werden keine Operationen ausgeführt, die Patchdateien, Prüfsummen oder das sequenzielle Einlesen von Seiten umfassen.

Zur Erinnerung noch einmal die Schritte einer vollständigen Sicherung:

1. Die Sicherung startet, ein Synchronisierungspunkt wird fixiert und eine leere Patchdatei angelegt.
2. Die Datei **Edb.log** bekommt ohne Rücksicht darauf, ob sie voll ist oder nicht, die nächste Protokollnummer und es wird eine neue Datei mit dem Namen **Edb.log** angelegt.
3. Die Sicherung für die aktuelle Speichergruppe beginnt.
4. Für jede zu sichernde Datenbank in der Speichergruppe wird eine PAT-Datei angelegt, in die der Datenbankheader geschrieben wird.
5. Während der Sicherung werden geteilte Operationen, die über die Sicherungsgrenze hinausgehen, in der PAT-Datei abgelegt.
6. Während der Sicherung kopiert Windows Server 2003 Backup immer 64 KB Daten auf einmal. Zusätzliche Transaktionen werden wie üblich erstellt und gespeichert. Die Prüfsummen der einzelnen Seiten werden berechnet und mit den jeweils aufgezeichneten verglichen, um die Integrität der Daten zu gewährleisten.
7. Sieht die Konfiguration der Datenbank vor, dass gelöschte Seiten überschrieben werden, so erfolgt dies sie mit einer Reihe alphanumerischer Zeichen.
8. Das während der Sicherung verwendete Protokoll (ab dem Prüfpunkt) und die Patchdateien werden auf Festplatte oder Band kopiert.
9. Sieht die Konfiguration der Datenbank vor, dass gelöschte Seiten überschrieben werden, so werden die überschriebenen Seiten auf der Festplatte abgelegt.
10. Die alten Protokolle auf der Festplatte werden gelöscht.
11. Die alten Patchdateien auf der Festplatte werden gelöscht.
12. Die Sicherung ist abgeschlossen.

Unterstützte Typen von Streamingsicherungen

Die Streamingsicherungsprogramme können Exchange-Datenbanken mit einer Reihe von Standardmethoden sichern. Windows Backup nutzt sämtliche Funktionen und kann bei einem Wiederherstellungsverfahren eingesetzt werden. Andere Anwendungen fügen weitere anbieterspezifische Funktionen hinzu. Dieser Abschnitt beschreibt, was bei den einzelnen Ereignissen geschieht.

Vollständige Sicherungen

1. Die Sicherungsanwendung startet und informiert ESE über die Sicherung; für jede betroffene Datenbank wird eine Patchdatei angelegt. Eine neue Protokollgeneration wird eröffnet, um eingehende Datenbankanforderungen entgegenzunehmen.
2. Die Sicherungsanwendung liest die Datenbankdatei seitenweise in den Arbeitsspeicher ein. Dabei wird die Prüfsumme verifiziert und das Flag »Gelöschte Seiten eliminieren« geprüft.
3. Gibt es nicht korrigierbare Fehler vom Typ -1018 oder -1022, hält die Datenbank auf den betreffenden Seiten an, sodass die Sicherung nicht fortgesetzt wird.
4. Sind Seiten bei gesetztem Flag »Gelöschte Seiten eliminieren« zum Löschen markiert, werden sie mit einer Reihe alphanumerischer Zeichen überschrieben und auf der Festplatte abgelegt.
5. Nachdem die gesamte Datenbank die Schritte 1 bis 4 durchlaufen hat, werden die Datenbank, die Patchdatei und die Protokolle auf das Sicherungsmedium kopiert, die Protokolle bis zu der in Schritt 1 begonnenen Generation abgeschnitten und der Datenbankheader unter der Überschrift »Sicherung abgeschlossen« mit einem aktuellen Zeitstempel aktualisiert.

Inkrementell

1. Die Sicherungsanwendung startet und informiert ESE über die Sicherung. Eine neue Protokollgeneration wird eröffnet, um eingehende Datenbankanforderungen entgegenzunehmen.
2. Die Anwendung liest die Protokolldateien auf der Festplatte und kopiert sie auf das Sicherungsmedium.
3. Nachdem sämtliche Protokolle bis zu der in Schritt 1 begonnenen Generation kopiert sind, werden die Protokolle abgeschnitten, und die Sicherung ist abgeschlossen.

Differenziell

1. Die Sicherungsanwendung startet und informiert ESE über die Sicherung. Eine neue Protokollgeneration wird eröffnet, um eingehende Datenbankanforderungen entgegenzunehmen.
2. Die Anwendung liest die Protokolldateien auf der Festplatte und kopiert sie auf das Sicherungsmedium.
3. Nachdem sämtliche Protokolle bis zu der in Schritt 1 begonnenen Generation kopiert sind, ist die Sicherung abgeschlossen.

Kopie

Eine Kopiesicherung läuft ähnlich ab wie eine vollständige Sicherung. Sie unterscheidet sich dadurch, dass die Protokolldateien nicht abgeschnitten werden.

Der Wiederherstellungsvorgang

Bevor Sie mit dem Wiederherstellen beginnen, müssen Sie die Bereitstellung der Datenbanken aufheben, um sie für die Benutzer unzugänglich zu machen. Dazu können Sie die Exchange-Verwaltungskonsole oder die Exchange-Verwaltungsshell benutzen.

Zu Beginn einer Wiederherstellungsoperation informiert der Speicher ESE, dass der Vorgang beginnt, sodass ESE in den Wiederherstellungsmodus wechselt. Der Sicherungs-Agent kopiert die Datenbank direkt vom Band in den Zielpfad. Die zugehörigen Protokoll- und Patchdateien werden an einen von Ihnen festgelegten temporären Ort auf dem Server kopiert, sodass sie nicht am selben Ort gespeichert werden wie aktuelle Dateien in der Produktionsumgebung. Würden Sie den Produktionspfad als temporären Pfad wählen, könnten Sie Protokolldateien überschreiben, was zu einer logischen Beschädigung der aktuellen Produktionsdatenbank führt. Achten Sie also darauf, dass der temporäre Pfad nicht Ihr Produktionspfad ist.

Nachdem die Protokoll- und Patchdateien am temporären Ort wiederhergestellt sind, muss zum Wiederherstellen der Datenbank eine neue Speichergruppe angelegt werden. Danach wird die Datenbank vom Band an den temporären Ort (und in die Wiederherstellungsspeichergruppe) kopiert. Anschließend kopiert das Modul für die Datenbankwiederherstellung die Daten der Patchdatei und die Protokolldateien vom Band in die Datenbank.

ESE verarbeitet die aktuellen Protokolle, was Sie an den Zeitpunkt der Datenbanksicherung zurückbringt (vorausgesetzt, alle Transaktionsprotokolle seit der letzten erfolgreichen Onlinesicherung bis zum Auftreten des Notfalls sind verfügbar). Danach führt ESE eine gewisse Bereinigung durch, indem es Protokoll- und Patchdateien aus dem temporären Pfad sowie die Speicherinstanz zum Wiederherstellen löscht. Anschließend werden die Speichergruppe und auch Ihre Datenbank für die Produktionsumgebung bereitgestellt.

Andere Exchange Server-Komponenten

Außer der Exchange-Datenbank müssen einige weitere Komponenten in die Sicherungsplanung einbezogen werden. Einige davon kommen bei mehreren Serverfunktionen vor und lassen sich auf ähnliche Weise sichern und wiederherstellen. Eine Sicherung des Systemzustands ist beispielsweise für alle Serverfunktionen sinnvoll. Andere gibt es nur bei bestimmten Serverfunktionen, sodass die Sicherung nur dort sinnvoll ist. In Tabelle 16.1 können Sie nachlesen, welche Exchange Server-Komponenten gesichert werden sollten.

Tabelle 16.1 Weitere zu sichernde Serverkomponenten

Serverfunktion	Zu sichernde Daten	Ort/Methode
Postfach	Datenbank und Protokolle für Postfach und öffentliche Ordner Inhaltsindex Systemeinstellungen	Streaming- oder VSS-Sicherung Keine Sicherung erforderlich, Index bei Wiederherstellung neu anlegen Sicherung des Systemzustands
Hub-Transport	Systemeinstellungen	Sicherung des Systemzustands
Clientzugriff	Konfiguration des Clientzugriffs (IMAP-Einstellungen, Verfügbarkeitsdienste usw.) Exchange ActiveSync-Konfiguration Webdienste-Konfiguration AutoErmittlungsdienst-Konfiguration Systemeinstellungen	\ClientAccess*.* Sicherung des Systemzustands
Edge-Transport	ADAM-Anpassungen Systemeinstellungen	Clone Config (ExportEdgeConfig.ps1) Sicherung des Systemzustands

Weitere Informationen finden Sie auf der Microsoft-Website unter der Adresse **http://technet.microsoft.com/en-us/library/bb124780.aspx**.

Sicherungs- und Wiederherstellungsstrategien

Ihre Wiederherstellungsstrategie bestimmt Ihre Sicherungsstrategie; sie können nicht unabhängig voneinander geplant werden. Überlegen Sie bei der Auswahl des günstigsten Sicherungsverfahrens für Ihre Umgebung zuerst, wie und wo die Wiederherstellung erfolgt. Dieser erste Schritt führt Ihre Planung auf einen Weg, der besser zu Ihrer Umgebung und den Gesamterfordernissen passt, als wenn Sie zuerst über die Sicherung nachdenken.

Wie muss die Datenbanksicherung zum Beispiel im Fall der Wiederherstellung zur Verfügung stehen? Sie kann als Datei auf Band vorliegen, die sich an einen Produktionsort kopieren lässt. Sie kann als Festplatte vorliegen, die an einen Produktionsort gespiegelt werden kann. Sie kann in Form mehrerer Dateien auf einer Festplatte oder auf mehreren Festplatten vorliegen. Es kommt darauf an, sich zu überlegen, welche Art der Wiederherstellung für die meisten vorstellbaren Situationen sinnvoll ist.

Sie müssen für ausreichend Speicherplatz sorgen, um sowohl die Datenbank als auch die Protokolldateien wiederherstellen zu können. Legen Sie innerhalb einer Woche 2.000 Protokolldateien an, müssen Sie im Notfall 2 GB Daten wiederherstellen. Wenn Sie das zur Größe Ihrer Datenbanken addieren, werden Sie verstehen, warum Sie Ihre Wiederherstellungsstrategie in Verbindung mit der Sicherungsstrategie planen müssen.

Sicherungs- und Wiederherstellungsstrategien

Neben den technischen Überlegungen zum Sichern und Wiederherstellen spielen auch Serviceverträge über Sicherungs- und Wiederherstellungszeiten sowie die Verfügbarkeit des Mailsystems eine wichtige Funktion. Bei der Planung der Wiederherstellungsmethoden müssen diese geschäftlichen Anforderungen zwingend berücksichtigt werden. Die Verträge müssen den Bedarf aller Benutzer des Exchange-Systems erfüllen. Dazu zählen einzelne Nutzer, Anwendungen und Geschäftsprozesse. Angesichts dieses umfangreichen Benutzerspektrums in der Exchange-Umgebung lassen sich nur schwer Vereinbarungen treffen, und die Komplexität des Systems nimmt zu. Sehen Sie sich als anhaltspunkt die Werteskala für Serviceverträge in Tabelle 6.2 an.

Tabelle 16.2 Werteskala für Serviceverträge

Vertrag	Standard-Höchstwert*	Premium- Höchstwert*	Tatsächlich beobachtet
Verfügbarkeit des Exchange-Dienstes	99,999% Montag – Freitag 7–18 Uhr	99,999% Montag – Sonntag 0–24 Uhr	99,99875%
Verfügbarkeit des Mobildienstes	99,999% Montag – Freitag 7–18 Uhr	99,999% Montag – Sonntag 0–24 Uhr	99,997%
Verfügbarkeit der Anwendungsweiterleitung	99,999% Montag – Freitag 7–18 Uhr	99,999% Montag – Sonntag 0–24 Uhr	100%
Verfügbarkeit des Outlook-Clients	99,999% Montag – Freitag 7–18 Uhr	99,999% Montag – Sonntag 0–24 Uhr	100%
Verfügbarkeit von Outlook Web Access	99,999% Geschäftszeit	99,999% Montag – Sonntag 0–24 Uhr	99,98%
Wiederherstellen eines einzelnen Postfachs	4 Stunden	1 Stunde	2 Stunden
Wiederherstellen einer Postfachdatenbank	4 Stunden	1 Stunde	2 Stunden
Wiederherstellen eines Postfachservers	5 Stunden	2 Stunden	7 Stunden
Aufspüren von Daten (E-Discovery) einem einzelnen Postfach	5 Tage	2 Tage	3 Tage
Wiederherstellen eines Postfachobjekts	1 Woche	1 Woche	5 Tage
* Standard ist definiert pro Benutzer für alle, die den Standardpreis bezahlen			
** Premium ist definiert pro Benutzer für alle, die für besseren Service mehr als den Standardpreis bezahlen			

Durch eine Analyse der Anforderungen an Wiederherstellung und Verfügbarkeit lässt sich leicht ermitteln, welche technische Architektur erforderlich ist. Einen kritischen Bereich bildet die Festlegung der Größe von Postfächern und Datenbanken. Beachten Sie, dass die Wiederherstellung eines einzelnen Postfachs und die Wiederherstellung einer Postfachdatenbank getrennt aufgeführt sind. Das ist normal und auf die Größe des Postfachs und die Anzahl der Benutzer einer einzelnen Postfachdatenbank zurückzuführen. Es gibt mehrere Methoden, die Exchange-Konfiguration so einzusetzen, dass sie verschiedene Serviceverträge erfüllt. Meistens werden die Größe der Postfächer und die Anzahl der Benutzer pro Datenbank verwendet. Diese beiden Komponenten definieren die Datenbankgröße und die damit verbundenen Sicherungs- und Wiederherstellungszeiten pro Server. Sehen Sie sich zum Beispiel die durchschnittliche Wiederherstellungszeit eines Servers an. Nehmen wir mehrere Server mit jeweils fünf Datenbanken (pro Speichergruppe eine), 100 Benutzern pro Datenbank und einer Postfachbegrenzung von 400 MB an, dann umfasst jede Datenbank etwa 47 GB. Kommt es darauf an, wie lange die Wiederherstellung des gesamten Servers dauert, stellen die Reduzierung der Benutzeranzahl pro Server oder der Postfachgröße pro Benutzer gute Möglichkeiten dar. In beiden Fällen müssen Sie eine Defragmentierung außerhalb des laufenden Betriebs durchführen, um die physische Größe der Datenbank zu verringern. Steht dagegen die Anzahl der Server im Mittelpunkt, kann eine Konsolidierung vorgenommen werden, die alle Benutzer auf einem einzigen Server unterbringt, indem Sie die Anzahl der Speichergruppen und Datenbanken für den einzelnen Server erhöhen. Dadurch verlängert sich die Zeit für die Wiederherstellung des Servers, aber die Zeit für die Wiederherstellung einer einzelnen Postfachdatenbank bleibt dieselbe. Dies ist eine wesentliche Grundlage für die Planung der Servergröße.

Weitere Informationen zur Speicherplanung finden Sie unter der Adresse **http://technet.microsoft.com/en-us/library/c5a9c0ed-e43e-4bc7-99fe-7d1a9cb967f8.aspx**.

Die Wiederherstellungsmöglichkeiten testen

Regelmäßiges Testen der Wiederherstellung von Sicherungen löst für Organisationen drei wichtige Probleme. Das erste ist, dass das technische Personal die erforderliche Vertrautheit mit den Wiederherstellungstechniken und -fähigkeiten behält, die normalerweise nur im Notfall eingesetzt werden. Das zweite ist die vollständige Überprüfung der Systemsicherung, das dritte das Erkennen von Problemen im Sicherungsverfahren, die sonst nur bei einem echten Notfall ans Licht kämen.

Alle drei Probleme werden mit einer einzigen Wiederherstellung in regelmäßigem Turnus abgedeckt. Es wird empfohlen, mindestens einmal pro Quartal eine vollständige Wiederherstellung zu testen. Dabei können jedes Mal andere Mitarbeiter eingesetzt oder anderere Dienste getestet werden (zum Beispiel einmal die Wiederherstellung eines Postfachs und das nächste Mal ein Cluster-Failover). Auf diese Weise stören die Wiederherstellungstests weder andere Projekte noch den täglichen Betrieb, bleiben aber trotzdem ein wichtiger Bestandteil der regelmäßigen Aktivitäten.

Am häufigsten wird der Postfachserver wiederhergestellt. Er bildet die Kernkomponente von Exchange Server 2007 und ist der wichtigste Server, der bei einem Ausfall eines Standorts oder der Hauptplatine eines einzelnen Servers wiederhergestellt werden muss. Aus diesem Grund spielen Sie beim Testen dieser Art von Wiederherstellung ein häufiges Szenario durch.

Es gibt zwei allgemein empfohlene Methoden für die Wiederherstellung von Exchange Server 2007. Die erste stellt alle Datenbanken eines ausgefallenen Servers auf einem ähnlichen Server wieder her, die zweite benutzt dazu die verbleibenden Postfachserver der Umgebung. Die erste Option ähnelt den Wiederherstellungstechniken früherer Exchange Server-Versionen, während die zweite mit Exchange Server 2007 neu eingeführt wurde. Die erste Möglichkeit wird vorgeführt; doch ihre Techniken sind auch bei der zweiten anwendbar.

Ein Merkmal von Exchange Server 2007, die so genannte Datenbankportabilität, ermöglicht das Portieren von Exchange Server 2007-Datenbanken zwischen Exchange Server-Computern derselben Exchange-Organisation. Damit lässt sich eine Exchange-Datenbank in der Speichergruppe 1 mit dem Namen **DB1** auf einem Server **Exch1** heruntergefahren (oder anderweitig konsistent machen), in die Speichergruppe 2 auf dem Server **Exch2** verlegen und ohne weitere Aktionen oder Modifikationen bereitstellen. Damit dies funktioniert, müssen Sie zunächst in der Speichergruppe 2 auf dem Server **Exch2** eine Platzhalterdatenbank anlegen und die Option **Diese Datenbank kann bei einer Wiederherstellung überschrieben werden** aktivieren. ▶

Die Wiederherstellungsmöglichkeiten testen

Um eine vollständige Serverwiederherstellung zu testen und den Postfachinhalt zu validieren, sollte auf einem freien Server in einer Laborumgebung eine neue Active Directory-Gesamtstruktur installiert werden. Dabei kann es sich um einen virtuellen Server, eine Arbeitsstation oder einen anderen Rechner mit geringer Leistungsfähigkeit handeln. Mit der neuen Active Directory-Gesamtstruktur muss ein Exchange Server-Computer installiert werden, und zwar in einer Exchange-Organisation mit demselben oder einem anderen Namen. Der Exchange Server-Computer selbst kann ebenfalls einen beliebigen Namen haben. Nachdem der neue Server installiert und ähnlich wie der Produktionsserver konfiguriert wurde, müssen die Speichergruppen und Platzhalterdatenbanken angelegt werden. Nun müssen die Datenbanken vom Produktionsserver mit einem der Verfahren wiederhergestellt werden, die Ihre Sicherungsstrategie zulässt. Denken Sie daran, dass es jetzt darauf ankommt, echte Wiederherstellungsprozeduren einzusetzen. Anschließend sollten die Datenbanken bereitgestellt werden, und dann können Postfächer mit ihnen verbunden werden, um deren Inhalt zu überprüfen. Geschieht dies nicht in einer Labor-, sondern in der Produktionsumgebung, sollten Sie dafür sorgen, dass die Testpostfächer nicht mit den Benutzerpostfächern, sondern mit den wiederhergestellten Postfächern verbunden werden.

In einem echten Notfall oder in einer Exchange-Testorganisation, die verfügbar bleibt, ist die Umleitung der Active Directory-Benutzereinstellungen auf die wiederhergestellten Datenbanken einfach. Führen Sie einfach in der Exchange-Verwaltungsshell den folgenden Befehl aus:

```
move-mailbox -configurationonly -targetdatabase <Name_der_neuen_Datenbank>
```

Ohne zu wissen, dass Ihre Sicherungen funktionieren, können Sie keine Wiederherstellung durchführen. Überzeugen Sie sich jeden Tag davon, dass Ihre Sicherungsaufgaben abgeschlossen sind, und testen Sie vierteljährlich eine Wiederherstellung. Der Verzicht auf die Überprüfung der Sicherungen ist ein häufiger Fehler, weil man sich nur zu leicht darauf verlässt, dass die Sicherungsbänder ausgetauscht und die Daten korrekt gesichert werden. Beziehen Sie die Überprüfung der Sicherungsprotokolle und die Durchführung einer Wiederherstellung in Ihre regelmäßigen Routinemaßnahmen ein, um zu gewährleisten, dass die Wiederherstellung funktioniert.

HINWEIS Die Überprüfung der Sicherungen muss nicht schwierig sein; sie lässt sich durch ein automatisches System wie den Systems Center Operations Manager von Microsoft oder durch eigene Skripte überwachen, die die Ereignisprotokolle auf Sicherungserfolgsereignisse analysieren. Es ist wichtig, nicht nur auf Ereignisse für das Scheitern der Sicherung, sondern auch auf solche für ihren Erfolg zu achten, damit Sie wissen, dass eine Sicherung, bei der kein Fehler gemeldet wird, nicht zu lange gedauert hat.

Außerdem ist es wichtig, die Wiederherstellungsprozeduren für andere Funktionen als Postfachdatenbanken und -server zu testen. Dabei handelt es sich häufig um einen Neuaufbau, doch in anderen Fällen ist es ein komplexer Vorgang. Weitere Informationen darüber finden Sie unter der Adresse http://technet.microsoft.com/en-us/library/aa998890.aspx.

Einen Exchange-Postfachserver wiederherstellen

Die vollständige Wiederherstellung eines Exchange-Postfachservers zu planen kann ein langwieriger Vorgang sein, weil er der wichtigste Server einer Exchange-Infrastruktur ist. Er bildet die Existenzgrundlage für alle anderen Komponenten. Bedenken Sie bei der Auswahl des Wiederherstellungsverfahrens folgende Faktoren:

1. **Der Active Directory-Ort für die Wiederherstellung** Sind der Active Directory-Standort und alle vorher dort vorhandenen Active Directory-Objekte intakt?
2. **Die unterstützende Active Directory-Infrastruktur** Sind die Serverfunktionen Clientzugriff und Hub-Transport an dem Standort vorhanden, an dem der Postfachserver wiederhergestellt wird? Kann der wiederhergestellte Postfachserver mit den Unified Messaging-, Edge-, SharePoint- oder Rechteverwaltungsdiensten interagieren, falls sie genutzt werden?
3. **Der wiederherzustellende Server** Handelt es sich um einen Postfachclusterserver, einen eigenständigen Server oder einen eigenständigen Server, der als Cluster mit nur einem Knoten fungiert?

Die häufigsten Wiederherstellungsstrategien für den Postfachserver als Ganzes sind die vollständige Wiederherstellung und der Neuaufbau der Exchange-Anwendung. Sie werden üblicherweise bei betriebsbereiten Standby-Servern eingesetzt, wobei der erste Schritt die Verwendung eines Dial-Tone-Servers ist.

Vollständige Serverwiederherstellung

Vollständige Serverwiederherstellungen werden durchgeführt, wenn zusätzlich zu einer Sicherung der Windows-Serverdaten eine Sicherung der Exchange-Datenbanken unterhalten wird. Die Serverdaten werden bei Exchange-Installationen nicht oft verwendet, weil Exchange sich während des Betriebs nicht besonders stark auf den Systemzustand des Windows-Servers stützt. Dieser Wiederherstellungsvorgang umfasst folgende Schritte:

1. Beschaffen von Ersatzhardware mit Komponenten, die den ursprünglichen Hardwarekomponenten des Servers entsprechen. Dazu können RAID-Controller, Netzwerkkarten usw. gehören.
2. Neuerstellen des Windows-Servers mit der Version, dem Service Pack und den Treiberversionen des ursprünglichen Servers
3. Wiederherstellen des Systemzustands und der Dateisystemsicherung auf dem Windows-Server
4. Neuinstallieren von Exchange Server mit den Service Packs
5. Wiederherstellen der Exchange Server 2007-Datenbanken

Nach Abschluss dieses Vorgangs können die Benutzer ohne Neuinstallation auf ihre Postfächer zugreifen. Eine Datenbankwiederherstellung ist nicht erforderlich, und es ist davon auszugehen, dass der Server so lange funktioniert, wie es die Komponenten erlauben. Bei dieser Vorgehensweise müssen die weiter vorn erörterten Überlegungen zu Active Directory und Exchange berücksichtigt werden. Das gilt nicht, wenn Exchange Server 2007 auf dem Active Directory-Server untergebracht und mit den Funktionen Hub-Transport und Clientzugriff kombiniert ist. In diesem Fall werden im Verlauf der skizzierten Schritte sämtliche Komponenten wiederhergestellt.

Diese Lösung ist zuverlässig; sie ist jedoch kostspielig und bringt ein hohes Maß an Verwaltungsaufwand mit sich. Dafür zu sorgen, dass genau dieselben Komponenten verfügbar sind, setzt normalerweise voraus, dass sie bereitgehalten werden, da Hardwarekomponenten einen kürzeren Lebenszyklus aufweisen als Software. Einen Windows Server 2003-Computer neu zu erstellen und wiederherzustellen erfordert mehr Zeit, als lediglich den Server neu zu erstellen und die Anwendungen neu zu installieren. Aufgrund dieser Einschränkungen lässt sich diese Möglichkeit in Situationen, in denen E-Mail auch nur die geringste Bedeutung hat, nur schwer umsetzen.

Die Lösung wird durch den Wiederherstellungspunkt und die Wiederherstellungszeit eingeschränkt, die sie bietet (Recovery Point Objective, RPO bzw. Recovery Time Objective, RTO). Das erste Ziel lässt sich durch Technologien von Drittanbietern erhöhen, die die Datenbank auf den Wiederherstellungsstandort replizieren. Am häufigsten werden dabei die Daten per VSS-Kopie oder Protokollversand über das Netzwerk übertragen oder die veränderten Spuren auf die Festplatten repliziert. Die Wiederherstellungszeit ist sehr hoch, was zum einen an der großen Menge Arbeit liegt, die zur Vorbereitung der Umgebung geleistet werden muss, und zum anderen daran, dass die Wiederherstellung der Daten aus den Sicherungen sehr lange dauert.

Neuerstellung der Exchange-Anwendung

Die Neuerstellung der Exchange-Anwendung umfasst neben der eigentlichen Neuerstellung auch die darauf folgende Wiederherstellung der Daten. Um die Exchange-Anwendung auf einem Server wiederherzustellen, kann sie einfach von Anfang an auf einem neuen Windows Server-Computer oder mithilfe der Befehlszeilenoption **/m:RecoverServer** bzw. **/RecoverCMS** auf einem Standbyserver installiert werden. Bevor der Administrator die einzelnen Schritte durchführt, muss er wissen, welche Art von Exchange Server-Computer neu installiert werden soll. Für einen Clusterserver gilt die zweite Option, für einen Server, der nicht zu einem Cluster gehört, die erste.

Um **/m:RecoverServer** einzusetzen, unternehmen Sie Folgendes:

1. Setzen Sie mit **Active Directory-Benutzer und -Computer** das Computerkonto für den Server zurück, der wiederhergestellt werden soll.
2. Überprüfen Sie, ob alle Servernamen, Datenträgerkonfigurationen und Verzeichnispfade dieselben sind wie auf dem alten Server.
3. Wechseln Sie an der Befehlszeile in das Exchange Server-Quellverzeichnis und geben Sie den folgenden Befehl:

```
Setup.exe /m:RecoverServer
```

An diesem Punkt fragt das Exchange-Setupprogramm Active Directory nach den Konfigurationsdaten für den Server, den Sie wiederherzustellen versuchen. Die zuvor installierten Serverfunktionen und Datenspeicherorte werden zum Konfigurieren der Installation von Exchange Server verwendet. Es sollte nicht erforderlich sein, dass die Benutzer Daten ändern, und die Administratoren sollten keine Benutzerkonfigurationen verschieben müssen.

Um **/RecoverCMS** einzusetzen, gehen sie wie folgt vor:

1. Setzen Sie mit **Active Directory-Benutzer und -Computer** das Computerkonto für den Server zurück, der wiederhergestellt werden soll.
2. Überprüfen Sie, ob alle Servernamen, Datenträgerkonfigurationen und Verzeichnispfade dieselben sind wie auf dem alten Server.
3. Erstellen Sie den Clusterserver mit derselben Konfiguration wie im alten Cluster. Einzelkopiecluster können nicht als Cluster mit fortlaufender Clusterreplikation wiederhergestellt werden und umgekehrt.
4. Installieren Sie die Funktion des passiven Exchange Server-Postfachservers auf dem Knoten des Clusters, in dem die Wiederherstellung erfolgt.
5. Wechseln Sie an der Befehlszeile in das Exchange Server-Quellverzeichnis und geben Sie den folgenden Befehl:

```
Setup.exe /RecoverCMS /CMSName:<CMSName> CMSIPAddress:<CMSIPAddress>
```

6. Wenn Sie einen Einzelkopiecluster mit mehreren Exchange-Postfachclusterservern wiederherstellen, wiederholen Sie die Schritte 4 und 5, bis alle auf aktiven Knoten installiert sind.
7. Stellen Sie die Exchange-Postfachdatenbanken wieder her. Dazu können Sie eine Sicherungskopie oder eine Replikation auf Festplatten- oder Protokollversandbasis verwenden.
8. Installieren Sie im Cluster einen oder mehrere passive Knoten.

Jetzt ist der Exchange-Postfachclusterserver installiert und betriebsbereit. Es sollte nicht erforderlich sein, dass die Benutzer Daten ändern, und die Administratoren sollten keine Benutzerkonfigurationen verschieben müssen.

Bei beiden Wiederherstellungsverfahren für Exchange müssen die Überlegungen zu Active Directory und Exchange beachtet werden. Auf einem Exchange-Clusterserver können keine anderen Exchange-Funktionen untergebracht werden, was voraussetzt, dass diese am Standort bereits vorhanden sind. Sie sollten bereits neu erstellt oder vorhanden sein oder sich als nächster Punkt auf der Liste der neu zu erstellenden Elemente befinden.

Es handelt sich um zuverlässige Lösungen; der Kosten- und Verwaltungsaufwand kann je nach Konfiguration unterschiedlich ausfallen. Die verwendeten Server müssen nicht genau gleich sein, auch wenn sie für Einzelkopiecluster den WHQL-Standard erfüllen müssen. Der Exchange-Postfachclusterserver muss denselben Namen tragen wie der vorherige; die Servernamen, die IP-Adressen usw. brauchen jedoch nicht übereinzustimmen. Die Wiederherstellung benötigt wesentlich weniger Zeit als das manuelle Neuerstellen der Konfiguration einschließlich der Überprüfung, ob die Konfiguration korrekt eingegeben wurde.

Die Lösung ist auf den Wiederherstellungspunkt und die Wiederherstellungszeit beschränkt, die sie bietet. Das erste Ziel lässt sich durch Technologien von Drittanbietern erhöhen, die die Datenbank auf den Wiederherstellungsstandort replizieren. Am häufigsten werden dabei die Daten per VSS-Kopie oder Protokollversand über das Netzwerk übertragen oder die veränderten Spuren auf die Festplatten repliziert. die Wiederherstellungszeit ist immer noch länger als bei einer Strategie mit hoher Verfügbarkeit, weil immer noch eine gewisse Menge Arbeit erforderlich ist. Sie ist aber kürzer als bei einer Wiederherstellungsstrategie, weil während des Vorgangs ein größerer Teil der Daten verwendet wird, die bereits vorliegen und benötigt werden, damit die Anwendung läuft.

Dial-Tone-Server

Dial-Tone-Server ähneln Dial-Tone-Datenbanken; es sind einfach leere Konfigurationen, die bei dem Versuch eingesetzt werden, den Dienst für die Benutzer wiederherzustellen. Sie erfüllen keine der Anforderungen an einen Cluster-, Bereitschafts- oder Hochverfügbarkeitsdienst, weil die Messagingdaten bei einer Dial-Tone-Wiederherstellung nicht unmittelbar verfügbar sind. Die grundlegende E-Mail-Funktionalität wird sofort aktiviert; E-Mail-Daten, Regeln, Kalenderdaten, Einstellungen für Unified Messaging, Konfigurationen für Mobilgeräte usw. werden jedoch nicht wiederhergestellt. Der Vorteil dieser Lösung besteht darin, dass die Benutzer in eingeschränktem Umfang arbeiten können, bis der Rest der Daten wiederhergestellt oder neu angelegt worden ist.

Um eine Dial-Tone-Wiederherstellung zu implementieren, führen Sie folgende Schritte durch:

1. Installieren Sie einen vollständigen Exchange-Postfachserver und legen Sie alle erforderlichen Speichergruppen, Datenbanken und sonstigen Umgebungskonfigurationen an.
2. Handelt es sich um eine Dial-Tone-Datenbank, legen Sie Speichergruppen und Datenbanken auf vorhandenen Servern an, die von der Geschäftsführung für die Verwendung bei einer Dial-Tone-Wiederherstellung vorgesehen wurden.

3. Wenn eine Dial-Tone-Wiederherstellung erforderlich ist – beispielsweise, wenn Server oder Standort ausgefallen sind –, verwenden Sie das Commandlet **Move-Mailbox-ConfigurationOnly** und verweisen alle Postfächer, die verschoben werden müssen, auf die Dial-Tone-Datenbanken.
4. Wenn die Messagingdaten verfügbar werden, können sie entweder auf dem Dial-Tone-Server wiederhergestellt und in die Postfächer importiert oder auf einem Exchange-Ersatzserver vorbereitet werden, sodass die Benutzer auf die Ersatzhardware verschoben werden können.

Diese Lösung hat eine sehr kurze Wiederherstellungszeit für den Dienst und einen nahen Wiederherstellungspunkt; die Wiederherstellungszeit für die Daten ist normalerweise länger. Dies bietet Vorteile für Organisationen, die für Geschäftsprozesse auf E-Mail-Dienste angewiesen sind, aber für die Verarbeitung dieser Geschäftsfunktionen keine Verlaufsdaten benötigen.

Eine Exchange-Postfachdatenbank wiederherstellen

Die Wiederherstellung einer Exchange Server 2007-Postfachdatenbank ist üblicherweise komplexer als die Wiederherstellung des Postfachservers selbst. Sie kann einfache Werkzeuge wie Exchange Disaster Recovery Analyzer oder komplexe wie Exchange ESE Utility oder Information Store Integrity benötigen.

Manchmal muss die Datenbank in irgendeiner Form wiederhergestellt werden, auch wenn keine saubere Sicherung einer Postfachdatenbank zu bekommen ist. Exchange Server 2007 hat den Wiederherstellungsvorgang durch die Portierbarkeit der Datenbank in weiten Teilen vereinfacht. Diese integrierte Funktion ermöglicht es, die Datenbank unabhängig vom Servernamen auf einen Server zu verschieben und dort bereitzustellen. Das ist insofern für Wiederherstellungsverfahren wichtig, als sich eine Datenbank fast überall unterbringen und benutzen lässt, sobald sie sich in einem konsistenten Zustand befindet und bereitstellbar ist.

Der Kniff besteht darin, die Datenbank konsistent zu machen. Dafür gibt es mehrere Methoden. Stellen Sie bei der Wiederherstellung Ihrer Datenbank fest, dass sie beschädigt ist oder sich nicht bereitstellen lässt, ist es günstig, in den Disaster Recovery Analyzer in der Toolbox zu wechseln und ihn für die Datenbank auszuführen. Dieser Assistent führt Sie durch die Suche nach der Datenbank und die Verwendung von **Eseutil.exe** im Wiederherstellungsmodus, um zu versuchen, die Datenbank bereitstellbar zu machen.

Bleibt dieser Versuch erfolglos, haben Sie zwei Möglichkeiten. Sie können eine weiche Wiederherstellung der Datenbank mit **Eseutil.exe** und der Option **/r** durchführen oder **Isinteg.exe -fix** starten, um alle Fehler zu beheben, die aus der Sicht der Anwendung auf den Datenbankseiten zu finden sind.

Ein einzelnes Exchange-Postfach wiederherstellen

Bisher ging es um Ereignisse, bei denen Ihr Standort, Ihr Server oder Ihre Datenbank ausgefallen waren. In diesen Fällen wurden ganze Server wieder arbeitsfähig gemacht und Postfachdatenbanken wiederhergestellt. Die häufigste Wiederherstellungssituation, die Exchange-Administratoren erleben, ist die Wiederherstellung von Postfächern. Ein Fehler eines einzelnen Postfachs ist wahrscheinlicher als einer auf Datenbank- oder Serverebene. Deshalb bilden die Möglichkeiten zur Wiederherstellung eines einzelnen Postfachs einen entscheidenden Bestandteil Ihrer Gesamtplanung.

Kapitel 16 Wiederherstellung im Notfall

In Exchange Server 2007 ist es relativ einfach, ein einzelnes Postfach wiederherzustellen: Sobald die Datenbank in einer Speichergruppe für die Wiederherstellung (Recovery Storage Group, RSG) auf ihre Wiederherstellung wartet, brauchen Sie eigentlich nur noch den folgenden Befehl auszuführen:

```
Restore-mailbox -identity <Anzeigename> -RSGDatabase <RSG\Postfachdatenbank>
```

Dies ist die einfachste Methode. Sie stellt die Postfachdaten in dem mit dem angegebenen Anzeigenamen verknüpften Postfach wieder her. Das ist gut und sinnvoll. Wahrscheinlich ist dies die häufigste Vorgehensweise für die Wiederherstellung gelöschter Postfächer; es gibt jedoch noch andere Möglichkeiten.

Hat ein Mitarbeiter die Firma verlassen und möchte sein früherer Vorgesetzter den Zustand von dessen Postfachs vor dem Ausscheiden einsehen, wird eine alte Sicherung der Postfachdatenbank in der RSG wiederhergestellt. Dann müssen Sie das Postfach des Mitarbeiters mit folgendem Befehl in das des Vorgesetzten verschieben:

```
Restore-Mailbox -RSGMailbox 'Ex-Employee Name' -
RSGDatabase 'RSG\Mailbox Database' -id 'Manager Mailbox' -TargetFolder 'Ex-
Employee's OldEmail'
```

Es ist wichtig, die Möglichkeit vorzusehen, eine einzelne Datenbank in einer RSG wiederherzustellen, sonst lässt sich ein einzelnes Postfach nur mit Werkzeugen von Drittanbietern wiederherstellen.

Aus der Praxis: Die Aufbewahrung gelöschter Objekte planen

Die aufgezeigten Wiederherstellungsverfahren sind großartig; erfahrene Administratoren wissen jedoch sehr genau, dass E-Mails sehr leicht versehentlich gelöscht werden, was Benutzer und Administratoren vor Probleme stellt. Die Möglichkeit, gelöschte E-Mails schnell wiederherzustellen, ist normalerweise von größter Bedeutung; ohne richtige Planung kann es zu anstrengenden Situationen kommen. Ich habe solche Fälle mehrfach erlebt. Eine leitender Mitarbeiterin arbeitete noch spät an einem Vorschlag oder einem Projekt, und ich war natürlich noch damit beschäftigt, Patches für den Server zu aktualisieren. Plötzlich geht eine Sofortnachricht von der leitenden Angestellten auf, in der sie nach einer Möglichkeit fragt, eins ihrer E-Mail-Objekte wiederherzustellen. Ich ließ alles fallen, was ich gerade tat, um auf ihre Anfrage zu reagieren (es war sowieso schon spät, und das konnte einen guten Eindruck machen). Nach kurzer Diskussion über das Messagingprogramm entdecke ich, dass sie im Verlauf des Abends in mehreren E-Mails ihrer Mitarbeiter nachgelesen hatte, um einen Bericht für ihren Chef zu erstellen. Um an die Mails zu kommen, öffnete und schloss sie sie mit der vertrauten Tastenkombination. Am Ende der Arbeit druckte sie den Bericht aus und las ihn noch einmal, wobei sie einen Fehler in den Daten bemerkte. Sie kehrte zum Posteingang zurück, um die E-Mail mit der Korrektur zu suchen, und entdeckte, dass sie weg war. Sie durchsuchte den Ordner und den Ordner **Gelöscht**, aber ohne Erfolg.

Nach einigen Tests auf meinem eigenen Client fand ich heraus, dass die verwendete Tastenkombination für eine andere Anwendung galt; den E-Mail-Client unserer Firma veranlasste sie jedoch, das E-Mail-Objekt dauerhaft zu löschen. Damals war ich froh, dass unsere Richtlinie für die Aufbewahrung gelöschter Objekte noch den Standardwert 14 Tage benutzte. Ich konnte zuversichtlich antworten, dass ich alle Objekte wiederherstellen könne, die sie brauchte, um die Arbeit des Abends abzuschließen, ohne Datenbanken oder Objekte von der Exchange-Verwaltungsshell aus wiederherstellen zu müssen. ▶

> **Aus der Praxis: Die Aufbewahrung gelöschter Objekte planen**
>
> Es ist wichtig, ein angemessenes Verfahren für die Aufbewahrung gelöschter Objekte zu planen und dafür zu sorgen, dass die in der festgelegten Zeit anfallende Menge im vorgesehenen Platz für die Datenbank untergebracht werden kann. Eine allgemeine Faustregel gibt für die 14-tägige Aufbewahrung 10 Prozent der Datenbankgröße an. Sollte die Frist überschritten sein und müssen Sie bestimmte Objekte aus einer Datenbankwiederherstellung entnehmen, verwenden Sie den Befehl **RestoreMailbox**. Dazu stellen Sie die Datenbank einfach in einer RSG wieder her, führen das Commandlet aus und geben an, welche Nachrichten in welchem Produktionspostfach wiederhergestellt werden sollen.

Einen Exchange-Postfachserver sichern

Nachdem Sie jetzt wissen, was erforderlich ist, um Exchange Server-Computer wiederherzustellen, haben wir genügend Vorwissen, um uns mit dem Sichern zu befassen. Es gibt mehrere Methoden, die beiden bereits erörterten Technologien zu implementieren, um sie an die Wiederherstellungsverfahren anzupassen – die Technologien der streaming- und der VSS-basierten vollständigen, differenziellen, inkrementellen oder Kopiesicherung, verbunden damit, dass bestimmte Informationen in Active Directory oder einer transportablen Serverkopie verfügbar sind.

Bei Serversicherungen sorgen Sie dafür, dass der Systemzustand, die Registrierung und die Anwendungen, die die Serverinstallation unterstützen, in der Sicherungsdefinition enthalten sind. Diese Sicherungen brauchen nicht jede Nacht angefertigt zu werden, sollten jedoch vor und nach allen Patchvorgängen und Softwareaktualisierungen durchgeführt werden.

Bei der Neuerstellung von Servern sorgen Sie für eine gründliche Dokumentierung. Dabei haben Sie die Wahl zwischen einer sorgfältig verfassten Konfigurationsdokumentation, einer automatisierten Standardinstallation für Exchange Server-Computer und einem Konfigurationsmanagementsystem von einem Drittanbieter. In allen Fällen sollte das Sichern einfach sein und bei jedem Erstellen eines neuen Servers getestet werden.

Bei der Serverwiederherstellung bietet Exchange Server mehrere Möglichkeiten. Benutzen Sie die Informationen aus Active Directory, muss das Betriebssystem in einem Zustand neu erstellt werden, der Exchange unterstützt, aber nicht unbedingt in dem, den es vorher hatte. Damit entfällt die Notwendigkeit, eine Sicherung oder Kopie des Systems zu unterhalten. Die Wiederherstellung kann auch von einem Speicherbereichsnetzwerk (Storage Area Network, SAN) aus erfolgen. Dabei werden im Speicherarray des Netzwerks logische Einheitennummern (Logical Unit Number, LUN) unterhalten, die beim Ausfall eines physischen Servers wiederverwendet werden können. Der Server selbst muss wie im ersten Fall mit der vorherigen Konfiguration neu erstellt werden (einschließlich HBAs, Treiber, SAN-Verbindungen usw.); die Daten werden jedoch nicht aus einer Sicherung wiederhergestellt. Der Server wird dann einfach an das SAN angeschlossen, bekommt Zugriff auf die LUNs und wird eingeschaltet. Diese Situation gibt Ihnen auch die Flexibilität, Start-LUNs des Betriebssystems auf andere Speicherarrays oder andere Volumes im Speicherarray zu replizieren.

Eine Exchange-Postfachdatenbank sichern

Das Sichern einer Exchange-Postfachdatenbank kann schwer zu planen sein. Die Datenbank wird im Lauf des Tages für vieles genutzt, was nicht zu Sicherungszwecken unterbrochen werden sollte. Benutzerzugriff, Neuaufbau von Inhaltsindizes und Onlinewartung kommen dabei am häufigsten vor. Die Sicherung sollte für eine Zeit geplant werden, in der sie nicht damit in Konflikt gerät und trotzdem jede Nacht erledigt wird.

Häufig kommen die beiden folgenden Methoden zum Einsatz; sie sind umfangreich getestet und erfüllen sinnvolle Ziele hinsichtlich Wiederherstellungspunkt und -zeit:

- Wöchentlich eine vollständige und täglich eine inkrementelle Sicherung
- Täglich eine vollständige Sicherung

HINWEIS Als Alternative zu diesen Technologien ermöglichen einige Drittanbieter durch benutzerdefinierte Plattenspiegelung und/oder Dateisystemtreiber Sicherungen, die weder auf VSS noch auf Streaming basieren. Um vor einer Implementierung in der Produktion die Unterstützungsfähigkeit und die technische Zuverlässigkeit sicherzustellen, ist eine sorgfältige Bewertung dieser Technologien von Drittanbietern erforderlich. Microsoft unterstützt sie häufig nicht, sodass der Primärsupport den Drittanbietern überlassen bleibt.

Wöchentliche und tägliche Sicherungen kombinieren

Die erste Methode ist eine wöchentliche vollständige und eine tägliche inkrementelle Sicherung. Sie kann auf Streaming- oder VSS-Basis erfolgen. Wegen der Geschwindigkeit der inkrementellen Sicherungen fällt die Sicherungsdauer normalerweise geringer aus. Bei einem kleineren Zeitfenster können die Datenbanken größer sein, was wiederum größere Postfächer ermöglicht, während die Benutzer immer noch zusammenbleiben können. Dies spielt in vielen Umgebungen eine Rolle, sodass diese Methode populär geworden ist. Außerdem stört das kleinere Zeitfenster die wichtige Onlinewartung nicht, die einmal wöchentlich stattfinden und nicht mit dem Neuaufbau von Indizes oder der allgemeinen Benutzeraktivität in Konflikt geraten soll. Die genannten Eigenschaften sind für Sicherungen günstig; die Methode weist jedoch auch Nachteile auf.

Am deutlichsten ist die Anzahl der Sicherungen, die für eine vollständige Wiederherstellung eingespielt werden müssen. Außerdem kann sich die mögliche Beschädigung einer inkrementellen Sicherung schädlich auf den Vorgang der Gesamtsicherung auswirken; die ausschließliche Verwendung vollständiger Sicherungen würde dagegen eine Wiederherstellung aus einer der jüngsten Sicherungen ermöglichen.

Tägliche vollständige Sicherungen

Die zweite Methode ist die der täglichen vollständigen Sicherung. Sie kann auf Streaming- oder VSS-Basis erfolgen. Wegen der betroffenen Datenmengen führt diese Vorgehensweise zu längeren Sicherungszeiten pro Nacht. Durch Plattenspiegelung können bei VSS-Sicherungen die Dauer und die Belastung der Hosts erheblich reduziert werden. Wenn Sie keine dieser Lösungen einsetzen können, reicht auch ein Software-VSS-Provider oder ein Streamingsicherungsprogramm aus. Unabhängig von der verwendeten Technologie sollten Sie ein größeres Zeitfenster einplanen, um zu gewährleisten, dass die Sicherung erfolgreich abgeschlossen werden kann. Häufig werden Probleme wie langwierige Konsistenzprüfungen, Fehler bei der Bereitstellung von Medien und Ausfälle mitten in der Sicherung nicht bedacht, sodass das Zeitfenster überschritten wird.

Bei der Planung einer vollständigen Sicherung auf VSS-Basis ist Folgendes zu bedenken:

- Die Zeit für eine Konsistenzprüfung
- Die Zeit für die Synchronisierung der VSS-Medien mit den Produktionsspindeln
- Das Verhalten bei Fehlern bei der Bereitstellung von Medien wie Festplatten und Bändern

- Das Verhalten bei Fehlern mitten im Sicherungsvorgang wie dem Beendigungszustand der Festplatte

Bei der Planung einer vollständigen Sicherung auf Streamingbasis ist ebenfalls einiges zu bedenken:

- Die Belastung für den Host bei Aktivierung des Flags »Gelöschte Objekte eliminieren«
- Die Zeit für eine vollständige Sicherung
- Das Verhalten bei Fehlern bei der Bereitstellung von Medien wie Festplatten und Bändern
- Das Verhalten bei Fehlern mitten im Sicherungsvorgang wie dem Beendigungszustand der Festplatte

All dies müssen Sie berücksichtigen und einplanen, um einen reibungslosen Ablauf Ihrer Sicherungen zu gewährleisten. Viel zu häufig werden diese Aspekte übersehen, und die Erledigung von Sicherungen wird zur langwierigen Aufgabe, die niemals abgeschlossen wird. Daraus können Sicherungen entstehen, die nicht vollständig sind oder sich bei einem Ausfall nicht wiederherstellen lassen.

Ein einzelnes Exchange-Postfach sichern

Das Sichern einzelner Exchange-Postfächer ist das einfachste Thema, das in diesem Kapitel angesprochen wird. Um es einfach auszudrücken: Microsoft unterstützt diese Funktion von sich aus nicht. Die beiden Sicherungstechnologien, Streaming und VSS, ermöglichen nur das vollständige Sichern und Wiederherstellen von Datenbanken, was jedoch nicht bedeutet, dass das Sichern eines einzelnen Postfachs unmöglich ist. Für Exchange Server kann ein Drittanbieter ein Sicherungsprogramm erstellen, das jedes Postfach einzeln sichert. Dies geschieht üblicherweise mithilfe der MAPI-Schnittstelle genau so, wie sich ein Outlook-Client bei einem Postfach anmeldet und dann in der Lage ist, alle darin befindlichen Objekte zu lesen. Dies wurde schon für frühere Versionen angeboten, aber die Hersteller haben diese Fähigkeit häufig hinzugefügt und wieder weggelassen. Einige haben diese Strategie als Sicherung auf Objektebene implementiert, sodass sich einzelne Nachrichten aus einer echten Sicherungsdatei wiederherstellen lassen.

Diese Anwendungen von Drittanbietern können Ihre Umgebung erheblich verbessern, aber Leistung und Zeitvorgaben dieser Lösungen bringen einige ernsthafte Probleme mit sich. Wenn Sie vorhaben, eine davon einzusetzen, sollten Sie ernsthaft erwägen, die betreffende Sicherung vom Produktionsexemplar der Datenbank auf ein Replikat zu verlagern, das durch fortlaufende Cluster- oder lokale Replikation oder eine andere Replikationstechnologie entstanden sein kann; wichtig ist nur, dass die Sicherung keine Zeit auf dem Produktionsdatenträger in Anspruch nimmt.

Eine Alternative zu einer Sicherungslösung auf Postfachebene kann eine Anwendung bilden, die ein ausgelagertes Verfahren zum Sichern und Wiederherstellen eines Postfachs ermöglicht, bei der eine vollständige Sicherung und Wiederherstellung der Datenbank über die Wiederherstellungsspeichergruppe benutzt wird. Dieses Verfahren beeinträchtigt die Leistung des Produktionssystems nicht im selben Maß wie eine Sicherungslösung auf Postfachebene.

Für Beschädigungen vorausplanen

Beschädigungen sind unvermeidlich. Irgendwann erleidet eine Datenbank, die unter Ihrer Kontrolle steht, einen Schaden. Darauf sollten Sie sich einrichten und Vorkehrungen treffen, die Tools und Prozeduren beherrschen und die nötige Ruhe entwickeln, die erforderlich ist, um mit dieser kritischen Situation fertig zu werden.

Mit folgenden Tools sollten Sie sich auskennen:

- Eseutil
- Isinteg
- MfcMAPI

Dann sind Sie in der Lage, das Datenbankmodul ESE zu bedienen (Eseutil), Fehler in der Informationsspeicherschicht zu finden und zu beheben (Isinteg) und mit dem Protokoll MAPI in bestimmte Postfächer zu schauen (MfcMAPI). Sie müssen den grundlegenden Unterschied zwischen den drei Komponenten kennen, um zu verstehen, wo ein Problem jeweils liegen kann. In Abbildung 16.3 sehen Sie unten die Datenbankinstanzen (ESE); dort sind die Daten gespeichert. Der Informationsspeicher liegt darüber; es handelt sich um einen einzelnen Prozess, der den Zugriff auf die einzelnen Datenbanken verwaltet und steuert, wie die Informationen in und aus den Datenbanken gelangen. Die MAPI-Schnittstelle bildet die Verbindung zum Informationsspeicher; sie bestimmt, wie Outlook-Clients den Informationsspeicher und schließlich die Datenbank sehen und mit ihnen kommunizieren. Outlook benutzt die Schnittstelle zur Kommunikation mit Exchange. Sie sehen, dass jedes Werkzeug Einfluss auf einen anderen Teil des Stacks nehmen kann: **Eseutil.exe** kann direkt mit der ESE-Datenbank interagieren, **Isinteg.exe** mit den Datenbanken im Kontext des Informationsspeichers und **MfcMAPI.exe** auf dieselbe Weise wie Outlook (jedoch ohne irgendwelche Einschränkungen) über die MAPI-Schnittstelle mit dem Informationsspeicher.

Abbildg. 16.3 Schichten zwischen Outlook und der Datenbank

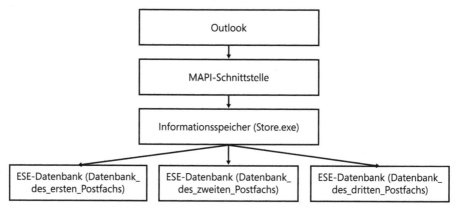

Sicherungsstrategien umsetzen

Die drei wichtigsten Anforderungen, die beim Umsetzen der beschrieben Verfahren zu bedenken sind, betreffen Wiederherstellungspunkt bzw. -zeit, die finanzielle Seite und die Umgebung. Sie definieren, wie die Verfahren implementiert werden und wie sie arbeiten.

Am häufigsten werden Wiederherstellungspunkt und Wiederherstellungszeit diskutiert. Das erste Ziel ist der Zeitpunkt, auf dessen Zustand das System wiederhergestellt werden soll. Wenn Sie das System einmal wöchentlich mittwochs um zehn Uhr sichern, heißt Ihr Ziel für den Rest der Woche Mittwoch zehn Uhr, weil dies der einzige Zeitpunkt ist, für den eine Wiederherstellung möglich ist. Das zweite bezeichnet die gewünschte Dauer der Wiederherstellung des Systems. Wenn Ihre Sicherungsmethode Ihnen erlaubt, ein USB-Kabel einzustecken, auf eine Schaltfläche zu klicken und zehn Minuten zu warten, bis das System vollständig wiederhergestellt ist, beträgt Ihre Sicherungsdauer etwa elf Minuten (unter der Voraussetzung, dass die Arbeit mit Kabel und Schaltfläche etwa eine Minute dauert). Häufig werden diese beiden Ziele kombiniert. Systeme mit dem Ziel eines möglichst nahen Wiederherstellungspunkts haben normalerweise auch das Ziel einer kurzen Wiederherstellungszeit und umgekehrt. Das Problem liegt darin, dass der finanzielle Aufwand üblicherweise ebenfalls gemeinsam steigt oder sinkt: Szenarien mit nahem Wiederherstellungspunkt und kurzer Wiederherstellungszeit kosten im Allgemeinen mehr, solche mit fernem Wiederherstellungspunkt und langer Wiederherstellungszeitziel weniger.

Damit kommen wir zur zweiten wichtigen Anforderung: dem finanziellen Aufwand. Diese Überlegung ist wichtig und hat wahrscheinlich erheblichen Einfluss darauf, welche Verfahren eingesetzt werden. Ein geografisch weit verteilter Cluster mit replizierten Speicherarrays weist zum Beispiel die anspruchsvollsten Ziele für Wiederherstellungspunkt und Wiederherstellungszeit für E-Mail-Datenbankumgebungen auf und stellt normalerweise eine teure Lösung dar. Ein verschlüsseltes Sicherungsband, das per Post an den wiederherzustellenden Standort geschickt wird, wo es auf neuen Servern eingespielt wird, erfüllt dagegen nur sehr geringe Ansprüche an Wiederherstellungspunkt und Wiederherstellungszeit und stellt ungefähr die billigste Lösung dar, die Sie bekommen können.

Die Überlegungen zur Umgebung bilden die dritte wesentliche Anforderung. Sie erfordert ein hohes Maß an Planung. Dazu gehört, welche Serverfunktionen auf den wiederherzustellenden Servern eingerichtet sind, an welchem Active Directory-Standort der Server wiederhergestellt wird und welche Infrastruktur zwischen den beiden Standorten besteht. Ist auf dem Server nur die Funktion des Postfachservers eingerichtet, kommt möglicherweise eine Clusterlösung in Frage; allerdings müssen an dem Active Directory-Standort, an dem der Postfachserver wiederhergestellt werden soll, bereits der Clientzugriffs- und der Hub-Transportserver vorhanden sein. Ist die einzige Netzwerkverbindung zwischen den beiden Standorten eine E1-Leitung mit hoher Latenz, stellen Festplatten- oder fortlaufende Clusterreplikation möglicherweise keine praktikablen Lösungen dar, um Kopien der Postfachdatenbank an den Wiederherstellungsort zu transportieren.

Der nächste Abschnitt zeigt häufige Szenarien, in denen die genannten Anforderungen bei der Entwicklung von Verfahren zur Wiederherstellbarkeit von Diensten und Daten berücksichtigt wurden. Sie erfüllen bestimmte konkrete Anforderungen und dienen nur zur Veranschaulichung.

Fortlaufende Clusterreplikation mit VSS

Das erste Szenario zeigt die fortlaufende Clusterreplikation (Clustered Continuous Replication, CCR) mit Sicherungen durch den Volumenschattenkopie-Dienst (Volume Shadow Copy Service, VSS). Es kombiniert die neue CCR-Technologie mit dem VSS-Standardframework. Die Verwendung von CCR und VSS in Ihrer Umgebung bietet gegenüber anderen Lösungen für die Datenreplikation einige Vorteile, die in erster Linie die Kosten, die Unterstützung und die Zeit bis zum Neustart betreffen. Sie in einem Szenario zu verknüpfen bedeutet, dass Ihre Umgebung aus folgender Hardware besteht:

- Ein Cluster mit dem Microsoft-Clusterdienst, der aus zwei Exchange Server 2007-Postfachservern und einem Quorumgerät besteht.
    - Die Exchange Server 2007-Postfachserver brauchen nicht die gleiche Hardware aufzuweisen, aber Sie sollten einplanen, dass Sie die Produktionslast jederzeit auf einem der beiden Systeme ausführen können.
    - Das Quorumgerät kann ein beliebiges unterstütztes Quorumgerät in einem Microsoft-Cluster sein, zum Beispiel eine Quorumfestplatte, ein Quorumserver in einem MNS-Cluster (Majority Node Set) oder ein Dateifreigabezeuge in einem MNS-Cluster.

- Ein Server zur Durchführung von Sicherungen, der auch als Host des Dateifreigabenzeugen für Ihren MNS-Cluster dienen kann. Dieser Server kann über 32- oder 64-Bit-Hardware verfügen und braucht nicht den übrigen Serverkonfigurationen zu entsprechen. Der VSS-Requestor befindet sich auf dem Server, der für die Sicherungen zuständig ist. Benutzt der Server ein freigegebenes Speicherarray, werden auf dem Sicherungsserver Festplattenreplikate bereitgestellt, um Prüfsummen zu verifizieren.

Dieses Szenario wird normalerweise so eingerichtet, dass der Cluster auf jedem Knoten betrieben werden kann und zur Wartung des Servers oder bei (geplanten oder ungeplanten) Notfällen ein Failover auf jeden Knoten möglich ist. Der Sicherungsserver kann über das Netzwerk mit beiden Knoten kommunizieren und ist in der Lage, mit dem verwendeten VSS-Provider zu sprechen. Der Zeitplan für die Sicherungen ist in erster Linie von der Menge der Daten in den einzelnen CCR-Gruppen und dem zulässigen Zeitfenster für die Sicherung in der Organisation abhängig. Am häufigsten ist ein Szenario, in dem vollständige Sicherungen am Wochenende in einem erweiterten Zeitfenster und differenzielle Sicherungen während der Woche in einem kleineren Zeitfenster stattfinden.

Beim Implementieren eines derartigen Szenarios sind zwei wichtige Aspekte zu bedenken:

- Welche Menge an Datenverlust kann Ihre Umgebung verkraften (Wiederherstellungspunkt)?
- Innerhalb welcher Zeit muss Ihre Umgebung neu gestartet werden (Wiederherstellungszeit)?

Bei einem geplanten Failover gewährleistet die fortlaufende Clusterreplikation (CCR), dass die letzte Protokolldatei geschlossen und auf den passiven Knoten im CCR-Cluster übertragen wird. Anschließend kann der passive Knoten den Postfachclusterserver und die zugrunde liegende Datenbank neu starten. Beim Neustart sollte die Datenbank dank des Protokolleinspielmechanismus auf der entfernten Seite bereits konsistent sein, was dazu führt, dass der Neustart praktisch sofort erfolgt und Clientanforderungen direkt nach Auslösen des Failovers wieder bedient werden.

Bei einem Failover im Notfall läuft der Vorgang ähnlich ab. Der passive Knoten versucht, alle Protokolldateien vom aktiven Knoten zu kopieren, die geschlossen wurden oder noch nicht geschlossen sind. Anschließend versucht er sofort, diese Dateien einzuspielen, um etwa verbliebene Daten in die passive Datenbank zu übernehmen. In diesem Augenblick kommt die Protokollverlustsicherung ins Spiel, um zu gewährleisten, dass die kopierten Protokolle vollständige Daten enthalten. Sind die Daten unvollständig, werden die Protokolle nicht in die Datenbank eingespielt, sondern es wird eine neue Protokollgeneration angelegt, um eingehende Daten damit zu verarbeiten, während die unvollständigen unbeachtet bleiben. Dadurch ist der Postfachclusterserver schnell wieder erreichbar und kann aus dem Papierkorb des Hub-Transport-Servers alle Daten holen, die verfügbar sind.

Bei einem geplanten und auch bei einem ungeplanten Failover ist Datenverlust möglich. Kann das letzte Protokoll aus irgendeinem Grund nicht auf den passiven Knoten kopiert werden und lassen sich die Daten auch nicht über den Transportpapierkorb erneut senden, gehen die Daten der Nachrichten verloren, die in diesen Protokollen teilweise verfügbar waren. Das Wiederherstellungspunktziel für den Failover kann variabel sein; es wird jedoch im Szenario durch eine VSS-Sicherung ergänzt, die einen sehr schnellen Mechanismus zum Sichern und Wiederherstellen bietet, um auf der Grundlage der VSS-Sicherung eine aktuellere Kopie zu ermöglichen. Die angepeilte Wiederherstellungszeit für den Failover ist immer noch relativ kurz, was auch für die VSS-Wiederherstellung gilt (vorausgesetzt, der VSS-Anbieter erlaubt eine schnelle Wiederherstellung).

Dieses Szenario hat u.a. folgende Nachteile:

- Ein Failover kann zu Datenverlust führen.
- Werden Sicherungen vom Replikat angefertigt, lassen sie sich nicht problemlos zwischen den Produktions- und den Replikatknoten verschieben.

- Die Lösung lässt sich möglicherweise nur schwer auf getrennte Standorte erweitern.

Datenverlust lässt sich in allen Szenarien, bei denen das Produktionsexemplar der Datenbank nicht gemeinsam mit der passiven Kopie genutzt oder synchron auf sie repliziert wird, nur schwer vermeiden. Der Umfang des Verlustes lässt sich durch Einstellungen für den Transportpapierkorb und Investitionen in die Netzwerkinfrastruktur beeinflussen, aber das Risiko ist nicht vollkommen auszuschalten. Erstellt die VSS-Sicherungsanwendung Kopien vom Replikations-Writer, können diese außerdem nur auf dem Produktions-Writer wiederhergestellt werden. Eine solche Sicherung kann auf dem Replikat also nur wiederhergestellt werden, wenn der Postfachclusterserver vor der Wiederherstellung einen Failover auf das Replikat ausführt. Falls die Sicherung vom Replikat genommen wurde und der Standort des passiven Clusterknotens unerreichbar wird, gibt es keine Sicherung, die sich wiederherstellen lässt.

Einzelkopiecluster mit Streamingsicherungen

Das zweite Szenario ist der Einzelkopiecluster (Single Copy Clustering, SCC) mit Streamingsicherung. Es kombiniert die herkömmliche SCC-Technologie mit der älteren Streamingsicherung-API. Diese Möglichkeit bietet in Ihrer Umgebung gegenüber den Lösungen mit Datenreplikation einige Vorteile: minimaler Datenverlust, optimale Wiederherstellungszeit und das geringste Risiko für eine Beschädigung der Datenbanken. Die Techniken in einem Szenario zu verknüpfen bedeutet, dass Ihre Umgebung aus folgender Hardware besteht:

- Ein Cluster mit dem Microsoft-Clusterdienst, der aus zwei oder mehr Exchange Server 2007-Postfachservern und einem Quorumgerät besteht.
  - Die Server im Cluster sollten alle die gleichen Komponenten enthalten und den Standard WHQL für Cluster erfüllen.
  - Das Quorumlaufwerk muss für alle Server des Clusters erreichbar sein.
- Ein Server zur Durchführung von Sicherungen, der nur für die Steuerung der Sicherungen zuständig ist. Die Postfachserver leisten selbst den Großteil der Arbeit, um die Daten in der Datenbank an einen externen Ort zu verlagern.

Beim Implementieren eines derartigen Szenarios sind zwei wichtige Aspekte zu bedenken:

- Welche Menge an Datenverlust kann Ihre Umgebung verkraften (Wiederherstellungspunkt)?
- Innerhalb welcher Zeit muss Ihre Umgebung neu gestartet werden (Wiederherstellungszeit)?

Bei einem geplanten Failover führt SCC einen Neustart des Postfachclusterservers auf dem bevorzugten passiven Knoten des Clusters durch. Der aktive Knoten fährt die Datenbank des Postfachclusterservers herunter und startet sie auf dem passiven Knoten neu. Sobald alle Dienste gestartet und die Datenbanken bereitgestellt sind, ist der Postfachclusterserver wieder benutzbar.

Bei einem ungeplanten Failover versucht SCC zuerst einen Neustart auf dem aktiven Knoten, der den Postfachclusterserver beherbergt. Gibt es Einschränkungen, zum Beispiel den Ausfall der Hauptplatine des aktiven Knotens, versucht SCC, den Postfachclusterserver auf dem bevorzugten passiven Knoten neu zu starten, wobei der Zustand der Datenbank keine Rolle spielt. Sind Protokolle vorhanden, für die noch kein Commit durchgeführt wurde, werden die abgeschlossenen Transaktionen in die Datenbank überspielt und alle unvollständigen Transaktionen mit einem Rollback zurückgenommen.

Bei einem geplanten Failover sorgt diese Vorgehensweise ebenso wie bei einem ungeplanten dafür, dass es keinen Datenverlust gibt, wodurch der Wiederherstellungspunkt auf null gesetzt wird. Außerdem stellt sie sicher, dass die Dauer des Neustarts der Zeit für den Neustart der Dienste auf demselben Knoten entspricht, was auch die Wiederherstellungszeit nahezu null werden lässt.

Die letzte Komponente bilden die Streamingsicherungen. Dabei kann die Wiederherstellung der Daten länger dauern als bei einer Wiederherstellung auf VSS-Basis. Da dieses Szenario aber eine derart hohe Dienstverfügbarkeit bietet, muss eine wiederherstellung zum Auffangen von Datenverluster durch Ausfälle bei den Prozeduren nicht bedacht werden. Dies ermöglicht es, eine teure Verfügbarkeitslösung mit einer kostengünstigeren Sicherungslösung zu verknüpfen.

Zu den Nachteilen dieses Szenarios zählen die Kosten für die Serverhardware, die lange Dauer der Sicherungen und die langwierige Wiederherstellung der Datenbanken. Die Hardwarekosten lassen sich bei einem Einzelkopiecluster nicht vermeiden; sie stellen den Preis für optimalen Wiederherstellungspunkt und -zeit dar. Der zeitliche Aufwand für Sicherung und Wiederherstellung ist ebenfalls in der Lösung selbst begründet. Eine Alternative bilden Investitionen in eine VSS-basierte Lösung.

Einzelner Multifunktions-Postfachserver mit VSS

Das dritte Szenario ist ein einzelner Multifunktions-Postfachserver mit VSS-Sicherungen. Hierbei sind mehrere Funktionen auf einem Server kombiniert, um eine Gesamtentität für eine Wiederherstellung bereitzustellen. Auf einem solchen Server sind normalerweise die Serverfunktionen Postfach, Hub-Transport und Clientzugriff zu finden. Die Kombination dieser Entität mit VSS-Sicherungen verbessert den Gesamtwiederherstellungspunkt und möglicherweise die Wiederherstellungszeit. Die Zusammenfassung von Funktionen führt dazu, dass die Umgebung aus folgender Hardware besteht:

- Ein Computer mit Windows Server 2003, auf dem zwei oder mehr Exchange Server 2007-Funktionen ausgeführt werden
- Ein Server zur Durchführung von Sicherungen, der nur für die Steuerung der Sicherungen zuständig ist

Dieses Szenario ist normalerweise so eingerichtet, dass die Wiederherstellung des Servers auf einem unmittelbar betriebsbereiten, einem betriebsbereiten oder einem einfachen Standbyserver an einem andern Standort möglich ist. Die vorrangige Wiederherstellungsmethode ist eine VSS-Wiederherstellung auf demselben oder einem neuen physischen Server. Beim Implementieren eines derartigen Szenarios sind zwei wichtige Aspekte zu bedenken:

- Welche Menge an Datenverlust kann Ihre Umgebung verkraften (Wiederherstellungspunkt)?
- Innerhalb welcher Zeit muss Ihre Umgebung neu gestartet werden (Wiederherstellungszeit)?

Einzigartig bei diesem Szenario ist die Unmöglichkeit eines geplanten Failovers; jede Nichterreichbarkeit führt zum Dienstausfall. Dies ist auch ein Hinweis auf die bei einem ungeplanten Failover erforderliche Zeit für die Wiederherstellung der Funktionen auf einem neuen Server. Der Vorgang umfasst das Hochfahren eines neuen Servers, wie es bereits im Abschnitt »Einen Exchange-Postfachserver wiederherstellen« beschrieben wurde.

Sowohl bei geplanten als auch bei ungeplanten Systemwiederherstellungen ist Datenverlust möglich, wenn die Datenbank vor der Wiederherstellung nicht sauber heruntergefahren wurde.

Die Nachteile sollten bei diesem Szenario deutlicher erkennbar sein als bei den beiden anderen: Es gibt keinen automatischen Failover der Exchange-Serverfunktionen, und die Wiederherstellung kann je nach Zustand des Bereitschaftsservers langwierig sein.

Bewerten der Beispielszenarien

Die drei vorgestellten Szenarien sind mit Sicherheit nicht die einzigen Möglichkeiten. Sie wurden ausgewählt, um Ihnen die Breite der verfügbaren Lösungen aufzuzeigen und Ihnen zu verdeutlichen, welche Elemente der Konfiguration in Ihrer Umgebung Einfluss auf die drei wesentlichen Anforderungen haben.

Das erste Szenario zeigt eine Lösung mit geringen Kosten und hoher Verfügbarkeit mit einer teureren Lösung für Sicherung und Wiederherstellung. Dies ermöglicht einen zuverlässigen Failover-Mechanismus, der geringen Datenverlust in Kombination mit einem schnellen Sicherungs- und Wiederherstellungsmechanismus zulässt, um häufigere zeitpunktgenaue Kopien anzulegen, die sich bei Bedarf schnell wiederherstellen lassen.

Das zweite Szenario verwendet eine teurere Lösung mit hoher Verfügbarkeit in Verbindung mit einem preisgünstigeren Sicherungs- und Wiederherstellungsmechanismus. Dadurch müssen nur geringe oder gar keine Datenverluste und Ausfallzeiten hingenommen werden, während Sicherung und Wiederherstellung lange dauern.

Das dritte Szenario verwendet keine Lösung mit hoher Verfügbarkeit, sondern einen schnellen Sicherungs- und Wiederherstellungsmechanismus, der bei einem Ausfall eine schnelle Wiederherstellung ermöglicht. Diese Lösung ist häufig bei kleinen und mittelgroßen Unternehmen anzutreffen, aber auch bei großen, die eine andere Form hoher Verfügbarkeit nutzen.

HINWEIS Eine häufige Erweiterung des dritten Szenarios besteht darin, in Verbindung mit dem Exchange-Multifunktionsserver die fortlaufende lokale Replikation einzusetzen. Die Replikation wird auf Speichergruppenebene implementiert, sodass ihr Umfang genauer konfiguriert werden kann, was für Organisationen mit knappem Budget wichtig ist.

Empfohlene Vorgehensweisen

Um eine Operation erfolgreich zu sichern oder wiederherzustellen, sollten Sie sich an folgende Vorgehensweisen halten:

- Dokumentieren Sie Ihre Sicherungs- und Wiederherstellungsprozeduren.
- Sorgen Sie dafür, dass Kopien der Sicherungen an einem anderen Ort aufbewahrt werden.
- Überprüfen Sie Ihr System zum Überwachen und Protokollieren der Sicherung täglich, um zu gewährleisten, dass die Sicherungen des Exchange Server-Computers in der vorhergehenden Nacht erfolgreich verlaufen sind.
- Führen Sie monatlich oder vierteljährlich einen Sicherungs- und Wiederherstellungsversuch durch, um zu gewährleisten, dass Ihre Lösung funktioniert, und um in Übung zu bleiben.
- Technologien zur Deduplizierung sind gut für die Platzausnutzung Ihrer Sicherungsmedien.
- Wenn Sie Ihre Sicherungen auf Band speichern:
  - Reinigen Sie die Bandlaufwerke regelmäßig nach den Vorgaben des Herstellers.
  - Verwenden Sie die Bänder nicht zu lange. Sondern Sie sie aus, wenn sie die vom Hersteller angegebene maximale Zyklenanzahl erreicht haben.
  - Sorgen Sie dafür, dass die Rohkapazität Ihres Bandes um einen Sicherheitszuschlag über die komprimierte Kapazität Ihrer Datenbank hinausgeht. Wenn nicht, planen Sie Bandwechsel bei der Sicherung ein.
- Wenn Sie Ihre Sicherungen auf Platten speichern:
  - Überprüfen Sie routinemäßig die Integrität der gespeicherten Daten.
  - Sorgen Sie dafür, dass die Rohkapazität Ihrer Sicherungsplatten um einen Sicherheitszuschlag über die komprimierte Kapazität Ihrer Datenbank hinausgeht. Wenn nicht, planen Sie für die Zukunft größere oder mehr Platten ein.

Zusammenfassung

In diesem Kapitel kam eine Menge Stoff über Sicherung und Wiederherstellung zur Sprache. Es zeigte auf, wie die Wiederherstellung Ihrer Exchange-Datenbanken durchzuführen ist und welche allgemeinen Schritte bei der Wiederherstellung eines ganzen Servers zu befolgen sind, und gab einen kurzen Überblick darüber, wie sich VSS in Windows Server 2003 nutzen lässt, um die Wiederherstellungsdauer so gering wie möglich zu halten. Wenn Ihre Datenbanken beschädigt werden oder etwas schief geht, sollten Sie darauf achten, dass Sie Ihre Datenbanken und Ihre Exchange-Informationen mithilfe der in diesem Kapitel dargestellten Techniken wiederherstellen.

Kapitel 17

Exchange Server 2007 optimieren

In diesem Kapitel:

Grundlagen des Systemmonitors	434
Die vier wichtigsten Teilsysteme in Windows überwachen	438
Exchange Server 2007 mit dem Systemmonitor optimieren	443
Andere Exchange-Leistungswerkzeuge verwenden	446
Zusammenfassung	450

Der Systemmonitor, ein Bestandteil der Konsole **Leistung** von Windows Server 2003, ist ein sehr wertvolles Werkzeug. Er lässt sich über den Ordner **Verwaltung** im Menü **Alle Programme** öffnen und stellt auf einem Computer mit dem Betriebssystem Windows Server 2003 die Leistung hunderter individueller Systemparameter in einem Diagramm dar. Wenn Sie Microsoft Exchange Server 2007 auf einem Windows Server 2003-Server installieren, werden zusätzlich einige Exchange-spezifische Leistungsindikatoren in den Systemmonitor aufgenommen, die dann ebenfalls erfasst werden können. Dieses Kapitel gibt einen Überblick darüber, wie Sie den Systemmonitor verwenden können, um das Exchange-System besser zu verstehen.

Grundlagen des Systemmonitors

Eine vollständige Beschreibung aller Funktionen des Systemmonitors würde den Umfang dieses Kapitels überschreiten, aber Sie erhalten hier einen Überblick über die Grundbegriffe und eine kurze Beschreibung der Funktionsweise. Da Sie bei der Steigerung der Systemleistung meist Windows einbeziehen werden, konzentrieren wir uns auf die Überwachung von Windows Server 2003.

> **Weitere Informationen**
>
> Ausführlichere Informationen zur Überwachung der Systemleistung von Windows Server 2003-Systemen erhalten Sie in *Microsoft Windows Server 2003 Administrator's Companion*, Zweite Ausgabe, von Charlie Russel, Sharon Crawford und Jason Gerend (Microsoft Press, 2006).

Begriffe der Leistungsüberwachung

Bevor wir tiefer in die Beschreibung eintauchen, müssen wir zunächst einige grundlegende Begriffe klären. Zwei davon, die Ihnen sofort auffallen, sind Leistungsüberwachung und Leistungskonsole. Leistungsüberwachung ist der Vorgang, Messwerte und Daten einzelner Leistungsindikatoren aufzunehmen, die zeigen, wie ein Server seine Aufgaben durchführt. Die Leistungskonsole ist das MMC-Snap-In, mit dessen Hilfe Sie diese Daten sammeln.

> **HINWEIS** Hauptbestandteil der Leistungskonsole ist der Systemmonitor. Im weiteren Verlauf dieses Kapitels sprechen wir daher nicht mehr allgemein von der Leistungskonsole, sondern unmittelbar vom Systemmonitor.

Genauer gesagt, wird bei der Leistungsüberwachung beobachtet, wie Windows und die installierten Anwendungen die Systemressourcen einsetzen. Es werden hauptsächlich vier Teilsysteme überwacht: die Festplatten, der Arbeitsspeicher, die Prozessoren und die Netzwerkkomponenten. Diese Systeme besprechen wir weiter hinten in diesem Kapitel ausführlicher und geben die jeweils wichtigsten Leistungsindikatoren und Maße für sie an. Im Zusammenhang mit der Leistungsüberwachung werden vier besondere Begriffe angesprochen: Durchsatz, Warteschlangen, Engpässe und Antwortzeiten.

Durchsatz

Der *Durchsatz* ist ein Maß für die Arbeit, die in einer bestimmten Zeiteinheit erledigt wird. Meist denken wir bei Durchsatz an die Menge von Daten, die innerhalb einer bestimmten Zeit von einem Punkt zum anderen übertragen werden können, aber der Begriff wird auch für die Bewegung der Daten innerhalb eines Computers verwendet. Der Durchsatz kann entweder zu- oder abnehmen.

Wenn er zunimmt, kann unter Umständen die Last – das heißt, die Datenmenge, die das System zu übertragen versucht – bis zu einem Punkt steigen, an dem keine weiteren Daten mehr übermittelt werden können. Man spricht in diesem Fall von einer *Spitzenbelastung*. Nimmt die Last dann wieder ab, müssen also immer weniger Daten übertragen werden, sinkt auch der Durchsatz.

Wenn Daten von einem Punkt zum anderen gesendet werden, hängt der Durchsatz von der Leistung jeder einzelnen Komponente auf dem Weg ab. Der langsamste Punkt auf dem Weg, den die Daten zurücklegen müssen, bestimmt den Durchsatz für die ganze Strecke. Wenn dieser langsamste Punkt zu langsam ist (die Definition von »zu langsam« ist wiederum situationsabhängig), sodass sich eine Warteschlange bildet, spricht man von einem *Engpass*. Auf diesen Begriff gehen wir im Folgenden noch ein. Oft stellt die am höchsten beanspruchte Ressource den Engpass dar, und umgekehrt ist der Engpass das Ergebnis ihrer Überbeanspruchung.

Bei der Datenübermittlung wird eine stark beanspruchte Ressource erst dann als Engpass betrachtet, wenn sich bei ihr eine Warteschlange bildet. Ein stark ausgelasteter Router, an dem sich keine oder nur eine sehr kurze Warteschlange bildet, wird beispielsweise nicht als Engpass angesehen. Wenn sich jedoch bei diesem Router eine lange Warteschlange bildet (die Definition von »lang« hängt sowohl von der Situation als auch von dem Router ab), kann man ihn als Engpass auffassen.

Warteschlangen

Eine *Warteschlange* ist ein Ort, an dem eine Anforderung für einen Dienst auf ihre Verarbeitung wartet. Wenn beispielsweise eine Datei auf die Festplatte geschrieben werden muss, wird die entsprechende Anforderung zunächst in die Warteschlange für die Festplatte gestellt. Der Treiber der Festplatte liest die Informationen dann aus der Warteschlange und schreibt sie auf den Datenträger. Lange Warteschlangen können selten als vorteilhaft angesehen werden.

Warteschlangen bilden sich in verschiedenen Situationen, beispielsweise wenn die Rate der eingehenden Anforderungen höher sind als der Durchsatz der Ressource oder wenn es lange dauert, einzelne Anforderungen zu erfüllen. Wird eine Warteschlange zu lang, bedeutet das, dass die Arbeit nicht effizient erledigt wird. Windows Server 2003 meldet die Entwicklung von Warteschlangen der Datenträger, der Prozessoren, der Serverfunktionen und von SMB-Aufrufen (Server Message Block) des Serverdienstes.

Antwortzeiten

Die *Antwortzeit* ist die Zeit, die erforderlich ist, um eine Arbeitseinheit von Anfang bis Ende zu erledigen. Im Allgemeinen nimmt sie parallel zur Belastung einer Ressource zu. Sie wird gemessen, indem man die Länge der Warteschlange einer bestimmten Ressource durch deren Durchsatz teilt. Mit den Ablaufverfolgungsprotokollen von Windows Server 2003 können Sie eine Arbeitseinheit von Anfang bis Ende verfolgen und auf diese Weise die Antwortzeit ermitteln.

Engpässe

Wie bereits erwähnt, entstehen *Engpässe*, wenn Ressourcen zu stark in Anspruch genommen werden. Sie machen sich zwar durch hohe Antwortzeiten bemerkbar, doch sollten Sie sie als Überbeanspruchung einer Ressource ansehen. Für die Optimierung der Systemleistung ist es äußerst wichtig, Engpässe aufzuspüren und zu eliminieren, denn dadurch kann das System effizienter arbeiten. Wenn Sie außerdem in der Lage sind vorherzusagen, wann ein Engpass auftreten wird, können Sie viel zur aktiven Vermeidung des Problems tun, bevor es die Benutzer beeinträchtigt. Faktoren, die zu Engpässen führen, sind die Anzahl der Anforderungen an die Dienste einer Ressource, die Häufigkeit solcher Anforderungen und die Dauer ihrer Erfüllung.

Mit dem Systemmonitor Daten sammeln

Bevor Sie die Leistung eines Exchange Server-Computers optimieren können, müssen Sie zunächst Daten sammeln, die Ihnen zeigen, wie er zum aktuellen Zeitpunkt funktioniert. Dabei müssen Sie mit drei verschiedenen Elementen umgehen: mit Objekten, Leistungsindikatoren und Instanzen. *Objekte* sind alle Ressourcen, Anwendungen und Dienste, die sich überwachen und messen lassen. Um ihre Daten zu sammeln, wählen Sie mehrere Objekte aus.

Jedes Objekt hat wiederum mehrere *Leistungsindikatoren*, die verschiedene seiner Aspekte messen, z.B. die Zahl der Pakete, die eine Netzwerkkarte in einem bestimmten Zeitraum gesendet bzw. empfangen hat, oder die Zeit, die ein Prozessor für die Verarbeitung von Kernelmodusthreads braucht. Diese Leistungsindikatoren sind die eigentlichen Elemente, die die Daten erfassen und messen.

Schließlich gibt es von manchen Leistungsindikatoren mehrere *Instanzen*, vor allem bei der Überwachung mehrerer Prozessoren auf einem Server oder mehrerer Netzwerkkarten. Wenn ein Server beispielsweise zwei Prozessoren hat, können Sie entweder die Zeit messen, die jeder der beiden Prozessoren benötigt, um aktive Threads zu verarbeiten, oder beide Prozessoren als Einheit auffassen und den Durchschnittswert errechnen. Durch verschiedene Instanzen erhalten Sie genauere Messwerte für die Leistung. Allerdings unterstützen nicht alle Objekttypen mehrere Instanzen.

Jedem Leistungsindikator wird ein bestimmter *Typ* zugewiesen, der festlegt, wie die Daten errechnet werden, wie der Durchschnitt ermittelt wird und wie die Ergebnisse angezeigt werden. In der Regel lassen sich die Leistungsindikatoren wie in Tabelle 17.1 gezeigt nach ihrem allgemeinen Typ einteilen. Der Systemmonitor unterstützt über 30 Typen von Leistungsindikatoren. Da viele von ihnen jedoch in Windows Server 2003 nicht implementiert sind, erscheinen sie auch nicht in dieser Tabelle.

Tabelle 17.1 Allgemeine Typen von Leistungsindikatoren

Typ	Beschreibung
Durchschnitt	Misst regelmäßig einen Wert und zeigt den Durchschnitt der letzten beiden Messungen an.
Differenz	Zieht den letzten Messwert von dem vorhergehenden ab und zeigt die Differenz an, falls das Ergebnis eine positive Zahl ist. Ist das Ergebnis negativ, wird null angezeigt.
Augenblicklicher Wert	Zeigt den letzten Messwert an.
Prozentsatz	Zeigt das Ergebnis als Prozentwert an.
Rate	Sammelt im Lauf der Zeit eine zunehmende Zahl von Ereignissen und teilt die gespeicherten Werte durch Einheiten der verstrichenen Zeit. Als Ergebnis wird die Aktivitätsrate angezeigt.

Weitere Informationen

Weitere Informationen über die einzelnen Indikatortypen – die Namen, die Beschreibungen und die Berechnung der Formeln – finden Sie in der Referenz der Windows Server 2003-Leistungsindikatoren auf der Seite http://technet2.microsoft.com/WindowsServer/en/library/3fb01419-b1ab-4f52-a9f8-09d5ebeb9ef21033.mspx?mfr=true.

Erfasste Daten anzeigen

Wenn Sie den Systemmonitor zum ersten Mal öffnen (den Sie über **Verwaltung/Leistung** im Startmenü erreichen), sehen Sie eine leere Seite, die als **Diagrammansicht** bezeichnet wird. Darin können

Grundlagen des Systemmonitors

ausgewählte Leistungsindikatoren in Echtzeit grafisch dargestellt werden (siehe Abbildung 17.1). Wenn Sie wollen, dass in dem Diagramm Daten angezeigt werden, müssen Sie Leistungsindikatoren aufnehmen. Klicken Sie in der Symbolleiste auf die Schaltfläche **Hinzufügen**, um das Dialogfeld **Leistungsindikatoren hinzufügen** zu öffnen, das Sie in Abbildung 17.2 sehen.

Standardmäßig wird der Computer überwacht, auf dem Sie den Systemmonitor gestartet haben, aber Sie können auch Remoterechner überwachen und sogar mehrere Leistungsindikatoren von verschiedenen Computern gleichzeitig auswählen. Außerdem können Sie einen Leistungsindikator auch auf mehreren Computern gleichzeitig beobachten und vergleichen. Für vergleichende Zwecke können Sie auch den gleichen Indikator auf mehreren Computern überwachen.

Abbildg. 17.1 Die Diagrammansicht im Systemmonitor

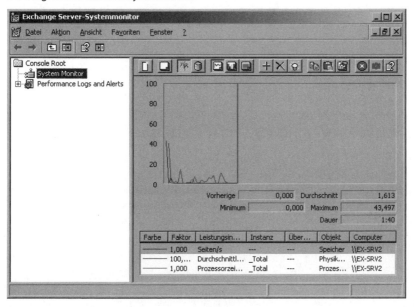

Abbildg. 17.2 Das Dialogfeld **Leistungsindikatoren hinzufügen**

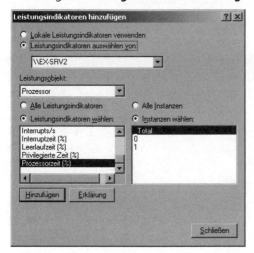

Die vier wichtigsten Teilsysteme in Windows überwachen

Wir haben bereits erwähnt, dass Sie die vier Teilsysteme Arbeitsspeicher, Prozessor, Festplatte und Netzwerk laufend überwachen sollten. In diesem Abschnitt werden wir nun jedes dieser Systeme kurz beleuchten und Ratschläge zu ihrer Optimierung in Windows geben, sodass sie möglichst gut mit Exchange Server 2003 zusammenarbeiten.

Ein Punkt gilt für alle vier Systeme: Aktuelle Daten sind nicht besonders nützlich, wenn Sie keine Grundwerte haben, mit denen Sie sie vergleichen können. Daher sollten Sie einen Zeitplan für die regelmäßige Überwachung aller Server aufstellen und aus den Daten eine Grundlast ermitteln, die angibt, wie die Server in Zeiten geringer, normaler und höchster Belastung arbeiten. Wenn beispielsweise angezeigt wird, dass ein Server durchschnittlich 53 Speicherseiten pro Minute auslagert, können Sie damit nicht viel anfangen, wenn Sie den Durchschnittswert nicht kennen und daher nicht wissen, ob dieser Wert normal ist oder stark von der Regel abweicht. Dies können Sie nur erkennen, wenn Sie den Server regelmäßig überwacht haben.

Die Auslastung des Arbeitsspeichers

Mit den in Tabelle 17.2 beschriebenen Leistungsindikatoren können Sie die Grundwerte für den Arbeitsspeicher in Ihrem System ermitteln. Bei der Überwachung dieser Indikatoren werden Sie gelegentliche Spitzenwerte beobachten, die Sie bei der Bestimmung der Grundlast außer Acht lassen können, da sie nicht repräsentativ sind. Sollten solche Spitzenwerte aber immer häufiger auftreten, dürfen Sie sie auf keinen Fall ignorieren. Eine Zunahme kann darauf hinweisen, dass eine Ressource zu stark belastet wird.

In ↗ Kapitel 3, »Architektur von Exchange Server 2007«, haben Sie erfahren, dass die Extensible Storage Engine (ESE) die Leistung des Systems automatisch prüft und sich selbst den gesamten verfügbaren Platz im Arbeitsspeicher zuweist, den sie voraussichtlich brauchen wird. Das bedeutet, dass der Speicherleistungsindikator **Verfügbare** Bytes möglicherweise immer etwa 4000 KB anzeigt, auch wenn der Server gerade nicht sehr stark belastet ist. Außerdem weist sich auch der Prozess **Store.exe** selbst einen großen Teil des Arbeitsspeichers zu. Dies wurde bei der Entwicklung so vorgesehen und stellt weder ein Speicherleck noch einen Engpass dar.

Tabelle 17.2 Die wichtigsten Leistungsindikatoren für den Arbeitsspeicher

Leistungsindikator	Beschreibung
Speicher\Seiten/s	Zeigt die Geschwindigkeit, mit der Seiten von der Festplatte gelesen bzw. auf die Festplatte geschrieben werden, um schwere Ausnahmefehler zu beheben. Dieser Indikator ist der wichtigste Hinweis auf Seitenfehler, die den Betrieb eines Systems stark verlangsamen können. Der angezeigte Wert ist die Summe aus den Speicherindikatoren **Seiteneingabe/s** und **Seitenfehler/s**. Microsoft empfiehlt, diesen Wert unter 20 zu halten.
Speicher\Verfügbare Bytes	Zeigt an, wie viel Arbeitsspeicher in Byte für die auf dem Computer ausgeführten Prozesse zur Verfügung steht. Microsoft empfiehlt, diesen Wert über 4000 KB zu halten.
Auslagerungsdatei (_Total)\Belegung (%)	Zeigt an, wie viel Prozent der Auslagerungsdatei während des Beobachtungszeitraums in Gebrauch waren. Ein hoher Wert deutet darauf hin, dass Sie entweder die Datei **Pagefile.sys** oder den Arbeitsspeicher vergrößern müssen. Microsoft empfiehlt, diesen Wert unter 75 Prozent zu halten.

Wenn Sie wissen wollen, wie viel Speicherplatz den einzelnen Prozessen zugewiesen wurde, verwenden Sie das Programm Memsnap oder den Prozessmonitor, die sich beide unter den Supporttools auf der Windows Server 2003-CD befinden. Memsnap zeichnet die Auslastung des Systemarbeitsspeichers in einer Protokolldatei auf, die Sie später auswerten können, führt allerdings keine längere Aufzeichnung darüber durch, wie die einzelnen Prozesse den Speicher verwenden, sondern erstellt lediglich eine Momentaufnahme. In Abbildung 17.3 sehen Sie ein Beispiel für eine Memsnap-Protokolldatei.

Abbildg. 17.3 Eine Memsnap-Protokolldatei

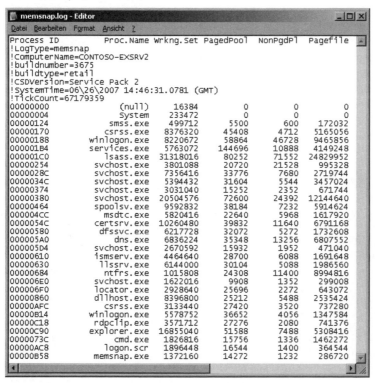

Die Auslastung des Prozessors

Mit den in Tabelle 17.3 beschriebenen Leistungsindikatoren können Sie die Grundwerte für die Auslastung des Prozessors ermitteln. Der Prozessor hat immer einen Thread zu verarbeiten. Wenn ihm kein aktiver Thread vorliegt, liefert ihm das System einen Leerlaufthread. Diese werden in der Anzeige des Leistungsindikators **Prozessor\Prozessorzeit** (%) jedoch nicht berücksichtigt.

Gründe für Prozessorengpässe sind meist ungenügender Arbeitsspeicher und zu viele Interrupts von Festplatten- oder Netzwerk-E/A-Komponenten. In Zeiten niedriger Aktivität stammen die einzigen Interrupts von den Pulsen, die den Prozessorzeitgeber jeweils um einen Schritt erhöhen. Sie treten in Abständen von 10 bis 15 Millisekunden auf, also etwa 70 bis 100 mal pro Sekunde. Der Wert wird mit dem Leistungsindikator **Prozessor (_Total)\Interrupts/s** gemessen. Auf einem Windows-Server sind Tausende von Interrupts pro Sekunde vollkommen normal, wobei der Wert von Prozessor zu Prozessor schwankt. Wenn Sie eine neue Anwendung installieren, steigt er oft dramatisch an.

Tabelle 17.3 Die wichtigsten Leistungsindikatoren für den Prozessor

Leistungsindikator	Beschreibung
Prozessorzeit (%)	Zeigt den Prozentsatz der verstrichenen Zeit, den die Threads eines Prozesses benötigt haben, um ihre Anweisungen zu verarbeiten. Ein *Befehl* ist die kleinste Ausführungseinheit in einem Computer, ein *Thread* das Objekt, das die Befehle ausführt, und ein *Prozess* das Objekt, das beim Ausführen eines Programms erstellt wird. Microsoft empfiehlt, diesen Wert bei oder unter 80 zu halten.
System\Prozessor-Warteschlangenlänge	Zeigt die Anzahl der Threads in der Prozessorwarteschlange an. Auch auf Computern mit mehreren Prozessoren gibt es nur eine Warteschlange für die Prozessorzeit. Dieser Leistungsindikator spiegelt keine bereits in Angriff genommenen, sondern nur wartende Threads wider. Microsoft empfiehlt, diesen Wert bei oder unter 2 zu halten.

Wenn Sie die Antwortzeit oder den Durchsatz des Prozessors steigern wollen, können Sie die Ausführung von Anwendungen, die die CPU stark in Anspruch nehmen, auf Zeiten verschieben, in denen das System in der Regel nur gering belastet ist. Zu diesem Zweck gibt es das Dienstprogramm **Geplante Tasks** in der Systemsteuerung. Sie können auch auf einen Dual-Core- oder Quad-Core-Prozessor aktualisieren, wodurch die Leistung des Systems auf jeden Fall gesteigert wird. Statt eines Prozessors verwenden Sie dann mehrere, um die Verarbeitungslast zu verteilen.

Die Auslastung der Datenträger

In Windows Server 2003 gibt es auch Leistungsindikatoren, mit denen die Aktivität der physischen Festplatte und der logischen Laufwerke überwacht wird. Das Objekt **Physikalischer Datenträger** enthält Leistungsindikatoren, die die Aktivität der physischen Festplatte messen, während die Leistungsindikatoren des Objekts **Logischer Datenträger** statistische Daten über die logischen Laufwerke und Speichervolumes aufnehmen. Standardmäßig aktiviert Windows nur die Leistungsindikatoren des Objekts **Physikalischer Datenträger**. Wenn Sie auch die Indikatoren für **Logischer Datenträger** verwenden wollen, geben Sie an der Befehlszeile diskperf -yv ein. Die Leistungsindikatoren werden dann nach einem Neustart des Computers aktiviert.

Tabelle 17.4 führt die Indikatoren zur Messung der Leistung von Datenträgern auf. Sie sind für die Objekte **Physikalischer Datenträger** und **Logischer Datenträger** identisch, aber wir haben uns dafür entschieden, hier die Indikatoren des Objekts **Physikalischer Datenträger** anzugeben.

Tabelle 17.4 Die wichtigsten Leistungsindikatoren für Datenträger

Leistungsindikator	Beschreibung
Physikalischer Datenträger\Mittlere Sek./Übertragung	Gibt an, wie schnell Daten verschoben werden (in Sekunden). Ein hoher Wert bedeutet möglicherweise, dass das System Anfragen mehrfach ausgeben muss, da die Warteschlangen sehr lang sind oder, was seltener vorkommt, weil die Festplatte defekt ist. Für diesen Indikator gibt es keinen von Microsoft empfohlenen Wert. Achten Sie auf stärkere Abweichungen von Ihrer Grundlast.
Physikalischer Datenträger\Durchschnittl. Warteschlangenlänge des Datenträgers	Zeigt die Anzahl der Anfragen in der Warteschlange, die darauf warten, von dem Datenträger verarbeitet zu werden. Microsoft empfiehlt, diesen Wert bei maximal 2 zu halten.
Physikalischer Datenträger\Bytes/s	Gibt die Übertragungsrate für Bytes an. Dieser Indikator ist das wichtigste Maß für den Durchsatz des Datenträgers.
Physikalischer Datenträger\ Übertragungen/s	Zeigt an, wie viele Lese- und Schreiboperationen pro Sekunde abgewickelt werden. Dieser Indikator misst die Auslastung des Datenträgers und wird prozentual angegeben. Werte über 50 Prozent können darauf hindeuten, dass der Datenträger zum Engpass wird.

Um entscheiden zu können, ob ein Datenträger ein Engpasskandidat ist, brauchen Sie Zeit und Erfahrung. Wir geben hier einige nützliche Tipps, doch wenn Sie ausführlichere Informationen zu diesem Thema benötigen, lesen Sie bitte die Handbücher, auf die wir weiter vorn in diesem Kapitel bereits verwiesen haben.

Dass ein Datenträger zum Engpass im System wird, zeigt sich entweder daran, dass seine Aktivitätsrate dauerhaft weit über der sonstigen Grundlast liegt, oder daran, dass sie kontinuierlich steigt und sich immer weiter von den statistischen Normalwerten entfernt. Außerdem lassen sich ständig Warteschlangen beobachten, die entweder laufend länger werden oder beträchtlich über den normalen Grundwerten liegen, während *gleichzeitig fast keine Seiten mehr ausgelagert werden* (weniger als 20 Seiten pro Sekunde). Nur wenn diese Faktoren auf die hier beschriebene Weise zusammentreffen, ist es wahrscheinlich, dass sich ihr Datenträger zum Engpass entwickelt. Wenn beispielsweise der RAM in Ihrem System nicht groß genug für die auftretende Belastung ist, wird eine steigende Anzahl von Seiten auf die Festplatte ausgelagert, so dass der Datenträger aktiver als nötig ist. Sofern Sie nur das Objekt **Physikalischer Datenträger** überwachen, könnten Sie dann fälschlicherweise zu der Ansicht gelangen, dass der Datenträger der Engpass ist. Aus diesem Grund müssen Sie auch Leistungsindikatoren für den Arbeitsspeicher beobachten, damit Sie die wahre Ursache des Problems erkennen können.

Wenn Sie allerdings tatsächlich feststellen, dass Ihr Datenträger zu langsam arbeitet, können Sie folgende Maßnahmen ergreifen:

- Schließen Sie zuerst aus, dass ein zu kleiner RAM die Ursache ist.
- Defragmentieren Sie den Datenträger. Informationen zur Verwendung des Defragmentierungsprogramms finden Sie in der Onlinehilfe von Windows Server 2003.
- Überlegen Sie, ob Sie ein Stripeset einrichten können, um E/A-Anforderungen gleichzeitig über mehrere Datenträger verteilt verarbeiten zu lassen. Falls Sie die Integrität der Daten gewährleisten müssen, verwenden Sie ein Stripeset mit Parität.
- Verbinden Sie die Laufwerke jeweils mit verschiedenen E/A-Bussen.
- Verwenden Sie die besten und schnellsten Controller, Datenträger und E/A-Busse, die Sie sich finanziell leisten können.

Die Auslastung des Netzwerks

In Windows Server 2003 gibt es zwei Dienstprogramme zur Überwachung der Netzwerkleistung: den Systemmonitor und den Netzwerkmonitor. Informationen über den Netzwerkmonitor, der nicht Thema dieses Kapitels ist, finden Sie in der Systemdokumentation und im Windows Server 2003 Resource Kit.

Wenn Sie sich einen Gesamtüberblick über die Leistung des Netzwerks verschaffen wollen, müssen Sie zusätzlich zu den eigentlichen Netzwerkobjekten auch andere Ressourcen wie Datenträger, Arbeitsspeicher und Prozessor überwachen. Darüber hinaus können Sie auswählen, auf welcher OSI-Schicht (Open Systems Interconnection) die Messungen vorgenommen werden sollen. Tabelle 17.5 zeigt die Leistungsindikatoren und ihre zugehörigen OSI-Schichten.

Weitere Informationen
Weitere Informationen über das OSI-Modell finden Sie in »OSI Model in the Microsoft Windows 2000 Server Resource Kit« auf der Seite http://www.microsoft.com/technet/prodtechnol/windows2000serv/reskit/cnet/cnfh_osi_owsv.mspx?mfr=true.

Tabelle 17.5 Die wichtigsten Leistungsindikatoren für das Netzwerk und ihre OSI-Schicht

Leistungsindikator	Beschreibung	OSI-Schicht
Netzwerkschnittstelle\ Ausgabewarteschlangenlänge	Gibt die Länge der Ausgabepaketwarteschlange an. 1 oder 2 sind hier meist zufrieden stellende Werte, wohingegen längere Warteschlangen darauf hindeuten, dass die Netzwerkkarte auf das Netzwerk wartet und daher mit dem Server nicht Schritt halten kann.	Physische Schicht (Bitübertragungsschicht)
Netzwerkschnittstelle\ Ausgehende Pakete, verworfen	Ein hoher Wert bedeutet, dass das Netzwerksegment gesättigt ist, ein steigender zeigt an, dass die Netzwerkpuffer nicht mit dem Fluss der ausgehenden Pakete Schritt halten können.	Physische Schicht
Netzwerkschnittstelle\ Gesamtanzahl Bytes/s	Ein hoher Wert zeigt eine große Anzahl erfolgreicher Übertragungen an.	Physische Schicht
IP\Datagramme/s	Zeigt die Rate an, in der Datagramme von jeder Schnittstelle empfangen bzw. an jede Schnittstelle gesendet werden.	Vermittlungsschicht (Netzwerkschicht)
TCP\Segmente empfangen/s	Zeigt die Rate an, in der Segmente empfangen werden, einschließlich der fälschlicherweise empfangenen Segmente. Es werden alle Segmente gezählt, die über zurzeit bestehende Verbindungen empfangen werden. Ein niedriger Wert zeigt an, dass im Netzwerk zu viel Broadcastverkehr herrscht.	Transportschicht
TCPv4\Erneut übertragene Segmente/s	Zeigt in TCP Version 4 die Rate an, in der Segmente, die bereits zuvor übertragene Bytes enthalten, erneut gesendet werden. Ein hoher Wert bedeutet entweder, dass das Netzwerk gesättigt ist, oder dass ein Hardwarefehler vorliegt.	Transportschicht
TCPv6\Erneut übertragene Segmente/s	Zeigt in TCP Version 6 die Rate an, in der Segmente, die bereits zuvor übertragene Bytes enthalten, erneut gesendet werden. Ein hoher Wert bedeutet entweder, dass das Netzwerk gesättigt ist, oder dass ein Hardwarefehler vorliegt.	Transportschicht
Redirectordienst\Netzwerkfehler/s	Misst schwere Netzwerkfehler, die darauf hinweisen, dass zwischen dem Redirector und mindestens einem Server ernste Kommunikationsprobleme bestehen.	Anwendungsschicht
Server\Auslagerungsseitenfehler	Zeigt an, wie oft Zuweisungen aus dem ausgelagerten Pool fehlgeschlagen sind. Wenn die Zahl groß ist, sind entweder der RAM oder die Auslagerungsdatei oder beide zu klein. Wenn diese Zahl kontinuierlich ansteigt, müssen Sie den physischen RAM und die Auslagerungsdatei vergrößern.	Anwendungsschicht

Das Objekt **Netzwerkschnittstelle** wird bei der Installation von TCP/IP installiert, das Objekt **Netzwerksegment** bei der Installation des Netzwerkmonitors. Zur Überwachung von TCP/IP müssen Sie die Objekte **TCP/IP**, **UDP** und **ICMP** verwenden. (Anders als bei Windows NT müssen Sie nicht mehr SNMP installieren, um die Leistungsindikatoren für IP zu erhalten.) Wenn Sie den Weg der Pakete zwischen den Computern in der Sitzungsschicht (Kommunikationssteuerschicht) verfolgen wollen, verwenden Sie das Objekt **NBT-Verbindung**. Mit ihm können Sie zudem Routingserver überwachen, die die NetBIOS-Namensauflösung einsetzen.

Zu den Objekten der Anwendungsschicht gehören **Browser**, **Redirectordienst**, **Server** und **Serverwarteschlangen** auf Computern mit dem Betriebssystem Windows Server 2003. Anhand dieser Objekte können Sie mithilfe des SMB-Protokolls (Server Message Block) die Leistung der Datei- und Druckdienste ermitteln.

Exchange Server 2007 mit dem Systemmonitor optimieren

Wenn man alle mit Exchange Server 2007 installierten Leistungsindikatoren und ihre Kombinationsmöglichkeiten für einen Bericht beschreiben wollte, müsste man ein eigenes Buch verfassen. Wir konzentrieren uns an dieser Stelle auf die wichtigsten Indikatoren und geben Ihnen einige Vorschläge zu ihrer Verwendung an die Hand. Die Indikatoren für SMTP, Microsoft Outlook Web Access (OWA) und Unified Messaging werden angesprochen. Wenn Ihnen in den Abschnitten über SMTP etwas unbekannt vorkommt, lesen Sie bitte ↗ Kapitel 25, »Unterstützung anderer Clients«. Dort wird dieses Protokoll ausführlich beschrieben. Unified Messaging wird in Kapitel 14, »Unified Messaging«, erläutert.

SMTP-Leistungsindikatoren im Systemmonitor

Der SMTP-Server empfängt und kategorisiert Nachrichten, stellt sie in die für ihren Zielort angelegten Warteschlangen und leitet sie ans Ziel weiter. Nachrichten können über Port 25, durch Exchange-Übertragung oder auch aus dem lokalen Informationsspeicher eingehen. In Tabelle 17.6 sehen Sie die wichtigsten Leistungsindikatoren für den SMTP-Dienst.

Tabelle 17.6 SMTP-Leistungsindikatoren für die Überwachung von SMTP

Empfangene Nachrichten gesamt	MSExchangeTransport SmtpReceived	Die Gesamtzahl der empfangenen Nachrichten.
Aktuelle Verbindungen	MSExchangeTransport SmtpReceived	Die Anzahl der gleichzeitigen eingehenden Verbindungen über Port 25.
Gesendete Nachrichten	MSExchangeTransport-PICKUP	Anzahl der Nachrichten, die zum Mail-Pickup-Verzeichnis gesendet wurden. Eine ungewöhnlich hohe Anzahl kann auf die Verwendung einer sehr umfangreichen Verteilerliste mit vielen E-Mail-aktivierten Kontakten hinweisen.
In das Badmail-Verzeichnis verschobene Nachrichten	MSExchangeTransport-PICKUP	Die Anzahl der nicht wohlgeformten Nachrichten, beispielsweise solcher ohne Angabe einer Zieldomäne. Sie werden an das BADMAIL-Verzeichnis weitergeleitet. Eine hohe Anzahl deutet möglicherweise darauf hin, dass manche Adressen für E-Mail-aktivierte Kontakte falsch eingegeben wurden.
Übermittelte Nachrichten gesamt	MSExchangeTransport-Warteschlangen	Die Gesamtzahl der Nachrichten, die zur Zustellung in Warteschlangen platziert wurden.
Länge der aktiven Remotezustellungswarteschlange	MSExchangeTransport-Warteschlangen	Die Anzahl der an andere Server adressierten Nachrichten, die auf ihre Übermittlung warten. Eine steigende Anzahl in dieser Warteschlange deutet möglicherweise auf ein Problem mit der physischen Verbindung zum Internet bzw. zwischen zwei Exchange Server-Computern hin. Wenn die Anzahl in einer Warteschlange stetig ansteigt, sollten Sie überprüfen, ob der Remote-SMTP-Server überhaupt zur Verfügung steht.
Für die Zustellung in Warteschlangen eingereihte Nachrichten	MSExchangeTransport-Warteschlangen	Die Anzahl der Nachrichten, die an lokale Empfänger, an den MTA oder an andere Gateways weitergeleitet werden müssen.

Outlook Web Access

Mit Outlook Web Access (OWA) können Benutzer mit einem Browser wie Microsoft Internet Explorer oder Netscape Navigator über das Internet auf ihre Postfächer zugreifen. OWA wird im Systemmonitor mit zwei verschiedenen Objekten gemessen: MSExchange OWA und MSExchange Web Mail. Aufgrund der unterschiedlichen Codepfade von Browsern des Typs IE4 (Internet Explorer 4 und Netscape Navigator) und IE 5.x gibt es im Objekt **MSExchange Web Mail** drei Formen von Leistungsindikatoren: **non-IE5** (Nicht-IE5), **IE5 and above** (IE5 und höher) sowie **_Total**. Die Instanz **_Total** bildet die Summe aus den beiden anderen. Tabelle 17.7 zeigt die wichtigsten Indikatoren zur Überwachung von OWA.

Tabelle 17.7   SMTP-Leistungsindikatoren für die Überwachung von OWA

Leistungsindikator	Objekt	Beschreibung
Durchschnittliche Antwortzeit	MSExchange OWA	Durchschnittlich verstrichene Zeit (in Millisekunden) zwischen dem Anfang und dem Ende einer OEH- oder ASPX-Anfrage.
Durchschnittliche Suchzeit	MSExchange OWA	Durchschnittlich verstrichene Zeit für den Abschluss einer Suche.
Aktuelle Proxybenutzer	MSExchange OWA	Anzahl der angemeldeten Benutzer, deren Postfachzugriff durch einen Proxy auf einem anderen Server erfolgt.
Aktuelle eindeutige Benutzer	MSExchange OWA	Anzahl der eindeutigen Benutzer, die zurzeit bei Outlook Web Access angemeldet sind. Dieser Wert überwacht die Anzahl der aktiven eindeutigen Benutzersitzungen.
Anmeldungen/Sek.	MSExchange OWA	Anzahl der OWA-Benutzersitzungen, die pro Sekunde erstellt werden.
Gesendete Nachrichten	MSExchange OWA	Gesamtzahl der Nachrichten, die von Benutzern gesendet wurden, seitdem der Prozess gestartet wurde.
Spitzenwert Benutzerzahl	MSExchange OWA	Größte Anzahl von Benutzern, die seit dem Start des Prozesses gleichzeitig mit OWA verbunden waren.
Informationsspeicheranmeldung: Fehler %	MSExchange OWA	Prozentzahl der letzten 100 OWA-Benutzeranmeldungen zu Exchange Server, die fehlgeschlagen sind.
Authentications (total)	MSExchange Web Mail	Gesamtzahl der Authentifizierungen. Es handelt sich um die Gesamtzahl der Fälle, bei denen eine Authentifizierung nötig war.
Message opens (total)	MSExchange Web Mail	Gesamtzahl der Nachrichtenöffnungen.
Message sends (total)	MSExchange Web Mail	Die Gesamtzahl der gesendeten Nachrichten. Nachdem OWA eine Nachricht abgeschickt hat, wird diese von SMTP weitergeleitet, was sich auf die entsprechenden SMTP-Leistungsindikatoren auswirkt.

Leistungsindikatoren für Unified Messaging

Es gibt mehrere Leistungsobjekte, die Unified Messaging überwachen. Je nach den eingerichteten Funktionen sind Sie in der Lage, folgende Leistungsobjekte für Unified Messaging zu überwachen:

- **MSExchangeUMGeneral**   Dieses Objekt umfasst Indikatoren zur Messung allgemeiner Unified Messaging-Statistiken. Tabelle 17.8 zeigt die Indikatoren zur allgemeinen Leistung von Unified Messaging.

Exchange Server 2007 mit dem Systemmonitor optimieren

- **MSExchangeUMCallAnswering**   Dieses Objekt enthält Indikatoren zur Messung von Anrufsbeantwortungsstatistiken.
- **MSExchangeUMFax**   Dieses Objekt enthält Indikatoren zur Messung von Faxstatistiken.
- **MSExchangeUMSubscriberAccess**   Dieses Objekt enthält Indikatoren zur Messung des Zugriffs von Abonnenten.
- **MSExchangeUMAutoAttendant**   Dieses Objekt enthält Indikatoren zur Messung der automatischen Telefonzentrale von Unified Messaging.
- **MSExchangeAvailability**   Dieses Objekt enthält Indikatoren zur Messung der Verfügbarkeit von Exchange für Unified Messaging.
- **MSExchangeUMPerformance**   Dieses Objekt beinhaltet Indikatoren zur Messung der Unified Messaging-Leistungsstatistiken.

Tabelle 17.8   Indikatoren zur Überwachung der Unified Messaging-Leistung

Leistungsindikator	Objekt	Beschreibung
Average Call Duration	MSExchangeUMGeneral	Dieser Indikator gibt die durchschnittliche Dauer von Anrufen in Sekunden an, seit der Prozess gestartet wurde.
Average Recent Call Duration	MSExchangeUMGeneral	Dieser Indikator gibt die durchschnittliche Dauer der letzten 50 Anrufe in Sekunden an.
Call Duration Exceeded	MSExchangeUMGeneral	Dieser Indikator gibt die Anzahl der Anrufe an, die aufgrund der überschrittenen UM-Anrufhöchstlänge unterbrochen wurden. Die Anzahl enthält alle Arten von Anrufen einschließlich Faxanrufe.
Calls Disconnected by User Failure	MSExchangeUMGeneral	Dieser Indikator gibt die Gesamtzahl der Anrufe an, die aufgrund zu vieler fehlerhafter Benutzereingaben unterbrochen wurden.
Calls Rejected	MSExchangeUMGeneral	Dieser Indikator gibt die Gesamtzahl der neuen Anrufeinladungen an, die zurückgewiesen wurden.
Calls Rejected per Second	MSExchangeUMGeneral	Dieser Indikator gibt die Anzahl der neuen Anrufeinladungen an, die innerhalb der letzten Sekunde zurückgewiesen wurden.
Current Auto Attendant Calls	MSExchangeUMGeneral	Dieser Indikator gibt die Anzahl der Anrufe der automatischen Telefonzentrale an, die derzeit mit dem UM-Server verbunden sind.
Current Calls	MSExchangeUMGeneral	Dieser Indikator gibt die Anzahl der Anrufe an, die derzeit mit dem UM-Server verbunden sind.
Current CAS Connections	MSExchangeUMGeneral	Dieser Indikator gibt die Anzahl der derzeitig offenen Verbindungen zwischen dem Unified Messaging-Server und den Clientzugriffservern an.
Current Fax Calls	MSExchangeUMGeneral	Dieser Indikator gibt die Anzahl der Faxanrufe an, die derzeit mit dem UM-Server verbunden sind. Sprachanrufe werden zu Faxanrufen, nachdem ein Fax-Ton entdeckt wurde.
Current Play on Phone Calls	MSExchangeUMGeneral	Dieser Indikator gibt die Anzahl ausgehender Anrufe an, die zum Abspielen von Nachrichten ausgelöst wurden.
Current Prompt Editing Calls	MSExchangeUMGeneral	Dieser Indikator gibt die Anzahl angemeldeter Benutzer an, die benutzerdefinierte Ansagen bearbeiten.
Current Subscriber Access Calls	MSExchangeUMGeneral	Dieser Indikator gibt die Anzahl der angemeldeten Abonnenten an, die derzeit mit dem UM-Server verbunden sind.

Tabelle 17.8 Indikatoren zur Überwachung der Unified Messaging-Leistung *(Fortsetzung)*

Leistungsindikator	Objekt	Beschreibung
Current Unauthenticated Pilot Number Calls	MSExchangeUMGeneral	Dieser Indikator gibt die Anzahl der Sprachanrufe zur Pilotnummer an, die noch nicht authentifiziert sind.
Current Voice Calls	MSExchangeUMGeneral	Dieser Indikator gibt die Anzahl der Sprachanrufe an, die derzeit mit dem UM-Server verbunden sind.
Delayed Calls	MSExchangeUMGeneral	Dieser Indikator gibt die Anzahl der Anrufe an, die eine oder mehrere Verzögerungen (länger als 2 Sekunden) erfahren haben.
Total Calls	MSExchangeUMGeneral	Dieser Indikator gibt die Anzahl der Anrufe seit dem Dienststart an.
Total Calls per Second	MSExchangeUMGeneral	Dieser Indikator gibt die Anzahl der neuen Anrufe an, die innerhalb der letzten Sekunde eingetroffen sind.
Total Play on Phone Calls	MSExchangeUMGeneral	Dieser Indikator gibt die Anzahl der Anrufe für Wiedergabe über Telefon an, die ausgelöst wurden, seitdem der Dienst gestartet wurde.
User Response Latency	MSExchangeUMGeneral	Dieser Indikator gibt die durchschnittliche Antwortzeit in Millisekunden an, die das System braucht, um eine Benutzeranfrage zu beantworten. Dieser Durchschnitt wird über die letzten 25 Anrufe berechnet. Der Indikator ist auf Anrufe beschränkt, die erhebliche Verarbeitung erfordern.

Aus der Praxis: System Center Operations Manager 2007

Microsoft System Center Operations Manager 2007 ist eine durchgängige Verwaltungslösung zur Überwachung des Zustands eines gesamten Microsoft-Netzwerks mit Servern, Clients, Anwendungen und Serverlösungen wie Exchange Server 2007. Sie hilft dabei, die Routineadministration zu automatisieren, und Probleme des Netzwerkzustands zu erkennen und zu lösen.

Sie können System Center Operations Manager 2007 zur Überwachung eines gesamten Messagingsystems einschließlich Server, Hardwareleistung, Konnektivität und Clients verwenden. Es ist wahrscheinlich, dass der Manager, gerade für größere Netzwerke, zur Netzwerkwartung eingesetzt wird. In diesem Fall können Sie viele der regulären Leistungsüberwachungsaufgaben auf den System Center Operations Manager übertragen. Der Manager bietet nicht nur Tools zur Messung der Leistung des Exchange Server-Computers, sondern auch für das gesamte Messagingsystems.

Andere Exchange-Leistungswerkzeuge verwenden

Microsoft stellt Tools zur Verfügung, damit Sie die Leistung eines Servers testen können, bevor er in die Produktion geht. Zwar sind diese Tools nicht dafür entworfen, die laufende Leistung eines bestehenden Systems zu überwachen oder anzupassen, doch eigenen sie sich zum Eichen eines Exchange Server-Computers durch Simulation von Lasten, bevor der Server mit in die Produktion genommen wird. Außerdem können Sie vor Inbetriebnahme Konfigurationseinstellungen und Hardwareanpassungen vornehmen.

Andere Exchange-Leistungswerkzeuge verwenden

Dieser Abschnitt befasst sich mit folgenden Tools:
- Microsoft Exchange Server Jetstress Tool
- Exchange Load Generator

Microsoft Exchange Server Jetstress

Das Tool Microsoft Exchange Server Jetstress prüft die Leistung und Stabilität eines Festplatten-Teilsystems, bevor ein Exchange Server-Computer für die Produktion bereit gestellt wird. Jetstress (siehe Abbildung 17.4) simuliert Exchange-Lasten für die Festplatten-E/A (Eingabe/Ausgabe), um sicherzustellen, dass das Festplatten-Teilsystem diese Belastungen auch verarbeiten kann. Vor allem simuliert Jetstress Exchange-Datenbank- und Protokolldatenlasten, wie sie von einer bestimmten Zahl Benutzer hervorgerufen würden. Sie können den Systemmonitor, die Ereignisanzeige und ESEUTIL in Verbindung mit Jetstress einsetzen, um sicherzustellen, dass das Festplatten-Teilsystem ihre Leistungskriterien erfüllt oder übertifft. Nach einem erfolgreichen Abschluss der Festplattenleistungs- und Belastungstests von Jetstress haben Sie sichergestellt, dass Ihr Festplatten-Teilsystem ausreichend ist (was die festgelegten Leistungskriterien angeht) und groß genug für die zugrunde gelegte Anzahl an Benutzern und Benutzerprofilen ist.

Abbildg. 17.4 Microsoft Exchange Server Jetstress

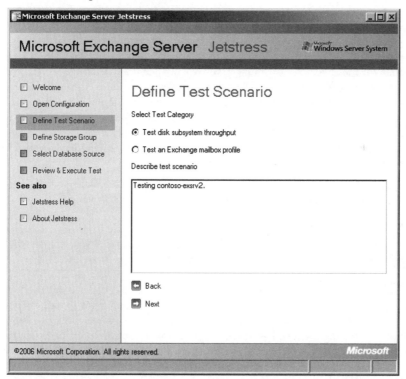

Sie können Jetstress von der folgenden Seite herunterladen: www.microsoft.com/downloads/details.aspx?FamilyID=94B9810B-670E-433A-B5EF-B47054595E9C&displaylang=en.

Kapitel 17 Exchange Server 2007 optimieren

WICHTIG Sie sollten Jetstress nur auf einem Server anwenden, der sich nicht in der Produktion befindet. Außerdem sollte dieser Server nicht mit Produktionsservern in Ihrem Unternehmen verbunden sein.

Jetstress ermöglicht Ihnen die Durchführung dreier Arten von Tests:

- **Festplatten-Leistungstest** Dieser Test dauert 2 bis 24 Stunden und ermöglicht Ihnen die Überprüfung der Leistung und Größe Ihrer Speicherlösung.
- **Festplatten-Teilsystemtest** Dieser Test dauert 24 Stunden und prüft die Speicherzuverlässigkeit über einen längeren Zeitraum.
- **Streamingsicherungstest** Dieser Test misst den Datenbankdurchsatz und die Ende-zu-Ende-Leistung der Streamingsicherung (jeweils Lesen und Schreiben).

Der Festplatten-Leistungstest und der Streamingsicherungstest sind die nützlichsten Anwendungen zur Überprüfung der Leistung Ihres Festplatten-Teilsystems.

Weitere Informationen

Weitere Informationen, einschließlich der Interpretation der Ergebnisse des Jetstress-Tests, finden Sie in der Dokumentation, die Sie mit dem Jetstress-Tool herunterladen.

Exchange Load Generator

Das Tool Microsoft Exchange Load Generator (LoadGen) simuliert die Zustellung von Messaging-Aufforderungen zur Messung der Auswirkungen von MAPI-Clients auf Exchange Server. LoadGen (siehe Abbildung 17.5) ermöglicht zu prüfen, wie ein laufender Exchange Server-Computer auf E-Mail-Belastungen antwortet. Zur Simulation von Messaging-Anforderungen führen Sie LoadGen-Tests auf einem Clientcomputer aus. Diese Tests senden mehrere Messaging-Aufforderungen an Exchange Server und verursachen so eine Mailbelastung. LoadGen ist ein nützliches Tool zur Bestimmung der notwendigen Größe von Servern und zur Validierung eines Berietstellungsplans. Es hilft Ihnen festzustellen, ob jeder Ihrer Server den zugedachten Belastungen standhält.

Sie können LoadGen von der folgenden Seite herunterladen: www.microsoft.com/downloads/details.aspx?familyid=DDEC1642-F6E3-4D66-A82F-8D3062C6FA98&displaylang=en.

WICHTIG Sie sollten LoadGen nur auf einem Server anwenden, der sich nicht in der Produktion befindet. Außerdem sollte dieser Server nicht mit Produktionsservern in Ihrem Unternehmen verbunden sein.

Um eine genaue Simulation der Last auf einem Server zu gewährleisten, führen Sie LoadGen auf einem Clientcomputer und nicht direkt auf dem eigentlichen Exchange Server aus. Der Clientcomputer sollte ein Mitglied der gleichen Active Directory-Domäne sein wie der Exchange Server-Computer. LoadGen erfordert Berechtigungen von Windows-Organisationsadministratoren, da es Benutzer, Organisationseinheiten und abfragebasierte Verteilergruppen in der Active Directory-Struktur anlegen muss.

Abbildg. 17.5 Exchange Load Generator

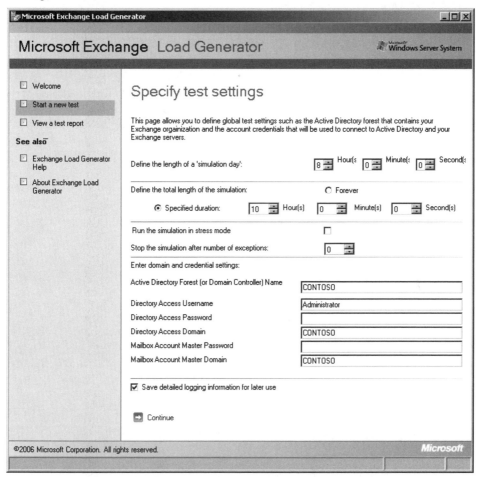

Bei der Erstellung von Benutzerkonten mit der grafischen Benutzerschnittstelle des Lastgenerators werden das Masterkennwort und die Masterdomäne nicht verwendet. Stattdessen werden dafür die Domäne und das Kennwort des Kontos für den Verzeichniszugriff verwendet, sodass die Konten das gleiche Kennwort und die gleiche Domäne haben wie das Zugriffskonto.

HINWEIS Wenn Sie Empfängerverwaltungsfunktionen zur Erstellung von Benutzern oder anderen Empfängerobjekten verwenden und mehr als einen Exchange Server-Computer in Ihrer Versuchsstruktur haben, müssen Sie Load Generator mit Benutzeranmeldeinformationen verwenden, die die Berechtigung haben, Exchange-Empfänger zu verwalten. Das Verzeichniszugriffskonto, das in der Anwendungskonfiguration angegeben ist, wird für diesen Zweck nicht verwendet.

Zusammenfassung

In diesem Kapitel wurden die Leistungsindikatoren beschrieben, die für die Leistungsmessung der vier entscheidenden Teilsysteme des Windows-Systems wichtig sind, nämlich für die Festplatten, den Arbeitsspeicher, das Netzwerk und den Prozessor. Darüber hinaus haben wir uns mit den wichtigsten Indikatoren für SMTP, OWA und Unified Messaging befasst. Die regelmäßige Überwachung Ihres Exchange Server-Computers kann Sie frühzeitig warnen, sodass Sie Probleme beheben können, bevor sie zu groß werden. Dieses Kapitel befasste sich auch mit zwei wichtigen Tools, die sicherstellen, dass ein Exchange Server-Computer bereit ist, die nötige Leistung für die zugrunde gelegte Anzahl von Benutzern zu erbringen – Jetstress und Load Generator. Verwenden Sie die Informationen aus diesem Kapitel, um eine Strategie zur regelmäßigen Überwachung Ihres Systems zu entwickeln.

Teil F
Sicherheit

In diesem Teil:

Kapitel 18	Sicherheitsrichtlinien für Exchange Server 2007	453
Kapitel 19	Grundlagen zur Sicherheit von Exchange Server	469
Kapitel 20	Antispam- und Antivirusfunktionen	491
Kapitel 21	Exchange Server 2007-Nachrichten schützen	529

Kapitel 18

Sicherheitsrichtlinien für Exchange Server 2007

In diesem Kapitel:

Die Wichtigkeit von Informationssicherheitsrichtlinien	455
Informations- und elektronische Sicherheitsrichtlinien	456
Informationssicherheitsrichtlinien für Exchange Server 2007	457
Weitere Ressourcen	466
Zusammenfassung	467

Kapitel 18 Sicherheitsrichtlinien für Exchange Server 2007

Sie fragen sich vielleicht, warum es in einem technischen Buch ein Kapitel über Sicherheitsrichtlinien gibt. Der Grund ist einfach: Sie können für Ihre Exchange Server 2007-Infrastruktur keine Sicherheit einrichten, solange Sie keine Sicherheitsrichtlinien umgesetzt haben, die die Ziele und Prioritäten Ihrer Organisation für den Schutz und die Verwaltung von Informationen vermitteln. Dadurch, dass Sie definieren, was Sie zu schützen versuchen und aus welchem Grund, können Sie Informationssicherheitsrichtlinien schreiben, die dann als Grundlage für die anzuschaffende Sicherheitstechnologie und für elektronische Richtlinien dienen. Abbildung 18.1 zeigt, wie Informationssicherheitsrichtlinien zu elektronischen Richtlinien führen. Abbildung 18.2 gibt ein Beispiel dafür.

Abbildg. 18.1 Informationssicherheitsrichtlinien in elektronische Sicherheitsrichtlinien übersetzen

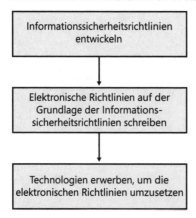

Abbildg. 18.2 Die Kennwortrichtlinie als Beispiel

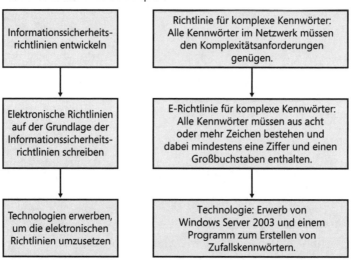

Weitere Informationen

Wenn Sie ein hervorragendes Buch über das Schreiben von Informationssicherheitsrichtlinien suchen, empfehlen wir *Information Security Policies Made Easy* von Charles Cresson Wood (Information Shield, 2005).

In den meisten Umgebungen resultiert die Einführung einer Sicherheitstechnologie aus Besprechungen zwischen der IT-Abteilung und anderen interessierten Bereichen. In der anfänglichen Planungsphase fehlt oftmals eine explizite Begründung der Sicherheitstechnologie in Form einer schriftlichen Richtlinie. Die Ziele und Strategien Ihrer Richtlinien schriftlich festzuhalten und gegenüber geschäftlichen Prioritäten zu verteidigen, hilft Ihnen dabei, Zustimmung zu Ihrem Informationssicherheitsplan zu erhalten. In diesem Kapitel unterstützen wir Sie dabei, indem wir die Fragen skizzieren, die Sie beim Erstellen der Informationssicherheitsrichtlinien bedenken müssen, und erläutern, warum sie wichtig sind.

Die Wichtigkeit von Informationssicherheitsrichtlinien

Ihr größter Schwachpunkt ist nicht Ihre Sicherheitstechnologie – es sind die Menschen, mit denen Sie täglich arbeiten. Jeder Mitarbeiter Ihrer Organisation stellt für einen Hacker einen möglichen Zugangspunkt zu vertraulichen Informationen dar. Umgekehrt kann jedes Mitglied Ihrer Organisation theoretisch zu einem internen Hacker werden. Informationssicherheitsrichtlinien bestimmen das zulässige und unzulässige Verhalten bei der Handhabung von Informationen und helfen daher sicherzustellen, dass Informationen nicht aus Versehen preisgegeben, missbraucht oder zerstört werden.

Möglicherweise finden Sie unsere Annahmen etwas übertrieben, da Sie vermutlich viele Mitarbeiter Ihrer Organisation kennen und ihnen vertrauen. Der Missbrauch von Firmenressourcen ist jedoch Tatsache, auch in kleineren Firmen. Wir kennen zum Beispiel jemanden, der als Berater in einer kleinen Firma mit ungefähr 35 Angestellten arbeitet. Ein Mitarbeiter wurde dabei erwischt, wie er einen eigenen Online-Gebrauchtwagenhandel und seine eigene Website auf seiner Arbeitsstation betrieb und die E-Mail-Adresse der Firma für private Zwecke nutzte. Sicherheitsrichtlinien können derartige Aktivitäten beschränken. Übrigens führte diese Firma eine neue Sicherheitsrichtlinie ein, die besagte, dass die Verwendung von Firmencomputern für private oder Nebenbeschäftigungen strengstens untersagt ist. Aufgrund dieser Vorgabe stellte ein anderer Angestellter die Teilnahme an einem Onlinehandel in der Mittagspause ein.

Das Skizzieren der Sicherheitsrichtlinien zwingt die Geschäftsleitung zu definieren, wie groß das Risiko sein darf, das sie in Bezug auf die wichtigsten Datenbestände eingehen will. Insbesondere werden dadurch die folgenden Fragen beantwortet:

- Welche Informationen sind am kritischsten?
- Wo befinden sich diese kritischen Informationen?
- Wer ist in der Lage, auf diese Informationen zuzugreifen?
- Welche Kosten entstehen der Organisation, wenn die Informationen missbraucht oder zerstört werden?
- Welche Maßnahmen ergreift die Firma, um die Geheimhaltung und Integrität der Informationen sicherzustellen?

> **HINWEIS** Unterschätzen Sie nicht, wie wichtig es ist, die Informationen Ihrer Organisation zu schützen, vor allem, wenn Sie mit persönlichen Daten umgehen. Heutzutage nimmt der Identitätsdiebstahl überhand, und Organisationen schaffen es nicht, die Daten Ihrer Kunden zu schützen. Für die erheblichen Schäden werden diese Organisationen dann haftbar gemacht, was sich dramatisch auf die Bilanzen auswirken kann, ganz zu schweigen von dem Schaden, den der Ruf des Unternehmens nimmt.

Explizite Informationssicherheitsrichtlinien stellen sicher, dass die geeigneten Sicherheitstechnologien erworben und eingeführt werden. Schlägt das Aufstellen einer angemessenen organisatorischen Infrastruktur für die Informationssicherheit fehl, kann das zu teuren Fehlern fehlen – teuer in Bezug auf Geld, Zeit und unerwartete Verwundbarkeit. Ihre Organisation muss sorgfältig dokumentieren, wer die Verantwortung für verschiedene Bereiche trägt, darunter die folgenden:

- Aktionen
- Richtlinien
- Standards
- Betriebsabläufe
- Durchsetzungsmechanismen
- Risikoanalyse
- Krisenreaktionsteam
- Budget für die Informationssicherheit
- Planungsteam

Ein weiterer sehr wichtiger Grund für die Einführung von Informationssicherheitsrichtlinien ist die wachsende Zahl von gesetzlichen Vorschriften, die besagen, dass die Geschäftsleitung und manchmal auch technische Mitarbeiter dafür verurteilt werden können, dass sie sich der Informationssicherheit nicht ausreichend widmen. Die Grundlage für solch eine Haftung können Fahrlässigkeit, die Verletzung treuhänderischer Pflichten sowie das Versäumnis sein, dieselben Sicherheitsmaßstäbe wie andere Unternehmen derselben Branche zu verwenden, die nötige Sorgfalt auszuüben oder zu handeln, nachdem es tatsächlich einen Sicherheitsvorfall gegeben hat. Sprechen Sie auf jeden Fall mit Ihrem Rechtsanwalt über den Grad des Sicherheitsrisikos, das Sie momentan in Ihrer Organisation haben.

Informations- und elektronische Sicherheitsrichtlinien

Im vorangegangenen Abschnitt haben wir empfohlen, zur Einführung der Sicherheit in Ihrer Organisation mehr als ein Dokument zu verwenden. Eines dieser Dokumente sollte die elektronischen Richtlinien (E-Richtlinien) betreffen. *E-Richtlinien* übersetzen Informationssicherheitsrichtlinien in genaue, messbare Ziele für Ihre IT-Belegschaft. In Tabelle 18.1 sind einige Beispiele dargestellt.

Tabelle 18.1 Beispiele für E-Richtlinien

Informationssicherheitsrichtlinien	Elektronische Richtlinien
Kennwörter für administrative und Dienstkonten dürfen außerhalb der Server oder einer physisch sicheren Umgebung nicht in lesbarer Form auftreten.	Kennwörter für administrative und Dienstkonten dürfen niemals aufgeschrieben werden, es sei denn, eine solche Dokumentation ist in einem IT-Tresor gesichert. Kennwörter können nur von Mitgliedern des Administratorenteams gelesen und diesen mitgeteilt werden.
Benutzer dürfen keine Hardware- oder Softwarewerkzeuge erwerben, besitzen oder verwenden, die zur Gefährdung der Sicherheit von Informationssystemen verwendet werden können, sofern sie dazu nicht besonders autorisiert sind.	Nur Mitgliedern des Administratorenteams ist es gestattet, Softwarewerkzeuge zu erwerben, zu besitzen oder zu verwenden, die zur Gefährdung der Sicherheit von Informationssystemen benutzt werden können. Diese Werkzeuge werden nicht ohne schriftliche Zustimmung des technischen Leiters eingesetzt. Die Werkzeuge werden nur für begrenzte Zeit und nur für einen bestimmten Zweck benutzt. Danach wird ihre Verwendung eingestellt.

Tabelle 18.1 Beispiele für E-Richtlinien *(Fortsetzung)*

Informationssicherheitsrichtlinien	Elektronische Richtlinien
Benutzer dürfen Firmencomputer nicht für persönliche Zwecke verwenden.	Die IT-Mitarbeiter werden dazu befugt, nicht unterstützte oder für den persönlichen Gebrauch installierte Programme zu deinstallieren. Ferner erhalten sie die Berechtigung, ohne Warnung des Besitzers jegliche Dateien zu löschen, die eindeutig zu nicht dienstlichen Zwecken erstellt und verwendet wurden.

Nachdem die Informationssicherheitsrichtlinien festgelegt wurden, müssen Sie die E-Richtlinien erstellen. Nur dann sind Sie in der Lage, Sicherheitstechnologien einzuführen. Dieses Thema wird in den ↗ Kapiteln 19, »Grundlagen zur Sicherheit von Exchange Server«, und ↗ 21, »Exchange Server 2007-Nachrichten schützen«, behandelt.

Informationssicherheitsrichtlinien für Exchange Server 2007

Die nächsten Abschnitte skizzieren Richtlinien für die Nachrichtenübermittlung und sollten Bestandteil Ihrer vollständigen Informationssicherheitsrichtlinien sein. Um die einzelnen Punkte zu veranschaulichen, sind verschiedene Beispiele aufgeführt.

Kennwortrichtlinien

Da die Benutzer sich an einem Exchange Server 2007-Computer und in der Microsoft Windows Server 2003 Active Directory-Umgebung authentifizieren müssen, benötigen Sie Kennwortrichtlinien. Solche Richtlinien können die folgenden Einzelheiten umfassen:

- Die minimale Kennwortlänge
- Die Komplexität des Kennworts
- Das Verbot der Wiederverwendung alter Kennwörter
- Das Verbot vom Benutzer gewählter Kennwörter
- Die Speicherung von Kennwörtern
- Das Verbot anonymer Benutzerkennungen (z.B. bei Microsoft Outlook Web Access)
- Die Anzeige und das Ausdrucken von Kennwörtern
- Regelmäßige Kennwortänderungen
- Die Übertragung von Kennwörtern an Remotebenutzer
- Beschränkungen aufeinander folgender Anmeldeversuche unter Verwendung eines falschen Kennworts
- Das Zurücksetzen von Kennwörtern durch den Helpdesk
- Die Verschlüsselung von Kennwörtern
- Die Verwendung von Kennwörtern in Skripts, Code und anderen elektronischen Formen
- Die Verwendung von Notfallkennwörtern
- Die Bekanntgabe von Kennwörtern an Berater und Auftragnehmer

- Das Verbot der gemeinsamen Verwendung von Kennwörtern
- Den erzwungenen Wechsel aller Kennwörter nach einer Sicherheitsverletzung des Systems

Diese Aufzählung ist nicht vollständig – einige Themen können in Ihren Informationssicherheitsrichtlinien für Kennwörter vorhanden sein, andere wiederum nicht –, aber sie sollte für den Beginn ausreichen. Es folgen zwei Beispiele dafür, wie diese Themen in Informationssicherheitsrichtlinien erweitert werden können:

- **Das Verbot der gemeinsamen Verwendung von Kennwörtern**   Den Benutzern ist es untersagt, ihre Kennwörter in jedweder Form mit anderen Benutzern innerhalb oder außerhalb der Firma zu teilen. Sollte es erforderlich sein, dass sich ein Mitarbeiter der IT-Abteilung mit Ihrem Benutzerkonto anmeldet, muss er vor der Anmeldung eine Aufforderung zur Kennwortänderung erhalten.
- **Die Verwendung von Notfallkennwörtern**   Die Daten auf dem Server X sind hochsensibel, sodass ihre Preisgabe an unberechtigte Personen dem Zweck und der Tätigkeit unserer Organisation unwiderruflichen und bedeutenden Schaden zufügen würde. Daher ist nur der technische Leiter berechtigt, sich auf diesem Server anzumelden und administrative Aufgaben auszuführen. Sollte sich der technische Leiter in einer Notfallsituation an dem Server anmelden, muss er das Notfallkennwort eingeben. Dieses Kennwort kann anschließend Code ausführen, der unmittelbar alle Daten auf dem Server zerstört.

Das zweite Beispiel ist natürlich extrem und kommt nur in Umgebungen zum Einsatz, die eine äußerst hohe Sicherheit erfordern. Die Richtlinie verdeutlicht jedoch, wie Sie eine gegebene Situation handhaben müssen: Eine elektronische Richtlinie legt fest, wie die Daten zu vernichten sind, während die Informationssicherheitsrichtlinie nur verlangt, dass dies geschehen muss.

Anmelderichtlinien

Da sich jeder Benutzer vor der Verwendung irgendeiner der Exchange Server 2007-Dienste bei Active Directory authentifizieren muss, sollten Sie bei der Entwicklung der Informationssicherheitsrichtlinien auch Anmelderichtlinien berücksichtigen. Die folgenden Anregungen zeigen, was diese Richtlinien abdecken können:

- Die Forderung nach einer Benutzerkennung und einem Kennwort, um auf Dienste in Ihrem Netzwerk zuzugreifen
- Das Verbot der gemeinsamen Nutzung von Benutzerkennungen und Kennwörtern
- Ein Sicherheitshinweis im Anmeldedialogfeld, der darüber Auskunft gibt, wer zur Anmeldung im Netzwerk autorisiert ist
- Die Anzeige der Benutzerkennung, die bei der letzten Anmeldung verwendet wurde
- Eine Beschränkung der Zahl der täglichen Anmeldungen, um einer unautorisierten Nutzung des Systems vorzubeugen
- Eine Beschränkung mehrerer Anmeldesitzungen von verschiedenen Knoten
- Eine Beschränkung automatischer Anmeldeverfahren
- Ein automatisches Abmeldeverfahren
- Die Forderung, sich beim Verlassen des Schreibtischs abzumelden (im Gegensatz zum Sperren der Arbeitsstation)

Es folgt ein Beispiel einer Informationssicherheitsrichtlinie für das in der vorstehenden Liste erwähnte Anmeldedialogfeld:

- Dieses System ist ausschließlich für die Verwendung durch autorisiertes Personal gedacht. Wenn Sie kein autorisierter Benutzer sind, werden Sie angewiesen, keinen Anmeldeversuch zu unternehmen und diese Station zu verlassen. Alle Aktivitäten auf dieser Station werden überwacht und von der IT-Abteilung aufgezeichnet. Eine unlautere Verwendung dieses Systems ist strengstens untersagt und kann zur Beendigung des Arbeitsverhältnisses führen. Kriminelle Aktivitäten werden strafrechtlich unter voller Ausschöpfung des Gesetzes verfolgt.

In vielen Organisationen gibt es keine derartigen Anmeldedialoge, doch können sie vor Gericht von unschätzbarem Wert sein, wenn ein nicht autorisierter Benutzer sich an Ihrem System anmeldet und kriminelle Aktivitäten verübt.

Nutzungsrichtlinien

Einige zulässige Nutzungsrichtlinien wirken sich unmittelbar auf die Verwendung von Exchange-Diensten aus. In diesem Abschnitt führen wir die Richtlinien auf, deren Einführung Sie mit Exchange Server 2007 im Hinterkopf in Betracht ziehen sollten:

- Ein Speicherverbot für private E-Mail auf Servern der Firma
- Den ausschließlichen Gebrauch des E-Mail-Systems für dienstliche Zwecke
- Die Verwendung des firmeneigenen E-Mail-Systems für Privatzwecke nur in Ausnahmefällen
- Das Verbot der Verwendung des E-Mail-Systems für nicht genehmigte Aktivitäten
- Die erlaubte Verwendung des firmeneigenen E-Mail-Systems
- Die Verwendung des firmeneigenen E-Mail-Systems durch betriebsfremde Personen
- Der Erhalt der Postfächer bei der Beendigung von Arbeitsverhältnissen
- Der Erhalt der Postfächer beim freiwilligen Ausscheiden von Beschäftigten
- Den Zugriff auf E-Mails über Outlook Web Access
- Die Verwendung von betrieblichen E-Mail-Adressen in Mailinglisten
- Das Speichern von E-Mails auf tragbaren Geräten
- Die Forderung nach digitalen Signaturen für sensible E-Mails
- Die Forderung nach Verschlüsselung von E-Mails für sensible Daten
- Die Forderung nach SSL für den browsergestützten Zugriff auf E-Mails

Wie Sie sehen, müssen Sie beim Aufstellen von Sicherheitsrichtlinien für E-Mails viele Aspekte berücksichtigen. Sie werden sicherlich nicht jeden Punkt dieser Liste in Ihre Sicherheitsrichtlinien aufnehmen, aber Sie sollten alle in Betracht ziehen und erörtern. Möglicherweise gibt es auch weitere, hier nicht aufgeführte Richtlinien, die für Ihre Umgebung geeignet sind.

Da Sicherheitsfragen im Geschäftsleben eine immer größere Rolle spielen, müssen Sie klären, wann E-Mails verschlüsselt und signiert werden sollen. Die einfachste Antwort wäre ein generelles Gebot zum Verschlüsseln und Signieren sämtlicher E-Mails, doch das wäre vermutlich nicht gerechtfertigt. In vielen Situationen ist es geeigneter anzugeben, dass nur bestimmte Arten von Inhalt verschlüsselt oder signiert werden sollten. Sie müssen eventuell sogar eine Richtlinie darüber aufstellen, welche externen Zertifizierungsstellen vertrauenswürdig sind.

Computerviren, Trojanische Pferde und Würmer

Da Computerviren, Trojanische Pferde und Würmer (die wir im Text allgemein als *Viren* bezeichnen) durch E-Mails verbreitet werden, müssen Sie Informationssicherheitsrichtlinien über Viren aufstellen. Einfach nur Antivirensoftware zu installieren, bietet oftmals keinen ausreichenden Schutz. Die Benutzer sollten darüber belehrt werden, wie sie mit zweifelhaften E-Mails umgehen müssen, was sie bei einer vermuteten Infizierung tun und unterlassen müssen und wie sie Handlungen vermeiden, die Viren in Ihr Netzwerk schleusen könnten. Die folgenden Punkten sollten Sie beim Aufstellen von Sicherheitsrichtlinien über Viren in Betracht ziehen:

- Die Benutzer dürfen nicht versuchen, Viren auf eigene Faust zu löschen.
- Die Benutzer haben die Pflicht, verdächtige E-Mails zu melden.
- Auf allen Netzwerkrechnern muss Antivirensoftware installiert und ausgeführt werden.
- Die Benutzer dürfen keine Software aus Drittquellen herunterladen.
- Die Benutzer dürfen keine nicht genehmigte Antivirensoftware einsetzen.
- Alle ausgehenden E-Mails und Anhänge müssen frei von Viren sein.
- Eine Virusüberprüfung auf Firewalls, Servern, Arbeitsstationen und anderen Netzwerkgeräten ist erforderlich.
- Der Einsatz mehrerer Antivirenprogramme von unterschiedlichen Herstellern ist erforderlich.
- Eine Virenüberprüfung aller von Drittanbietern heruntergeladenen Software ist erforderlich.
- Die Virendefinitionen auf Firewalls, Servern, Desktopcomputern, Laptops und anderen Netzwerkgeräten müssen aktualisiert werden.
- Die Benutzer dürfen keine privaten Disketten ohne Virenüberprüfung verwenden.
- Die Antivirensoftware muss aktuell sein.
- Exchange-Datenbanken und Transaktionsprotokolle dürfen nicht mit Antivirensoftware überprüft werden.
- Vor der Überprüfung auf Viren müssen Inhalte entschlüsselt werden.
- Vor der Säuberung der Server von Viren muss eine Sicherung durchgeführt oder ein Abbild erstellt werden.
- Jegliche Beteiligung von Benutzern in Computerviren betreffende Angelegenheiten ist untersagt.

HINWEIS Setzen Sie speziell für Exchange Server geschriebene Antivirensoftware ein, um die Beschädigung von Datenbanken oder Transaktionsprotokollen zu verhindern. Verwenden Sie diese Software zum Scannen der Datenbanken und normale, dateibasierte Scansoftware, um auf dem Exchange Server-Computer alle Dateien mit Ausnahme der Datenbanken (***.stm** und ***.edb**) und ihrer Transaktionsprotokolle (**E*******.log**) zu überprüfen.

Schemaerweiterungen durch Exchange Server 2007

Da die Installation von Exchange Server 2007 das Schema in Ihrer Organisation erweitert, sollten Sie einige Sicherheitsrichtlinien hinzufügen. Beachten Sie die folgenden Forderungen:

- Die Schemaerweiterung durch Exchange Server 2007 sollte zunächst in einer Laborumgebung getestet werden.

Informationssicherheitsrichtlinien für Exchange Server 2007

- Alle selbst geschriebenen Anwendungen müssen mit den durch Exchange Server 2007 eingeführten Schemaerweiterungen auf Qualitätssicherung und Kompatibilität überprüft werden.
- Die Installation von Exchange Server 2007 in der Produktionsumgebung ist strengstens untersagt, solange nicht alle Tests zur Qualitätssicherung und Kompatibilität erfolgreich abgeschlossen wurden.

Da Exchange auch eine Entwicklungsumgebung ist, nennen wir im Folgenden einige Punkte, die Sie in Bezug auf eine weitergehende Entwicklung auf Ihrem Exchange Server 2007 erörtern sollten:

- Test- und Produktionsumgebungen müssen getrennt sein.
- Die Entwickler haben administrativen Zugang zur Test-, aber nicht zur Produktionsumgebung.
- Entwickler dürfen keine Tests in der Produktionsumgebung durchführen.
- Auf Testservern werden Abbilder oder Sicherungen von Produktionsservern verwendet.
- Für alle Produktionsserver ist ein formales Verfahren für Änderungen erforderlich.
- Die Änderungen von Produktionssystemen müssen konsistent mit den Sicherheitsrichtlinien und der Sicherheitsarchitektur sein.
- Alle Änderungen im Produktionssystem müssen dokumentiert werden.
- Alle Änderungen im Produktionssystem müssen zunächst in der Testumgebung auf Sicherheitslücken überprüft werden.
- Ein Verfahren für die Überführung von Software aus der Test- in die Produktionsumgebung muss festgelegt werden.

Auf Ihrem Exchange Server 2007-Computer werden sicherlich auch Anwendungen von Drittanbietern installiert, daher sollten Sie beim Aufstellen Ihrer Informationssicherheitsrichtlinien die folgenden Punkte in Betracht ziehen:

- Testen Sie Anwendungen von Drittanbietern zuerst in der Testumgebung.
- Schätzen Sie die Sicherheitslücken der Anwendungen von Drittanbietern ein.
- Die Installation von Anwendungen von Drittanbietern ist verboten, sofern bekannte Sicherheitslücken nicht behoben werden können.
- Das Ausführen von nicht notwendigen Diensten auf Servern und Arbeitsstationen ist verboten.
- Führen Sie auf allen Servern regelmäßige Überprüfungen des Betriebssystems und der Anwendungen durch.
- Führen Sie Sicherheitsaktualisierungen und -korrekturen sofort durch.
- Testen Sie sämtliche Sicherheitsaktualisierungen und Korrekturen in der Testumgebung, bevor sie in der Produktionsumgebung installiert werden.
- Führen Sie auf allen Exchange Server-Computern dieselben Versionen der Service Packs und Fixes aus.
- Für die Installation der Service Packs und Fixes auf allen Exchange Server-Computern ist nach erfolgreichen Tests in der Laborumgebung eine Zustimmung der Geschäftsleitung erforderlich.
- Planen Sie den zeitlichen Ablauf von Änderungen an Produktionssystemen, die einen Neustart der Server erfordern.
- Sichern Sie Exchange-Produktionsserver vor der Installation neuer Software oder erstellen Sie ein Abbild.
- Die Hersteller von Drittanbietersoftware müssen eine schriftliche Bestätigung von deren Fehlerfreiheit abgeben.

Wie Sie sehen, sind allgemein gültige Verfahren zur Verwaltung von Änderungen wichtig. Die meisten dieser Richtlinienvorschläge setzen außerdem voraus, dass die Firma die Kosten für eine Entwicklungsumgebung aufgebracht hat, in der neue Software getestet werden kann. Es ist schwierig, eine Liste von Normen aufzustellen, anhand der neue Software gemessen werden kann, doch Sie können die folgenden Aspekte als Ansatzpunkt zur Entwicklung Ihrer eigenen Qualitäts- und Kompatibilitätsmaßstäbe verwenden:

- Die Fähigkeit, E-Mails zu senden und zu empfangen
- Die Fähigkeit, signierte E-Mails zu senden und zu empfangen
- Die Fähigkeit, verschlüsselte E-Mails zu senden und zu empfangen
- Die Fähigkeit, signierte und verschlüsselte E-Mails zu senden und zu empfangen
- Die Fähigkeit, auf öffentliche Ordner zuzugreifen
- Die Fähigkeit, einem öffentlichen Ordner eine Nachricht hinzuzufügen
- Die Fähigkeit, in einem öffentlichen Ordner dargebotene eigene Anwendungen auszuführen
- Die Fähigkeit, alle Postfachfunktionen wie Kalender, Aufgaben und Journale auszuführen
- Die Fähigkeit, Regeln für eingehende E-Mails aufzustellen
- Die Fähigkeit, einen Abwesenheits-Assistenten zu verwenden
- Die Fähigkeit, ein Postfach wiederherzustellen

Testen Sie die gebräuchlicheren Funktionen und suchen Sie in den verschiedenen Foren und Blogs (http://www.microsoft.com/technet/community/en-us/exchange/default.mspx) nach Beschwerden oder Berichten über Bugs in der neuen Software. Wenn die neue Software von einem Drittanbieter stammt, fragen Sie diese Firma, ob es bekannte Fehler im Zusammenspiel mit Exchange Server 2007 gibt.

Datensicherheit

Da in Exchange kritische und vertrauliche Informationen abgelegt sind, sollten Sie die folgenden Gesichtspunkte für Exchange Server 2007 bedenken:

- Die Tatsache, dass Informationen ein wichtiges Firmenkapital sind
- Der rechtliche Besitz von E-Mails und Nachrichten
- Die Forderung nach Haftungsausschlusserklärungen in allen E-Mails
- Das Verbot, firmenbezogene E-Mails auf Privatcomputer herunterzuladen
- Die Verwendung von Firmeninformationen für betriebsfremde Zwecke
- Die Verwendung von E-Mails zur Übermittlung von Firmeninformationen an Dritte
- Das Recht der Firma, den E-Mail-Inhalt jederzeit zu untersuchen
- Das Recht der Firma, die Verwendung von E-Mail zu überwachen
- Die Überwachung und Berichterstattung aller E-Mail-Aktivitäten an die Geschäftsleitung
- Das Verbot, vertrauliche Informationen per E-Mail mitzuteilen
- Das Verbot, auf Anfragen nach Empfangsbestätigungen zu antworten
- Zulässige Verwendung von E-Mail-Empfangsbestätigungen
- Verbot von Briefpapier in E-Mails
- Verwendung von Signaturen

- Eine für alle Angestellten erforderliche Vereinbarung über die Vertraulichkeit von E-Mails
- Eine bei einer Änderung des Angestelltenstatus erforderliche neue Vereinbarung über die Vertraulichkeit von E-Mails
- Das Verbot, E-Mail-Konten für betriebsfremde Personen auf Produktionssystemen einzurichten
- Ein Verfahren zur Datenklassifizierung
- Eine annehmbare Archivierung der Ausdrucke von E-Mails
- Das Entfernen von per E-Mail übermittelten sensiblen Informationen aus dem Firmennetzwerk
- Eine besondere Erlaubnis, um geheime Informationen aus den Gebäuden der Firma mitzunehmen
- Das Säubern von Exchange-Datenbanken nach einer Sicherung, die geheime Informationen umfasst
- Die Vorschrift, ausgedruckte E-Mails mit einem Aktenvernichter zu entsorgen
- Das Verbot der Verbreitung vertraulicher oder geheimer Informationen über Verteiler- oder E-Mail-Serverlisten

Die Datensicherheit umfasst viele Aspekte, von denen hier nur wenige besprochen werden. Erstens: Wenn Sie ein Verfahren zur Datenklassifizierung z.B. nach öffentlichen, privaten, vertraulichen oder geheimen Informationen definieren, können Sie das Verschlüsseln und Signieren von E-Mails von der jeweiligen Ebene des Inhalts abhängig machen. Sie können z.B. fordern, dass alle E-Mails mit vertraulichem Inhalt signiert und alle E-Mails mit geheimen Informationen sowohl signiert als auch verschlüsselt werden müssen. Die Formulierung dieser Forderungen in den Richtlinien informiert Ihre Benutzer darüber, wann sie diese fortgeschrittenen Verfahren zum Senden und Empfangen von Nachrichten einsetzen müssen, und schützt Ihre Firma.

Zweitens: Überprüfen Sie zusammen mit Ihrem Rechtsanwalt Fragen zum Besitz und zur Überwachung von E-Mails. Ein Benutzer kann für ein von der Firma zur Verfügung gestelltes E-Mail-Konto ein Recht auf Geheimhaltung geltend machen, sofern nicht alle Benutzer eindeutig darüber informiert werden, dass die auf einem firmeneigenen Server gespeicherten E-Mails Eigentum der Firma sind.

Wenn Ihre Benutzer schließlich vertraulichen oder sensiblen Inhalt in ihren E-Mails versenden, kann es eine gute Idee sein, allen ausgehenden E-Mails eine Haftungsausschlussklausel hinzuzufügen, um den jeweiligen Mitarbeiter und die Firma für den Fall zu schützen, dass die E-Mail aus Versehen an einen falschen Empfänger geschickt wurde. Überprüfen Sie das mit Ihrem Rechtsanwalt.

Umgang mit unerwünschtem E-Mail-Inhalt

Ein beträchtlicher Anteil von Spam hat pornographische und andere Inhalte mit sexuellem Bezug, darunter Werbung für einschlägige Medikamente und medizinische Behandlungen. Wenn solche anstößigen Inhalte von Angestellten in Ihrem Unternehmen empfangen werden, riskieren Sie eine Klage, sofern Sie nicht aktiv und sinnvoll dagegen vorgehen. Außerdem werden die Empfänger dieser Art von Spam mit Versprechungen gelockt, für deren Erfüllung sie auf einen Link in der Nachricht klicken und eine Website besuchen müssen. Leider enthält diese Website dann Code, der eine neu entdeckte Schwachstelle ausnutzt, um den Computer des Benutzers zu infizieren. Es sollte ein Satz von Informationssicherheitsrichtlinien entwickelt werden, der die folgenden Sicherheits- und rechtlichen Aspekte berücksichtigt:

- Keine Billigung von unerwünschtem E-Mail-Inhalt durch die Firma
- Die Forderung, angemessene Anstrengungen zum Blockieren anstößiger E-Mails zu unternehmen

- Die Forderung, dass Benutzer die Unternehmensleitung informieren müssen, wenn sie anstößige E-Mails erhalten
- Das Verbot, anstößigen E-Mail-Inhalt wie z.B. Witze zu senden oder weiterzuleiten
- Das Recht der Firma, anstößigen Stoff oder entsprechende E-Mails ohne Warnung zu entfernen
- Eine Erklärung über die Verantwortung oder Haftung für den Nachrichteninhalt
- Eine Erklärung darüber, dass persönliche Aussagen nicht notwendigerweise die Ansichten, Positionen und Meinungen der Firma widerspiegeln
- Das Verbot, E-Mail für sexuelle, ethnische oder rassistische Belästigungen einzusetzen

Jedes Element dieser Liste sollte in Ihren Sicherheitsrichtlinien enthalten sein, da z.B. anstößiger Spam sehr wahrscheinlich Ihre Richtlinien zur sexuellen Belästigung verletzt und unbedacht zwischen Kollegen verbreitete Witze Ihre Firma einer unnötigen Haftung für sexuelle Belästigungen aussetzen kann.

Exchange-Datenbanken sichern und archivieren

Erstaunlicherweise überwachen einige Organisationen ihre Sicherungsbänder und -medien nicht sehr gut. Die meisten betrachten die Sicherung von Datenbanken als ein Routineverfahren. Die Sicherung und Speicherung von Exchange-Datenbanken muss jedoch sorgfältiger geplant werden. Beim Verfassen von Sicherheitsrichtlinien zu diesem Thema sollten Sie die folgenden Punkte in Betracht ziehen:

- Ein zulässiges Speichermedium zur Archivierung
- Regelmäßiges Überprüfen der Speichermedien für die Archivierung
- Aufbewahren der Sicherungsmedien in von den Exchange Server-Computern getrennten Brandabschnitten
- Feuersichere Räume zur Aufbewahrung der Sicherungsmedien
- Physisch sichere Räume zur Aufbewahrung der Sicherungsmedien
- Die Forderung nach räumlich getrennter Aufbewahrung der Speichermedien
- Eine genaue Beschreibung des Sicherungsverfahrens und der Häufigkeit seiner Anwendung
- Eine Information der Benutzer, dass die Exchange Server-Daten regelmäßig gesichert werden
- Die Forderung nach einer Verschlüsselung der Sicherungsmedien
- Die Forderung nach zwei Sicherungskopien für vertrauliche oder geheime Informationen
- Die Forderung, zwei Sicherungskopien für vertrauliche oder geheime Informationen räumlich getrennt aufzubewahren
- Eine monatliche versuchsweise Sicherung und Wiederherstellung zum Überprüfen der Sicherungsverfahren und -medien
- Die Forderung nach einer vierteljährlichen Überprüfung des Sicherungsverfahrens
- Eine Mindestspeicherungsdauer für Postfächer
- Eine Mindestaufbewahrungsdauer für Sicherungsmedien
- Eine regelmäßige Löschung alter E-Mails oder älterer Informationen aus allen Benutzerpostfächern
- Die Forderung, von jeder E-Mail eine Kopie zu behalten

Sie können das Postfach eines Benutzers von einer Datenbank zur anderen verschieben, sodass Sie die Benutzer, die die sensibelsten E-Mails senden und empfangen, in einer einzigen Datenbank verwalten und dann mehrfache Sicherungen dieser Datenbank in Verbindung mit der Postfachspeicherung fordern können. Damit erhöhen Sie die Wahrscheinlichkeit dafür, dass die Informationen im Katastrophenfall zurückgewonnen werden können.

In einigen Branchen kann aufgrund von Gesetzen und Regeln die Auflage bestehen, eine bestimmte Sicherungs- und Speicherungsrichtlinie einzuführen. Einige dieser Punkte sind möglicherweise bereits in Industriestandards verankert. Vergewissern Sie sich, dass Sie diese Standards beachten.

E-Mail-Integrität

In diesem Abschnitt führen wir einige Punke aus, die Sie in Bezug auf die E-Mail-Integrität in Betracht ziehen sollten:

- Änderungen von E-Mail-Adressen werden über die vorhergehende E-Mail-Adresse bestätigt.
- Der Urheber einer E-Mail muss eindeutig identifizierbar sein.
- Das E-Mail-System muss alle E-Mails abweisen, die keinen überprüfbaren Urheber haben.
- Angestellte müssen in Ihren Nachrichten wahrheitsgemäße Aussagen machen.
- In E-Mail-Systemen darf keine falsche Identität angenommen werden
- Die Kontaktinformationen für Mitarbeiter müssen konsistent dargestellt werden.
- Das Recht auf freie Meinungsäußerung gilt nicht für das firmeneigene E-Mail-System.
- Verträge können nicht mithilfe digitaler Signaturen unterzeichnet werden.
- Nur eigens dazu autorisierte Mitarbeiter können Verträge über E-Mail mit digitalen Signaturen abschließen.
- Verschlüsselungstechnologien, die nicht vom Systempersonal entschlüsselt werden können, sind untersagt.
- Nicht bestätigten Zertifizierungsstellen wird kein Vertrauen entgegengebracht.
- Für alle Verschlüsselungsschlüssel ist eine maximale Gültigkeitsdauer vorzusehen.
- Das Verfahren zum Erstellen von Verschlüsselungsschlüsseln ist festzulegen.
- Eine Mindestschlüssellänge ist erforderlich.
- Private Schlüssel müssen geschützt werden.

Wir wissen, dass es ein positives Präzedenzurteil zu Verträgen gibt, die mithilfe einer digitalen Signatur aufgestellt und unterzeichnet wurden. Sie müssen jedoch mit Ihrem Rechtsanwalt überprüfen, ob Sie das erlauben möchten.

Überprüfen Sie ebenfalls mit Ihrem Rechtsanwalt, ob die persönlichen Rechte einer Person durch die Firma beschränkt werden können. Das Problem der freien Meinungsäußerung kann strittig sein, klären Sie es daher und seien Sie vorausschauend.

Da die Verschlüsselung eine immer größere Rolle spielt, ist es sehr wichtig festzulegen, welchen Zertifizierungsstellen vertraut werden kann. Geben Sie außerdem an, welche Verschlüsselungsverfahren in Ihrer Organisation akzeptiert werden, und verbieten Sie die Verschlüsselung von Daten, die nicht von Ihrer Firma entschlüsselt werden können.

Weitere Gesichtspunkte

Die in den voranstehenden Aufzählungen angegebenen Aspekte der Informationssicherheit sind nicht vollständig. Daher haben wir eine Liste mit Punkten zusammengestellt, die nicht in unsere Kategorien passen. Obwohl wir sie als »Weitere Gesichtspunkte« bezeichnen, sind sie bei der Aufstellung von Informationssicherheitsrichtlinien für Ihre Organisation entscheidend:

- Das Verbot, andere als die offiziellen firmenbezogenen E-Mail-Adressen für dienstliche Zwecke zu verwenden
- Das Verbot, dienstliche E-Mails an nicht firmeneigene Adressen weiterzuleiten
- Keine Nutzung des E-Mail-Systems als elektronische Datenbank
- Die regelmäßige Vernichtung archivierter E-Mail-Datenbanken ohne Warnung
- Erforderliche Zustimmung des jeweiligen Besitzers zum Lesen der E-Mails anderer Mitarbeiter
- Das Verbot des Abänderns von E-Mail-Headern
- Ein Sendeverbot für unerwünschte Massen-E-Mails
- Die Forderung, dass ein Benutzer das Versenden von E-Mail-Nachrichten einstellen muss, nachdem er eine Aufforderung dazu erhalten hat
- Die Forderung nach einer besonderen Erlaubnis zum Versenden von E-Mails an Verteilerlisten
- Das Verbot, Anhänge zu öffnen, sofern sie nicht erwartet wurden
- Die Teilnahme an anerkannten Kursen als Voraussetzung zur Nutzung des E-Mail-Systems

Einige von Ihnen werden von dem Punkt, das E-Mail-System nicht als elektronische Datenbank zu verwenden, begeistert sein. Wir haben von mehr als einem Exchange Server-Administrator Klagen über Benutzer gehört, die jede E-Mail ablegen und für immer aufbewahren. Vielleicht erweckt alleine dieser Punkt Ihr Interesse dafür, diese Informationssicherheitsrichtlinien aufzustellen!

Einige dieser Gesichtspunkte stellen sicher, dass die Benutzer das firmeneigene E-Mail-System nicht für Spam missbrauchen. Wenn Ihre Marketing- oder Verkaufsabteilung Massen-E-Mails versendet, müssen Sie diese Richtlinie dahingehend formulieren, dass eine Genehmigung erforderlich ist und Massen-E-Mails nicht grundsätzlich verboten sind.

Die Weiterleitung dienstlicher E-Mails an private E-Mail-Konten ist oftmals verboten. Diese Richtlinie stellt sicher, dass diejenigen, die mit sensiblen Informationen arbeiten, diese nicht an Ihre privaten E-Mail-Adressen weiterleiten und an die Mitbewerber Ihrer Firma verkaufen können. Eine Überwachung der Postfächer dieser Benutzer sorgt dafür, dass sie die Richtlinie einhalten. Eine schriftlich formulierte Richtlinie allein kann niemanden davon abhalten, etwas Verbotenes zu tun, sie kann Ihnen aber die Handhabe dafür bieten, die Aktivitäten der Benutzer zu überwachen und diejenigen zu entlarven, die eine Richtlinie verletzen.

Weitere Ressourcen

Microsoft stellt Software und andere Ressourcen zur Verfügung, um Organisationen dabei zu helfen, effektive Sicherheitsrichtlinien und -praktiken umzusetzen. Dazu zählen unter anderem folgende Ressourcen:

- **Microsoft Operations Framework** Das Microsoft Oeprations Framework ist eine Sammlung empfohlener Vorgehensweisen, mit deren Hilfe Sie Verfahren, Steuerelemente und Rollen für den effizienten Betrieb Ihrer IT-Infrastruktur entwerfen können. MOF basiert auf der IT Infrastructure Library (ITIL), fügt aber spezifische Elemente für die Microsoft-Plattform hinzu. Gut dokumentierte und gründliche Betriebsprozesse und Verfahrensweisen helfen Ihnen sicherzustellen, dass alle Komponenten in der Umgebung einer Organisation, auf die sich Exchange stützt, effizient und effektiv verwaltet werden. Durch die Verwendung von Prozessen auf MOF-Grundlage können Sie sicherstellen, dass die Dienstabhängigkeiten dokumentiert werden. Dadurch kann eine Organisation die Möglichkeit verhinderbarer Ausfälle und die Auswirkung von geplanten Änderungen verringern.

Weitere Informationen

Weiter Informationen über das Microsoft Operations Framework und darüber, wie Sie damit die Sicherheitsmaßnahmen in Ihrer Exchange Server 2007-Installation unterstützen können, finden Sie unter **http://technet.microsoft.com/en-us/library/bb232042.aspx**.

- **Windows Rights Management Service** Microsoft Windows Rights Management Services (RMS) für Windows Server 2003 ist eine Technologie zum Schutz von Informationen, die mit RMS-fähigen Anwendungen zusammenwirkt, um digitale Informationen vor nicht autorisierter Verwendung zu schützen – sowohl online als auch offline, sowohl innerhalb als auch außerhalb der Firewall. RMS erweitert die Sicherheitsrichtlinien und -verfahren einer Organisation, indem es Informationen durch dauerhafte Verwendungsrichtlinien schützt, die mit den betroffenen Informationen verknüpft bleiben, unabhängig davon, wohin diese gelangen. Organisationen können RMS einsetzen, um sensible Informationen wie Finanzberichte, Produktspezifikationen, Kundendaten und vertrauliche E-Mail-Nachrichten davor zu schützen, dass sie absichtlich oder versehentlich in falsche Hände geraten.

Weitere Informationen

Weitere Informationen über Windows Rights Management Services finden Sie unter **http://www.microsoft.com/windowsserver2003/technologies/rightsmgmt/default.mspx**.

Zusammenfassung

In diesem Kapitel haben wir einige Bestandteile der Sicherheitsrichtlinien für E-Mail und Exchange Server dargestellt, die in Ihrem allgemeinen Handbuch mit Sicherheitsrichtlinien enthalten sein sollten. Solche Richtlinien bilden die Grundlage zum Erstellen elektronischer Richtlinien, die wiederum Ihre Entscheidungen über Sicherheitstechnologien und deren Erwerb beeinflussen. In der Praxis beginnt eine groß angelegte Einführung von Sicherheitsmaßnahmen mit Informationssicherheitsrichtlinien, die von Natur aus umfassend sind und das zulässige und nicht zulässige Verhalten in einer Vielzahl von Bereichen angeben, einschließlich der Nachrichtenübermittlung.

In ↗ Kapitel 19, »Grundlagen zur Sicherheit von Exchange Server«, ↗ Kapitel 20, »Antispam- and Antivirusfunktionen«, und ↗ Kapitel 21, »Exchange Server 2007-Nachrichten schützen«, lernen Sie Sicherheitsrichtlinien und -technologien zu implementieren, um eine sichere Exchange-Messaginginfrastruktur in Ihrer Organisation aufrecht zu erhalten.

Kapitel 19

Grundlagen zur Sicherheit von Exchange Server

In diesem Kapitel:

Der Umfang der Sicherheitsvorkehrungen	470
Motive krimineller Hacker	471
Die Arbeitsweise von Hackern	472
Physische Sicherheit	476
Administrative Sicherheit	476
Sicherheitsmaßnahmen für SMTP	482
Computerviren	486
Was sind Viren?	486
Spam	488
Sicherheitstools von Microsoft	489
Zusammenfassung	490

Verletzungen der Sicherheit, wie z.B. durch Hacker, Viren, Spyware und Vorgabe falscher Identitäten, sind zu einer ständigen Bedrohung der IT-Welt geworden. Da E-Mail-Server auf den Zugriff auf externe Netzwerke angewiesen sind, hat sich E-Mail vielerorts zum Angriffsziel Krimineller entwickelt, die über dieses Medium versuchen, Zugriff auf eine Organisation zu erlangen. Die Sicherheit ist daher für Administratoren so wichtig geworden, dass ein großer Teil des Buchs diesem Thema gewidmet ist.

Dieses Kapitel bietet Ihnen Ratschläge dafür, wie Sie das Eindringen in Ihr Netzwerk über Port 25 kompliziert gestalten und erheblich erschweren. Es gibt keine idiotensicheren Verfahrensweisen, je mehr Sie jedoch in die Sicherheit investieren, desto besser wird Ihr E-Mail-Server geschützt sein. Wenn Sie jedoch mit guten Strategien aufwarten können und die Unterstützung durch ausgeklügelte Werkzeuge haben, können Sie den meisten Angriffen zuvorkommen und sie verhindern.

> **Globales Denken bei der Diagnose von Sicherheitsproblemen**
>
> Neulich wurde ein bekanntes US-amerikanisches Unternehmen von einer außerhalb der Vereinigten Staaten beheimateten Gruppe angegriffen. Diese Gruppe verwendete den Exchange Server-Computer des Unternehmens, um Spam-Mails (in ihrer eigenen Sprache) an Empfänger überall auf der Welt zu versenden. Zunächst sah dieses Problem nach einem Virus aus, doch dann stellte die Firma fest, dass Hacker auf dem Exchange Server-Computer ein Programm eingerichtet hatten, das ausgehende E-Mails erstellte.
>
> Als die US-Firma das Problem erkannt hatte, befanden sich in den ausgehenden SMTP-Warteschlangen fast 100.000 sendebereite Nachrichten. Neben den offensichtlichen Bedenken, dass die Empfänger der Spam-Mails verärgert sein würden, gab es weitere mögliche negative Konsequenzen, die das Resultat dieses Angriffs sein könnten:
>
> - **Rufschädigung** Dadurch, dass der Missbrauch des Exchange Server-Computers zum Versand von Spam möglich war, zeigte das Unternehmen, dass seine Sicherheitsvorkehrungen unzureichend waren. Unabhängig davon, ob diese Interpretation korrekt war oder nicht, änderte sie auf jeden Fall die Wahrnehmung der Firma in der Öffentlichkeit.
>
> - **Gerichtsverfahren** Durch das Versenden von Spam setzte sich die Firma potenziellen Klagen aus, die nicht nur kostenintensiv sein, sondern auch zu einer weiteren Rufschädigung führen können.

Der Umfang der Sicherheitsvorkehrungen

Wir alle kennen den alten Grundsatz: »Eine Kette ist nur so stark wie ihr schwächstes Glied.« Sie können diese Denkweise sehr einfach auf die Sicherheit anwenden: »Ein Netzwerk ist nur so sicher wie sein unsicherstes Glied.« Sie sollten E-Mail immer als eines der »unsichersten Glieder« Ihres Netzwerks betrachten, da sie einen offensichtlichen Angriffspunkt darstellt. Angreifer verwenden E-Mails, um Schaden anzurichten, weil es so einfach ist: Ungeachtet wie sicher Ihr Netzwerk ist, bleibt die Wahrscheinlichkeit groß, dass Port 25 in Ihrer Firewall geöffnet ist und ein SMTP-Server darauf wartet, eingehende E-Mails zu verarbeiten.

Wenn Sie über Sicherheitsstrategien nachdenken, sollten Sie immer die folgende Frage beantworten: »Gegen was sichere ich Exchange Server 2007?« Die Antworten auf diese Frage sind unterschiedlich und können in vier Bereiche eingeteilt werden:

1. Ausspähen von Daten durch Social Engineering
2. Physische Sicherheit
3. Administrative Sicherheit
4. SMTP-Sicherheit

Informationen über Social Engineering haben Sie bereits ausführlich in Kapitel 18, »Sicherheitsrichtlinien in Exchange Server 2007«, erhalten. In diesem Kapitel werden wir die anderen drei Sicherheitskategorien untersuchen.

Motive krimineller Hacker

Obwohl es große Mengen von Literatur über die technischen Aspekte zur Absicherung eines Netzwerks gibt, findet man nicht viel darüber, wer Ihre Feinde sind und welche Motivation sie für einen Angriff haben. Bevor Sie entscheiden können, wie Sie Ihre Organisation schützen, müssen Sie lernen, wie ein Hacker zu denken, herausfinden, wo Sie verwundbar sind, und dann ein Planspiel dafür aufstellen, wie Sie Ihr Risiko verringern. Wenn Sie verstehen, wer Ihnen Schaden zufügen mag und was diese Personen von dem Schaden haben, können Sie Ihre Firma und Ihre Daten besser schützen. Gehen Sie von folgenden Voraussetzungen aus:

- Sie haben professionelle Gegner.
- Sie stehen auf deren Zielliste.
- Sie werden eines Tages angegriffen werden.
- Sie können es sich nicht leisten, selbstzufrieden zu sein.

Eine der für eine Organisation am schwierigsten zu akzeptierenden Tatsachen ist das Vorhandensein von Feinden, die mithilfe der Technik versuchen könnten, ihr zu schaden. Es ist ebenfalls möglich, dass Sie keine Gegner im herkömmlichen Sinne haben. Heutzutage suchen Angreifer nach Systemen mit Sicherheitslücken, die sie zu ihrem Vorteil modifizieren und missbrauchen können. Häufig werden solche schlecht gesicherten Systeme als Basis für ausgefeiltere Angriffe eingesetzt.

Die Motive von Hackern können vielfältig und komplex sein. Sie werden oftmals teilweise durch ihre Unsichtbarkeit angetrieben. Die modernen, gut ausgebildeten Hacker werden oft durch die Aussicht auf hohe Gewinne getrieben. Im Internet kann ein Hacker in die private Welt einer Firma – ihr Netzwerk – hineinschauen und eine Menge lernen, während er anonym bleibt.

Einige Personen sind nur neugierig zu sehen, was sie über Ihre Firma oder die Mitarbeiter in Ihrer Firma herausfinden können. Diese Hacker haben oftmals keine bösen Absichten und sind sich nicht im Klaren darüber, dass ihre Tätigkeiten Sicherheitsrichtlinien oder Gesetze verletzen. Das bedeutet jedoch nicht, dass diese sorglos vorgehenden Hacker weniger gefährlich sind.

Andere Hacker versuchen nur zu helfen. Vielleicht gehörten Sie selbst bereits ein oder zweimal dieser Kategorie an. In Ihrem Eifer, hilfsbereit zu sein, umgehen Sie Sicherheitsrichtlinien, um Probleme zu beheben oder Aufgaben im Notfall zu erledigen. Sie glauben möglicherweise sogar, dass Ihre Bemühungen effizienter sind als das Befolgen vorhandener Leit- und Richtlinien. Trotzdem fällt das Umgehen bekannter Sicherheitsrichtlinien unter den Begriff »Hacken«.

Einige Personen handeln mit böser Absicht, beteiligen sich an Sabotageakten, Spionage oder anderen kriminellen Aktivitäten. Sie können zu Maulwürfen werden und entwenden Informationen, um sie Mitbewerbern oder fremden Gruppen zu verkaufen. Manche haben einfach Freude daran, die Arbeit anderer wie auch ihre eigene zu zerstören. Andere handeln aus Rache für ein ihnen widerfahrenes tatsächliches oder empfundenes Unrecht oder glauben, sie handeln in Einklang mit ihrer festen inneren Überzeugung. Wieder andere gehen methodisch und berechnend vor und machen aus dem Hacken einen Beruf und könnten einfach nur aus dem Grund, ihrer Firma Schaden zuzufügen, eine Anstellung suchen.

Die Arbeitsweise von Hackern

Hacker beginnen damit, dass sie mithilfe von Scanprogrammen die Existenz eines E-Mail-Servers feststellen. In Verbindung mit den öffentlichen Informationen über Ihre DNS-Einträge können sie in kurzer Zeit eine Menge über Ihr Netzwerk lernen.

Informationen über eine Firma zu finden, ist für jedermann einfach. Auch Sie können es tun. Öffnen Sie einfach eine Eingabeaufforderung und geben Sie **nslookup** ein. Setzen Sie die Art des Eintrags, nach dem Sie suchen, auf MX (Mail Exchanger), indem Sie **set type=mx** eingeben. Fügen Sie dann einen Domänennamen hinzu. In diesem Beispiel verwenden wir **Microsoft.com**. In Abbildung 19.1 sehen Sie das Ergebnis.

Abbildg. 19.1 Öffentliche MX-Einträge für Microsoft.com mithilfe von NSLookup finden

Als Nächstes bestimmt der Hacker auf eine oder zwei Arten die Plattform Ihres SMTP-Servers. Beim ersten Ansatz verwendet der Hacker Telnet, um eine Sitzung auf Ihrem Server über Port 25 zu öffnen und die erste Meldung zu lesen. Bei Exchange Server 2007 lässt die erste Meldung keine Rückschlüsse mehr auf die installierte Version zu, allerdings schon darauf, dass der Microsoft ESMTP-Dienst läuft. Durch Weglassen der Versionsnummer macht Microsoft es für Hacker schwerer herauszufinden, welche Version von Exchange Server Sie einsetzen. Beachten Sie jedoch, dass Exchange Server 2007 die einzige Version ist, die per Vorgabe die Versionsinformation verschwiegt. Es gibt Vorgehensweisen, dies auch in älteren Versionen zu erreichen. Ein Hacker kann also immer noch herausfinden, was er erfahren möchte. Es wird noch einige Service Packs und eine weitere neue Version von Exchange dauern, bis diese Vorgabeeinstellung Früchte trägt. In Abbildung 19.2 sehen Sie eine ESMTP-Meldung, die von Exchange Server 2007 ausgegeben wird.

Die Arbeitsweise von Hackern

Abbildg. 19.2 Eine Telnet-Sitzung zu einem Exchange Server 2003-Computer

Die älteren Versionen von Exchange Server geben die genaue Versionsnummer des laufenden Servers an (siehe Abbildung 19.3). Die Hauptversion 6.0 bedeutet Exchange Server 2003, Exchange 2000 Server ist mit der Hauptversion 5.0 registriert. Ein Sendmail-Server gibt in der Meldung seinen Namen und die verwendete Version der Sendmail-Software sowie das Betriebssystem an. Mittels solcher Informationen kann ein Hacker seine Angriffe gezielt auf Schwachstellen einer bestimmten Version konzentrieren.

Abbildg. 19.3 Eine Telnet-Sitzung zu einem Exchange Server 2007-Computer

> **Weitere Informationen**
>
> Auch wenn Exchange Server 2007 die erste Version ist, die standardmäßig keine Versionsinformationen per Telnet mehr anzeigt, können Sie ältere Versionen von Exchange entsprechend konfigurieren. Lesen Sie nach unter **http://support.microsoft.com/kb/281224/en-us**, um weitere Informationen zu erhalten.

Die zweite Möglichkeit zum Bestimmen der Plattform Ihres E-Mail-Servers besteht darin, ihm eine gefälschte E-Mail zu schicken. Dies wird erreicht, indem eine E-Mail an eine wahrscheinlich nicht existierende E-Mail-Adresse wie z.B. pfannkuchen@contoso.com gesendet wird. Der Unzustellbarkeitsbericht (Non-Delivery Report, NDR), der zurück an den Absender geschickt wird, enthält genauere Angaben über den E-Mail-Server. Das folgende Beispiel zeigt die Nachrichtenkopfzeile, die an den

Kapitel 19 Grundlagen zur Sicherheit von Exchange Server

Exchange Server-Computer im Labor von **contoso.com** gesendet wurde. Beachten Sie die Versionsangabe in der Zeile **Sent by**.

```
Delivery has failed to these recipients or distribution lists:


pfannkuchen@contoso.com
This recipient e-mail address was not found in the recipient e-mail system. Microsoft
Exchange will not try to redeliver this message for you. Please check the recipient e-mail
address and try resending this message, or provide the following diagnostic text to your
system administrator.
-------------------------------------------------------------------------------
Sent by Microsoft Exchange Server 2007
Diagnostic information for administrators:
Generating server: E2007-4.contoso.com
pancake@contoso.com
#550 5.1.1 RESOLVER.ADR.RecipNotFound; not found ##
Original message headers:
Received: from E2007-4.contoso.com ([192.168.0.22]) by E2007-4.contoso.com
 ([192.168.0.22]) with mapi; Thu, 15 Mar 2007 22:31:42 -0600
Content-Type: application/ms-tnef; name="winmail.dat"
Content-Transfer-Encoding: binary
From: Francis Cat <cat.francis@contoso.com>
To: "pfannkuchen@contoso.com" <pfannkuchen@contoso.com>
Date: Thu, 15 Mar 2007 22:31:37 -0600
Subject: Test message
Thread-Topic: Test message
Thread-Index: AQHHZ4P8FQkU6/4hJka2OY89GG0rfg==
Message-ID: <48B260B970217342AAFBCD9BD19B2E5D20A39D1C1B@E2007-4.contoso.com>
Accept-Language: en-US
Content-Language: en-US
X-MS-Has-Attach:
X-MS-TNEF-Correlator: <48B260B970217342AAFBCD9BD19B2E5D20A39D1C1B@E2007-4
      .contoso.com>
MIME-Version: 1.0
```

Da der Hacker nun weiß, welche E-Mail-Serversoftware Sie verwenden, überprüft er einschlägige Datenbanken, um nach Sicherheitslücken zu suchen, die er ausnutzen kann. Die bekannten Schwachstellen für Exchange Server 2007 werden in den Microsoft Security Bulletins veröffentlicht und können unter www.microsoft.com/security/default.mspx abgerufen werden. Bei älteren Versionen von Exchange können diese Schwachstellen auch die Internetinformationsdienste (IIS) betreffen, da IIS den SMTP-Server für Exchange verwaltet. In Exchange Server 2007 ist SMTP Kernbestandteil von Exchange selbst, was die Angriffsmöglichkeiten auf den Server reduziert. Andere Schwachstellen können Microsoft Outlook Web Access (OWA) betreffen, da auch hier IIS zur Verwaltung der HTTP-Verbindungen zu Exchange Server beteiligt ist. Sie sollten zumindest über die Schwachstellen von Exchange Server 2007 informiert sein, diese testen und die bereitgestellten Patches installieren.

Allgemein gesagt kann ein E-Mail-Administrator mit den folgenden Arten von Angriffen rechnen:

- **Pufferüberlauf (Buffer Overflows)** Dabei sendet der Angreifer eine größere Datenmenge an den Server als erwartet. Je nachdem, wie diese Attacke ausgeführt wird, kann sie den Server veranlassen, die Verarbeitung komplett einzustellen oder bösartigen Code des Angreifers ausführen.
- **Datenverarbeitungsfehler** Sie sind momentan nicht üblich, doch das Prinzip besteht darin, ein kleines Programm direkt an den Server zu senden, das der Server dann ausführt. Heutzutage ist es üblicher, diese Programme als E-Mail-Anhänge an ein Netzwerk zu schicken. Je nach ihrer Funktion und ihrem Zweck können diese Programme Viren, Trojanische Pferde oder Würmer sein (wie weiter hinten in diesem Kapitel ausführlich erörtert wird).
- **HTML-Viren** Sie erfordern keine Benutzeraktivitäten, um Skripts unbeaufsichtigt auszuführen.
- **Maßgeschneiderte Programm für Angriffe auf Port 25 (SMTP)** Die bekannten Varianten von Angriffsprogrammen für Port 25 sind z.B. Mail-Flooding-Programme oder Programme mit einer eigenen SMTP-Engine, die den Port für schädliche Zwecke in Beschlag nehmen.
- **Denial of Service (DoS)** Ein Denial-of-Service-Angriff ist ein Angriff über das Netzwerk, mit dem versucht wird, die vom Server bereitgestellten Dienste zu blockieren.
- **Siteübergreifendes Scripting (Cross-Site Scripting)** Dies ist der Versuch eines Angreifers, schädlichen Programmcode über einen Link einzubinden, der aus einer vertrauenswürdigen Quelle zu stammen scheint.
- **Spam und Phishing** Spam oder Junk-E-Mail ist ein bekanntes Übel und trifft jeden, der dieses Kommunikationsmedium nutzt. Eine besondere Art von Spam, genannt Phishing-E-Mails, versucht, leichtgläubige Benutzer dazu zu verleiten, auf unsichere Weblinks zu klicken. Diese Links führen zu Webformularen, mit denen versucht wird, persönliche Daten zu erschleichen.

Die folgenden allgemeine Maßnahmen können Sie zum Schutz vor den soeben beschriebenen und anderen Angriffen unternehmen:

- **Physischer Zugang zum Server** Verschließen Sie die Türen und nutzen Sie ein biometrisches Identifizierungsverfahren.
- **Viren, Trojaner und Würmer** Nutzen Sie Antivirussoftware und scannen Sie Ihre Server und Arbeitsplatzrechner regelmäßig. Verwenden Sie die Exchange Server 2007-Funktion des Edge Transport-Servers auf mindestens einem Computer.
- **Datenverlust** Führen Sie regelmäßig Datensicherungen durch.
- **Unautorisierte Verwendung von Benutzerkonten** Schulen Sie Ihre Benutzer zum Thema Datensicherheitsrichtlinien und erzwingen Sie sichere Passwörter.
- **Denial-of-Service-Angriffe** Schützen Sie den TCP/IP-Stack und den Router.
- **Schwachstellen der Plattform** Installieren Sie alle Patches und aktivieren Sie nur die wirklich notwendigen Dienste. Microsoft stellt hervorragende, kostenfreie Software bereit, die Ihre Server auf dem neuesten Stand hält. Diese Software heißt Windows Server Update Services (WSUS).

> **Weitere Informationen**
>
> Eine Behandlung von WSUS übersteigt den Rahmen dieses Kapitels, doch Sie können mehr darüber auf der Website von Microsoft unter dem URL http://www.microsoft.com/windowsserversystem/updateservices/default.mspx lernen.

Der Rest dieses Kapitels soll Sie bei dem Schützen von Exchange Server 2007 gegen diese Arten von Angriffen unterstützen. Eine kurze Abhandlung über die physische Sicherheit Ihres Exchange Server-Computerss kann jedoch nicht schaden.

Physische Sicherheit

Der physische Schutz ist ein Thema, das nicht in vielen Büchern über Sicherheit erwähnt wird, insbesondere nicht in Büchern über Exchange, doch es ist erwähnenswert. Server können sich auf dem Schreibtisch um die Ecke oder in einem unverschlossenen Serverraum befinden. Es ist immer sinnvoll, Ihre Server an einem sicheren Ort mit verschließbaren Türen aufzustellen. In manchen Fällen empfehlen sich Bewegungsmelder oder andere technische Sicherheitsmaßnahmen.

Wenn Sie den Zugang zu einem Server beschränken, grenzen Sie den Kreis derer ein, die sich lokal auf dem Server anmelden, mobilen Speicher zum Einbringen eines neuen Virus oder bösartigen Programms in Ihr Netzwerk nutzen und Informationen direkt vom Server abrufen können. Die Beschränkung des physischen Zugangs ist eines der leichtesten und grundlegendsten Verfahren zur Absicherung Ihres Servers gegen interne Angreifer.

Die meisten Administratoren, die dieses Buch lesen, werden bereits technische Sicherheitsmaßnahmen umgesetzt haben. Diejenigen, die ihre Server noch nicht abgesichert haben, möchten das bitte bei der nächsten Gelegenheit tun. Die Beschränkung des physischen Zugangs zu einem Server kann ein großer Schritt zum Schutz Ihrer Informationen vor möglichen Angreifern sein.

Administrative Sicherheit

In früheren Ausgaben dieses Buchs handelte dieser Abschnitt intensiv von administrativen Gruppen als einer Möglichkeit, um administrative Sicherheit für Ihren Exchange Server-Computer durchzusetzen. In Exchange Server 2007 hat Microsoft viele der administrativen Gruppen abgeschafft und nur eine einzelne namens **Exchange Administrator** (**FYDIBOHF23SPDLT**) übrig behalten, in der nur Exchange Server 2007-Computer enthalten sind. Diese administrative Gruppe existiert nur, um die Kompatibilität zu älteren Exchange Server-Computern zu gewährleisten.

> **Hinweis**
>
> Der Name der administrativen Exchange-Gruppe, **FYDIBOHF23SPDLT**, klingt etwas komisch. Genau wie die alte Routinggruppe in Exchange Server 2007, **DWBGZMFD01QNBJR**. Haben Sie sich jemals gefragt, warum Microsoft gerade diese Namen gewählt hat? Zuerst ging es darum, keinen Namen zu verwenden, der bereits durch eigene Gruppenbezeichnungen eines Kunden belegt ist. Dann zeigte das Exchange-Team etwas Kreativität. Sehen Sie sich die beiden Namen etwas genauer an. Beide haben die gleiche Anzahl von Zeichen und die Zahlen und Buchstaben befinden sich jeweils an der gleichen Stelle. Um es kurz zu machen: Wenn Sie im Namen der administrativen Gruppe jeden Buchstaben (bzw. jede Zahl) durch den im Alphabet vorangehenden ersetzen, ergibt sich der Name »EXCHANGE12ROCKS«. Genauso finden Sie bei der Routinggruppe die Bezeichnung »EXCHANGE12ROCKS«, wenn Sie die Zeichen durch den im Alphabet jeweils nachfolgenden Buchstaben ersetzen. Es ist doch toll zu sehen, dass das Entwicklerteam so viel Spaß mit einem Produkt hat, das eigentlich aus der Business-Ecke kommt.

Warum hat das Exchange-Team jedoch die administrativen Gruppen aus Exchange entfernt? Durch die vollständige Neugestaltung der Management-Schnittstelle und den neuen Zuständigkeitsbereich sind administrative Gruppen einfach nicht mehr notwendig und blähen die Komplexität der Exchange-Verwaltung einfach nur auf. Abbildung 19.4 bietet eine Gegenüberstellung des alten Exchange System-Managers und der Exchange Server 2007-Verwaltungskonsole. Da es in Exchange 2007 keine administrativen Gruppen mehr gibt, benötigen Sie eine Alternative, um die administrative Sicherheit zu gewährleisten. In diesem Abschnitt lernen Sie zwei Verfahren kennen, mit denen Sie Benutzer für die Verwaltung verschiedenster Exchange-Funktionen hinzufügen können.

Abbildg. 19.4 Der System-Manager von Exchange Server 2003 befindet sich links und die Exchange Server 2007-Verwaltungskonsole rechts

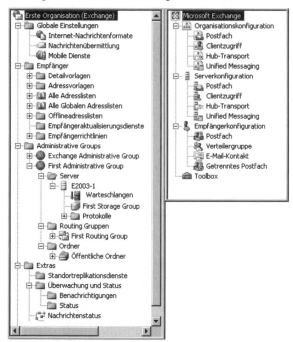

Die integrierten Administratorgruppen von Exchange

Wenn Sie die Erstinstallation von Exchange Server 2007 durchführen, werden in Active Directory fünf universelle Sicherheitsgruppen erstellt, von denen jede in verschiedenen Teilen der Exchange-Organisation besondere Rechte hat. Die folgenden vier dieser fünf Gruppen, die in Abbildung 19.5 in **Active Directory-Benutzer und -Computer** gezeigt werden, dienen direkt zur Verwaltung der Exchange-Organisation:

- **Exchange-Administrator mit Leserechten** Diese Rolle erlaubt Ihnen, die Konfigurationen aller Exchange-Objekte zu sehen, aber nicht, daran Änderungen vorzunehmen.
- **Exchange-Server** Diese Rolle enthält die folgenden Rechte:
  - Mitglieder dieser Gruppe haben alle Rechte der Exchange-Administratoren mit Leserechten
  - Mitglieder dieser Gruppe haben Zugang zu serverbasierten Exchange-Konfigurationsinformationen und zu serverbezogenen Active Directory-Objekten.
  - Mitglieder dieser Gruppe können serverbasierte Verwaltungsaufgaben erledigen, jedoch keine Aktionen auf der Ebene der Exchange-Organisation durchführen.
  - Mitglieder dieser Gruppe sind außerdem Mitglieder der lokalen Administratorgruppe auf dem Computer, auf dem Exchange Server 2007 installiert ist.

- **Exchange-Empfängeradministrator**   Diese Rolle hat die folgenden Rechte:
  - Mitglieder dieser Gruppe haben alle Rechte der Exchange-Administratoren mit Leserechten
  - Mitglieder dieser Gruppe dürfen alle objektbezogenen Empfänger und öffentlichen Ordner konfigurieren, darunter Kontakte, Gruppen, Öffentliche Ordner-Objekte, Unified Messaging-Postfacheinstellungen, Clientzugriffs-Postfacheinstellungen und andere Empfängereigenschaften von Exchange in Active Directory.
- **Exchange-Organisationsadministrator**   Diese Rolle hat die folgenden Rechte:
  - Mitglieder dieser Gruppe haben alle Rechte der Exchange-Empfängeradministratoren und weitere.
  - Benutzer in dieser Gruppe dürfen alle Aspekte der Exchange-Organisation lesen und verwalten, einschließlich der Server und der Konfiguration der Organisation.
  - Mitglieder dieser Rolle werden als Besitzer aller Exchange-bezogenen Active Directory-Objekte betrachtet.
  - Während der Exchange 2007-Installation wird diese Gruppe in die Gruppe der lokalen Serveradministratoren aufgenommen. Wenn Sie Exchange Server 2007 auf einem Domänencontroller installieren, was nicht empfohlen wird, haben Exchange-Organisationsadministratoren zusätzliche Rechte, je nachdem, ob die lokale Administratorengruppe über zusätzliche Rechte auf dem Domänencontroller verfügt.

Wenn Sie Ihrer Organisation einen vollständigen Exchange-Administrator hinzufügen wollen, müssen Sie das betreffende Benutzerkonto nur in die Gruppe der Exchange-Organisationsadministratoren aufnehmen. Dasselbe gilt für die anderen Sicherheitsgruppen.

Abbildg. 19.5   Die in Exchange Server 2007 integrierte Sicherheitsgruppe

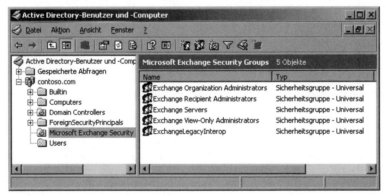

Der Assistent zum Hinzufügen von Exchange-Administratoren

Exchange Server 2007 bietet außerdem eine einfache Möglichkeit, Exchange-Administratoren hinzuzufügen, die nur die Verantwortung für einen bestimmten Bereich der Exchange-Organisation haben, wie einen einzelnen Server oder eine Servergruppe, oder die nur Empfänger verwalten können. Sie werden sehen, dass die Delegierungsmethode für Administratorrechte viel flexibler und effizienter ist als die Administratorgruppen der Vergangenheit.

Administrative Sicherheit

Der einfachste Weg, das Hinzufügen von Exchange-Administratoren zu erklären, besteht, es in der Praxis zu zeigen. Um den Vorgang zu beginnen, öffnen Sie die Exchange-Verwaltungskonsole und wählen die Option **Organisationskonfiguration**, wie in Abbildung 19.6 gezeigt.

Abbildg. 19.6   Das Fenster **Organisationskonfiguration**

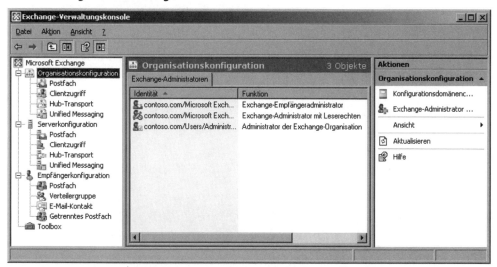

Beachten Sie den Arbeitsbereich in Abbildung 19.6. Die Gruppen haben hier schon bestimmte Berechtigungen für die Exchange-Organisation erlangt. Um Exchange-Administratoren hinzuzufügen, wählen Sie **Exchange-Administrator hinzufügen**. Es erscheint ein einseitiger Assistent, der in Abbildung 19.7 gezeigt wird. Sie müssen dreimal eine Auswahl treffen, um den Assistenten abzuschließen.

Zuerst wählen Sie die Benutzergruppe, die Exchange-Administratorrechte erhalten soll. Dann wählen Sie die Rolle und den Einflussbereich des neuen Exchange-Administrators. Schließlich, wenn Sie die Exchange Server-Administratorrolle ausgewählt haben, wählen Sie zumindest einen Server, auf den die neue Benutzergruppe Zugriff haben soll. Klicken Sie auf **Hinzufügen** und wählen Sie die gewünschten Server im Fenster **Exchange-Server auswählen**. Abbildung 19.8 zeigt, wie der Bildschirm aussieht, nachdem Sie die Exchange Server-Administratorrolle und den zu verwaltenden Server ausgewählt haben.

Hinweis

Wenn Sie jemanden zur Exchange Server-Administratorrolle hinzufügen, müssen Sie diesen Benutzer oder diese Gruppe manuell in die lokale Administratorgruppe auf jedem zu verwaltenden Server aufnehmen.

Wenn Sie in der Praxis diesen Assistenten benutzen, fügt der daraus resultierende Befehl einfach die ausgewählten Benutzer einer der vorher beschriebenen Gruppen hinzu. Die einzige Rolle, auf die das nicht zutrifft, ist die des Exchange Server-Administrators. Wenn Benutzer oder Gruppen dieser Rolle zugewiesen werden, erhalten sie Vollzugriff auf die angegebenen Server und deren untergeordnete Objekte.

Kapitel 19 Grundlagen zur Sicherheit von Exchange Server

Abbildg. 19.7   Der Assistent zum Hinzufügen von Exchange-Administratoren

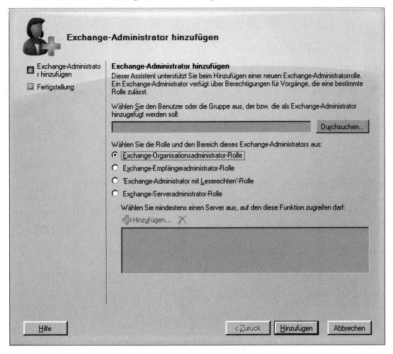

Abbildg. 19.8   Auswählen der Exchange Server-Administratorrolle

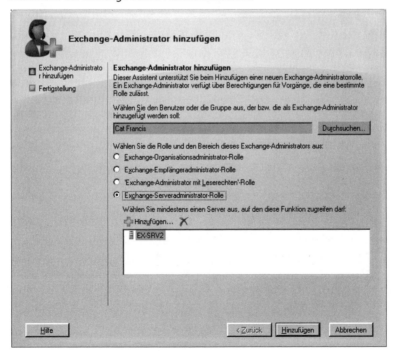

Verwaltungsshell

Sie können die Administratorrollen auch mit der Exchange-Verwaltungsshell vergeben.

Der folgende Befehl fügt ein Benutzerkonto hinzu, das den Exchange Server-Computer E2007-4 verwalten darf.

Add-ExchangeAdministrator -Identity 'contoso.com/Users/David So'
 -Role 'ServerAdmin' -Scope 'E2007-4'

Wenn Sie jemanden mit der Exchange Server-Administratorrolle hinzufügen, müssen Sie den Benutzer oder die Gruppe in die integrierten lokale Administratorgruppe des Zielservers aufnehmen.

Der folgende Befehl fügt einen Benutzer zur Rolle Exchange-Empfängeradministrator hinzu.

Add-ExchangeAdministrator -Identity 'contoso.com/Users/David So'
 -Role 'RecipientAdmin'

Der nächste Befehl fügt einen Benutzer zur Rolle Exchange-Administrator mit Leserechten hinzu.

Add-ExchangeAdministrator -Identity 'contoso.com/Users/David So'
 -Role 'ViewOnlyAdmin'

Der folgende Befehl fügt einen Benutzer zur Rolle Exchange-Organisationsadministrator hinzu.

Add-ExchangeAdministrator -Identity 'contoso.com/Users/David So'
 -Role 'OrgAdmin'

Tabelle 19.1 stammt aus der Microsoft-Dokumentation über Rollen in Exchange Server 2007 und bietet eine genaue Übersicht darüber, welche Funktion eine Administratorrolle erfüllt.

Tabelle 19.1 Exchange-Administratorrollen

Rolle	Mitglieder	Mitglied von	Exchange-Berechtigungen
Exchange-Organisationsadministrator	Administrator oder das Konto, das bei der ersten Installation von Exchange Server 2007 verwendet wurde.	Exchange-Empfängeradministrator lokale Administratorengruppe von <Server>	Vollzugriff auf den Microsoft Exchange-Container in Active Directory
Exchange-Empfängeradministrator	Exchange-Organisationsadministratoren	Exchange-Administrator mit Leserechten	Vollzugriff auf die Exchange-Eigenschaften im Active Directory-Benutzerobjekt
Exchange Server-Administratoren	Exchange-Organisationsadministratoren	Exchange-Administratoren mit Leserechten Lokale Administratorengruppe von <Server>	Vollzugriff auf <Servername>
Exchange-Administrator mit Leserechten	Exchange-Empfängeradministrator Exchange-Serveradministrator <Name>	Exchange-Empfängeradministratoren Exchange Server-Administratoren	Lesezugriff auf den Microsoft Exchange-Container in Active Directory Lesezugriff auf alle Windows-Domänen mit Exchange-Empfängern

Sicherheitsmaßnahmen für SMTP

Standardmäßig versucht ein SMTP-Server, über Port 25 eine anonyme TCP-Verbindung zu Ihrem Exchange Server-Computer aufzubauen. Anonym bedeutet nicht, dass ein in Active Directory eingerichtetes Benutzerkonto die Anfrage stellvertretend entgegennimmt, wie es beim anonymen Benutzerkonto von IIS, IUSR_<Computername>, der Fall ist. Im Rahmen von SMTP bedeutet anonym, dass der SMTP-Remotedienst weder einen Benutzernamen noch ein Kennwort benötigt, um eine Verbindung über Port 25 herzustellen. Somit kann standardmäßig jeder SMTP-Server im Internet über Port 25 eine Verbindung zu Ihrem Exchange-Server eingehen.

Um SMTP sicherer zu machen, können Sie entweder die Standard- oder die integrierte Windows-Authentifizierung (IWA) verlangen, bevor der virtuelle SMTP-Server eine eingehende Verbindung zulässt. Diese Konfiguration ist jedoch im Internet nicht möglich, da Sie nicht voraussagen können, wer sich zukünftig mit Ihrem Exchange Server-Computer verbinden wird, und daher nicht annehmen können, dass der Benutzer einen geeigneten Benutzernamen und ein Kennwort zur Aufnahme der Verbindung hat. Darüber hinaus sind nicht viele Messagingadministratoren daran interessiert, solche Sicherheitsvorkehrungen bei sich vorzunehmen. Obwohl also eine anonyme Verbindung zu Port 25 Ihres Exchange Server-Computers eine Verwundbarkeit darstellt, muss sie mit einem anderen Ansatz als über das Verbot anonymer Verbindungen bewältigt werden.

Wie schützen wir uns vor derartigen Angriffen? Mit Exchange Server 2007 können Sie einen Edge-Transport-Server einsetzen, der Ihrem primären Exchange Server-Computer die Verwaltung der Sicherheit abnimmt. Sie erfahren mehr über Edge-Transport-Server in Kapitel 20, »Antispam- und Antivirusfunktionen«. Dieses Kapitel beschreibt ebenfalls, wie Edge-Transport-Server dabei helfen, die Gesamtsicherheit einer Exchange-Infrastruktur zu verbessern. Allerdings sollte die herkömmliche Vorgehensweise, Exchange zu schützen, auch dann Anwendung finden, wenn Edge-Transport-Server zum Einsatz kommen.

Der vermutlich am häufigsten beschrittene Weg, um eine Exchange-Infrastruktur zu schützen, ist der Einsatz zweier Firewalls. Eine duale Firewalltopologie ermöglicht es, Ihre internen Exchange Server-Computer zu schützen und auch eingehende E-Mails als Maßnahme gegen mögliche Angriffe zu filtern. Der Bereich zwischen den beiden Firewalls wird *Umkreisnetzwerk* genannt (auch bekannt als DMZ oder demilitarisierte Zone). Die Grundidee besteht darin, eine Verteidigungslinie gegen mögliche Angriffe aufzubauen. Dabei sind wir bereit, unsere Exchange Server-Computer im Umkreisnetzwerk zu opfern, jedoch nicht die Server im internen Netzwerk. Da die Exchange Server-COmputer im Umkreisnetzwerk keine wichtigen Informationen beherbergen – keine Postfächer oder öffentlichen Ordner –, können Sie sowohl bei einem Angriff geopfert als auch einfach wiederhergestellt werden. Da sie nur als Übertragungsserver dienen, können wir sie zum Säubern eingehender E-Mails über Port 25 nutzen.

Werfen Sie einen Blick auf Abbildung 19.9. Achten Sie auf die drei Netzwerkschichten. Von oben nach unten wird jedem Netzwerk mehr vertraut, wobei die externe Zone (also das Internet) kein Vertrauen genießt. Dem Umkreisnetzwerk wird mehr vertraut, da es sich hinter zumindest einer Firewall der Organisation befindet und generell nur Server enthält, die als »entbehrlich« betrachtet werden. In diesem Diagramm hat die externe Firewall Port 25 geöffnet, damit eingehender SMTP-Verkehr bearbeitet werden kann. E-Mails werden an den Edge-Transport-Server mit Exchange Server 2007 geleitet, wo sie nach Viren gescannt, mit diversen Spamfiltern bearbeitet und mit verschiedenen Regeln für eingehende Nachrichten gefiltert werden. Ihr externer MX-Eintrag muss auf diesen Edge-Transport-Server zeigen. Es gibt eine weitere wichtige Information in diesem Diagramm. Bitte beachten Sie, dass die externe Firewall auch die Fähigkeit hat, eingehende Inhalte auf Viren und Spyware zu überprüfen. Wenn es möglich ist, sollten Sie Ihre E-Mails immer durch eine ähnlich konfigurierte

Sicherheitsmaßnahmen für SMTP

Firewall laufen lassen, möglichst schon, bevor sie den Edge-Transport-Server und seine Filtermechanismen erreicht. Viele der heute erhältlichen Sicherheitslösungen, wie z.B. Cisco ASA oder Sonicwall, bieten diese zusätzliche Sicherheit.

Was die Software angeht, sollten Sie auch darüber nachdenken, Microsoft Forefront Security für Exchange einzusetzen. Forefront kann jede eingehende Nachricht mit bis zu fünf vollständig unabhängigen Virusscannern bearbeiten. Durch Einführung dieser mehrschichtigen Sicherheitsinfrastruktur können alle eingehenden Mails von vielen verschiedenen Scan-Module bearbeitet werden, von denen einige hardware- und andere softwarebasiert sind. Dadurch steigt die Wahrscheinlichkeit, dass Sie gegen die neuesten Viren geschützt sind.

Abbildg. 19.9 Ein Weg, die Exchange-Infrastruktur abzusichern

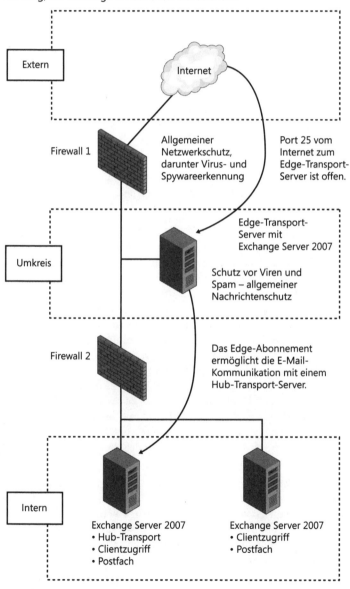

Allerdings wird Sie auch die weltbeste Sicherheitsinfrastruktur nicht immer schützen können. Erinnern Sie sich bitte an einige der bekanntesten Viren der letzten Jahre, die sich sehr schnell weltweit verbreiten konnten, normalerweise innerhalb von Stunden. Es ist für die Hersteller von Antivirensoftware praktisch unmöglich, den Virus zu erhalten, ihn zu analysieren, eine entsprechende Definition zu schreiben und die Definition für diesen Virus zu verteilen, bevor er sich weltweit verbreitet. Sie können einen Edge-Transport-Server für die Inhaltsprüfung jedoch anweisen, alle Nachrichten unter Quarantäne zu stellen oder zu löschen, die gewisse Arten von Anhängen enthalten, und somit die meisten Viren aufgrund Ihres Inhaltstyps abzuweisen, anstatt einen Vergleich mit einer Virendefinitionsdatei vorzunehmen.

> **Hinweis**
>
> Bei traditionellen Antivirus-Servern sollten Sie folgendes beachten: Erstens nehmen viele der bekannten Antivirus-Suites das Scannen nach Viren und das Scannen nach Inhalten gleichzeitig vor. Zwar muss dieser Ansatz beim Scannen vom E-Mails kein Problem darstellen, doch sollten Sie den Unterschied zwischen Virus- und Inhaltsscan im Auge behalten, der unterstreicht, dass beide Scans im Umkreisnetzwerk notwendig sind. Dies wird durch einen Edge-Transport-Server mit Exchange Server 2007 ermöglicht. Außerdem können es die finanziellen Mittel nicht zulassen, alle im Kapitel beschriebenen notwendigen Komponenten anzuschaffen, insbesondere einen separaten Exchange Server-Computer als Edge-Transport-Server und die Firewalls bzw. Sicherheitsgeräte, die das Scannen übernehmen. Diese Vorschläge dienen dazu, die zugrunde liegenden Konzepte zu illustrieren. Daneben gibt es u.a. folgende weniger kostspielige (und weniger sichere) Möglichkeiten:
>
> - Einsatz einer einzelnen Firewall mit mehreren Schnittstellen und Aufbau eines eines Umkreisnetzwerks mittels Firewallregeln.
> - Einsatz einer einzelnen Firewall und Betrieb des Edge-Transport-Servers an der internen Schnittstelle neben Ihren anderen Exchange Server-Computern.
> - Weglassen des Edge-Transport-Serversn und Auslieferung der E-Mails direkt an einen Hub-Transport-Server.

Nach dem Scannen und der Freigabe werden die E-Mails an den internen Hub-Transport-Server gesendet. Dieser interne Hub-Transport-Server muss so konfiguriert sein, dass er eingehende E-Mails nur aus dem Umkreisnetzwerk des Edge-Transport-Servers annimmt. Eingehende E-Mails, die vom Edge-Transport-Server freigegeben sind, werden über den üblichen SMTP-TCP-Port 25 übertragen, sodass Sie diesen Port auch in Ihrer internen Firewall öffnen müssen. Um dies zu auf die sicherste Weise zu tun, erstellen Sie eine Firewallregel, die Verkehr auf Port 25 nur zwischen dem Edge-Transport-Server und einem der internen Hub-Transport-Server zulässt. Dann sichern Sie den Tunnel mittels IPsec, was in Kapitel 21 näher erklärt wird. Der interne Exchange Server-Computer sollte außerdem eigene Antivirussoftware besitzen, vorzugsweise von einem anderen Anbieter als auf einem der Server im Umkreisnetzwerk. Der Zweck dieses Modells besteht darin, sicherzustellen, dass der Verkehr über Port 25 so gut wie möglich gesichert ist.

Um einen Edge-Transport-Server einzusetzen, erstellen Sie ein Abonnement für den Server in der Active Directory-Domäne. Das Abonnement richtet eine Einwegreplikation der Empfänger- und Konfigurationsinformationen von Ihrem Active Directory zur einer ADAM-Instanz (Active Directory Application Mode) ein, die auf Ihrem Edge-Transport-Server ausgeführt wird. Zusätzlich erstellt das Abonnement einen SMTP-Sendeconnector, der notwendig ist, um den E-Mail-Fluss von Ihren Exchange Server-Computern über einen Edge-Transport-Server ins Internet zu ermöglichen. Wenn

Sie Funktionen für die Empfängersuche oder die Aggregation von Listen sicherer Adressen auf dem Edge-Transport-Server einsetzen, erstellen Sie ein Abonnement für den Edge-Transport-Server innerhalb der Organisation.

> **Weitere Informationen**
>
> Der vollständige Vorgang, einen Edge-Transport-Server zu installieren, zu konfigurieren und ein Abonnement zu erstellen, wird in Kapitel 20, »Antispam- und Antivirusfunktionen«, beschrieben.

Kein System ist narrensicher, doch die duale Firewalltopologie hat mehrere Vorteile:

- Durch das Weiterleiten eingehender E-Mails durch die Inhaltsfilter der Edge-Transport-Servers können Sie nach Programmcode suchen, den Antivirusscanner nicht finden können.
- Indem Sie Ihre E-Mails durch einen Virenscanner zwingen, tun Sie Ihr Bestes, um sicherzustellen, dass alle bekannten Viren herausgefiltert werden. Es wäre unvernünftig, die E-Mails nach Passieren des Inhaltsscanners nicht durch einen aktualisierten Virenscanner zu leiten, da ältere Viren von der Inhaltsprüfung möglicherweise nicht erkannt werden.
- Indem Sie alle ausgehenden E-Mails durch einen Edge-Transport-Server mit Exchange Server 2007 senden, wird die IP-Adresse (privat oder öffentlich) des internen Exchange Server 2007-Computers nicht in den öffentlichen DNS-Einträgen aufgeführt. Das bedeutet, dass ein Angreifer, der eine Telnet-Verbindung zu Ihrem Server versucht, ihn niemals direkt erreichen kann. Wenn Sie außerdem den internen Exchange-Server 2007-Computer so einrichten, dass er E-Mails nur von Exchange Server-Computern aus der DMZ annimmt, schlagen alle Versuche fehl, über Port 25 und eine fremde IP-Adresse eine Verbindung mit ihm aufzunehmen.

Wenn ein Hacker sich dazu entscheidet, Ihre Exchange Server-Computer im Umkreisnetzwerk zu zerstören, haben Sie tatsächlich keine Werte verloren, außer der Zeit, um sie wieder funktionsfähig zu machen.

Ihr Unternehmen könnte dadurch etwas Geld verlieren, dass zeitweise eine Kommunikation mittels E-Mail nicht möglich ist, aber es verliert keine wichtigen Daten. Das ist ein wichtiger Punkt. Der Server, auf dem Ihre Daten gespeichert sind, ist der am besten geschützte. Die anderen, die weniger gut geschützt sind, enthalten keine wichtigen Daten. Gehen diese Server verloren, sind zumindest alle geschäftskritischen Daten auf dem internen Exchange Server 2007-Computer gespeichert. Für viele Firmen ist das ein annehmbares Risiko. Dies ist der Anfang einer Verteidigungsstrategie, die mehrere Schutzschichten bietet, angefangen bei verzichtbaren Diensten bis hin zu den unentbehrlichen, die auf vielfältige Weise gesichert sind.

Wie wir in diesem Kapitel immer wieder erläutert haben, ist keine Lösung perfekt, sodass auch dieses Sicherheitsmodell einige große Lücken hat, wenn Sie z.B. nichts zum Schutz vor Nachrichten unternehmen, die über Outlook Web Access an den Exchange Server-Computer geschickt werden. Port 25 ist gut geschützt, aber der Zugang über Port 80 ist weit geöffnet. Wenn Sie wissen möchten, wie OWA abgesichert wird, verweisen wir auf ↗ Kapitel 24, »Outlook Web Access«.

Die zweite große Sicherheitslücke in diesem Modell kann nicht geschlossen werden: Nachrichten erreichen Ihren internen Exchange Server-Computer. Solange ein Datenpaket diesen Server erreichen kann, ist ein Bedrohungspotenzial vorhanden. Vergessen Sie also nicht die 80%-Regel: Sie können Ihre Daten nur zu ungefähr 80% sicher machen. Doch lassen Sie sich davon nicht entmutigen, Ihre Strategien umzusetzen.

Computerviren

In diesem Abschnitt führen wir das Thema Computerviren etwas weiter aus und erörtern einige Auswirkungen auf Exchange Server 2007.

Was sind Viren?

Ein *Virus* ist Code, der sich an andere Programme oder Dateien anhängt. Wenn diese Dateien ausgeführt werden, wird der Code aufgerufen und beginnt, sich selbst zu vervielfältigen. Die Vervielfältigung geschieht über das Netzwerk. Viren können mittlerweile die Sicherheitslücken fast jeder Plattform ausnutzen.

Einige Viren verbleiben im Speicher, wenn das ursprüngliche Programm beendet wird. Wenn andere Programme ausgeführt werden, hängt das Virus sich daran an, bis der Computer heruntergefahren oder ausgeschaltet wird. Einige Viren haben eine »Schlafphase« und treten nur zu bestimmten Zeiten auf oder wenn bestimmte Aktionen durchgeführt werden.

Es gibt viele Arten von Viren. Einige überschreiben vorhandenen Code oder Daten. Andere können feststellen, ob eine ausführbare Datei bereits infiziert ist. Eine solche *Selbsterkennung* ist erforderlich, wenn das Virus mehrfache Infektionen einer einzelnen ausführbaren Datei verhindern will, die zu einem übermäßigem Größenwachstum solcher infizierten Dateien mit einer entsprechenden Speichernutzung und somit zur Entdeckung des Virus führen können.

Residente Viren installieren sich bei der Ausführung eines infizierten Wirtsprogramms selbst als Bestandteil des Betriebssystems. Ein solches Virus bleibt resident, bis das System heruntergefahren wird. Wenn es einmal im Speicher vorhanden ist, kann es alle passenden Rechner infizieren, auf die zugegriffen wird.

Ein *Tarnkappen-Virus* (Stealth-Virus) ist ein residentes Virus, das seiner Entdeckung entgehen will, indem es sich in einer infizierten Datei versteckt. Es kann z.B. den Viruscode aus einer ausführbaren Datei entfernen, wenn sie gelesen (anstatt ausgeführt) wird, sodass Antivirensoftware nur eine nicht infizierte Form der Datei sieht.

Computerviren verbreiten sich hauptsächlich durch den Gebrauch von E-Mail und treten in der Regel in E-Mail-Anhängen auf. Wenn das Virus seinen Weg in den Nachrichtenstrom findet, nutzt es die Fähigkeit des Clients, E-Mails zu senden und zu empfangen, um sich selbst schnell zu vermehren und so bald wie möglich Schaden anzurichten.

Ein notwendiger Aspekt zum Schutz Ihres Nachrichtensystems vor Viren ist die Schulung der Benutzer. Sie sollten lernen, welche Anhänge sie öffnen dürfen. Ihre Richtlinien zur Datensicherheit sollten die Arten von E-Mails und Anhängen beschreiben, die die Benutzer öffnen dürfen. Zum Beispiel sollte Benutzern in zwei Fällen das Öffnen von Anhängen verboten werden: wenn Sie sie nicht erwartet haben und wenn sie von unerkannten Aliasnamen stammen.

Wenn immer es möglich ist, sollten Sie einen zentralisierten Antivirusdienst nutzen, der die Clients im Netz über einen zentralen Server aktualisiert. Die meisten dieser Lösungen ermöglichen es Ihnen, Clients detailliert und vorausschauend zu betreuen und Probleme zu beheben, bevor sie auftreten.

Trojanische Pferde

Ein *Trojanisches Pferd* (auch bekannt als Trojaner) ist ein bösartiges Programm innerhalb eines normalen, sicher erscheinenden Programms. Der Unterschied zwischen einem Virus und einem Trojanischen Pferd besteht darin, dass Letzteres eingebettet und das Virus an die (ausführbare) Datei angehängt ist.

Wenn das normale Programm ausgeführt wird, ist auch der bösartige Code aktiv und kann Schaden anrichten oder wichtige Informationen entwenden oder beschädigen. Ein Beispiel für ein Trojanisches Pferd ist ein Textverarbeitungsprogramm, das dem Benutzer ermöglicht, ein Dokument zu erstellen, während im Hintergrund bösartiger Code ausgeführt wird, der Dateien löscht oder andere Programme zerstört.

Trojanische Pferde werden im Allgemeinen durch E-Mail oder *Würmer* verbreitet; Letzteres sind Programme, die sich selbst ausführen. Der von einem Trojanischen Pferd angerichtete Schaden ist mit dem eines Virus vergleichbar: von gering bis geschäftskritisch. Sie sind vor allem deswegen Furcht erregend, weil die Benutzer in den meisten Fällen den verursachten Schaden nicht bemerken. Die bösartige Funktion wird durch den scheinbar nützlichen Effekt des Programms getarnt.

Würmer

Wie bereits erwähnt, sind Würmer Programme, die sich selbst ausführen. Weder betten Sie sich in andere Programme ein oder hängen sich daran an, noch müssen sie das tun, um sich zu vermehren. Sie können über Netzwerkverbindungen von Computer zu Computer wandern und sind selbstvermehrend. Es können Teile von Würmern auf vielen verschiedenen Rechnern ausgeführt werden oder das ganze Programm auf einem einzelnen. Normalerweise verändern Würmer keine anderen Programme, obwohl sie anderen Code mitführen können, der das tut.

Die ersten Netzwerkwürmer waren dazu gedacht, sinnvolle Verwaltungsaufgaben wahrzunehmen, indem sie Eigenschaften des Betriebssystems zu ihrem Vorteil verwendeten. Bösartige Würmer nutzen Sicherheitslücken des Systems für ihre eigenen Zwecke aus. Das Freisetzen eines Wurms führt in der Regel zu kurzen Ausbrüchen und fährt ganze Netzwerke herunter.

Der Schaden, den Würmer anrichten können, reicht wie bei Trojanischen Pferden und Viren von unbedeutend bis kritisch. Die Art und das Ausmaß des Schadens müssen für jeden Wurm individuell bewertet werden. Würmer können jedoch Trojanische Pferde und Viren installieren, die dann ihren eigenen Code ausführen

Es kann sehr schwierig sein, einem Angriff durch eine Kombination aus einem Wurm un d einem Trojanischen Pferd oder einem Virus, unbeschadet zu entgehen. Die Auswirkungen von Viren, Trojanischen Pferden und Würmern auf Ihr Nachrichtensystem und Ihr Netzwerk sollten Sie nicht unterschätzen. Da sie E-Mail verwenden, um Sicherheitslücken im System auszunutzen, reicht die Installation von Antivirensoftware alleine nicht aus. Sie müssen darüber hinaus sicherstellen, dass bekannte Sicherheitslücken in allen Ihren Betriebssystemen geschlossen werden. Konzentrieren Sie sich nicht nur auf Server. Jedes Gerät sollte so schnell wie möglich mit den aktuellsten Softwarekorrekturen eines jeden Herstellers aktualisiert werden. In den meisten Umgebungen müssen diese Korrekturen vor der Installation getestet werden. Aber installieren Sie sie, nachdem sie getestet wurden.

Spam

Spam (Junk-E-Mail) ist ein großes Problem. Ein Kunde, für den der Autor kürzlich arbeitete, führte seine erste Software zur E-Mail-Filterung ein und stellte fest, dass er 46% weniger eingehende E-Mail hatte.

Die neue Funktion des Edge-Transport-Servers in Exchange Server 2007 bietet neue Möglichkeiten, die Ihnen dabei helfen können, das Aufkommen von Spam, der Ihr Unternehmen erreicht, erheblich zu reduzieren. Die Edge-Transport-Serverfunktion verfügt über folgende Agents, die dabei helfen, Ihre E-Mail-Infrastruktur zu schützen. Die Angaben in Tabelle 19.2 stammen direkt aus der Microsoft-Dokumentation für den Edge-Transport-Server.

Tabelle 19.2 Edge-Transport-Server-Agents

Name des Agents	Beschreibung
Verbindungsfilter-Agent	Führt eine Filterung von Host-IP-Adressen auf der Grundlage von Anbietern von Positivlisten und IP-Sperrlisten durch.
Adressumschreibungs-Agent	Verändert SMTP-Adressen von Empfängern in eingehenden Nachrichten auf der Grundlage von vordefinierten Adress-Aliasen. Adressumschreibung kann in Situationen nützlich sein, in denen eine Organisation interne Domänen verbergen möchte.
Edge-Transport-Server-Agent	Verarbeitet alle mittels SMTP empfangenen Nachrichten, um die Transportregeln eines Edge-Transport-Servers durchzusetzen.
Sender ID-Agent	Entscheidet, ob der sendende SMTP-Host berechtigt ist, Nachrichten an die SMTP-Domäne des Absenders zu schicken.
Empfängerfilter-Agent	Prüft, ob die während der SMTP-Sitzung über den RCPT TO:-Befehl angegebenen Empfänger gültig und nicht in der Liste der blockierten SMTP-Adressen und Domänen enthalten sind.
Absenderfilter-Agent	Prüft, ob der Absender im MAIL FROM-Feld gültig und nicht in der Liste der blockierten SMTP-Adressen und Domänen enthalten ist.
Inhaltsfilter-Agent	Verwendet die Micosft SmartScreen-Technologie, um auf den Inhalt eingehender Nachrichten zuzugreifen, und erstellt eine SCL-Bewertung für Spam auf der Grundlage der Transport- und Speicherschwellenwerte.
Protokollanalyse-Agent	Arbeitet mit Inhaltsfilter-, Absenderfilter-, Empfängerfilter- und Sender ID-Agents zusammen, um die Vertrauenswürdigkeit eines Absenders (SRL-Bewertung) zu ermitteln und auf dieser Grundlage Maßnahmen einzuleiten.
Anlagenfilter-Agent	Filtert Nachrichten auf der Grundlage des Namens der Anlage, der Dateierweiterung oder des MIME-Typs, um potenziell schädliche Nachrichten zu blockieren oder Anhänge zu entfernen.
Adressumschreibungs-Agent für ausgehende Nachrichten	Verändert SMTP-Adressen von Absendern in ausgehenden Nachrichten auf der Grundlage vordefinierter Adress-Aliase. Adressumschreibung kann in Situationen nützlich sein, in denen eine Organisation interne Domänen verbergen möchte.
Forefront Security für Exchange-Routing-Agent	Verantwortlich für die Verbindung mit dem Transport-Stack, um sicherzustellen, dass der Scanvorgang Nachrichten vor der Auslieferung an den Hub-Transport-Server prüft.

Viele dieser Funktionen werden in Kapitel 20, »Antispam- und Antivirusfunktionen«, und Kapitel 21, »Exchange Server 2007-Nachrichten schützen«, beschrieben.

Sicherheitstools von Microsoft

Um Sie dabei zu unterstützen, eine Exchange-Infrastruktur bereitzustellen und zu warten, die so sicher wie möglich ist, bietet Microsoft eine Reihe von Werkzeugen an, um Schadsoftware zu entfernen, die Konfiguration Ihrer Installationen zu prüfenund um Ihnen bei zahlreichen Servereinstellungen zu helfen.

- **Tool zum Entfernen bösartiger Software** Das Microsoft-Tool zum Entfernen bösartiger Software prüft Computer unter Windows XP, Windows 2000 und Windows Server 2003 auf Infektionen mit bestimmter gängiger Schadsoftware, z.B. Blaster, Sasser und MyDoom, und hilft dabei, diese Infektionen zu entfernen. Wenn der Erkennungs- und Entfernungsprozess abgeschlossen ist, zeigt das Tool einen Ergebnisbericht an, in dem steht, welche Schadsoftware gefunden und entfernt wurde. Microsoft gibt immer am zweiten Dienstag des Monats sowie bei Bedarf zum Schließen einer Sicherheitslücke eine aktualisierte Fassung dieses Werkzeugs heraus. Lassen Sie das Microsoft-Tool zum Entfernen bösartiger Software regelmäßig auf Ihren Exchange Server-Computer laufen, um sicherzustellen, dass Ihr System ungefährdet ist.

> **Weitere Informartionen**
>
> Weitere Informationen zum Download des Tools finden Sie unter http://www.microsoft.com/security/malwareremove/default.mspx.

- **Microsoft Baseline Security Analyser** Der Microosoft Baseline Security Analyser (MBSA) ist ein Werkzeug, das Ihre bestehende Umgebung analysiert und im Besonderen prüft, wie eine Reihe von Microsoft-Produkten konfiguriert sind, z.B. Windows 2000 SP3, Windows XP und Windows Server 2003, Office XP, Office 2003 und Office 2007, Exchange 2000, Exchange 2003 und Exchange 2007, SQL Server 2000 SP4 und SQL Server 2005. Diese Informationen vergleicht Microsoft mit einer Liste empfohlener Einstellungen und erstellt für Sie einen Bericht mit vorgeschlagenen Maßnahmen, mit denen Sie die Sicherheit Ihrer Infrastruktur verbessern können.

> **Weitere Informationen**
>
> Weitere Informationen zum Download des Microsoft Baseline Security Analyzers finden Sie unter http://www.microsoft.com/technet/security/tools/mbsa2/default.mspx.

- **Security Configuration Wizard** Windows Server 2003 Service Pack 1 enthält den Security Configuration Wizard (SCW), ein Werkzeug, mit dem Sie die Angriffsfläche Ihrer Windows Server-Computer reduzieren können. SCW hilft Administratoren dabei, Sicherheitsrichtlinien nach dem Prinzip der geringsten Berechtigungen zu erstellen. Dies bedeutet, die auf einem Server laufenden Dienste auf ein Minimum zu reduzieren, sodass sie nicht für Angriffe auf das System genutzt werden können.

Zusammenfassung

In diesem Kapitel haben wir ausgeführt, wie Hacker denken und wie Sie eingehende SMTP-E-Mail sowie den administrativen Zugriff auf Ihren Exchange Server-Computer absichern. Wir haben die Unterschiede zwischen einem Virus, einem Trojanischen Pferd und einem Wurm beschrieben und ein Verfahren zur Sicherung des eingehenden SMTP-Verkehrs dargestellt. Außerdem sind Sie auf zwei weitere Bereiche in diesem Buch verwiesen worden, die sich mit der Absenderfilterung und der Sicherung von OWA befassen. Im nächsten Kapitel legen wir dar, wie Sie E-Mail-Nachrichten mithilfe von Verschlüsselung und Zertifikaten schützen.

Kapitel 20

Antispam- und Antivirusfunktionen

In diesem Kapitel:

Überblick über den Edge-Transport-Server	492
Bereitstellung eines Edge-Transport-Servers	493
Antispamfunktionen verwalten	502
Antivirusfunktionen mit Microsoft Forefront Security für Exchange Server verwalten	521
Zusammenfassung	527

Kapitel 20 Antispam- und Antivirusfunktionen

Im Leben eines Exchange Server-Administrators sind Spam und Viren ein wahrer Fluch. Aufgrund der Kosten für den Schutz davor und aufgrund der Tatsache, dass die Benutzer diesen Bedrohungen tatsächlich ausgesetzt sind, wenn diese Ihre Sicherheitsmaßnahmen überwinden, leidet in nahezu jedem Unternehmen die Bilanz.

In diesem Kapitel lernen Sie, wie Sie Ihre Messaging-Umgebung vor diesen Krankheiten schützen und eine der neuen Funktionen von Exchange Server 2007, den Edge-Transport-Server, bereitstellen und mit ihm Spam und Viren bekämpfen können.

Überblick über den Edge-Transport-Server

Der Edge-Transport-Server wurde bereits in Kapitel 3, »Architektur von Exchange Server 2007«, beschrieben. In diesem Abschnitt geben wir Ihnen jedoch eine kurze Wiederholung, damit Sie die neuen Funktionen schnell anwenden können. Der Edge-Transport-Server bietet kurz gesagt die folgenden Dienste:

- Verbindungsfilterung
- Inhaltsfilterung
- Absenderfilterung
- Empfängersuche
- Empfängerfilterung
- Suche nach der Sender-ID
- Kopfzeilenfilterung
- Regelverarbeitung
- Anlagenfilter
- Virenscanner

Wir werden in diesem Kapitel viele dieser Dienste erörtern.

Für den Edge-Transport-Server gibt es einige besondere Anforderungen und Empfehlungen. Der Edge-Transport-Server ist erst einmal autonom, was bedeutet, dass Sie ihn nicht auf einem Exchange Server 2007-Computer bereitstellen können, auf dem Sie bereits andere Funktionen installiert haben oder installieren möchten. Der Grund: Der Edge-Transport-Server ist dafür vorgesehen, Ihre Exchange-Umgebung zu schützen, indem er außerhalb Ihrer Firewall oder in Ihrem Umkreisnetzwerk ausgeführt wird. Indem diese Funktion auf ihre eigene Hardware außerhalb Ihres Netzwerks beschränkt wird, laufen Sie weniger Gefahr, dass eine infizierte Nachricht in Ihrem Unternehmen Chaos anrichtet.

Microsoft treibt den Gedanken der Isolation noch weiter und empfiehlt, dass Sie den Edge-Transport-Server auf einem Computer installieren, der nicht zu Ihrer Active Directory-Domäne gehört. Sie werden sich wahrscheinlich die Frage stellen, wie der Edge-Transport-Server mit den anderen Exchange Server-Computern kommunizieren kann, da er ja kein Bestandteil Ihrer Active Directory-Infrastruktur ist. Für einen Server, der entwickelt wurde, um die ein- und ausgehenden E-Mails in Ihrem Unternehmen zu bearbeiten, hat es Sinn, dass er intensiv mit dem Rest Ihres Netzwerks kommunizieren kann.

Es hat den Anschein, dass Ihr Edge-Transport-Server vom Rest Ihres Netzwerks isoliert ist. Das stimmt zwar zum größten Teil, der Edge-Transport-Server benötigt jedoch eine Art Lebensader zu

Ihrem Active Directory, um einige seiner Aufgaben erledigen zu können. Schließlich möchten Sie ja nicht, dass der Edge-Transport-Server sich in Ihrem Umkreisnetzwerk befindet und E-Mails an Benutzer weiterleitet, die in Ihrem Active Directory nicht vorhanden sind. Aus diesem Grund verwendet er das Active Directory-Werkzeug ADAM (Active Directory Application Mode) zusammen mit einer Komponente namens EdgeSync. EdgeSync wird auf einem separaten Server ausgeführt, auf dem die Hub-Transport-Funktion installiert ist. Es führt eine Synchronisation der Empfänger- und Konfigurationsinformationen in eine Richtung von Active Directory zur ADAM-Instanz aus, die auf dem Edge-Transport-Server ausgeführt wird.

Der Edge-Transport-Server sieht jede ein- und ausgehende Nachricht Ihrer Organisation. Die externen DNS-MX-Datensätze (Mail Exchange) Ihrer Domäne sollten auf diesen Server zeigen. Nach der Installation des Edge-Transport-Servers kann Exchange dann ausgehende E-Mails automatisch über diesen Dienst weiterleiten.

Bereitstellung eines Edge-Transport-Servers

Die Kurzfassung lautet: Sobald Sie ADAM und die Edge-Transport-Serverfunktion auf ihrem eigenen Server installiert haben, ist der Edge-Transport-Server vollständig bereitgestellt. Installieren Sie ebenfalls wenigstens einen Hub-Transport-Server, von dem aus Sie dann den Edge-Transport-Server abonnieren. Im Rahmen dieses Abonnements werden automatisch alle SMTP-Connectors erstellt, die für einen durchgängigen E-Mail-Fluss in Ihrem Netzwerk notwendig sind.

Führen Sie folgende Schritte aus, um einen Edge-Transport-Server in Ihrem Unternehmen bereitzustellen:

1. Stellen Sie mithilfe der Informationen aus den anderen Kapiteln dieses Buchs die anderen Funktionen von Exchange Server 2007 auf weiteren Servern in Ihrem Unternehmen bereit.
2. Installieren Sie die Voraussetzungen für Exchange Server 2007 auf einem Server, der kein Mitglied Ihrer Active Directory-Domäne ist. Dies umfasst .NET Framework 2.0, Microsoft Management Console (MMC) 3.0 und PowerShell 1.0. Sollten Sie weitere Informationen über die Installation der Voraussetzungen benötigen, sehen Sie in Kapitel 6, »Exchange Server 2007«, nach. Idealerweise befindet sich dieser Server in Ihrem Umkreisnetzwerk oder außerhalb der Firewall. Es wird dringend empfohlen, dass Sie den Edge-Transport-Server in einem Umkreisnetzwerk bereitstellen, sodass er wenigstens ein Minimum an Schutz genießt.
3. Stellen Sie sicher, dass der neue Server ein geeignetes DNS-Suffix besitzt.
4. Stellen Sie sicher, dass sämtliche Firewalls zwischen der Exchange Server 2007-Organisation und dem Edge-Transport-Server so konfiguriert sind, dass sie gewünschten Verkehr durchlassen. Die notwendigen Einstellungen werden im folgenden Abschnitt erörtert.
5. Installieren Sie ADAM, das als Download unter **http://www.microsoft.com/downloads/details.aspx?familyid=9688f8b9-1034-4ef6-a3e5-2a2a57b5c8e4&displaylang=en** zur Verfügung steht.
6. Installieren Sie die Exchange Server 2007-Funktion des Edge-Transport-Servers.
7. Erstellen Sie ein Abonnement der Exchange Server 2007-Organisation auf dem Edge-Transport-Server.
8. Ändern Sie die externen MX-Einträge in DNS, sodass sie auf den Edge-Transport-Server zeigen.

Die Anleitungen in diesem Kapitel beschreiben die einzelnen Aufgaben ab Schritt 3, da die Schritte 1 und 2 entweder in anderen Bereichen dieses Buches behandelt werden oder selbsterklärend sind.

Das DNS-Suffix eines Edge-Transport-Servers prüfen

Solange Sie mit einem Windows Server 2003-Computer noch keiner Domäne beigetreten sind oder ein DNS-Suffix per DHCP zugewiesen haben, hat das primäre DNS-Suffix normalerweise keinen Eintrag. Die Dienste des Edge-Transport-Servers in Exchange Server 2007 können nicht auf einem Server ohne primäres DNS-Suffix installiert werden. Bevor Sie fortfahren, stellen Sie wie folgt sicher, dass für Ihren Server ein primäres DNS-Suffix konfiguriert ist:

1. Rechtsklicken Sie auf dem Server-Desktop auf **Arbeitsplatz**.
2. Wählen Sie im Kontextmenü **Eigenschaften** aus, um das Fenster **Systemeigenschaften** zu öffnen.
3. Klicken Sie auf die Registerkarte **Computername**.
4. Klicken Sie auf **Ändern**, um das Fenster **Computernamen ändern** zu öffnen.
5. Klicken Sie auf **Weitere**, um das Fenster **DNS-Suffix und NetBIOS-Computername** zu öffnen.
6. Geben Sie das DNS-Suffix für Ihre Domäne ein. Für die Beispiele in diesem Kapitel wird **contoso.com** verwendet.
7. Klicken Sie auf **OK**, bis Sie gefragt werden, ob Sie Ihren Rechner neu starten wollen.
8. Starten Sie den Rechner neu, damit die Änderungen am Computernamen wirksam werden. In Abbildung 20.1 sehen Sie, wie das Fenster **DNS-Suffix und NetBIOS-Computername** nach dem Neustart des Systems aussieht.

Abbildg. 20.1 Das Fenster DNS-Suffix und NetBIOS-Computername

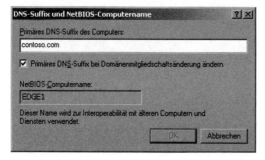

Edge-Verkehr durch eine Firewall lassen

Es wird dringend empfohlen, dass Sie eine Firewall zwischen Ihrem Edge- und Ihrem Hub-Transport-Server platzieren. Sie begrenzen damit den potentiellen Schaden, der durch einen erfolgreichen Angriff auf Ihren Edge-Transport-Server entstehen kann. Außerdem müssen Sie sicherstellen, dass bestimmter Verkehr uneingeschränkt zwischen den beiden Servern fließen kann.

Tabelle 20.1 aus der Microsoft-Dokumentation zur Bereitstellung des Edge-Transport-Servers führt die Kommunikationsports in Ihrer Firewall auf, die geöffnet werden müssen, damit notwendiger Verkehr zwischen Ihrem Edge- und Ihrem Hub-Transport-Server fließen kann.

Bevor Sie fortfahren, müssen Sie sicherstellen, dass die Edge- und die Hub-Transport-Server DNS verwenden können, um sich zu sehen. Verwenden Sie von beiden Servern aus den Befehl **nslookup**, um sicherzustellen, dass DNS wie erwartet funktioniert.

Tabelle 20.1 Die Kommunikationseinstellungen des Edge-Servers

Netzwerkschnittstelle	Offener Port	Protokoll	Hinweis
Aus dem Internet und ins Internet	25/TCP	SMTP	Dieser Port muss für den Nachrichtenfluss ins und aus dem Internet geöffnet sein.
Aus dem internen Netzwerk und ins interne Netzwerk	25/TCP	SMTP	Dieser Port muss für den E-Mail-Fluss in die und aus der Exchange- Organisation geöffnet sein.
Aus dem internen Netzwerk	50636/TCP	Secure LDAP	Dieser Port muss für die EdgeSync-Synchronisation geöffnet sein.
Aus dem internen Netzwerk	3389/TCP	RDP	Das Öffnen dieses Ports ist optional. Es bietet mehr Flexibilität in der Verwaltung des Edge-Transport-Servers innerhalb des internen Netzwerks, da Sie eine Remotedesktopverbindung für die Verwaltung benutzen können.

Active Directory Application Mode installieren

Die Edge-Transport-Serverfunktion verwendet ADAM, um Konfigurations- und Empfängerinformationen zu speichern. Stellen Sie sicher, dass Sie ADAM auf dem vorgesehenen Server installieren, bevor Sie die Edge-Transport-Serverfunktion einrichten. Übernehmen Sie während der ADAM-Installation alle Standardeinstellungen. Der Exchange Server 2007-Installer konfiguriert ADAM während der Installation der Edge-Transport-Serverfunktion. Sie erhalten ADAM als Download unter **http://www.microsoft.com/downloads/details.aspx?familyid=9688f8b9-1034-4ef6-a3e5-2a2a 57b5c8e4&displaylang=en**.

Sie werden die ADAM-Installation höchstwahrscheinlich als sehr schnell und unkompliziert empfinden.

Die Exchange Server 2007-Funktion des Edge-Transport-Servers installieren

Stellen Sie vor der Installation der Exchange Server 2007-Funktion des Edge-Transport-Servers sicher, dass Sie die Voraussetzungen für Exchange Server 2007 installiert haben. Dazu gehören .NET Framework 2.0, Microsoft Management Console (MMC) 3.0 und PowerShell 1.0. Weitere Informationen über die Installation der Voraussetzungen erhalten Sie in Kapitel 6.

Die Installation der Edge-Transport-Serverfunktion beginnt genauso wie die Installation jeder anderen Exchange Server 2007-Funktion. Führen Sie das Setup-Programm aus und wählen Sie die passenden Optionen. Sobald Sie auf die Seite **Installationsart** (siehe Abbildung 20.2) gelangen, wählen Sie dort **Benutzerdefinierte Installation von Microsoft Exchange Server** aus und klicken auf **Weiter**.

Die Auswahl der benutzerdefinierten Installation gibt Ihnen die Möglichkeit, die für den neuen Server gewünschten Funktionen selbst zu bestimmen. Auf der Seite **Auswahl von Serverfunktionen**, wie sie in Abbildung 20.3 dargestellt ist, aktivieren Sie die Option **Edge-Transport-Serverfunktion**. Danach stehen die anderen Optionen nicht mehr zur Verfügung, da die Edge-Transport-Serverfunktion nicht mit anderen Funktionen kombiniert werden kann. Klicken Sie auf **Weiter**, um mit der Installation fortzufahren.

Kapitel 20 Antispam- und Antivirusfunktionen

Abbildg. 20.2   Die Seite **Installationsart** des Setup-Assistenten von Exchange Server 2007

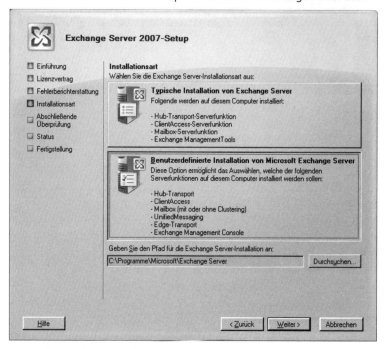

Abbildg. 20.3   Die Seite **Auswahl von Serverfunktionen** des Setup-Assistenten

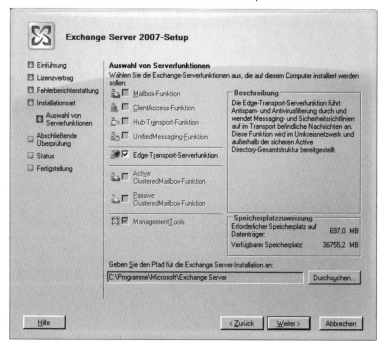

Solange die Installation der Voraussetzungen nicht fehlgeschlagen ist oder Sie vergessen haben, ein primäres DNS-Suffix auf dem Server einzurichten, sollte die Installation der Edge-Transport-Serverfunktion ohne Vorkommnisse verlaufen. Anschließend ist Ihr Server für den nächsten Teil des Bereitstellungsvorgangs bereit.

Ein Abonnement der Exchange Server 2007-Organisation auf dem Edge-Transport-Server erstellen

Bevor Sie fortfahren, sollten Sie genau prüfen, an welchem Punkt der Installation Sie sich gerade befinden. Sie besitzen jetzt einen Exchange Server 2007-Computer, der sich auf seiner eigenen Insel befindet. Auf einer anderen Insel steht der Edge-Transport-Server, den Sie gerade installiert haben. Es gibt zwei Möglichkeiten, wie Sie zwischen der Exchange Server 2007-Organisation und dem Edge-Transport-Server Kommunikation herstellen können:

- Erstellen Sie auf einem Hub-Transport-Server in Ihrer Organisation und auf dem neuen Edge-Transport-Server manuell SMTP-Sende- und Empfangsconnectors. Denken Sie daran, dass die einzigen Server, die in Ihrem Unternehmen E-Mails weiterleiten können, der Hub- und der Edge-Transport-Server sind. Das einzige Manko dieser Methode besteht darin, dass Sie nicht in der Lage sind, die leistungsfähigen Edge-Dienste zu nutzen, z.B. die Empfängersuche oder die Aggregation von Listen sicherer Adressen. Die Empfängersuche ist ein Feature, mit dem überprüft wird, ob sich ein Benutzer in Ihrer Active Directory-Organisation befindet, bevor eine Nachricht an diesen Benutzer gesendet wird. Die Aggregation von Listen sicherer Adressen sammelt Daten von sämtlichen Listen sicherer Empfänger, sicherer Absender und Outlook-Kontakten der Benutzer und stellt diese Informationen dem Edge-Transport-Server zur Verfügung. Dadurch wird die Wahrscheinlichkeit reduziert, E-Mails falsch einzustufen, da eingehende E-Mails für diese sicheren Adressen von Spamtests ausgeschlossen sind. Da beide Methoden darauf vertrauen, dass Ihr Edge-Transport-Server Ihre Active Directory-Organisation versteht, müssen Sie eine Möglichkeit finden, wie er das Verzeichnis abrufen kann. Diese Methode wird in dem Kasten »Aus der Praxis« an späterer Stelle erörtert.

- Der Abonnementvorgang läuft tatsächlich in mehreren Schritten ab und ermöglicht eine Empfängersynchronisation in eine Richtung von der Active Directory-Domäne zum Edge-Transport-Server. Durch die Verwendung dieser synchronisierten Informationen werden die leistungsfähigen und effizienten Funktionen des Edge-Transport-Servers wie die Empfängersuche und die Aggregation von Listen sicherer Adressen erst möglich. Außerdem können Sie mit diesem Abonnement Aufgaben auf dem Hub-Transport-Server konfigurieren, an den Edge-Transport-Server übergeben und damit den Verwaltungsaufwand reduzieren, der für die Infrastruktur anfällt. Sie müssen mehrere Schritte durchführen, damit der Abonnementvorgang erfolgreich verläuft:

    1. Exportieren Sie eine Edge-Abonnementdatei auf den Edge-Transport-Server.
    2. Kopieren Sie die Edge-Abonnementdatei auf den Hub-Transport-Server.
    3. Importieren Sie die Edge-Abonnementdatei auf den Hub-Transport-Server.
    4. Überprüfen Sie, ob die Synchronisierung erfolgreich abgeschlossen worden ist.

Während des Abonnementvorgangs finden die folgenden Aktionen statt und unterstützen somit einen durchgängigen E-Mail-Fluss in Ihrer Exchange-Organisation:

- Ein impliziter Sendeconnector wird von den Hub-Transport-Servern, die sich in derselben Gesamtstruktur befinden, erstellt und an den Edge-Transport-Server übermittelt.

- Ein Sendeconnector wird am Active Directory-Standort vom Edge-Transport-Server auf den Hub-Transport-Servern erstellt, die der Edge-Transport-Server abonniert hat.
- Es wird ein Sendeconnector vom Edge-Transport-Server zum Internet erstellt.

Eine Edge-Abonnementdatei auf dem Edge-Transport-Server exportieren

Während des Abonnementvorgangs werden die Empfänger- und Konfigurationsinformationen von Active Directory auf die ADAM-Instanz des Edge-Transport-Servers repliziert. Der Dienst EdgeSync, der diese Synchronisation durchführt, kopiert die Informationen, die vom Edge-Transport-Server benötigt werden, um Antispam- und Sicherheitsaufgaben für Nachrichten auszuführen, sowie Informationen über die Konfiguration des Connectors, der für den durchgängigen E-Mail-Fluss benötigt wird.

Der erste Schritt im Abonnementvorgang wird auf dem Edge-Transport-Server ausgeführt und umfasst den Export einer XML-Datei von Ihrem Edge-Transport-Server zur Verwendung auf dem Hub-Transport-Server. Diese Edge-Abonnementdatei enthält Anmeldeinformationen für die Authentifizierung und Autorisierung der LDAP-Kommunikation zwischen der ADAM-Instanz auf dem Edge-Transport-Server und dem Verzeichnisdienst Active Directory. Beachten Sie, dass der Exportvorgang nur von der Exchange-Verwaltungsshell ausgeführt werden kann. Die grafisch orientierte Exchange-Verwaltungsshell unterstützt diese Funktion nicht. Die folgenden Schritte zeigen Ihnen, wie Sie den Exportvorgang abschließen:

1. Melden Sie sich am Edge-Transport-Server mit einem Konto an, das Mitglied der lokalen Gruppe **Administratoren** ist.
2. Starten Sie die Exchange-Verwaltungsshell.
3. Geben Sie den folgenden Befehl ein:

```
new-edgesubscription -Dateiname "c:\newedgesubscription.xml"
```

Sie müssen die Pfadinformationen mit angeben. Abbildung 20.4 zeigt das Ergebnis dieses Befehls. Beachten Sie die Warnhinweise, dass alle manuell erstellten akzeptierten Domänen, Nachrichtenklassifikationen, Remotedomänen sowie Sendeconnectors gelöscht werden. Nach Beendigung des Abonnementvorgangs werden sämtliche Elemente von Hub-Transport-Servern verwaltet, die die Informationen dann mit dem Edge-Transport-Server synchronisieren.

Abbildg. 20.4   Der Befehl **new-edgesubscription**

Die Edge-Abonnementdatei auf einen Hub-Transport-Server kopieren

Dieser Schritt ist nahezu selbsterklärend. Kopieren Sie die im vorherigen Schritt erstellte Datei auf Ihren Hub-Transport-Server. Nach Beendigung des Kopiervorgangs empfiehlt Microsoft die Löschung der XML-Datei vom Edge-Transport-Server. In diesem Beispiel wurde die Datei in den Stamm des Laufwerks C auf dem Hub-Transport-Server kopiert.

Die Edge-Abonnementdatei auf einem Hub-Transport-Server importieren

Mit der Kopie der Edge-Abonnementdatei müssen Sie dem Hub-Transport-Server mitteilen, dass das neue Abonnement initiiert werden muss. Dies erreichen Sie durch den Import der XML-Datei, die Sie vom Edge-Transport-Server in die Exchange-Organisation kopiert haben. Während des Importvorgangs werden die SMTP-Connectors für Senden und Empfangen automatisch auf dem Hub-Transport-Server erstellt und aktivieren dann den Ende-zu-Ende-E-Mail-Fluss von Ihren Clients ins Internet und umgekehrt.

Führen Sie folgende Schritte durch, um die Edge-Abonnementdatei zu importieren:

1. Melden Sie sich am Hub-Transport-Server mit einem Konto an, das die Rechte von Exchange-Organisationsadministratoren besitzt.
2. Starten Sie die Exchange-Verwaltungskonsole.
3. Erweitern Sie die **Organisationskonfiguration**.
4. Wählen Sie die Option **Hub-Transport**.
5. Klicken Sie im Aktionsbereich auf die Registerkarte **Edge-Abonnements**. In Abbildung 20.5 sehen Sie diesen Bildschirm.

Abbildg. 20.5 Mithilfe der Exchange-Verwaltungskonsole ein neues Edge-Abonnement erstellen

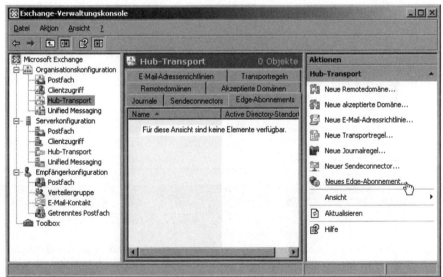

6. Im Aktionsbereich wählen Sie **Neues Edge-Abonnement** aus. Dadurch wird der Assistent **Neues Edge-Abonnement** gestartet (siehe Abbildung 20.6).

Kapitel 20 Antispam- und Antivirusfunktionen

Abbildg. 20.6   Der Assistent **Neues Edge-Abonnement**

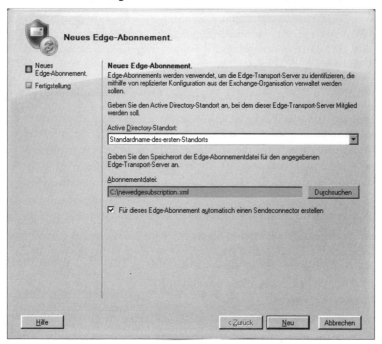

7. Wählen Sie auf der ersten Seite des Assistenten den Active Directory-Standort aus, für den das Edge-Abonnement gelten soll.
8. Klicken Sie ebenfalls auf der ersten Seite auf **Durchsuchen**, um die XML-Datei zu finden, die Sie vorher auf den Hub-Transport-Server kopiert haben.
9. Klicken Sie auf **Neu**.
10. Nach Abschluss des Vorgangs klicken Sie auf **Beenden**.

HINWEIS   Sie sollten auch das Kontrollkästchen **Für dieses Edge-Abonnement automatisch einen Sendeconnector erstellen** aktivieren. Dadurch wird ein Sendeconnector auf Ihrem Edge-Transport-Server erstellt. Dieser Sendeconnector wird für den Ende-zu-Ende-E-Mail-Fluss benötigt und so konfiguriert, dass er E-Mails ins Internet senden kann.

Verwaltungsshell

Sie müssen selbst die Initiative ergreifen, um den Edge-Abonnementvorgang abzuschließen und SMTP-Connectors für das Senden und Empfangen sowohl auf dem Hub- als auch auf dem Edge-Transport-Server zu aktivieren. Des Weiteren ermöglicht dieser Abonnementvorgang die vollständige Verwaltung der Hub-Transport-Server-Umgebung. Änderungen an der Konfiguration des Hub-Transport-Servers werden automatisch auf den Edge-Transport-Server synchronisiert. Verwenden Sie in der Exchange-Verwaltungsshell den Befehl **new-edge-subscription**, um den Abonnementvorgang abzuschließen.

```
new-edgesubscription -Dateiname "c:\newedgesubscription.xml" -site "Default-First-Site-
Name" -createinternetsendconnector $true -createinboundsendconnector $true
```

Den Synchronisationserfolg überprüfen

Nachdem Sie den Abonnementvorgang auf dem Edge-Transport-Server beendet haben, öffnen Sie die Exchange-Verwaltungskonsole und wählen unter **Organisationskonfiguration** die Option **Hub-Transport** aus. Im Arbeitsbereich wählen Sie **Edge-Abonnements**. Sie sollten ein ähnliches Ergebnis erhalten, wie Sie es in Abbildung 20.7 zum Edge-Abonnement sehen können.

Abbildg. 20.7   Der Vorgang **Neues Edge-Abonnement** ist erfolgreich

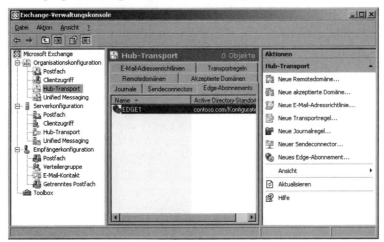

Sie können auch auf dem Edge-Transport-Server überprüfen, ob der Vorgang erfolgreich gewesen ist. Wählen Sie in der Exchange-Verwaltungskonsole auf dem Edge-Transport-Server **Edge-Transport** aus und klicken Sie im Arbeitsbereich auf die Registerkarte **Sendeconnectors**. In Abbildung 20.8 sehen Sie die SMTP-Sendeconnectors, die als Teil des Abonnementvorgangs automatisch erstellt worden sind.

Abbildg. 20.8   Durch den Abonnementvorgang erstellte SMTP-Sendeconnectors

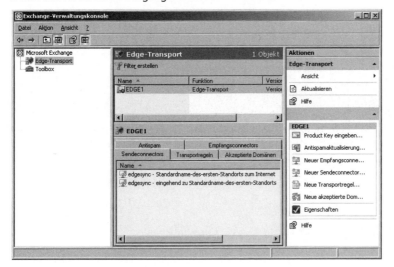

Synchronisierung erzwingen

Eventuell möchten Sie in einigen Fällen den Synchronisierungsvorgang von EdgeSync erzwingen. Dies ist der Fall, wenn Sie z.B. viele Benutzer auf einmal erstellen möchten oder den anfänglichen Synchronisierungsprozess sofort beginnen lassen möchten. Um die Synchronisierung zu erzwingen, geben Sie in der Exchange-Verwaltungsshell auf dem Edge-Transport-Server den Befehl **start-edge-synchronization** ein. Dieser Befehl benötigt keine Parameter.

Antispamfunktionen verwalten

Der Edge-Transport-Server ist die Grundlage für die Features zur Nachrichtensicherheit von Exchange Server 2007. Die meisten E-Mail-Administratoren sehnen den Tag herbei, an dem es keinen Spam mehr gibt. Bis diese Utopie jedoch Realität wird, bietet Exchange Server 2007 eine Vielzahl an Möglichkeiten, um Spam zu bekämpfen. Sie sollten beachten, dass die in diesem Kapitel verwendeten Beispiele zwar den Edge-Transport-Server verwenden, die meisten von ihnen jedoch auch auf einem Hub-Transport-Server funktionieren und dieselben Ziele erreichen. Es ist zwar nicht notwendig, aber Microsoft empfiehlt die Verwendung des Edge-Transport-Servers, um den höchstmöglichen Grad an Sicherheit in Ihrer Organisation zu erreichen.

Inhaltsfilterung

Microsoft hat die erste Version des Inhaltsfilters in Exchange Server 2003 unter dem Namen Exchange Intelligent Message Filter eingeführt. Der Dienst überprüft nun unter der Bezeichnung Inhaltsfilter eingehende Nachrichten und bestimmt die Wahrscheinlichkeit, mit der es sich dabei um Spam handelt. Die Inhaltsfilterung verwendet eine statistisch signifikante Anzahl an Nachrichten, um eine Entscheidung zu treffen, und verringert somit die Anzahl möglicher Fehler. Basierend auf den Ergebnissen der Inhaltsfilterungsanalyse wird jeder Nachricht eine SCL-Bewertung (Spam Confidence Level) von 0 – 9 zugewiesen. Je größer der Wert ist, desto wahrscheinlicher handelt es sich bei einer Nachricht um Spam.

Der Inhaltsfilter kann vier Maßnahmen ergreifen, die auf der zugewiesenen SCL-Bewertung einer Nachricht basieren:

- Die Nachricht zulassen.
- Die Nachricht löschen. Der Absender erhält keine Benachrichtigung.
- Die Nachricht ablehnen. Der Absender wird benachrichtigt, dass die Nachricht abgelehnt wurde.
- Die Nachricht isolieren.

Eventuell möchten Sie erreichen, dass Nachrichten mit einer besonders hohen SCL-Bewertung sofort gelöscht werden, während Nachrichten mit einem niedrigeren Grad für eine nähere Betrachtung isoliert werden sollten.

Um die entsprechenden Aktionen zu ändern, führen Sie die folgenden Schritte durch:

1. Öffnen Sie auf dem Edge-Transport-Server die Exchange-Verwaltungskonsole.
2. Wählen Sie die Option **Edge-Transport**.
3. Wählen Sie im Arbeitsbereich die Registerkarte **Antispam**.

4. Klicken Sie mit der rechten Maustaste im unteren Fenster des Arbeitsbereichs auf **Inhaltsfilterung** aus und wählen Sie aus dem Kontextmenü **Eigenschaften** aus.
5. Im Eigenschaftenfenster der Inhaltsfilterung klicken Sie auf die Registerkarte **Aktion**, wie Sie es Abbildung 20.9 entnehmen können.

Abbildg. 20.9 Die Registerkarte **Aktion** des Eigenschaftenfensters der Inhaltsfilterung

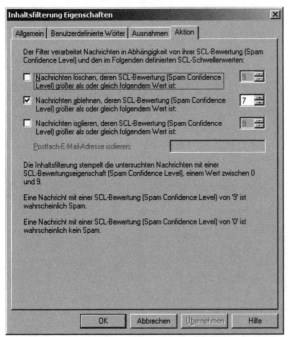

6. Treffen Sie auf dieser Seite die Auswahl, die zu den Richtlinien Ihrer Organisation passt. Legen Sie den Schwellenwert der SCL-Bewertung fest, bei dem Nachrichten gelöscht, abgelehnt oder isoliert werden sollen. Geben Sie ggf. ein Postfach an, an das isolierte Nachrichten gesandt werden können.
7. Klicken Sie auf **OK**.

Es gibt noch zwei weitere Möglichkeiten, wie Sie die Inhaltsfilterung in Ihrem Unternehmen verwalten können. Möglicherweise gibt es einige Benutzer, für die die Inhaltsfilterung keine wünschenswerte Option bei der Bekämpfung von Spam darstellt. Schließen Sie in diesen Fällen die Benutzer von der Inhaltsfilterung aus, indem Sie auf die Registerkarte **Ausnahmen** klicken. Auf dieser in Abbildung 20.10 dargestellten Registerkarte geben Sie die E-Mail-Adresse ein, die vom Dienst ausgeschlossen werden soll, und klicken dann auf **Hinzufügen**.

Die Registerkarte **Benutzerdefinierte Wörter** gibt Ihnen die Möglichkeit, Nachrichten aufgrund bestimmter Wörter oder Sätze in einer Nachricht zu filtern. Stellen Sie sich z.B. den epidemischen Ausbruch eines neuen Virus vor, der sich in einer E-Mail mit dem Satz »I love you« befindet. Klicken Sie im Eigenschaftenfenster der Inhaltsfilterung auf die Registerkarte **Benutzerdefinierte Wörter**, wie es in Abbildung 20.11 gezeigt wird, um Nachrichten mit diesem Satz automatisch herauszufiltern. Umgekehrt können Sie auch festlegen, dass Nachrichten mit einem bestimmten Satz nicht gefiltert werden.

Kapitel 20 Antispam- und Antivirusfunktionen

Abbildg. 20.10 Die Registerkarte **Ausnahmen** im Eigenschaftenfenster der Inhaltsfilterung

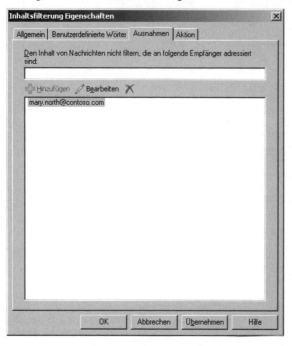

Abbildg. 20.11 Die Registerkarte **Benutzerdefinierte Wörter** im Eigenschaftenfenster der Inhaltsfilterung

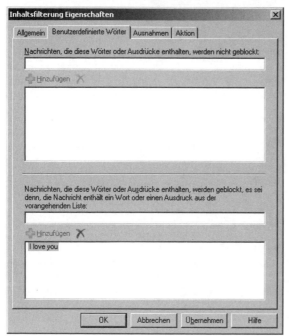

Letztlich können Sie die Inhaltsfilterung komplett deaktivieren, indem Sie im Arbeitsbereich der Exchange-Verwaltungskonsole einen Rechtsklick auf **Inhaltsfilterung** ausführen und aus dem Kontextmenü **Deaktivieren** auswählen.

> **Verwaltungsshell**
>
> Sie können die Inhaltsfilterung auch über die Exchange-Verwaltungsshell bearbeiten. Führen Sie auf dem Edge-Transport-Server die Exchange- Verwaltungsshell aus.
>
> So aktivieren Sie die Inhaltsfilterung:
>
> ```
> Set-ContentFilterConfig -Enabled $true
> ```
>
> So deaktivieren Sie die Inhaltsfilterung:
>
> ```
> Set-ContentFilterConfig -Enabled $false
> ```
>
> So lehnen Sie Nachrichten mit einer SCL-Bewertung von 7 oder höher ab:
>
> ```
> Set -ContentFilterConfig -SCLRejectEnabled $true -SCLRejectThreshold 7
> ```
>
> So löschen Sie Nachrichten, die eine SCL-Bewertung von 8 oder höher haben:
>
> ```
> Set-ContentFilterConfig -SCLDeleteEnabled $true -SCLDeleteThreshold 8
> ```
>
> Sie können Spam für eine spätere Begutachtung auch an ein Quarantänepostfach senden. Vorher müssen Sie dem Inhaltsfilter mitteilen, welches Postfach für diese Aufgabe verwendet werden soll. Verwenden Sie den folgenden Befehl und ersetzen Sie **spammail@contoso.com** durch ein Postfach in Ihrer Organisation:
>
> ```
> Set-ContentFilterConfig -QuarantineMailbox spammail@contoso.com
> ```
>
> So senden Sie Nachrichten mit einer SCL-Bewertung von 6 oder höher an ein Quarantänepostfach:
>
> ```
> Set-ContentFilterConfig -SCLQuarantineEnabled $true -SCLQuarantineThreshold 6
> ```
>
> Haben Sie in Ihrem Unternehmen Empfänger, die Sie von der Inhaltsfilterung ausschließen möchten, verwenden Sie denselben Befehl mit anderen Parametern. Dieses Beispiel schließt die Benutzer Neil Black und Arno Bost von diesem Dienst aus:
>
> ```
> Set-ContentFilterConfig -BypassedRecipients neil.black@contoso.com, arno.bost@contoso.com
> ```
>
> Es gibt ebenfalls zahlreiche Möglichkeiten, wie Sie bestimmte Absender von der Inhaltsfilterung ausschließen können. Verwenden Sie den Parameter **BypassedSenders**, um eine Liste mit einzelnen SMTP-Adressen bereitzustellen, die ausgeschlossen werden sollen. Mit dem Parameter **ByPassedSenderDomains** nehmen Sie eine ganze Domäne von der Filterung aus:
>
> ```
> Set-ContentFilterConfig -BypassedSenders sender@example.com, sender2@example.com
> Set-ContentFilterConfig -ByPassedSenderDomains example.com
> ```
>
> Verwenden Sie einen Platzhalter, um eine Domäne einschließlich ihrer Unterdomänen auszuschließen:
>
> ```
> Set-ContentFilterConfig -ByPassedSenderDomains *.example.com
> ```

Verbindungsfilterung: IP-Zulassungsliste

Mit einer Funktion der Verbindungsfilterung, der IP-Zulassungsliste, können Sie IP-Adressen festlegen, denen es immer gestattet ist, E-Mails an Ihre Organisation zu senden. Führen Sie folgende Schritte aus, um der IP-Zulassungsliste Adressen hinzuzufügen:

1. Öffnen Sie auf dem Edge-Transport-Server die Exchange-Verwaltungskonsole.
2. Wählen sie die Option **Edge-Transport**.
3. Klicken Sie im Arbeitsbereich auf die Registerkarte **Antispam**.
4. Führen Sie im unteren Fenster des Arbeitsbereichs einen Rechtsklick auf **IP-Zulassungsliste** aus und wählen Sie **Eigenschaften**.
5. Im Dialogfeld **IP-Zulassungsliste** klicken Sie auf die Registerkarte **Zugelassene Adressen**, wie es in Abbildung 20.12 gezeigt wird.
6. Klicken Sie auf die Schaltfläche **Hinzufügen**, um eine IP-Adresse mit einem CIDR-Bezeichner (Classless Inter-Domain Routing) hinzuzufügen. Alternativ können Sie auf den Abwärtspfeil neben der Schaltfläche **Hinzufügen** klicken, um festzulegen, wie Sie IP-Adressen und Bereiche hinzufügen. In Abbildung 20.12 sehen Sie die Auswahlmöglichkeiten, die Sie in Bezug auf die IP-Adresseinträge haben.
7. Wenn Sie fertig sind, klicken Sie auf **OK**.

Abbildg. 20.12 Die Registerkarte **Zugelassene Adressen** im Dialogfeld **Eigenschaften** der IP-Zulassungsliste

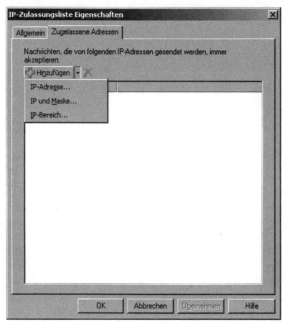

Verwaltungsshell

Mithilfe der Exchange-Verwaltungsshell können Sie der IP-Zulassungsliste Einträge hinzufügen. Sie können mit der Verwaltungsshell auch Aufgaben durchführen, die mit der GUI nicht möglich sind, z.B. die Zuweisung eines Ablaufdatums für jeden Eintrag, nachdem sich die entsprechende IP-Adresse nicht mehr auf der Zulassungsliste befindet. Verwenden Sie den Befehl **Add-IPAllow-ListEntry** in der Exchange-Verwaltungsshell, wie er im folgenden Codebeispiel gezeigt wird. Im ersten Fall wird lediglich eine einzelne IP-Adresse hinzugefügt, im zweiten Beispiel ein IP-Adressbereich zusammen mit einem Ablaufdatum. Das dritte Beispiel fügt nur einen IP-Adressbereich hinzu. Beachten Sie, dass das erste Beispiel den Parameter **IPAdress** verwendet, während die anderen den Parameter **IPRange** benutzen.

```
Add-IPAllowListEntry -IPAdress 192.168.0.1
Add-IPAllowListEntry -IPRange 192.168.0.1/24 -ExpirationTime "2/3/2009 00:00"
Add-IPAllowListEntry -IPRange 192.168.0.1-192.168.0.100
```

Verbindungsfilterung: Anbieter für zugelassene IP-Adressen

Die Liste der Anbieter für zugelassene IP-Adressen gibt Ihnen die Möglichkeit, einen Absender als sicheren Absender einzustufen. In diesem Fall enthält die Sicherheitsliste die Namen der Domänen, denen Sie vertrauen, dass sie nur erwünschte E-Mails an Ihre Organisation senden. Führen Sie die folgenden Schritte durch, um der Liste mit den Anbietern für zugelassene IP-Adressen eine neue Organisation hinzuzufügen:

1. Öffnen Sie auf dem Edge-Transport-Server die Exchange Verwaltungskonsole.
2. Wählen sie die Option **Edge-Transport** aus.
3. Klicken Sie im Arbeitsbereich auf die Registerkarte **Antispam**.
4. Führen Sie im unteren Fenster des Arbeitsbereichs einen Rechtsklick auf **Anbieter für zugelassene IP-Adressen** aus und wählen Sie aus dem Kontextmenü **Eigenschaften** aus.
5. Im Fenster **Anbieter für zugelassene IP-Adressen** klicken Sie auf die Registerkarte **Anbieter**, wie Sie es Abbildung 20.13 entnehmen können.
6. Klicken Sie auf die Schaltfläche **Hinzufügen**, um der Liste einen neuen Eintrag hinzuzufügen.

Auf diesem Bildschirm gibt es ein Reihe von Optionen. Nachfolgend finden Sie eine Erklärung für jede dieser Optionen:

- **Anbietername** Geben Sie einen Namen für den Anbieter ein. Er dient nur für Ihren Gebrauch.
- **Lookup-Domäne** Geben Sie den Namen der Domäne ein, den der Inhaltsfilter verwendet, um die Informationen des Anbieters abzufragen.
- **Jeden Rückgabecode zuordnen** Wird diese Option ausgewählt, handelt der Agent jeden Statuscode der IP-Adresse, die von dem Dienst **Anbieter für zugelassene IP-Adressen** zurückgegeben wird, als Treffer.
- **Spezielle Mask und Antworten zuordnen** Verwaltet die Trefferparameter im Einzelnen, indem aus den Optionen im unteren Fenster eine Auswahl getroffen wird.
- **Mit folgender Mask abgleichen** Bei Aktivierung dieser Option bearbeitet der Agent nur Nachrichten, die einen bestimmten Statuscode zurückgeben:

Kapitel 20 Antispam- und Antivirusfunktionen

1. 127.0.0.1: Die IP-Adresse befindet sich auf einer IP-Zulassungsliste.
2. 127.0.0.2: Der SMTP-Server ist als offenes Relay konfiguriert.
3. 127.0.0.4: Die IP-Adresse unterstützt eine IP-Adresse für DFÜ.

- **Jede der folgenden Antworten zuordnen**   Wenn Sie diese Option auswählen, bearbeitet der Agent nur Nachrichten, die mit demselben Statuscode für die IP-Adresse übereinstimmen, der durch den Dienst **Anbieter für zugelassene IP-Adressen** zurückgegeben wird.

Abbildg. 20.13   Das Dialogfeld **Anbieter für zugelassene IP-Adressen hinzufügen**

Verwaltungsshell

Sie können auch den Befehl **Add-IPAllowListProvider** in der Exchange-Verwaltungsshell verwenden, um der Liste der Anbieter für zugelassene IP-Adressen einen Eintrag hinzuzufügen. Bei diesem Befehl müssen Sie die Parameter **Name** und **Lookup** eingeben.

```
Add-IPAllowListProvider -Name:Contoso -LookupDomain:contoso.com
```

Verbindungsfilterung: IP-Sperrliste

Verwenden Sie das Feature der IP-Sperrliste, um IP-Adressen festzulegen, denen es überhaupt nicht gestattet ist, E-Mails an Ihre Organisation zu senden. Führen Sie die folgenden Schritte durch, um der IP-Sperrliste Adressen hinzuzufügen:

1. Öffnen Sie auf dem Edge-Transport-Server die Exchange-Verwaltungskonsole.
2. Wählen Sie die Option **Edge-Transport**.
3. Klicken Sie im Arbeitsbereich auf die Registerkarte **Antispam**.
4. Führen Sie im unteren Fenster des Arbeitsbereichs einen Rechtsklick auf **IP-Sperrliste** aus und wählen Sie aus dem Kontextmenü **Eigenschaften**.

5. Im Eigenschaftenfenster der IP-Sperrliste klicken Sie auf die Registerkarte Geblockte Adressen, wie Sie es Abbildung 20.14 entnehmen können.

Abbildg. 20.14 Die Registerkarte **Geblockte Adressen** im Dialogfeld **Eigenschaften** der IP-Sperrliste

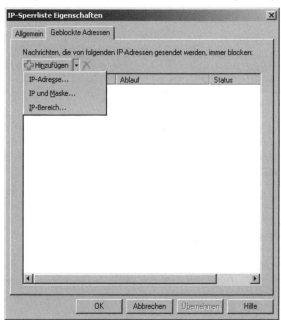

6. Klicken Sie auf die Schaltfläche **Hinzufügen**, um eine IP-Adresse mit einem CIDR-Bezeichner (Classless Inter-Domain Routing) hinzuzufügen. Klicken Sie alternativ auf den Abwärtspfeil neben der Schaltfläche **Hinzufügen**, um festzulegen, wie IP-Adressen und -bereiche hinzugefügt werden sollen. In Abbildung 20.14 sehen Sie, welche Wahlmöglichkeiten Sie in Bezug auf IP-Adresseinträge haben.

> **Verwaltungsshell**
>
> Sie können mithilfe der Exchange-Verwaltungsshell Einträge zur IP-Sperrliste hinzufügen. Außerdem können Sie damit Aufgaben wahrnehmen, die von der GUI aus nicht möglich sind – z.B. die Zuweisung eines Ablaufdatums für jeden Eintrag, nach dem sich die IP-Adresse nicht länger in der Sperrliste befindet. Verwenden Sie hierfür den Befehl **Add-IPBlockListEntry**, wie er hier gezeigt wird. Im ersten Beispiel wird lediglich eine einzelne IP-Adresse hinzugefügt, im zweiten Beispiel ein IP-Adressbereich mit einem Ablaufdatum und im dritten Beispiel ein IP-Adressbereich. Beachten Sie, dass im ersten Beispiel der Parameter **IPAddress** verwendet wird, wohingegen die beiden anderen Beispiele den Parameter **IPRange** einsetzen.
>
> ```
> Add-IPBlockListEntry -IPAddress 192.168.0.1
> Add-IPBlockListEntry -IPRange 192.168.0.1/24 -ExpirationTime "1/3/2009"
> Add-IPBlockListEntry -IPRange 192.168.0.1,192.168.0.100
> ```

Verbindungsfilterung: Anbieter für geblockte IP-Adressen

Die Funktione **Anbieter für geblockte IP-Adressen** bietet Sperrlisten in Echtzeit, Real-Time Block Lists, RBLs von Drittanbietern an, die es Ihnen ermöglichen, zu bestimmen, ob E-Mails eines bestimmten Absenders als Spam angesehen werden oder nicht. Die Anbieter dieser Sperrlistendienste benutzen drei wesentliche Methoden, um Ihnen bei der Entscheidung behilflich zu sein, ob es sich bei einer Nachricht um Spam handelt oder nicht.

- **Bekannte Spammer auf einer IP-Sperrliste** Der Anbieter erstellt eine Liste mit IP-Adressen, die in der Vergangenheit Spam gesendet haben.
- **Prüfung von offenen Relays** Der Anbieter hält nach SMTP-Servern Ausschau, die als offenes Relay eingerichtet sind. Solche Relays können leicht von Spammern ausgenutzt werden, um E-Mails von unwissenden Organisationen zu senden.
- **Prüfung von DFÜ-Diensten** Einige Anbieter von SMTP-Diensten bieten Ihren Kunden weiterhin einen Zugriff per DFÜ an. Verwendet der Kunde diese Konten, erhält er für die Dauer der DFÜ-Sitzung eine dynamische IP-Adresse, sodass es schwierig ist, den Client ausfindig zu machen. Diese Anbieter gestatten den Kunden darüber hinaus das Senden von E-Mails per SMTP über diese DFÜ-Verbindungen.

> **WICHTIG** Seien Sie vorsichtig, wenn Sie einen RBL-Anbieter oder Dienst auswählen. Wenn Sie einen Anbieter wählen, der beim Blockieren von Adressen zu aggressiv vorgeht, kann das negative Auswirkungen auf den E-Mail-Fluss in Ihrem Unternehmen haben, da zu viele E-Mails blockiert werden könnten.

Fügen Sie der Liste mit Anbietern für geblockte IP-Adressen wie folgt eine neue Organisation hinzu:

1. Öffnen Sie auf dem Edge-Transport-Server die Exchange-Verwaltungskonsole.
2. Wählen Sie den Container **Edge-Transport**.
3. Klicken Sie auf die Registerkarte **Antispam** im Arbeitsbereich.
4. Führen Sie im unteren Fenster des Arbeitsbereichs einen Rechtsklick auf **Anbieter für geblockte IP-Adressen** aus und wählen Sie aus dem Kontextmenü **Eigenschaften** aus.
5. Im Dialogfeld **Eigenschaften** für **Anbieter für geblockte IP-Adressen** klicken Sie auf der Registerkarte **Anbieter** auf die Schaltfläche **Hinzufügen**. Es öffnet sich das Dialogfeld **Anbieter für geblockte IP-Adressen hinzufügen** aus Abbildung 20.15.

Auf diesem Bildschirm finden Sie zahlreiche Optionen. Nachfolgend sehen Sie die Erklärungen für jede dieser Optionen:

- **Anbietername** Geben Sie für den Anbieter einen Namen zu Ihrer Verwendung ein.
- **Lookup-Domäne** Geben Sie den Domänennamen ein, den der Agent für den Inhaltsfilter für die Abfrage der Anbieterinformationen verwenden soll.
- **Jeden Rückgabecode zuordnen** Bei Aktivierung dieser Option behandelt der Agent jeden Statuscode einer IP-Adresse, die vom Dienst **Anbieter für geblockte IP-Adressen** zurückgegeben wird, als Treffer.
- **Spezielle Mask und Antworten zuordnen** Verwaltet die Trefferparameter im Einzelnen, indem aus den im unteren Fenster aufgeführten Optionen ausgewählt wird. Sie können z.B. festlegen, dass nur Einträge der Sperrliste blockiert werden, die als offenes Relay konfiguriert sind.

Antispamfunktionen verwalten

- **Mit folgender Mask abgleichen** Bei Auswahl dieser Option bearbeitet der Agent nur Nachrichten, die bestimmte Statuscodes zurückgeben:
  1. 127.0.0.1: Die IP-Adresse befindet sich auf der IP-Sperrliste.
  2. 127.1.0.2: Der SMTP-Server ist als offenes Relay konfiguriert.
  3. 127.1.0.4: Die IP-Adresse unterstützt DFÜ-Dienste.
- **Jede der folgenden Antworten zuordnen** Bei Auswahl dieser Option behandelt der Agent nur Nachrichten, die mit demselben Statuscode für die IP-Adresse übereinstimmen, der vom Dienst **Anbieter für geblockte IP-Adressen** zurückgegeben wird.

Abbildg. 20.15 Das Dialogfeld **Anbieter für geblockte IP-Adressen hinzufügen**

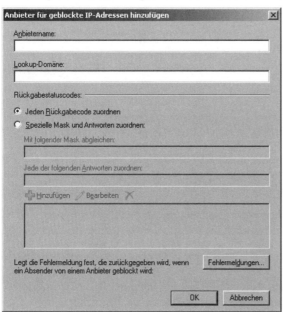

Es kann Situationen geben, in denen Sie E-Mails unabhängig von den Einträgen in der Sperrliste an eine bestimmte Adresse versenden wollen. Klicken Sie in diesen Fällen auf die Registerkarte **Ausnahmen** im Dialogfeld **Eigenschaften** für Anbieter für geblockte IP-Adressen, wie Sie in Abbildung 20.16 sehen.

Verwaltungsshell

Verwenden Sie den Befehl **Add-IPBlockListProvider**, um die Liste der Anbieter für geblockte IP-Adressen in der Exchange-Verwaltungsshell zu steuern. Das folgende Beispiel fügt einen Eintrag namens **Example** mit einer Lookup-Domäne **Example.com** hinzu. In diesem Beispiel wird der Dienst benutzt, um zu überprüfen, ob sich der Ursprungsserver auf einer Liste von offenen Relay-Servers befindet. In diesem Fall ist die Nachricht betroffen.

```
Add-IPBlockListProvider -Name Example -LookupDomain Example.com -BitmaskMatch 127.1.0.2
```

Abbildg. 20.16 Die Registerkarte **Ausnahmen** im Eigenschaftenfenster des Anbieters für geblockte IP-Adressen

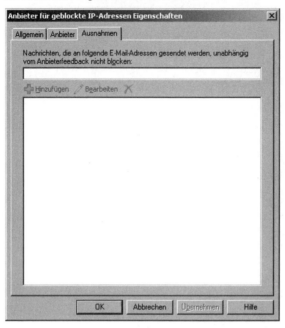

Empfängerfilterung

Gibt es bei Ihnen Benutzer, die überhaupt keine E-Mails aus dem Internet erhalten sollen? Die Empfängerfilterung des Edge-Transport-Servers ermöglicht Ihnen ein effektives Blockieren von E-Mails für bis zu 800 Benutzer, die aus dem Internet E-Mails in Ihrem Unternehmen empfangen. Führen Sie die folgenden Schritte aus, um dieser Liste Benutzer hinzuzufügen:

1. Öffnen Sie auf dem Edge-Transport-Server die Exchange-Verwaltungskonsole.
2. Wählen Sie die Option **Edge-Transport**.
3. Klicken Sie im Arbeitsbereich auf die Registerkarte **Antispam**.
4. Führen Sie im unteren Fenster des Arbeitsbereichs einen Rechtsklick auf **Empfängerfilterung** aus und wählen Sie aus dem Kontextmenü **Eigenschaften**.
5. Im Dialogfeld **Eigenschaften** der Empfängerfilterung klicken Sie auf die Registerkarte **Geblockte Empfänger**, wie Sie es Abbildung 20.17 entnehmen können.
6. Aktivieren Sie das Kontrollkästchen für **Folgende Empfänger blocken**.
7. Klicken Sie auf die Schaltfläche **Hinzufügen**, um der Liste einen neuen Eintrag hinzuzufügen.

Solange Sie keinen guten Grund haben, dies nicht zu tun, wird ebenfalls empfohlen, das Kontrollkästchen **Nachrichten, die an Empfänger gesendet werden, die nicht in der globalen Adressliste stehen, blocken** zu aktivieren. Dadurch reduzieren Sie die Arbeitslast auf Ihren internen Exchange Server-Computern, da diese dann keine ungültigen E-Mails verarbeiten müssen.

Antispamfunktionen verwalten

Abbildg. 20.17 Die Registerkarte **Geblockte Empfänger** im Dialogfeld **Eigenschaften** der Empfängerfilterung

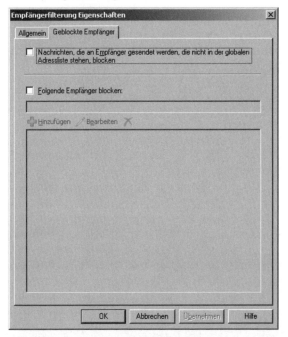

Verwaltungsshell

Verwenden Sie den Befehl **Set-RecipientFilterConfig** in der Exchange-Verwaltungsshell, um den Dienst **Empfängerfilterung** zu steuern. Durch die Verwendung des Parameters **BlockListEnabled** zusammen mit dem Parameter **BlockedRecipients** können Sie festlegen, welche Benutzer in dieser Liste enthalten sein sollen.

```
Set-RecipientFilterConfig -BlockListEnabled:$true
-BlockListEnabled:$true -BlockedRecipients jun.cao@contoso.com, jane.dow@contoso.com
```

Sie können die Empfängerfilterung ebenfalls verwenden, um Nachrichten an Benutzer abzulehnen, die sich nicht in Ihrer Organisation befinden. Verwenden Sie den Parameter **RecipientValidationEnabled** wie nachfolgend gezeigt:

```
Set-RecipientFilterConfig -RecipientValidationEnabled:$true
```

Absenderfilterung

Die Absenderfilterung bearbeitet Nachrichten, die von bestimmten Adressen außerhalb Ihrer Organisation stammen. Dieser Dienst ermöglicht Ihnen das Blockieren von Adressen auf verschiedene Arten:

- Eine einzelne E-Mail-Adresse (**neil.black@contoso.com**)
- Eine gesamte Domäne (*@contoso.com)
- Eine gesamte Domäne einschließlich sämtlicher Unterdomänen (*@contoso.com, *@sales.contoso.com, *@engineering.contoso.com usw.)

Sie können ebenfalls festlegen, welche Maßnahmen ergriffen werden sollen, wenn eine Nachricht von einem Absender aus der Liste kommt:

- Die Nachricht ablehnen und einen SMTP-Fehler **554 5.1.0 Sender Denied** zurückgeben.
- Die Nachricht akzeptieren, sie aber auch so markieren, dass sie von einem Absender der Sperrliste kommt.

Führen Sie die folgenden Schritte durch, um der Liste der Absenderfilterung einen Eintrag hinzuzufügen:

1. Öffnen Sie auf dem Edge-Transport-Server die Exchange- Verwaltungskonsole.
2. Wählen Sie die Option **Edge-Transport**.
3. Klicken Sie im Arbeitsbereich auf die Registerkarte **Antispam**.
4. Führen Sie im unteren Fenster des Arbeitsbereichs einen Rechtsklick auf **Absenderfilterung** aus und wählen Sie aus dem Kontextmenü **Eigenschaften**.
5. Im Dialogfeld **Eigenschaften** der Absenderfilterung klicken Sie auf die Registerkarte **Geblockte Absender**.
6. Klicken Sie auf die Schaltfläche **Hinzufügen**, um der Liste einen neuen Eintrag hinzufügen. Dieses Fenster sehen Sie in Zusammenhang mit der Registerkarte **Geblockte Absender** in Abbildung 20.18.
7. Um eine einzelne E-Mail-Adresse hinzuzufügen, aktivieren Sie die Option **Individuelle E-Mail-Adresse** und geben die E-Mail-Adresse ein. Für eine ganze Domäne aktivieren Sie die Option **Domäne**, geben den Namen der Domäne ein und aktivieren, sofern gewünscht, **Alle Unterdomänen einschließen**, um E-Mails aus allen Bereichen einer Unternehmensdomäne zu verhindern.

Abbildg. 20.18 Die Registerkarte **Geblockte Absender** im Dialogfeld **Eigenschaften** der Absenderfilterung

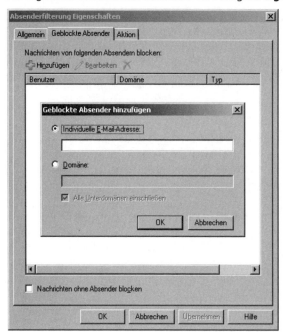

Verwaltungsshell

Mit dem Befehl **Set-SenderfilterConfig** können Sie Dienste für die Absenderfilterung von der Exchange-Verwaltungsshell aus verwalten. Die folgenden Parameter gehören zu diesem Befehl:

- **BlankSenderBlockingEnabled** Wird eine Nachricht an Ihr Unternehmen gesendet, deren Absenderzeile (**Von**) leer ist, wird die Nachricht abgelehnt. Die gültigen Werte für diesen Befehl lauten **$true** und **$false**, wobei **$false** der Standard ist.
- **BlockedSenders** Stellt eine Liste mit E-Mail-Adressen bereit, von denen keine E-Mails akzeptiert werden sollen. Wird von einer dieser Adressen eine Nachricht übermittelt, behandelt der Absenderfilterungsagent sie so, wie Sie es im Parameter **Action** festgelegt haben.
- **BlockedDomains** Stellt eine Liste derjenigen Domänen bereit, von denen Nachrichten abgelehnt werden sollen. Wird von einer dieser Domänen eine Nachricht übermittelt, behandelt der Agent für Absenderfilterung sie so, wie es im Parameter **Action** festgelegt ist. Sie können bis zu 800 Einträge in diese Liste aufnehmen.
- **BlockedDomainsAndSubdomains** Stellt eine Liste der Domänen und Unterdomänen bereit, von denen keine E-Mails akzeptiert werden sollen. Wird von einer dieser Domänen oder Unterdomänen eine Nachricht übermittelt, behandelt der Agent für Absenderfilterung sie so, wie es im Parameter **Action** festgelegt ist. Sie können bis zu 800 Einträge in diese Liste aufnehmen.
- **Action** Dieser Parameter legt die Maßnahmen fest, die vom Edge-Transport-Server ergriffen werden, wenn eine Nachricht von einer gesperrten Domäne oder einem gesperrten Absender gesendet wird. Gültige Maßnahmen sind **StampStatus** oder **Reject**, wobei **Reject** der Standard ist.

Das folgende Beispiel aktiviert die Blockierung von E-Mails mit leerem Absenderfeld, sperrt alle eingehenden E-Mails von **example.com** einschließlich aller Unterdomänen und sperrt Nachrichten, die von **jan.dryml@example.com** und **dan.jump@example.com** kommen.

```
Set-SenderFilterConfig -BlankSenderBlockingEnabled:$true
-BlockedDomainsAndSubdomains example.com
-BlockedSenders jan.dryml@example.com, dan.jump@example.com
-Action reject
```

Sender ID

Das Fälschen (Spoofing) von Nachrichten ist eine Methode, mit der Spammer versuchen, die besten Spamfilter zu überwinden. In einer gefälschten E-Mail gaukelt das Absenderfeld **Von** in der Nachricht vor, dass diese Nachricht von einem bestimmten Unternehmen stammt. In Wirklichkeit kommt sie von einem Nachrichtenserver, der von Spammern verwendet wird. Indem das Feld **Von** gefälscht wird und kein weiterer Eingriff stattfindet, kann die Nachricht im Postfach eines Benutzers landen – vor allem dann, wenn sich die gefälschte Adresse auf einer Zulassungsliste befindet.

Die Verwendung von Sender ID macht das Fälschen wesentlich schwerer und erhöht die Wahrscheinlichkeit, dass Spam auch als solcher erkannt wird. Bei vorhandener Sender-ID erkundigt sich der Edge-Transport-Server beim Eingang neuer Nachrichten beim ursprünglichen DNS-Server, ob der sendende SMTP-Server überhaupt Nachrichten an die im Nachrichtenkopf stehende Domäne schicken darf. Die IP-Adresse für den Ursprungsserver wird PRA (Purported Responsible Address) genannt.

In den Fällen, in denen die IP-Adresse des Absenders nicht mit der Nachricht übermittelt wird, fährt Exchange Server damit fort, die Nachricht ohne Sender-ID zu verarbeiten und zeichnet ein Ereignis im Ereignisprotokoll des Edge-Transport-Servers auf.

Es gibt drei Möglichkeiten, wie man mit gefälschten E-Mails und unerreichbaren DNS-Servern umgehen kann:

- **Die Nachricht ablehnen** Die Nachricht wird vom Edge-Transport-Server abgelehnt und ein entsprechender Fehlerbericht wird an den Sendeserver zurückgegeben.
- **Die Nachricht löschen** Die Nachricht wird gelöscht, ohne dass ein Fehlerbericht an den sendenden Server übermittelt wird. Stattdessen gibt der Edge-Transport-Server eine SMTP-Nachricht mit dem Inhalt **OK** an den sendenden Server zurück, um den Ursprungsserver davon abzuhalten, den Sendevorgang zu wiederholen.
- **Die Nachricht mit einem Status abstempeln** Die Standardmaßnahme, bei der der Status der Sender-ID den Metadaten der Nachricht hinzugefügt und die Nachrichtenverarbeitung fortgesetzt wird.

Weitere Informationen

Die Konfiguration von Sender ID geht über Ihren Exchange Server-Computer hinaus. Sie müssen eine Gesamtumgebung erstellen, die dem Sender ID-Framework zuträglich ist. Dies umfasst Änderungen an Ihrem öffentlichen DNS-Server. Für weitere Informationen zur Einrichtung von Sender ID in Ihrer Organisation besuchen Sie die umfangreiche Informationsseite von Microsoft http://www.microsoft.com/mscorp/safety/technologies/senderid/default.mspx.

Führen Sie folgende Schritte durch, um Veränderungen an der Konfiguration der Sender-ID auf Ihrem Edge-Transport-Server vorzunehmen:

1. Öffnen Sie auf dem Edge-Transport-Server die Exchange-Verwaltungskonsole.
2. Wählen Sie die Option **Edge-Transport**.
3. Klicken Sie im Arbeitsbereich auf die Registerkarte **Antispam**.
4. Führen Sie im unteren Fenster des Arbeitsbereichs einen Rechtsklick auf **Sender ID** aus und wählen Sie aus dem Kontextmenü **Eigenschaften** aus.
5. Im Dialogfeld **Eigenschaften** von Sender ID klicken Sie auf die Registerkarte **Aktion**, wie es in Abbildung 20.19 dargestellt ist.
6. Wählen Sie auf der Registerkarte **Aktion** die Maßnahme aus, die ergriffen werden soll, wenn eine Nachricht die Sender-ID-Überprüfung nicht besteht. Die drei Möglichkeiten wurden bereits beschrieben.

Verwaltungsshell

Um Sender ID-Maßnahmen mit der Exchange-Verwaltungsshell auf dem Edge-Transport-Server auszuführen, verwenden Sie den Befehl **Set-SenderIDConfig**. Sie sollten sich die folgenden Parameter gut einprägen, wenn Sie Sender ID konfigurieren wollen:

- **Enabled** Gibt dem Wert **$true** oder **$false** an, ob der Dienst Sender ID aktiviert werden soll.
- **SpoofedDomainAction** Die Werte für diesen Parameter lauten **StampStatus**, **Reject** oder **Delete** und legen fest, welche Maßnahme Sender ID ergreifen soll, wenn eine Nachricht für gefälscht gehalten wird. ▶

Antispamfunktionen verwalten

Verwaltungsshell

- **BypassedRecipients**   Ermöglicht Ihnen, bestimmte Adressen von der Sender ID-Verarbeitung auszuschließen. Sie können bis zu 100 Adressen eingeben.
- **BypassedSenderDomains**   Ermöglicht Ihnen, bestimmte Sendedomänen von der Verarbeitung durch Sender ID auszuschließen. Sie können der Liste bis zu 100 Domänen hinzufügen.

Um Sender ID zu aktivieren, verwenden Sie den folgenden Befehl:

```
Set-SenderIDConfig -Enabled $true
```

Um Sender ID zu deaktivieren verwenden Sie den folgenden Befehl:

```
Set-SenderIDConfig -Enabled $false
```

Im folgenden Beispiel wird Sender ID so konfiguriert, dass Nachrichten gelöscht werden, wenn sie als Spam eingestuft worden sind, Nachrichten an zwei Benutzer nicht der Sender ID-Filterung unterzogen werden und die Domäne **example.com** von der Sender ID-Filterung ausgeschlossen wird.

```
Set-SenderIDConfig -SpoofedDomainAction Delete
-BypassedRecipients yale.li@contoso.com, peter.waxman@contoso.com
-BypassedSenderDomains example.com
```

Abbildg. 20.19   Die Registerkarte **Aktion** im Eigenschaftenfenster von Sender ID

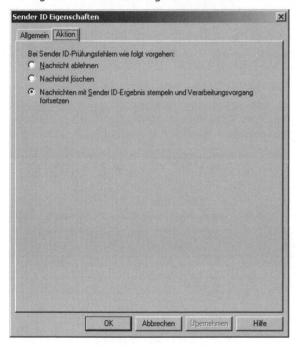

Anlagenfilter

Mit der Edge-Transport-Serverfunktion von Exchange Server 2007 können Sie Anlagenfilter verwenden, um zu entscheiden, welche Art von Anhängen Ihre Benutzer von außerhalb Ihrer Exchange-Organisation erhalten dürfen. Einige Dateitypen können eher Viren oder schädliche Skripte tragen als andere und Ihrer Organisation als gefährliche Anhänge signifikanten Schaden zufügen. Ein Virus oder schädliches Skript kann die Arbeit eines Benutzers zunichte machen, indem es wichtige Dokumente löscht, oder der Öffentlichkeit private Dokumente zugänglich machen, was Ihr Unternehmen viel Geld durch Gerichtsverfahren und Ähnliches kosten kann. Um Ihr Unternehmen zu schützen, filtern Sie gefährliche Arten von Anhängen mit dem Edge-Transport-Server heraus. Der Dienst ist standardmäßig aktiviert, wenn Sie die Edge-Transport-Serverfunktion installieren.

Exchange Server 2007 bietet zwei Möglichkeiten an, Anhänge zu filtern:

- **Dateiname oder -erweiterung**   Exchange Server 2007 kann Anhänge auf der Grundlage ihres Namens oder der Dateierweiterung filtern. Dies kann außerordentlich hilfreich sein.
- **MIME-Typ**   Der Anlagenfilter des Edge-Transport-Servers kann ebenfalls MIME-Typen (Multipurpose Internet Mail Extensions) filtern. Der MIME-Typ eines Anhangs bestimmt die Art der Information, die in der Anlage mitgeliefert wird. MIME-Typen sind z.B. JPG-Fotodateien, Word-Dokumente und sogar Text.

Standardmäßig sind in der Edge-Transport-Serverfunktion zahlreiche Arten von Anlagen gesperrt. Sobald der Anlagenfilter einen Anhang erhält, der mit einem Dateinamen oder einem MIME-Typ übereinstimmt, können drei Maßnahmen ergriffen werden:

- **Nachricht und Anhang blockieren**   Verhindert, dass die gesamte Nachricht mit dem Anhang an das Postfach des Benutzers weitergeleitet wird. In diesem Fall erhält der Absender eine Benachrichtigung über den Zustellstatus, in der mitgeteilt wird, dass die Nachricht aufgrund eines nicht akzeptierten Anhangs abgelehnt wurde.
- **Nachricht zulassen, aber den Anhang entfernen (Standardeinstellung)**   Gestattet der Nachricht, in das Postfach des Benutzers zu gelangen, ersetzt jedoch den Anhang durch eine Textdatei, in der steht, warum der Anhang entfernt wurde.
- **Nachricht und Anhang im Hintergrund entfernen**   Verhindert, dass sowohl Nachricht als auch Anhang an das Postfach des Benutzers übermittelt werden. Weder Absender noch Empfänger werden darüber benachrichtigt, dass die Zustellung unterbunden wurde.

WICHTIG   Wurde eine Nachricht oder ein Anhang erst einmal blockiert, haben Sie keine Möglichkeit, sie erneut zu erhalten. Seien Sie bei der Konfiguration des Anlagenfilters vorsichtig, um Fehler zu vermeiden, die sich in verlorenen E-Mails niederschlagen können.

Zurzeit wird der Anlagenfilter von der Exchange-Verwaltungsshell aus gesteuert. Es gibt kein entsprechendes grafisches Verwaltungswerkzeug in der Exchange-Verwaltungskonsole.

Um sicherzustellen, dass der Anlagenfilter auf Ihrem Edge-Transport-Server aktiviert ist, geben Sie den Befehl **Get-TransportAgent** ein. Dieser Befehl liefert Ihnen eine Liste der Agents, die aktiviert sind und auf Ihrem Edge-Transport-Server ausgeführt werden. Abbildung 20.20 zeigt Ihnen eine solche Liste mit der Reihenfolge, in der die Agents eine eingehende Nachricht bearbeiten. Beachten Sie in Abbildung 20.20, dass der Anlagenfilter-Agent aktiviert ist.

Ist der Anlagenfilter nicht aktiviert, geben Sie den Befehl **Enable-TransportAgent-Identity »Attachment Filter agent«** ein. Dieser Befehl kann auch dazu verwendet werden, jeden der anderen Agents auf dem Edge-Transport-Server zu aktivieren. Ersetzen Sie »**Attachment Filter agent**« einfach durch den Namen des Agents, den Sie aktivieren möchten. Geben Sie für den Fall, dass Sie den Anlagenfilter-Agent deaktivieren möchten, den Befehl **Disable-TransportAgent -Identity** »**Attachment Filter agent**« ein.

Abbildg. 20.20   Die Ergebnisse des Befehls **Get-TransportAgent**

Die Aktivierung und Deaktivierung des Anlagenfilter-Agents ist lediglich eine Teilaufgabe für die Verwaltung dieses Dienstes. Wie Sie wahrscheinlich erwartet haben, können Sie Filtereinträge hinzufügen, die der Anlagenfilter bearbeiten kann. Sie können auch bestehende Filter aus der Liste entfernen. Im ersten Schritt sollten Sie sich die Einträge ansehen, die sich bereits in der Filterliste befinden. Verwenden Sie dazu den Befehl **Get-AttachmentFilterEntry**. Dieser Befehl, dessen Ergebnisse Sie in Abbildung 20.21 sehen, benötigt keine Parameter.

Abbildg. 20.21   Die Ergebnisse des Befehls **Get-AttachmentFilterEntry**

Verwenden Sie die Befehle **Add-AttachmentFilterEntry** und **Remove-AttachmentFilterEntry**, um Einträge zur Liste hinzuzufügen oder sie zu entfernen.

Der Befehl **Add-AttachmentFilterEntry** hat zwei Parameter:

- **Name** Legt den Dateinamen, die Dateierweiterung oder den MIME-Typ des Anhangs fest, den Sie blockieren wollen. Ein Dateiname kann ein exakter Dateiname sein, während ein Erweiterungseintrag die Form *.ext hat.
- **Type** Die erlaubten Werte sind hier **FileName** und **ContentType**.

Der erste Befehl fügt der Filterliste einen Eintrag für Anhänge mit dem Namen **virusemail.txt** hinzu, während der zweite Eintrag Nachrichten mit JPG-Anhängen davon abhält, ins Messagingsystem einzudringen.

```
Add-AttachmentFilterEntry -name virusemail.txt -type FileName
Add-AttachmentFilterEntry -name image/jpeg -type ContentType
```

Verwenden Sie den Befehl **Remove-AttachmentFilterEntry**, um einen Eintrag von der Liste zu entfernen. Dieser Befehl benötigt lediglich den Parameter **Identity**. Dieser Parameter wird erstellt, indem Typ und Name eines Listeneintrags miteinander verknüpft werden. Die beiden Musterbefehle entfernen durch den Befehl **Add-AttachmentFilterEntry** die zuvor hinzugefügten Einträge:

```
Remove-AttachmentFilterEntry -identity filename:virusemail.txt -confirm:$false
Remove-AttachmentFilterEntry -identity contenttype:image/jpeg -confirm:$false
```

Der Parameter **confirm:$false** in diesen Befehlen legt fest, dass Sie keine Aufforderung erhalten, das Löschen der Einträge von der Anlagenfilterliste zu bestätigen.

Zu guter Letzt sollten Sie lernen, wie Sie die Konfiguration des Anlagenfilter-Agents anpassen können. Sie haben z.B. bereits gelesen, dass die Standardmaßnahme des Anlagenfilters darin besteht, eine Nachricht mit einem verbotenen Anhang durch den Filter zwar hindurchzulassen, ihn aber zu blockieren. Möchten Sie dieses Verhalten ändern und z.B. die gesamte Nachricht blockieren, verwenden Sie den Befehl **Set-AttachmentFilterListConfig**. Dieser Befehl verfügt über zahlreiche Parameter, wie z.B.:

- **Action** Welche Maßnahme möchten Sie ergreifen, wenn eine Nachricht mit einem verbotenen Anhang eintrifft? Die Auswahl besteht aus **Reject**, **Strip** und **SilentDelete**. Diese drei Optionen wurden bereits umfassend an anderer Stelle dieses Kapitels erörtert.
- **AdminMessage** Entscheiden Sie sich für die Maßnahme **Strip**, werden die Inhalte des Parameters **AdminMessage** in einer Textdatei platziert, die den Anhang ersetzt. Die Nachricht und die Textdatei werden an den Originalempfänger gesendet. Die standardmäßige Administratornachricht **AdminMessage** lautet: »This attachment was removed«.
- **RejectResponse** Entscheiden Sie sich für die Maßnahme **Reject**, werden die Inhalte des Parameters **RejectResponse** an den Originalabsender zurückgesandt. Die **AdminMessage** lautet standardmäßig: »Message rejected to unacceptable attachments«.
- **ExceptionConnectors** Dieser Parameter legt eine Liste von Connectors fest, die von dem Anlagenfilter-Agent ausgeschlossen werden sollen. Sie müssen den GUID eines Connectors in diesem Parameter verwenden. Benutzen Sie die folgenden Befehle, um eine Liste der Connectors mit dem jeweiligen GUID zu erhalten. Das Ergebnis sehen Sie in Abbildung 20.22. Der **.pipe**-Befehl **flidentity,guid** filtert die Ergebnisse von allen Befehlen, um nur den Namen des Connectors und seine GUID anzuzeigen.

```
Get -SendConnector    | fl identity,guid
Get -ReceiveConnector | fl identity,guid
```

Abbildg. 20.22 Die Ergebnisse der Befehle **Get-SendConnector** und **Get-ReceiveConnector**

```
[PS] C:\>get-sendconnector | fl identity,guid

Identity : edgesync - default-first-site-name to internet
Guid     : cefbeaef-636a-40bb-b607-910aa863161a

Identity : edgesync - inbound to default-first-site-name
Guid     : fcf16331-4129-4251-9417-1647e5066f98


[PS] C:\>get-receiveconnector | fl identity,guid

Identity : edge1\Default internal receive connector EDGE1
Guid     : 5a286358-7caa-4cf7-afb7-2bbb4c68e6a6


[PS] C:\>
```

Im folgenden Beispiel wird der Anlagenfilter-Agent so konfiguriert, dass er Nachrichten mit gefährlichen Anhängen ablehnt und einen Connector von diesem Dienst ausschließt:

```
Set-AttachmentFilterListConfig -Action Reject
-ExceptionConnectors fcf16331-4129-4251-9417-1647e5066f98
```

Antivirusfunktionen mit Microsoft Forefront Security für Exchange Server verwalten

Neben der Bekämpfung von Spam besteht eine weitere Hauptaufgabe der E-Mail-Administratoren darin, zu verhindern, dass Viren über das Messagingsystem in eine Organisation eindringen. Exchange Server 2007 bietet eine Vielzahl an Optionen für die Auswahl einer Antivirenlösung:

- **Verwenden Sie ein Antivirus-Produkt eines Drittanbieters** Wenn Sie Exchange Server 2007 eine Zeit lang betrieben haben, haben Sie sich möglicherweise mit einem Drittanbieter für Antivirensoftware angefreundet. Möchten Sie diesen Weg fortsetzen, sollten Sie verstehen, dass Hersteller von Antivirenlösungen Software schreiben müssen, die für Exchange Server 2007 geeignet ist. Ohne eine Aktualisierung wird Ihre alte Antivirensoftware nicht mit Exchange Server 2007 funktionieren. Sofern es möglich ist, sollten Sie Antivirensoftware einsetzen, die auf den Hub-Transport- und den Edge-Transport-Servern läuft und auf Transportereignisse reagiert, die den in älteren Versionen von Exchange verwendeten Ereignissenken ähneln.
- **Verwenden Sie Microsoft Forefront Security für Exchange Server** Microsoft Forefront Security für Exchange Server enthält einen transportbasierten Antiviren-Agent für Exchange Server 2007.
- **Verwenden Sie Microsoft Exchange Hosted Services** Microsoft Exchange Hosted Services besteht aus vier verschiedenen Diensten, die Organisationen dabei helfen, sich vor Malware aus E-Mails zu schützen, die Einhaltung von Aufbewahrungsanforderungen zu befriedigen, Daten aus Gründen der Vertraulichkeit zu verschlüsseln, und den Zugriff während oder nach Notsituationen aufrecht zu erhalten.

> **Weitere Informationen**
>
> Weitere Informationen über Microsoft Exchange Hosted Services erhalten Sie unter **http://tech-net.microsoft.com/en-us/exchange/bb288501.aspx**.

Dieses Kapitel befasst sich ausschließlich mit Microsoft Forefront für Exchange Server.

Grundlegendes zu Microsoft Forefront Security für Exchange Server

Microsoft Forefront Security für Exchange bietet Ihnen eine Reihe an Möglichkeiten, die Ihnen dabei helfen, Ihre Messagingumgebung zu schützen. Einige dieser Optionen sind:

- Das Scannen von Viren mit bis zu fünf Antivirusanwendungen. Mehrere Scanmodule verringern die Wahrscheinlichkeit, dass es einem Virus gelingt, sich an Ihrer Verteidigung vorbeizuschleichen.
- Schutz für alle Speicher- und Transportfunktionen von Exchange Server einschließlich Edge-Transport-Server, Postfachserver und Hub-Transport-Server.
- Umfassende Verwaltungsberichte und Benachrichtigungen.
- Automatische stündliche Aktualisierungen für die Scanmodule, um sicherzustellen, dass der aktuellste Schutz vorhanden ist.

Microsoft Forefront für Exchange Server installieren

Die Installation von Microsoft Forefront für Exchange Server ist sehr einfach. In den Beispielen dieses Kapitels und zu Demonstrationszwecken wird die Software auf einem Edge-Transport-Server installiert. Sie können die Software jedoch auf jedem Exchange Server 2007-Rechner in Ihrer Organisation installieren. Wenn Sie das Produkt auf mehreren Servern installieren, möchten Sie sicherlich nicht erleben, dass eine einzelne Nachricht jedes Mal gescannt wird, wenn sie einen Ihrer Server passiert. Sobald eine Nachricht durch einen Forefront-Scanner läuft, wird sie als gescannt gekennzeichnet, sodass folgende Server mit einer Forefront-Installation die Nachricht einfach durchlassen.

Führen Sie zur Installation von Microsoft Forefront für Exchange Server das Setup-Programm aus und befolgen Sie die Anweisungen des Installations-Assistenten. Bei der Frage, ob Sie eine vollständige oder eine Clientinstallation wünschen, wählen Sie **Vollständige Installation**. Die Option **Client – nur Administratorkonsole** macht das, was der Name schon sagt, und installiert lediglich eine Konsole.

Die Seite **Quarantänesicherheitseinstellungen** (siehe Abbildung 20.23) zeigt Ihnen zwei Optionen:

- **Sicherer Modus** Anwenden von Inhalts- und Dateifiltern auf Nachrichten aus der Quarantäne.
- **Kompatibilitätsmodus** Inhalts- und Dateifilterregeln werden nicht auf Nachrichten angewendet, die aus der Quarantäne bereitgestellt werden.

Auf der Seite des Installationsprogramms für die Virenanwendungen wählen Sie wie in Abbildung 20.24 bis zu fünf Antivirus-Scanmodule aus, die zusammen mit der Microsoft Antimalware Engine installiert werden sollen. In diesem Beispiel verwenden wir nur die Microsoft-Anwendung. In der Praxis sollten Sie wenigstens ein zusätzliches Antivirus-Scanmodul erwerben.

Abbildg. 20.23 Die Installationsseite **Quarantänesicherheitseinstellungen**

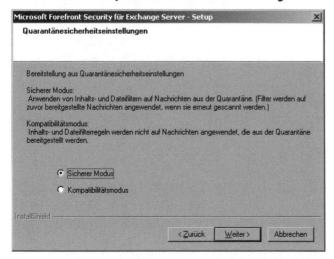

Abbildg. 20.24 Die Seite **Module** der Quarantänesicherheitseinstellungen

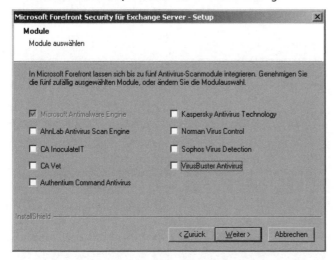

Nachdem Sie diese Entscheidungen getroffen haben, fahren Sie mit der Installation fort und wählen die Standards aus. Installieren Sie das Produkt auf einem Transportserver, wird der Installationsvorgang angehalten, worauf Sie den Microsoft Exchange-Transportdienst neu starten müssen. Dadurch wird der E-Mail-Fluss in Ihrer Organisation kurzzeitig unterbrochen.

Der Installer informiert Sie, wenn die Installation vollständig ist. Danach können Sie überprüfen, ob die installierten Dienste auch ausgeführt werden. Öffnen Sie das Applet **Dienste** in der Systemsteuerung auf dem Server und halten Sie nach Diensten mit »FSC« Ausschau.

Kapitel 20   Antispam- und Antivirusfunktionen

Microsoft Forefront für Exchange Server verwalten

Microsoft Forefront für Exchange Server wird mit dem Forefront Server- Sicherheitsadministrator verwaltet, den Sie über **Start/Alle Programme/Microsoft Forefront Server Security/Exchange Server/ Forefront Server Security Administrator** erreichen. Abbildung 20.25 bietet Ihnen einen Blick auf die Antivirusoption im Forefront- Administrator. Beachten Sie, dass standardmäßig der Transportscanauftrag aktiviert ist und das Scannen von Viren ausführt, was durch die Kennzeichnung **Ein** in der Spalte Virenscan angezeigt wird. Die Einstellungen in Abbildung 20.25 zeigen, dass lediglich die Microsoft Antimalware Engine verwendet wird und dabei den Virenschutz vor die Systemleistung stellt. Wird in einem Anhang ein Virus entdeckt, versucht Forefront, den Anhang zu reparieren, und sendet entsprechende Benachrichtigungen.

Abbildg. 20.25   Die Einstellungsseite für den Transportscanauftrag

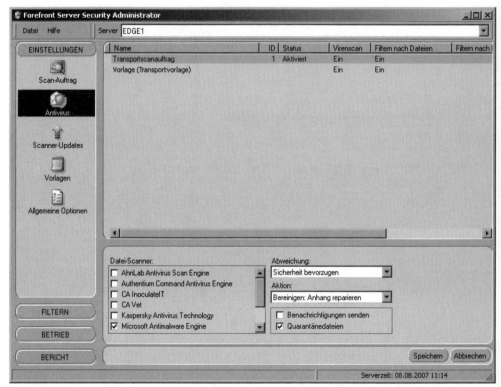

Weitere Informationen

Die Einstellung steuert, wie viele Module benötigt werden, um für Ihr System einen optimalen Schutz zu bieten. Je mehr Module verwendet werden, desto größer ist die Chance, alle Viren zu kriegen. Allerdings müssen Sie dann Abstriche bei der Systemleistung machen.

Antivirusfunktionen mit Microsoft Forefront Security für Exchange Server verwalten

Änderungen an diesem Standardauftrag nehmen Sie im Arbeitsbereich vor. Klicken Sie anschließend auf **Speichern** am unteren rechten Rand des Fensters.

Auf der Seite **Scanner-Updates** können Sie, wie in Abbildung 20.26 gezeigt, festlegen, welche Module und welche Signaturversionen für die einzelnen Scanner in Ihrer Organisation benutzt werden. Sie können außerdem den Pfad bestimmen, von dem die Updates heruntergeladen werden, und festlegen, wie oft dies geschehen soll. Der Standard liegt bei einer Stunde. Um die Updatefrequenz zu ändern, passen Sie den Wert bei **Wiederholen** und **Alle** an, wie es in Abbildung 20.26 gezeigt wird. Möchten Sie Scanner sofort aktualisieren, klicken Sie auf **Jetzt aktualisieren**. Diese Funktion kann nützlich sein, wenn es einen neuen Virenausbruch gibt und Sie die aktuelle Signaturdatei so schnell wie möglich erhalten wollen.

Abbildg. 20.26 Die Seite **Scanner-Updates**

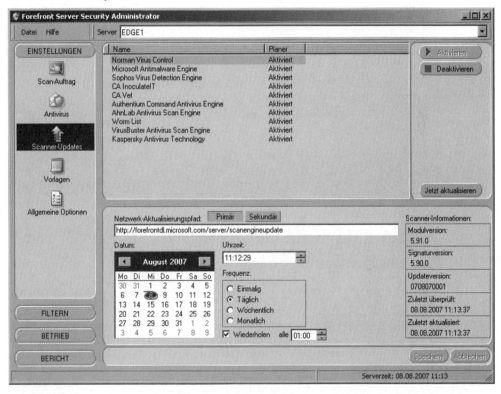

Die letzte Abbildung in diesem Kapitel – Abbildung 20.27 – zeigt den Bereich **Scanvorgang** des Fensters **Allgemeine Optionen**.

Abbildg. 20.27 Die Seite **Allgemeine Optionen**

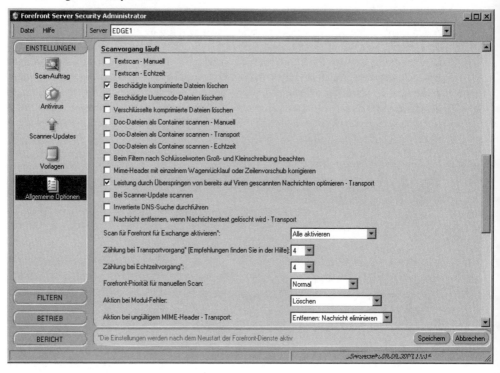

Weitere Vorteile durch Microsoft Forefront für Exchange Server

Microsoft Forefront für Exchange Server bietet die folgenden erstklassigen Funktionen zum Schutz vor Spam:

- **Exchange Server 2007 IP-Reputationsfilter** Eine IP-Sperrliste, die exklusiv für Exchange Server 2007-Kunden angeboten wird. Premium-Antispamdienste enthalten automatische Aktualisierungen für diesen Filter.
- **Automatische Inhaltsfilteraktualisierungen** Automatische Inhaltsfilteraktualisierungen für Microsoft SmartScreen-Spamheuristik, Phishingwebsites und weitere Inhaltsfilterupdates.
- **Gezielte Signaturdaten** Gezielte Signaturdaten für Spam; außerdem automatische Updates, um die neuesten Spamkampagnen zu erkennen.

> **Weitere Informationen**
>
> Weitere Informationen über Microsoft Forefront für Exchange Server einschließlich umfassender Einzelheiten zur Bereitstellung und weiterer nützlicher Angaben erhalten Sie unter http://www.microsoft.com/forefront/serversecurity/exchange/default.mspx.

Zusammenfassung

In früheren Jahren wurde der Schutz von Messagingumgebungen zu einer Massenindustrie und ist gleichzeitig ein kritischer Bereich in jeder Messaginginfrastruktur einer Organisation. In diesem Kapitel haben Sie gelernt, wie Sie die Exchange Server 2007-Funktion des Edge-Transport-Servers bereitstellen können. Sie haben auch gelernt, wie Sie die Funktionen zur Spambekämpfung in Exchange Server 2007 verwalten können, einschließlich Inhaltsfilterung, Empfängerfilterung, Absenderfilterung, Anlagenfilter und vielen weiteren. Schließlich haben Sie einen Überblick und grundlegende Installationshinweise in Bezug auf Microsoft Forefront für Exchange Server erhalten. Microsoft Forefront für Exchange Server ist ein leistungsfähiges neues Werkzeug von Microsoft, das Ihnen ermöglicht, jede eingehende Nachricht mit bis zu fünf verschiedenen Scanmodulen zu untersuchen.

Kapitel 21

Exchange Server 2007-Nachrichten schützen

In diesem Kapitel:

Windows Server 2003-Sicherheitsprotokolle	530
Die Infrastruktur öffentlicher Schlüssel von Windows Server 2003	530
Die Infrastruktur öffentlicher Schlüssel verwalten	538
Die Nachrichtenübermittlung in Outlook 2007 schützen	552
Exchange-Zertifikatvorlagen installieren	557
Die Integration von Exchange Server 2007 in die Windows Server 2003-Sicherheit	559
Zusammenfassung	561

Die vorangegangenen drei Kapitel behandelten die Möglichkeiten, um Microsoft Exchange Server 2007 abzusichern. Es wurde erläutert, wie Sie Antivirus- und Antispamfunktionen implementieren und was bei der Entwicklung einer umfassenden Informationssicherheitsrichtlinie für E-Mail-Benutzer zu beachten ist. Dieses Kapitel konzentriert sich auf den Schutz von Nachrichten. Microsoft Exchange Server 2007 ist stark in Windows Server 2003 integriert, weshalb Sie auch lernen, wie das Betriebssystem eine umfassende Infrastruktur öffentlicher Schlüssel (Public Key Infrastructure, PKI) unterstützt, mit deren Hilfe die Sicherheit der Nachrichtenübermittlung in Exchange Server 2007 garantiert werden kann. Die Zertifikatdienste und die PKI bilden die Grundlage für den Entwurf, die Bereitstellung und die Verwaltung der mithilfe öffentlicher Schlüssel implementierten Sicherheitsmaßnahmen.

Windows Server 2003-Sicherheitsprotokolle

Windows Server 2003 stützt sich auf die folgenden Sicherheitsprotokolle:

- **Kerberos Version 5**   Das Standardprotokoll für Authentifizierung und Anmeldung
- **NTLM (Windows Challenge/Response)**   Erforderlich für die Rückwärtskompatibilität mit Microsoft Windows NT 4.0.
- **Digitale Zertifikate**   Sie werden bei einer PKI-Bereitstellung verwendet. Digitale Zertifikate eignen sich besonders zur Authentifizierung von externen Benutzern. Angesichts der zunehmenden Bemühungen vieler Unternehmen, ihre Kommunikation noch umfassender zu schützen, wird sich der Einsatz digitaler Zertifikate noch weiter verstärken.
- **SSL/TLS (Secure Sockets Layer/Transport Layer Security)**   Geeignet als verbindungsorientierte Sicherheitsmaßnahme, wie sie zum Beispiel beim Zugriff auf Webressourcen erforderlich ist.

Dieses Kapitel konzentriert sich auf die Verwendung digitaler Zertifikate sowie öffentlicher und privater Schlüssel zum Schutz von Nachrichten in Exchange Server 2007. Wir beginnen mit der Darstellung der Infrastruktur öffentlicher Schlüssel von Windows Server 2003.

Die Infrastruktur öffentlicher Schlüssel von Windows Server 2003

An einer PKI-Bereitstellung sind mehrere Grundkomponenten beteiligt. Solide Kenntnisse über deren Funktionsweise sind unerlässlich, um Sicherheitsmaßnahmen in einem Netzwerk einzurichten. Sie können sich die PKI als eine Sammlung von Ressourcen vorstellen, die durch ihre Zusammenarbeit ein sicheres Messaging-Authentifizierungssystem bilden. Eine PKI besteht aus folgenden Hauptkomponenten:

- Zertifikatdienste
- Digitale Zertifikate
- Richtlinien zur Verwaltung der Zertifikate
- Microsoft CryptoAPI und Kryptografiedienstanbieter (Cryprographic Service Providers, CSPs)
- Zertifkatspeicher zur Ablage der Zertifikate

Verschlüsselung und Schlüssel

Grundlegende Sicherheit beginnt immer mit *Verschlüsselung*. Darunter ist ein Prozess zu verstehen, in dem Daten vor dem Versenden über ein beliebiges Medium zerhackt werden. Ein Schlüssel ist eine Eingabe in eine mathematische Funktion, die dazu benutzt wird, die Daten in eine nicht lesbare Form umzuwandeln. Auf diese Weise wird aus Klartext verschlüsselter oder chiffrierter Text. Verschlüsselte Daten sind für einen Hacker, der sie abfängt, weitaus schwieriger zu lesen als Klartext. Verschlüsselungstechnologien verwenden zwei Arten von Schlüsseln: symmetrische und asymmetrische.

Symmetrische Schlüssel werden auch als gemeinsame Schlüssel bezeichnet und sind auf Sender- und Empfängerseite identisch. Sowohl der Absender als auch der Empfänger verwenden zum Ver- und Entschlüsseln der Daten den gleichen Schlüssel. *Asymmetrische* Schlüssel sind im Gegensatz dazu nicht identisch: Mit dem einen Schlüssel werden die Daten ver- und mit dem anderen wieder entschlüsselt. Bei der asymmetrischen Verschlüsselung wird der eine Schlüssel als *öffentlich*, der andere als *privat* bezeichnet. Exchange Server 2007 verwendet eine Kombination von symmetrischer und asymmetrischer Verschlüsselung.

Der öffentliche Schlüssel wird meistens an einem zentralen Standort wie einem öffentlichen Ordner oder im Active Directory-Verzeichnisdienst veröffentlicht. Der private hingegen muss geschützt werden, damit niemand anders als sein Besitzer auf ihn zugreifen kann. Das aus dem öffentlichen und dem privaten Schlüssel bestehende asymmetrische Paar wird in der Kryptografie im Allgemeinen als *Schlüsselpaar* bezeichnet.

Bei einem Schlüsselpaar kann theoretisch jeder Schlüssel sowohl zum Ver- als auch zum Entschlüsseln verwendet werden. Wenn der zur Entschlüsselung erforderliche Schlüssel nicht verfügbar ist, bleiben die verschlüsselten Daten weiterhin verschlüsselt und können nicht verwendet werden. Obwohl theoretisch beide Schlüssel beide Funktionen durchführen können (z.B. kann der private Schlüssel zum Verschlüsseln, der öffentliche zum Entschlüsseln verwendet werden), haben Windows 2003 und Exchange Server 2007 diese Technologie so implementiert, dass der öffentliche Schlüssel immer die Ver- und der private Schlüssel stets die Entschlüsselung durchführt. Wenn ein Benutzer eine Nachricht digital signiert, erfolgt dies durch seinen privaten Schlüssel während die Signatur durch den öffentlichen Schlüssel des Benutzers verifiziert wird.

In Exchange Server 2007 besteht deshalb kein Grund zur Sorge, wenn jemand im Besitz des öffentlichen Schlüssels ist, weil damit die Daten lediglich verschlüsselt werden können. Der private Schlüssel muss jedoch immer geschützt werden, weil man mit ihm die Daten wieder entschlüsseln kann. Der beste Schutz eines privaten Schlüssels besteht darin, ihn niemals über ein Medium zu versenden. Damit vermeiden Sie sicher, dass er von einem Hacker abgefangen wird.

Die Verwendung des einen öffentlichen Schlüssels zur Verschlüsselung und des anderen (privaten) Schlüssels zur Entschlüsselung bildet die Grundlage der Zertifikatdienste. Tabelle 21.1 enthält eine Zusammenstellung der Zertifikattypen und ihrer Einsatzgebiete.

Tabelle 21.1 Einsatzgebiet der privaten und öffentlichen Schlüssel

Vorgang	Ver-/Entschlüsselung	Elektronische Signaturen
Senden einer Nachricht	Der öffentliche Schlüssel des Empfängers wird zur Verschlüsselung des Nachrichteninhalts verwendet.	Mit dem privaten Signaturschlüssel des Absenders wird die Nachricht digital signiert.
Lesen einer Nachricht	Der private Schlüssel des Empfängers wird zur Entschlüsselung des Nachrichteninhalts verwendet.	Mit dem öffentlichen Signaturschlüssel des Absenders wird die digitale Signatur interpretiert.

Verschlüsselungsverfahren

Durch die Verschlüsselung von Daten wird es möglich, Nachrichten sicher über einen an sich nicht sicheren Kanal wie etwa das Internet zu transportieren. Der Betreff und der Nachrichtentextkörper (aber nicht die Kopfzeilen) sowie die Anlagen werden verschlüsselt. Die *Stärke* der Verschlüsselung gibt an, wie schwer diese zu knacken oder zu entschlüsseln ist. Diese Stärke wird durch die Länge des Schlüssels bestimmt. Hier einige Zahlenbeispiele:

8-Bit-Schlüssel = 2^8 Schlüssel = 256 Schlüssel

56-Bit-Schlüssel = 2^{56} Schlüssel = 72.057.594.037.927.936 Schlüssel

128-Bit-Schlüssel = 2^{128} Schlüssel = 3,4 x 10^{38} Schlüssel

Der Versuch, einen 128-Bit-Schlüssel mit einer Geschwindigkeit von einer Billion versuchsweise angewendeten Schlüsseln pro Sekunde zu knacken, würde 10.819.926.705.615.920.821 Jahre dauern, um jeden möglichen Schlüssel zu testen. Fast unnötig zu erwähnen, dass eine 128-Bit-Verschlüsselung derzeit einen extrem starken Schutz bietet. Tabelle 21.2 enthält eine Zusammenstellung der gängigsten Verschlüsselungsverfahren.

Tabelle 21.2 Häufig verwendete Verschlüsselungsalgorithmen

Verschlüsselungstyp	Beschreibung
CAST	Eine symmetrische 64-Bit-Chiffre, die die Daten blockweise (d.h. in Stücken von festgelegter Länge) und nicht byteweise verschlüsselt, entwickelt von Carlisle Adams und Stafford Tavares. Sie funktioniert ähnlich wie DES und ermöglicht Schlüssel zwischen 40 und 128 Bit Länge.
DES	Data Encryption Standard. Entwickelt von IBM für die US-Regierung zur Verwendung durch das National Institute of Standards and Technology (NIST). Dieser Standard verwendet einen 56-Bit-Schlüssel mit einer 64 Bit langen symmetrischen Blockchiffre. Dies ist der am häufigsten verwendete Verschlüsselungsalgorithmus.
3DES	Triple DES; verschlüsselt die Daten dreifach.
DH	Die Diffie-Hellman-Methode zur Übergabe von symmetrischen Schlüsseln.
KEA	KEA. Key Exchange Algorithmus, eine verbesserte Version der Diffie-Hellman-Methode.
MD2	Message Digest. Ein anderer RSA-Algorithmus zur Erstellung eines 128 Bit langen Hashwertes. Er wurde von Ron Rivest aus der RSA-Gruppe entwickelt (Rivest, Shamir und Adleman).
MD4	Ein anderer RSA-Algorithmus zur Erstellung eines 128 Bit langen Hashwertes.
MD5	Eine verbesserte Version von MD4.
RC2	Rivest's Cipher, eine symmetrische Blockchiffre von 64 Bit.
RC4	Eine RSA-Streamchiffre (sie verschlüsselt ein Byte oder Bit nach dem anderen), die mit Schlüsseln variabler Länge arbeiten kann. Die Microsoft-Implementierung von RC4 verwendet entweder einen 40- oder einen 128-Bit-Schlüssel.
RSA	Ein von RSA entwickeltes und häufig eingesetztes Verschlüsselungsverfahren mit öffentlichen und privaten Schlüsseln.
SHA	Secure Hash Algorithm, entwickelt vom NIST. Dieser Verschlüsselungstyp erstellt einen 160 Bit großen Hashwert und hat Ähnlichkeit mit MD5, ist aber sicherer und andererseits auch langsamer.

Zertifikatdienste in Windows 2003

Öffentliche und private Schlüssel reichen zum Schutz Ihrer vertraulichen Daten nicht aus. Zum Beispiel ist es nicht allzu schwierig für jemanden, die Identität eines Servers vorzutäuschen, mit dem Sie kommunizieren. Das ist leicht gemacht, wenn es sich bei demjenigen, der mit Ihrem öffentlichen Schlüssel arbeitet, um jemanden innerhalb Ihrer Organisation handelt. In diesem Szenario würden Sie annehmen, mit Server 1 in Verbindung zu stehen, obwohl Sie tatsächlich mit jemand anderem kommunizieren. Gegen diese Art von Angriff sollen Sie die Zertifikatdienste schützen.

Zertifikate bilden den Kern der Infrastruktur öffentlicher Schlüssel von Windows Server 2003. Sie können die Windows Server 2003-Zertifikatdienste installieren, um mit ihnen eine Zertifizierungsstelle einzurichten, die digitale Zertifikate ausgibt und verwaltet. Active Directory verwaltet die von der Zertifizierungsstelle benötigten Daten wie Benutzerkontennamen, Gruppenmitgliedschaften und Zertifikatvorlagen, die Daten über alle in der Domäne installierten Zertifizierungsstellen sowie die Zuordnungen der Zertifikate zu Benutzerkonten, mit deren Hilfe sich Clients authentifizieren und Sie den Zugriff auf Netzwerkressourcen steuern können.

Digitale Zertifikate und der X.509-Standard

Digitale Zertifikate bestätigen die Identität des Benutzers und werden von einer Zertifizierungsstelle (die weiter hinten in diesem Kapitel besprochen wird) ausgestellt. Wir können digitalen Zertifikaten vertrauen, weil wir ihrem Aussteller (also der Zertifizierungsstelle) vertrauen. Die Zertifizierungsstelle gibt nicht nur das Zertifikat aus, sondern erstellt standardmäßig auch die aus öffentlichem und privatem Schlüssel bestehenden Schlüsselpaare, welche die Grundlage für die Sicherheit digitaler Zertifikate bilden.

Digitale Zertifikate folgen im Allgemeinen dem X.509-Standard, was bedeutet, dass sie die dort festgelegten Kriterien für elektronische Zertifikate erfüllen. Ein X.509-Zertifikat enthält normalerweise folgende Felder:

- Versionsnummer
- Seriennummer des Zertifikats
- Kennung des Signaturalgorithmus
- Name der Person, für die das Zertifikat ausgestellt wurde
- Ablaufdatum des Zertifikats
- Benutzername des Antragstellers
- Informationen über den öffentlichen Schlüssel des Antragstellers
- Eindeutige Kennung des Ausstellers
- Eindeutige Kennung des Antragstellers
- Erweiterungen
- Digitale Signatur der Stelle, die das Zertifikat ausgegeben hat

Auch SSL/TLS entspricht dem X.509-Standard. In Windows Server 2003 können digitale Zertifikate externer Benutzer einem oder mehreren Windows-Benutzerkonten zugeordnet werden, um ihnen den Zugriff auf Netzwerkressourcen zu ermöglichen. Windows Server 2003 verwendet dann das Feld *Antragsteller* (der Benutzername des Antragstellers in der zuvor angegebenen Liste) zur Bezeichnung des mit dem Zertifikat verbundenen Benutzers. Auf diese Weise können Windows Server 2003 und die Microsoft Zertifikatdienste einen externen Benutzer einem in Active Directory gespeicherten Benutzerkonto zuordnen.

> **Der X.509-Standard**
>
> Der X.509-Standard beschreibt zwei unterschiedlich strenge Authentifizierungstypen: die *einfache Authentifizierung*, bei der ein Kennwort als einzige Möglichkeit zur Überprüfung der Identität herangezogen wird, und die *strenge Authentifizierung*, bei der mithilfe von kryptografischen Technologien erstellte Berechtigungsnachweise verwendet werden. Der X.509-Standard empfiehlt die strenge Authentifizierung, wenn es darum geht, sichere Dienste anzubieten.
>
> Die im X.509-Standard definierte strenge Authentifizierung beruht auf Technologien, die öffentliche Schlüssel verwenden. Der außerordentliche Vorteil dieses Standards und der Grund, warum er sich heutzutage so großer Beliebtheit erfreut, ist die Tatsache, dass sich Benutzerzertifikate in Active Directory als Attribute speichern und wie alle anderen Attribute eines Benutzerkontos innerhalb des Verzeichnissystems mitteilen lassen.
>
> Der X.509-Standard verlangt zwar nicht die Verwendung eines bestimmten Algorithmus zum Erstellen von Zertifikaten, schreibt aber vor, dass zwei Benutzer den gleichen Authentifizierungsalgorithmus verwenden müssen, um miteinander kommunizieren zu können.

Die Zertifizierungsstelle

Eine *Zertifizierungsstelle* gibt Zertifikate aus und bietet die Voraussetzungen dafür, dass sich die Kommunikationspartner gegenseitig vertrauen können. Das Zertifikat wird mit dem privaten Schlüssel der Zertifizierungsstelle signiert; zur Überprüfung der Signatur ist wiederum das Zertifikat erforderlich. Da Zertifikate von einer überprüften Stelle stammen, kann der Empfänger ihnen vertrauen. Eine Clientanwendung kann zum Beispiel ein Zertifikat importieren, dem ein Benutzer, der Daten von ihr liest, vertraut.

Clients und Zertifizierungsstellen können eine Liste ausdrücklich vertrauenswürdiger Zertifikate verwalten. Doch Zertifikate können auch in eine *Zertifikatsperrliste* aufgenommen werden, wenn sie nicht vertrauenswürdig sind, und lassen sich so einrichten, dass sie nach einer bestimmten Zeit ablaufen.

Die Architektur der Zertifikatdienste von Windows Server 2003

Abbildung 21.1 zeigt die Komponenten der Zertifikatdienste von Windows Server 2003. Sie arbeiten mit Microsoft CryptoAPI und den Kryptografiedienstanbietern zusammen, um all die Aufgaben zu erfüllen, die erforderlich sind, um Zertifikate im Unternehmen zu erstellen, zu speichern und anzuwenden. Sie können diese Objekte und Module im Snap-In **Zertifizierungsstelle** bearbeiten. Weitere Informationen über die Installation dieses Snap-Ins finden Sie im ➐ Abschnitt »Zertifikatdienste installieren und konfigurieren« weiter hinten in diesem Kapitel.

Abbildg. 21.1 Komponenten der Zertifikatdienste

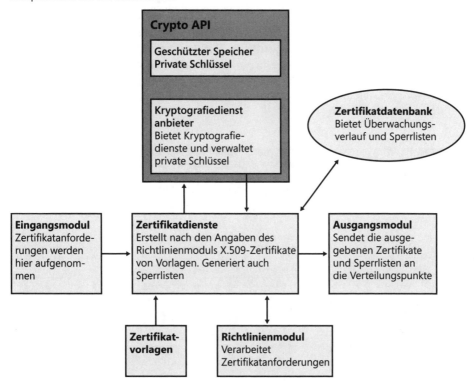

Das Eingangsmodul

Zertifikatanforderungen – die ein Benutzer zum Beispiel über eine Webregistrierungsseite sendet – gehen im Eingangsmodul der Zertifikatdienste entweder über Remoteprozeduraufrufe (Remote Procedure Calls, RPCs) oder über HTTP ein. Die Anfragen werden in eine Warteschlange gestellt, bis sie vom Richtlinienmodul entweder genehmigt oder zurückgewiesen werden.

Das Richtlinienmodul

Das Richtlinienmodul entscheidet, ob eine Zertifikatanforderung genehmigt, zurückgewiesen oder zur Überprüfung durch einen Administrator in die Warteschlange gestellt wird. Nach der Genehmigung des Zertifikats kann das Richtlinienmodul die der Anfrage beigefügten Daten mithilfe verschiedener Informationsquellen wie etwa Active Directory oder einer externen Datenbank überprüfen. Falls eine benutzerdefinierte Clientanwendung zusätzliche Attribute oder Erweiterungen erfordert, können diese in das Richtlinienmodul aufgenommen werden. So ließe sich beispielsweise ein Grenzwert in ein Zertifikat einfügen, mit dessen Hilfe ein Onlinekaufformular feststellen kann, ob ein Benutzer für eine Summe in einer bestimmten Höhe kreditwürdig ist.

Zertifikatvorlagen

Zertifikatvorlagen definieren die Attribute für Zertifikattypen. Sie können Unternehmenszertifizierungsstellen zur Herausgabe spezieller Zertifikattypen an autorisierte Benutzer und Computer einrichten. Wenn eine Zertifizierungsstelle ein Zertifikat ausstellt, werden dessen Attribute (z.B. seine autorisierten Verwendungszwecke, die Verschlüsselungsalgorithmen, mit denen es arbeiten soll, die Länge des öffentlichen Schlüssels und seine Lebensdauer) mithilfe einer Zertifikatvorlage definiert. Die Vorlagen sind in Active Directory gespeichert. In Tabelle 21.3 finden Sie eine Zusammenstellung der Standardzertifikattypen.

Tabelle 21.3 Zertifikattypen

Zertifikattyp	Beschreibung
Administrator	Wird zur Authentifizierung von Clients, für das verschlüsselnde Dateisystem (Encrypting File System, EFS), sichere E-Mail, Zertifikatvertrauenslisten (Certificate Trust Lists, CTLs), Signaturen und Codesignaturen verwendet.
Authentifizierte Sitzung	Wird zur Authentifizierung von Clients verwendet.
Basis-EFS	Wird für EFS-Operationen verwendet.
Exchange-Zertifizierungsstelle	Wird verwendet, um Schlüssel zu speichern, die für die private Schlüsselarchivierung konfiguriert sind.
CEP-Verschlüsselung	Wird zur Registrierung von Cisco-Routern für IPSec-Authentifizierungszertifikate von einer Windows Server 2003-Zertifizierungsstelle verwendet.
Codesignatur	Wird für Codesignaturvorgänge verwendet.
Computer	Wird zur Authentifizierung von Clients und Servern verwendet.
Verzeichnis-E-Mail-Replikation	Wird verwendet, um E-Mails innerhalb von Active Directory zu replizieren.
Domänencontroller	Wird zur Authentifizierung von Domänencontrollern verwendet. Bei der Installation einer Unternehmenszertifizierungsstelle wird dieser Zertifikattyp automatisch auf den Domänencontrollern eingerichtet, um die Operationen mit öffentlichen Schlüsseln zu ermöglichen, die zertifikatdienstfähige Domänencontroller durchführen müssen.
Domänencontroller-authentifizierung	Wird verwendet, um Computer und Benutzer in Active Directory zu authentifizieren.
EFS-Wiederherstellungs-Agent	Wird für Wiederherstellungsoperationen von EFS-verschlüsselten Daten verwendet.
Registrierungs-Agent	Wird zur Authentifizierung von Administratoren verwendet, die Zertifikate im Auftrag von Smartcard-Benutzern anfordern.
Registrierungs-Agent (Computer)	Wird zur Authentifizierung von Diensten verwendet, die Zertifikate im Auftrag anderer Computer anfordern.
Exchange-Registrierungs-Agent (Offlineanforderung)	Wird zur Authentifizierung von Exchange Server-Administratoren verwendet, die Zertifikate im Auftrag von Benutzern sicherer E-Mail anfordern.
Nur Exchange-Signatur	Wird von Exchange Server zur Clientauthentifizierung und für sichere E-Mail verwendet.
Exchange-Benutzer (Offlineanforderung)	Wird von Exchange Server zur Clientauthentifizierung und für sichere E-Mail verwendet (sowohl für Signaturen als auch für die Vertraulichkeit von E-Mails).
IPSec	Wird zur IPSec-Authentifizierung verwendet.
IPSec (Offlineanforderung)	Wird zur IPSec-Authentifizierung verwendet.
Schlüsselwiederherstellungs-Agent	Stellt private Schlüssel wieder her, die in der Zertifizierungsstelle archiviert sind.
RAS- und IAS-Server	Ermöglicht RAS- und IAS-Servern die Authentifizierung an anderen Computer.

Tabelle 21.3 Zertifikattypen *(Fortsetzung)*

Zertifikattyp	Beschreibung
Stammzertifizierungsstelle	Wird für Installationsoperationen der Stammzertifizierungsstelle verwendet. (Diese Zertifikatvorlage kann nicht von einer normalen Zertifizierungsstelle ausgegeben werden und wird nur bei der Installation von Stammzertifizierungsstellen eingesetzt.)
Router (Offlineanforderung)	Wird zur Authentifizierung von Routern verwendet.
Smartcard-Anmeldung	Wird zur Clientauthentifizierung und zur Anmeldung mithilfe einer Smartcard verwendet.
Smartcard-Benutzer	Wird zur Clientauthentifizierung, für sichere E-Mail und für die Anmeldung mit einer Smartcard verwendet.
Untergeordnete Zertifizierungsstelle (Offlineanforderung)	Wird zum Ausstellen von Zertifikaten für untergeordnete Zertifizierungsstellen verwendet.
Vertrauenslistensignatur	Wird zum Signieren von Vertrauenslisten verwendet.
Benutzer	Wird zur Clientauthentifizierung und für sichere E-Mail verwendet (sowohl für Signaturen als auch für die Vertraulichkeit).
Nur Benutzersignatur	Wird zur Clientauthentifizierung und für sichere E-Mail verwendet (nur für Signaturen).
Webserver (Offlineanforderung)	Wird zur Authentifizierung von Webservern verwendet.
Arbeitsstationsauthentifizierung	Ermöglicht Clientrechnern die Authentifizierung an Servern.

Onlinezertifikatvorlagen werden zur Herausgabe von Zertifikaten an Antragsteller verwendet, die ein Windows Server 2003-Konto haben und zum Erwerb von Zertifikaten direkt von einer Unternehmenszertifizierungsstelle berechtigt sind. Offlinevorlagen dienen zur Herausgabe von Zertifikaten an Antragsteller, die kein Windows Server 2003-Konto haben und denen der direkte Empfang von Zertifikaten von einer Unternehmenszertifizierungsstelle nicht erlaubt ist.

Wenn eine Zertifizierungsstelle ein Zertifikat ausgibt, erhält sie die Informationen über den Antragsteller von dessen Windows Server 2003-Konto, um sie in das Zertifikat aufzunehmen. Bei einem Offlinezertifikat nimmt sie die Informationen auf, die der Antragsteller bei seiner Anforderung in ein Webformular eingegeben hat, beispielsweise den Benutzernamen, die E-Mail-Adresse und die Abteilung.

Zertifikatdatenbank

In der Zertifikatdatenbank werden alle Transaktionen im Zusammenhang mit Zertifikaten wie zum Beispiel Zertifikatanforderungen aufgezeichnet. Sie protokolliert außerdem, ob Zertifikate ausgestellt oder abgelehnt wurden. Die Datenbank enthält Informationen über das Zertifikat, z.B. die Seriennummer und das Ablaufdatum. Auch widerrufene Zertifikate werden in dieser Datenbank gekennzeichnet und nachverfolgt. Diese Informationen können Sie mithilfe des Snap-Ins **Zertifizierungsstelle** handhaben.

Beendigungsmodule

Beendigungsmodule senden das Zertifikat an den in der Anforderung angegebenen Speicherort. Folgende Speicherorte gehören zu den zulässigen Zielen: LDAP-Verzeichnisdienste, Dateisysteme und URLs. Sie können zum Versenden von neuen Zertifikaten in E-Mail-Nachrichten oder an einen öffentlichen Netzwerkordner auch benutzerdefinierte Beendigungsmodule erstellen. Die Anzahl der

Beendigungsmodule richtet sich nach Ihren persönlichen Bedürfnissen. Module können in der COM-Schnittstelle (Component Object Model, COM) geschrieben werden, damit alle Entitäten oder Verzeichnisse benachrichtigt werden, wenn ein Zertifikat ausgestellt wird. Sie können sogar ein Beendigungsmodul schreiben, das (zu Abrechnungszwecken) eine Datenbank über die Ausstellung eines neuen Zertifikats unterrichtet.

Die Infrastruktur öffentlicher Schlüssel verwalten

Nachdem Sie nun die Grundzüge der Infrastruktur für öffentliche Schlüssel verstanden haben und mit der Arbeitsweise der Zertifikatdienste vertraut sind, erfahren Sie jetzt, wie Sie das Snap-In **Zertifizierungsstelle** installieren und verwalten. Mit diesem Snap-In von Microsoft Management Console (MMC) können Sie eine oder mehrere Zertifizierungsstellen verwalten. Einzelheiten über die Erstellung benutzerdefinierter Snap-Ins finden Sie in ↗ Kapitel 10, »Exchange Server 2007 verwalten«.

Zertifikatdienste installieren und konfigurieren

Wenn Sie die Zertifikatdienste nicht bereits während der Installation von Windows Server 2003 als optionale Komponenten aufgenommen haben, können Sie sie jederzeit nachinstallieren. Gehen Sie dabei wie folgt vor: Aktivieren Sie **Zertifikatdienste** auf der Seite **Windows-Komponenten** des Assistenten für Windows-Komponenten (siehe Abbildung 21.2). Nach Auswahl der Komponente werden Sie darüber informiert, dass Sie diesen Server nach der Installation der Zertifikatdienste nicht mehr umbenennen oder aus der Domäne entfernen können.

Auf der Seite Zertifizierungsstellentyp des Assistenten für Windows-Komponenten (siehe Abbildung 21.3) können Sie festlegen, welche Art von Zertifizierungsstellenserver installiert werden soll. Aktivieren Sie den für Ihre Installation gewünschten Typ.

Abbildg. 21.2 Die Zertifikatdienste im Assistenten für Windows-Komponenten auswählen

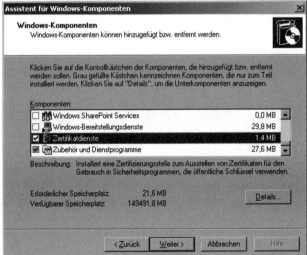

Die Infrastruktur öffentlicher Schlüssel verwalten

Abbildg. 21.3 Die Seite **Zertifizierungsstellentyp**

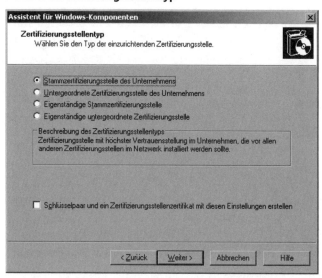

Wenn Sie für die öffentlichen und privaten Schlüssel weitere Optionen festlegen möchten, aktivieren Sie das Kontrollkästchen **Schlüsselpaar und ein Zertifizierungsstellenzertifikat mit diesen Einstellungen erstellen** und klicken danach auf **Weiter**. Die Seite Öffentlich-privates Schlüsselpaar aus Abbildung 21.4 erscheint. Tabelle 21.4 beschreibt die Optionen, die Sie auf dieser Seite auswählen können.

Abbildg. 21.4 Die erweiterten Optionen für das Paar aus öffentlichem und privatem Schlüssel festlegen

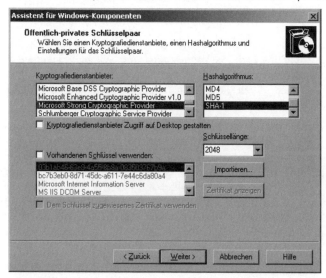

HINWEIS Zur Installation einer Unternehmenszertifizierungsstelle ist Active Directory erforderlich. Der Computer mit der Zertifizierungsstelle muss deshalb vorher in die Windows Server 2003-Domäne aufgenommen werden.

Tabelle 21.4 Erweiterte Optionen für das Schlüsselpaar

Option	Beschreibung
Kryptografiedienstanbieter	Wählen Sie den Kryptografiedienstanbieter aus, der zur Erstellung des Schlüsselpaars für das Zertifizierungsstellenzertifikat verwendet werden soll. Der Standard-Kryptografiedienstanbieter ist *Microsoft Strong Cryptographic Provider*.
Hashalgorithmus	Der Standardalgorithmus ist SHA-1, der die stärkste Verschlüsselungssicherheit bietet.
Kryptografiedienstanbieter Zugriff auf Desktop gestatten	Aktivieren Sie unbedingt dieses Kontrollkästchen, da die Systemdienste ansonsten nicht mit dem Desktop des zurzeit angemeldeten Benutzers interagieren können. Wenn Sie sich mit einer Smartcard oder einem anderen Hardwaregerät anmelden, müssen Sie dem Kryptografiedienstanbieter die Interaktion mit dem Desktop erlauben, um den Vorgang zu ermöglichen.
Schlüssellänge	Die Standardschlüssellänge beträgt 2048 Bit für den Strong Cryptographic Provider und 1024 Bit für den Base Cryptographic Provider. Die Mindestschlüssellänge beläuft sich 512 Bit, die Höchstlänge auf 4096 Bit. Je größer dieser Wert, desto länger ist im Allgemeinen die sichere Lebensdauer des privaten Schlüssels.
Vorhandenen Schlüssel verwenden	Erlaubt die Auswahl eines vorhandenen privaten Schlüssels aus der Liste, um ihn für die Zertifizierungsstelle zu verwenden. Auf diese Option müssen Sie unter Umständen zurückgreifen, um eine Zertifizierungsstelle wiederherzustellen.
Dem Schlüssel zugewiesenes Zertifikat verwenden	Erlaubt die Auswahl des Zertifikats, das dem vorhandenen privaten Schlüssel für die Zertifizierungsstelle zugewiesen ist. Auf diese Option müssen Sie unter Umständen zurückgreifen, um eine Zertifizierungsstelle wiederherzustellen.
Importieren	Versetzt Sie in die Lage, einen privaten Schlüssel zu importieren, der nicht in der Liste *Vorhandenen Schlüssel verwenden* verzeichnet ist. So können Sie zum Beispiel für eine beschädigte Zertifizierungsstelle einen privaten Schlüssel aus einem Archiv importieren.
Zertifikat anzeigen	Zeigt das Zertifikat an, das mit dem in der Liste *Vorhandenen Schlüssel verwenden* verzeichneten privaten Schlüssel verbunden ist.

Nachdem Sie Ihre benutzerdefinierten Einstellungen und Optionen auf der Seite **Öffentlich-privates Schlüsselpaar** ausgewählt haben, klicken Sie auf **Weiter**. Geben Sie die Informationen über die Zertifizierungsstelle ein (siehe Abbildung 21.5). Sie können auch eine Gültigkeitsdauer angeben, die die Lebensdauer eines Zertifikates bestimmt. Dies hilft sicherzustellen, dass Clients, die an der automatischen Registrierung teilnehmen, durch die eingestellte Lebensdauer eines Zertifikates gesteuert werden. Klicken Sie wieder auf **Weiter**.

Sie sehen kurzzeitig ein Fenster mit der Meldung, dass der Schlüssel generiert wird; in den meisten Fällen erscheint es jedoch nur für weniger als zwei Sekunden. Nachdem der Schlüssel erstellt worden ist, muss Setup wissen, wo die Datenbank platziert werden soll. Geben Sie den gewünschten Pfad ein. Wie Abbildung 21.6 zeigt, können Sie auch das Kontrollkästchen **Konfigurationsinformationen in einem freigegebenen Ordner speichern** aktivieren, wodurch ein freigegebener Ordner angelegt wird, in dem die Informationen über die Zertifizierungsstelle anderen Benutzern zur Verfügung stehen. Dies ist jedoch nur dann sinnvoll, wenn Sie eine eigenständige Zertifizierungsstelle installieren und nicht auf Active Directory zurückgreifen können.

Die Infrastruktur öffentlicher Schlüssel verwalten

Abbildg. 21.5 Informationen über die Zertifizierungsstelle eingeben

Abbildg. 21.6 Den Speicherort angeben

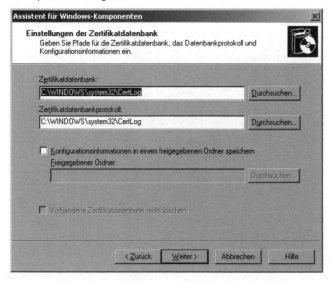

Nach einem Klick auf **Weiter** weist Sie ein Mitteilungsfeld darauf hin, dass die IIS-Dienste angehalten werden müssen. Klicken Sie auf **Ja**. Der Assistent konfiguriert daraufhin die Komponenten. Danach ist die Installation der Zertifikatdienste abgeschlossen. Im Menü **Verwaltung** wird eine Verknüpfung zum Snap-In **Zertifizierungsstelle** angezeigt, das Sie in Abbildung 21.7 sehen.

Abbildg. 21.7 Das Snap-In **Zertifizierungsstelle**

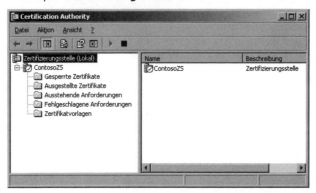

Den Webregistrierungssupport installieren

Bei der Installation der Windows 2003-Zertifikatdienste wird standardmäßig auf dem gleichen Server auch der Webregistrierungssupport eingerichtet (siehe Abbildung 21.8), doch Sie können das Formular zur Webregistrierung auch auf einem anderen Windows Server 2003-Rechner installieren. Für diese Lösung sollten Sie sich entscheiden, wenn das Datenverkehrsaufkommen für die Zertifikatdienste hoch ist und Sie die Last des Registrierungsverkehrs auf mehrere Server verteilen müssen.

Abbildg. 21.8 Startseite der Site **Microsoft Zertifikatdienste**

Die Infrastruktur öffentlicher Schlüssel verwalten

In der Standardeinstellung werden die Webregistrierungsseiten in <*Laufwerk*:>\%windir%\System32\Certsvr gespeichert, wobei <*Laufwerk:*> der Buchstabe des Laufwerks ist, auf dem die Seiten installiert sind. Um die Webregistrierungsseiten auf einem anderen als dem Server zu installieren, auf dem die Zertifikatdienste ausgeführt werden, starten Sie in der Systemsteuerung das Programm **Software**, klicken auf die Funktion **Windows-Komponenten hinzufügen/entfernen** und wählen **Zertifikatdienste** – ganz so, als wollten Sie sie installieren. Klicken Sie danach aber auf die Schaltfläche **Details** und deaktivieren Sie das Kontrollkästchen **Zertifizierungsstelle für Zertifikatdienste** (siehe Abbildung 21.9). Vergewissern Sie sich, dass das Kontrollkästchen **Webregistrierungssupport für Zertifikatdienste** aktiviert ist, und klicken Sie danach auf **OK**. Folgen Sie anschließend den weiteren Anweisungen des Assistenten.

Abbildg. 21.9 Das Fenster **Zertifikatdienste** des Assistenten für Windows-Komponenten

Mit den Webregistrierungsseiten arbeiten

Benutzer können über den URL **http://<*servername*>/certsrv** auf die Webregistrierungsseiten zugreifen. Auf dem Begrüßungsbildschirm haben Sie verschiedene Wahlmöglichkeiten. Die Option **Download eines Zertifizierungsstellenzertifikats, einer Zertifikatkette oder einer Sperrliste** ruft das Zertifikat der Zertifizierungsstelle oder die aktuellste Zertifikatsperrliste ab. Auf der nächsten Seite können Sie verschiedene Aufgaben ausführen, die unter anderem dafür sorgen, dass den Zertifikaten der Zertifizierungsstelle vertraut wird. Dazu installieren Sie die Zertifikatkette für das Zertifizierungsstellenzertifikat im Zertifikatspeicher des lokalen Computers (siehe Abbildung 21.10) Diese Option ist besonders dann sinnvoll, wenn Sie einer untergeordneten Zertifizierungsstelle vertrauen müssen, das Zertifikat der Stammzertifizierungsstelle sich aber nicht in Ihrem lokalen Zertifikatspeicher befindet.

Weitaus häufiger werden Sie diese Website aber aufrufen, um ein neues Zertifikat zu beantragen. Zu Beginn dieses Vorgangs klicken Sie im Begrüßungsbildschirm auf den Link **Ein Zertifikat anfordern**. Auf der nächsten Seite (siehe Abbildung 21.11) können Sie entweder ein Benutzerzertifikat beantragen oder ein erweitertes Anforderungsformular einreichen. Weitere Informationen über die letztere Möglichkeit finden Sie im ⤻ Abschnitt »Erweiterte Anforderungen«.

Um ein neues Basisbenutzerzertifikat anzufordern, klicken Sie auf den Link **Benutzerzertifikat**. Daraufhin wird die Seite **Benutzerzertifikat – Identifizierungsinformationen** angezeigt (siehe Abbildung 21.12). Hier werden Sie darauf hingewiesen, dass keine zusätzlichen Identifizierungsinformationen erforderlich sind, damit die Zertifizierungsstelle das Zertifikat erstellen kann. Ein Klick auf **Einsenden** löst den Vorgang aus, durch den das Zertifikat erstellt wird. Wenn Sie auf **Weitere Optionen** klicken, können Sie einen Kryptografiedienstanbieter und ein Anforderungsformat für das Zertifikat angeben. In den meisten Fällen reicht es jedoch aus, einfach die Schaltfläche **Einsenden** zu verwenden. Der Bereich mit den weiteren Optionen ist nur für erfahrene Benutzer gedacht.

Abbildg. 21.10 Das Zertifikat abrufen

Abbildg. 21.11 Ein neues Zertifikat anfordern

Abbildg. 21.12 Das System ist bereit, eine Zertifikatanforderung einzureichen

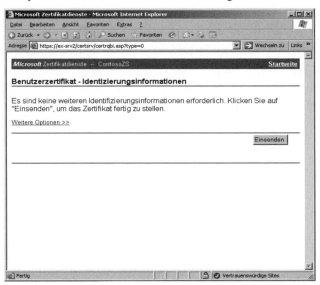

Nachdem Sie auf die Schaltfläche **Einsenden** geklickt haben, wird das Zertifikat erstellt. Klicken Sie in dem nächsten Meldungsfeld auf OK, um den Vorgang abzuschließen. Die nächste Seite gibt Ihnen die Gelegenheit, das Zertifikat zu installieren (siehe Abbildung 21.13).

Abbildg. 21.13 Das System ist bereit, ein Zertifikat zu installieren

Nach einem Klick auf **Dieses Zertifikat installieren** wird das Zertifikat auf dem lokalen Computer installiert. Es steht nur dem Benutzer zu Verfügung, für den es erstellt worden ist. Andere Benutzer, die sich an dem betreffenden Computer anmelden, können es nicht verwenden. Anschließend wird die letzte Registrierungsseite mit der Mitteilung angezeigt, dass das Zertifikat ordnungsgemäß installiert wurde. Um zu überprüfen, ob es tatsächlich vorhanden ist, öffnen Sie das Snap-In **Zertifizierungsstelle** und wechseln zum Ordner **Ausgestellte Zertifikate**. Das Zertifikat wird daraufhin im Detailbereich angezeigt (siehe Abbildung 21.14).

Abbildg. 21.14 Die Installation eines Benutzerzertifikats überprüfen

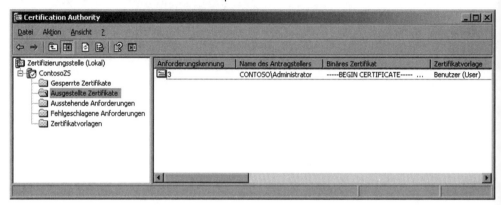

Um zu überprüfen, ob das Benutzerzertifikat installiert worden ist, können Sie auch den Outlook 2007-Client öffnen, unter **Extras** das **Vertrauensstellungscenter** wählen und auf die Kategorie **E-Mail-Sicherheit** klicken (siehe Abbildung 21.15). Im Bereich **Verschlüsselte Nachrichten** klicken Sie anschließend auf die Schaltfläche **Einstellungen**, um das Dialogfeld **Sicherheitseinstellungen ändern** einzusehen (siehe Abbildung 21.16).

Abbildg. 21.15 Die Installation eines Benutzerzertifikats in Outlook überprüfen

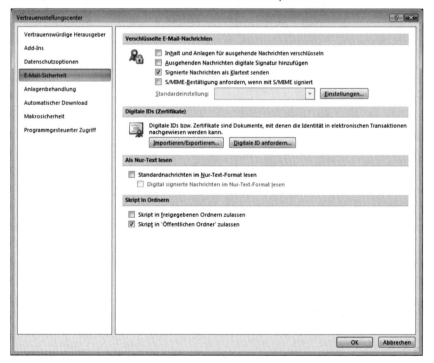

Abbildg. 21.16 Das Dialogfeld **Sicherheitseinstellungen ändern**

Klicken Sie sowohl für das Signatur- als auch für das Verschlüsselungszertitifkat auf **Auswählen**, um diese wie in Abbildung 21.17 dargestellt anzuzeigen. Beachten Sie, das der Hash- und der Verschlüsselungsalgorithmus geändert werden können, das Zertifikat selbst aber nicht.

Abbildg. 21.17 Das Benutzerzertifikat für die Zuordnung zum Outlook-Client auswählen

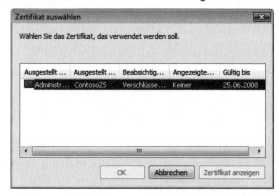

Wenn mehrere Zertifikate installiert sind, können Sie eines davon festlegen, indem Sie auf die Schaltfläche **Auswählen** klicken und dann unter den verfügbaren Möglichkeiten auswählen. Die Liste sieht zwar aus, als enthielte sie mehrere Kopien desselben Zertifikats, doch dieser Eindruck täuscht, denn jeder Eintrag steht für ein anderes, eindeutiges Zertifikat.

Erweiterte Anforderungen

Wenn Sie **Erweiterte Anforderung** wählen, können Sie zusätzliche Optionen für die Anforderung eines Zertifikats festlegen. Abbildung 21.18 zeigt die drei verfügbaren Anforderungstypen. Die erste Möglichkeit, **Eine Anforderung an diese Zertifizierungsstelle erstellen und einreichen**, führt Sie zu einem erweiterten Formular, das Sie zur Anforderung aller von der Zertifizierungsstelle der Organisation unterstützten Zertifikattypen verwenden können. Außerdem richten Sie auf diesem Formular den Schlüssel, das Format und die Hashoptionen für die Anforderung ein. Im Allgemeinen sollten nur Administratoren dieses Formular einsetzen, da es für den durchschnittlichen Benutzer zu kompliziert ist.

Abbildg. 21.18 Die drei Möglichkeiten für eine erweiterte Zertifikatanforderung

Die zweite Möglichkeit, **Reichen Sie eine Zertifikatanforderung ein, die eine Base64-codierte CMD- oder PKCS10-Datei verwendet, oder eine Erneuerungsanforderung, die eine Base64-codierte PKCS7-Datei verwendet**, erlaubt Ihnen, eine Zertifikatanforderung als Datei statt als Formular zu senden. Sie muss jedoch bereits als Base64-codierte PKCS10- oder PKCS7-Datei vorhanden sein. Im Abschnitt **Zertifikatvorlage** müssen Sie außerdem angeben, welche Art von Zertifikat Sie anfordern.

Die letzte Möglichkeit, **Ein Smartcard-Zertifikat für einen anderen Benutzer mit Hilfe der Smartcard-Zertifikatregistrierungsstelle anfordern**, erlaubt einem Administrator, für einen Smartcard-Benutzer ein Zertifikat auszustellen, das auf der physischen Karte installiert werden kann.

Informationen über Zertifikate einsehen

Um Informationen über Zertifikate einzusehen, führen Sie folgende Schritte aus: Wechseln Sie zu den ausgestellten Zertifikaten im Snap-In **Zertifizierungsstelle** und öffnen Sie ein einzelenes Zertifikat, indem Sie mit der rechten Maustaste darauf klicken und **Öffnen** wählen. Abbildung 21.19 zeigt die Registerkarte **Allgemein** der Eigenschaftenseite eines Benutzerzertifikats. Dort sind der Verwendungszweck des Zertifikats, der Aussteller, der Empfänger und das Datum angegeben, bis zu dem das Zertifikat gültig ist.

Abbildg. 21.19 Die Registerkarte **Allgemein** der Eigenschaftenseite eines Benutzerzertifikats

In Abbildung 21.19 ist die Schaltfläche **Ausstellererklärung** deaktiviert, da die ausstellende Zertifizierungsstelle in diesem Fall keine Erklärung anbietet. Ist dies jedoch nicht der Fall, können Sie mit einem Klick auf diese Schaltfläche weitere Informationen zum Zertifikat von der Website der ausstellenden Zertifizierungsstelle abrufen.

Auf der Registerkarte **Details** werden die zum Zertifikat gehörenden Informationen angezeigt. Der Inhalt der Elemente in der Spalte **Feld** wird jeweils in der Spalte **Wert** angezeigt. In Abbildung 21.20 ist das Feld **Öffentlicher Schlüssel** markiert. In der Spalte **Wert** können Sie sehen, dass es sich um einen 1024-Bit-Schlüssel handelt.

Auf der Registerkarte **Zertifizierungspfad** (siehe Abbildung 21.21) wird der Vertrauensstatus des Zertifikats angezeigt. Wenn es eine Schwierigkeit mit dem Zertifikat oder dem Pfad gibt, sehen Sie auf dieser Registerkarte eine Warnung mit zusätzlichen Informationen zur Erklärung des Problems.

Auf der Clientseite können Sie bestimmte Zertifikateigenschaften auch mit Outlook 2007 bearbeiten. Klicken Sie dazu bei geöffnetem Zertifikat im unteren Teil der Registerkarte **Details** auf die Schaltfläche **Eigenschaften bearbeiten**. Daraufhin wird das in Abbildung 21.22 dargestellte Dialogfeld geöffnet. Dort können Sie den Anzeigenamen und die Beschreibung des Zertifikats verändern und die Zwecke einschränken, für die es sich verwenden lässt. In der Standardeinstellung sind alle Zwecke aktiviert. Sie können aber manuell einzelne oder auch alle Zwecke deaktivieren. Im letzteren Fall würde das Zertifikat allerdings ungültig.

Auf der Registerkarte **Kreuzzertifikate** (Abbildung 21.23) können Sie Kreuzzertifikate für dieses Zertifikat angeben. Dabei handelt es sich um besondere Zertifikate, mit denen eine vollständige oder qualifizierte, unidirektionale Vertrauensstellung zwischen ansonsten nicht miteinander in Beziehung stehenden Zertifizierungsstellen hergestellt wird. Wenn Ihre Organisation mehrere verteilte

IT-Abteilungen unterhält, ist es unter Umständen nicht möglich, einen einzigen, vertrauenswürdigen Stamm einzurichten. In einer solchen Situation können Sie ein Vertrauensmodell auf der Grundlage der Netzwerkhierarchie einführen, in dem sich alle Zertifizierungsstellen selbst zertifizieren und die Vertrauensstellungen zwischen ihnen auf Kreuzzertifikaten beruhen.

Abbildg. 21.20   Die Registerkarte **Details** der Eigenschaftenseite eines Zertifikat

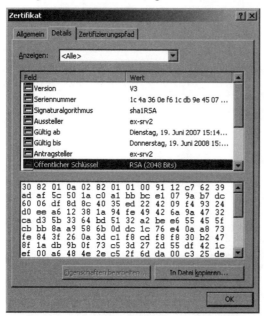

Abbildg. 21.21   Die Registerkarte **Zertifizierungspfad** der Eigenschaftenseite eines Zertifikats

Die Infrastruktur öffentlicher Schlüssel verwalten

Abbildg. 21.22 Die Zertifikatseigenschaften in Outlook 2007 bearbeiten

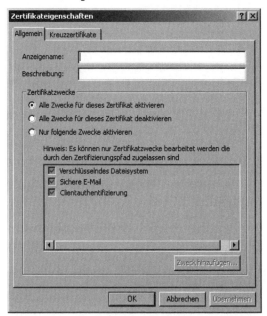

Abbildg. 21.23 Die Registerkarte **Kreuzzertifikate** der Zertifikateigenschaften

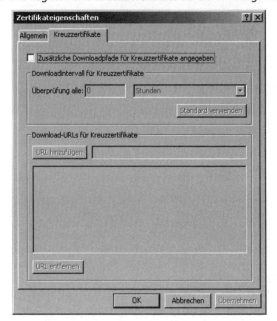

Kapitel 21 Exchange Server 2007-Nachrichten schützen

Die Nachrichtenübermittlung in Outlook 2007 schützen

Aus der Sicht des Outlook 2007-Clients stellt sich die Frage, wie er überhaupt erkennen kann, welche Zertifikate vertrauenswürdig sind. Die Antwort findet sich in den Eigenschaften von Microsoft Internet Explorer. Bei seiner Installation werden gleichzeitig mehrere Zertifikate installiert. Outlook verwendet den Kryptografiedienstanbieter von Internet Explorer zum Lesen dieser Zertifikate und zur Entscheidung, ob die Zertifizierungsstelle vertrauenswürdig ist. Um zu sehen, welche Zertifizierungsstellen vertrauenswürdig sind, wählen Sie im Menü **Extras** von Internet Explorer den Befehl **Internetoptionen**, wechseln zur Registerkarte **Inhalte** und klicken dann auf die Schaltfläche **Zertifikate**. Klicken Sie im Fenster **Zertifikat** auf die Registerkarte **Vertrauenswürdige Stammzertifizierungsstellen**. In der Liste in Abbildung 21.24 sehen Sie einen Teil der vertrauenswürdigen Stammzertifizierungsstellen, die zum Standardlieferumfang von Outlook 2007 und Internet Explorer 7 gehören.

Abbildg. 21.24 Liste der vertrauenswürdigen Stammzertifizierungsstellen im Dialogfeld **Zertifikate** von Internet Explorer

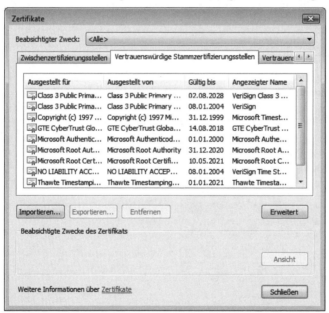

HINWEIS Bei einem Kryptografiedienstanbieter (Cryptographic Service Provider, CSP) handelt es sich um den Code, der die Algorithmen zur Verschlüsselung von Daten und zur Erstellung von Signaturen zur Verfügung stellt.

Sowohl Stammzertifikate als auch einzelne Benutzer können an dieser Stelle importiert werden. Angenommen, ein Benutzer muss ein Zertifikat hinzufügen, das er von einem Administrator erhalten hat. Dazu muss er im Dialogfeld **Zertifikate** zur Registerkarte **Vertrauenswürdige Stammzertifizierungsstellen** wechseln und dann auf **Importieren** klicken. Der **Zertifikatimport-Assistent** führt den Benutzer durch die verschiedenen Schritte.

Welche Zertifikate sind vertrauenswürdig?

Falls Ihr Unternehmen eine eigene Zertifizierungsstelle eingerichtet hat oder wenn es bestimmte Zertifizierungsstellen gibt, denen Sie vertrauen wollen, die aber in der Standardliste von Internet Explorer nicht aufgeführt sind, können Sie deren Zertifikate mithilfe der Schaltfläche **Importieren** der Liste hinzufügen.

Sie sollten sich jedoch stets sorgfältig überlegen, ob Sie einem Zertifikat vertrauen können. Falls es auf einer Installations-CD-ROM von Microsoft enthalten ist, können Sie ihm immer vertrauen. Wenn Sie allerdings Software aus dem Internet herunterladen, könnte jemand ein Zertifikat hineingeschmuggelt haben, dem Sie nicht vertrauen sollten. Daher verwendet Microsoft Authenticode-Zertifikate für seine Software. Dabei werden Sie während der Installation darüber benachrichtigt, wenn die Signatur ungültig ist und Sie die Software nicht installieren sollten, falls auch nur ein einziges Bit verändert wurde.

Sie können die Zertifikate auch einzeln überprüfen. Manche Zertifizierungsstellen veröffentlichen auf ihren Websites Seriennummern. Nehmen Sie dazu Verbindung mit der Stammzertifizierungsstelle auf und überprüfen Sie, ob die Seriennummer des Zertifikats gültig ist. Falls es sich um eine Unternehmenszertifizierungsstelle handelt, erkundigen Sie sich beim Systemadministrator.

Verschlüsselung in Outlook 2007

Wenn sowohl der Absender als auch der Empfänger Zertifikate in Outlook 2007 verwendet, werden die Nachrichten mit einer durchgängigen Verschlüsselung unlesbar gemacht. Das bedeutet: Der Outlook 2007-Client verschlüsselt vor dem Versenden die Nachricht, die erst dann entschlüsselt wird, wenn der Empfänger sie öffnet. Verschlüsselte Nachrichten im Speicher bleiben weiterhin verschlüsselt. Wenn sich jemand widerrechtlich Zugriff auf ein Postfach auf einem Exchange Server-Computer verschaffen kann, sind die Nachrichten für ihn trotzdem nicht lesbar, weil er nicht über den privaten Schlüssel zu ihrer Entschlüsselung verfügt. Nur der beabsichtigte Empfänger, der den richtigen privaten Schlüssel besitzt, kann die Nachricht entschlüsseln.

Die Vertraulichkeit von Nachrichten wird von Outlook 2007 auf folgende Weise sichergestellt: Als Erstes verfasst der Absender seine Nachricht und adressiert sie. Anschließend ermittelt Outlook den Empfänger über eine Adressbuchsuche in Active Directory. Entscheidet der Absender sich dafür, die ausgehende Nachricht zu verschlüsseln, ruft Outlook das Zertifikat des Empfängers ab. Die Verschlüsselungsoptionen finden Sie im Outlook 2007-Menü **Extras** unter **Vertrauensstellungscenter** und dort auf der Registerkarte **E-Mail-Sicherheit** (siehe Abbildung 21.25).

Outlook extrahiert den öffentlichen Schlüssel des Empfängers aus dessen Zertifikat und erstellt eine nur einmal verwendete **Lockbox**, wobei es alle Daten mit einem nur einmal verwendeten symmetrischen Schlüssel verschlüsselt und dort ablegt. Die Lockbox wird samt Inhalt mit dem öffentlichen Schlüssel des Empfängers verschlüsselt und an den Empfänger gesendet. Wenn dieser seine Nachricht öffnet, entschlüsselt der Empfängerclient mithilfe seines privaten Schlüssels die Lockbox, extrahiert den symmetrischen Schlüssel und entschlüsselt damit die Nachricht. Anschließend kann der Empfänger die Nachricht lesen.

Abbildg. 21.25 Das **Vertrauensstellungscenter** zeigt **Optionen für ausgehende Nachrichten**

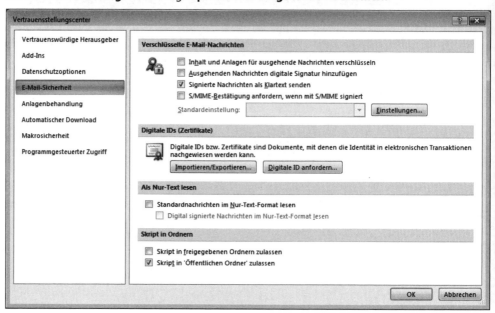

Digitale Signaturen in Outlook 2007

Digitale Signaturen sind genauso bindend wie Unterschriften auf Papier. Sie ermöglichen die Authentifizierung des Verfassers einer Nachricht, da nur der Absender im Besitz des für die Signatur erforderlichen privaten Schlüssels ist. Die Signatur trägt außerdem zur Datenintegrität bei, da sie einen geschützten Hashwert der Nachricht bildet. Das bedeutet: Das Dokument wird dem Hashvorgang unterworfen und danach mit dem privaten Verschlüsselungsschlüssel des Unterzeichners verschlüsselt. Am Zielort wird es nach einer Überprüfung mit dem öffentlichen Schlüssel des Unterzeichners entschlüsselt. Wenn während der Nachrichtenübertragung auch nur ein einziges Bit verändert wurde, sieht der Hashwert am anderen Ende anders aus, was dazu führt, dass die Nachricht als ungültig betrachtet wird. Eine Signatur wird immer nur für eine einzige Nachricht generiert und anschließend nicht wieder verwendet. Digitale Unterschriften funktionieren deshalb, weil in jede Signatur ein Indikator eingebettet ist, der erklärt, welche Hashfunktionen der Absender verwendet hat. Der Empfänger kann die gleiche Funktion verwenden und bei Empfang der Nachricht den Hashwert nachrechnen. Wenn beide Werte übereinstimmen, wird die Signatur als gültig angesehen. Eine verschlüsselte Nachricht muss entschlüsselt werden, bevor der Vergleich der Hashwerte ausgeführt werden kann.

S/MIME und Outlook 2007

S/MIME (Secure/Multipurpose Internet Mail Extensions) wurde im Jahr 1995 von einem Herstellerkonsortium unter Führung von RSA entwickelt. S/MIME erlaubt es Empfängern, die Nicht-Microsoft-Software verwenden, von Outlook 2003-Benutzern gesendete verschlüsselte Nachrichten einzusehen und zu lesen.

> **Weitere Informationen**
>
> Weitere Informationen über S/MIME finden Sie auf der RSA-Website unter **http://www.rsasecurity.com**.

Bei der Signierung einer Nachricht wird ihr Inhalt in ein MIME-Format umgewandelt. Kopfzeile und Textkörper der Nachricht verwenden den Algorithmus aus dem privaten Schlüssel des Benutzers, um eine Nachrichtenintegritätsprüfung (Message Integrity Check, MIC) durchzuführen, deren Ergebnis die digitale Signatur ist. Die Nachricht wird dann zusammen mit einer eingebetteten Kopie des öffentlichen Schlüssels verschickt.

Beim Lesen der Nachricht führt der Empfänger die MIC durch und vergleicht das Ergebnis mit der digitalen Signatur des Absenders. Wenn sie übereinstimmen, wird die Signatur als gültig angesehen.

Um Daten zu verschlüsseln, wird der öffentliche Schlüssel des Empfängers verwendet, weshalb der Absender in der Lage sein muss, diesen Schlüssel abzurufen, bevor er eine verschlüsselte Nachricht abschicken kann. Der Empfänger kann die Nachricht dann mit seinem privaten Schlüssel entschlüsseln. Standardmäßig schaut der Outlook-Client in Active Directory oder im persönlichen Zertifikatspeicher des Empfängers nach, um den öffentlichen Schlüssel zu finden.

Damit all dies funktionieren kann, müssen Sender und Empfänger gemeinsam einer Zertifizierungsstelle vertrauen. Die **Vertrauensverifizierung**, bei der bestimmt wird, ob ein gegebenes öffentliches Zertifikat von einer vertrauenswürdigen Quelle stammt, wird vom Outlook-Client (und von Windows Mail) auf dem Desktop durchgeführt.

Outlook 2007 für eine sichere Nachrichtenübermittlung konfigurieren

Die Zertifikatdienste sind in Active Directory integriert, was bedeutet, dass Sie angeben können, ob die Zertifikate in Active Directory, im Dateisystem oder in beiden abgelegt werden sollen. Um diese Einstellung vorzunehmen, öffnen Sie im Snap-In **Zertifizierungsstelle** das Eigenschaftendialogfeld der Zertifizierungsstelle, wechseln zur Registerkarte **Beendigungsmodul** und klicken auf die Schaltfläche **Eigenschaften** (siehe Abbildung 21.26).

Der Vorteil der Veröffentlichung von Zertifikaten in Active Directory liegt darin, dass sie dadurch zu Attributen des Benutzerkontos werden (siehe Abbildung 21.27). Bevor ein Benutzer einem anderen eine verschlüsselte Nachricht sendet, kann der Client in Active Directory nachschauen, ob das Konto des Empfängers über ein Zertifikat verfügt. Ist eines vorhanden, wird die Nachricht wie weiter vorn beschrieben gesendet. Der Client ruft außerdem die von den Zertifikatdiensten veröffentlichten Zertifikatvertrauens- und -sperrlisten regelmäßig (alle 24 Stunden) ab und wendet sie nach Bedarf an. Beim Fehlen einer hierarchischen Zertifizierungsstellenstruktur kann der Client ein lineares Vertrauensnetzwerk aus verschiedenen Zertifizierungsstellen aufbauen.

Im Outlook-Client verwenden Sie das Vertrauensstellungscenter (siehe Abbildung 21.25), um festzulegen, ob E-Mails signiert oder verschlüsselt werden sollen (oder beides).

Abbildg. 21.26   Zertifikate im Dateisystem veröffentlichen

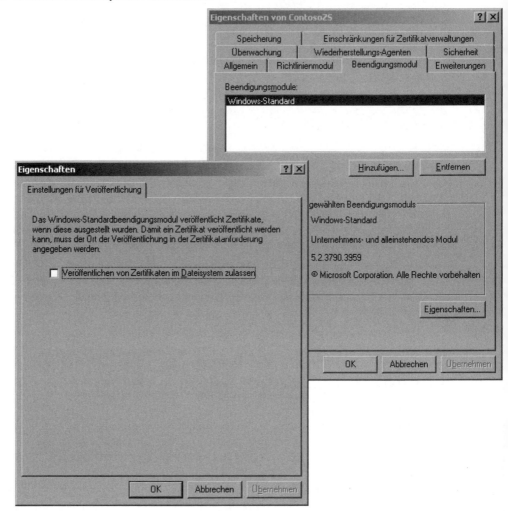

Abbildg. 21.27 Veröffentlichte Zertifikate auf der Eigenschaftenseite eines Benutzers

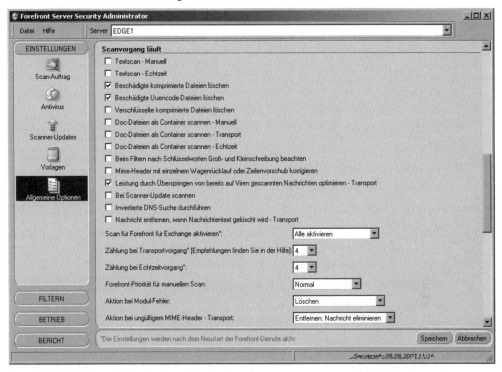

Exchange-Zertifikatvorlagen installieren

In Exchange 2000 Server und früheren Versionen mussten Sie die Vorlagen für die Zertifikate **Registrierungs-Agent (Computer)**, **Exchange-Benutzer** und **Nur Exchange-Signatur** manuell hinzufügen, bevor Sie den Schlüsselverwaltungsserver (Key Management Server, KMS) installieren konnten. In Exchange Server 2003 und nun auch Exchange Server 2007 wird der KMS nicht länger benötigt. Stattdessen weist das standardmäßig installierte Benutzerzertifikat folgende Funktionen auf:

- Verschlüsselndes Dateisystem (Encrypting File System, EFS)
- Sichere E-Mail (Signatur und Verschlüsselung)
- Clientauthentifizierung

Da im »allgemeinen« Benutzerzertifikat diese drei Funktionen nun gebündelt vorhanden sind, erfüllt die Standardinstallation der Zertifikatdienste in Windows Server 2003 die meisten Bedürfnisse, was die Benutzer anbelangt.

Manchmal müssen Sie jedoch zusätzliche Vorlagen installieren, um Zertifikate für besondere Zwecke auszugeben. Dies können Sie sehr einfach im Snap-In **Zertifizierungsstelle** durchführen. Um eine weitere Zertifikatvorlage zu den bereits standardmäßig vorhandenen hinzuzufügen, klicken Sie mit der rechten Maustaste auf den Ordner **Zertifikatvorlage** im Snap-In **Zertifizierungsstelle**, zeigen auf **NEU** und wählen **Auszustellende Zertifikatvorlage**. Das in Abbildung 21.28 gezeigte Dialogfeld erscheint und bietet Ihnen in der Voreinstellung unter anderem folgende Zertifikate zur Auswahl an:

Kapitel 21 Exchange Server 2007-Nachrichten schützen

- Authentifizierte Sitzung
- CEP-Verschlüsselung
- Codesignatur
- Registrierungs-Agent
- Registrierungs-Agent (Computer)
- Exchange-Registrierungs-Agent (Offlineanforderung)
- Nur Exchange-Signatur
- Exchange-Benutzer
- IPSec
- IPSec (Offlineanforderung)
- Router (Offlineanforderung)
- Smartcard-Anmeldung
- Smartcard-Benutzer
- Vertrauenslistensignatur
- Nur Benutzersignatur

Es werden nur die folgenden Standardzertifikatvorlagen mit den Zertifikatdiensten installiert:

- EFS-Wiederherstellungs-Agent
- Basis-EFS
- Domänencontroller
- Webserver
- Computer
- Benutzer
- Untergeordnete Zertifizierungsstelle
- Administrator

Abbildg. 21.28   Eine Zertifikatvorlage auswählen

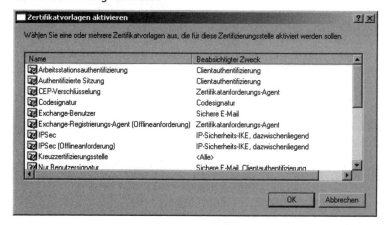

Die Integration von Exchange Server 2007 in die Windows Server 2003-Sicherheit

Dieser Abschnitt konzentriert sich darauf, wie Exchange Server 2007 die Sicherheitsfunktionen von Windows Server 2003 einsetzt. Letztere lassen sich in zwei große Bereiche unterteilen: die Kernfunktionen des Betriebssystems und die zusätzlichen Elemente.

Die Kernfunktionen des Betriebssystems bilden die Grundlage für die sichere Implementierung von Windows Server 2003. Dazu gehören die folgenden:

- **Active Directory-Dienste** Vereinigt Exchange Server 2007- und Windows Server 2003-Objekte in einem Verzeichnis.
- **Kerberos-Authentifizierung** Führt die Authentifizierung für den Zugriff auf lokale und auf Domänendienste durch.
- **Zugriffssteuerungsmodell** Ermöglicht eine sehr feine Steuerung der Active Directory-Einträge und der Exchange-Objekte.
- **Microsoft Zertifikatdienste** Können auch von anderen Anwendungen verwendet werden, um Sicherheit auf unterschiedlichen Ebenen zu bieten.

Folgende Anwendungen erweitern diese Kernfunktionen:

- **IP-Sicherheit** Wird für Netzwerke, den Remotezugriff und virtuelle private Netzwerke verwendet.
- **Sicherheitskonfigurationsanalyse** Sorgt für die Einhaltung von Sicherheitsrichtlinien.

Active Directory

Active Directory von Windows Server 2003 ersetzt die Sicherheitskontenverwaltung (Security Account Manager, SAM) von Windows NT 4.0 Server als Sicherheitsdatenbank. Wie einem Objekt in SAM werden den meisten Active Directory-Objekten jedoch global eindeutige 96-stellige Pseudozufallszahlen als Sicherheitskennung (Security Identifier, SID) zugewiesen.

Nicht alle Objekte in Active Directory erhalten eine Sicherheitskennung. Zum Beispiel hat eine Sicherheitsgruppe eine SID, eine Verteilergruppe aber nicht. Auch postfachaktivierte Benutzer habe SIDs, postfachaktivierte Kontakte dagegen keine. Nur Obbjekte, die eine SID haben, können der Zugriffssteuerungsliste (Access Control List, ACL) einer Ressource hinzugefügt werden. Hat ein Objekt keine SID, kann es nicht in einer Zugriffssteuerungsliste platziert werden. Nicht-SID-Objekte können deshalb nicht auf Ressourcen zugreifen, die von einer Zugriffssteuerungsliste geschützt sind.

Kerberos-Authentifizierung

Wenn ein Client mit einem Exchange Server-Computer in Verbindung treten will, fordert er zunächst ein Exchange-Dienstticket vom Schlüsselverteilungscenter (Key Distribution Center, KDC) an. Mit diesem Ticket weist der Client anschließend seine Berechtigung zum Zugriff auf den Exchange Server-Computer nach.

Die Exchange-Dienste verwenden Kerberos außerdem dazu, Dienstkonten über das lokale Systemkonto bei einem Domänencontroller anzumelden. Dieses Konto verwendet eine Computeridentifizierung, die alle sieben Tage geändert wird. Der Benutzername des Exchange 2007-Servers wird in die

Gruppe **Exchange-Server** aufgenommen, die wiederum der Zugriffssteuerungsliste für die Kernobjekte hinzugefügt wird.

> **Weitere Informationen**
>
> Eine eingehende Behandlung der Kerberos-Authentifizierung würde den Rahmen dieses Buchs sprengen. Weitergehende Informationen über die Kerberos-Authentifizierung, zum Beispiel was ein Ticket ist und wie dieses Protokoll arbeitet, finden Sie in »Kerberos Authentication in Windows Server 2003« auf der Seite http://www.microsoft.com/windowsserver2003/technologies/security/kerberos/default.mspx.

Zugriffssteuerungsmodell

Das Zugriffssteuerungsmodell von Exchange Server 2007 folgt dem von Windows Server 2003. Der Zugriff auf Exchange Server 2007-Objekte lässt sich deshalb feiner steuern, als es bei früheren Versionen möglich war. So können Sie den Zugriff zum Beispiel für einzelne Container, einzelne Elemente und auf der Ebene der Eigenschaften gewähren oder verweigern. Exchange Server 2007-Objekte beruhen auf dem Dateisystem Windows Server 2003 NTFS und Active Directory-Objekten. Um das zu veranschaulichen, betrachten Sie folgendes Beispiel: Wenn ein Benutzer Zugriff auf nur fünf von insgesamt zehn Elementen in einem öffentlichen Ordner hat, sieht er auch nur fünf Elemente. Mehr noch: Wenn ein Benutzer, der keine Berechtigung zum Zugriff auf bestimmte Attribute hat, eine Suche durchführt, erhält er auch nur die entsprechend eingeschränkten Ergebnisse.

IP-Sicherheit

Während S/MIME Sicherheit auf der Anwendungsschicht bietet, sorgt IPSec für Sicherheit auf der Transportschicht. Mit anderen Worten: IPSec bietet einen anderen Sicherheitstyp als S/MIME. In einer Umgebung mit hohen Sicherheitsanforderungen kann IPSec Daten verschlüsseln, die von den Clients an den Server und von Server zu Server gesendet werden. IPSec arbeitet mit dem Layer 2 Tunneling Protocol (L2TP) zusammen.

Angesichts der Vielzahl unterschiedlicher Sicherheitsfunktionen müssen Sie genau überlegen, welche sie implementieren möchten. Tabelle 21.5 enthält eine Zusammenfassung der Verschlüsselungs- und Authentifizierungsmethoden, die derzeit am häufigsten verwendet werden.

Tabelle 21.5 Häufig verwendete Verschlüsselungs- und Authentifizierungsmethoden

Dienst	Methode	Schlüssel
IPSec	Verschlüsselung	DES 128 Bit
	Authentifizierung	MD5 128 Bit
	Integrität	SHA 160 Bit
		Kerberos
S/MIME	Verschlüsselung	DES, 3DES 128 Bit
	Digitale Signatur	RSA 512 Bit
EFS	Verschlüsselung	DESX 128 Bit

Tabelle 21.5 Häufig verwendete Verschlüsselungs- und Authentifizierungsmethoden *(Fortsetzung)*

Dienst	Methode	Schlüssel
Verwaltung von Informationsrechten (Rights Management Services, RMS)	Verschlüsselung	AES 128 Bit RSA 1024 Bit XrML Zertifikate Genau abgestimmte Rechte
	Authentifizierung	Authentifizierung am RMS-Server

Weitere Informationen

Weitere Informationen über Windows Rights Management Services finden Sie unter **http://www.microsoft.com/windowsserver2003/technologies/rightsmgmt/default.mspx**.

Zusammenfassung

Dieses Kapitel hat Ihnen einen Überblick über die Möglichkeiten von Exchange Server 2007 zum Schützen von Nachrichten gegeben. Sicherheitstechnologien werden immer wichtiger und immer häufiger eingesetzt, sodass immer mehr Unternehmen in nächster Zukunft Mitarbeiter einstellen, die sich ausschließlich um die Sicherheit kümmern. In diesem Kapitel haben Sie erfahren, wie die Zertifikatdienste installiert und verwendet werden und welche administrativen Routinearbeiten Sie dafür durchführen müssen. Das nächste Kapitel verlässt das Gebiet der Sicherheit und erklärt Ihnen, wie Verbindungen zwischen Exchange Server 2007 und Software auf Clientrechnern innerhalb einer Exchange-Organisation hergestellt wird.

Teil G
Clients

In diesem Teil:

Kapitel 22	Überblick über Exchange-Clients	565
Kapitel 23	Microsoft Office Outlook 2007 bereitstellen	575
Kapitel 24	Microsoft Outlook WebAccess	591
Kapitel 25	Unterstützung anderer Clients	621

Kapitel 22

Überblick über Exchange-Clients

In diesem Kapitel:

Microsoft Office Outlook 2007	566
Windows Mail und Microsoft Outlook_Express	568
Outlook Web Access	570
Standardclients für Internet-Mail	571
Nicht-Windows-Plattformen	571
Den richtigen Client für Exchange Server auswählen	572
Zusammenfassung	573

Kapitel 22 Überblick über Exchange-Clients

Bis zu diesem Punkt haben wir uns in erster Linie mit der Serverseite der Exchange-Umgebung beschäftigt, da das Thema dieses Buchs die Verwaltung von Exchange Server 2007 ist. Ein Server arbeitet jedoch nicht im luftleeren Raum. Um das Bild zu vervollständigen, müssen Clients mit dem Server verbunden werden.

Dieses ist das erste von vier Kapiteln, die sich mit der Bereitstellung von Clients in einer Exchange-Organisation beschäftigen. Es stellt Ihnen die wichtigsten Clients vor, die in Exchange-Umgebungen eingesetzt werden:

- Microsoft Outlook
- Windows Mail oder Microsoft Outlook Express
- Microsoft Outlook Web Access
- Standardclients für Internet-E-Mail
- Nicht-Windows-Plattformen einschließlich UNIX- und Apple Macintosh-Clients

Jede dieser Anwendungen kann als Client in einer Exchange-Umgebung eingesetzt werden. Da dieses Buch sich auf Exchange Server 2007 konzentriert und jeder einzelne dieser Clients über ein breites Spektrum an Funktionen und Leistungsmerkmalen verfügt, können wir nicht jede Anwendung in aller Ausführlichkeit besprechen. Dieses Kapitel bietet Ihnen eine kurze Einführung in die wichtigsten Typen von Exchange-Clientsoftware. ↗ Kapitel 23, »Microsoft Office Outlook 2007 bereitstellen«, beschreibt im Einzelnen die Bereitstellung des Standard-Desktopclients Outlook 2007, während sich ↗ Kapitel 24, »Outlook Web Access«, auf das gleichnamige Programm konzentriert. ↗ Kapitel 25, »Unterstützung anderer Clients« behandelt andere Arten von Internetprotokollen für den Zugriff auf Exchange Server 2007.

Microsoft Office Outlook 2007

Microsoft Office Outlook 2007 ist die neueste Version des Messagingclients von Microsoft. Outlook wurde seinerzeit zusammen mit Exchange Server 5 eingeführt und stellt eine komplette Messaging-, Terminplanungs- und Kontaktmanagementlösung dar. Wie Sie in ↗ Kapitel 12, »Öffentliche Ordner«, erfahren haben, können Outlook-Clients auch mit öffentlichen Ordnern zur gemeinsamen Nutzung von Informationen umgehen.

Outlook unterstützt auch *Add-Ins* – Programmmodule zur Erweiterung der Funktionalität, die sich nahtlos in die Outlook-Umgebung aufnehmen lassen. Die Möglichkeit, Add-Ins verwenden zu können, macht Outlook zu einem strategisch wichtigen Produkt für Microsoft, weil Fremdhersteller es als Anwendungsentwicklungsplattform nutzen können. Ein Beispiel für ein Fremd-Add-In ist ein Produkt namens *Pretty Good Privacy* (PGP), mit dessen Hilfe Benutzer über das PGP-Protokoll verschlüsselte und signierte Nachrichten senden können. PGP wird hauptsächlich für Internet-E-Mail verwendet.

Outlook 2007 ist eine Komponente von Microsoft Office 2007 und wird bald große Verbreitung finden, wenn Organisationen auf diese neueste Version der beliebten Office-Suite aktualisieren. Es ist in den meisten Microsoft Office 2007-Suites enthalten: Office Basic 2007, Office Standard 2007, Office Small Business 2007, Office Professional 2007, Office Professional Plus 2007 und Office Enterprise 2007. Outlook 2007 wird auch mit Exchange Server 2007 ausgeliefert. Wie Abbildung 22.1 zeigt, sieht Outlook 2007 früheren Versionen ähnlich. Es enthält aber unter anderem die folgenden neuen Funktionen und Leistungsmerkmale:

- Es verwendet eine neue Messaging-Schnittstelle, die die neue Multifunktionsleiste in anderen Office 2007-Produkten unterstützt.
- Es verfügt über eine bessere Integration in Exchange Server 2007, einschließlich Folgendem:
  - Verbesserte Optionen für den Abwesenheits-Assistenten.
  - Eine neue AutoErmittlungs-Funktion für einfaches Konfigurieren der Verbindung zwischen Outlook und einem Exchange Server-Computer.
  - Sofortsuche.
- Zugriff auf E-Mails, Voicemail und Faxe in einem Posteingang unter der Verwendung der neuen Unified Messaging-Funktion in Exchange Server 2007.
- Schnelle Suche und Organisation von Informationen durch Farbkategorien und Anlagenvorschau.
- Einfachere Zusammenarbeit mit verbesserten Terminplanungsmöglichkeiten.

Abbildg. 22.1   Der Outlook 2007-Client

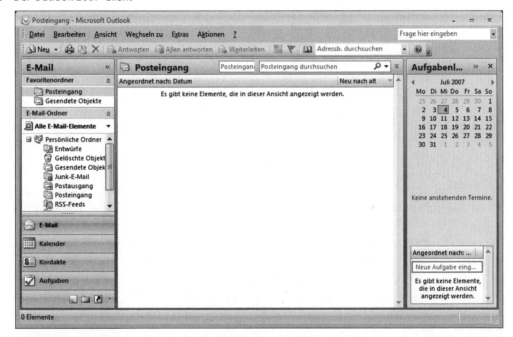

Obwohl sich dieses Buch in erster Linie mit der Zusammenarbeit zwischen Outlook 2007 und Exchange Server 2007 beschäftigt, wollen wir uns dennoch zunächst die Leistungsmerkmale anschauen, die Outlook selbst bietet:

- **E-Mail-Optionen**   E-Mail ist zu einem festen Bestandteil unseres Lebens geworden. Outlook bietet einen zentralen Posteingang für alle Messagingaktivitäten des Benutzers. Sie können Nachrichten über eine Vielzahl unterschiedlicher Server senden und empfangen. Unterstützt werden Exchange Server, Microsoft Mail, internetbasiertes HTTP, SMTP, POP3 und IMAP4 sowie eine Vielzahl von Messagingservern von Fremdherstellern. Die Nachrichten können in drei Formaten erstellt werden: Text, Rich Text und HTML.

- **Terminplanung** Das Leben ist heutzutage so ereignisreich, dass die meisten Menschen ohne irgendeine Art von Kalender oder Terminplaner nicht mehr auskommen. Die meisten Unternehmen vertrauen auf elektronische Kalender zur Koordination der Mitarbeiteraktivitäten. Mithilfe des Outlook-Kalenders können Sie Termine und wiederkehrende Ereignisse für sich selbst und andere Benutzer auf einem Exchange Server-Computer verwalten. Mit der Funktion *iCalendar* können Sie Besprechungen für jeden Mitarbeiter in Ihrer Organisation planen oder über das Internet auf Terminpläne anderer Benutzer zugreifen.

- **Kontaktmanagement** Viel zu viele Menschen verwalten die Adressdaten von Freunden, Verwandten und Kollegen immer noch in traditionellen Telefonverzeichnissen, in denen veraltete Einträge durchgestrichen sind und andere mit Pfeilen auf aktualisierte Adressen verweisen – eine im Ergebnis ziemlich verwirrende und unsaubere Methode. In Outlook können Sie die Adressdaten von Kunden, Mitarbeitern und anderen Personen verwalten. Zu diesen Informationen gehören Telefonnummern, Adressen, Geburtstage, Hochzeitstage und andere Daten, die Sie sich zu einer Kontaktperson notieren wollen.

- **Journal** In der Geschäftswelt gibt es einen alten Scherz, demzufolge geschäftliche Streitigkeiten folgendermaßen ausgehen: In der Regel gewinnt die Partei mit der umfangreichsten Dokumentation. Die Aufzeichnung aller Arten von Kontakten mit Kollegen, Kunden oder anderen Personen kann unter Umständen später sehr wertvoll werden. Mit dem Outlook-Journal können Sie jedes Telefongespräch, jede Fax- und E-Mail-Nachricht verfolgen und einer Kontaktperson zuordnen.

- **Notizen** Wir sind alle schon einmal in einer Situation gewesen, in der wir etwas notieren wollten, aber gerade kein Papier und keinen Bleistift dabei hatten. Die Outlook-Notizfunktion bietet Ihnen das elektronische Gegenstück zu den bekannten Klebenotizzetteln. In den Notizen können Sie Informationen aufzeichnen, die nicht bei den Kontaktadressen oder im Kalender erfasst werden.

- **Aufgaben** Haben Sie vergessen, jemanden zurückzurufen? Was ist mit dem Bericht, den Sie Ihrem Chef versprochen hatten und der eigentlich heute fertig sein sollte? Mithilfe der Aufgabenliste von Outlook können Sie Aufgaben erstellen, sich selbst oder anderen zuweisen und Fälligkeitsdaten festlegen. Sie werden nie wieder einen wichtigen Fälligkeitstermin vergessen.

> **Weitere Informationen**
>
> Einzelheiten zur Installation, Verwendung und Unterstützung von Outlook 2007 finden Sie in *Microsoft Outlook 2007 Inside Out* von Jim Boyce, Beth Sheresh und Doug Sheresh (Mircosoft Press, 2007).

Windows Mail und Microsoft Outlook Express

In den Windows-Versionen vor Windows Vista stellte Outlook Express nur einen Teil des Funktionsumfangs von Outlook bereit (siehe Abbildung 22.2). In Windows Vista wurde Outlook Express durch Windows Mail ersetzt, das im Grunde ein aktualisiertes und neubenanntes Outlook Express ist. Dieser Abschnitt behandelt Windows Mail, ist aber gleichzeitig auch für Outlook Express anwendbar.

Windows Mail ist ein Bestandteil von Windows Vista. Es ist der standardmäßige E-Mail-Client für Windows Vista, bis Outlook oder ein anderer E-Mail-Client installiert wird. Mit Windows Mail können Benutzer über Standard-Internetprotokolle E-Mail-Nachrichten senden und empfangen, an Internet-Newsgroups teilnehmen und auf Verzeichnisinformationen zugreifen. Windows Mail kann die meisten der Zusammenarbeitsfunktionen von Exchange Server 2007 nicht nutzen, beispielsweise den nativen Zugriff auf öffentliche Ordner oder die Kalenderfunktionen.

Abbildg. 22.2 Windows Mail

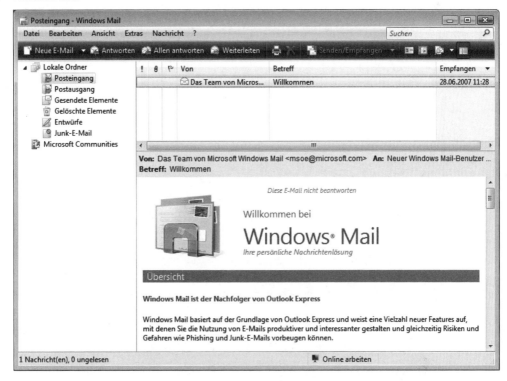

Die E-Mail-Unterstützung in Windows Mail ist ähnlich wie die der Option **Nur via Internet** von Outlook. Windows Mail unterstützt nur Nachrichtenübertragung über die Protokolle POP3, IMAP4 und SMTP. Wenn Windows Mail mit Exchange Server 2007 zum Abruf von Nachrichten interagiert, geschieht das entweder über POP3 oder IMAP4. Das bedeutet, dass Windows Mail Exchange Server 2007 zwar als Messagingserver verwenden kann, aber kein nativer Exchange Server 2007-Client ist. Die Verwendung von Windows Mail zum Zugriff auf ein Exchange Server 2007-Postfach bietet nicht die Groupware-Funktionen von Outlook wie etwa den nativen Zugriff auf öffentliche Ordner und Outlook-Formulare.

Windows Mail bietet Unterstützung für mehrere E-Mail-Konten und ermöglicht damit den Benutzern, Nachrichten von unterschiedlichen Servern abzurufen und alle in einem einzigen Posteingang anzuzeigen. Bei der Verwendung durch mehrere Benutzer kann jeder einzelne eine eigene Identität für Nachrichten, Kontakte und Aufgaben verwenden. Über den Befehl **Neue E-Mail-Regel** aus dem Menü **Extras** können Sie einfache Funktionen nutzen (siehe Abbildung 22.3), um clientseitige Regeln zur Behandlung eingehender Nachrichten einzurichten. Sie können ihn jedoch nicht zur Erstellung von serverseitigen Regeln verwenden; dafür benötigen Sie den Regel-Assistenten des Vollprodukts Outlook 2007.

Abbildg. 22.3 Erstellen einer Regel in Windows Mail

Outlook Web Access

Outlook Web Access (OWA) bietet eine Möglichkeit, auf E-Mails und Termininformationen auf einem Exchange Server-Computer über einen Webbrowser wie Microsoft Internet Explorer ebenso zuzugreifen wie über Outlook. OWA gibt es in zwei Versionen:

- **Premium**   nutzt Funktionen von Internet Explorer 6 (oder höher), um Leistungsmerkmale wie sichere Nachrichtenübertragung, Regeln, Rechtschreibprüfung und Erinnerungen anzubieten.
- **Light**   kann zusammen mit jedem beliebigen Webbrowser eingesetzt werden, bietet aber nicht alle Funktionen der anderen Version.

OWA ist eine Möglichkeit um über Port 80 eines Browsers (oder den Port, den Ihr Browser und Ihr Netzwerk nutzen) auf E-Mails zuzugreifen, wenngleich Sie OWA auch zum Remotedokumentenzugriff, für RSS-Feeds und zur Suche in der globalen Adressliste einer Exchange-Organisation verwenden können. Danach kann ein Benutzer mithilfe seines Browsers auf verschiedene, normalerweise über Outlook verfügbare Funktionen zugreifen. Die Benutzer haben Zugang zu den Grundfunktionen des E-Mail-Dienstes, des Kalenders sowie auf die Terminplanung für Gruppen, die öffentlichen Ordner und Kooperationsanwendungen. OWA ist leistungsstärker als je zuvor und kann von jemanden, der keine erweiterten Funktionen benötigt, durchaus als Hauptclient für Exchange eingesetzt werden. Einige Funktionen sind jedoch in beiden Versionen von OWA nicht verfügbar:

- Offlineverwendung; Sie müssen mit einem Exchange Server-Computer verbunden sein, um OWA verwenden zu können
- Persönliche Adressbücher (weil Sie auf der Arbeitsstation gespeichert werden)

- WordMail- und Microsoft Office-Integration
- Outlook-Formulare
- Zugriff auf eine lokale PST-Datei

Die Universalität des Browserclients macht OWA zu einer attraktiven Alternative für Umgebungen mit Clients unterschiedlicher Typen (etwa Windows, Macintosh und Unix), in denen ein gemeinsamer Messagingclient benötigt wird. Ebenso attraktiv ist die Verwendung für Remotebenutzer, die sich über das Internet mit dem Exchange Server-Computer verbinden. OWA ist auch nützlich für Benutzer wie die Mitglieder der IT-Abteilung, die im Laufe eines Tages an verschiedenen Arbeitsstationen sitzen. Sie können ihren Posteingang mithilfe von OWA überprüfen und müssen nicht erst mühsam auf jeder einzelnen Arbeitsstation ein neues E-Mail-Profil erstellen. Mehr über die Unterstützung und Verwendung von OWA erfahren Sie in ↗ Kapitel 24.

Standardclients für Internet-E-Mail

Eines der Ziele von Exchange Server 2007 besteht darin, mit den von der Internetgemeinde allgemein verwendeten Standards weiterhin kompatibel zu bleiben. Da Exchange Server 2007 mit allen gängigen Internetprotokollen kompatibel ist, kann es auch als Messagingserver für E-Mail-Clients anderer Hersteller genutzt werden – vorausgesetzt, jene Clients sind kompatibel mit diesen Protokollen.

Falls Sie mit einem E-Mail-Client eines Fremdherstellers arbeiten (als POP3- oder als IMAP4-Client), können Sie Exchange Server 2007 als Messagingserver verwenden. Obwohl auch Windows Mail ein Microsoft-Produkt ist, bildet es doch ein gutes Beispiel für die Art Software, von der wir hier sprechen. Windows Mail hat im Grunde genommen nichts mit Exchange Server zu tun. Sie können mit diesem Produkt Ihre E-Mails von Ihrem Internetdienstanbieter abrufen und Newsgroup-Nachrichten von einem Unix-Newsserver lesen, der irgendwo im Internet steht. Exchange Server muss in diesem Szenario nirgends auftauchen.

Nicht-Windows-Plattformen

In unserer Besprechung der Clients, die mit Exchange Server 2007 zusammenarbeiten, sind wir immer davon ausgegangen, dass sie auf einem der Windows-Betriebssysteme ausgeführt werden. Wie aber können Nicht-Windows-Betriebssysteme mit Exchange Server 2007 zusammenarbeiten? Lassen Sie uns kurz die anderen beiden wichtigen Betriebssysteme betrachten: Unix und Macintosh.

Unix-Clients

Für das Unix-Betriebssystem gibt es keinen Outlook-Client. Unix-Benutzer haben deshalb zwei Möglichkeiten, um eine Verbindung mit Exchange Server 2007 herzustellen:

- **Internet-E-Mail-Client** Um Nachrichten mithilfe des POP3- oder IMAP4-Protokolls von einem Exchange Server 2007-Computer abzurufen, kann ein Unix-E-Mail-Client eines Fremdherstellers verwendet werden.
- **Outlook Web Access** Da OWA in einem Standardbrowser ausgeführt wird, können Unix-Benutzer mit dem eigenen Webbrowser auf ihre E-Mail-Nachrichten zugreifen.

Macintosh-Clients

Macintosh-Clients haben verschiedene Möglichkeiten zum Zugriff auf Exchange Server 2007:

- **Microsoft Entourage**   Der Microsoft Entourage X-Client für Apple Mac OS X (Teil von Mircosoft Office für Macintosh) bietet eine ähnliche Funktionalität wie Microsoft Outlook, einschließlich der Möglichkeit, sich mit einem Exchange Server-Computer zu verbinden.
- **Internet-E-Mail-Client**   Wie Unix-Benutzer können auch Macintosh-Benutzer mit ihren eigenen POP3- oder IMAP4-E-Mail-Clients auf Exchange Server 2007 zugreifen.
- **Outlook Web Access**   OWA lässt sich auch in einem Macintosh-basierten Webbrowser ausführen.

Wie Sie sehen, besteht dank der Unterstützung von Exchange für Standardprotokolle, kein Mangel an möglichen Clients für die Unix- und Macintosh-Betriebssysteme. Exchange Server 2007 bietet dem Benutzer eine Vielzahl von Möglichkeiten für den Zugriff auf E-Mail-Nachrichten – gleichgültig, mit welchem Betriebssystem er arbeitet.

Den richtigen Client für Exchange Server auswählen

Allgemein betrachtet, ist die Wahl eines Clients für Exchange Server eine einfache Angelegenheit. Outlook 2007 ist die aktuellste Version des Outlook-Clients; es stellt die größtmögliche Funktionalität bereit und ist von Microsoft als der offizielle Client für Exchange Server 2007 vorgesehen. Outlook 2007 wird im Verbund mit einigen Versionen von Microsoft Office 2007 und mit Exchange Server 2007 ausgeliefert. Standard-E-Mail-Clients müssen ebenfalls auf einen großen Teil der Exchange-Funktionen verzichten, aber immerhin sind sie schnell genug, um im Internet effizient eingesetzt zu werden.

Aber wie immer ist auch hier der Einzelfall entscheidend. Vielleicht haben Sie eine Vielzahl von Benutzern, die einen anderen E-Mail-Client verwenden, sodass die Aktualisierung auf eine neue Version erheblichen administrativen Aufwand bedeuten würde. Vielleicht haben manche oder alle Benutzer in Ihrer Organisation bereits ein E-Mail-Programm, das sie mögen und mit dem sie gut arbeiten können, sodass sie lieber auf die verbesserten Outlook-Funktionen verzichten, als sich der Mühe eines Programmwechsels zu unterziehen. Jeder dieser Faktoren kann zu der Entscheidung führen, auch Nicht-Outlook-Clients als Teil Ihrer Exchange-Umgebung zu unterstützen oder Outlook Web Access zu verwenden.

Vielleicht haben Sie auch eine so bunte Mischung an Clientplattformen, dass Sie mit dem kleinsten gemeinsamen Nenner arbeiten müssen, nämlich mit Outlook Web Access. Ebenso ist es möglich, dass Sie mit OWA die Messagingbedürfnisse einiger Benutzer erfüllen, während Sie gleichzeitig andere Benutzer mit dem kompletten Outlook-Produkt bedienen. Clientrechner können auch standardmäßige POP3- oder OWA-Clients verwenden, um über das Internet auf den Exchange-Posteingang zuzugreifen.

Das Ergebnis ist kurz zusammengefasst: Mit Outlook 2007 können Sie all die Vorteile nutzen, die Exchange Server 2007 zu bieten hat, aber auch andere Clients, die zwar auf die eine oder andere der neueren Funktionen verzichten müssen, können mit Exchange Server 2007 sinnvoll zusammenarbeiten.

Zusammenfassung

Exchange Server 2007 unterstützt ein breites Spektrum von Clients: Outlook, Windows Mail (und Outlook Express), Outlook Web Access, Exchange Client, Schedule+ sowie standardmäßige Internet-E-Mail-Clients. Outlook 2007 ist derzeit der Standardclient für Exchange Server 2007. Dieses Programm bietet die meisten Funktionen und bildet die Aktualisierungsgrundlage für zukünftige Exchange-Clients.

Windows Mail ist ein leistungsfähiger Client für Exchange Server 2007, solange der Server für den Zugriff über POP3 oder IMAP4 konfiguriert ist. Auch Outlook Web Access lässt sich gut als Client einsetzen, wenn Ihre Organisation Nicht-Windows-Clients auf Unix- oder Macintosh-Basis verwendet oder wenn Ihre Benutzer über das Internet auf den Server zugreifen müssen. Die neue Version von Outlook Web Access macht große Schritte und wird Outlook immer ähnlicher. Exchange Client und Schedule+ sind als Alternativen für Exchange-Umgebungen geeignet, obwohl ein Umstieg auf Outlook beträchtlich mehr Funktionen bietet. Das nächste Kapitel beschäftigt sich eingehend mit der Bereitstellung und Verwendung von Outlook 2007.

Kapitel 23

Microsoft Office Outlook 2007 bereitstellen

In diesem Kapitel:

Outlook 2007 installieren	576
Outlook 2007 unterstützen	578
Zusammenfassung	590

Outlook 2007 installieren

Die Installation von Clientsoftware gehört zu den häufigsten Routinearbeiten eines Administrators, die aber unerlässlich bleibt, da ein Client/Server-System wie Exchange Server 2007 nur dann ordnungsgemäß funktionieren kann, wenn beide Seiten der Gleichung besetzt sind.

Da sich dieses Buch in erster Linie mit Exchange Server beschäftigt, bietet dieses Kapitel keine detaillierte Installationsanweisung für Outlook 2007, sondern gibt Ihnen lediglich einen Überblick über die verfügbaren Installationsmethoden und erklärt einige der Möglichkeiten, die Sie oder Ihre Benutzer bei einer Standardinstallation von Outlook auf einem einzelnen Rechner haben. Es stellt auch das Office Customization Tool vor, das es Ihnen erlaubt, individuelle Installationen für ihre Benutzer zu erstellen.

> **Weitere Informationen**
>
> Dieses Kapitel konzentriert sich bei der Darstellung von Outlook 2007 auf die Administratorperspektive. Outlook ist aber ein recht komplexes Programm. Wenn Sie nähere Einzelheiten darüber erfahren wollen, lesen Sie das Buch *Microsoft Office Outlook 2007 Inside Out* von Jim Boyce, Beth Sheresh und Doug Sheresh (Microsoft Press, 2007). Informationen über die Entwicklung von Office 2007 erhalten Sie im Office 2007 Resource Kit unter http://technet2.microsoft.com/Office/en-us/library/9df1c7d2-30a9-47bb-a3b2-5166b394fbf51033.mspx?mfr=true.

Die Standardinstallation von Outlook

Wie die meisten Microsoft-Programme wird auch Outlook 2007 mit einem Installations-Assistenten eingerichtet – unabhängig davon, ob Sie es als Teil von Office 2007 oder als eigenständige Anwendung installieren. Sie können fast jeden Aspekt einer Installation an Ihre Bedürfnisse anpassen und auch nachher noch Komponenten hinzufügen oder entfernen. In Abbildung 23.1 sehen Sie die Komponenten, die Sie bei der Installation als Bestandteil von Office 2007 auswählen können. (Die Liste der Outlook-Komponenten ist auch bei einer ausschließlichen Installation von Outlook 2007 gleich.) Für jede Outlook 2007-Komponente stehen Ihnen folgende Möglichkeiten zur Verfügung:

- **Vom Arbeitsplatz starten** Bei ausreichender Festplattenkapazität installieren die meisten Administratoren alle Komponenten auf diese Weise.

- **Alles vom Arbeitsplatz starten** Dies bedeutet letztlich, die vorherige Option für eine ganze Gruppe von Komponenten auszuwählen.

- **Bei der ersten Verwendung installiert** Wenn ein Benutzer bestimmte Outlook-Komponenten nie verwendet, werden sie auch nie installiert und belegen daher keinen Festplattenplatz. Werden Sie andererseits ständig verwendet, werden sie lokal installiert. Mit dieser Option kann der Administrator außerdem Zeit bei der ursprünglichen Installation sparen.

- **Nicht verfügbar** Das bedeutet, dass der Benutzer das Installationsprogramm wieder ausführen muss, wenn er eine solche Komponente doch verwenden möchte. Mithilfe dieser Option können Sie den Benutzer außerdem an der Installation bestimmter Komponenten hindern, indem Sie seinen Zugriff auf die Installationsdateien sperren.

Abbildg. 23.1 Die zu installierenden Komponenten von Outlook 2007 angeben

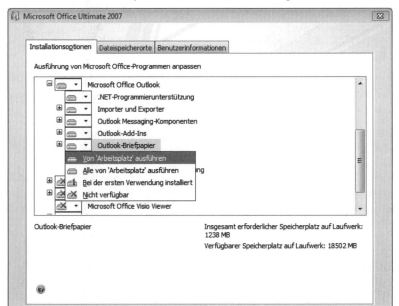

Nachdem Sie die Komponenten ausgewählt haben, die installiert werden sollen, kümmert sich Windows Installer um den Rest, wobei vom Benutzer wenig oder gar keine Eingaben mehr gefordert werden.

Wenn ein Benutzer Outlook 2007 nach einer Standardinstallation zum ersten Mal startet, bietet das Programm ihm an, sein E-Mail-Konto einzurichten. Outlook 2007 kann in einer Exchange-Organisation normalerweise den passenden Exchange Server-Computer und das Postfach für den Benutzer feststellen. Sollte dies nicht der Fall sein, kann es zur Konfiguration erforderlich sein, den Namen des Exchange Server-Computers sowie den Benutzernamen anzugeben.

Outlook 2007 mithilfe des Office Customization Tool installieren

Als Administrator können Sie das Setup von Outlook 2007 mit dem Office Customization Tool anpassen. Dieses Werkzeug ermöglicht Ihnen, eine angepasste Setupdatei zu erstellen, die benutzerdefinierte Einstellungen und eine Outlook-Profilkonfiguration enthält. Diese Setupdatei wird dann angewandt, wenn Sie Outlook 2007 von einem Netzwerksinstallationspunkt aus installieren.

Bei der Verwendung des Office Customization Tools können Sie folgende Aktionen ausführen:

- Den Pfad angeben, in dem Outlook 2007 auf dem Clientrechner installiert werden soll

Kapitel 23 Microsoft Office Outlook 2007 bereitstellen

- Installationszustände (beispielsweise **Vom Arbeitsplatz starten, Bei der ersten Verwendung installiert** bzw. **Nicht verfügbar**) für einzelne Outlook 2007-Komponenten festlegen
- Outlook 2007-Benutzereinstellungen spezifizieren.
- Profile durch Spezifizierung von Exchange Server-Verbindungen und die Definition von Kontoinformationen anpassen. Diese Informationen werden in einer Outlook 2007-Profildatei (PRF-Datei) gespeichert.
- Übermittlungseinstellungen für Exchange-Postfächer konfigurieren. Dazu gehört auch die Einrichtung mehrerer Übermittlungsgruppen und die Konfiguration verschiedener Optionen dafür, dass Outlook online oder offline ist.

Um dies zu bewerkstelligen, erstellt das Office Customization Tool eine angepasste Setupdatei (MSP-Datei). Wenn Sie Office 2007 auf einem Clientcomputer installieren, sucht Setup nach einer solchen Datei und verwendet die Einstellungen, die in ihr vorhanden sind.

> **Weitere Informationen**
>
> Um das Office Customization Tool zu verwenden, starten Sie eine Office-Installation, indem Sie setup.exe/admin an die Befehlszeile eingeben. Detaillierte Informationen über die Verwendung des Office Customization Tools finden Sie im 2007 Office Resource Kit unter **http://technet2.microsoft.com/Office/en-us/library/fff8197f-284d-4837-8086-47cf2cb410ed1033.mspx?mfr=true**.

Outlook 2007 unterstützen

Viele Funktionen von Outlook 2007 müssen in einem Buch über Exchange Server 2007 deshalb besprochen werden, weil sie die Interaktion zwischen dem Outlook-Client und Exchange Server betreffen. Dazu gehören die Fähigkeiten, auch ohne Verbindung mit dem Exchange Server-Computer arbeiten zu können und mehr als einen Benutzer an einem bestimmten Computer mit Outlook arbeiten zu lassen.

Der Exchange-Cache-Modus

Exchange Server und Outlook 2003 bilden die beiden Endpunkte eines leistungsfähigen Kommunikationssystems. Meistens kommunizieren die Benutzer, während die Programme in direktem Kontakt miteinander stehen, sodass der Prozess von Geben und Nehmen ungehindert stattfinden kann.

In ↗ Kapitel 1, »Überblick über Microsoft Exchange Server 2007«, haben wir bereits erwähnt, dass die Kommunikation mit Messagingsystemen wie Exchange Server *asynchron* erfolgt. Das bedeutet: Ein Teilnehmer kann eine Nachricht auch dann senden, wenn der andere gar nicht in der Lage ist, die Mitteilung zu empfangen. Selbst wenn die Nachrichten und die darauf folgenden Antworten so schnell durch Ihre Exchange Server-Umgebung reisen wie in einem Telefonsystem, ist es trotzdem nicht nötig, dass der Empfänger auch wirklich verfügbar ist, wenn die Nachricht gesendet wird, oder dass der Absender noch online ist, wenn die Mitteilung eintrifft.

Diese einfache Tatsache bedeutet letztlich, dass Sie mit dem Outlook 2007-Client auch dann arbeiten können, wenn Sie keine Verbindung mit dem Server haben. Sie können Nachrichten in den lokalen Ordnern lesen und Nachrichten verfassen, die im Postausgang gespeichert und erst dann gesendet werden, wenn Sie die Verbindung mit Exchange Server wiederherstellen. Diese leistungsfähige Funktion ermöglicht es Benutzern, auch in Situationen produktiv zu arbeiten, die normalerweise als Auszeiten angesehen werden. (Vielleicht haben Sie schon beobachtet, wie Mitreisende im Flugzeug ihre E-Mails beantworten, ohne eine Netzwerkverbindung zu haben.)

Sie können mit Outlook 2007 offline arbeiten, ohne die Software in irgendeiner Weise verändern zu müssen. Wenn Sie Outlook 2007 offline starten, sieht die Umgebung fast genauso aus, als wären Sie mit Exchange Server verbunden. Die Ordnerliste zeigt alle Ordner für Ihr Postfach an, und Sie können Nachrichten genauso verfassen, als hätten Sie eine Verbindung. Natürlich muss der Outlook 2007-Client irgendwann vorher eine Verbindung mit dem Exchange Server-Computer gehabt haben.

All dies wird durch eine Funktion namens *Exchange-Cache-Modus* erreicht, die eine Kopie Ihres Exchange-Postfachs in einer Offlinedatei (Offline Storage, OST) auf dem lokalen Computer speichert. Ist ein Clientcomputer offline (entweder absichtlich oder aufgrund eines Netzwerkfehlers), schaltet Outlook 2007 automatisch in den getrennten Modus um, in dem es regelmäßig versucht, die Verbindung wiederherzustellen. In der Zwischenzeit stehen dem Benutzer die Daten aus der OST-Datei zur Verfügung.

Standardmäßig werden öffentliche Ordner bei der Offlinearbeit jedoch nicht in der Ordnerliste angezeigt. Das liegt hauptsächlich daran, dass öffentliche Ordner gewöhnlich in großer Zahl auftreten und sehr groß sind. Sie standardmäßig zu synchronisieren, würde einen hohen Netzwerkverkehr hervorrufen. Daher müssen Sie die zu synchronisierenden öffentlichen Ordner manuell auswählen, indem Sie sie zunächst im Favoritenordner platzieren und diesen dann von Outlook herunterladen lassen. Wie Sie dabei vorgehen, erfahren Sie in den folgenden Abschnitten.

Den Exchange-Cache-Modus einrichten

Der Exchange-Cache-Modus wird standardmäßig aktiviert, wenn Sie Outlook 2007 installieren und ein Exchange Server-Postfach anlegen, sodass nur wenig Konfigurationsarbeit zu erledigen ist. Allerdings können Sie die Verbindungseinstellungen in diesem Modus ändern und ihn überdies vollständig deaktivieren.

Die Verbindungseinstellungen des Exchange-Cache-Modus ändern

Um die von Outlook 2007 im Exchange-Cache-Modus verwendeten Verbindungseinstellungen zu ändern, verwenden Sie die Befehle aus dem Untermenü **Exchange-Cache-Modus** des Outlook-Menüs **Datei**. Dort können Sie die folgenden Einstellungen vornehmen:

- **Elemente vollständig downloaden**   Bei dieser Einstellung lädt Outlook Kopfzeilen, Textkörper und Anhänge einer Nachricht auf einmal herunter. Die Anzeige der Nachrichten erfolgt ein wenig langsamer, da sie erst dann im Client erscheinen, wenn die vorhergehende Nachricht vollständig heruntergeladen ist.

- **Zuerst Kopfzeilen, dann Elemente downloaden**   Durch diese Einstellung wird Outlook veranlasst, zunächst die Kopfzeilen der Nachrichten herunterzuladen und dann die vollständigen Elemente. Dadurch sieht der Benutzer im Outlook-Client die vollständige Liste der Nachrichten früher.

- **Kopfzeilen downloaden**   Bei dieser Einstellung lädt Outlook nur die Kopfzeilen der neuen Nachrichten herunter. Der Textkörper und irgendwelche Anhänge folgen erst dann, wenn Sie das Element öffnen.

- **Bei langsamer Verbindung nur Kopfzeilen downloaden**   Diese Einstellung können Sie zusätzlich zu einer der drei anderen wählen. Outlook 2007 ist in der Lage, eine langsame Verbindung zu erkennen. Ist dies der Fall, lädt das Programm nur die Kopfzeilen herunter, unabhängig davon, welche der drei vorhergehenden Einstellungen in Kraft ist.

Deaktivieren des Exchange-Cache-Modus

Wenn Sie die Offlinenutzung des Outlook 2007-Clients aktivieren, richten Sie dabei automatisch die Standardordner in Ihrem Postfach dafür ein. Die einzige Möglichkeit, die Offlineverwendung Ihrer Postfachordner zu unterbinden, besteht darin, den Exchange-Cache-Modus des Clients zu deaktivieren. Dazu wählen Sie im Menü **Extras** die Option **Kontoeinstellungen** und wechseln zur Registerkarte **E-Mail**. Wählen Sie dort das Exchange-Konto aus und klicken Sie auf **Ändern**. In dem Fenster **E-Mail-Konto ändern**, das sich nun öffnet, klicken Sie auf die Schaltfläche **Weitere Einstellungen**, wechseln in dem nun erscheinenden Dialogfeld auf die Registerkarte **Erweitert** und deaktivieren das Kontrollkästchen **Exchange-Cache-Modus verwenden**.

> **HINWEIS** Outlook 2007 und Exchange Server 2007 unterstützen die Verwendung von Offlineordnern auch ohne den Exchange-Cache-Modus. Deaktivieren Sie dazu einfach den Exchange-Cache-Modus und konfigurieren Sie eine Offlineordnerdatei. Der einzige Grund, aus dem Sie so vorgehen sollten, besteht darin, die Synchronisierung bestimmter Ordner einzuschränken – etwas, was die meisten Benutzer nicht betrifft. Mehr darüber erfahren Sie in *Microsoft Office Outlook 2007 Inside Out* von Jim Boyce, Beth Sheresh und Dan Sheresh (Microsoft Press).

Nachdem Sie den Exchange-Cache-Modus deaktiviert haben, können Sie in Outlook 2007 nicht mehr auf den Inhalt irgendeines Exchange-Ordners zugreifen, solange Sie nicht mit dem Server verbunden sind. Wenn Sie Outlook in einem solchen Fall öffnen, erhalten Sie eine Nachricht, aus der hervorgeht, dass die standardmäßigen E-Mail-Ordner nicht geöffnet werden konnten. Outlook startet dann stattdessen mit dem vorgegebenen Dateisystem.

> **HINWEIS** Wenn Sie den Offlinezugriff deaktivieren, nachdem Sie einen Offlineordner erstellt haben, wird Letzterer dadurch nicht gelöscht. Dies müssen Sie ausdrücklich selbst tun.

Postfächer synchronisieren

Die Synchronisierung eines Postfachs ist aus Benutzersicht ein einfacher Vorgang, zu dessen Durchführung das System aber mehrere komplexe Aufgaben erledigen muss. Wenn Sie Outloook 2007 starten, erkennt das System, ob der Clientcomputer mit einem Exchange Server-Computer verbunden ist. Sie können Nachrichten erstellen und löschen und jegliche andere übliche Funktion durchführen, während der Client offline ist. Wenn Sie Outlook das nächste Mal starten und eine Verbindung zu Exchange Server herstellen, synchronisieren Outlook und Exchange Server automatisch den Inhalt der Offlineordner. Dabei erstellt das System Kopien aller Nachrichten, die nur in einem Speicherort vorhanden sind, und legt sie dann in dem anderen ab. Exchange synchronisiert auch Nachrichten, die nur an einem der beiden Speicherorte gelöscht worden sind.

Die Standardordner (**Posteingang**, **Postausgang**, **Gelöschte Objekte** und **Gesendete Objekte**) in Ihrem Outlook-Postfach werden automatisch synchronisiert, vorausgesetzt, Sie haben einen Speicherort eingerichtet, an dem der Inhalt dieser Ordner abgelegt werden kann.

> **Aus der Praxis: Wenn die Synchronisierung fehlschlägt**
>
> Auch wenn Ihr Outlook 2007-Client korrekt konfiguriert ist, kann es geschehen, dass Ihre Ordner bei der Verbindungsaufnahme nicht automatisch synchronisiert werden. Wenn Outlook feststellt, dass Sie eine langsame Verbindung haben, wird der Synchronisierungsvorgang gar nicht erst eingeleitet. Sie können aber dennoch alle oder nur ausgewählte Ordner synchronisieren. Zeigen Sie dazu im Menü **Extras** auf **Synchronisieren** und wählen Sie dann den gewünschten Menübefehl. ▶

> **Aus der Praxis: Wenn die Synchronisierung fehlschlägt**
>
> Es ist auch möglich, dass andere Fehler die Synchronisierung verhindern. Synchronisierungsnachrichten werden in dem Ordner **Synchronisierungsprobleme** in jedem Benutzerpostfach gespeichert Überprüfen Sie dieses Protokoll auf Fehlercodes, die Ihnen bei der Lösung von Synchronisierungsproblemen helfen können.

Öffentliche Ordner synchronisieren

Wie bereits weiter vorne in diesem Kapitel erwähnt, werden die Standardpostfachordner automatisch für die Offlineverwendung eingerichtet. Sie können diese Einstellung folgendermaßen überprüfen: Öffnen Sie das Dialogfeld **Eigenschaften** für einen der Ordner (z.B. den Posteingang) Ihres Postfachs. Dort sehen Sie die Registerkarte mit dem Namen **Synchronisierung**. (Diese Registerkarte wird im ↗ Abschnitt »Die Synchronisierungsweise festlegen« weiter hinten in diesem Kapitel, behandelt.) Wenn Sie das Dialogfeld **Eigenschaften** für einen der öffentlichen Ordner öffnen, sehen Sie hingegen kein Dialogfeld mit diesem Namen, weil öffentliche Ordner in der Standardeinstellung nicht für den Offlinezugriff aktiviert sind. Öffentliche Ordner enthalten in der Regel große Datenmengen, die Ihren Clientrechner überlasten könnten. Der Inhalt öffentlicher Ordner wird außerdem häufig geändert, was die Synchronisierung schwierig macht.

Ein öffentlicher Ordner lässt sich jedoch sehr einfach für den Offlinezugriff aktivieren. Verschieben Sie ihn einfach in die Favoritenliste im Container **Öffentliche Ordner** der Ordnerliste. Ziehen Sie ihn dazu mit der Maus dorthin oder zeigen Sie im Menü **Datei** auf **Ordner** und klicken Sie danach auf **Zu Favoriten der Öffentlichen Ordner hinzufügen**. Wenn Sie einen Ordner mit der Maus in die Favoritenliste ziehen, behält er den ursprünglichen Namen bei.

Wenn Sie einen öffentlichen Ordner zum Favoriten erklären, wird er nicht von seinem angestammten Platz in der Hierarchie öffentlicher Ordner verschoben, sondern lediglich in die Favoritenliste aufgenommen. Wenn ein öffentlicher Ordner in der Favoritenliste verzeichnet ist, enthält sein Dialogfeld **Eigenschaften** die Registerkarte **Synchronisierung**. Um einen Ordner aus der Favoritenliste zu streichen, markieren Sie ihn in der Liste und löschen ihn anschließend aus ihr.

> **Aus der Praxis: Konflikte bei der Synchronisierung öffentlicher Ordner**
>
> Konflikte können entstehen, wenn mehr als nur ein einziger Benutzer die Objekte in einem öffentlichen Ordner offline verwendet oder bearbeitet. Wenn Sie im Offlinemodus ein Objekt in einem öffentlichen Ordner bearbeitet haben, überprüft Exchange Server bei der Synchronisierung dieses Ordners die Zeitstempel. Enthält das vorhandene Objekt einen jüngeren Zeitstempel als den, der ursprünglich mit dem geänderten Objekt verbunden war, bedeutet dies, dass jemand zwischenzeitlich den Inhalt des Ordners geändert hat. In einem solchen Fall erhalten Sie eine Nachricht mit den Kopien aller Objektversionen, die den Konflikt verursacht haben. Sie können dann diesen Konflikt auflösen, indem Sie entweder alle Versionen des Objekts manuell zu einer einzigen zusammenfassen und auf **Nur diese Version erhalten** klicken oder indem Sie auf **Alle Versionen erhalten** klicken.
>
> Dieses Verfahren ist komplizierter, als es sich anhört. Ein Benutzer wird vielleicht nicht so einfach entscheiden können, ob ein vorhandenes Objekt erhalten oder überschrieben werden soll, und eine falsche Entscheidung könnte negative Folgen haben. Sie sollten aus diesem Grund im Exchange-Sicherheitssystem sehr genau festlegen, welche Benutzer öffentliche Ordner herunterladen und verändern können.

Die Synchronisierungsweise festlegen

Nachdem Sie für Ihren Outlook-Client den Offlinezugriff aktiviert haben, können Sie festlegen, in welcher Form die einzelnen Ordner synchronisiert werden sollen. Wenn ein Ordner zur Offlineverwendung aktiviert ist, enthält sein Dialogfeld **Eigenschaften** die Registerkarte **Synchronisierung** (siehe Abbildung 23.2).

Abbildg. 23.2 Die Registerkarte **Synchronisierung** der Eigenschaftenseite eines Ordners

Klicken Sie auf die Schaltfläche **Filtern**, um ein Dialogfeld zu öffnen, in dem Sie die Filterkriterien festlegen können (siehe Abbildung 23.3). Dieses Dialogfeld enthält mehrere Registerkarten, mit denen sich sehr komplexe Bedingungen definieren lassen. Nach Einrichtung des Filters steuert Outlook mithilfe der darin beschriebenen Bedingungen, welche Nachrichten zwischen dem Outlook-Client und den entsprechenden Exchange Server-Ordnern synchronisiert werden. Bedenken Sie dabei, dass diese Bedingungen nur für alle künftigen Synchronisierungsvorgänge gelten, aber keine Auswirkungen auf die Nachrichten haben, die sich zurzeit im Offlinenachrichtenspeicher befinden.

Filter sind enorm praktisch, weil Sie dadurch alle Vorteile des Offlinebetriebs nutzen können, ohne sich mit dem hohen Overhead abgeben zu müssen, der sich aus der Synchronisierung auch weniger wichtiger Nachrichten ergibt. Sie können zum Beispiel einen Filter erstellen, der alle Nachrichten mit großen Anhängen von der Synchronisierung ausschließt oder der nur die Nachrichten synchronisiert, die Sie von Ihrem Chef erhalten. Wenn aber Synchronisierungsfilter aktiviert sind, denken Sie auch immer daran! In Offlineordnern gibt es keinerlei Hinweise darauf, dass der dort angezeigte Inhalt möglicherweise nicht mehr mit dem Inhalt im zugehörigen Exchange-Ordner übereinstimmt.

Abbildg. 23.3   Filtern von Nachrichten für die Synchronisierung

Kopieren oder synchronisieren?

Die Synchronisierung ist im Grunde genommen nichts anderes als eine besondere Art des automatischen Kopierens von Nachrichten zwischen dem Exchange Server-Computer und dem Offlineordner auf einem Outlook 2007-Client. Für den Posteingang, den Postausgang und die anderen Postfachordner ist die Synchronisierung eine gute Lösung. Sollten Sie dieses Verfahren aber auch für die öffentlichen Ordner verwenden?

Öffentliche Ordner werden zu vielen Zwecken verwendet. Sie können z.B. ein einfaches Repository für statische Informationen wie etwa eine Bibliothek oder für eine sich dynamisch ändernde Diskussionsgruppe sein. Den Inhalt eines öffentlichen Ordners können Sie in das Postfach kopieren, indem Sie ihn einfach mit der Maus in den entsprechenden Container der Outlook-Ordnerliste ziehen. Wann aber sollte der Inhalt eines öffentlichen Ordners auf diese Weise kopiert und wann besser synchronisiert werden?

Je länger der Inhalt eines öffentlichen Ordners keinen Kontakt mit dem Exchange Server-Computer hatte, desto größer ist die Wahrscheinlichkeit, dass bei der Herstellung einer Verbindung ein Konflikt auftritt. Vielleicht haben Sie Änderungen an Ihrer Offlinekopie vorgenommen, während andere die Version auf dem Exchange Server-Computer bearbeitet haben. Öffentliche Ordner können Konflikte zwar entdecken, wie wir weiter vorne beschrieben haben, aber lösen müssen Sie diese Konflikte manuell – was sehr zeitaufwändig sein kann.

Vor der Entscheidung, ob ein öffentlicher Ordner synchronisiert oder kopiert werden sollte, müssen Sie sehr sorgfältig analysieren, wozu er offline verwendet wird. Wenn der Inhalt nur gelesen werden soll, wird auch eine einfache Kopieroperation ausreichen. Falls Sie aber Änderungen am Inhalt des Ordners vornehmen, sollten Sie ernsthaft in Betracht ziehen, zur Vermeidung späterer Konflikte einen Filter für den Synchronisierungsprozess festzulegen, damit Sie nur die Nachrichten ändern, die aller Wahrscheinlichkeit nach nicht von anderen Benutzern bearbeitet werden.

Outlook 2007 für mehrere Benutzer einrichten

Die Funktionen von Outlook 2007 und Exchange Server 2007 arbeiten Hand in Hand. Outlook ist der Client, Exchange der Server. In den meisten Fällen steht der mit einem Exchange Server-Computer verbundene Outlook-Client für einen einzelnen Benutzer. In manchen Fällen kann ein Outlook-Client aber auch mehrere Benutzer unterstützen, die beispielsweise zu unterschiedlichen Zeiten am selben Computer arbeiten. Dieser Abschnitt beschreibt die Situationen, in denen dieser Fall eintreten kann.

Outlook-Profile, Exchange-Postfächer und Benutzerkonten

Bevor Sie erfahren, wie Sie mehrere Benutzer unterstützen können, müssen Sie wissen, wodurch sich ein Outlook-Profil von einem Exchange-Postfach unterscheidet und wie diese beiden Begriffe mit Benutzerkonten zusammenhängen.

Ein **Profil** ist eine clientseitige Konfiguration. Ein Outlook-Profil besteht aus einem Satz von Informationsdiensten, die für einen bestimmten Benutzer oder einen bestimmten Zweck eingerichtet sind. Der Informationsdienst **Exchange Server** in einem Profil enthält einen Verweis auf einen angeschlossenen Exchange Server-Computer und ein bestimmtes Postfach. Wenn ein Benutzer Outlook startet, verwendet er die in seinem Outlook-Profil gespeicherten Informationen, um eine Verbindung zu einem bestimmten Exchange Server herzustellen.

Normalerweise hat jeder Clientrechner ein Outlook 2007-Standardprofil. Wenn der Benutzer auf diesem Rechner Outlook startet, wird anhand des Standardprofils ermittelt, welches Exchange-Postfach auf der Serverseite der Umgebung verwendet werden soll. Beim ersten Start von Outlook oder bei einem Rechner ohne Outlook-Profil wird der Benutzer aufgefordert, ein Profil zu erstellen, bevor er sich beim Exchange Server-Computer anmelden kann. Zur Anzeige des zurzeit vom Clientrechner verwendeten Profils wählen Sie den Befehl **Kontoeinstellungen** aus dem Outlook 2007-Menü **Extras**. Das Dialogfeld wird in Abbildung 23.4 gezeigt.

Abbildg. 23.4 Dialogfeld zur Anzeige des gegenwärtig verwendeten Profils

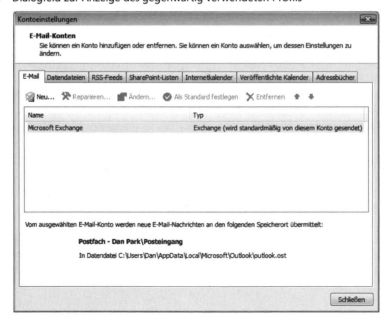

Mehrere Profile mit Outlook 2007 erstellen

In manchen Situationen ist es sinnvoll, mehr als ein Outlook-Profil zu verwenden. Vielleicht benutzen Sie Outlook auf einem Computer, den Sie sich mit anderen teilen. Mehrere Profile erlauben es, verschiedene Postfächer und Konfigurationsinformationen für bestimmte Benutzer darzustellen. Eventuell möchten Sie einen Computer auch unter verschiedenen Bedingungen einsetzen (wie etwa im Büro oder unterwegs), was es wünschenswert macht, ein Profil für die jeweilige Situation auswählen zu können.

Bei der ersten Anmeldung an Outlook 2003 werden Sie aufgefordert, ein Profil zu erstellen, das danach als Standardprofil verwendet wird. Wenn Sie zusätzliche Profile anlegen möchten, führen Sie folgende Schritte aus: Doppelklicken Sie in der Systemsteuerung auf das Symbol **Mail** und wählen Sie dann **Profile anzeigen**. Dadurch wird eine Liste der Profile auf dem Rechner ausgegeben, wie Sie in Abbildung 23.5 sehen.

Abbildg. 23.5 Die Liste der E-Mail-Profile

Um ein neues Profil hinzuzufügen, klicken Sie einfach auf die Schaltfläche **Hinzufügen**, woraufhin der Assistent zum Erstellen eines neuen Profils gestartet wird. Er fordert Sie auf, die für ein Profil erforderlichen Werte wie bei dem Vorgang einzugeben, als Sie das erste Konto nach der Installation von Outlook erstellt haben.

Im unteren Teil des Dialogfelds können Sie angeben, welches Benutzerprofil als Standard für den betreffenden Rechner verwendet werden soll. Wenn Sie es nicht ausdrücklich anders festlegen, verwendet Outlook dieses Standardprofil, um eine Verbindung mit dem Server aufzunehmen. Die Verwendung eines Standardprofils kann aber unter Umständen etwas mühselig sein, weil Sie immer das Dialogfeld **Eigenschaften** öffnen müssen, wenn Sie einmal ein anderes Profil benötigen. Stattdessen können Sie Outlook auch so einrichten, dass Sie bei jedem Start aufgefordert werden, das Profil anzugeben, das verwendet werden soll. Wenn Sie sich für diese Möglichkeit entscheiden, erscheint bei jedem Start von Outlook ein Dialogfeld, in dem Sie das Profil auswählen können.

Zugriff auf den Exchange Server-Computer

Das im vorigen Abschnitt beschriebene Outlook-Profil enthält clientseitige Konfigurationsdaten. Bedenken Sie dabei aber, dass Outlook nur die Clientkomponente des Client/Server-Systems ist. Erforderlich sind deshalb auch Benutzerprivilegien, um auf die Serverseite der Exchange-Gleichung zugreifen zu können.

Die Exchange-Sicherheit beruht auf dem Sicherheitsmodell von Windows Server 2003. Jedes Exchange-Objekt verfügt über eine Zugriffssteuerungsliste (Access Control List, ACL), die wiederum aus einer diskreten Zugriffssteuerungsliste (DACL) und einer System-Zugriffssteuerungsliste (SACL) besteht. Diese Listen werden in Verbindung mit dem Zugriffstoken dazu verwendet, einem Benutzer den Zugriff entweder zu gestatten oder zu verweigern. Bevor ein Outlook-Client auf einen Exchange Server-Computer zugreifen kann, muss der Benutzer sich bei einem Netzwerk anmelden und ein Ticket vom Domänencontroller anfordern. Mithilfe dieses Tickets kann er sich anschließend Zugang zum Exchange Server-Computer verschaffen. Abbildung 23.6 veranschaulicht diesen Vorgang.

Abbildg. 23.6 Verbindung eines Outlook-Clients mit dem Exchange Server 2007-Computer

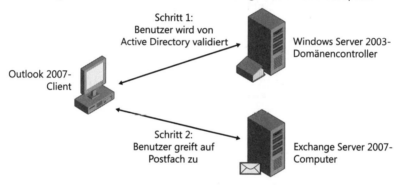

Den Postfachzugriff mithilfe von Outlook delegieren

Ein Exchange-Postfach ist eigentlich nichts anderes als ein Speicherplatz in einem persönlichen Speicher auf einem Exchange Server-Computer, der postfachaktivierten Clients zur Verfügung steht. Outlook-Benutzer können anderen Benutzern gestatten, verschiedene Ordner ihres Postfachs einzusehen. Dazu müssen Sie ihnen nur die entsprechende Berechtigung im standardmäßigen Eigenschaftendialogfeld des betreffenden Ordners zuweisen. Wenn Benutzer Zugriffsberechtigungen für einen Ordner haben oder wenn ihre Benutzerkonten über Berechtigungen für das Postfach verfügen, können sie den Ordner öffnen, indem sie im Untermenü **Öffnen** des Menüs **Datei** den Befehl **Ordner eines anderen Benutzers** wählen.

In Outlook können die Benutzer anderen Benutzer aber auch Zugriffsberechtigungen gewähren, ohne den Administrator einzuschalten. Sie müssen dazu mit der rechten Maustaste auf den betreffenden Ordner (z.B. **Posteingang**) klicken, **Eigenschaften** auswählen und dann den gewünschten Benutzer auf der Registerkarte **Berechtigungen** hinzufügen (siehe Abbildung 23.7). Diese Berechtigungen ähneln im Wesentlichen den Zugriffssteuerungslisten, sind aber Exchange-spezifisch und können nur E-Mail-aktivierten Active Directory-Objekten zugewiesen werden. Es besteht also keine 1:1-Beziehung zwischen diesen und den Windows-Berechtigungen.

Auf der Registerkarte **Stellvertretungen** des Dialogfelds **Optionen** (Menü **Extras**) können Benutzer außerdem den Zugriff auf die Ordner in ihren Postfächern delegieren und darüber hinaus für jeden einzelnen Ordner unterschiedliche Berechtigungsstufen festlegen. Der Benutzer, dem die Stellvertreterberechtigung zugewiesen wird, erhält eine E-Mail-Nachricht mit dem Hinweis, dass ihm eine Berechtigung einer bestimmten Stufe erteilt wurde.

Nachdem er die Berechtigungen erhalten hat, kann der betreffende Benutzer auf den Ordner zugreifen, indem er im Menü **Datei** auf **Öffnen** zeigt und **Ordner eines anderen Benutzers** wählt. Diese Option wird beispielsweise von Sekretärinnen verwendet, um die Terminpläne ihrer Chefs zu bearbeiten, oder in Situationen, in denen mehr als eine Person Zugriff auf einen Ordner braucht.

Abbildg. 23.7 Zugriffsberechtigungen für einen Ordner mithilfe von Outlook erteilen

Benutzer ohne festen Arbeitsplatz

Benutzer ohne festen physischen Arbeitsplatz müssen sich von unterschiedlichen Rechnern aus anmelden können. Um auch sie zu berücksichtigen, könnten Sie natürlich entsprechende Benutzerprofile auf allen von ihnen verwendeten Computern einrichten – was aber recht aufwändig wäre. Die bessere Lösung für diese Fälle besteht darin, besondere Profile anzulegen, die gemeinsam von mehreren Clients genutzt werden.

Die Konfigurationsdaten für einen Benutzer ohne festen Arbeitsplatz werden auf dem freigegebenen Datenträger eines Netzwerkservers gespeichert, was den Zugriff aller Rechner ermöglicht, die eine Verbindung mit dem Netzwerk herstellen können. Wenn Sie ein solches Profil auf einem Windows Server 2003-Computer einrichten, suchen die Clientrechner, die sich mit diesem Profil anmelden, auf der Freigabe nach den Konfigurationsdaten. Der gemeinsame Zugriff auf den Profilspeicher beseitigt die Notwendigkeit, das Profil auf den einzelnen Rechnern einzurichten. Mehr müssen Sie in einem solchen Fall nicht tun. Outlook 2007 unterstützt servergespeicherte Exchange-Benutzerprofile automatisch. Nähere Einzelheiten über ihre Einrichtung in Windows Server 2003 und verschiedenen Clients finden Sie in den Dokumentationen der betreffenden Produkte.

Benutzer ohne festen Arbeitsplatz können auch mithilfe von Outlook Web Access und Web Store berücksichtigt werden. Diese Möglichkeiten behandeln wir in ↗ Kapitel 24, »Outlook Web Access«.

Outlook Anywhere

Das Feature Outlook Anywhere für Exchange Server 2007 erlaubt Outlook 2007 (und Outlook 2003), mit RPC-über-HTTP eine Verbindung mit einem Exchange Server-Computer über das Internet einzugehen. Um Outlook Anywhere in einer Organisation einzusetzen, verwenden Sie den Outlook Anywhere-Assistenten auf mindestens einem Clientzugriffsserver in jedem Active Directory-Standort Ihrer Organisation.

Vorteile von Outlook Anywhere

Outlook Anywhere bietet die folgenden Vorteile:

- Outlook 2007 (und Outlook 2003) sind in der Lage, von einem Remotestandort aus über das Internet auf Exchange Server zuzugreifen.
- Sie können den gleichen URL und Namespace verwenden, den Sie für Mircosoft Exchange ActiveSync und Outlook Web Access benutzen.
- Sie können das gleiche SSL-Serverzertifikat (Secure Sockets Layer) verwenden, das Sie für Outlook Web Access und Exchange ActiveSync benutzen.
- Sie müssen nur den Port 443 Ihrer Firewall öffnen, da die RPCs in einer HTTP-Schicht gekapselt sind. Daher müssen Sie keine zusätzlichen spezifischen RPC-Ports öffnen.
- Unbestätigte Anfragen haben keinen Zugriff auf Exchange Server.
- Clients müssen der Zertifizierungsstelle vertrauen, die das Zertifikat ausgibt.
- Sie benötigen kein virtuelles privates Netzwerk (VPN), um über das Internet auf Exchange Server zuzugreifen.

Anforderungen für Outlook Anywhere

Um Outlook Anywhere verwenden zu können, stellen Sie sicher, dass die folgenden Schritte abgeschlossen sind:

1. Installieren Sie ein SSL-Zertifikat einer vertrauenswürdigen Zertifizierungsstelle, der alle Clients vertrauen. Mehr darüber erfahren Sie in ↗ Kapitel 19, »Grundlagen zur Sicherheit von Exchange Server«.
2. Installieren Sie die Windows-Komponente **RPC-über-HTTP-Proxy**.
3. Aktivieren Sie Outlook Anywhere.

Die Windows-Komponente RPC-über-HTTP-Proxy installieren

Um die Windows-Komponente **RPC-über-HTTP-Proxy** zu installieren, führen Sie folgende Schritte durch:

1. Klicken Sie auf **Start**, zeigen Sie auf **Einstellungen**, klicken Sie auf **Systemsteuerung** und doppelklicken Sie dann auf **Software**.
2. Klicken Sie auf **Windows-Komponenten hinzufügen/entfernen**.
3. Wählen Sie **Netzwerkdienste** auf der Seite **Windows-Komponenten** im Komponentenfenster und klicken Sie dann auf **Details**.
4. Aktivieren Sie auf der Seite **Netzwerkdienste** im Fenster **Unterkomponenten von »Netzwerkdienste«** das Kontrollkästchen **RPC-über-HTTP-Proxy** (siehe Abbildung 23.8).
5. Klicken Sie auf der Seite **Windows-Komponenten** auf **Weiter**.
6. Klicken Sie auf **Fertig stellen**, um den Assistenten für Windows-Komponenten zu schließen.

Abbildg. 23.8 Die Komponente **RPC-über-HTTP-Proxy** installieren

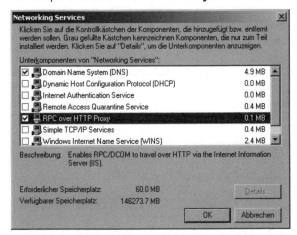

Outlook Anywhere aktivieren

Führen Sie folgende Schritte durch, um Outlook Anywhere mit der Exchange-Verwaltungskonsole zu aktivieren:

1. Erweitern Sie **Serverkonfiguration** in der Konsolenstruktur und klicken Sie auf **Clientzugriff**.
2. Klicken Sie auf **Outlook Anywhere aktivieren** im Aktionsbereich.
3. Geben Sie im Assistenten zum Aktivieren von Outlook Anywhere den externen Hostnamen Ihrer Organisation im Feld unter **Externer Hostname** ein (siehe Abbildung 23.9).

Abbildg. 23.9 Outlook Anywhere aktivieren

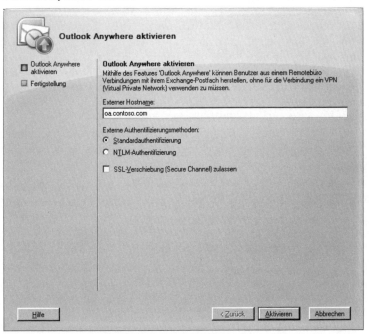

4. Wählen Sie eine verfügbare externe Authentifizierungsmethode. Sie können die Standardauthentifizierung oder die NTLM-Authentifizierung verwenden.
5. Wenn Sie einen SSL-Beschleuniger verwenden und eine SSL-Verschiebung vornehmen möchten, aktivieren Sie das Kontrollkästchen **SSL-Verschiebung (Secure Channel) zulassen**.

> **HINWEIS** Verwenden Sie die Option für SSL-Beschleuniger nur, wenn Sie sicher sind, dass Sie einen SSL-Beschleuniger haben, der eine SSL-Verschiebung ausführen kann. Wenn Sie die Option aktivieren, ohne einen solchen SSL-Beschleuniger zu haben, wird Outlook Anywhere nicht korrekt funktionieren.

6. Klicken Sie auf **Aktivieren**, um die Einstellungen anzuwenden und Outlook Anywhere zu aktivieren.
7. Klicken Sie auf **Fertig stellen**, um den Assistenten zu schließen.

Verwaltungsshell

Mit folgendem Befehl können Sie Outlook Anywhere mithilfe der Exchange Mangement Shell aktivieren:

```
enable-OutlookAnywhere -Server:'Servername' -ExternalHostName:'ExternerHostname' -ExternalAuthenticationMethod:'Methode' -SSLOffloading:$Bedingung
```

Geben Sie bei `Servername` den Namen des Servers an, bei `ExternerHostname` den Namen des externen Hosts, bei `Methode` entweder Basic oder NTLM und bei `Bedingung` entweder True oder False ein.

Zusammenfassung

Outlook 2007 ist der empfohlene Client für Exchange Server 2007. In diesem Kapitel haben wir uns damit beschäftigt, wie Outlook in Ihrer Organisation bereitgestellt wird, und dabei die verschiedenen Installationsoptionen beschrieben. Wir haben außerdem erklärt, wie die Offlineverwendung von Outlook 2007 unterstützt wird und wie Profile sowie die Möglichkeit zum Zugriff auf die Postfächer anderer Benutzer eingerichtet werden. Outlook ist ein umfassend ausgestatteter Client, der auch dann zusammen mit Exchange Server verwendet werden kann, wenn der Clientrechner nicht direkt mit einem Exchange Server-Computer verbunden ist. Ein einziger Outlook-Client kann mehrere Benutzer unterstützen. Ein einzelner Benutzer kann sich außerdem von unterschiedlichen Computern aus anmelden und mithilfe von Outlook von allen diesen Rechnern aus seine E-Mail-Nachrichten bearbeiten.

In ↗ Kapitel 24, »Microsoft Outlook Web Access«, beschreiben wir, wie Sie mithilfe von Outlook Web Access über das Internet auf E-Mail-Nachrichten, öffentliche Ordner und Kalender zugreifen können.

Kapitel 24

Microsoft Outlook WebAccess

In diesem Kapitel:

Funktionen von OWA	592
OWA bereitstellen	593
OWA-Eigenschaften und -Funktionen einrichten	606
OWA-Benutzerfunktionen	616
Zusammenfassung	619

Kapitel 24 Microsoft Outlook WebAccess

In diesem Kapitel steht Microsoft Outlook Web Access (OWA) im Mittelpunkt. Da der Bedarf an Remotezugriffen auf E-Mails erheblich gestiegen ist, wird auch der Einsatz von OWA noch weiter zunehmen. Die Vorzüge und Grenzen von OWA zu kennen, kommt Ihnen bei der Planung, Implementierung und Fehlerbehebung zugute. In den folgenden Abschnitten untersuchen Sie die neuen OWA-Funktionen in Microsoft Exchange Server 2007. Außerdem betrachten Sie die Bereitstellungs- und Verwaltungsaufgaben von OWA und werfen einen kurzen Blick auf die neue Oberfläche und die Dokumentverwaltungsfunktion.

Funktionen von OWA

OWA stellt den Benutzern eine Umgebung zur Verfügung, in der sie über einen Browser auf Daten in Öffentlichen Ordnern und in Postfächern zugreifen können. Mithilfe von OWA können Clients auf Unix-, Macintosh- und Windows-Basis alle Öffentlichen Ordner, Postfächer, globalen Adresslisten (GAL) und Kalender einsehen und damit arbeiten. (Für Unix-Benutzer stellt OWA die wichtigste auf Exchange beruhende Lösung für die E-Mail-, Kalender- und Zusammenarbeitsfunktion dar.) Mit OWA 2007 können Windows-Benutzer mithilfe von Internet Explorer auch auf Dateien oder Ordner in Netzwerkressourcen zugreifen.

In Exchange Server 2007 bietet OWA die folgenden leistungssteigernden und funktionalen Verbesserungen in Navigation, Darstellung und Arbeitsfluss:

- Zwei verschiedene OWA-Versionen: eine OWA Premium-Version für die Benutzer von Internet Explorer und eine OWA Light-Version für die Benutzer anderer Browser. In Exchange Server 2007 wurden an beiden Versionen enorme Verbesserungen vorgenommen; die Light-Version bietet eine ganz neue Oberfläche.
- Die Möglichkeit, direkt von OWA aus auf Dateien in einem SharePoint-basierten Repository oder auf einer Windows-Dateifreigabe zuzugreifen
- Eine individuell anpassbare Anmeldeseite
- Die Möglichkeit, eine Zwei-Faktor-Authentifizierung für erhöhte Sicherheit zu implementieren
- Eine reine HTML-Anzeige, um das Speichern heikler Informationen im Cache von Kioskrechnern zu verhindern
- Eine Gültigkeitsprüfung auf der Grundlage eines OWA-Cookies, das nach der Abmeldung des Benutzers oder nach einer festgelegten Inaktivitätszeit seine Gültigkeit verliert
- Löschen des Cachespeichers mit den Anmeldeinformationen nach der Abmeldung
- Eine benutzerdefinierte Fenstergröße, die während der gesamten OWA-Sitzung erhalten bleibt
- Das Vorschaufenster kann rechts von den direkt im Fenster geöffneten Nachrichten und Anlagen angezeigt werden
- Eine Rechtschreibprüfung für E-Mails
- Serverbasierte, vom Benutzer aufgestellte und verwaltete Regeln für die Verarbeitung von E-Mails

Trotz dieser neuen Funktionen wurden einige Einschränkungen in OWA beibehalten. Vor der Bereitstellung von OWA sollten Sie daher berücksichtigen, was nicht angepasst wird:

- Offlinenutzung. Der Benutzer muss eine Verbindung zu einem Exchange-Server herstellen, um Informationen einzusehen.
- Kein Zugriff auf Offlineordner. Es erfolgt keine Synchronisierung zwischen lokalen Offlineordnern und Serverordnern.

OWA bereitstellen

Wir behandeln zwei grundlegende Bereitstellungsszenarien: ein Szenario mit einem einzelnen Server und eines mit mehreren Servern.

Einzelner Server

In diesem Szenario ist nur ein einziger Exchange-Server vorhanden. Die Benutzer stellen eine direkte Verbindung zu den Internetinformationsdiensten (IIS) auf dem einzelnen Exchange-Server her und greifen auf ihre dortigen Postfächer zu. In dieser Konfiguration werden die beiden Funktionen des Postfachservers und des Clientzugriffsservers auf einem einzigen Servercomputer installiert. Diese Topologie kommt in vielen kleineren Umgebungen zum Einsatz. Dabei handelt es sich gleichzeitig um den einfachsten und unkompliziertesten Ansatz für die Implementierung von OWA.

Dieses Szenario weist keine Einschränkungen auf. Alle Protokolle, einschließlich POP3 (Post Office Protocol Version 3), IMAP4 (Internet Messaging Application Protocol Version 4) und HTTP (Hypertext Transfer Protocol) sind vorhanden und können den Benutzern mit geeigneten Firewallregeln zur Verfügung gestellt werden.

Mehrere Server

In einem Szenario mit mehreren Servern nimmt mindestens ein öffentlich zugänglicher Server mit der Clientzugriffsfunktion in einer Gruppe von IIS-Servern die Exchange-Protokolle auf. Dahinter und normalerweise auch hinter der Firewall einer Organisation weist mindestens ein Exchange-Datenbankserver die Postfachserverfunktion auf. Die Server mit der Clientzugriffsfunktion verarbeiten Clientaufrufe, die dann an die Computer mit der Postfachserverfunktion weitergeleitet werden, um den Benutzern Zugriff auf ihre Postfächer oder Öffentlichen Ordner zu gewähren.

Zu den Protokollen, die in diesem Szenario bereitgestellt werden können, gehören POP3, IMAP4 und HTTP.

Sowohl die Enterprise- als auch die Standard-Edition von Exchange Server 2007 unterstützen dieses Szenario mit mehreren Servern. Auf den Servern, auf denen Sie die Clientzugriffsfunktion installieren und die Sie an einem über das Internet zugänglichen Ort aufstellen, sollten Sie die Postfachserverfunktion nicht installieren. Diese mit der Clientzugriffsfunktion ausgestatteten Server leiten Clientanforderungen an die besser geschützten Server mit der Postfachserverfunktion weiter, auf denen ebenfalls Exchange Server 2007 ausgeführt wird. Denken Sie daran, dass ein Rechner mit der Postfachserverfunktion mindestens einen Speicher für Postfächer oder Öffentliche Ordner unterhält. Beachten Sie, dass Sie einen Exchange Server 2007-Clientzugriffsserver für den Zugriff auf Postfächer verwenden können, die sich auf Computern mit Exchange 2000 Server oder Exchange Server 2003 befinden.

Diese Konfiguration mit mehreren Servern bietet Ihnen einige Vorteile:

- **Einzelner Namespace** Wenn Sie über viele OWA-Benutzer verfügen, können Sie diese mit Netzwerklastenausgleichsdiensten (Network Load Balancing, NLB) zur Unterstützung der Clientzugriffsserver installieren, die über einem einzigen DNS-Namen (Domain Name System) und eine einzige IP-Adresse (Internet Protocol) zugänglich sind. Diese Möglichkeit bietet Ihren OWA-Benutzern zusätzliche Verfügbarkeit.

- **Arbeitsauslagerung** Wenn Sie sich für die Implementierung der SSL-Verschlüsselung (Secure Sockets Layer) entscheiden, übernehmen die Server mit der Clientzugriffsfunktion den gesamten Ver- und Entschlüsselungsprozess und entlasten damit die Server mit der Postfachserverfunktion.
- **Höhere Sicherheit** Sie können wählen, wo Ihre Server mit der Clientzugriffsfunktion angesiedelt sein sollen – auf der Innen- oder auf der Außenseite einer Firewall oder vielleicht in einem Perimeternetzwerk. Server mit der Clientzugriffsfunktion können so konfiguriert werden, dass sie die Benutzer authentifizieren, bevor sie deren Anforderungen als Proxy an Server mit der Postfachserverfunktion weiterleiten.
- **Skalierbarkeit** Da Sie neue Server in den Lastenausgleichscluster der Clientzugriffsserver aufnehmen können, stellt jeder weitere Server zusätzliche Kapazität für die Verwaltung neuer und bestehender Clientanforderungen bereit. Außerdem müssen die Clients nicht wissen, auf welchem Postfachserver ihre Postfächer untergebracht sind, sodass Sie das Postfach eines Clients von diesem unbemerkt auf einen neuen Server verschieben können. Diese Architektur lässt sich gut skalieren und verkraftet Millionen von Benutzern.

Bei NLB handelt es sich um einen mit Windows Server 2003 ausgelieferten Server, der Clientaufrufe für Dienste dynamisch an mehrere Server mit der Clientzugriffsfunktion verteilt. Beachten Sie, dass wir nicht über die Ebene der Clientsitzungen, sondern der Clientanforderungen sprechen. Bei Sitzungen erfolgt kein Lastenausgleich, wohl aber bei den einzelnen Clientaufrufen. Dies wird durch den virtuellen Charakter der MAC- (Media Access Control) und der IP-Adressen sämtlicher Netzwerkkarten in den einzelnen Servern des Clusters erreicht. Alle auf den Servern eingehenden Aufrufe haben also dieselbe Kombination aus Hostname, IP-Adresse und MAC-Karte, was den Lastenausgleich des gesamten Datenverkehrs zwischen den Servern nicht nur für die Sitzungen erheblich erleichtert.

> **Weitere Informationen**
>
> Mehr über den Netzwerklastenausgleich erfahren Sie im White Paper »Load Balancing Overview«, das Sie auf der TechNet-Site unter **http://technet.microsoft.com/ en-us/default.aspx** oder in der MSDN Library unter **http://msdn2.microsoft.com/en-us/default.aspx** finden.

Für den Lastenausgleich können Sie jederzeit eine Hardwarelösung eines Drittanbieters verwenden oder das DNS-Round-Robin-Verfahren (Domain Name System) implementieren.

Microsoft hat für die Implementierung dieser aus mehreren Servern bestehenden Architektur noch einige weitere Leitlinien aufgestellt. Erstens sollten Sie für jedes Protokoll, das Sie mithilfe dieser Architektur anbieten wollen, mindestens zwei Server im NLB-Cluster vorsehen. Jeder Clientzugriffsserver bestimmt anhand der Verzeichnisdaten des Benutzers aus Active Directory, wo sich dessen Postfach befindet.

Zweitens sollten Sie eine Clusterlösung für Ihre Exchange-Datenbanken verwenden, wenn diese eine hohe Verfügbarkeit aufweisen müssen. Dadurch erreichen Sie eine möglichst geringe Ausfallzeit. Exchange Server 2007 bietet erheblich erweiterte Clusterfähigkeiten. Weitere Informationen zu diesem Thema finden Sie in Kapitel 9, »Hohe Verfügbarkeit in Exchange Server 2007«.

Zuletzt sollten Sie keinen direkten Zugriff auf Postfachserver zulassen. Mit anderen Worten, installieren Sie die Clientzugriffsfunktion nicht auf Ihren Postfachservern. Es steht in erster Linie Ihrer Aufgabe entgegen, Clientzugriffsserver zu erstellen, und belastet diese Postfachserver unnötig. Denken Sie daran, dass der Postfachserver auch die MAPI-basierten Anforderungen von Outlook-Clients bedient, sodass Sie den Clientzugriff nicht völlig abtrennen können, für OWA-Zwecke und den Zugriff über das Internet ist der Clientzugriffsserver jedoch bedenklich. Outlook Anywhere, früher unter dem Namen RCP über HTTP bekannt, wird jedoch vom Clientzugriffsserver bedient.

Mehrere Server: Firewalls und Clientzugriffsserver

Berücksichtigen Sie bei der Platzierung Ihrer Clientzugriffsserver die Firewalltopologie. Sie haben nur drei Auswahlmöglichkeiten: Sie können den Clientzugriffsserver auf der Innenseite der Firewall, auf der Außenseite der Firewall oder zwischen zwei Firewalls unterbringen. Jede Konfiguration hat Vor- und Nachteile. Die einzelnen Möglichkeiten werden in den folgenden Abschnitten erörtert.

Clientzugriffsserver auf der Innenseite einer einzelnen Firewall

Wenn Sie einen Clientzugriffsserver auf der Innenseite Ihrer Firewall unterbringen, werden der Server und das Netzwerk durch eine einzige Firewall vom Internet getrennt. Der positive Aspekt dieser Topologie liegt in der Kosteneinsparung und einer gewissen Sicherheit für Ihren Clientzugriffsserver und Ihr Netzwerk. Die Ports für den Clientzugriff, z.B. Port 110 für POP3, 143 für IMAP4, 119 für NNTP und 80 für HTTP, müssen für den Clientzugriffsserver geöffnet werden.

Der Nachteil dieser Topologie besteht darin, dass Ihr gesamtes Netzwerk offen liegt, sobald die Firewall beschädigt oder überwunden wurde. Dieses Problem ist nicht auf den Clientzugriffsserver, sondern auf den Umstand zurückzuführen, dass nur eine Firewall vorhanden ist. Viele kleinere Organisationen entscheiden sich wegen der finanziellen Einsparungen für nur eine Firewall. Wenn irgend möglich, sollten Sie jedoch zwei Firewalls und ein Perimeternetzwerk implementieren.

Natürlich können Sie auch eine einzelne Firewall mit einer als Perimeternetzwerk dedizierten Schnittstelle implementieren (was auch als DMZ, Demilitarized Zone bezeichnet wird). Diese Konfiguration bietet einen Großteil der Sicherheitsvorteile zweier Firewalls, erfordert aber nur ein einziges Hardwaregerät zum Schutz des Netzwerks. Diese Option wird im Abschnitt »Clientzugriffsserver zwischen zwei Firewalls« erörtert, da sich die Konzepte überschneiden.

Clientzugriffsserver auf der Außenseite der Firewall

Ihren Clientzugriffsserver (oder in dieser Hinsicht irgendeinen Server) auf der Außenseite einer einzigen Firewall zu platzieren, stellt vermutlich die am wenigsten wünschenswerte Konfiguration dar, weil er vollkommen ungeschützt ist und die Anzahl der Ports, die Sie für seine Kommunikation mit dem Postfachserver in der Firewall öffnen müssen, Letztere wie einen Schweizer Käse aussehen lässt. Die aus dem Öffnen einiger dieser Ports resultierenden Risiken lassen sich durch Einträge in die **Hosts**-Datei der einzelnen Clientzugriffsserver vermeiden.

Clientzugriffsserver zwischen zwei Firewalls

Die Platzierung des Clientzugriffsservers zwischen zwei Firewalls ist die bevorzugte Methode zur Implementierung der Topologie mit mehreren Servern. Eine andere Alternative dafür ist der Einsatz einer einzelnen Firewall mit mindestens drei Schnittstellen. Ein Port ist für das Internet zuständig, ein anderer für Ihr internes Netzwerk und ein dritter bildet eine Stelle, an der Sie Server platzieren können, die vom Internet aus zugänglich sein müssen. Wenn es notwendig ist, werden in diesem Abschnitt die Unterschiede zwischen den beiden Methoden aufgezeigt, in den meisten Fällen können Sie jedoch die Bezeichnung »Internet-Firewall« durch »Internet-Port« ersetzen. Das Gleiche trifft auf den geschützten Netzwerk-Port zu.

In diesem Szenario ist der Clientzugriffsserver durch die Internet-Firewall geschützt, wobei in dieser Firewall nur die Ports für den Clientzugriff geöffnet sind. Wenn Sie einen Clientzugriffsserver zur Verarbeitung von HTTP-Anforderungen in ein Perimeternetzwerk platzieren, dann öffnen Sie nur Port 80 in der Internet-Firewall. In der Firewall zwischen dem Clientzugriffs- und dem Postfachserver öffnen Sie alle notwendigen Kommunikationsports.

Sie sollten auch die Implementierung von IPSec (Internet Protocol Security) auf der Netzwerkschicht zwischen dem Clientzugriffs- und dem Postfachserver in Erwägung ziehen. IPSec lässt sich so konfigurieren, dass die Sicherheit entweder verlangt oder nur abgefragt wird.

ISA Server 2006 und OWA

Über die einfache Bereitstellung eines einzelnen Servers oder mehrerer Server und Firewallschichten hinaus bietet Microsoft auch gut unterstützte und sichere OWA-Bereitstellungsszenarien. In Verbindung mit Microsoft Internet Security and Acceleration (ISA) Server 2006 können Sie OWA bereitstellen und eine erhöhte Sicherheitsstufe für Ihre Messagingumgebung anbieten. ISA Server 2006 und Exchange Server 2007 wurden so entwickelt, dass sie nebeneinander bestehen können. ISA Server 2006 enthält einen Assistenten für neue Exchange-Veröffentlichungsregeln, der Ihren ISA Server 2006-Computer so konfiguriert, dass er den Clientzugriff auf den OWA-Server und alle neuen Funktionen von OWA 2007 zulässt.

Tabelle 24.1 skizziert die Funktionen von ISA Server 2006, die zum Schutz Ihrer Outlook Web Access-Umgebung eingesetzt werden können. Diese Tabelle stammt aus der ISA Server 2006-Dokumentation von Microsoft.

Tabelle 24.1   ISA Server 2006-Sicherheitsfeatures

Feature	Beschreibung
Linkübersetzung	ISA Server 2006 leitet Outlook Web Access-Anforderungen interner URLs um, die im Nachrichtentext eines Objekts in Outlook Web Access enthalten sind, z.B. eine E-Mail-Nachricht oder ein Kalendereintrag. Dadurch brauchen sich die Benutzer die externen Namespaces für interne Unternehmensinformationen, die einem externen Namespace zugeordnet sind, nicht zu merken. Wenn ein Benutzer beispielsweise einen Link in einer E-Mail-Nachricht an einen internen Namespace wie http://www.contoso sendet und dieser interne URL einem externen Namespace wie http://www.contoso.com zugeordnet ist, wird der interne automatisch in den externen URL übersetzt, sobald der Benutzer auf den internen URL klickt.
Webpublishing-Lastenausgleich	ISA Server 2006 kann den Lastenausgleich für Clientanforderungen durchführen und diese dann an ein Array von Clientzugriffsservern senden. Wenn ISA Server 2006 eine Anforderung für eine Verbindung mit Outlook Web Access erhält, wählt es einen Clientzugriffsserver aus und sendet dessen Namen in einem Cookie an den Webbrowser zurück.
HTTP-Komprimierung	Wenn Sie in der Vergangenheit die formularbasierte Authentifizierung auf dem ISA Server-Computer mit Exchange Server 2003 und ISA Server 2004 oder ISA Server 2000 verwendet haben, konnten Sie die gzip-Komprimierung nicht nutzen, weil die Informationen von ISA Server nicht dekomprimiert und korrekt erneut komprimiert werden konnten. ISA Server 2006 ist in der Lage, Daten vor dem Versand an Ihre Exchange-Server zu dekomprimieren, zu untersuchen und dann erneut zu komprimieren.
Serverspeicherorte von Exchange werden ausgeblendet	Wenn Sie eine Anwendung über ISA Server veröffentlichen, schützen Sie den Server vor direktem externem Zugriff, weil der Benutzer den Namen und die IP-Adresse des Servers nicht einsehen kann. Der Benutzer greift auf den ISA Server-Computer zu. Dieser Computer stellt dann in Übereinstimmung mit den Bedingungen der Serververöffentlichungsregel eine Verbindung mit dem Clientzugriffsserver her.

Tabelle 24.1 ISA Server 2006-Sicherheitsfeatures *(Fortsetzung)*

Feature	Beschreibung
SSL-Bridging und -Überprüfung	SSL-Bridging (Secure Sockets Layer) schützt vor Angriffen, die sich in SSL-verschlüsselten Verbindungen verbergen. Für SSL-aktivierte Webanwendungen entschlüsselt ISA Server nach dem Empfang die Anforderung des Clients, untersucht sie und beendet dann die SSL-Verbindung mit dem Clientcomputer. Die Webveröffentlichungsregeln bestimmen, wie ISA Server die Anforderung für das Objekt an den veröffentlichten Webserver übermittelt. Bei der Verwendung von SSL-Bridging ist die sichere Webveröffentlichungsregel so konfiguriert, dass die Anforderung mithilfe von Secure HTTP (HTTPS) weitergeleitet wird. ISA Server stellt dann eine neue SSL-Verbindung mit dem veröffentlichten Server her. Da aus dem ISA Server-Computer nun ein SSL-Client geworden ist, muss der veröffentlichte Webserver mit einem Zertifikat antworten. Ein weiterer Vorteil von SSL-Bridging besteht darin, dass eine Organisation nur für die ISA Server-Computer SSL-Zertifikate von einer externen Zertifizierungsstelle erwerben muss. Server, die ISA Server als Reverse-Proxy nutzen, können entweder kein SSL anfordern oder verwenden intern generierte SSL-Zertifikate.
Single Sign-On	Single Sign-On ermöglicht Benutzern den Zugriff auf eine Gruppe veröffentlichter Websites, ohne sich an jeder Website authentifizieren zu müssen. Wenn Sie ISA Server 2006 als Reverse-Proxy für Outlook Web Access nutzen, kann es so konfiguriert werden, dass die Anmeldeinformationen des Benutzers abgefragt und an den Clientzugriffsserver weitergeleitet werden, sodass die Benutzer nur einmal zur Eingabe ihrer Anmeldeinformationen aufgefordert werden.

Weitere Informationen

Die Bereitstellung von ISA Server 2006 übersteigt den Rahmen dieses Buches. Weitere Informationen über die Bereitstellung von ISA Server 2006 mit Outlook Web Access finden Sie unter http://technet.microsoft.com/de-de/library/aa996545.aspx.

Authentifizierungsoptionen

Wenn es um die Authentifizierung von Benutzern geht, die sich an OWA anmelden wollen, haben Sie zwei Möglichkeiten. Standardmäßig wird OWA bei der Installation eines Clientzugriffsservers für die Standardauthentifizierung konfiguriert, d.h., beim Besuch Ihrer OWA-Site wird ein Benutzer mit einem Popup-Fenster begrüßt, das ihn zur Eingabe der Anmeldeinformationen auffordert. Diese Anmeldedaten werden dann in Klartext zur Überprüfung an den OWA-Server zurückgesendet. An welcher Stelle dies zu Problemen führen kann, ist ersichtlich. Klartext ist im Allgemeinen für sichere Umgebungen nicht akzeptabel. Dieses Thema wird im nächsten Abschnitt ausführlicher behandelt. Eine Alternative ist die Verwendung der formularbasierten Authentifizierung, die seit der Einführung dieses Features in Exchange Server 2003 zur Verfügung steht.

Standardauthentifizierung

Um die Übertragung von Nachrichten zwischen Exchange 2007 OWA und einem Client zu schützen, müssen Sie festlegen, wie der Client sich authentifizieren und ob der Datenverkehr des Clients verschlüsselt oder signiert werden soll. Abbildung 24.1 bietet Ihnen einen Überblick über alle Authentifizierungsoptionen von OWA.

Abbildg. 24.1 Die Anmeldeauthentifizierung aktivieren

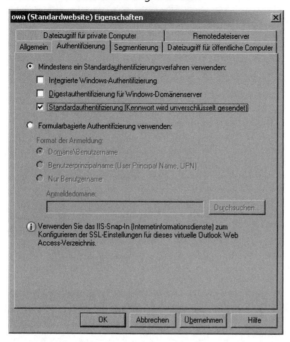

Der Client lässt sich auf drei Arten authentifizieren: anonym oder durch die Standard- bzw. die integrierte Windows-Authentifizierung. Die Einstellung **Anonym** bietet den geringsten Schutz und stellt nur eingeschränkten Zugriff auf bestimmte Öffentliche Ordner und Verzeichnisdaten bereit. Sie wird von allen Clients unterstützt und bevorzugt für den allgemeinen öffentlichen Zugriff auf bestimmte Öffentliche Ordner verwendet.

Die *Standardauthentifizierung* verwendet Klartext, um den Client an einem Domänencontroller zu authentifizieren. Sie setzt voraus, dass der Benutzer seinen Benutzernamen, den Namen der Domäne und das Kennwort eingibt. Da Benutzername und Kennwort zwischen dem Server und dem Client im Klartext übertragen werden, wird empfohlen, beides mit SSL zu verschlüsseln, um eine sicherere Übertragung zu gewährleisten.

Die *integrierte Windows-Authentifizierung* (IWA) ist für Clients mit Internet Explorer 5 oder höher gedacht. Die IWA verwendet Kerberos für die Authentifizierung und bietet das höchste Sicherheitsniveau. Dabei wird das Benutzerkennwort nicht im Klartext gesendet. Stattdessen wird es verschlüsselt, sodass ein Angreifer selbst beim Ausspionieren der Kennwortpakete nicht in der Lage ist, es zu lesen.

Formularbasierte Authentifizierung

Bei der formularbasierten Authentifizierung von OWA werden der Name und das Kennwort des Benutzers nicht im Browser, sondern in einem Cookie gespeichert. Dieses Cookie wird beim Verlassen der OWA-Sitzung oder nach einer bestimmten Inaktivitätszeit gelöscht. In beiden Fällen muss sich der Benutzer erneut authentifizieren, um OWA wieder nutzen zu können. Standardmäßig ist die formularbasierte Authentifizierung nicht aktiviert. Zum Aktivieren einer OWA-Anmeldeseite gehen Sie wie folgt vor:

1. Öffnen Sie die Exchange-Verwaltungskonsole.
2. Wählen Sie **Serverkonfiguration** und dann **Clientzugriff**.
3. Klicken Sie auf den Eintrag **owa (Standardwebsite)** und wählen Sie **Eigenschaften** aus dem Aktionsfenster aus.
4. Klicken Sie auf der Seite **owa (Standardwebsite) Eigenschaften** auf die Registerkarte **Authentifizierung**.
5. Unter der Option **Formularbasierte Authentifizierung** verwenden stehen drei Auswahlmöglichkeiten zur Durchsetzung eines bestimmten Anmeldeformats zur Verfügung. Die Option **Domäne\Benutzername** bedarf keiner weiteren Erklärung und ist besonders nützlich, wenn Sie über mehrere Domänen verfügen. Die Option **Benutzerprinzipalname** (User Principal Name, UPN), d.h. das Format von E-Mail-Adressen, ist für die Benutzer in einer Umgebung mit mehreren Domänen wahrscheinlich am einfachsten zu merken. Nur **Benutzername** ist die letzte Option, die ebenfalls keiner Erläuterung bedarf. Wenn Sie dieses Format verwenden, müssen Sie auch eine Anmeldedomäne auswählen. Siehe Abbildung 24.1.
6. Klicken Sie auf **OK**.
7. Da sich diese Änderung auf die Internetinformationsdienste (Internet Information Services, IIS) auswirkt, müssen Sie diesen Dienst neu starten. Führen Sie an der Befehlszeile des OWA-Servers den Befehl iisreset /noforce aus.

Sicherheitshinweis

OWA-Sitzungen werden während der Erstellung einer Nachricht nicht ungültig.

Verwaltungsshell

Wenn Sie die formularbasierte Authentifizierung an der Befehlszeile aktivieren wollen, führen Sie den folgenden Befehl aus der Exchange-Verwaltungsshell aus:

```
Set-owavirtualdirectory -identity "owa (Standardwebsite)"
  -FormsAuthentication:$true
```

Dieser Befehl aktiviert die formularbasierte Authentifizierung für die Standardinstanz von Outlook Web Access.

Vor der Verwendung dieses Features sollten Sie SSL (Secure Sockets Layer) in IIS konfigurieren. Dazu müssen Sie entweder auf dem Server mit Windows Server 2003 die Zertifikatdienste installieren und ein Zertifikat für die OWA-Website erstellen oder bei einem anderen Anbieter ein SSL-Zertifikat erwerben. Nachdem Sie das SSL-Zertifikat installiert haben und nun SSL auf der Website benötigen, auf der sich OWA befindet, erscheint der in Abbildung 24.2 gezeigte neue Anmeldebildschirm. Beachten Sie, dass der Standard-URL für den Zugriff auf OWA 2007 **https://server/owa** lautet.

Abbildg. 24.2 Der Anmeldebildschirm von Exchange Server 2007 OWA

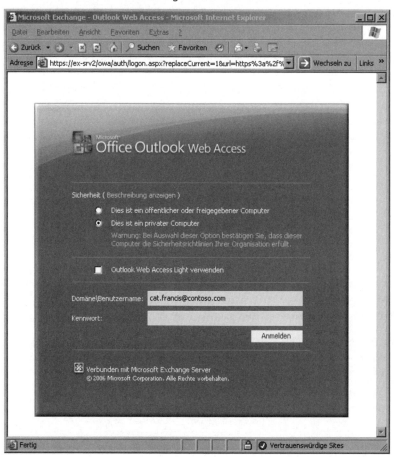

Der OWA-Anmeldebildschirm wartet mit drei weiteren Funktionen auf: Erstens können die Benutzer nicht versehentlich ihr OWA-Kennwort im Cache speichern. Zweitens haben sie nach der Abmeldung keine Möglichkeit, auf ihren Posteingang zuzugreifen, ohne sich erneut zu authentifizieren. Zuletzt werden die OWA-Symbolleisten und -Grafiken während des Anmeldevorgangs in einem versteckten Frame heruntergeladen, um dem Benutzer eine peppigere Anmeldeoberfläche zu bieten.

Während des Anmeldevorgangs hat der Benutzer die Möglichkeit, OWA Light zu verwenden. Diese einfache Version enthält nicht all den Schickschnack, der in der Standard-Premiumversion zur Verfügung steht. Die Premium-Oberfläche umfasst sämtliche OWA-Funktionen, die einfache dagegen nicht. Letztere ist für Benutzer gedacht, die eine langsame WAN-Verbindung (Wide Area Network) nutzen und nur die wesentlichen Funktionen von OWA benötigen. Benutzer mit schnelleren Verbindungen bevorzugen die Premium-Oberfläche. Nur Benutzer von Internet Explorer können die Premium-Version von OWA nutzen. Alle anderen Browser müssen die Light-Version verwenden.

Beachten Sie nun die Optionen im Abschnitt **Sicherheit** des in Abbildung 24.2 dargestellten OWA-Anmeldebildschirms. Die beiden Optionen – **Dies ist ein öffentlicher oder freigegebener Computer** und **Dies ist ein privater Computer** – sind wichtig, da diese Auswahl den Zeitraum vorgibt, der verstreichen kann, bevor ein OWA-Benutzer automatisch abgemeldet wird.

Als Administrator können Sie in der OWA-Registrierung des Clientzugriffsservers, auf dem OWA installiert ist, Ablaufeinstellungen vornehmen. Außerdem sollten Sie das Konzept des öffentlichen und des privaten, vertrauenswürdigen Computers berücksichtigen. Ein *öffentlicher Computer* steht der Öffentlichkeit zur Verfügung, beispielsweise als öffentlich zugänglicher Kioskrechner, auf dem OWA angeboten wird. Bei der Einstellung **Dies ist ein öffentlicher oder freigegebener Computer** wird die Ablaufdauer standardmäßig auf 15 Minuten gesetzt. Ist diese Einstellung für Ihre Organisation ungeeignet, kann sie durch eine serverseitige Registrierungseinstellung aufgehoben werden.

```
Speicherort: HKEY_LOCAL_MACHINE\SYSTEM\CurrentControlSet\Services\MSExchange OWA
Parameter: PublicClientTimeout
Typ: REG_DWORD
Wert: <Anzahl der Minuten>
```

Dieser Registrierungsschlüssel geht von einer Ablaufdauer von 15 Minuten aus. Der Mindestwert ist eine Minute, der Höchstwert 43.200 Minuten, was 30 Tagen entspricht. Dieser Registrierungsparameter ist erst vorhanden, nachdem Sie ihn erstellt haben. Zu diesem Zweck gehen Sie wie folgt vor:

1. Starten Sie den Registrierungs-Editor (**regedit**) auf den einzelnen Clientzugriffsservern.
2. Suchen Sie dort nach dem folgenden Registrierungsschlüssel: **HKEY_LOCAL_MACHINE\ SYSTEM\CurrentControlSet\Services\MSExchange OWA**.
3. Klicken Sie auf **Bearbeiten**, anschließend auf **Neu** und wählen Sie **DWORD-Wert**.
4. Nennen Sie den neuen Wert **PublicClientTimeout**.
5. Klicken Sie mit der rechten Maustaste auf den neuen DWORD-Wert **PublicClientTimeout** und wählen Sie **Ändern**.
6. Wählen Sie im Fenster **DWORD-Wert bearbeiten** die Option **Dezimal** aus dem Abschnitt **Basis**.
7. Geben Sie in das Feld **Wert** einen Wert zwischen 1 und 43.200 (30 Tagen) für die Anzahl der Minuten ein.
8. Klicken Sie auf **OK**.
9. Starten Sie IIS neu. Zu diesem Zweck können Sie an der Befehlszeile den Befehl **iisreset** ausführen.

> **Verwaltungsshell**
>
> Wenn Sie über viele Exchange-Server verfügen oder sich nicht auf all Ihren Clientzugriffsservern mit der Registrierung beschäftigen wollen, können Sie die Verwaltungsshell von Exchange Server 2007 verwenden, um den Verfallswert des Cookies für die öffentlichen Computer festzulegen, die sich mithilfe der formularbasierten Authentifizierung an OWA anmelden. Geben Sie folgenden Befehl ein:
>
> ```
> set-ItemProperty 'HKLM:\SYSTEM\CurrentControlSet\Services\MSExchange OWA'
>   -name PublicClientTimeout -value <Zeitangabe> -type dword
> ```
>
> Ersetzen Sie den Parameter *<Zeitangabe>* durch eine Zahl zwischen 1 und 43200. Diese Zahl repräsentiert die Anzahl der Minuten, die verstreichen, bevor ein OWA-Benutzer an einem öffentlichen Kioskcomputer automatisch von OWA abgemeldet wird. Geben Sie die Anführungszeichen oder die Zeichen < > nicht mit in Ihren Befehl ein.
>
> Starten Sie nach der Ausführung dieses Befehls IIS mithilfe des Befehls **iisreset /noforce**.
>
> Wenn Sie gespannt sind, ob der Shellbefehl tatsächlich funktioniert hat, öffnen Sie den Registrierungs-Editor und schauen Sie nach.

Die Einstellung **Dies ist ein privater Computer** ist für Rechner in Ihrem internen Netzwerk gedacht. Der Standardwert beträgt hier 1440 Minuten, also 24 Stunden. Diese Einstellung können Sie in demselben Registrierungsschlüssel ändern wie beim öffentlichen Computer, aber mit dem Parameter **TrustedClientTimeout**. Die Mindest- und Höchstwerte für **PublicClientTimeout** und **TrustedClientTimeout** sind identisch. Die vorangegangenen Anweisungen für den Registrierungs-Editor und die Verwaltungsshell gelten auch für diesen Parameter. Ersetzen Sie **PublicComputerTimeout** einfach durch **TrustedClientTimeout**.

Bezüglich der Ablaufeinstellung sind einige Punkte zu beachten: Erstens wirkt die auf Cookies beruhende Einstellung nicht absolut, sondern schwankt zwischen dem eingestellten Wert und seinem Eineinhalbfachen. Mit anderen Worten, wenn Sie die Ablaufdauer auf 10 Minuten setzen, variiert sie tatsächlich zwischen 10 und 15 Minuten (10 x 1,5 = 15). Der Standardwert, der für den privaten Computer 1440 Minuten beträgt, schwankt tatsächlich zwischen 1440 und 2160 Minuten bzw. 24 und 36 Stunden. Ein so großes Fenster für den Ablaufschalter entspricht möglicherweise nicht Ihren Sicherheitsrichtlinien. Leider lässt sich die Formel nicht ändern, sodass Sie sind unter Umständen gezwungen sind, den Standardwert für private Computer herabzusetzen, wenn Ihre Sicherheitsrichtlinien dies vorschreiben.

Zweitens müssen Sie wissen, dass die Einstellung von **TrustedClientTimeout** nicht niedriger sein kann als die von **PublicClientTimeout**. Selbst wenn Sie es versuchen, setzt Exchange 2007 den Wert automatisch auf denselben Wert wie für öffentliche Computer. Diese automatische Konfigurationsanpassung erfolgt unabhängig davon, welchen Wert Sie falsch festlegen. Ob Sie den Wert für den privaten Computer zu niedrig oder den für den öffentlichen zu hoch wählen – immer wird Ersterer automatisch an den zweiten angepasst.

Den Benutzerzugriff auf OWA deaktivieren

Zusätzlich zur Auswahl eines Authentifizierungsmechanismus für OWA und der Konfiguration der Ablaufinformationen können Sie OWA zusätzlich schützen, indem Sie den OWA-Zugriff für einzelne Benutzer deaktivieren. Exchange Server 2007 entfernt die Exchange-spezifischen Registerkarten und Werte aus der den in Active Directory-Benutzer und -Computer zur Verfügung stehenden Benutzerkonteninformationen, sodass Ihnen als einzige Werkzeuge für die Benutzerkonfiguration die Exchange-Verwaltungskonsole oder die Verwaltungsshell bleiben. Mit beiden Tools können Sie die OWA-Privilegien eines Benutzers leicht deaktivieren. Denken Sie daran, dass standardmäßig alle Benutzer für OWA aktiviert sind.

Die OWA-Privilegien eines Benutzers zu deaktivieren, ist keine komplexe Aufgabe. Verwenden Sie die Exchange-Verwaltungskonsole und führen Sie die folgenden Schritte durch, die dem in Abbildung 24.3 gezeigten Bildschirm entsprechen:

1. Öffnen Sie die Exchange-Verwaltungskonsole.
2. Klicken Sie unter Empfängerkonfiguration auf Postfach.
3. Klicken Sie mit der rechten Maustaste auf den Anzeigenamen des Benutzers, dessen OWA-Berechtigungen Sie deaktivieren wollen.
4. Wählen Sie Eigenschaften.
5. Klicken Sie auf der Seite Eigenschaften auf die Registerkarte Postfachfeatures.
6. Wählen Sie im Abschnitt Features den Eintrag Outlook Web Access.
7. Klicken Sie auf Deaktivieren.
8. Klicken Sie auf **OK**.

OWA bereitstellen

Abbildg. 24.3 OWA in den Postfacheigenschaften eines Benutzers deaktivieren

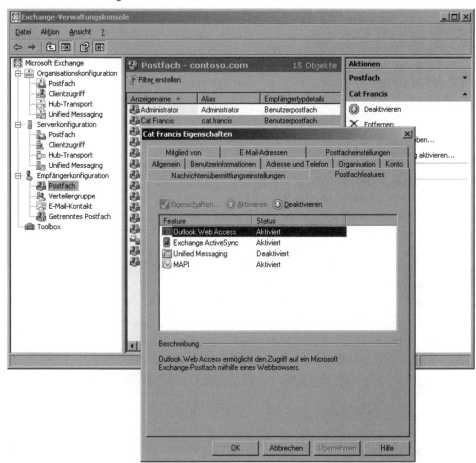

Verwaltungsshell

Mithilfe der Exchange-Verwaltungsshell können Sie die Berechtigungen eines Benutzers für die Verwendung von Outlook Web Access aktivieren und deaktivieren. Dies ist zum Beispiel nützlich, wenn Sie sich in einer sicherheitsbewussten Umgebung befinden und OWA nur von bestimmten Benutzern verwendet werden soll oder wenn Sie Dienstleistungen berechnen und einen Aufpreis für die OWA-Nutzung in Rechnung stellen wollen. In jedem Fall verwenden sie die folgenden Befehle, um den Zugriff auf OWA zu aktivieren und zu deaktivieren:

```
Set-CASMailbox -Identity cat.francis@contoso.com
  -OWAEnabled:$true

Set-CASMailbox -Identity cat.francis@contoso.com
  -OWAEnabled:$false
```

Zur Verwaltung des OWA-Servers stehen zwei Werkzeuge bereit: die Exchange-Verwaltungskonsole und der Internetdienste-Manager.

Zusätzliche OWA-Instanzen erstellen

Eine weitere Möglichkeit zum Schutz von OWA ist die Erstellung zusätzlicher OWA-Instanzen mit unterschiedlichen Konfigurationen. Mehrere virtuelle Server erstellen Sie, wenn Sie OWA-Benutzer mit unterschiedlichem Authentifizierungsbedarf haben, beispielsweise wenn nur bestimmte Benutzer ihre E-Mails mithilfe von SSL lesen müssen oder wenn Sie E-Mails für mehrere Domänen speichern und gewährleisten wollen, dass jeder Domänenname über eigene OWA-Einstellungen verfügt.

Mit der Exchange-Verwaltungsshell können Sie neue virtuelle Verzeichnisse anlegen, die letztendlich in der Exchange-Verwaltungskonsole erscheinen und dort konfiguriert werden können. Jeder virtuelle Server (jedes virtuelle Verzeichnis im IIS-Manager) erfordert eine Kombination aus eigener eindeutiger IP-Adresse und Portnummer.

Bei der Installation der Clientzugriffsfunktion von Exchange Server 2007 erstellt das Installationsprogramm automatisch vier virtuelle OWA-Verzeichnisse. Alle vier werden auf der IIS-Standardwebsite auf dem Exchange-Server angelegt:

- **owa** Virtuelles Verzeichnis von Outlook Web Access für den Zugriff auf Exchange Server 2007-Postfachserver.
- **Exchange** Virtuelles Outlook Web Access-Verzeichnis, das für Benutzer zugänglich ist, deren Postfächer sich auf Exchange Server 2003- oder Exchange 2000 Server-Computern befinden.
- **Public** Virtuelles Outlook Web Access-Verzeichnis, das auf Öffentliche Ordner verweist, die sich auf einem Exchange Server 2003- oder Exchange 2000 Server-Computer befinden.
- **Exchweb** Virtuelles Outlook Web Access-Verzeichnis, das von Benutzern für den Zugriff auf die virtuellen Outlook Web Access-Verzeichnisse verwendet wird. Anforderungen an dieses virtuelle Verzeichnis werden an den Postfachserver des Benutzers gesendet.

> **Virtuelle IIS-Verzeichnisse in Exchange Server 2007**
>
> Eine Reihe weiterer virtueller Verzeichnisse wird auch in IIS erstellt. Sie gehören zwar nicht direkt zu OWA, sind aber entscheidend für den Betrieb von Exchange.
>
> - **Autodiscover** Dieses virtuelle Verzeichnis wird vom AutoErmittlungsdienst von Exchange Server 2007 verwendet, der die E-Mail-Einstellungen für Microsoft Office Outlook 2007-Clients und kompatible mobile Geräte konfiguriert.
> - **EWS** Das virtuelle Verzeichnis **EWS** wird für den Zugriff auf die Komponenten der Webdienste von Exchange Server 2007 verwendet. Die Webdienste sind Bestandteil der Exchange Server 2007- und Outlook 2007-Oberfläche und aktiveren wichtige Funktionen wie den Verfügbarkeitsdienst von Exchange Server 2007.
> - **Exadmin (http://server/exadmin)** Dieses Stammverzeichnis dient zur Verwaltung Öffentlicher Ordner.
> - **Exchange (http://server/exchange)** Dabei handelt es sich um ein altes Stammverzeichnis, das Benutzer, deren Postfächer auf einem Exchange Server 2003- oder Exchange 2000 Server-Computer untergebracht sind, auf Exchange-Postfächer verweist. ▶

> **Virtuelle IIS-Verzeichnisse in Exchange Server 2007**
>
> - **Public** (http://server/public) Dabei handelt es sich um ein altes Stammverzeichnis, das auf Öffentliche Ordner verweist, die sich auf einem Exchange Server 2003- oder Exchange 2000 Server-Computer befinden.
> - **Microsoft-Server-ActiveSync** Dieses Stammverzeichnis dient zur Synchronisierung von Daten mit mobilen Clients und deren Geräten.
> - **OAB** Das Verzeichnis OAB ist der Exchange Server 2007-Verteilungspunkt für das Offline-Adressbuch.
> - **UnifiedMessaging** Dieses Verzeichnis wird für den Zugriff auf die Unified Messaging-Dienste von Exchange Server 2007 verwendet.

Eine Website in IIS kann nur über eine OWA-Site verfügen, Sie können jedoch mehrere Websites auf einem einzelnen IIS-Server unterhalten. Außerdem können Sie einige andere Arten von virtuellen Verzeichnissen erstellen, darunter die zuvor aufgeführten. Hier betrachten wir nur die gebräuchlichste Art virtueller Verzeichnisse – eine OWA-Site von Exchange Server 2007. Zum Erstellen eines zusätzlichen virtuellen Verzeichnisses gehen Sie wie folgt vor:

1. Fügen Sie Ihrem Exchange-Server eine IP-Adresse hinzu.
2. Erstellen Sie auf Ihrem DNS-Server einen Eintrag, der auf die neue IP-Adresse verweist.
3. Legen Sie im IIS-Manager eine neue Website an und verknüpfen Sie diese mit der neuen IP-Adresse.
4. Erstellen Sie mithilfe der Exchange-Verwaltungsshell das neue virtuelle OWA-Verzeichnis.

Ein neues virtuelles OWA 2007-Verzeichnis erstellen Sie mithilfe des Befehls **new-owavirtualdirectory**: Sie müssen den Namen des von Ihnen neu erstellten Verzeichnisses sowie den Namen der IIS-Website angeben. Zusätzliche Parameter sind erforderlich, wenn Sie verschiedene Arten von virtuellen Verzeichnissen oder ein OWA-Verzeichnis erstellen wollen, das Exchange 2000 Server- oder Exchange Server 2003-Postfächer unterstützt.

Ein neues OWA-Verzeichnis, das eine Verbindung zu Exchange Server 2007-basierten Postfächern herstellt, erstellen Sie mit dem folgenden Befehl:

```
new-owavirtualdirectory -Name "owa" -website "contoso.com"
```

Die Ergebnisse sind in Abbildung 24.4 dargestellt. Nachdem Sie das neue Verzeichnis angelegt haben, begeben Sie sich dorthin und verwenden dafür das Suffix **/owa**.

Abbildg. 24.4 Die neue OWA-Site in der Exchange-Verwaltungskonsole

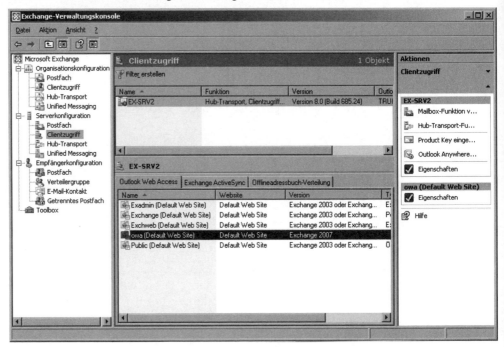

OWA-Eigenschaften und -Funktionen einrichten

Standardmäßig erfordert Exchange Server 2007 OWA keine weitere Konfiguration, um Clients bedienen zu können. Allerdings gibt es eine Reihe konfigurierbarer Parameter, die Sie zur Erweiterung oder zur Steuerung der OWA-Benutzeroberfläche verwenden können. In diesem Abschnitt erfahren Sie, wie Sie die Art und Weise steuern, in der die Benutzer die neuen OWA-Funktionen für die gemeinsame Nutzung von Dokumenten verwenden, und wie Sie die Segmentierung einsetzen, um die für die Benutzer zugänglichen OWA-Funktionen einzuschränken.

Zugriff auf UNC-Freigaben und SharePoint verwalten

Die vielleicht bedeutendste Funktionalität, die OWA in Exchange Server 2007 hinzugefügt wurde, ist die Möglichkeit, dass Benutzer auf Dateien und Dokumente zugreifen können, die auf den SharePoint- oder anderen Dateiservern Ihrer Organisation abgelegt sind. Weiter hinten in diesem Kapitel werden Sie sehen, wie diese Funktion aus der Sicht des Benutzers aussieht. Jetzt schauen Sie sich erst einmal an, was diese Art des Zugriffs für Sie und Ihre Benutzer bedeutet.

Die gute Nachricht

Eine einfache Möglichkeit für den Remotezugriff auf serverbasierte Dateien und Dokumente bereitzustellen, bietet einige wesentliche Vorteile:

- Die Möglichkeiten mobiler Benutzer, die Zusammenarbeit aufrechtzuerhalten, wurden erheblich verbessert, da alle Benutzer jederzeit auf alle Dateien zugreifen können.

- Wenn ein Dokument nicht so häufig per E-Mail zwischen den Benutzern übertragen wird, hilft das, eine einzige Instanz dieses Dokuments beizubehalten. Außerdem hält dies die Größe Ihres Informationsspeichers auf einem angemessenen Niveau.

Die schlechte Nachricht

Die erhöhte Zugänglichkeit der elektronischen Anlagen Ihrer Organisation bringt einige Nachteile mit sich:

- Wenn Benutzer an entfernten Standorten nur auf ihre E-Mails zugreifen könnten, wäre es viel unwahrscheinlicher, dass Ihr gesamtes Dokumentenrepository nach außen offen gelegt wird.

- Sie haben weniger Kontrolle darüber, wer zu welchem Zeitpunkt auf die Dateien Ihrer Organisation zugreift. Zwar werden nach wie vor NTFS-Berechtigungen zum Schutz von Dateien genutzt, doch können Benutzer mitten in der Nacht von einem öffentlichen Computer in einem Internetcafé darauf zugreifen.

Exchange Server 2007 stellt mehrere Mittel bereit, mit denen Sie die Nutzung dieser Funktionalität durch die Benutzer einschränken können. Dazu gehören Möglichkeiten, den Zugriff auf Windows-Dateiserver und SharePoint-Server zu verbieten. Des Weiteren können Sie den Zugriff auf diese Ressourcen je nach Art des vom Benutzer verwendeten Remotecomputers, d.h. öffentlich oder privat, selektiv deaktivieren. Standardmäßig ist der Zugriff unabhängig von der Art des Remotecomputers für alle Benutzer aktiviert. Dieses Verhalten lässt sich für jeden einzelnen Server ändern.

Zu diesem Zweck gehen Sie wie folgt vor:

1. Öffnen Sie auf dem Exchange Server-Computer die Exchange-Verwaltungskonsole.
2. Wählen Sie Serverkonfiguration und dann Clientzugriff.
3. Wählen Sie im mittleren Bereich owa (Standardwebsite).
4. Klicken Sie im Aktionsbereich unter owa (Standardwebsite) auf Eigenschaften.
5. Auf der Seite Eigenschaften befindet sich eine Reihe von Registerkarten, von denen sich drei auf den Remotedateizugriff beziehen. Nehmen Sie die für Ihre Zwecke geeignete Auswahl vor.

    - **Dateizugriff für öffentliche Computer** Die Optionen auf dieser (in Abbildung 24.5 gezeigten) Registerkarte erlauben Ihnen zu steuern, welchen Benutzern der Zugriff über öffentliche Computer gewährt wird. Diese Einstellungen treten in Kraft, wenn Benutzer während des Anmeldevorgangs die Option Dies ist ein öffentlicher oder freigegebener Computer auswählen.

    - **Dateizugriff für private Computer** Die Optionen auf dieser Registerkarte erlauben Ihnen zu steuern, welchen Benutzern der Zugriff über private Computer gestattet wird. Diese Einstellungen treten in Kraft, wenn Benutzer während des Anmeldevorgangs die Option Dies ist ein privater Computer auswählen.

    - **Remotedateiserver** Die Optionen auf dieser Registerkarte erlauben Ihnen, die Dateiserver anzugeben, auf die Benutzer von Remotestandorten aus zugreifen dürfen oder für die Sie diese Art des Zugangs untersagen wollen.

Kapitel 24 Microsoft Outlook WebAccess

Abbildg. 24.5 Die Registerkarte **Dateizugriff für öffentliche Computer**

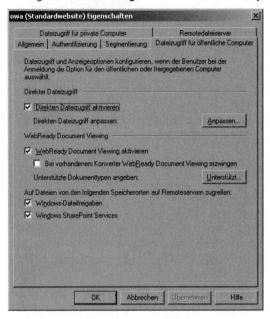

Folgende Optionen befinden sich auf den einzelnen Registerkarten:

- **Direkten Dateizugriff aktivieren**   Wird dieses Kontrollkästchen aktiviert, dürfen die Benutzer Dateien öffnen, die sich auf Windows-Dateiservern befinden oder in Windows SharePoint Services-Repositorys gespeichert sind. Mit der Schaltfläche **Anpassen** neben dieser Option öffnen Sie ein Fenster (siehe Abbildung 24.6), in dem Sie detailliert festlegen können, auf welche Dateitypen ein OWA-Remotezugriff durch die Benutzer erfolgen darf (siehe Abbildung 24.7). Klicken Sie auf die entsprechende Schaltfläche, um die zugelassenen und blockierten Dateitypen festzulegen. Klicken Sie auf **Speichern erzwingen**, damit die Benutzer bestimmte Dateien vor dem Öffnen lokal speichern müssen.

- **WebReady Document Viewing aktivieren**   WebReady Document Viewing ist eine neue Funktion von OWA 2007 und bietet den Benutzern die Möglichkeit, Dokumente, z.B. Word-Dokumente und Excel-Tabellen, im OWA-Fenster zu betrachten. WebReady Document Viewing wird auch zum Lesen von Anlagen in OWA verwendet. Die Benutzer können damit alle unterstützten Dokumente einsehen, selbst wenn die Anwendung, mit der sie erstellt wurden, auf dem Clientcomputer nicht installiert ist.

- **Bei vorhandenem Konverter WebReady Document Viewing erzwingen**   Diese Option zwingt die Benutzer, Anlagen sowie andere Dateien und Dokumente erst mit WebReady Document Viewing zu betrachten, bevor sie die Datei oder das Dokument in der gewohnten Anwendung öffnen dürfen. Erst danach ist es dem Benutzer gestattet, das Dokument herunterzuladen und zu öffnen.

- **Auf Dateien von den folgenden Speicherorten auf Remoteservern zugreifen: Windows-Dateifreigaben**   Aktivieren Sie dieses Kontrollkästchen, um OWA-Benutzern den Zugriff auf die Dateispeicherorte auf Windows-Dateifreigaben zu erlauben.

- **Auf Dateien von den folgenden Speicherorten auf Remoteservern zugreifen: Windows SharePoint Services**   Aktivieren Sie dieses Kontrollkästchen, um OWA-Benutzern den Zugriff auf Dateispeicherorte in Repositorys von Windows SharePoint Services zu erlauben.

Abbildg. 24.6 Die Einstellungen für den direkten Dateizugriff

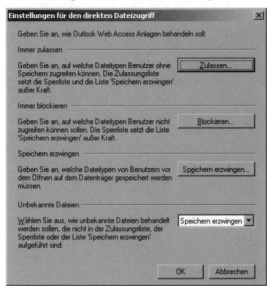

Abbildg. 24.7 Die Seite **Zulassungsliste**

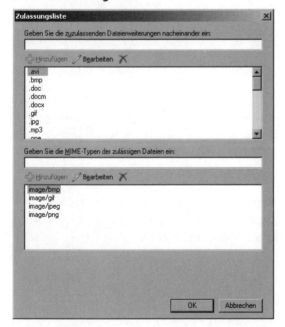

Wenn Sie beispielsweise den OWA-Zugriff auf Ihre Dateiserver und SharePoint Services-Repositorys nur für Benutzer deaktivieren wollen, die sich über öffentliche Terminals anmelden, deaktivieren Sie auf der Registerkarte **Dateizugriff für öffentliche Computer** das Kontrollkästchen **Direkten Dateizugriff aktivieren**.

Kapitel 24 Microsoft Outlook WebAccess

> **Verwaltungsshell**
>
> Wie Sie wahrscheinlich erwarten, können Sie diese Optionen für den OWA-Dateizugriff auch mithilfe der Exchange-Verwaltungsshell bearbeiten. Um den OWA-Zugriff auf Dateiserver und SharePoint Services-Repositorys für Benutzer zu deaktivieren, die sich von öffentlichen Terminals aus anmelden, verwenden Sie den folgenden Befehl:
>
> ```
> Set-OwaVirtualDirectory -identity "owa (Standardwebsite)"
>   -WebReadyDocumentViewingPublicComputersEnabled $false
> ```
>
> Ersetzen Sie »**owa (Standardwebsite)**« durch den Namen Ihres OWA-Verzeichnisses, wobei es sich bei dem aufgeführten Namen um das bei der Installation der Funktion Clientzugriffsserver vorgegebene Standardverzeichnis handelt.
>
> Als weitere konfigurierbare Parameter sind folgende zu nennen:
>
> - **DirectFileAccessOnPrivateComputersEnabled**   Legt fest, ob Sie den direkten Dateizugriff für Benutzer, die sich von einem privaten Computer aus anmelden, überhaupt unterstützen.
> - **DirectFileAccessOnPublicComputersEnabled**   Legt fest, ob Sie den direkten Dateizugriff für Benutzer, die sich von einem öffentlichen Computer aus anmelden, überhaupt unterstützen.
> - **ForceWebReadyDocumentViewingFirstOnPrivateComputers**   Legt fest, ob auf privaten Computern zunächst WebReady Document Viewing erzwungen wird.
> - **ForceWebReadyDocumentViewingFirstOnPublicComputers**   Legt fest, ob auf öffentlichen Computern zunächst WebReady Document Viewing erzwungen wird.
> - **UNCAccessOnPrivateComputersEnabled**   Legt fest, ob Sie den OWA-Zugriff auf Windows-Dateiserver für Benutzer gestatten, die sich von privaten Terminals aus anmelden.
> - **UNCAccessOnPublicComputersEnabled**   Legt fest, ob Sie den OWA-Zugriff auf Windows-Dateiserver für Benutzer gestatten, die sich von öffentlichen Terminals aus anmelden.
> - **WebReadyDocumentViewingPrivateComputersEnabled**   Legt fest, ob Sie WebReady Document Viewing auf privaten Computern zulassen.

Die letzte Hauptregisterkarte, **Remotedateiserver** (siehe Abbildung 24.8), bietet Ihnen die Möglichkeit zu steuern, welche Server für Benutzer zugänglich sind, die sich über OWA anmelden. Vielleicht besitzen Sie einen Server mit besonders heiklen Dokumenten, die Sie nur Benutzern innerhalb Ihres Netzwerks zugänglich machen wollen.

Auf dieser Registerkarte stehen die folgenden vier Optionen zur Verfügung:

- **Sperrliste**   Klicken Sie auf **Blockieren**, um Server hinzuzufügen, die von OWA aus nicht zugänglich sein sollten. Das Fenster **Sperrliste** sehen Sie in Abbildung 24.9.
- **Zulassungsliste**   Klicken Sie auf **Zulassen**, um Server hinzuzufügen, die von OWA aus zugänglich sein sollten.
- **Unbekannte Server**   Mit der Option **Unbekannte Server** können Sie entscheiden, wie Sie Anforderungen an Server behandeln wollen, die nicht in der Sperr- oder Zulassungsliste stehen. Standardmäßig ist OWA so konfiguriert, dass der Zugriff auf alle unbekannten Server gestattet ist. Mithilfe des Dropdown-Listenfelds können Sie dieses Verhalten ändern. Falls Sie beschließen, den Zugriff auf unbekannte Server zu sperren, sollten Sie sicherstellen, dass Server in die Zulassungsliste eingefügt werden, da sonst der OWA-Remotedateizugriff praktisch deaktiviert würde.
- **Konfigurieren**   Die Schaltfläche **Konfigurieren** befindet sich neben der Option **Geben Sie die Domänensuffixe ein, die als intern behandelt werden sollen** und bietet Raum, um eine Liste von

Domänenensuffixen anzulegen. Dieser Liste können auch vollqualifizierte Domänennamen (Fully Qualified Domain Names, FQDNs) hinzugefügt werden, sodass sie als intern behandelt werden.

Abbildg. 24.8 Die Registerkarte **Remotedateizugriff**

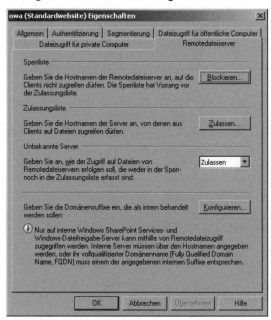

Abbildg. 24.9 Das Fenster **Sperrliste**

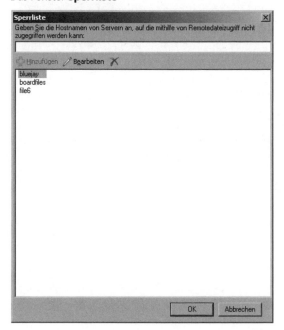

Die OWA-Segmentierung

Die OWA-Segmentierung bietet die Möglichkeit, einzelne OWA-Funktionen in der Browserschnittstelle des Benutzers gezielt zu aktivieren oder zu deaktivieren. Das gilt zum Beispiel für Kalenderfunktionen, Kontakte und Öffentliche Ordner. Die Segmentierung kann benutzer- oder serverweise erfolgen. Bei auftretenden Konflikten heben die Benutzereinstellungen die Servereinstellungen auf.

Die Segmentierung ist hilfreich, wenn Sie die Clientfunktionen zu Schulungszwecken oder aufgrund anderer organisationsspezifischer Richtlinien einschränken, für bestimmte Funktionen einen Aufpreis berechnen oder Leistungsbeeinträchtigungen des Servers, des Netzwerks oder einer langsamen WAN-Verbindung durch bestimmte Funktionen verringern wollen.

In früheren Versionen von Exchange stand die Segmentierung zwar zur Verfügung, erforderte aber entweder Änderungen an der Registrierung oder die Installation zusätzlicher Verwaltungssoftware. Eine Matrix denkbarer Segmentierungswerte wurde verwendet, wobei jeder Wert für eine Teilmenge möglicher OWA-Funktionen stand. In Exchange Server 2007 hat sich die Verwaltung der Segmentierung geändert. Das soll allerdings nicht unbedingt heißen, dass sie einfacher geworden ist. Sie benötigen allerdings keinen Registrierungs-Editor oder zusätzliche Administrationstools mehr. Sie können alles von der Exchange-Verwaltungskonsole und der Exchange-Verwaltungsshell aus erledigen.

Die Segmentierungseinstellungen auf der Grundlage eines virtuellen OWA-Verzeichnisses zu ändern, ist der einfache Teil. Die Segmentierungseinstellungen für einzelne Benutzer zu ändern, ist jedoch immer noch recht mühsam. Beginnen wir mit dem einfachen Thema. Um die Segmentierungseinstellungen für ein virtuelles Verzeichnis zu ändern, gehen Sie wie folgt vor:

1. Öffnen Sie die Exchange-Verwaltungskonsole.
2. Wählen Sie Serverkonfiguration und dann Clientzugriff.
3. Wählen Sie den Clientzugriffsserver mit der zu ändernden OWA-Instanz aus.
4. Klicken Sie mit der rechten Maustaste auf owa (Standardwebsite) und wählen Sie Eigenschaften aus dem Kontextmenü.
5. Klicken Sie auf der Seite Eigenschaften auf die Registerkarte Segmentierung (siehe Abbildung 24.10).
6. Wählen Sie das zu ändernde Feature sowie Aktivieren oder Deaktivieren aus.
7. Klicken Sie auf OK, wenn Sie fertig sind.

Nachdem Sie die globalen OWA-Segmentierungseinstellungen geändert haben, stehen die deaktivierten Funktionen in OWA nicht mehr zur Verfügung. In Abbildung 24.11 können Sie sehen, wie sich die Deaktivierung von Features mithilfe der Registerkarte **Segmentierung** auswirkt. Die OWA-Standardordnergruppe des Benutzers weist nun erhebliche Abweichungen auf, da nur noch die Optionen **Posteingang**, **Kalender**, **Kontakte** und **Dokumente** zur Verfügung stehen, während **Aufgaben**, **Journal**, **Notizen** und andere Ordner nicht erscheinen, weil sie in der Exchange-Verwaltungskonsole deaktiviert wurden. Selbst der Bereich **Optionen** wird eingeschränkt, wenn Sie die Segmentierung anwenden. Auch die Optionen für deaktivierte Features werden im Fenster **Optionen** nicht mehr angezeigt.

Abbildg. 24.10 Die Registerkarte **Segmentierung**

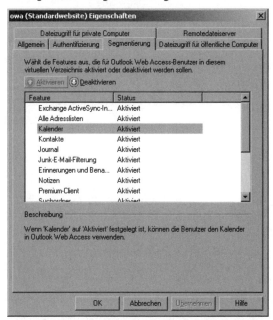

Abbildg. 24.11 Mehrere Ordner, z.B. **Aufgaben**, **Journal** und **Notizen**, werden nach der Deaktivierung nicht mehr angezeigt

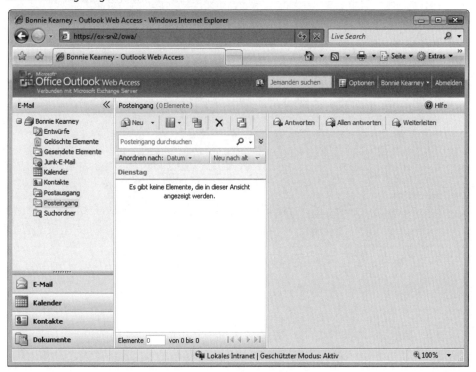

Verwaltungsshell

Falls Sie diese Schnittstelleneinschränkungen benutzerweise aktivieren müssen, so ist dies nur über die Exchange-Verwaltungsshell möglich. Die Exchange-Verwaltungskonsole stellt immer noch keine grafische Möglichkeit bereit, die Segmentierung für einzelne Benutzer zu verwalten. In der Exchange-Verwaltungsshell wird zu diesem Zweck der Befehl **Set-CASMailbox** verwendet. Beachten Sie, dass der Befehl jeweils auf die Verwaltung eines Benutzers beschränkt ist, während nur ein einziger Befehl erforderlich ist, um mehrere Features zu aktivieren oder zu deaktivieren.

Der folgende Befehl deaktiviert den Kalender der Benutzerin Cat Francis sowie den OWA-Premium-Client, sodass sie gezwungen ist, den Light-Client zu verwenden.

```
Set-CASMailbox -identity cat.francis@contoso.com
  -OWACalendarEnabled:$false -OWAPremiumClientEnabled:$false
```

Sie brauchen aber nicht nur darauf zu hoffen, dass Ihr Befehl erfolgreich ausgeführt wurde. Mit dem Befehl **Get-CASMailbox** können Sie überprüfen, bei welchen Benutzern beispielsweise der OWA-Kalender deaktiviert ist. Verwenden Sie dazu einen Filter, wie im nachfolgenden Beispiel gezeigt. Die Ergebnisse sind der Abbildung zu entnehmen.

```
get-CASmailbox | fl identity, OWACalendarEnabled,
  OWAPremiumClientEnabled
```

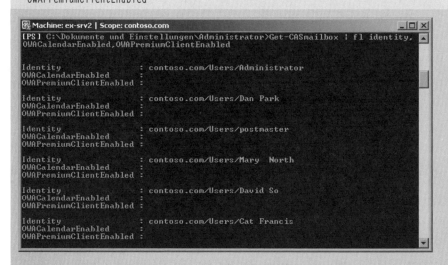

Ist der Platz hinter einem Doppelpunkt leer, verwendet OWA den Standardwert, da kein Wert explizit angegeben wurde. Nachdem Sie einen Wert für einen Benutzer eingegeben haben, z.B. **$false** oder **$true**, spiegelt die Ausgabe des Befehls **get-CASmailbox** diesen Wert wider.

In Tabelle 24.2 finden Sie eine vollständige Liste der OWA-Segmentierungsparameter.

Tabelle 24.2 OWA-Segmentierungsoptionen

Feature	Befehlsname (für den Befehl set-CASmailbox)	Verhalten bei Aktivierung	Verhalten bei Deaktivierung
Exchange ActiveSync-Integration	OWAActiveSyncIntegrationEnabled	Die Benutzer können mithilfe des OWA-Fensters Optionen mobile Geräte verwalten.	Die ActiveSync-Optionen werden auf der Registerkarte Optionen nicht angezeigt.
Alle Adresslisten	OWAAllAddress-ListsEnabled	Der Benutzer kann alle Adresslisten sehen, die in der Exchange-Organisation zur Verfügung stehen.	Der Benutzer kann nur die globale Adressliste sehen.
Kalender	OWACalendarEnabled	Der Benutzer kann seinen Kalender sehen und verwalten.	Der Kalender des Benutzers ist von Outlook Web Access aus nicht zugänglich.
Kontakte	OWAContactsEnabled	Der Benutzer kann seine Kontakte sehen und verwalten.	Die Kontakte des Benutzers sind von Outlook Web Access aus nicht zugänglich.
Journal	OWAJournalEnabled	Der Benutzer kann Journaleinträge sehen und verwalten.	Der Benutzer kann keine Journaleinträge sehen oder verwalten.
Junk-E-Mail-Filterung	OWAJunkEmailEnabled	Die Benutzer können die Einstellungen für Junk-E-Mail in OWA verwalten.	Nur die von einem Administrator oder von Outlook durchgesetzten Junk-E-Mail-Einstellungen werden verwendet. Diese Einstellungen können von OWA aus nicht geändert werden.
Erinnerungen und Benachrichtigungen (nur OWA Premium)	OWARemindersAnd-NotificationsEnabled	Der Benutzer erhält Erinnerungen und Hinweise auf Termine sowie Benachrichtigungen bei neuen Nachrichten.	Der Benutzer erhält keine automatischen Benachrichtigungen.
Notizen (nur Lesezugriff)	OWANotesEnabled	Der Inhalt des Ordners Notizen kann in OWA angezeigt werden.	Der Inhalt des Ordners Notizen kann in OWA nicht angezeigt werden.
Premium-Client	OWAPremiumClient-Enabled	Erlaubt dem Benutzer die Verwendung der erweiterten Funktionalität des OWA-Premium-Clients.	Dem Benutzer steht nur der OWA-Light-Client zur Verfügung.
Suchordner	OWASearchFolders-Enabled	Die Benutzer können das Suchordner-Symbol sehen und diese zeitsparende Möglichkeit nutzen.	Das Suchordner-Symbol ist für den Benutzer sichtbar, die Suchordner selbst sind jedoch nicht verfügbar.

Tabelle 24.2 OWA-Segmentierungsoptionen *(Fortsetzung)*

Feature	Befehlsname (für den Befehl set-CASmailbox)	Verhalten bei Aktivierung	Verhalten bei Deaktivierung
E-Mail-Signatur	OWASignatures-Enabled	Der Benutzer kann das Fenster Optionen zur Verwaltung von E-Mail-Signaturen nutzen.	Der Benutzer ist nicht in der Lage, E-Mail-Signaturen zu verwalten.
Rechtschreibprüfung (nur OWA Premium)	OWASpellChecker-Enabled	Stellt den OWA-Benutzern die Rechtschreibprüfung zur Verfügung.	Die Benutzer können ihre ausgehenden Nachrichten nicht auf Rechtschreibung überprüfen.
Aufgaben (nur OWA Premium)	OWATasksEnabled	Der Benutzer kann seine Aufgabenliste sehen und verwalten.	Die Aufgaben des Benutzers sind von Outlook Web Access aus nicht zugänglich.
Designauswahl (nur OWA Premium)	OWAThemeSelection-Enabled	Gestattet dem Benutzer die Auswahl eines OWA-Designs.	Der Benutzer ist gezwungen, das Standarddesign von OWA zu verwenden.
Unified Messaging-Integration	OWAUMIntegration-Enabled	Erlaubt dem Benutzer, seine Unified Messaging-Einstellungen von OWA aus zu verwalten.	Der Benutzer ist nicht in der Lage, die Unified Messaging-Einstellungen von OWA aus zu verwalten.
Kennwort ändern	OWAChangePassword-Enabled	Der Benutzer kann sein Active Directory-Kennwort von OWA aus ändern.	Eine Änderung des Active Directory-Kennworts ist nicht gestattet.

Aus der Praxis: Wichtige Segmentierungsänderungen in Exchange Server 2007

In älteren Exchange-Versionen mussten Sie ein Active Directory-Feld (**msExchMailboxFolderSet**) ändern, um die Segmentierung für einzelne Benutzer zu verwalten. Dies erforderte den Einsatz von ADSI Edit oder einem Tool von einem Drittanbieter. Wenn Sie das Feld **msExchMailboxFolderSet** auf einen bestimmten Wert setzten, konnten Sie die in diesem Abschnitt erläuterten Änderungen an der Segmentierung vornehmen. Seit der Einführung der Exchange-Verwaltungsshell und des Befehls **set-CASmailbox** ist ADSI Edit nicht mehr erforderlich, kann aber dennoch weiterhin verwendet werden.

OWA-Benutzerfunktionen

In diesem Abschnitt werfen Sie einen kurzen Blick auf die OWA-Benutzeroberfläche. Wenn der Benutzer OWA öffnet, sieht er eine stark an Outlook 2007 erinnernde Standardoberfläche (siehe Abbildung 24.12) mit nebeneinander angeordneten Fenstern. Wer das bisher gewohnte Aussehen von Outlook bevorzugt, kann die vorgegebene Darstellung durch einen Klick auf die Schaltfläche **Lesebereich ein-/ausblenden** ändern.

Abbildg. 24.12 Die standardmäßige OWA-Oberfläche mit eingeblendetem Posteingang

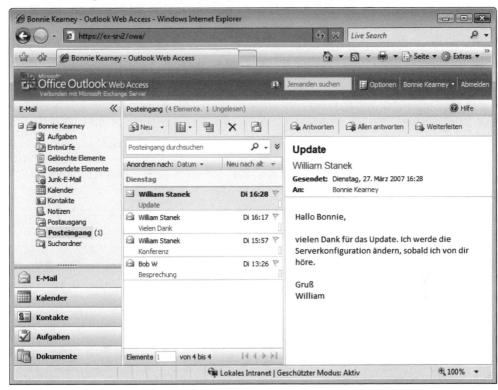

In der OWA-Benutzeroberfläche können die Benutzer folgende Optionen festlegen:
- Abwesenheits-Assistent
- Messaging
- Rechtschreibung
- Nachrichtensicherheit
- Junk-E-Mail- und Datenschutz
- Datums- und Uhrzeitformate
- Kalender
- Erinnerungen
- Kontakte
- Ändern des Kennworts (sofern auf dem Server aktiviert)
- Wiederherstellen gelöschter Objekte

OWA 2007 bietet dem Benutzer einige eindrucksvolle neue Funktionen. In diesem Abschnitt lernen Sie die wichtigste davon kennen – den Remotedokumentzugriff. Einfachere Funktionen wie das Senden oder Empfangen von E-Mails behandeln wir an dieser Stelle nicht.

Die Schaltfläche **Dokumente** in der unteren linken Ecke des OWA 2007-Fensters (siehe Abbildung 24.12) bietet den Benutzern die Möglichkeit, auf Dokumente zuzugreifen, die sich auf einen Windows SharePoint- oder einem regulären Windows-Dateiserver befinden.

Sobald ein Benutzer auf **Dokumente** klickt, erscheint die Option **Pfad öffnen**, wie Sie Abbildung 24.13 entnehmen können. Ein Klick auf diese Option öffnet ein Fenster, das den Benutzer auffordert, die Adresse des SharePoint- oder Windows-Servers anzugeben, mit dem der Benutzer eine Verbindung herstellen möchte. In dieses Adressfeld gibt der Benutzer den Namen der Ressource ein. Für Windows-Dateifreigaben ist die UNC-Konvention gut geeignet. Für den Fall, dass der Benutzer den vollständigen Pfad zum Speicherort des Dokuments nicht kennt, ist ein Suchmechanismus vorgesehen.

Wenn der Benutzer den Dokumentpfad gefunden hat, erscheint eine Liste der an diesem Speicherort verfügbaren Dokumente (siehe Abbildung 24.14). Der Benutzer kann das Dokument in der ursprünglichen Anwendung öffnen, sofern diese auf seinem Computer installiert ist. Andernfalls lässt sich das Dokument mithilfe der neuen OWA-Anwendung WebReady Document Viewing anzeigen.

> **HINWEIS** Weitere Details zur OWA-Benutzeroberfläche werden hier nicht erläutert, doch die neue Dokumentanzeigefunktion ist wichtig und erwähnenswert.

Abbildg. 24.13 Angabe des Pfads zu den gespeicherten Dateien

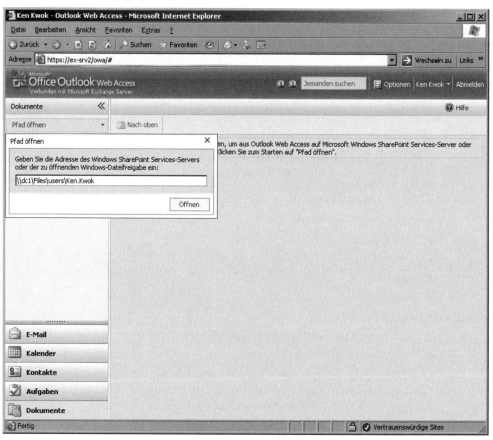

Abbildg. 24.14   Die an dem angegebenen Ort gespeicherten Dateien

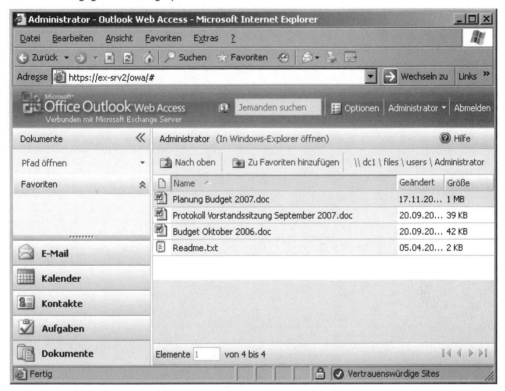

Zusammenfassung

In diesem Kapitel haben Sie etwas über die Funktionen und die Implementierung von OWA sowie über den Schutz von Clienttransaktionen erfahren. Außerdem haben Sie gelernt, wie Sie die OWA-Schnittstelle sowohl auf Server- als auch auf Benutzerebene einschränken können. Im nächsten Kapitel sehen wir uns die verschiedenen Exchange-Protokolle wie PO3, IMAP4 und SMTP an.

Kapitel 25

Unterstützung anderer Clients

In diesem Kapitel:

Post Office Protocol 3   622
Internet Messaging Access Protocol 4   628
Überlegungen zu POP3 und IMAP4   633
Zusammenfassung   634

Kapitel 25 Unterstützung anderer Clients

Dieses Kapitel behandelt die Protokolle POP3 (Post Office Protocol, Version 3) und IMAP4 (Internet Message Access Protocol, Version 4), die beide alternative Wege für E-Mail-Clients darstellen, um Nachrichten von einem E-Mail-Server abzurufen. Auf den ersten Blick scheint die Auseinandersetzung mit grundlegenden Protokollen für Internet-E-Mail ein recht trockener Stoff zu sein. Tatsächlich sind aber gute Kenntnisse der wichtigsten Internetprotokolle eine große Hilfe bei der Fehlersuche und -behebung und erleichtern das Verständnis der Architektur von Microsoft Exchange Server 2007.

POP3 und IMAP4 stellen unterschiedliche Möglichkeiten dar, um auf Postfächer zuzugreifen, die sich auf Postfachservern befinden (das schließt Postfachserver außerhalb Ihres Unternehmens ein). Grundkenntnisse der Vor- und Nachteile der einzelnen Protokolle sind bei der Planung, Implementierung und Fehlerbehebung sehr nützlich.

Post Office Protocol 3

POP3 wurde als Reaktion auf SMTP entwickelt und ist in erster Linie für den Einsatz auf Arbeitsstationen vorgesehen, die nicht über die Ressourcen zur Verwaltung von SMTP-Diensten und Nachrichtenübermittlungssystemen verfügen. Außerdem ist die ständige Verbindung mit dem Netzwerk, die erforderlich ist, damit ein SMTP-Host korrekt arbeiten kann, für Arbeitsstationen in vielen Fällen unpraktisch.

POP3 erlaubt einer Arbeitsstation einen regelmäßigen Zugriff auf den Server, der die E-Mails für sie verwaltet. Es lässt jedoch keine umfangreiche Bearbeitung von E-Mails auf dem Server zu. Stattdessen wird es zum Herunterladen der E-Mails in ein E-Mail-Programm des Clients (wie Microsoft Outlook 2007, Outlook Express, Windows Mail oder Eudora) verwendet. Nach dem Herunterladen werden die Kopien der Nachrichten auf dem Server gelöscht – es sei denn, Sie haben den POP3-Client so eingerichtet, dass eine Kopie auf dem Server erhalten bleibt. POP3 ist ein schnelles und schlankes Protokoll, das ausschließlich zum Abruf von Nachrichten dient. Zum Senden verwendet der POP3-Client eine normale SMTP-Verbindung zum Zielserver oder einem lokalen SMTP-Relayserver. POP3 ist einfach das Verfahren für den Nachrichtenabruf.

POP3 hat sowohl eine Client- als auch eine Serverkomponente. Der Server startet den POP3-Dienst, indem er den TCP-Port 110 überwacht. Wenn ein POP3-Client diesen Dienst verwenden will, stellt er eine TCP-Verbindung mit dem Server her und erhält von ihm eine Begrüßung. Der Client und der Server tauschen anschließend so lange Befehle und Antworten aus, bis die Verbindung entweder beendet oder abgebrochen wird. Genau wie SMTP- können auch POP3-Befehle sowohl groß- als auch kleingeschrieben werden und mehrere Argumente enthalten. Eine POP3-Sitzung durchläuft mehrere Phasen:

1. Nachdem die TCP-Verbindung hergestellt wurde und der POP3-Server eine Begrüßung gesendet hat, beginnt die Autorisierungsphase der Sitzung. Dabei muss sich der Client gegenüber dem POP3-Server identifizieren.
2. Nachdem der Client seine Berechtigung nachgewiesen hat, beginnt die Transaktionsphase der Sitzung. Dabei stellt der Server die Nachrichten für den Client zusammen und sendet sie ihm als Reaktion auf dessen Anforderung zu. Das Postfach des Clients ist gesperrt, um zu verhindern, dass Nachrichten vor der Aktualisierungsphase der Sitzung geändert oder gelöscht werden. In dieser Phase werden zwischen Client und Server normalerweise eine Reihe von Befehlen und Antworten ausgetauscht.

Wenn der Client den Befehl **QUIT** ausgibt, beginnt die Aktualisierungsphase, in welcher der POP3-Server Ressourcen freigibt, die er im Namen des Clients verwaltet, und eine Abschiedsmeldung sendet. Anschließend werden die Nachrichten auf dem Server gelöscht und die TCP-Sitzung beendet.

In Tabelle 25.1 sehen Sie eine Zusammenstellung der POP3-Befehle.

Tabelle 25.1   Zusammenstellung der POP3-Befehle

Befehl	Beschreibung
USER	Gibt den Benutzernamen für das Postfach an.
PASS	Gibt das Kennwort für das Postfach an.
STAT	Fordert Daten über die Anzahl und Gesamtgröße der Nachrichten an.
LIST	Listet den Index und die Größe der einzelnen Nachrichten auf.
RETR	Ruft die angegebenen Nachrichten ab.
DELE	Löscht die angegebene Nachricht.
NOOP	Keine Aktion erforderlich
RSET	Macht die Löschaktion rückgängig.
QUIT	Aktualisiert (übernimmt) die Löschung einer Nachricht (Commit) und beendet die Verbindung.

Die Verwaltung von POP3 in Exchange Server 2007 kann nur mit der Exchange-Verwaltungsshell bewerkstelligt werden. Es gibt keine Methode zur Konfiguration von POP3 über eine grafische Benutzeroberfläche. Außerdem ist der POP3-Dienst nach der ersten Installation von Exchange Server 2007 standardmäßig deaktiviert. Daher müssen Sie POP3 aktivieren und entscheiden welche Benutzer die Möglichkeit erhalten sollen, E-Mails von Ihren Servern abzurufen, und welchen dies nicht gestattet wird.

POP3 aktivieren

Den POP3-Dienst für Ihre Benutzer zu aktivieren ist tatsächlich sehr einfach und kann über zwei Wege erreicht werden. Zum einen können Sie die Exchange-Verwaltungsshell benutzen, die in diesem Buch ausführlich behandelt wurde. Zum anderen können Sie den Microsoft Exchange POP3-Dienst der Konsole **Dienste** der Systemsteuerung starten. Bedenken Sie, dass Sie auch den automatischen Start des POP3-Dienstes einrichten müssen, wenn Sie den Dienst über die Systemsteuerung starten.

Verwaltungsshell

Da Sie nicht über die Exchange-Verwaltungskonsole auf POP3 zugreifen können, stellt Microsoft ein administratives Verfahren über die Exchange-Verwaltungsshell bereit. Um den POP3-Dienst von der Exchange-Verwaltungsshell aus zu starten, verwenden Sie folgende Befehle:

```
set-service msExchangePOP3 -startuptype automatic
start-service -service msExchangePOP3
```

Bedenken Sie, dass Sie diese Befehle von dem Clientzugriffsserver aus ausführen müssen, mit dem sich die Clients verbinden sollen. Standardmäßig startet der POP3-Dienst auf TCP-Port 110 für unverschlüsselte Kommunikation und auf Port 995 für verschlüsselten Datenverkehr

POP3 verwalten

Nachdem Sie den POP3-Dienst auf Ihrem Clientzugiffsserver aktiviert haben, können alle Benutzer POP3 verwenden, um ihre E-Mails vom Server abzurufen. Seien Sie sich jedoch folgender Aspekte bewusst, bevor Sie fortfahren.

Der POP3-Dienst von Exchange Server 2007 ist standardmäßig so konfiguriert, dass er nur sichere Verbindungen akzeptiert. Wenn Sie einen POP3-Client so installieren, wie Sie es immer machen, haben Sie gute Chancen, mit einer Fehlermeldung begrüßt zu werden, die sich etwa wie folgende liest: »Befehl ist in diesem Zustand ungültig.«. Grundsätzlich besagt diese Nachricht, dass Sie keine Klartextanmeldungen zum POP3-Servercomputer senden können, da dieser eine sichere Anmeldung über SSL erwartet.

Sie haben zwei Möglichkeiten, um dies zu reparieren:

1. Richten Sie den Exchange Server 2007-POP3-Server so ein, dass er Klartextanmeldungen akzeptiert.
2. Wenn möglich, konfigurieren Sie Ihren POP3-Client so, dass er eine sichere Authentifizierung über SSL verwendet. Dies ist die bevorzugte Methode, da sie den höchsten Grad an Sicherheit bietet.

> **Verwaltungsshell**
>
> Die Verwaltung des POP3-Dienstes ist zurzeit ausschließlich mit der Exchange-Verwaltungsshell möglich. Wenn Sie einen Client haben, der nicht für die Bereitstellung einer sicheren Verbindung konfiguriert werden kann, ändern Sie die Einstellungen des POP3-Servers so, dass dieser Klartextanmeldungen akzeptiert. Verwenden Sie dafür den Befehl **Set-PopSetting** wie folgt:
>
> ```
> Set-PopSettings -LoginType PlainTextLogin
> ```
>
> Starten Sie den POP3-Dienst nach jeder Konfigurationsänderung neu, damit die Anpassungen aktiviert werden.
>
> ```
> restart-service -service msExchangePOP3
> ```

HINWEIS Egal wie stark Sie sich anstrengen, Sie können POP3 nicht für das Administratorpostfach verwenden. Aus Sicherheitsgründen deaktiviert Microsoft diese Art des Zugriffs für das wichtigste Verwaltungskonto. Wenn Sie also schon bei dem Versuch verzweifeln, POP3 zum Laufen zu bekommen und bereits Klartextanmeldungen erlaubt haben, stellen Sie sicher, dass Sie dies mit einem anderen Konto als dem des Administrators testen.

Den POP3-Zugriff einschränken

Angesichts der sorgfältigen Nachrichtenverfolgung in unseren Tagen und unserer prozessfreudigen Gesellschaft werden Sie bestimmten Personen (wie beispielsweise leitenden Angestellten) nicht erlauben wollen, ihre Nachrichten vom Server nehmen zu können.

Um dieses Ziel zu erreichen, können Sie den POP3-Zugriff auf Postfächer benutzerweise deaktivieren. Auch dies können Sie nur mit der Exchange-Verwaltungsshell erreichen, da es noch kein Tool zu Verwaltung von POP3 gibt, das mit einer grafischen Benutzeroberfläche ausgestattet ist.

> **Verwaltungsshell**
>
> Wie der eigentliche POP3-Dienst wird auch die Zugriffsverwaltung dafür mit der Exchange-Verwaltungsshell durchgeführt. Standardmäßig kann POP3 von allen Benutzern eingesetzt werden. Verwenden Sie den Befehl **set-CASMailbox**, um den Benutzerzugriff über das POP3-Protokoll zu verwalten. Folgender Befehl wird zur Deaktivierung des Benutzerzugriffs über POP3 verwendet:
>
> ```
> set-CASMailbox -identity cat.francis@contoso.com -POPEnabled:$false
> ```
>
> Umgekehrt reaktiviert folgender Befehl den Benutzerzugriff über POP3:
>
> ```
> set-CASMailbox -identity cat.francis@contoso.com -POPEnabled:$true
> ```
>
> Mit folgendem Befehl können Sie überprüfen, ob Exchange Ihre Konfigurationsänderungen akzeptiert hat:
>
> ```
> get-CASMailbox -identity cat.francis@contoso.com
> ```
>
> Der folgende Bildschirm zeigt Ihnen die Ergebnisse des Befehls **get-CASMailbox** für den Benutzer an, bei dem POP3 deaktiviert war.
>
> Der Name »cat.francis@contoso.com« wird nur als Beispiel verwendet. Stellen Sie bei Ihrer Arbeit sicher, dass Sie den Namen eines Benutzers aus Ihrem Unternehmen verwenden. Nachdem Sie Konfigurationsänderungen an dem POP3-Server vorgenommen haben, starten Sie ihn neu, damit Ihre Änderungen übernommen werden. Um den Server mithilfe der Verwaltungsshell neu zu starten, verwenden Sie folgenden Befehl:
>
> ```
> restart-service -service msExchangePOP3
> ```

Weitere POP3-Parameter

Exchange Server 2007 stellt eine Reihe von konfigurierbaren Parametern für den POP3-Dienst bereit. Geben Sie den Befehl **get-PopSettings** in der Exchange-Verwaltungsshell ein, um einen vollständigen Überblick über die Konfiguration des POP3-Dienstes zu erhalten. Abbildung 25.1 gibt Ihnen ein Beispiel, wie das Ergebnis aussehen kann.

Der komplementäre Befehl zu **get-popsettings**, **set-popsettings** (den Sie bereits früher in diesem Kapitel gesehen haben), ist das Medium, durch das Sie als Administrator Veränderungen an den POP3-Einstellungen vornehmen können. Um beispielsweise die Anzahl der maximal zugelassenen Verbindungen zu Ihrem POP3-Server von den voreingestellten 2000 auf 5000 zu erhöhen, geben Sie **set-popsettings -maxconnections 5000** ein. Gewöhnlich zeigt die Exchange-Verwaltungsshell nicht an, ob Ihr Befehl erfolgreich ausgeführt wurde, teilt Ihnen aber mit, wenn Sie einen Fehler gemacht haben. Tabelle 25.2 bietet Ihnen eine vollständige Übersicht der konfigurierbaren Parameter, die im POP3-Server von Exchange Server 2007 enthalten sind.

Zwar bietet Exchange Server 2007 keine grafische Benutzerschnittstelle zur Verwaltung von POP-Einstellungen, doch ist auch nur sehr wenig zu tun außer zu Anfang den POP3-Servers zu aktivieren und sicherzustellen, dass sich Ihre Clients per POP3 verbinden können. Schwieriger ist die Entscheidung, wer diesen Dienst nutzen darf.

Kapitel 25 Unterstützung anderer Clients

Abbildg. 25.1 POP3-Einstellungen in Exchange Server 2007

Tabelle 25.2 Liste der Parameter für **Set-PopSettings**

Parameter	Standard	Mögliche Werte	Beschreibung
Authenticated-ConnectionTimeout *Wert*	1800 s	30 – 86.400 s	Legt fest, wie lange abgewartet wird, bevor eine ruhende, authentifizierte Verbindung geschlossen wird.
Banner *Zeichenfolge*			Legt die Banner-Zeichenfolge fest, die angezeigt wird, nachdem eine Verbindung zu einem Clientzugriffsserver hergestellt wurde.
CalendarItem-RetrievalOption	iCalendar	iCalendar, intranetUrl, InternetUrl, Custom	Legt die Art des Kalenderobjekts fest, das zurückgegeben wird, wenn über POP3 auf den Kalender zugegriffen wird.
DomainController *Zeichenfolge*			Dient zur Spezifizierung des vollqualifizierten Domänennamens (Fully Qualified Domain Name, FQDN) des Domänencontrollers, der Daten vom Active Directory-Dienst abruft.

Tabelle 25.2 Liste der Parameter für **Set-PopSettings** *(Fortsetzung)*

Parameter	Standard	Mögliche Werte	Beschreibung
Instance			Der Parameter **Instance** ermöglicht Ihnen, ein gesamtes Objekt zur Verarbeitung an den Befehl zu übergeben. Er wird hauptsächlich in Skripts verwendet, in denen ein ganzes Objekt an den Befehl übergeben werden muss.
LoginType	SecureLogin	PlainTextLogin, PlainTextAuthentication, SecureLogin	Legt die Authentifizierungseinstellungen für den Clientzugriffsserver fest, der den POP3-Dienst ausführt.
MaxCommandSize *Wert*	40 Byte	40 – 1024 Byte	Legt die maximale Größe eines einzelnen Befehls fest.
MaxConnectionFromSingleIP *Wert*	20 Verbindungen	1 – 1000 Verbindungen	Legt die Anzahl die Verbindungen fest, die ein Server von einer einzelnen IP-Adresse akzeptiert.
MaxConnections *Wert*	2000 Verbindungen	1 – 25.000 Verbindungen	Legt die Anzahl der Verbindungen fest, die ein Server akzeptiert. Dies umfasst authentifizierte und nicht authentifizierte Verbindungen.
MaxConnectionsPerUser *Wert*	10 Verbindungen	1 – 1000 Verbindungen	Legt die maximale Anzahl der Verbindungen fest, die der Clientzugriffsserver von einem einzelnen Benutzer akzeptiert.
MessageRetrievalMimeFormat	BestBodyFormat	TextOnly, HtmlOnly, HtmlAndTextAlternative, TextEnrichedOnly, TextEnrichedAndTextAlternative, BestBodyFormat	Legt das Format der Nachrichten fest, die vom Server abgerufen werden.
MessageRetrievalSortOrder	Descending	Ascending, Descending	Legt die Reihenfolge fest, in der die abgerufenen Nachrichten sortiert werden.
OwaServerUrl *Zeichenfolge*			Legt den Clientzugriffsserver fest, von dem Kalenderinformationen für Instanzen von benutzerdefinierten Outlook Web Access-Kalenderobjekten abgerufen werden.
preAuthenticatedConnectionTimeout *Wert*	60 s	10 – 3.600 s	Legt fest, wie lange abgewartet wird, bevor eine ruhende, nicht authentifizierte Verbindung geschlossen wird.
ProxyTargetPort *Wert*	110		Legt den Port auf dem Back-End-Computer mit Exchange Server 2003 fest, zu dem der POP3-Dienst eines Clientzugriffsservers Befehle übermitteln soll.
Server *Server-ID*			Legt einen einzelnen Clientzugriffsserver in Ihrer Organisation fest, für den Sie die POP3-Einstellungen bestimmen.

Tabelle 25.2   Liste der Parameter für **Set-PopSettings** *(Fortsetzung)*

Parameter	Standard	Mögliche Werte	Beschreibung
SSLBindings *Mehrere Zeichenfolgen*	995		Wenn dieser Parameter ausgeführt wird, gibt das Commandlet den IP-Port zur Verwendung durch eine SSL-Sitzung zurück.
UnencryptedOrTLS-Bindings *Mehrere Zeichenfolgen*	110		Legt den IP-Port zur Kommunikation über die verschlüsselte oder unverschlüsselte TLS-Verbindung (Transport Layer Security) fest.
X509CertificateName *Zeichenfolge*	Servername		Legt den Hostnamen im SSL-Zertifikat des zugehörigen Betreff-Felds fest.

Internet Messaging Access Protocol 4

Wird eine Nachricht mittels POP3 von einem Server heruntergeladen, so wird sie danach standardmäßig vom Server gelöscht, es sei denn, der Benutzer hat seinen E-Mail-Client anders konfiguriert. Dies ist ein Nachteil für all diejenigen Benutzer, die keine feste Arbeitsstation haben, weil die Nachrichten nur auf dem Computer vorhanden sind, auf den sie heruntergeladen wurden. Es wurde mit dem Ziel entwickelt, die Nachrichten auf dem Server zu belassen und den Remotezugriff darauf zu gestatten. IMAP4 erweitert die Funktionalität von POP3 und ermöglicht sowohl die Offline- als auch die Onlinespeicherung von Nachrichten.

IMAP4 erlaubt außerdem die benutzergesteuerte Speicherung von E-Mail- und Nicht-Mail-Nachrichten. Das Protokoll gestattet den Benutzern außerdem die Verwaltung der eigenen Konfigurationen und die gemeinsame Nutzung von Postfächern. Mithilfe von IMAP4 kann ein Benutzer Nachrichten auf dem Server so bearbeiten wie in einem lokalen Postfach – anders als bei POP3, das eigentlich nicht mehr kann, als Nachrichten von einem POP3-Server in ein lokales Postfach zu kopieren.

Tabelle 25.3   IMAP4-Befehle

Befehl	Beschreibung
CAPABILITY	Fordert eine Liste der Serverfunktionen an.
AUTHENTICATE	Zeigt einen Authentifizierungsmechanismus an.
LOGIN	Identifiziert einen Client mit Benutzernamen und Kennwort.
SELECT	Legt fest, welches Postfach verwendet werden soll.
EXAMINE	Legt ein Postfach im schreibgeschützten Modus fest.
CREATE	Erstellt ein Postfach.
DELETE	Löscht ein Postfach.
RENAME	Weist einem Postfach einen neuen Namen zu.
SUBSCRIBE	Fügt dem Satz aktiver Postfächer auf dem Server ein weiteres hinzu.
UNSUBSCRIBE	Entfernt ein Postfach aus dem Satz aktiver Postfächer auf dem Server.
LIST	Listet eine Gruppe oder Untergruppe von Postfächern auf.
LSUB	Listet abonnierte Postfächer auf.
STATUS	Ruft den Status eines Postfachs ab.

Tabelle 25.3 IMAP4-Befehle *(Fortsetzung)*

Befehl	Beschreibung
APPEND	Nimmt eine Nachricht in das Postfach auf.
CLOSE	Führt noch ausstehende Löschoperationen durch und schließt ein Postfach.
EXPUNGE	Führt noch ausstehende Löschoperationen durch.
SEARCH	Durchsucht ein Postfach nach Nachrichten, die einem bestimmten Kriterium entsprechen.
FETCH	Ruft bestimmte Teile des Textkörpers einer angegebenen Nachricht ab.
STORE	Ändert die Daten bestimmter Nachrichten in einem Postfach.
COPY	Kopiert eine Nachricht in ein anderes Postfach.
NOOP	Keine Aktion erforderlich.
LOGOUT	Beendet die Verbindung.

IMAP4 aktivieren

Wie POP3 ist auch der IMAP-Server von Exchange Server 2007 nicht automatisch aktiv. Es ist aber einfach, den Dienst zu starten – entweder können Sie dies über die Konsole **Dienste** in der Systemsteuerung oder mithilfe der Exchange-Verwaltungsshell erreichen. Bedenken Sie, dass Sie auch den automatischen Start des IMAP4-Dienstes einrichten müssen, wenn Sie den Dienst über die Systemsteuerung starten. Der vollständige Name des Dienstes lautet Microsoft Exchange IMAP4.

Verwaltungsshell

Da Sie nicht über die Exchange-Verwaltungskonsole auf IMAP4 zugreifen können, stellt Microsoft ein administratives Verfahren über die Exchange-Verwaltungsshell bereit. Um den IMAP4-Dienst von der Exchange-Verwaltungsshell aus zu starten, verwenden Sie folgende Befehle:

set-service msExchangeImap4 -startuptype automatic

start-service -service msExchangeImap4

Bedenken Sie, das Sie diese Befehle von dem Clientzugriffsserver aus ausführen müssen, mit dem sich die Clients verbinden sollen. Standardmäßig startet der IMAP4-Dienst auf TCP-Port 143 für unverschlüsselte Kommunikation und auf Port 993 für verschlüsselten Datenverkehr.

IMAP4 verwalten

Nach der Aktivierung von IMAP4 auf Ihrem Clientzugriffsserver können alle Benutzer das Protokoll für die Verwaltung ihrer serverbasierten E-Mails verwenden, es sei denn, Sie nehmen anderweitige Einstellungen vor. Seien Sie sich jedoch folgender Aspekte bewusst, bevor Sie fortfahren.

Der IMAP4-Dienst von Exchange Server 2007 ist standardmäßig so konfiguriert, dass er nur sichere Verbindungen akzeptiert. Wenn Sie zum ersten Mal einen IMAP4-Client einrichten, haben Sie gute Chancen, mit einer Fehlermeldung begrüßt zu werden, die anzeigt, dass die Anmeldung auf dem IMAP4-Server fehlgeschlagen ist. Diese Nachricht besagt, dass Sie keine Klartextanmeldungen zum IMAP4-Server senden können, da dieser eine sichere Anmeldung über SSL erwartet.

Kapitel 25 Unterstützung anderer Clients

Sie haben zwei Möglichkeiten, um dieses zu reparieren:

1. Richten Sie den Exchange Server 2007-IMAP4-Server so ein, dass er Klartextanmeldungen akzeptiert.
2. Wenn möglich, konfigurieren Sie Ihren IMAP4-Client so, dass er eine sichere Authentifizierung über SSL verwendet. Dies ist definitiv die bevorzugte und sicherere Methode, jedoch unterstützen nicht alle IMAP4-Clients SSL.

Verwaltungsshell

Auch die Verwaltung von IMAP4 erfolgt ausschließlich durch die Exchange-Verwaltungsshell. Wenn Sie einen Client haben, der nicht für eine sichere Verbindung konfiguriert werden kann, ändern Sie die Einstellungen des IMAP4-Servers so, dass dieser Klartextanmeldungen akzeptiert. Verwenden Sie dafür den Befehl **Set-IMAPSetting** wie folgt:

```
Set-IMAPSettings -LoginType PlainTextLogin
```

Starten Sie den IMAP4-Dienst nach jeder Konfigurationsänderung neu, damit die Anpassungen aktiviert werden.

```
restart-service -service msExchangeIMAP4
```

HINWEIS   Genau wie im Fall von POP3 können Sie IMAP4 nicht für das Postfach des Administrators verwenden. Microsoft erachtet dies als Sicherheitsschwäche und hat diese Möglichkeit daher deaktiviert. Wenn Sie also schon bei dem Versuch verzweifeln, IMAP4 zum Laufen zu bringen, und bereits Klartextanmeldungen erlaubt haben, stellen Sie sicher, dass Sie dies mit einem anderen Konto als dem des Administrators testen.

Den IMAP4-Zugriff einschränken

Größtenteils erfordert IMAP4 nur wenig Administration, mit der Ausnahme, dass Sie den Dienst starten. Nachdem Sie den IMAP4-Dienst auf Ihrem Clientzugiffsserver aktiviert haben, können alle Benutzer das Protokoll verwenden, um ihre E-Mails vom Server abzurufen. Genau wie bei POP3 erlaubt die standardmäßige Konfiguration von IMAP4 allen Benutzern die Verwendung des Dienstes. Mithilfe des Befehls **set-CASMailbox** können Sie die Möglichkeit, IMAP4 zu verwenden, für einzelne Benutzer aktivieren oder deaktivieren.

Verwaltungsshell

Sie verwalten den Zugriff auf den IMAP4-Dienst mit der Exchange-Verwaltungsshell. Standardmäßig kann IMAP von allen Benutzern eingesetzt werden. Verwenden Sie den Befehl **set-CASMailbox**, um den Benutzerzugriff über das IMAP4-Protokoll zu verwalten. Folgender Befehl wird zur Deaktivierung des Benutzerzugriffs über IMAP4 verwendet:

```
set-CASMailbox -identity cat.francis@contoso.com -ImapEnabled:$false
```

Umgekehrt reaktiviert folgender Befehl den Benutzerzugriff über IMAP4:

```
set-CASMailbox -identity cat.francis@contoso.com -ImapEnabled:$true
```

Mit folgenden Befehl können Sie überprüfen, ob Exchange Ihre Konfigurationsänderungen akzeptiert hat:

```
get-CASMailbox -identity cat.francis@contoso.com
```

Verwaltungsshell

Die folgende Grafik zeigt die Ausgabe dieses Befehls.

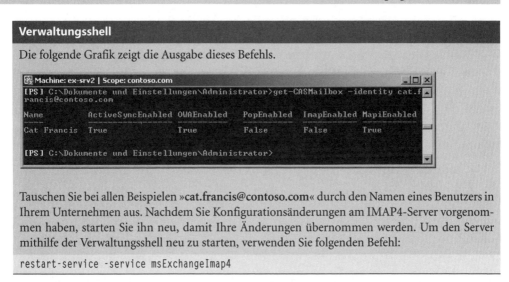

Tauschen Sie bei allen Beispielen »cat.francis@contoso.com« durch den Namen eines Benutzers in Ihrem Unternehmen aus. Nachdem Sie Konfigurationsänderungen am IMAP4-Server vorgenommen haben, starten Sie ihn neu, damit Ihre Änderungen übernommen werden. Um den Server mithilfe der Verwaltungsshell neu zu starten, verwenden Sie folgenden Befehl:

```
restart-service -service msExchangeImap4
```

Exchange Server 2007 stellt eine Reihe von konfigurierbaren Parametern für den IMAP4-Dienst bereit. Geben Sie den Befehl **get-imapsettings** in der Exchange-Verwaltungsshell ein, um einen vollständigen Überblick über die Konfiguration des IMAP4-Dienstes zu erhalten. Abbildung 25.2 gibt Ihnen ein Beispiel, wie das Ergebnis aussehen kann.

Abbildg. 25.2 IMAP4-Einstellungen in Exchange Server 2007

Kapitel 25 Unterstützung anderer Clients

Der komplementäre Befehl zu **get-imapsettings** ist **set-imapsettings** und stellt den Weg dar, um Änderungen an IMAP4 vorzunehmen. Wenn Sie beispielsweise ändern möchten, wie der IMAP4-Server Kalender behandelt, geben Sie den Befehl **set-imapsettings -CalendarItemRetrievalOption IntranetURL** ein. Gewöhnlich zeigt die Exchange-Verwaltungsshell nicht an, ob Ihr Befehl erfolgreich ausgeführt wurde, teilt Ihnen aber mit, wenn Sie einen Fehler gemacht haben. Tabelle 25.4 bietet Ihnen eine vollständige Übersicht der konfigurierbaren Parameter, die im IMAP4-Server von Exchange Server 2007 enthalten sind.

Tabelle 25.4 Liste der Parameter für **Set-ImapSettings**

Parameter	Standard	Mögliche Werte	Beschreibung
Authenticated-ConnectionTimeout *Wert*	1.800 s	30 – 86.400 s	Legt fest, wie lange abgewartet wird, bevor eine ruhende, authentifizierte Verbindung geschlossen wird.
Banner *Zeichenfolge*			Legt die Banner-Zeichenfolge fest, die angezeigt wird, nachdem eine Verbindung zu einem Clientzugriffsserver hergestellt wurde.
CalendarItem-RetrievalOption	iCalendar	iCalendar, intranetUrl, InternetUrl, Custom	Legt die Art des Kalenderobjekts fest, das zurückgegeben wird, wenn auf den Kalender über IMAP4 zugegriffen wird.
DomainController *Zeichenfolge*			Dient zur Spezifizierung des vollqualifizierten Domänennamens (Fully Qualified Domain Name, FQDN) des Domänencontrollers, der Daten vom Active Directory-Dienst abruft.
Instance			Der Parameter **Instance** ermöglicht, Ihnen ein gesamtes Objekt zur Verarbeitung an den Befehl zu übergeben. Er wird hauptsächlich in Skripts verwendet, in denen ein ganzes Objekt an den Befehl übergeben werden muss.
LoginType	SecureLogin	PlainTextLogin, PlainTextAuthentication, SecureLogin	Legt die Authentifizierungseinstellungen für den Clientzugriffsserver fest, der den IMAP4-Dienst ausführt.
MaxCommandSize *Wert*	40 Byte	40 – 1024 Byte	Legt die maximale Größe eines einzelnen Befehls fest.
MaxConnection-FromSingleIP *Wert*	20 Verbindungen	1 – 1000 Verbindungen	Legt die Anzahl der Verbindungen fest, die ein Server von einer einzelnen IP-Adresse akzeptiert.
MaxConnections *Wert*	2000 Verbindungen	1 – 25.000 Verbindungen	Legt die Anzahl der Verbindungen fest, die ein Server akzeptiert. Dies umfasst authentifizierte und nicht authentifizierte Verbindungen.
MaxConnectionsPerUser *Wert*	10 Verbindungen	1 – 1000 Verbindungen	Legt die maximale Anzahl der Verbindungen fest, die der Clientzugriffsserver von einem einzelnen Benutzer akzeptiert.

Tabelle 25.4 Liste der Parameter für **Set-ImapSettings** *(Fortsetzung)*

Parameter	Standard	Mögliche Werte	Beschreibung
MessageRetrieval-MimeFormat	BestBody-Format	TextOnly, HtmlOnly, HtmlAndTextAlternative, TextEnrichedOnly, TextEnrichedAndText-Alternative, BestBody-Format	Legt das Format der Nachrichten fest, die vom Server abgerufen werden.
MessageRetrievalSortOrder	Descending	Ascending, Descending	Legt die Reihenfolge fest, in der die abgerufenen Nachrichten sortiert werden.
OwaServerUrl *Zeichenfolge*			Legt den Clientzugriffsserver fest, von dem Kalenderinformationen für Instanzen von benutzerdefinierten Outlook Web Access-Kalenderobjekten abgerufen werden.
preAuthenticated-ConnectionTimeout *Wert*	60 s	10 – 3.600 s	Legt fest, wie lange abgewartet wird, bevor eine ruhende, nicht authentifizierte Verbindung geschlossen wird.
ProxyTargetPort *Wert*	43		Legt den Port auf dem Back-End-Computer mit Exchange Server 2003 fest, zu dem der IMAP4-Dienst eines Clientzugriffsservers Befehle übermitteln soll.
Server *Server-ID*			Legt einen einzelnen Clientzugriffsserver in Ihrer Organisation fest, für den Sie IMAP4-Einstellungen bestimmen.
SSLBindings *Mehrere Zeichenfolgen*	993		Wenn dieser Parameter ausgeführt wird, gibt das Commandlet den IP-Port zur Verwendung durch eine SSL-Sitzung zurück.
UnencryptedOrTLS-Bindings *Mehrere Zeichenfolgen*	143		Legt den IP-Port zur Kommunikation über die verschlüsselte oder unverschlüsselte TLS-Verbindung (Transport Layer Security) fest.
X509CertificateName *Zeichenfolge*	Servername		Legt den Hostnamen im SSL-Zertifikat des zugehörigen Betreff-Felds fest.

Überlegungen zu POP3 und IMAP4

Es gibt einige Dinge, die Sie bedenken sollten, wenn es um die Verwaltung von POP3 und IMAP4 auf Ihrem Exchange Server 2007-Computer geht. Denken Sie erstens daran, dass Sie sich beim Testen der Verbindungen zwischen einem Clientcomputer und Ihrem Server nicht mit dem integrierten Administratorkonto auf dem PO3-/IMAP4-Server von Exchange Server 2007 anmelden können. Aus Sicherheitsgründen hat Microsoft diese Möglichkeit deaktiviert. Zweitens liegt die größte Schwierigkeit, die die meisten Personen mit POP3 und IMAP4 haben, in der voreingestellten Anmeldesicherheit. Standardmäßig sind beide Dienste gesperrt, was bedeutet, dass Sie entweder die serverseitigen Sicherheitsbestimmungen lockern oder die Benutzer dazu auffordern müssen, Clients zu verwenden, die höhere Sicherheitsstufen unterstützen. Drittens müssen Sie absolut sichergehen, dass Sie den

Kapitel 25 Unterstützung anderer Clients

POP3- oder den IMAP4-Dienst neu starten, nachdem Sie Konfigurationsänderungen vorgenommen haben. Solche Fehler können in einem ersten Durchlauf zu vielen Problemen führen. Leider kommt es vor, dass sogar Autoren von Computerbüchern diesen entscheidenden Schritt vergessen. Ein Autor vergaß während des ersten Durchlaufs zu diesem Kapitel, seine Dienste neu zu starten, und handelte sich so selbst einige Stunden Herzklopfen ein.

Schließlich sollten Sie auch die richtigen Ports der Firewalls geöffnet haben, damit Benutzer sich mittels POP3 oder IMAP4 mit Ihrem Exchange Server-Computer verbinden können. Wenn Sie sichere Clients benötigen, nutzt POP3 TCP-Port 995, während IMAP4 Port 993 verwendet. Für ungesicherte oder Klartext-Clients verwendet POP3 Port 110 und IMAP4 Port 143.

Zusammenfassung

In diesem Kapitel haben Sie etwas über die Grundlagen von SMTP, POP3 und IMAP erfahren. Sie haben gelernt, wie die häufig verwendeten Befehle dieser Protokolle zu verstehen sind und wie Sie die Interaktion zwischen Client und Server zur Fehlersuche und -behebung protokollieren können.

Teil H
Anhänge

In diesem Teil:

Anhang A	Die Verzeichnisstruktur von Exchange Server 2007	637
Anhang B	Benachrichtigungscodes für den Übermittlungsstatus	639
Anhang C	Standardspeicherorte für Protokolldateien	643
Anhang D	Standardmäßige Grade der Diagnostikprotokollierung für Exchange-Prozesse	645

Anhang A

Die Verzeichnisstruktur von Exchange Server 2007

Anhang A Die Verzeichnisstruktur von Exchange Server 2007

In Tabelle A.1 finden Sie die Namen der wichtigsten Exchange-Verzeichnisse und -Unterverzeichnisse, die während der Installation angelegt werden, zusammen mit einer kurzen Erläuterung ihrer Verwendung. Die Verzeichnisnamen sind relativ zum Exchange-Ordner **\Programme\Microsoft\Exchange Server** angegeben.

Tabelle A.1   Vorgegebene Verzeichnisstruktur von Exchange Server 2007

Verzeichnis	Inhalt
\bin	Ausführbare Exchange-Dateien und Basisdienste.
\bin\Res	DLLs für die Ereignisanzeige und den Systemmonitor.
\clientaccess\autodiscover	Komponenten, die es Outlook 2007-Clients erlauben, eine automatische Suche nach verfügbaren Exchange Server-Computern und Postfächern mit minimaler Benutzereingabe durchzuführen.
\clientaccess\exchweb	Komponenten von Microsoft Outlook Web Access.
\clientaccess\OAB	Komponenten für die Synchronisation von Offlineadressbüchern.
\clientaccess\OWA	Komponenten von Microsoft Outlook Web Access.
\clientaccess\PopImap	Komponenten für den Zugriff über POP3 und IMAP4.
\clientaccess\sync	Komponenten für die Synchronisation von Offlineordnern.
\logging	Speicherung verschiedener Exchange Server 2007-Protokolldateien. Weitere Informationen finden Sie in Anhang C, »Standardspeicherorte für Protokolldateien«.
\mailbox	Datenbankdateien des Informationsspeichers (**Priv.edb**, **Priv.stm**, **Pub.edb**, **Pub.stm**).
\Mailbox\Schema	XML-Dateien zur Unterstützung der Exchange-Erweiterungen des Active Directory-Schemas.
\scripts	Skripts für die Commandlets der Exchange-Verwaltungshell.
\Transport Roles	Protokolle für die Nachrichtenverfolgung und die Exchange-Nachrichtenwarteschlangen.
\Unified Messaging	Komponenten für die Unified-Messaging-Rolle.
\working	Arbeitsverzeichnis für die Nachrichtenübertragung.

Anhang B

Benachrichtigungscodes für den Übermittlungsstatus

Anhang B Benachrichtigungscodes für den Übermittlungsstatus

Selbst in sehr gut geplanten und verwalteten Microsoft Exchange-Umgebungen kann es vorkommen, dass Nachrichten ihren Weg durch das System nicht finden und nicht übermittelt werden können. In einem solchen Fall gibt Exchange Server 2007 (wie andere Postfachserver) einen Unzustellbarkeitsbericht (Non-Delivery Report, NDR) an den Absender und wahlweise auch an den Administrator zurück. Obwohl es selten ist, dass NDRs von internen Übertragungen (also Nachrichten zwischen Empfängern in derselben Organisation) generiert werden, ist es doch möglich. Es ist aber wahrscheinlicher, dass NDRs von Nicht-Exchange-Mailservern außerhalb der Exchange Organisation erstellt werden. Das Verständnis der Struktur und der Kodierung eines Unzustellbarkeitsberichts hilft zu ermitteln, wo bei der Nachrichtenübermittlung ein Problem auftritt.

Wie in diesem Buch beschrieben, handelt es sich bei Unzustellbarkeitsberichten um Systemnachrichten, die den Absender über den Übermittlungsstatus seiner E-Mails aufklären. (Die Struktur dieser Berichte ist in RFC 1893 definiert.) Sie bilden eine Teilklasse der allgemeinen Nachrichteninformationsstruktur, die als Übermittlungszustandsbenachrichtigung (Delivery Status Notification, DSN) bekannt ist. Ein Unzustellbarkeitsbericht trägt einen dreistelligen DSN-Code, z.B. 4.4.1, der den aufgetretenen Fehler genauer angibt, wobei jede einzelne Ziffer bestimmte Informationen enthält. Die erste Stelle steht für eine der drei folgenden Grundbedingungen:

- 2.x.x

  Erfolgreiche Übermittlung

- 4.x.x

  Beständiger vorübergehender Übertragungsfehler

- 5.x.x

  Dauerhafter Fehler

Tabelle B.1 führt die zweite und dritte Stelle mit ihrer Bedeutung auf. So bedeutet der Code 4.4.1 z.B. einen beständigen vorübergehenden Fehler aufgrund der Tatsache, dass der Host, dem die Nachricht gesendet wurde, nicht antwortet.

Tabelle B.1 Benachrichtigungscodes für den Übertragungsstatus

Code	Beschreibung
x.1.0	Anderer Adressstatus
x.1.1	Fehlerhafte Ziel-Postfachadresse
x.1.2	Fehlerhafte Ziel-Systemadresse
x.1.3	Fehlerhafte Syntax der Ziel-Postfachadresse
x.1.4	Mehrdeutige Ziel-Postfachadresse
x.1.5	Gültige Ziel-Postfachadresse
x.1.6	Postfach wurde verschoben
x.1.7	Fehlerhafte Syntax der Absender-Postfachadresse
x.1.8	Fehlerhafte Absender-Systemadresse
x.2.0	Anderer oder nicht definierter Postfachstatus
x.2.1	Postfach ist deaktiviert oder nimmt keine Nachrichten an
x.2.2	Postfach voll
x.2.3	Nachrichtenlänge übersteigt administrativen Grenzwert
x.2.4	Problem mit der Mailinglistenerweiterung

Tabelle B.1 Benachrichtigungscodes für den Übertragungsstatus *(Fortsetzung)*

Code	Beschreibung
x.3.0	Anderer oder nicht definierter Mailsystemstatus
x.3.1	Mailsystem voll
x.3.2	System nimmt keine Netzwerknachrichten an
x.3.3	System unterstützt die ausgewählte Funktion nicht
x.3.4	Nachricht zu groß für das System
x.4.0	Anderer oder nicht definierter Netzwerk- oder Routingstatus
x.4.1	Keine Antwort vom Host
x.4.2	Fehlerhafte Verbindung
x.4.3	Routingserverfehler
x.4.4	Routing nicht möglich
x.4.5	Netzwerkstau
x.4.6	Routingschleife entdeckt
x.4.7	Übertragungszeit abgelaufen
x.5.0	Anderer oder nicht definierter Protokollstatus
x.5.1	Ungültiger Befehl
x.5.2	Syntaxfehler
x.5.3	Zu viele Empfänger
x.5.4	Ungültige Befehlsargumente
x.5.5	Falsche Protokollversion
x.6.0	Anderer oder nicht definierter Medienfehler
x.6.1	Medium nicht unterstützt
x.6.2	Konvertierung erforderlich, aber unzulässig
x.6.3	Konvertierung erforderlich, aber nicht unterstützt
x.6.4	Konvertierung mit Verlust durchgeführt
x.6.5	Konvertierung fehlgeschlagen
x.7.0	Anderer oder nicht definierter Sicherheitsstatus
x.7.1	Übertragung nicht autorisiert, Nachricht abgelehnt
x.7.2	Mailinglistenerweiterung verboten
x.7.3	Sicherheitskonvertierung erforderlich, aber nicht möglich
x.7.4	Sicherheitsfunktionen nicht unterstützt
x.7.5	Kryptografischer Fehler
x.7.6	Kryptografischer Algorithmus nicht unterstützt
x.7.7	Nachrichtenintegritätsfehler

Anhang C
Standardspeicherorte für Protokolldateien

Anhang C Standardspeicherorte für Protokolldateien

Tabelle C.1 zeigt die voreingestellten Speicherpositionen der wichtigsten Protokolldateien von Exchange Server 2007.

Tabelle C.1 Speicherorte der Protokolldateien von Exchange Server 2007

Protokoll	Standardspeicherort
Agent-Protokolle	C:\Programme\Microsoft\Exchange Server\TransportRoles\Logs\AgentLog
Konnektivitätsprotokolle	C:\Programme\Microsoft\Exchange Server\TransportRoles\Logs\Connectivity
Diagnostikprotokollierung	Anwendungsprotokoll in der Windows-Ereignisanzeige
Protokoll des virtuellen HTTP-Servers	C:\WINDOWS\System32\LogFiles\HttpSvc#\in*yymmdd*.log
Nachrichtenverfolgung	C:\Programme\Microsoft\Exchange Server\TransportRoles\Logs\Message Tracking
Protokollprotokollierung	C:\Programme\Microsoft\Exchange Server\TransportRoles\Logs\ProtocolLog
Routingtabellenprotokollierung	C:\Programme\Microsoft\Exchange Server\TransportRoles\Logs\Routing
Setupprotokolle	C:\ \Exchange Setup Logs\
Ablaufverfolgungs-Protokolle	C:\Programme\Microsoft\Exchange Server\Logging\TraceLogs
Transaktionsprotokolle	C:\Programme\Microsoft\Exchange Server\mailbox*Speichergruppe*

Anhang D

Standardmäßige Grade der Diagnostikprotokollierung für Exchange-Prozesse

Anhang D Standardmäßige Grade der Diagnostikprotokollierung für Exchange-Prozesse

Tabelle D.1 zeigt die Exchange-Prozesse an, für die Sie den Grad der Diagnostikprotokollierung anpassen können, und den voreingestellten Protokollierungsgrad.

Tabelle D.1 Ereignistypen in der Ereignisanzeige

Exchange-Prozess	Voreingestellter Protokollierungsgrad
MSExchange ActiveSync\Requests	Lowest
MSExchange ActiveSync\Configuration	Lowest
MSExchange ADAccess\Topology	Low
MSExchange ADAccess\Validation	Low
MSExchange Antispam\General	Lowest
MSExchange Assistants\Assistants	Lowest
MSExchange Autodiscover\Core	Lowest
MSExchange Autodiscover\Web	Lowest
MSExchange Autodiscover\Provider	Lowest
MSExchange Availability\Availability Service	Lowest
MSExchange Availability\Availability Service General	Lowest
MSExchange Availability\Availability Service Authentication	Lowest
MSExchange Availability\Availability Service Authorization	Lowest
MSExchange Cluster\Move	Lowest
MSExchange Cluster\Upgrade	Lowest
MSExchange Cluster\Action	Lowest
MSExchange Common\General	Lowest
MSExchange Common\Configuration	Lowest
MSExchange Common\Logging	Lowest
MSExchange Extensibility\Transport Address Book	Lowest
MSExchange Extensibility\MExRuntime	Lowest
MSExchange EdgeSync\Synchronization	Lowest
MSExchange EdgeSync\Topology	Lowest
MSExchange EdgeSync\SyncNow	Lowest
MSExchange TransportService\TransportService	Lowest
MSExchange Web Services\Core	Lowest
MSExchange IMAP4\General	Lowest
MSExchange Messaging Policies\Journaling	Lowest
MSExchange Messaging Policies\AttachFilter	Lowest
MSExchange Messaging Policies\AddressRewrite	Lowest
MSExchange Messaging Policies\Rules	Lowest
MSExchange Messaging Policies\Prelicensing	Lowest
MSExchange Antispam Update\HygieneUpdate	Lowest
MSExchange Management Application\Shell	Lowest

Standardmäßige Grade der Diagnostikprotokollierung für Exchange-Prozesse

Tabelle D.1 Ereignistypen in der Ereignisanzeige *(Fortsetzung)*

Exchange-Prozess	Voreingestellter Protokollierungsgrad
MSExchange Management Application\Console	Lowest
MSExchange OWA\FormsRegistry	Lowest
MSExchange OWA\Core	Lowest
MSExchange OWA\Configuration	Lowest
MSExchange OWA\Themes	Lowest
MSExchange OWA\SmallIcons	Lowest
MSExchange OWA\Proxy	Lowest
MSExchange OWA\Transcoding	Lowest
MSExchange OWA\ADNotifications	Lowest
MSExchange POP3\General	Lowest
MSExchange Process Manager\ProcessManager	Lowest
MSExchange Repl\Service	Lowest
MSExchange Repl\Exchange VSS Writer	Lowest
MSExchange Search Indexer\General	Lowest
MSExchange Search Indexer\Configuration	Lowest
MSExchange Store Driver\General	Lowest
MSExchange System Attendant Mailbox\General	Lowest
MSExchange Topology\Topology Discovery	Lowest
MSExchange Unified Messaging\UMWorkerProcess	Lowest
MSExchange Unified Messaging\UMCore	Lowest
MSExchange Unified Messaging\UMManagement	Lowest
MSExchange Unified Messaging\UMService	Lowest
MSExchange Unified Messaging\UMClientAccess	Lowest
MSExchange Unified Messaging\UMCallData	Lowest
MSExchange ADAccess\General	Lowest
MSExchange ADAccess\Cache	Lowest
MSExchange ADAccess\Topology	Lowest
MSExchange ADAccess\Configuration	Lowest
MSExchange ADAccess\LDAP	Lowest
MSExchange ADAccess\Validation	Lowest
MSExchange ADAccess\Recipient Update Service	Lowest
MSExchange ADAccess\Site Update	Lowest
MSExchangeAL\Ldap Operations	Lowest
MSExchangeAL\Service Control	Lowest
MSExchangeAL\Attribute Mapping	Lowest
MSExchangeAL\Account Management	Lowest
MSExchangeAL\Address List Synchronization	Lowest

Anhang D Standardmäßige Grade der Diagnostikprotokollierung für Exchange-Prozesse

Tabelle D.1 Ereignistypen in der Ereignisanzeige *(Fortsetzung)*

Exchange-Prozess	Voreingestellter Protokollierungsgrad
MSExchangeIS\9000 Private\Transport General	Lowest
MSExchangeIS\9000 Private\General	Lowest
MSExchangeIS\9000 Private\Transport Sending	Lowest
MSExchangeIS\9000 Private\Transport Delivering	Lowest
MSExchangeIS\9000 Private\Transfer Into Gateway	Lowest
MSExchangeIS\9000 Private\Transfer Out Of Gateway	Lowest
MSExchangeIS\9000 Private\MTA Connections	Lowest
MSExchangeIS\9000 Private\Logons	Lowest
MSExchangeIS\9000 Private\Access Control	Lowest
MSExchangeIS\9000 Private\Send On Behalf Of	Lowest
MSExchangeIS\9000 Private\Send As	Lowest
MSExchangeIS\9000 Private\Rules	Lowest
MSExchangeIS\9000 Private\Storage Limits	Lowest
MSExchangeIS\9000 Private\Background Cleanup	Lowest
MSExchangeIS\9000 Private\DS Synchronization	Lowest
MSExchangeIS\9000 Private\Views	Lowest
MSExchangeIS\9000 Private\Download	Lowest
MSExchangeIS\9000 Private\Local Replication	Lowest
MSExchangeIS\9001 Public\Transport General	Lowest
MSExchangeIS\9001 Public\General	Lowest
MSExchangeIS\9001 Public\Replication DS Updates	Lowest
MSExchangeIS\9001 Public\Replication Incoming Messages	Lowest
MSExchangeIS\9001 Public\Replication Outgoing Messages	Lowest
MSExchangeIS\9001 Public\Replication NDRs	Lowest
MSExchangeIS\9001 Public\Transport Sending	Lowest
MSExchangeIS\9001 Public\Transport Delivering	Lowest
MSExchangeIS\9001 Public\MTA Connections	Lowest
MSExchangeIS\9001 Public\Logons	Lowest
MSExchangeIS\9001 Public\Access Control	Lowest
MSExchangeIS\9001 Public\Send On Behalf Of	Lowest
MSExchangeIS\9001 Public\Send As	Lowest
MSExchangeIS\9001 Public\Rules	Lowest
MSExchangeIS\9001 Public\Storage Limits	Lowest
MSExchangeIS\9001 Public\Replication Site Folders	Lowest
MSExchangeIS\9001 Public\Replication Expiry	Lowest
MSExchangeIS\9001 Public\Replication Conflicts	Lowest
MSExchangeIS\9001 Public\Replication Backfill	Lowest

Tabelle D.1 Ereignistypen in der Ereignisanzeige *(Fortsetzung)*

Exchange-Prozess	Voreingestellter Protokollierungsgrad
MSExchangeIS\9001 Public\Background Cleanup	Lowest
MSExchangeIS\9001 Public\Replication Errors	Lowest
MSExchangeIS\9001 Public\DS Synchronization	Lowest
MSExchangeIS\9001 Public\Views	Lowest
MSExchangeIS\9001 Public\Replication General	Lowest
MSExchangeIS\9001 Public\Download	Lowest
MSExchangeIS\9001 Public\Local Replication	Lowest
MSExchangeIS\9002 System\Recovery	Lowest
MSExchangeIS\9002 System\General	Lowest
MSExchangeIS\9002 System\Connections	Lowest
MSExchangeIS\9002 System\Table Cache	Lowest
MSExchangeIS\9002 System\Content Engine	Lowest
MSExchangeIS\9002 System\Performance Monitor	Lowest
MSExchangeIS\9002 System\Move Mailbox	Lowest
MSExchangeIS\9002 System\Download	Lowest
MSExchangeIS\9002 System\Virus Scanning	Lowest
MSExchangeIS\9002 System\Exchange Writer	Lowest
MSExchangeIS\9002 System\Backup Restore	Lowest
MSExchangeIS\9002 System\Client Monitoring	Lowest
MSExchangeIS\9002 System\Event History	Lowest
MSExchangeIS\9002 System\Database Storage Engine	Lowest
MSExchangeMailboxAssistants\Service	Lowest
MSExchangeMailboxAssistants\OOF Assistant	Lowest
MSExchangeMailboxAssistants\OOF Library	Lowest
MSExchangeMailboxAssistants\Resource Booking Attendant	Lowest
MSExchangeMailboxAssistants\Email_Lifecycle_Assistant	Lowest
MSExchangeMailSubmission\General	Lowest
MSExchangeMU\General	Lowest
MSExchangeSA\Clean Mailbox	Lowest
MSExchangeSA\NSPI Proxy	Lowest
MSExchangeSA\RFR Interface	Lowest
MSExchangeSA\OAL Generator	Lowest
MSExchangeSA\Proxy Generation	Lowest
MSExchangeSA\RPC Calls	Lowest
MSExchangeSA\RPC-HTTP Management	Lowest
MSExchangeTransport\SmtpReceive	Lowest
MSExchangeTransport\SmtpSend	Lowest

Anhang D Standardmäßige Grade der Diagnostikprotokollierung für Exchange-Prozesse

Tabelle D.1   Ereignistypen in der Ereignisanzeige *(Fortsetzung)*

Exchange-Prozess	Voreingestellter Protokollierungsgrad
MSExchangeTransport\DSN	Lowest
MSExchangeTransport\Routing	Lowest
MSExchangeTransport\Logging	Lowest
MSExchangeTransport\Components	Lowest
MSExchangeTransport\RemoteDelivery	Lowest
MSExchangeTransport\Pickup	Lowest
MSExchangeTransport\Categorizer	Lowest
MSExchangeTransport\PoisonMessage	Lowest
MSExchangeTransport\MessageSecurity	Lowest
MSExchangeTransport\TransportService	Lowest
MSExchangeTransport\Exch50	Lowest
MSExchangeTransport\Process	Lowest
MSExchangeTransport\ResourceManager	Lowest
MSExchangeTransport\Configuration	Lowest
MSExchangeTransport\Storage	Lowest
MSExchangeTransport\Agents	Lowest
MSExchangeFDS\General	Lowest
MSExchangeFDS\FileReplication	Lowest

Glossar

Glossar

Absenderfilterung	Der Absenderfilterungsdienst bearbeitet Nachrichten von bestimmten Absendern außerhalb Ihrer Organisation.
Active Directory	Der Verzeichnisdienst von Microsoft Windows besteht aus einer Gesamtstruktur, einer oder mehreren Domänen, Organisationseinheiten, Containern und Objekten. In Active Directory lassen sich verschiedene Objektklassen darstellen, beispielsweise Benutzer, Gruppen, Computer, Drucker und Anwendungen.
Administrative Gruppe	In Exchange Server 2000 und 2003 können damit mehrere Exchange Server-Computer als eine Einheit verwaltet werden. Administrative Gruppen können Richtlinien, Routinggruppen, Hierarchien öffentlicher Ordner, Monitore, Server, Konferenzdienste und Chat-Netzwerke umfassen. Alle Sicherheitseinstellungen (Berechtigungen) einer administrativen Gruppe werden auch von allen untergeordneten Objekten in der Struktur geerbt. Exchange Server 2007 unterstützt administrative Gruppen nicht mehr.
Aktionsbereich	Abhängig von den Objekten, die in der Konsolenstruktur, im Ergebnisbereich und im Arbeitsbereich angezeigt werden, sind im Aktionsbereich der Exchange-Verwaltungskonsole ausführbare Aktionen aufgelistet.
Aktiv/Passiv-Cluster	Funktioniert gewöhnlich mit einer Anordnung von 2 Knoten, bei der einer der aktive ist und die Kontrolle über das Quorum hat und der andere auf seinen Einsatz wartet. In Exchange Server 2007 wird der passive Knoten mittels Protokollversand und Protokollwiedergabe auf dem Laufenden gehalten.
Aktive Clustered-Mailbox-Funktion (Aktive Postfachcluster-Funktion)	Ein hochverfügbares Postfach, das eine unmittelbar betriebsbereite Reserve für Ihre Postfachdatenbank bietet.
Alias	Ein alternativer E-Mail-Name für einen Benutzer, der zum Senden einer Nachricht verwendet werden kann (besonders von einem auswärtigem System wie dem Internet).
Angepasste Setupdatei	Eine Datei mit einer MSP-Endung wird vom Office Customization Tool erstellt und ermöglicht Ihnen die benutzerdefinierte und automatisierte Installation von Office oder Outlook.
Anlagenfilterung	Bietet die Möglichkeit, potenziell gefährliche Nachrichten und Anlagen zu blockieren und so zu verhindern, dass diese in die Exchange-Organisation eindringen.
Anonyme Authentifizierung	Wird bei der formularbasierten OWA-Authentifizierung verwendet, bietet nur den geringsten Schutz und stellt nur eingeschränkten Zugriff auf bestimmte öffentliche Ordner und Verzeichnisdaten bereit. Sie wird von allen Clients unterstützt und bevorzugt für den allgemeinen öffentlichen Zugriff auf bestimmte öffentliche Ordner verwendet.
Antwortzeit	Die Antwortzeit ist die Zeit, die erforderlich ist, um eine Arbeitseinheit vom Anfang bis zum Ende zu erledigen.

Glossar

Anwendungs-protokoll	Eine Aufzeichnung von Ereignissen, die von Anwendungen hervorgerufen wurden. Alle Dienste von Exchange Server 2007 schreiben ihre Statusinformationen in dieses Protokoll.
Arbeitsbereich	Der Bereich der Exchange-Verwaltungskonsole, in dem Objekte je nach der Serverfunktion angezeigt werden, die Sie im Container **Serverkonfiguration** ausgewählt haben.
Asymmetrische Schlüssel	Ein Verfahren, bei dem der Absender und der Empfänger verschiedene Schlüssel zur Verschlüsselung und Entschlüsselung verwenden. Mit einen öffentlichen Schlüssel werden die Daten verschlüsselt und mit einem privaten wieder entschlüsselt.
Außerdienststellung	Einen Server aus dem Dienst herausnehmen und ihn aus der Exchange-Organisation entfernen.
AutoErmittlungsdienst	Ruft die Angaben ab, die zur Fertigstellung der Konfiguration eines Outlook 2007-Clients notwendig sind.
Benutzer ohne festen Arbeitsplatz	Benutzer ohne festen physischen Arbeitsplatz müssen sich von unterschiedlichen Rechnern aus anmelden können. Für einen solchen Benutzer können Sie ein Profil für Benutzer ohne festen Arbeitsplatz einrichten.
Benutzer	In Active Directory ist ein Benutzer ein Sicherheitsprinzipal (ein Benutzer, der sich in einer Domäne anmelden darf). Benutzer können eine E-Mail-Adresse und ein Exchange-Postfach haben; sie sind dann E-Mail-aktiviert bzw. postfachaktiviert.
Benutzerprinzipalname (User Principal Name, UPN)	Ein Name, der für jedes Objekt im Format *benutzername@DNS_domäne* erstellt wird. Die Benutzer können sich mit diesem Namen anmelden, und Administratoren können bei Bedarf Suffixe dafür definieren.
Besitzer eines Ordners	Ein Benutzer, dem alle Rechte bewilligt werden, einschließlich der Möglichkeit, Berechtigungen zu erteilen.
Best Practices Analyzer	Er untersucht eine Bereitstellung von Exchange Server 2007 automatisch und entscheidet, ob die Konfiguration mit den empfohlenen Vorgehensweisen von Microsoft übereinstimmt.
Blattobjekt	Ein Objekt, dass keine anderen Objekte enthalten kann.
Clientzugriffsserver	Stellt den Zugang zur Exchange-Umgebung für Clients mit Outlook Anywhere, POP3 und IMAP4 bereit.
Commandlets	Eine Verb-Nomen-Paar als Befehl in der in der Exchange-Verwaltungsshell.
Communitys	Siehe Newsgroups.
Container	Ein Objekt, das sowohl andere Container als auch Nicht-Container-Objekte enthalten kann.
Definierter Name	Ein jedem Objekt in Active Directory zugewiesener Name, der angibt, an welcher Stelle der Objekthierarchie das Objekt angesiedelt ist. Definierte Namen sind innerhalb einer Gesamtstruktur immer eindeutig.
Denial-of-Service-Angriffe	Ein Angriff auf ein Netzwerk mit dem Ziel der Unterbrechung der Dienste, die vom Netzwerk oder den Servern bereitgestellt werden.

Diagnostik-protokollierung	Zeigt den Grad der Aufzeichnung von Ereignisprotokollen an, die Exchange-Prozesse hervorrufen. Sie können den Grad der Diagnostikprotokollierung für die meisten Exchange-Prozesse ändern, wenn Sie eine Fehlerbehebung an diesen Prozessen vornehmen müssen.
Digitale Signaturen	Sie ermöglichen die Authentifizierung des Verfassers einer Nachricht, da nur der Absender im Besitz des für die Signatur erforderlichen privaten Schlüssels ist. Die Signatur trägt außerdem zur Datenintegrität bei, da sie einen geschützten Hashwert der Nachricht bildet. Das bedeutet: Das Dokument wird dem Hashvorgang unterworfen und danach mit dem privaten Verschlüsselungsschlüssel des Unterzeichners verschlüsselt. Am Zielort wird es nach einer Überprüfung mit dem öffentlichen Schlüssel des Unterzeichners entschlüsselt.
Digitale Zertifikate	Eine Authentifizierungsmethode, die bei einer PKI-Bereitstellung verwendet wird. Digitale Zertifikate eignen sich besonders zur Authentifizierung von externen Benutzern.
Direkter Dateizugriff	Zu den Funktionen von Outlook Web Access 2007 zählt der direkte Dateizugriff, der Zugriff auf die Dokumente ermöglicht, die sich in der Windows-Dateifreigabe oder im SharePoint-Repository befinden.
Dnsdiag.exe	Ein Werkzeug, das die DNS-Verbindungsfähigkeit eines Computers prüft.
Domain Name System (DNS)	Ein sehr weit verbreitetes, auf Standards basierendes Protokoll, mit dessen Hilfe Clients und Server Namen zu ihren IP-Adressen auflösen können und umgekehrt. In Windows Server 2003 wurde dieses Konzept sogar noch erweitert. Das Betriebssystem stellt einen dynamischen DNS-Dienst (DDNS) zur Verfügung, mit dem sich Clients und Server automatisch in der Datenbank registrieren können, ohne dass ein Administrator manuell Einträge anlegen muss.
Domäne	Die grundlegende Einheit in Active Directory. Eine Domäne besteht aus mehreren Computern mit einer gemeinsamen Verzeichnisdatenbank.
Domänennamen-master	Ein Server, der das Hinzufügen und Entfernen von Domänen in einer Gesamtstruktur steuert. Er ist der einzige Domänencontroller, auf dem Sie Domänen erstellen und löschen können.
Durchsatz	Ein Maß für die Arbeit, die in einer bestimmten Zeiteinheit erledigt wird. Meistens denken wir bei Durchsatz an die Datenmenge, die in einer bestimmten Zeit von einem zum anderen Punkt übertragen werden kann. Das Konzept des Durchsatzes wird jedoch auch bei der Datenbewegung innerhalb eines Computers angewandt.
EdgeSync	Ein Dienst, der die Synchronisation zwischen Hub-Transport-Server- und Edge-Transport-Servern regelt. EdgeSync kopiert die Informationen, die der Edge-Transport-Server zur Ausführung von Antispam- und Nachrichtensicherheitsaufgaben benötigt. Außerdem kopiert er noch die Connectorkonfiguration, die für Aktivierung der Ende-zu-Ende-Nachrichtenübermittlung nötig ist.

Edge-Transport-Server	Im Umkreisnetzwerk Ihres Unternehmens bereitgestellt, handhabt der Edge-Transport-Server alle Nachrichten von außerhalb Ihres Unternehmens. Diese Serverfunktion kümmert sich um Nachrichtensicherheit einschließlich Anlagenfilterung, Verbindungsfilterung, Inhaltsfilterung, Empfängerfilterung, Spam- und Virenschutz und mehr.
Ein-/Ausgaben pro Sekunde (Input/Output Per Second, IOPS)	Das Maß der Informationen, die in oder aus einem System (z.B. einer Festplatte) gelesen oder geschrieben werden.
Einheitlicher Modus (Exchange)	Ein Modus, der zusätzliche Funktionalität in Exchange Server 2007 bereitstellt. Dabei wird älteren Versionen von Exchange Server nicht mehr erlaubt, sich mit der Organisation zu verbinden.
Einheitlicher Modus (Windows)	Bietet die Möglichkeit, universelle Sicherheitsgruppen zu erstellen und Gruppenkonvertierung durchzuführen. Dabei wird allerdings die Möglichkeit augeschlossen, NT-basierte Domänencontroller zur Domäne hinzuzufügen.
Einzelkopiecluster (Single Copy Cluster, SCC)	Ein Server mit aktiver ClusteredMailbox-Funktion, der einen gemeinsam genutzten Speicherbereich in einer Failover-Clusterkonfiguration verwendet, um mehreren Servern die Verwaltung einer einigen Kopie der Speichergruppe zu ermöglichen. Diese Funktion ähnelt der Clusterfunktion in früheren Versionen von Exchange Server.
E-Mail-aktivierter Benutzer	Ein Benutzer, der eine E-Mail-Adresse besitzt und Nachrichten nur empfangen, aber nicht senden kann.
E-Mail-Kontakt	Ein Zeiger auf ein Postfach in einem externen Messagingsystem, das normalerweise von einer Person außerhalb der Organisation verwendet wird.
Empfänger	Ein Objekt im Verzeichnisdienst Active Directory. Diese Objekte verweisen auf Ressourcen, die durch Interaktion mit Exchange Server 2007 Nachrichten empfangen können. Zu diesen Ressourcen zählen beispielsweise die Postfächer im Postfachspeicher, in denen die Benutzer E-Mail-Nachrichten empfangen, und öffentliche Ordner, in denen Informationen für viele Benutzer freigegeben werden.
Empfängeraktualisierungsdienst	Ein ursprünglich mit Exchange Server 2000 eingeführter asynchroner Dienst, der den Bereitstellungsprozess bei jeder Erstellung eines neuen Exchange-Benutzers komplettiert.
Empfängerfilterung	Ermöglicht die Blockierung von eingehenden Nachrichten aus dem Internet für bis zu 800 spezifizierte Benutzer in Ihrer Organisation.
Empfangsconnector	Ein eingehender Verbindungspunkt für SMTP-Verkehr, der zu einem einzelnen Hub- oder Edge-Transport-Server führt. Ein Empfangsconnector ist nur auf dem Server gültig, auf dem er angelegt wurde.
Engpass	Eine Überbeanspruchung einer Ressource. Engpässe machen sich durch lange Antwortzeiten bemerkbar, und Sie sollten sie stets als Überbeanspruchung einer Ressource ansehen. Engpässe aufzuspüren ist für die Optimierung der Systemleistung äußerst wichtig.

Ereignisanzeige	Eine grafische Schnittstelle für die Anzeige von Ereignisprotokollen, die von Windows und anderen Anwendungen generiert werden. Ereignisprotokolle enthalten normale informative Ereignisse ebenso wie Fehler und Warnungen, was die Ereignisanzeige besonders nützlich für die Fehlerbehebung macht.
Ergebnisbereich	Der Bereich in der Exchange-Verwaltungskonsole, der Objekte anzeigt, die den in der Struktur markierten Container widerspiegeln.
Eseutil.exe	Ein Werkzeug, mit dem Sie bei beendetem Informationsspeicherdienst eine Exchange-Datenbank defragmentieren können.
Exchange Load Generator	Simuliert Messaginganforderungen, um die Auswirkung von MAPI-Clients auf Exchange Server-Computer zu messen.
Exchange Server 2007-IP-Zuverlässigkeitsfilter	Eine IP-Sperrliste die ausschließlich für Kunden von Exchange Server 2007 verfügbar ist. Premium-Antispamdienste enthalten automatische Aktualisierungen für diesen Filter.
Exchange-Cache-Modus	Speichert eine Kopie Ihres Exchange-Postfachs in einer Offlinedatei (Offline Storage, OST) auf dem lokalen Computer. Ist ein Clientcomputer offline, schaltet Outlook 2007 automatisch in den getrennten Modus um, in dem regelmäßig versucht wird, die Verbindung wiederherzustellen. In der Zwischenzeit stehen dem Benutzer die Daten aus der OST-Datei zur Verfügung.
Exchange-Verwaltungskonsole	Eine grafische Verwaltungsschnittstelle von Exchange Server 2007.
Exchange-Verwaltungsshell	Stellt eine leistungsfähige Befehlszeilenschnittstelle zur Ausführung und Automatisierung administrativer Aufgaben bereit.
Extensible Storage Engine (ESE)	Ein System zur Transaktionsprotokollierung, das im Falle eines Systemabsturzes oder beim Ausfall eines Datenträgers die Integrität und Konsistenz der Daten sicherstellt. ESE bildet die Grundlage der Exchange-Serverarchitektur.
Failover	Unvorhergesehenes Ereignis, bei dem Ihr aktiver Knoten oder Speicher aus irgendeinem Grund seinen Dienst versagt. Wenn dies bei einer Hochverfügbarkeitslösung eintritt, sollte der Prozess entweder automatisch oder manuell auf den passiven Knoten oder Speicher ausweichen. Bei einem Failover treten für oftmals Verluste auf, da einige Daten während des Wiederherstellungsprozesses verloren gehen können.
Filever.exe	Ein Werkzeug, das unterschiedliche Versionen von EXE- und DLL-Dateien anzeigt.
Formularbasierte Authentifizierung	Die formularbasierte Authentifizierungsmethode von OWA speichert den Benutzernamen und das Kennwort in einem Cookie anstatt im Browser. Diese Authentifizierungsmethode ist nicht standardmäßig aktiviert.
Fortlaufende Clusterreplikation (Continuous Cluster Replication, CCR)	Ein Cluster mit mehreren Knoten bietet Redundanz, sowohl für die Daten als auch für die Systemressourcen Ihres Exchange-Postfachservers. Zwei Server werden in einer Aktiv/Passiv-Konfiguration eingesetzt, wobei ein Replikat der Daten vom aktiven zum passiven Knoten übertragen und wiedereingespielt wird.

Glossar

Fortlaufende Clusterreplikation (Continuous Cluster Replication, CCR)	Die fortlaufende Clusterreplikation ähnelt der lokalen fortlaufenden Replikation bis auf den Umstand, dass die Datenbankkopie auf einem anderen Server gespeichert ist, entweder im selben oder in einem anderen Datencenter.
Front-End/Back-End	Eine Exchange-Konfiguration (in Exchange Server 2003), in der die Clients zum Abrufen von Zusammenarbeitsinformationen (Collaboration) auf eine Reihe von Protokollservern (das Front-End) zugreifen. Diese wiederum stehen mit Datenspeichern auf davon getrennten Servern (dem Back-End) in Verbindung, um die Daten abzurufen.
Gateway	Eine Verbindung zwischen zwei verschiedenen Systemen.
Gesamtstruktur	Eine Gruppe von Domänen und Domänenstrukturen. Die Gesamtstruktur wird in der Regel nach der ersten in ihr installierten Domäne benannt. Alle Domänencontroller innerhalb einer Gesamtstruktur haben dieselben Konfigurations- und Schemanamenspartitionen.
Global eindeutiger Bezeichner (Globally Unique Identifier, GUID)	Ein Attribut, das aus einer garantiert eindeutigen 128-Bit-Zahl besteht. Es wird von Anwendungen eingesetzt, die mit einem konstanten Bezeichner auf Objekte zugreifen müssen. Der GUID wird einem Objekt sofort bei seiner Erstellung zugewiesen und verändert sich niemals, selbst wenn das Objekt in andere Container derselben Domäne verschoben wird.
Globale Adressliste	Die Liste aller Exchange Server-Empfänger in der gesamten Exchange-Organisation. In Exchange werden die Namen der Empfänger im System in Adresslisten gespeichert und geordnet.
Globaler Katalogserver	Auf diesem Server sind ein vollständiges Replikat der Konfigurations- und der Schemanamenspartition einer Active Directory-Gesamtstruktur, ein vollständiges Replikat der Domänennamenspartition, in der der Server installiert ist, sowie ein teilweises Replikat aller anderen Domänen der Gesamtstruktur gespeichert. Der globale Katalog kennt alle anderen Objekte in der Gesamtstruktur und führt alle in seinem Verzeichnis auf. Allerdings kennt er möglicherweise nicht alle Attribute (beispielsweise den Titel und die Postanschrift eines Benutzers) der Objekte in anderen Domänen.
Grundlast	Eine Messung eines Systems über einen bestimmten Zeitraum, die später mit nachfolgenden Messungen verglichen werden kann, um eventuelle Abweichungen festzustellen.
Gruppe	Ein in Active Directory definiertes Objekt, das andere Objekte wie Benutzer, Kontakte und möglicherweise auch andere Gruppen enthält. Es gibt Verteilergruppen und Sicherheitsgruppen. Nach dem Bereich, den sie umfassen, unterscheidet man zwischen lokalen, Domänen- und universellen Gruppen.
Hohe Verfügbarkeit	Das Konzept der redundanten Bereitstellung Ihrer Ressourcen. Im Falle des Exchange Server 2007 gibt es hohe Verfügbarkeit in mehreren Formen, die jeweils eine andere Methodik aufweisen und verschiedene Grade des Erfolgs bei einem Failover bieten.

Glossar

Hub-Transport Server	Die Verantwortlichkeiten der Hub-Transport Serverfunktion schließen die Nachrichtenzustellung zu lokalen Empfängerpostfächern, zu Empfängern in Active Directory-Remotestandorten und zu Postfächern ein, die sich auf Servern mit früheren Versionen von Exchange befinden (dies geschieht mithilfe von besonderen Connectors).
IMAP4 (Internet Message Access Protocol version 4)	Dieses Protokoll wurde mit dem Ziel entwickelt, die Nachrichten auf dem Server zu belassen und den Remotezugriff darauf zu gestatten. IMAP4 erweitert die Funktionalität von POP3 und ermöglicht sowohl die Offline- als auch die Onlinespeicherung von Nachrichten.
Indikatoren	Im Snap-In **Systemmonitor** enthaltene Maße für einzelne Aspekte eines Objektes.
Infrastrukturmaster	Ein Domänencontroller, der alle Verweise zwischen Gruppen und Benutzern aufzeichnet, wenn Benutzer und Gruppe nicht derselben Domäne angehören.
Inhaltsfilterung	Ein Dienst, der eingehende Nachrichten prüft und über die Wahrscheinlichkeit entscheidet, ob sie legitim oder als Spam einzustufen sind. Die Inhaltsfilterung verwendet eine statistisch signifikante Auswahl von Nachrichten, um die Bestimmung vorzunehmen und dadurch die Wahrscheinlichkeit von Fehlentscheidungen zu verringern.
Instanz	Ein bestimmtes einzelnes Auftreten eines Indikators im Systemmonitor. Wenn Sie beispielsweise zwei Festplatten in einem Computer verwenden, kann ein Indikator für ein festplattenbasiertes Objekt zwei Instanzen haben – eine für jede Festplatte.
Integrierte Windows-Authentifizierung	Wird mit der formularbasierten Authentifizierung von OWA verwendet und bedeutet, dass die Clients Internet Explorer 5 oder eine spätere Version nutzen. Sie führt die Authentifizierung mithilfe von Kerberos durch und bietet das höchste Sicherheitsniveau. Hierbei wird das Kennwort nicht als Klartext übertragen, sondern verschlüsselt, sodass ein potenzieller Angreifer die Kennwortpakete zwar abhören, das Kennwort aber nicht lesen kann.
Internetinformationsdienste (Internet Information Services, IIS)	Ein Webserver, der zuverlässige und verwaltbare Internetdienste für Windows und andere Serverdienste (einschließlich Exchange) bereitstellt. In Exchange Server 2007 wird IIS nur für die Postfachserver- und die Clientzugriffsfunktion benötigt. Outlook Web Access stützt sich hauptsächlich auf IIS.
IP-Gateway	Ein Unified Messaging-Objekt , dass eine logische Verbindung zwischen einem IP/VoIP-Gateway, einem Wählplan und einzelnen oder mehreren Sammelanschlüssen herstellt.
Isinteg.exe	Ein Werkzeug, dass die Integrität von Informationsspeichern prüft.
Kerberos Version 5	Das Standardprotokoll für Authentifizierung und Anmeldung in Windows.
Koexistenz	Eine Konstellation, in der verschiedene Versionen von Exchange Server gleichzeitig in einer Organisation installiert sind.

Glossar

Konsolenstruktur	Dieser Bereich befindet sich auf der linken Seite der Exchange-Verwaltungskonsole und ist in Container gegliedert, die die Hierarchie der Exchange-Organisation widerspiegeln. Welche Container dargestellt werden, hängt von den installierten Serverfunktionen ab.
Leistungsproblembehandlung	Ein Werkzeug zur Diagnose von Leistungsproblemen bei der RPC-Konnektivität. Die Exchange-Leistungsproblembehandlung sammelt Daten aus verschiedenen Ressourcen, analysiert sie und bietet Ratschläge zur Lösung der gefundenen Probleme.
Logische Einheitennummer (Logical Unit Number, LUN)	LUNs werden zur Kennzeichnung virtueller Festplatten in RAID-Konfigurationen verwendet.
Fortlaufende lokale Replikation (Local Continuous Replication, LCR)	Ein einzelner Server, der den integrierten asynchronen Protokollversand und die Protokollwiedergabetechnologie verwendet, um eine Kopie einer Speichergruppe auf einem zweiten Satz von Festplatten zu erstellen und zu verwalten, die mit dem gleichen Server wie die Produktionsspeichergruppe verbunden sind.
MAPI (Messaging Application Programming Interface)	Eine Anwendungsprogrammierschnittstelle (Application Programming Interface, API), die in Windows zur Aktivierung von gemeinsamem Messaging verwendet wird. MAPI ist sowohl eine API als auch ein Übertragungsprotokoll, das von Outlook zur Kommunikation mit Exchange Server-Computern verwendet wird.
Microsoft Baseline Security Analyzer	Ein Werkzeug, das die bestehende Umgebung untersucht und im Besonderen die Konfiguration verschiedener Microsoft-Produkte überprüft.
Microsoft Entourage	Ein E-Mail-Client für Apple Mac OS X, der eine ähnliche Funktionalität wie Microsoft Outlook aufweist, einschließlich der Möglichkeit zur Verbindung mit einem Exchange Server-Computer.
Microsoft Exchange Server Jetstress Tool	Prüft die Leistung und Stabilität eines Festplatten-Teilsystems mit dem Ziel, einen Exchange Server-Computer in der Produktion bereitzustellen.
Microsoft Management Console (MMC)	Eine verbreitete Umgebung zur Verwaltung verschiedener Systeme und Netzwerkressourcen. Es handelt sich dabei um ein Framework für die *Snap-Ins*, die die eigentlichen Werkzeuge zur Verwaltung der Ressourcen bilden.
Microsoft Outlook	Die aktuellste Version des Messagingclients von Microsofts. Outlook 2007 ist Bestandteil einiger Versionen von Microsoft Office 2007 und wird bald große Verbreitung finden, wenn Organisationen auf diese neueste Version der beliebten Office-Suite aktualisieren.
Microsoft TechNet	TechNet ist eine Onlinequelle von Microsoft, die eine Fülle von technischen Ressourcen für IT-Experten bereithält, z.B. Artikel, White Papers, Webcasts, Newsletter und Zugriff auf die Microsoft Knowledge Base.
Moderierte Ordner	Ein öffentlicher Ordner, in dem ein Moderator alle neuen Elemente bestätigen muss, bevor sie der Öffentlichkeit zur Verfügung gestellt werden.

Glossar

Nachrichtenübermittlungs-Problembehandlung	Ein Werkzeug, das Ihnen hilft, allgemeine Nachrichtenübermittlungsprobleme aufzuspüren. Dies können Nachrichten sein, die nicht gesendet oder empfangen werden, oder bei denen lange Verzögerungen bei der Auslieferung auftreten.
Namenskonvention	Eine systematische Vorgehensweise zur Erstellung von Namen für die verschiedenen Objekte in einer Organisation.
Namenspartition	Ein unabhängiger Abschnitt einer Verzeichnishierarchie mit eigenen Eigenschaften, beispielsweise mit eigener Replikationskonfiguration und einer eigenen Struktur von Berechtigungen. In Active Directory gibt es eine Domänen-, eine Konfigurations- und eine Schemanamenspartition.
NetBIOS	Eine Anwendungsprogrammierschnittstelle, die Anwendungen auf verschiedenen Computern erlaubt, über das lokale Netzwerk zu kommunizieren. Normalerweise wird NetBIOS über die Netzwerkprotokoll-Suite TCP/IP implementiert.
Network News Transfer Protocol (NNTP)	Ein auf Standards basierendes Protokoll, das einfache Befehle umfasst, mit denen Usenet-Nachrichten zwischen Clients und Servern sowie zwischen Servern übermittelt werden. NNTP verwendet den TCP/IP-Port 119. Exchange Server 2007 unterstützt NNTP nicht länger für den Zugriff auf öffentliche Ordner.
Netzwerklastenausgleich (Network Load Balancing, NLB)	Ein Dienst, der in Windows Server 2003 enthalten ist und Clustering zum Ausgleich von Netzwerkverkehr über mehrere Server verwendet.
Netzwerkspeicher (Network Attached Storage, NAS)	Zweckbestimmte Datenspeicherungstechnologie, die mit einem Computer über Ethernet verbunden werden kann, um zentralisierten Datenzugriff und -speicherung für verschiedenartige Clients bereitzustellen.
Newsgroups	Öffentliche Foren (auch Benutzergemeinden genannt) erlauben Ihnen die Interaktion mit anderen Benutzern und Administratoren, um Meinungen und Ideen zu bestimmten Problem auszutauschen.
NTLM (Windows Challenge/Response)	Eine Authentifizierungsmethode, die für die Rückwärtskompatibilität mit Microsoft Windows NT 4.0 bereitgestellt wird.
Objekt	Objekte sind alle Ressourcen, Anwendungen und Dienste, die sich im Systemmonitor überwachen und messen lassen.
Öffentliche Ordner-Datenbank	Die Datenbank auf einem Postfachserver, in der öffentliche Ordner gespeichert werden.
Öffentliche Ordner-Struktur	Eine Hierarchie öffentlicher Ordner in einem einzelnen öffentlichen Ordner der obersten Ebene.
Öffentlicher Ordner	Eine Sonderform eines Postfachs, die Benutzern einer Organisation öffentlichen Zugriff erlaubt. Sie ermöglicht die zentrale Speicherung von nahezu jeder Art von Dokument und gewährt einen gesteuerten Zugriff durch jeden Benutzer in der Organisation.

Office Customization Tool	Dieses Werkzeug ermöglicht Ihnen, eine angepasste Setupdatei zu erstellen, die benutzerdefinierte Einstellungen und eine Outlook-Profilkonfiguration enthält. Diese Setupdatei wird dann angewendet, wenn Sie Outlook 2007 von einem Netzwerksinstallationspunkt aus installieren.
Ordnerkontaktperson	Ein Benutzer, der Kopien aller Statusnachrichten über einen öffentlichen Ordners empfängt (einschließlich Unzustellbarkeitsberichten).
Organisationseinheit	Ein Containerobjekt, das zur Gliederung anderer Objekte innerhalb der Domäne verwendet wird. Eine Organisationseinheit kann Benutzerkonten, Drucker, Gruppen, Computer und andere Organisationseinheiten enthalten.
OST-Integritätsprüfung	Dieses Werkzeug untersucht Dateien von Offlineordnern (OST-Dateien) auf mögliche Beschädigungen und repariert diese, wenn es möglich ist.
Outlook Anywhere	Früher RPC-über-HTTP genannt. Erlaubt Benutzern mit Outlook-Clients von überall her Verbindung aufnehmen, selbst wenn sie sich außerhalb der Firewall Ihrer Organisation befinden
Outlook Express	Der Messagingclient, der in Windows-Versionen vor Windows Vista enthalten war. Windows Vista ersetzt Outlook Express durch Windows Mail.
Outlook-Add-Ins	Programmmodule zur Erweiterung der Funktionalität, die sich nahtlos in die Outlook-Umgebung aufnehmen lassen.
Outlook-Profil	Ein Satz von Informationsdiensten, der für einen bestimmten Benutzer oder Zweck konfiguriert wurde. Der Exchange Server-Informationsdienst in einem Profil enthält einen Verweis auf einen angeschlossenen Exchange Server-Computer und ein bestimmtes Postfach. Wenn ein Benutzer Outlook startet, verwendet er die in seinem Outlook-Profil gespeicherten Informationen, um eine Verbindung zu einem bestimmten Exchange Server-Computer herzustellen.
OWA (Outlook Web Access, OWA)	Die Webbrowser-Oberfläche zum Zugriff auf ein Exchange Server-Postfach.
Parameter	Zusätzliche Informationen oder Instruktionen für ein Commandlet in der Exchange-Verwaltungsshell.
Passive Clustered-Mailbox-Funktion	Stellt eine Standbysicherung des aktiven Knotens Ihres Clusters bereit, die bei einem Ausfall aktiviert werden kann.
PDC-Emulator	Ein Server, der für die Synchronisation von Kennwortänderungen und Aktualisierungen von Sicherheitskonten zwischen Windows NT 4 Server- und Windows Server 2003-Computern verantwortlich ist.
POP3	POP3 wurde als Reaktion auf SMTP entwickelt und ist in erster Linie für den Einsatz auf Arbeitsstationen vorgesehen, die nicht über die Ressourcen zur Verwaltung von SMTP-Diensten und Nachrichtenübermittlungssystemen verfügen. POP3-Clients laden ihre Nachrichten zur Ansicht vom Server auf den lokalen Client herunter.
Posteingang reparieren	Dieses Werkzeug untersucht die Dateien persönlicher Ordner (PST-Dateien) auf mögliche Beschädigungen und repariert diese, wenn es möglich ist.

Postfachbenutzer	Ein Benutzer, der ein zugehöriges Postfach auf einem Exchange Server-Computer besitzt. Benutzerpostfächer sind private Speicherbereiche, in denen Benutzer Nachrichten senden, empfangen und speichern.
Postfachserver	Stellt das Fundament Ihrer Exchange-Umgebung bereit und verwaltet die Postfach- und Öffentliche Ordner-Datenbanken.
Protokollversand/ -wiedergabe	Transaktionsprotokolle werden zur Instandhaltung einer aktuellen Exchange-Datenbank verwendet. Diese 1 MB großen Protokolle wachsen mit steigender Anzahl von Nachrichten auf Ihrem Server. Sie werden vom aktiven zum passiven Knoten gesendet (oder vom aktiven Speichersatz zum passiven) und dort in den zuvor herüberkopierten Datenbanken wiedergegeben.
Prüfpunktdatei	Sie zeichnet auf, welche Einträge in den Protokolldateien bereits auf die Festplatte geschrieben wurden. Die Prüfpunktdatei liefert ESE Informationen darüber, welche Protokolleinträge wiedereingespielt werden müssen und welche nicht, und verkürzt somit die Wiederherstellung.
Pufferüberlauf	Es wird eine größere Datenmenge an den Server gesendet als erwartet. Je nachdem, wie dieser Überlauf ausgeführt wird, kann er den Server veranlassen, die Verarbeitung komplett einzustellen oder bösartigen Code des Angreifers ausführen.
Quorum	Die Clusterkonfigurationsdatenbank. Sie führt zwei sehr wichtige Funktionen durch: Sie informiert den Cluster, welcher Knoten aktiv ist, und greift bei einem Ausfall ein, um die Kommunikation zwischen den Knoten aufrechtzuerhalten.
RAID (Redundant Array of Independent Disks)	Eine Methode, um mehrere Festplatten so zu kombinieren, dass sie als einzelne Informationseinheit arbeiten. Einige RAID-Ebenen bieten auch Fehlertoleranz.
RAID-10	Eine Komination zweier Arten von RAID: RAID-1 (Stripeset) und RAID-0 (Spiegelung). Ein Stripeset bietet keine Fehlertoleranz, aber verbesserte Lese- und Schreibzeiten für den Festplattenzugriff. Ein Spiegelsatz dient zur Fehlertoleranz, da er eine vollständige Spiegelkopie der Hauptfestplatte anlegt. RAID-10 (also letztlich RAID 1+0) ist ein Stripeset mit Spiegelung, das sowohl erhöhte Geschwindigkeit als auch Fehlertoleranz bietet.
RAID-5	Ein Stripeset von Festplatten mit verteilter Parität. In einem RAID-5-Array müssen alle Laufwerke bis auf eines vorhanden sein. Das bedeutet, dass beim Ausfall einer Festplatte die darauf befindlichen Daten aus den Paritätsinformationen wiederhergestellt werden können.
RAID-6	Ein Stripeset von Festplatten mit doppelter verteilter Parität, das wie RAID-5 funktioniert, aber zwei Festplatten des Satzes für die Paritätsinformationen verwendet statt nur einer.
Relativ definierter Name	Der Teil des definierten Namens, der ein Attribut des Objekts ist. In Active Directory kann ein übergeordneter Container niemals zwei Objekte mit demselben relativ definierten Namen aufnehmen.

Glossar

Ressourcenpostfach	Ein Postfach, das einen Konferenzraum oder ein gemeinsam verwendetes Gerät repräsentiert. Benutzer können Ressourcenpostfächer bei Besprechungsanfragen als Ressourcen verwenden, was ihrer Organisation eine einfache Methode für die zeitliche Planung der Ressourcenverfügbarkeit bietet.
RID-Master	Ein Domänencontroller, der Sequenzen von RIDs zu jedem Domänencontroller in seiner Domäne zuteilt. Während der Schemamaster und der Domänennamenmaster ihre Funktionen in der ganzen Gesamtstruktur ausüben, ist der RID-Master jeweils nur für eine Domäne zuständig, sodass jeder Domäne ein RID-Master zugewiesen ist.
Routinggruppe	Eine Gruppe von Exchange 2000 Server- und Exchange Server 2003-Computern, die Messagingdaten untereinander in einem einzigen Hop ohne Umweg über einen Bridgeheadserver übermitteln können. Die Exchange Server-Computer in einer Routinggruppe sind in der Regel über Leitungen mit hoher Bandbreite miteinander verbunden. Ihre Kommunikation beruht ausschließlich auf SMTP. Exchange Server 2007 greift auf die Topologie des Active Directory-Standorts zurück und verwendet keine Routinggruppen.
RPing	Ein Dienstprogramm, das im Windows Server 2003 Resource Kit enthalten ist und Ihnen erlaubt die RPC-Konnektivität zwischen zwei Computern zu testen. Es besteht aus zwei Teilen: einer Server- (**Rpings.exe**) und einer Clientkomponente (**Rpingc.exe**).
S/MIME	Ermöglicht Empfängern, die Nicht-Microsoft-Software verwenden, von Outlook 2007-Benutzern gesendete verschlüsselte Nachrichten einzusehen und zu lesen.
Sammelanschluss	Eine Gruppe von Telefonanlagen-Ressourcen oder Durchwahlnummern, die gemeinsam von mehreren Benutzern verwendet werden. Sammelanschlüsse werden zur effizienten Verteilung von Anrufen in oder aus einem Arbeitsbereich verwendet.
Schema	Der Satz von Objektklassen (wie Benutzer und Gruppen) und ihrer Attribute (wie der volle Name und die Telefonnummer), die Active Directory bilden.
Schlüssel	Ein Algorithmus, der zur Verschlüsselung von Daten angewendet wird, um diese in ein unlesbares Format zu bringen.
Schlüsselpaar	Ein Paar asymmetrischer Schlüssel, das aus dem öffentlichen und dem privaten Schlüssel besteht.
Seeding	Der Prozess, bei dem die Exchange-Datenbank vom aktiven Knoten/Speicher zum passiven Knoten/Speicher kopiert wird.
Segmentierung	Ermöglicht einem Administrator, bestimmte Funktionen von Outlook Web Access server- oder benutzerweise einzeln zu aktivieren oder zu deaktivieren.

Sendeconnector	Repräsentiert einen logischen Gateway, über den ausgehende Nachrichten von einem Exchange Server 2007-Computer mit Hub- oder Edge-Transport-Serverfunktion zu anderen Exchange Server-Computern oder anderen Mailsystemen gesendet werden. Sendeconnectors sind organisationsweit verfügbar.
Sender ID	Führt Überprüfungen durch, um sicherzustellen, dass eingehende Nachrichten auch von dem im SMTP-Header angegebenen Absender stammen.
Sicherheitsgruppen	Mit ihrer Hilfe werden Benutzer und Computer in Gruppen zusammengefasst, um die Anzahl der Verwaltungspunkte zu reduzieren und um Berechtigungen für Netzwerkressourcen zuzuweisen.
Sicherheitskonfigurations-Assistent	Ein Werkzeug, das entwickelt wurde, um die Angriffsfläche Ihres Windows Server-Computers zu verkleinern, indem es Administratoren bei der Erstellung von Sicherheitsrichtlinien nach dem Prinzip hilft, nur die nötigsten Serverdiensten auszuführen.
Sicherheitsprotokoll	Eine Aufzeichnung von Ereignissen, die auf den Überwachungseinstellungen beruhen, die Sie in den lokalen Richtlinien des Computers oder der für den Rechner gültigen Gruppenrichtlinie festgelegt haben. Diese Aufzeichnung berücksichtig Komponenten des Systems selbst, auch Ereignissen wie Gerätetreiber- und Netzwerkfehlern.
Simple Mail Transfer Protocol (SMTP)	Das standardmäßige Nachrichtenübertragungsprotokoll im Internet und innerhalb von Organisationen. SMTP verwendet die TCP/IP-Protokollsuite, um seine Aufgaben zu erledigen.
Siteübergreifendes Scripting	Eine Schwachstelle, mittels der Angreifer bösartigen Code platzieren können, der scheinbar von einer vertrauenswürdigen Quelle kommen.
Snap-Ins	Module, die zu MMC hinzugefügt werden, um Verwaltungsfunktionalität bereitzustellen.
Spam und Phishingversuche	Spam (oder Junk-E-Mail) ist eine verbreitete E-Mail-Seuche und beeinträchtigt nahezu jeden, der dieses Kommunikationsmedium nutzt. Ein bestimmter Teil des Spam, der Pishing-E-Mail genannt wird, versucht arglose Benutzer dazu zu verleiten, auf unsichere Weblinks zu klicken. Diese Links verweisen auf Webformulare, die die Eingabe vertraulicher Informationen der Benutzer verlangen.
Speichergrenzwerte	Eine Begrenzung des Festplattenspeicherplatzes, den ein Postfach einnehmen darf.
Speichergruppe	Eine Sammlung von Exchange-Datenbanken auf einem Exchange Server-Computer mit einer gemeinsamen Instanz von ESE und einem gemeinsamen Transaktionsprotokoll. Die Datenbanken innerhalb einer Speichergruppe können einzeln bereitgestellt werden; ebenso lässt sich ihre Bereitstellung wieder einzeln aufheben.
Speichernetzwerk (Storage Area Network, SAN)	Ein Netzwerk, das für den Zugriff auf speicherbasierte Technologien verwendet wird. Normalerweise sind SANs Fiber Channel- oder Ethernet-Netzwerke, in denen SCSI das primäre Protokoll ist. SANs enthalten generell Speicherarrays, Bandbibliotheken und Hosts.

Glossar

SSL/TLS (Secure Sockets Layer/Transport Layer Security)	Eine Authentifizierungsmethode, die als verbindungsorientierte Sicherheitsmaßnahme geeignet ist, wie sie zum Beispiel beim Zugriff auf Webressourcen erforderlich ist.
Standardauthentifizierung	Wird bei formularbasierter OWA-Authentifizierung verwendet und benutzt Klartext, um den Client an einem Domänencontoller anzumelden. Da Benutzername und Kennwort zwischen dem Server und dem Client in Klartext gesendet werden, wird empfohlen, SSL zu verwenden, um eine sicherere Übertragung zu gewährleisten.
Standort	In Active Directory bezeichnet dieser Begriff eine Gruppe von IP-Subnetzwerken. Alle Computer in einem Standort sind über Hochgeschwindigkeitsleitungen miteinander verbunden.
Symmetrische Schlüssel	Ein System, in dem sowohl der Absender als auch der Empfänger den gleichen Schlüssel zum Ver- und Entschlüsseln der Daten verwenden (auch als gemeinsame Schlüssel bezeichnet).
Systemmonitor	Ein Werkzeug, das auf einem Computer mit einem Windows-Betriebssystem die Leistung hunderter individueller Systemparameter in einem Diagramm darstellt.
Takt	Nichtöffentliche Kommunikation zwischen aktiven und passiven Mitgliedern eines Clusters, um sicherzustellen, dass jeder noch erreichbar ist und funktioniert.
Telefonanlage (Private Branch Exchange, PBX)	Telefonanlagen werden oft innerhalb von Unternehmen verwendet, da sie die Verteilung von Telefonanrufen in einer Organisation erlauben.
Tool zum Entfernen bösartiger Software	Überprüft Computer, auf denen Windows XP, Windows 2000 oder Windows Server 2003 läuft, auf Infektionen durch bestimmte verbreitete schädliche Software – z.B. Blaster, Sasser und Mydoom – und hilft beim Entfernen der gefundenen Infektionen.
Transportpapierkorb	Befindet sich auf dem Hub-Transport Server in Ihrer Exchange-Organisation und verwaltet eine Warteschlange, in der sich kürzlich angelieferte Nachrichten für einen CCR-Postfachcluster befinden. Diese Nachrichten werden eine bestimmte Zeit aufbewahrt und im Fall eines Failovers zum Postfachserver weitergegeben.
Trojanische Pferde	Bösartige Programme, die in normale, sicher erscheinende Programme eingebettet sind. Der Unterschied zwischen einem Virus und einem Trojanischen Pferd besteht darin, dass Letzteres eingebettet und das Virus an die (ausführbare) Datei angehängt ist.
Übergabe	Wenn Sie bewusst planen, Ihren aktiven Knoten offline zu setzen (für Wartung oder ähnliches), übergeben Sie die Verantwortung über das Quorum an den passiven Knoten. Eine solche Situation läuft ohne Verluste ab, da bei der Übergabe der Verantwortung keine Daten verloren gehen sollten.
Übergang	Der Prozess der Aktualisierung von einer früheren Version von Exchange auf Exchange Server 2007.

Glossar

Umlaufprotokollierung	Bei der Zweiphasen-Commit-Protokollierung von Exchange Server werden alle Transaktionen in Protokolle geschrieben. Umlaufprotokollierung ist die Bezeichnung dafür, dass Exchange die Protokolldateien wiederverwendet, nachdem die Transaktionen darin an die Datenbank übergeben wurden.
Unified Messaging	Eine Serverfunktion, die Exchange Server 2007 eine Verbindung zu Telefon- und Faxfunktionen eines Sprachkommunikationssystems erlaubt.
Unified Messaging-Server	Die mit Exchange Server 2007 eingeführte Unified Messaging-Funktion ermöglicht das Speichern von Sprach- und Faxnachrichten im Exchange-Postfach eines Benutzers, auf dessen Inhalt dann per Telefon oder Computer zugegriffen werden kann.
Verbindungsfilterung: Anbieter für geblockte IP-Adressen	Bietet eine Möglichkeit, bei der Entscheidung, ob Nachrichten von einem bestimmten Absender als Spam eingestuft werden sollten, auf den Erfahrungen anderer aufzubauen.
Verbindungsfilterung: Anbieter für zugelassene IP-Adressen	Eine Liste von Anbietern, die als sichere Absender eingestuft werden sollten. In diesem Fall enthält die Liste Namen von Domänen, denen Sie darin vertrauen, dass sie nur legitime Nachrichten an Ihre Organisation schicken.
Verbindungsfilterung: IP-Sperrliste	Legt IP-Adressen fest, denen nicht erlaubt wird, Nachrichten an die Organisation zu senden.
Verbindungsfilterung: IP-Zulassungsliste	Legt IP-Adressen fest, denen immer erlaubt ist, Nachrichten an die Organisation zu senden.
Verfügbarkeitsdienst	Wird auf dem Clientzugriffsserver ausgeführt und erneuert Kalenderinformationen einzelner Postfächer in Echtzeit, um Benutzern möglichst viel Komfort zu bieten.
Verschlüsselung	Der Prozess, bei dem Daten vor dem Senden über ein Medium für nicht berechtigte Empfänger nicht lesbar gemacht werden.
Verteilergruppe	Ein E-Mail-aktiviertes Gruppenobjekt in Active Directory. An eine Gruppe gesendete Nachrichten werden an jedes ihrer Mitglieder weitergeleitet. Gruppen können jede beliebige Kombination von Empfängertypen sowie andere Gruppen enthalten. Verteilergruppen sind für die Ausführung von Verteilungsfunktionen vorgesehen. Sie können nicht zum Zuweisen von Berechtigungen für Netzwerkressourcen verwendet werden, sondern nur, um Verteilerlisten für E-Mail-Zwecke zu erstellen.
Verweise auf öffentliche Ordner	Ermöglichen Clients den Zugriff auf öffentliche Ordner in Remoteroutinggruppen.
Volumeschattenkopie-Dienst (Volume Shadow Copy Service, VSS)	Stellt eine Infrastruktur zur Datensicherung für das Betriebssystem Microsoft Windows Server 2003 bereit. Er ermöglicht Anwendungen (wie etwa Microsoft Exchange Server), Datensicherungsanwendungen und Hardwareanbietern, Snapshots von Daten zu erstellen.
Wählplan	Ein Active Directory-Containerobjekt für Sätze oder Gruppen von telefonischen Nebenstellenanlagen, deren Durchwahlnummer einen gemeinsamen Bestandteil aufweisen.

Glossar

Warteschlange	Eine Warteschlange ist ein Ort, an dem eine Anforderung für einen Dienst auf ihre Verarbeitung wartet. Wenn beispielsweise eine Datei auf die Festplatte geschrieben werden muss, wird die entsprechende Anforderung zunächst in die Warteschlange für die Festplatte gestellt. Der Treiber der Festplatte liest die Informationen dann aus der Warteschlange und schreibt sie auf den Datenträger.
WebReady Document Viewing	Eine neue Funktion in Exchange Server 2007, die Benutzern ermöglicht Dateianhänge, in Outlook Web Access-Clients anzeigen zu lassen. Die Clients müssen keine nativen Anwendungen installiert haben, um die Anhänge mit WebReady Document Viewing anzuzeigen.
Wiedergabe über Telefon	Eine Funktion von Unified Messaging, mit der Sie Exchange veranlassen können, Sie über Ihr Telefon anzurufen, um Ihnen über dieses Medium Nachrichten wiederzugeben.
Wiederherstellungspunktziel (Recovery Point Objective, RPO)	Gibt den Zustand an, auf den die Daten wiederhergestellt werden müssen, um die Verarbeitung wieder erfolgreich aufzunehmen. Dieser Zustand ist oftmals derjenige zwischen der letzten Datensicherung und dem Zeitpunkt, an dem ein Ausfall auftritt. Dadurch wird außerdem die Menge an Daten angegeben, die verloren gehen..
Wiederherstelungszeitziel (Recovery Time Objective, RTO)	Wird aufgrund der akzeptablen Ausfallzeit bei einer Betriebsunterbrechung festgelegt. Zeigt den letztmöglichen Zeitpunkt an, an dem der Geschäftsbetrieb nach dem Ausfall wieder aufgenommen werden muss.
Windows Mail	Der Nachrichtenclient, der in Windows Vista enthalten ist. Windows Mail ist ein Ersatz für Outlook Express, das in früheren Versionen von Windows enthalten war. Es ist der standardmäßige E-Mail-Client für Windows Vista, bis Outlook oder ein anderer E-Mail-Client installiert wird. Windows Mail unterstützt POP3, IMAP4 und SMTP.
Würmer	Programme, die sich selbst ausführen. Weder betten Sie sich in andere Programme ein oder hängen sich daran an, noch müssen sie das tun, um sich zu vermehren. Sie können über Netzwerkverbindungen von Computer zu Computer wandern und sind selbstvermehrend. Es können Teile von Würmern auf vielen verschiedenen Rechnern ausgeführt werden oder das ganze Programm auf einem einzelnen.
X.509	Ein Standard für digitale Zertifikate
Zertifikatvorlagen	Definieren die Attribute für verschiedene Zertifikattypen.
Zertifizierungsstelle	Gibt Zertifikate aus und bietet die Voraussetzungen dafür, dass sich die Kommunikationspartner gegenseitig vertrauen können. Das Zertifikat wird mit dem privaten Schlüssel der Zertifizierungsstelle signiert; zur Überprüfung der Signatur ist wiederum das Zertifikat erforderlich. Active Directory verwaltet die von einer Zertifizierungsstelle benötigten Daten wie Benutzerkontennamen, Gruppenmitgliedschaften und Zertifikatvorlagen sowie die Daten über alle in der Domäne installierten Zertifizierungsstellen.

Über die Autoren

Über die Autoren

Walter Glenn

arbeitet seit mehr als 20 Jahren in der IT-Branche und ist seit etwa zehn Jahren Autor. Er ist als Berater und Trainer in Huntsville, Alabama, tätig und als Autor mehrfach ausgezeichnet worden. Zertifiziert ist er als Microsoft Certified Systems Engineer (MCSE), Microsoft Certified Support Technician (MCDST) und Microsoft Certified Trainer (MCT).

Seine Erfahrung mit Exchange reicht zurück auf Exchange Server 5.5. Er hat Exchange-Organisationen für kleine und mittelständische Unternehmen verwaltet und Exchange-Infrastrukturen entworfen und aufgebaut. Außerdem hat er den Umstieg auf neuere Versionen von Exchange Server geleitet.

Walter Glenn ist außerdem Autor zahlreicher IT-Fachbücher, Artikel, White Papers, Präsentationen und Kurse. Zu den letzten Werken gehören *Windows XP Professional: Original Microsoft Training MCSE/MCSA, Examen 70-270* (Microsoft Press 2005) und *Linksys Networks: The Official Guide, 3rd Edition* (McGraw-Hill Osborne Media, 2005).

Die Website von Walter Glenn finden Sie unter **http://www.walterglenn.com**.

Scott Lowe

MCSE und CNA, lebt in Fulton, Missouri, zusammen mit seiner Frau Amy (die auch seine Chefkorrektorin und Supporterin ist) und seinen beiden Kinden Ryan und Isabella. Tagsüber ist Scott Lowe Chief Information Officer (CIO) am Westminster College, an dem er seine vierzehnjährige Erfahrung mit IT-Technologien in den Dienst der Universität stellt. Nachts (und manchmal an Wochenenden, beim Mittagessen und wann immer er Zeit findet) schreibt Scott Lowe technische Artikel für *TechRepublic* von CNet und für Microsoft. Für *TechRepublic*, für das Lowe mehr als 500 Artikel verfasst hat, schreibt er den wöchentlich erscheinenden Newsletter-Tipp zu Exchange sowie den alle zwei Wochen herausgegebenen Speicher-Newsletter. Er ist außerdem Autor des Titels *Home Networking: The Missing Manual* (O'Reilly 2005).

Wenn er nicht gerade arbeitet, schreibt oder die Kinder voneinander trennen muss, verbringt Scott seine Zeit mit seiner Frau, liest oder arbeitet im Garten. Scott Lowe betreibt ein unregelmäßig aktualisiertes Blog unter **www.slowe.com**.

Joshua Mahers

Schwerpunkte lagen während seiner gesamten Karriere auf Messaging, Mobilität, Identitätsmanagement und Business Continuity. Zuletzt hat er für die EMC Corporation und ihr Entwicklungscenter in Redmond, Washington, gearbeitet. Seine Hauptverantwortung lag dabei auf der Integration der EMC-Speicherprodukte in die Microsoft Exchange Server-Produktlinie. Seine anderen Aufgaben bei EMC umfassen Beratungstätigkeiten zu internen und externen Produkten, Marketing und das Management von Teams bei der Produktintegration. Joshua Maher ist ein bei Veranstaltungen und Konferenzen oft angetroffener Redner und Autor vieler White Papers zu Messaging und Integration von Business Continuity.

Zusätzlich zu seiner Arbeit bei EMC kümmert er sich um Messaging- und Technologie-Usergroups und -Communitys. Er arbeitet mit Microsoft zur Verbesserung der Messagingkurse und Zertifizierungsprogramme zusammen. Darüber hinaus hat er an der Entwicklung einer technischen Roadmap über unterschiedliche Zustellmechanismen mitgewirkt, u.a. bei der lehrergestützten Ausbildung, e-Learning und Microsoft Press-Büchern. Josh Maher unterhält einen Blog unter **http://joshmaher.wordpress.com**.

Stichwortverzeichnis

Numerisch

3DES (Verschlüsselungsverfahren) 532
64-Bit-Architektur 41

A

Abfragebasierte Verteilergruppen 307
Abwesenheitsnachrichten 306
ACID-Tests 74, 75
Active Directory
    Active Directory Application Mode
       (ADAM) 493, 498
    Active Directory Application Mode
       (ADAM) 484, 495
    Benutzerkonto 289
    Clientauthentifizierung 54
    Domänen 45, 143
    Domänennamenmaster 47
    Domänennamenspartition 57
    Ersatz für Sicherheitskontenverwaltung 559
    Exchange Server 2007-Daten speichern 57
    Exchange-Administratoren 43
    Gemischter Modus 45
    Gesamtstrukturen 48
    Globale Gruppen 50
    Globaler Katalogserver 53
    Gruppenmitglieder hinzufügen 305
    Infrastrukturmaster 47
    Installationsvorbereitungen 147
    Konfiguration 143
    Konfigurationsnamenspartition 59
    Logische Struktur 45
    Lokale Domänengruppen 50
    Modell ermitteln 117
    Multimastermodell 46
    Namenskonventionen 54
    Namenspartitionen 51
    Objekte 44
    Öffentliche Ordner 86
    Organisationseinheit 48
    PDC-Emulator 47
    RID-Master 47
    Schemamaster 46, 147

Active Directory *(Forsetzung)*
    Schemanamenspartition 59
    Standorte 52
    Standortweiterleitung 39
    Strukturen 48
    Systemanforderungen 143
    Überblick 44
    Universelle Gruppen 51
    Verzeichnisstruktur 44
ActiveSync 65
ADAM 484, 493, 495, 498
Adresseinträge (DNS) 61
Adresslisten
    Definition 37
    Gruppen nicht anzeigen 306
    Öffentliche Ordner 311
    Offlineadressbuch verschieben 217
    Offlineadressliste 351
    Typen 311
    Zeitplan 313
Antispamfunktionen 41, 491
Antivirusfunktionen 41, 491
Antwortzeit 435, 652
Anwendungsprotokoll 384
Anzeigenamen 124
Arbeitsspeicher
    Kapazität für Server 129
    Leistungsindikatoren 438
Assistenten
    Exchange-Administratoren hinzufügen 478
    Netzwerkressource hinzufügen 85
    Neue Öffentliche Ordner-Datenbank 163
    Neue Öffentliche-Ordner-Datenbank 320
    Neue Postfachdatenbank 345
    Neue Postfächer 162
    Neue Speichergruppe 338
    Neue UM-Postfachrichtlinie 367
    Neuer E-Mail-Benutzer 298
    Neuer Sendconnector 204
    Neuer UM-IP-Gateway 373
    Neuer UM-Wählplan 360
    Neues Edge-Abonnement 499
    Neues Postfach 282, 285

Stichwortverzeichnis

Assistenten *(Forsetzung)*
   Ordner-Assistent 318
   Outllook Anywhere aktivieren 589
   Setup-Assistent 40, 496
   Sicherungs-Assistent 147
   Verschieben von Postfächern 208
   Wiederherstellungs-Assistent 147
   Zertifikatimport 552
Aufbewahrungszeit für gelöschte Objekte 294
Aufgabenblockansicht 262
Auslagerungsdatei 141
Authentifizierung
   Authentifizierungsoptionen 597
   Clients in Domäne 54
   Formularbasierte Authentifizierung 598
   Integrierte Windows-Authentifizierung 598
   Kerberos 559
   SMTP 482
   Standardauthentifizierung 597
Automatische Telefonzentralen 359
Autorenmodus 262

B

Bandbreite 117
B-Baum 76
Beendigungsmodul 537
Befehle
   Eseutil 80
   ESMTP 183
   prepareAD 148
Benachrichtigungscodes 640
Benutzer
   Active Directory-Konto 289
   Anbindung an andere Systeme 111
   Angaben zur Organisation 289
   Benutzerdefinierte Anwendungen 112
   Einschränkungen 294, 297
   E-Mail-Adressen 291
   E-Mail-aktiviert 280, 298, 655
   Empfängertyp 280
   Gruppenmitgliedschaft 291
   Messaging 109
   Messagingaktivität 333
   Mitgliedschaft 291
   MMC-Modus 262
   Nachrichtenübermittlungseinstellungen 294
   Öffentliche Ordner 110
   Outlook 2007 584
   Postfachaktiviert 280, 281, 286
   Postfachbenutzer 281
   Profile 584

Benutzer *(Forsetzung)*
   Remotezugriff 111
   Schulung 112
   Senden im Auftrag eines anderen Benutzers 295
   Startprofil 585
   Support 112
Benutzerdefinierte Konsolen 265
Benutzerprinzipalname 54
Berechtigungen
   Active Directory-Schema aktualisieren 147
   Administratoren 481
   Administratorrollen 269
   Berechtigungsgruppen 207
   Berechtigungsprüfung 395
   Dateifreigabenzeuge 241
   E-Mails senden/empfangen 350
   Exchange Load Generator 448
   Freigabeberechtigungen 241
   Geteilte Berechtigungen 39
   Gruppen 50, 303
   Kerberos 559
   Öffentliche Ordner 319
   Ordner eines anderen Benutzers 586
   Outlook 2007 319
   OWA 602, 603
   Postfachberechtigungen 197
   Prinzip der geringsten Berechtigungen 489
   Senden im Auftrag von 295
   Standardberechtigungen für Ordner 319
   Verteilerlisten 189
Bereichsfenster 262
Bereitschaftsüberprüfung 156
Bereitstellung
   Edge-Transport-Server 493
   Exchange Server 2007 160
   Outlook Web Access 593
   Schemaerweiterung 59
Best Practices Analyzer 394

C

CAST (Verschlüsselungsverfahren) 532
Client/Server-Systeme 33, 34
Clients
   Auswahlkriterien 572
   Authentifizierung in Domäne 54
   Clientdienste umleiten 214
   Macintosh 572
   Outlook 2007 566, 568
   Outlook Express 568
   Outlook Web Access (OWA) 570

Clients *(Forsetzung)*
　RPing-Clients　391
　Unix　571
　Webordner　84
　Windows Mail　568
Clientzugriffsserver
　Beschreibung　152
　Dienste　159
　Firewall　595
　Funktionen　65
　Organisationskonfiguration　270
　Verwaltungskonsole　271
Cluster
　Betriebsfähigkeit prüfen　253
　Clusterstatus prüfen　249
　Einrichten　242
　Einzelkopiecluster　252, 429
　Exchange Server 2007 im Cluster installieren　247
　Failoverfähigkeit prüfen　250
　Fortlaufende Clusterreplikation　225, 427
　Geschichter　145
　MNS-Quorum　246
　Systemanforderungen　145
　Transportpapierkorb einrichten　250
Commandlets　275
Connectors
　Alte Connectors entfernen　219
　Definition　37
　Routinggruppenconnectors　175
　SMTP-Connector zu früherer Exchange-Organisation hinzufügen　180
　SMTP-Connectors aus der alten Exchange-Umgebung entfernen　214
　Standortverknüpfungen　52
Container (MMC-Benutzeroberfläche)　263
Cross-Site Scripting　475

D

Datenbanken
　Architektur　404
　Dateistruktur　73
　Datenbanksicherung　414
　ESE-Architektur　330
　ESE-Datenbank　404
　Exchange-Datenbanken archivieren　464
　Exchange-Datenbanken sichern　464
　Exchange-Postfachdatenbank sichern　423
　Exchange-Postfachdatenbank wiederherstellen　421

Datenbanken *(Forsetzung)*
　Integrität sicherstellen　74, 75
　Integritätsprüfung　72
　Konvertierung des Inhalts　73
　Nachrichtenspeicherung in einer Instanz　73
　Postfachdatenbank entfernen　352
　Postfachdatenbank erstellen　345
　Postfachdatenbank konfigurieren　346
　Postfachdatenbank verschieben　352
　Postfachspeicher　73
　Protokolleinträge　83
　Protokollierung　406
　Prüfsummen　408
　RAID　89
　RTF-Datei　73
　Seeding　229
　Seiten ändern　76, 80
　Sicherung　72, 331, 404, 464
　Transaktionen　75, 405
　Transaktionsprotokolle　80
　Überschreiben　348
　Umlaufprotokollierung　407
　Wiederherstellung　72, 74, 331, 393, 404
　Wiederherstellung nach Fehlern　236
　Zertifikatdatenbank　537
　Zweiphasencommit　406
Datenklassifizierung　463
Datensicherheit　462
Datenträger　440, 441
Dcpromo.exe　45
Definierter Name　54
Defragmentieren (öffentliche Ordner)　393
Demilitarisierte Zone　482
Denial of Service (DoS)　475
DES (Verschlüsselungsverfahren)　532
Detailfenster　262
DH (Verschlüsselungsverfahren)　532
DHCP　494
Diagnostikprotokollierung　386
Dienste
　Clientdienste umleiten　214
　Clientzugriffsfunktion　159
　Dienstesuche　52
　Edge-Transport-Dienste　159
　Empfängeraktualisierungsdienst　189
　Exchange Server 2007-Dienste　159
　Hub-Transport-Dienste　159
　Postfachserver-Dienste　159
　Unified Messaging-Dienste　159
　Volumenschattenkopie (VSS)　408
　Zertifikatdienste　534

Stichwortverzeichnis

Dienstesuche 52
Dienstprogramme
  Dcpromo.exe 45
  Dnsdiag.exe 400
  Eseutil.exe 393
  Memsnap 439
  Prozessmonitor 439
  RPing 390, 391
  Scanpst.exe (Posteingang reparieren) 389
Disaster Recovery Analyzer 421
DMZ (demilitarisierte Zone) 482
DNS
  Adresseinträge 61
  Dienstesuche 52
  Edge-Transport-Server 494
  Hostnamen einer IP-Adresse zuordnen 60
  Mail Exchanger-Einträge (MX) 61
  Namen 45
  Namensauflösung 60, 61
  SRV-Einträge 52
  Suffix 494
Dnsdiag.exe 400
Domänen
  Anforderungen 143
  Funktionsebenen 143
  Gemischter Modus 45
  Namen 45
Domänennamenmaster 47
Domänennamenspartition 57
Durchsatz 434, 654
Dynamische Pufferzuweisung (Dynamic Buffer Allocation, DBA) 78

E

EDB (Datenbank) 73
Edge-Transport-Server
  Abonnement auf Hub-Transport-Server importieren 499
  Abonnement erstellen 497
  Abonnementdatei auf Hub-Transport-Server kopieren 499
  Abonnementdatei exportieren 498
  Bereitstellung 493
  Beschreibung 152
  Dienste 159
  DNS-Suffix prüfen 494
  Exchange Server 2007-Funktion installieren 495
  Firewall 494
  Funktionen 68
  Kommunikationseinstellungen 495
  Überblick 492

EHLO 183
Eigenständige Snap-Ins 264
Eingangsmodul 535
E-Mail
  Adressen festlegen 291
  Adressen hinzufügen 291
  Anlagen 333
  Berechtigungen deaktivieren 350
  Eingehende E-Mails aus dem Internet zulassen 207
  E-Mail ins Internet 203
  E-Mail-Integrität 465
  E-Mail-Kontakte 272
  E-Mail-Kontakte erstellen 301
  E-Mail-Kontakte konfigurieren 303
  E-Mail-Sicherheit 553
  Festplattenspeicherbedarf 333, 334
  Gefälschte E-Mails 473
  Integrität 465
  Internet-E-Mail 178, 179
  Internet-E-Mail auf Exchange Server 2007 verschieben 203
  Junk-E-Mail 488
  Messagingaktivität 333
  Nachrichtenübermittlungseinstellungen 294
  Namenskonvention für Adressen 124
  Routing 95
  Senden an Gruppe 58
  Senden im Auftrag 295
  Spam 488
  Speicherung in einer Instanz 73
  Unerwünschte E-Mails 463, 488
  Unzustellbarkeitsberichte 397
  Verschlüsseln 555
  Viren 486
E-Mail-aktivierte Benutzer 280, 298, 655
Empfänger
  Benutzer 280
  Definition 36, 280, 655
  Eigenschaften von Postfächern 286
  Einschränkungen 297
  E-Mail-aktivierte Benutzer 298
  E-Mail-Kontakte 272, 281
  E-Mail-Kontakte erstellen 301
  E-Mail-Kontakte konfigurieren 303
  Empfängerkonfiguration (Container) 271
  Empfängertypen 280
  Empfangseinschränkungen 307
  Filtern 309
  Getrenntes Postfach 272
  Gruppen 281
  Gruppen konfigurieren 305

Stichwortverzeichnis

Empfänger *(Forsetzung)*
  Nachrichtenübermittlungseinstellungen 294
  Namen festlegen 123
  Namenskonvention 124
  Öffentliche Ordner 281
  Postfach 272
  Postfachbenutzer 281
  Ressourcenpostfach 280
  Richtlinien einstellen 213
  Speichergrenzwerte 294
  Verteilergruppen 272, 281, 303
Empfängeraktualisierungsdienst 189
Engpässe 435, 441
Ereignisanzeige
  Ereignisklassifizierung 385
  Ereignistypen 646
  Verwenden 384
Erweiterungs-Snap-Ins 264
Eseutil 80, 393, 421
ESMTP-Befehle 183
Exchange 2000 Server
  Connector 138
  ExIFS 84
  Koexistenz 169
  Legacypostfach 208
  Öffentliche Ordner 85
  Routinggruppen 55
  Streaming-Datei 329
  Unterstützung durch OWA 605
Exchange Allgemein (Registerkarte) 294
Exchange Intelligent Message Filter 502
Exchange Server 2003
  Abfragebasierte Verteilergruppen 307
  Connector 138
  Einheitlicher Modus 169
  Legacypostfach 208
  Öffentliche Ordner 85
  Öffentliche Ordner beibehalten 317
  Routinggruppen 55
  Streaming-Datei 329
  System-Manager 477
  Telnet 473
  Übergang 200
  Unterstützung durch OWA 605
Exchange Server 2007
  64-Bit-Architektur 41
  Abonnement auf Edge-Transport-Server erstellen 497
  Active Directory-Verzeichnisdienst 44
  ActiveSync 65
  Administrative Gruppen 34
  Administratorkonto 146

Exchange Server 2007 *(Forsetzung)*
  Adresslisten 36
  Alte Connectors entfernen 219
  Benutzerdefinierte Installation 150, 153
  Benutzerunterstützung 71
  Benutzerzertifikate 557
  Bereitschaftsüberprüfung 156
  Bereitstellung abschließen 160
  Client/Server-System 34
  Client-Auswahlkriterien 572
  Connectors 37, 173, 174, 175, 178
  Daten in Active Directory speichern 57
  Datenbanken sichern 464
  Datenbankportabilität 416
  Datensicherheit 462
  Datenwiederherstellung 74
  Dienste 159
  Edge-Transport-Server 495
  Einführung 30
  Eingehende E-Mails aus dem Internet zulassen 207
  Einzelkopiecluster 224
  E-Mail ins Internet 203
  Empfänger 36
  Empfängeraktualisierungsdienst verschieben 218
  Enterprise Edition 31
  Exchange Load Generator 448
  Exchange-Administratorrollen 481
  Exchange-Cache-Modus 579
  Exchange-Clients 566
  Exchange-Hierarchie 268
  Exchange-Infrastruktur sichern 483
  Exchange-Verwaltung 40
  Exchange-Verwaltungskonsole 265
  Extensible Storage Engine (ESE) 74
  Fehlerbehebung 383
  Fehlerberichterstattung konfigurieren 150
  Fortlaufende Clusterreplikation 224, 225, 237, 240
  Fortlaufende lokale Replikation 224, 227
  Funktionen 64
  Grade der Diagnostikprotokollierung 645
  Grenzen für Übergang 202
  Grenzen von Gesamtstrukturen 59
  Grundlagen 32
  Hinzufügen von Exchange-Administratoren 478
  Indizierung 86
  Informationsspeicher für Öffentliche Ordner 38
  Installation 149
  Installation automatisieren 158
  Installation im Cluster 247

Stichwortverzeichnis

Installation in bestehender Organisation 157, 172
Installation mit /prepare AD 59
Installation überprüfen 158
Installationsart 150
Installationsschritte 150
Installationsvoraussetzungen 150
Installationsvorgang 156
Integrierte Administratorgruppen 477
Internet-E-Mail 179
Internet-E-Mail auf Exchange Server 2007 verschieben 203
Jetstress 447
Kerberos-Authentifizierung 559
Koexistenz mit früheren Versionen 167
Koexistenzoptionen 190
Kompatibilität 41
Kontakte 36
Leistungswerkzeuge 446
Messagingrichtlinien 41
Messagingsysteme 32, 33
Microsoft Forefront Security 521, 522
Microsoft Management Console (MMC) 260
Nachrichten schützen 529
Nachrichtendatenbanken 37
Nachrichtenrouting 95
Neue Funktionen 39
Öffentliche Ordner 38, 85
Öffentliche Ordner umleiten 215
Öffentliche Ordner verwalten 187
Offlineadressbuch verschieben 217
Organisation erstellen 154
Outlook 2007 unterstützen 578
Outlook Anywhere 588
Outlook Web Access (OWA) bereitstellen 593
Pflege 164
Phasen des Übergangs von Exchange Server 2003 auf 2007 200
Postfachdatenbanken 37
Postfächer 36
Postfächer auf Exchange Server 2007 verschieben 208
Postfachspeicher 38
Produktdokumentation 400
Protokolldateien 644
Routinggruppen 34
Routinggruppenconnectors erstellen 175
Schemaerweiterungen 460
Serverfunktionen 35, 40, 151
Setup-Assistent 40
Sicherheitsgrundlagen 469
Sicherheitsrichtlinien 453

Speicherarchitektur 68
Speicherdatenbanken 38
Speicherdesign 68, 88
Speichergruppen 70
Speicherung 37
Speicherverwaltung 78, 81
Standortweiterleitung 39
Systemanforderungen 142
Transaktionsprotokolle 74, 225
Transportarchitekturen 93
Übergang 199
Übergangsoptionen 201
Überwachen mit Systemmonitor 443
Umgebungskonfiguration 34
Unified Messaging 40, 358
Unterstützte Speichertechnologien 88
Verfügbarkeit 224
Versionen 31
Verteilergruppen 36
Verwaltungsfunktionen 190
Verwaltungsshell verwenden 273
Verzeichnisstruktur 637
Wiederherstellung nach Fehlern 236
Windows Server 2003-Sicherheit 559
Zertifikatvorlagen installieren 557
Zugriff von Outlook 2007 586
Exchange Server 5.5 169
Exchange-Administratorrollen 481
Exchange-Cache-Modus 579
ExchangeLegacy Interop 171
Exchange-System (Snap-In) 267
Exchange-Topologie 60
Exchange-Verwaltungskonsole
  Empfängerkonfiguration 271
  Hauptbereiche 266
  MMC 260
  Organisationskonfiguration 268
  Serverkonfiguration 270, 271
  Verwendung 265
ExIFS 84
Extensible Storage Engine (ESE)
  ACID-Tests 74, 75
  Architektur 404
  Aufgaben 74
  Beschreibung 74
  Datenbankarchitektur 330
  Datenübertragung 407
  Einfache Fehler 408
  Schreibvorgänge 407
  Sicherungen 412
  Sicherungsmodus 411

Extensible Storage Engine (ESE) *(Forsetzung)*
   Speicherverwaltung 81
   Transaktionen übernehmen 76
   Transaktionen verwalten 74, 75
   Umlaufprotokollierung 407
   Wiederherstellung 413

F

Favoriten 581
Fehlerbehebung
   Best Practices Analyzer 394
   Diagnostikprotokollierung 386
   Ereignisanzeige 384
   Eseutil.exe 393
   Leistungsproblembehandlung 398
   Nachrichtenübermittlungs-
      Problembehandlung 397
   Posteingang reparieren 389
   RPing 390
   Scanpst.exe 389
   Systemdiagnose 395
   Unzustellbarkeitsberichte 397
   Werkzeuge 384, 399
Fehlerberichterstattung 150
Fehlercodes
   1018 77
   1069 76
   9519 82
   Aufbau 640
Fehlertoleranz 130
Festplattenspeicherbedarf
   Berechnen 90
   E-Mail-Anlagen 333, 334
   E-Mail-Nachrichten 333, 334
   Kapazität für Server 126, 128
   Planen 332
Filter
   Anbieter für geblockte IP-Adressen 510
   Anbieter für zugelassene IP-Adressen 507
   Empfänger 309
   Exchange Intelligent Message Filter 502
   Inhaltsfilterung 502
   IP-Sperrliste 508
   IP-Zulassungsliste 506
   Kriterien festlegen 582
   Reputationsfilter 526
Firewall
   Clientzugriffsserver 595
   Edge-Transport-Server 494
Flexible Single Master Operation 46

Formulare 319
Fortlaufende Clusterreplikation 237
   Aktivieren 240
   Cluster einrichten 242
   Dateifreigabenzeugen konfigurieren 241
   Exchange Server 2007 im Cluster installieren 247
   Failoverfähigkeit prüfen 250
   MNS-Quorum 246
   Netzwerkkarten konfigurieren 241
   Status prüfen 249
   Terminologie 238
   Transportpapierkorb einrichten 250
   Volumenschattenkopie 427
   Vorbereitungen 240
Fortlaufende lokale Replikation 227
   Aktivieren 229
   Bestehende Speichergruppe 229
   Neue Speichergruppen 232
   Planen 228
   Überprüfen 235
Frei/Gebucht-Informationen 110
Freigegebene Dateien (Messagingsysteme) 32
FSMO-Rollen 46
Funktionen
   Clientzugriffsserver 65
   Edge-Transport-Server 68
   Exchange Server 2007 64
   Hub-Transport-Server 66
   Postfachserver 64
   Unified Messaging-Server 67
   Verwaltungsfunktionen 190

G

Gabelungspunkt 97
Gateways
   Erstellen 373
   IP-Gateways 358
   Planen 126
   Unified Messaging 372
   Verwalten 374
Gesamtstrukturen
   Active Directory 48
   Anforderungen 143
   Auswirkungen auf Exchange Server 2007 59
   Definition 49
   Exchange-Topologie 60
   Globaler Katalogserver 53
   Mehrere 60
Global eindeutiger Bezeichner (GUID) 55

Stichwortverzeichnis

Globale Gruppen 50
Globale Katalogserver
  Aufgaben 53
  Konfigurieren 53
  Platzierung 115
  Rolle des TCP-Ports bei Abfragen 53
Globale Standardadressliste 311
Gruppen
  Abfragebasierte Verteilergruppen 307
  Administrative Gruppen 34
  Berechtigungen 50, 303
  Berechtigungsgruppen 207
  Definition 36
  Dynamische Verteilergruppen 307
  Empfängertyp 281
  Empfangseinschränkungen 307
  Exchange-Administratorrollen 481
  ExchangeLegacy Interop 171
  Globale Gruppen 50
  Hinzufügen von Exchange-Administratoren 478
  Implementierungsstrategie 58
  Integrierte Administratorgruppen 477
  Konfigurieren 305
  Lokale Domänengruppen 50
  Mitglieder hinzufügen 305
  Mitgliedschaft 291, 305
  Nicht in Adressliste anzeigen 306
  Sicherheitsgruppen 50
  Übermittlungsberichte 306
  Universelle Gruppen 51
  Vergleich zwischen den Arten 51
  Verschachteln 57
  Verteilergruppen 50, 303
  Verteilergruppen erstellen 304

H

Hacker
  Arbeitsweise 472
  Gegenmaßnahmen 475
  Motive 471
Hardwareanforderungen 139
HELO 183
Hilfe
  Hilfeinformationen 400
  Hilfsprogramme 399
  Internet-Newsgroups 401
  Microsoft TechNet 400
  Produktdokumentation 400
  Verwaltungsshell 276
Hostnamen zuordnen 60
Hosts-Datei 61

Hotfixes 139
HTML-Viren 475
Hub-Transport-Server
  Beschreibung 152
  Dienste 159
  Funktionen 66
  Organisationskonfiguration 270
  Verwaltung 271

I

IIS (Internetinformationsdienste) 146
IMAP4
  Aktivieren 629
  Befehle 628, 629
  Parameter 632
  Verwalten 629
  Zugriff einschränken 630
Indizierung
  Große Tabelle 76
  Indexgröße 88
  Indexkataloge 87
Informationsspeicher
  Designziele 68
  Integritätsprüfung 72
  Öffentliche Ordner 38, 317
Infrastrukturmaster 47
Installation
  Active Directory 147
  Administratorkonto 146
  Automatisieren 158
  Benutzerdefiniert 150, 153
  Bereitschaftsüberprüfung 156
  Bestehende Organisation 157
  Cluster 247
  Durchführung 147
  Exchange Server 2007 149
  Fehlerberichterstattung 150
  Hardwareanforderungen 139
  Informationssammlung 137
  Installationsart 150
  Microsoft Forefront Security 522
  Option /prepare AD 59
  Organisation erstellen 154
  Outlook 2007 576
  Serverrolle definieren 140
  Service Packs 139
  Sicherheitsvorkehrungen 146
  Überprüfen 158
  Voraussetzungen 150
  Vorbereitungen 136
  Vorgang 156

Stichwortverzeichnis

Installation *(Forsetzung)*
 Webregistrierung 542
 Zertifikatdienste 538
 Zertifikatvorlagen 557
Installierbares Dateisystem
 (Installable File System, IFS) 84
Integrierte Windows-Authentifizierung 598
Internet Messaging Access Protocol 4 siehe IMAP4
Internet-E-Mail
 Eingehende E-Mails aus dem Internet
  zulassen 207
 E-Mail ins Internet 203
 Macintosh-Clients 572
 SMTP-Connectors 178, 179
 Standardclients 571, 572
 Unix-Clients 571
 Verschieben auf Exchange Server 2007 203
Internetinformationsdienste (IIS) 146
IP-Adressen 60
IP-Sicherheit 560
IP-Sperrliste 508
IP-Zulassungsliste 506
Isinteg.exe 72
ITIL 467

J

Jetstress 447
Junk-E-Mail siehe Spam

K

KEA (Verschlüsselungsverfahren) 532
Kennwortrichtlinien 457
Kerberos 559
Key Management Server 557
KMS 557
Koexistenz mit früheren Versionen
 Administrationsprobleme 174
 Automatische Koexistenzaufgaben 170
 Einheitlicher Modus 169
 Empfängeraktualisierungsdienst 189
 Globale Einstellungen 171
 Internet-E-Mail 178, 179
 Koexistenzoptionen 190
 Koexistenzproblem 177
 Öffentliche Ordner 184
 Replikation öffentlicher Ordner 184

Koexistenz mit früheren Versionen *(Forsetzung)*
 Routinggruppenconnectors erstellen 175
 SMTP-Connector zu früherer Exchange-
  Organisation hinzufügen 180
 SMTP-Connectors 178
 Übergang auf Exchange Server 2007 199
 Überlegungen 169
 Versionsspezifische Administration 177
 Verweise auf öffentliche Ordner 186
Kompatibilität 41
Konfiguration
 Active Directory 143
 ADAM 35
 Auslagerungsdatei 141
 Edge-Transport-Server 35
 Fehlerberichterstattung 150
 Festplatten 142
 Fortlaufende lokale Replikation 228
 Globaler Katalogserver 53
 Gruppen 305
 Hardware optimieren 141
 Serverrolle 140
 Sicherheit in Outlook 2007 555
 Sicherheitsvorkehrungen 146
 TCP/IP 145
 Windows-Netzwerk 145
Konfigurationsnamenspartition 59
Konnektivitätsprüfung 395
Konsistenzprüfung (KCC) 52
Kontakte
 Definition 36, 281
 Empfängertyp 281
 Erstellen 301
 Konfigurieren 303
Kreuzzertifikate 549

L

Legacypostfach 208
Leistungsindikatoren
 Arbeitsspeicher 438
 Datenträger 440
 Netzwerke 441
 Outlook Web Access (OWA) 444
 Prozessoren 439
 SMTP-Protokoll 443
 Typen 436
 Unified Messaging 444

Stichwortverzeichnis

Leistungsüberwachung
   Antwortzeit 435, 652
   Durchsatz 434, 654
   Engpass 435
   Warteschlange 667
Lightweight Directory Access Protocol (LDAP) 44
Lockbox 553
Logische Struktur 45
Lokale Domänengruppen 50
LostAndFound 390
LUN (Logical Unit Number) 92

M

Macintosh-Clients 572
Mail Exchanger-Einträge (MX) 61
Mail-Flooding 475
MD2 (Verschlüsselungsverfahren) 532
MD4 (Verschlüsselungsverfahren) 532
MD5 (Verschlüsselungsverfahren) 532
Messagingaktivität 333
Messagingsrichtlinien 41
Messagingsysteme 32, 33
Microsoft Forefront Security 522
Microsoft Management Console 260
Microsoft Operations Framework 466
MIME (Multipurpose Internet Mail Extension) 555
Mischmodus 45
MMC 260
Moderierte Ordner 318
MSC-Datei 265
Multimastermodell 46
MX-Einträge 61

N

Nachrichten
   Senden an Gruppe 58
   Speicherung in einer Instanz 73
   Übermittlungseinstellungen 294
   Verschlüsseln 555
Nachrichtenrouting 95
Nachrichtenübermittlungseinstellungen 294
Namen
   Auflösen 60
   DNS 61
   Einzelserver 123
   E-Mail-Adressen 124
   Empfänger 123
   Hosts-Datei 61
   Namenskonventionen 54
   NetBIOS-Namen 45, 494

Namen *(Forsetzung)*
   Organisationen 123
   Ungültige Zeichen 122, 123
   Zusammenhängender Namespace 48
Namenspartitionen (Active Directory) 51
Namespace 48
NetBIOS-Namen 45, 494
Netzwerke
   Geschwindigkeit 396
   Kapazität für Server 130
   Leistungsindikatoren 441
   Modelle ermitteln 117
   Topologie definieren 113
Notfallkennwörter 458
nslookup 472

O

Öffentliche Ordner
   Adresslisten 311
   Aktivieren 581
   Beibehalten 317
   Benutzerbedürfnis 110
   Berechtigungen 319
   Datenbanken verwalten 320
   Datenbanken wiederherstellen 393
   Definition 281
   Defragmentieren 393
   Einstellungen verwalten 325
   Entfernen 324
   Entwerfen 125
   Erstellen 323
   Erstellen in Outlook 2007 317
   Favoriten 581
   Formulare 319
   Informationen abrufen 324
   Informationsspeicher 316, 317
   Koexistenz 184
   Mehrere Strukturen 86
   Moderierte Ordner 318
   Öffentliche Ordner-Datenbank entfernen 322
   Öffentliche Ordner-Datenbank erstellen 320
   Offlineverwendung 579
   Offlinezugriff 581
   Outlook 2007 317, 318, 319
   Replizieren 184, 325
   Standardberechtigungen 319
   Synchronisieren 581
   Umleiten 215
   Unterstützung 85
   Verwalten in Outlook 2007 318, 319
   Verwaltung 187

Öffentliche Ordner *(Forsetzung)*
  Verwaltungsshell 325
  Verweise auf öffentliche Ordner 186
Offlineadressliste 351
Offlineverwendung von Outlook 2007 578
Organisation
  Erstellen 154
  Exchange Server 2007 installieren 149
  Installation in bestehender Organisation 157, 172
  Namen festlegen 123
  Registerkarte 289
Organisationseinheiten 48
Organisationskonfiguration 268
Outlook 2003
  Frei/Gebucht-Informationen 110
  Öffentliche Ordner 316
Outlook 2007
  Benutzerprofile 584
  Berechtigungen 319
  E-Mail-Sicherheit 553
  Exchange-Cache-Modus 579
  Exchange-Client 566
  Features 567
  Filter 582
  Formulare 319
  Geschichte 566
  Installieren 576
  Lockbox 553
  Mehrere Benutzer 584, 585
  Nachrichtenübermittlung schützen 552
  Öffentliche Ordner erstellen 317
  Öffentliche Ordner verwalten 318, 319
  Office Customization Tool 577
  Offline arbeiten 578
  Ordnerverwaltung 318
  Outlook Web Access 42, 570
  Pretty Good Privacy (PGP) 566
  Profile einrichten 584
  S/MIME 555
  Sicherheit konfigurieren 555
  Signaturen 554
  Standardprofil 585
  Startprofile 585
  Stellvertretungen 586
  Unterstützen 578
  Vertrauensstellungscenter 553
  Zugriff auf Exchange Server 586
  Zugriff delegieren 586
Outlook Anywhere 65, 588
Outlook Express 568

Outlook Web Access (OWA) 42, 65, 570
  Authentifizierungsoptionen 597
  Benutzerfunktionen 616
  Benutzerzugriff deaktivieren 602
  Bereitstellen 593
  Eigenschaften einrichten 606
  Formularbasierte Authentifizierung 598
  Funktionen 592
  Funktionen einrichten 606
  ISA Server 2006 596
  Leistungsindikatoren 444
  Segmentierung 612
  Segmentierungsoptionen 615
  Standardauthentifizierung 597
  Zugriff auf einzelnen Server 593
  Zugriff auf mehrere Server 593
  Zugriff auf SharePoint verwalten 606
  Zugriff auf UNC-Freigaben verwalten 606
  Zusätzliche Instanzen erstellen 604

P

Pakete (Snap-Ins) 264
PDC-Emulatoren 46
Persönliche Ordner 389
Phishing 475
PKI-Infrastruktur verwalten 538
Planung
  Arbeitsspeicher 129
  Aufbewahrung gelöschter Objekte 422
  Bandbreite ermitteln 117
  Benutzerbedürfnisse ermitteln 108
  Beschädigungen einplanen 425
  Festplattenkapazität 126
  Fortlaufende lokale Replikation 228
  Gateways 126
  Messagingbedürfnisse 109
  Netzwerk 130
  Netzwerkmodell definieren 117
  Netzwerktopologie definieren 113
  Öffentliche Ordner 125
  Organisation 122
  Prozessorleistung 128
  Remotezugriffe 111
  Ressourcen ermitteln 112
  RRAS-Server 111
  Schulungsmaßnahmen 112
  Server 126
  Serverplatzierung 115
  Sicherungsdurchsatz 336
  Speichergruppen 90, 332, 333, 334

Stichwortverzeichnis

Planung *(Forsetzung)*
  Unternehmensprofile definieren 112, 114, 115
  Verwaltungsaufgaben definieren 118
  VPN-Server 111
  Wiederherstellungsdurchsatz 336
POP3
  Aktivieren 623
  Befehle 623
  Beschreibung 622, 661
  Parameter 625
  Sitzungsphasen 622, 623
  Verwalten 624
  Zugriff einschränken 624
Post Office Protocol 3 siehe POP3
Posteingang reparieren (Scanpst.exe) 389
Postfachaktivierte Benutzer 281
Postfächer
  Active Directory-Konto 289
  Allgemeine Exchange-Angaben 294
  Alternative Namen 287
  Angaben zur Organisation 289
  Aufbewahrungszeit für gelöschte Objekte 294
  Benutzerdefinierte Informationen 287
  Berechtigungen 197
  Besondere Postfächer 332
  Definition 36
  Eigenschaften festlegen 286, 295, 297
  Einschränkungen definieren 297
  Einzelnes Exchange-Postfach sichern 425
  Einzelnes Exchange-Postfach wiederherstellen 421
  E-Mail-Adressen 291
  Empfängerrichtlinien 212
  Erstellen aus Vorlage 310
  Erstellen für neuen Benutzer 282
  Erstellen für vorhandenen Benutzer 285
  Exchange-Postfachdaten wiederherstellen 421
  Exchange-Postfachdatenbank sichern 423
  Exchange-Postfachserver sichern 423
  Exchange-Postfachserver wiederherstellen 418
  Getrenntes Postfach 272
  Gruppenmitgliedschaft 291
  Legacypostfach 177, 208
  Mitgliedschaft 291
  Posteingang reparieren 389
  Postfachdatenbank konfigurieren 346
  Postfachdatenbanken entfernen 352
  Postfachdatenbanken replizieren 232
  Postfachdatenbanken verschieben 352
  Postfachressourcen 300
  Postfachrichtlinien 359
  Postfachrichtlinien (Unified Messaging) 367

Postfächer *(Forsetzung)*
  Postfachrichtlinien verwalten (Unified Messaging) 368
  Postfachspeicher erstellen 345
  Ressourcenpostfächer 300
  Speichergrenzwerte 294
  Speicherkontingente 293
  Synchronisieren 580
  Synchronisierungskonflikte 581
  Unified Messaging aktivieren 377
  Verschieben auf Exchange Server 2007 208
  Zustelloptionen festlegen 295
Postfachrichtlinien 359
Postfachserver
  Beschreibung 152
  Dienste 159
  Funktionen 64
  Konfiguration 271
  Organisationskonfiguration 270
Postfachspeicher
  Datenbanken 73
  Definition 38
  Erstellen 348
  Grenzwerte 294
  Postfachdatenbanken entfernen 352
  Postfachdatenbanken verschieben 352
  Postfachspeicher erstellen 345
  Postfachspeicher konfigurieren 346
  Verwalten 344
Postmaster 161
PrepareAD 138
PrepareSchema 137
Pretty Good Privacy (PGP) 566
Profile
  Outlook 584
  Unternehmensprofil 112
Protokolle
  Anwendungsprotokoll 384
  IMAP4 (Internet Messaging Access Protocol 4) 629
  Lightweight Directory Access Protocol (LDAP) 44
  Outlook Express-Unterstützung 569
  POP3 622, 623, 661
  Protokolldateien 643
  Protokollierungsgrade 387
  Protokollsequenzen 391
  Protokollversand 226
  Sicherheitsprotokoll 384
  Standardspeicherorte 643
  Synchronisierungsprotokolle 581
  Systemprotokoll 384

Protokolle *(Forsetzung)*
  Transaktionsprotokolle 225
  Transportprotokolle 101
  Umlaufprotokollierung 83
Prozessmonitor 439
Prozessoren
  Dual-Core/Quad-Core 440
  Durchsatz 440
  Kapazität für Server 128
  Leistungsindikatoren 439
  Symmetric Multiprocessing 128
Prüfpunktdatei 82
Prüfsummen 408
PST-Datei 389
Pufferüberlauf 475

R

RAID 89
RC2 (Verschlüsselungsverfahren) 532
RC4 (Verschlüsselungsverfahren) 532
Redundante Serversysteme 130, 131
Relativ definierter Name 54
Relay-Server 183
Remoteprozeduraufrufe 390, 391
Remotezugriff 111
Replikation
  Aktivieren 229
  Fortlaufende Clusterreplikation 237
  Fortlaufende lokale Replikation 224, 227
  Funktion überprüfen 235
  Öffentliche Ordner 184, 325
  Postfachdatenbanken 232
  Transportpapierkorb 239
  Überwachen 236
  Wiederherstellung 236
Reputationsfilter 526
Ressourcen
  Administrativer Bedarf 118
  Ermitteln 112
  Netzwerktopologie erfassen 113
  Postfächer 300
  Softwareumgebung erfassen 113
Richtlinienmodul 535
RID-Master 47
Rollback 76
Routing 95
Routinggruppen 55, 95, 171
RPC (Remote Procedure Call) 390, 391
Rpc.dll 392
RPC-über-HTTP 588
RPing 390, 391

RRAS-Server 111
RSA (Verschlüsselungsverfahren) 532

S

Sammelanschlüsse 358
Scanprogramme 472
Scanpst.exe (Posteingang reparieren) 389
Schema
  Berechtigungen für Aktualisierung 147
  Definition 46
  Schemaerweiterungen durch Exchange Server 2007 460
Schemamaster 46
Schemanamenspartition 59
Schlüsselverwaltungsserver 557
Schulung 112
Security Configuration Wizard 489
Seeding 229
Seiten ändern 75, 76, 80
Server
  Arbeitsspeicherkapazität festlegen 129
  Clientdienste umleiten 214
  Clientzugriffsserver 152
  Dial-Tone-Server 420
  Domänencontroller 140
  Domänennamenmaster 47
  Edge-Transport-Server 152, 492
  Exchange-Postfachserver sichern 423
  Exchange-Postfachserver wiederherstellen 418
  Failoverfähigkeit prüfen 250
  Festplatten 142
  Festplattengröße planen 126, 128
  Geschäftsbereiche 332
  Globale Katalogserver 53
  Hardware optimieren 141
  Hardware planen 126, 128, 129, 130, 131
  Hub-Transport-Server 152
  Infrastrukturmaster 47
  Installation 147
  ISA Server 2006 596
  Kapazitäten planen 126, 128, 129, 130, 131
  Messagingserver 140
  Namen festlegen 123
  Namenskonventionen festlegen 122, 123
  Netzwerkkapazität festlegen 130
  PDC-Emulator 47
  Physischer Zugang 476
  Planung 126
  Platzierung 115
  Postfachserver 152
  Prozessorleistung planen 128

Stichwortverzeichnis

Server *(Forsetzung)*
  Redundante Systeme 130, 131
  Relay-Server 183
  RID-Master 47
  RPing-Server 391
  RRAS-Server 111
  Schemamaster 46
  Server für die Aufgliederung
    der Verteilergruppe 306
  Server mit Wählplänen verknüpfen 375
  Serverfunktionen 35, 151
  Serverkonfiguration (Container) 270
  Serverrolle definieren 140
  Sicherheitsvorkehrungen 146
  SMTP-Server als Relay-Server einrichten 183
  Systemanforderungen 142
  Unified Messaging-Server 153
  Vollständige Serverwiederherstellung 418
  VPN-Server 111
Serverkonfiguration
  Berechtigungsgruppen 207
  Clientzugriff 271
  Container 270
  Fortlaufende lokale Replikation 229
  Hub-Transport-Server 207
  Öffentliche Ordner 163, 320
  Outlook Anywhere 589
  OWA 607
  Postfachdatenbanken 345
  Speichergruppen 338
  Unified Messaging-Server 375
Service Packs 139
SHA (Verschlüsselungsverfahren) 532
SharePoint
  Öffentliche Ordner 39
  Zugriff verwalten 606
Sicherheit
  Absenderfilterung 513
  Administrative Sicherheit 476
  Anlagenfilter 518
  Anmelderichtlinien 458
  Antispamfunktionen 41, 491
  Antivirusfunktionen 41, 491
  Authentifizierungsoptionen 597
  Clientzugriffsserver 595
  Cluster 226
  Datensicherheit 462
  Denial of Service (DoS) 475
  Elektronische Sicherheitsrichtlinien 456
  E-Mail-Integrität 465
  E-Mail-Sicherheit 553
  Empfängerfilterung 512
  Exchange Server 2007 469

Sicherheit *(Forsetzung)*
  Exchange-Infrastruktur sichern 483
  Firewall 595
  Formularbasierte Authentifizierung 598
  Fortlaufende Clusterreplikation 237
  Gefälschte E-Mails 473
  Hacker 471, 472
  HTML-Viren 475
  Informationssicherheitsrichtlinien 455
  Inhaltsfilterung 502
  Integrierte Windows-Authentifizierung 598
  IP-Sicherheit 560
  IP-Zulassungsliste 506
  Kennwortrichtlinien 457
  Kerberos-Authentifizierung 559
  Lockbox 553
  Mail-Flooding 475
  Microsoft Forefront Security 521
  Nachrichten schützen 529
  Notfallkennwörter 458
  nslookup 472
  Nutzungsrichtlinien 459
  Outlook 2007 konfigurieren 555
  Phishing 475
  Physische Sicherheit 476
  Physischer Zugang 475
  Pretty Good Privacy (PGP) 566
  Prinzip der geringsten Berechtigungen 489
  Protokollversand 226
  Pufferüberlauf 475
  Replikation 226
  Replikation aktivieren 229
  Schlüssel 531
  Security Configuration Wizard 489
  Sender ID 515
  Sicherheitsgrenzen 45
  Sicherheitsprotokoll 384
  Sicherheitsrichtlinien für Exchange
    Server 2007 453
  Sicherheitstools von Microsoft 489
  Sicherheitsvorkehrungen 146, 470
  Siteübergreifendes Scripting 475
  SMTP 475, 482
  Spam 475
  Sperrliste 508
  Standardauthentifizierung 597
  Telnet 473
  Trojanische Pferde 487
  Unzustellbarkeitsberichte 473
  Verbindungsfilterung 506
  Verschlüsselung 531
  Verschlüsselungsverfahren 532
  Versionsnummer 473

Stichwortverzeichnis

Sicherheit *(Forsetzung)*
   Viren 486, 487
   Wiederherstellen von Datenbanken 236
   Windows Rights Management Services 467
   Windows Server 2003 559
   Windows Server 2003-Sicherheitsprotokolle 530
   Würmer 487
Sicherheitsgruppen 50
Sicherheitskontenverwaltung 559
Sicherheitsrichtlinien
   Administrative Sicherheit 476
   Anmelderichtlinien 458
   Datenklassifizierung 463
   Datensicherheit 462
   Definieren 455
   Elektronische 456
   E-Mail-Integrität 465
   Exchange Server 2007 453, 457
   Exchange-Datenbanken 464
   Informationssicherheitsrichtlinien 455
   Kennwortrichtlinien 457
   Nutzungsrichtlinien 459
   Physische Sicherheit 476
   Ressourcen 466
   Schemaerweiterungen 460
   SMTP-Sicherheitmaßnahmen 482
   Trojanische Pferde 460
   Übersetzen 456
   Unerwünschte E-Mails 463
   Viren 460
   Würmer 460
Sicherung
   Aufbewahrung gelöschter Objekte 422
   Beschädigungen einplanen 425
   Datenbanken 404, 414
   Differenzielle Sicherung 410
   Durchsatz 336
   Einzelkopiecluster mit Streamingsicherung 429
   Einzelnes Exchange-Postfach 425
   ESE 412
   Exchange Server-Komponenten 414
   Exchange-Datenbanken 464
   Exchange-Postfachdatenbank 423
   Exchange-Postfachserver 423
   Exchange-Streamingsicherung-API 411
   Inkrementelle Sicherung 410
   Kopiesicherung 410
   Sicherungen kombinieren 424
   Sicherungsstrategien umsetzen 426
   Strategien 414
   Tägliche vollständige Sicherungen 424
   Technologien 404

Sicherung *(Forsetzung)*
   Vollständige Sicherung 410
   Volumenschattenkopie 408
Signaturen 554
Simple Mail Transfer Protocol siehe SMTP
Single-Instance Message Store (SIS) 73
Siteübergreifendes Scripting 475
Skripts 160
SMS (Systems Management Server) 114
SMTP
   Adressformat 125
   ESMTP 183
   Leistungsindikatoren 443
   Sicherheit 475
   Sicherheitsmaßnahmen 482
   SMTP-Connectors 94
SMTP-Adressformat 125
SMTP-Connector
   Adressraum 182
   Eigenschaften 180, 183
   Empfangsconnector 208
   Entfernen aus älterer Exchange-Umgebung 214
   Erstellen 206
   HELO/EHLO 183
   SMTP-Connector zu früherer Exchange-Organisation hinzufügen 180
   Übersicht 94
Snap-Ins 264
Snap-In-Stammcontainer 263
Snap-In-Stammknoten 263
Spam
   Absenderfilterung 513
   Anlagenfilter 518
   Antispamfunktionen 491
   Antispamfunktionen verwalten 502
   Empfängerfilterung 512
   Inhaltsfilterung 502
   IP-Sperrliste 508
   IP-Zulassungsliste 506
   Phishing 475
   Reputationsfilter 526
   Sender ID 515
   Verbindungsfilterung 506
Speicherarchitektur
   Designziele 68
   Festplattenspeicher planen 90
   LUN (Logical Unit Number) 92
   Plattenspeicher für Postfächer berechnen 90
   Speichergrenzwerte 294
   Speichergruppen 328
   Speichertechnologien 88
   Testen 93

Stichwortverzeichnis

Speichergruppen
    Auflisten 340
    Benutzerunterstützung 71, 330
    Besondere Postfächer 332
    Datenbanken sichern 72, 331
    Datenbanken wiederherstellen 72, 331
    Erstellen 327, 337
    Festplattenspeicherbedarf planen 332
    Fortlaufende lokale Replikation 229
    Geschäftsbereiche 332
    Konfigurieren 340
    Löschen 344
    Planen 90, 332, 336
    Postfachspeicher 348
    Sicherungsdurchsatz planen 336
    Speicherarchitektur 328
    Speichergruppenpfad verschieben 342
    Verschieben 343
    Verwalten 327, 337
    Vorteile 329
    Wiederherstellung 331
    Wiederherstellungsdurchsatz planen 336
Speicherkontingente 293
Speicherverwaltung
    Dynamische Pufferzuweisung (DBA) 78
    Write-back-Cache 81
SRV-Einträge 52
Standorte 52
Standortverknüpfungen 52
Standortweiterleitung 39
Startprofil 585
Stealth-Virus 486
Stellvertretungen 586
STM-Datei 329
Streaming-Datei 329
Streamingsicherung
    Differenziell 413
    Einzelkopiecluster 429
    Exchange-Streamingsicherung-API 411
    Inkrementell 413
    Kopie 413
    Vollständige Sicherungen 412
Symmetric Multiprocessing 128
Synchronisierung 580
Synchronisierungskonflikte 581
Systemanforderungen 143
Systemdiagnose 395
Systemmonitor
    Ansichten 436
    Arbeitsspeicher 438
    Datenträger 440
    Einführung 436

Systemmonitor *(Forsetzung)*
    Netzwerk 441
    Prozessor 439
    Replikation überwachen 236
    SMTP 443
Systemprotokoll 384
Systems Management Server (SMS) 114

T

Tarnkappen-Virus 486
TCP/IP-Konfiguration 145
TCP-Ports 53
Telnet 473
Testen
    ACID-Tests 74
    Failoverfähigkeit 250
    Fortlaufende lokale Replikation 235
    Installation 158
    Service Packs 140
    Speicherarchitektur 93
    Wiederherstellung 416
Tool zum Entfernen bösartiger Software 489
Transaktionen
    Atomar 405
    Commit 76
    Datenbanken 405
    Dauerhaft 405
    Definition 76
    Isoliert 405
    Konsistent 405
    Operationen rückgängig machen (Rollback) 76
    Seitenänderung in Datenbank 75
    Übernehmen 76
    Verwalten 74, 75
Transaktionsprotokolle 74
    Auszug der Headerinformationen erstellen 80
    Dateien 80
    Dateiheader 80
    Fortlaufende Replikation 225
    RAID 89
    Systemwiederherstellung 74
Transportarchitekturen 93
    Nachrichtenrouting 95
    SMTP-Connectors 94
    Szenarien 98
    Transportprotokolle 101
Transportpapierkorb 239, 250
Transportprotokolle 101
Trojanische Pferde 460, 487

Stichwortverzeichnis

U

Übergang auf Exchange Server
  Alte Connectors entfernen 219
Übergang auf Exchange Server 2007 199
  Alte administrative Gruppen entfernen 221
  Alte Exchange-Routinggruppen entfernen 221
  Altes Exchange deinstallieren 220
  Clientdienste umleiten 214
  Empfängeraktualisierungsdienst
    verschieben 218
  Empfängerrichtlinien bei der Verschiebung von
    Postfächern 212
  Grenzen für Übergang 202
  Internet-E-Mail auf Exchange Server 2007
    verschieben 203
  Öffentliche Ordner umleiten 215
  Offlineadressbuch verschieben 217
  Phasen 200
  Postfächer auf Exchange Server 2007
    verschieben 208
  SMTP-Connectors aus der alten Exchange-
    Umgebung entfernen 214
  Übergangsoptionen 201
Übermittlungsberichte 307
Übermittlungsstatus 639
Überwachung
  Arbeitsspeicher 438
  Berechtigungsprüfung 395
  Datenträger 440
  Diagnostikprotokollierung 386
  Ereignisanzeige 384
  Exchange Server 2007 434, 443
  Netzwerk 441
  Prozessoren 439
  Replikation 236
  SMTP 443
  Systemmonitor 434
  Windows Server 2003 434, 438
Umgekippte Bits 408
Umkreisnetzwerk 482
Umlaufprotokollierung 83
UNC-Freigaben 606
Unified Messaging
  Aktivieren für einzelne Posfächer 377
  Automatische Telefonzentralen 359
  Dienste 159
  Funktionen 357
  IP-Gateways 372
  Leistungsindikatoren 444
  Objekte erstellen 360
  Objekte verwalten 360

Unified Messaging *(Forsetzung)*
  Objekte von Exchange Server 2007 358
  Postfachrichtlinien 359, 367
  Postfachrichtlinien verwalten 368
  Sammelanschlüsse 358
  Server mit Wählplänen verknüpfen 375
  Überblick 356
  Wählpläne 358, 360
  Wählpläne verwalten 362
Unified Messaging-Server
  Beschreibung 153
  Funktionen 67
  Organisationskonfiguration 270
Universelle Gruppen 51
Unix-Clients 571
Unzustellbarkeitsberichte 397, 473, 640

V

Verbindungsfilterung 506
Verbindungsobjekte 52
Verfügbare Bandbreite 117
Verschlüsselung
  Asymmetrische Schlüssel 531
  Definition 531
  Funktionsweise 531
  Lockbox 553
  Pretty Good Privacy (PGP) 566
  Schlüssellänge 532
  Symmetrische Schlüssel 531
  Verfahren 532
  Verschlüsselungsalgorithmen 532
  Zusammenarbeit mit Outlook 2007 553
Versionsspeicher
  Aufgabe 76
  Systemwiederherstellung 82
Versionsspezifische Administration 177
Verteilergruppen
  Abfragebasierte Verteilergruppen 307
  Definition 50
  Dynamische Verteilergruppen 307
  Erstellen 304
  Konfigurieren 272
Vertrauensstellungscenter 553
Vertrauensverifizierung 555
Verwaltung
  Beschränkter Zugriff 262
  Exchange Server 2007 261
  MMC 260
  PKI-Infrastruktur 538
  Verwaltungsfunktionen 190

Stichwortverzeichnis

Verwaltungsshell
   Absenderfilter bearbeiten 515
   Anbieter gesperrter IP-Adressen bearbeiten 511
   Anbieter zugelassener IP-Adressen
     bearbeiten 508
   Anlagenfilter bearbeiten 516
   Benutzer erstellen 285
   Clusterbetriebsfähigkeit prüfen 253
   Clustergruppe verschieben 246
   Clusterstatus prüfen 249, 254
   Commandlets 275
   Edge-Abonnement erstellen 500
   E-Mail-Benutzer erstellen 299
   E-Mail-Kontakte erstellen 302
   Empfängerfilter bearbeiten 513
   Empfängerrichtlinien einstellen 213
   Exchange-Administratoren hinzufügen 481
   Failoverfähigkeit prüfen 254
   Formularbasierte Authentifizierung
     aktivieren 599
   Formularbasierte Authentifizierung
     anmelden 601
   Fortlaufende lokale Replikation aktivieren
     231, 234
   Hilfefunktionen 276
   IMAP4 aktivieren 629
   IMAP4 verwalten 630
   IMAP-Zugriff verwalten 630
   Inhaltsfilterung bearbeiten (Antispam) 505
   Installierte Serverfunktionen anzeigen 160
   IP-Gateways erstellen 374
   IP-Gateways verwalten 375
   IP-Sperrliste bearbeiten 509
   IP-Zulassungsliste bearbeiten 507
   Öffentliche Ordner
     Datenbank entfernen 323
     Datenbank erstellen 322
     Datenbank verwalten 320
     Einstellungen verwalten 325
     Entfernen 324
     Erstellen 323
     Informationen abrufen 324
     Verwalten 187
     Verweise deaktivieren 186
   Öffentliche Ordner verwalten 323
   Offlineadressbuch verschieben 218
   Öffnen 275
   Outlook Anywhere aktivieren 590
   OWA-Dateizugriff bearbeiten 610
   OWA-Schnittstelleneinschränkungen
     bearbeiten 614

Verwaltungsshell *(Forsetzung)*
   OWA-Zugriff aktivieren/deaktivieren 603
   Parameter 276
   POP3 aktivieren 623
   POP3 verwalten 624
   POP3-Einstellungen 626
   POP3-Zugriff verwalten 625
   Postfach aus Vorlage erstellen 310
   Postfach erstellen 285, 286
   Postfachdatenbank
     Bereitstellen 352
     Bereitstellung aufheben 352
     Entfernen 353
     Erstellen 346
     Konfigurieren 349
     Verschieben 353
   Postfacheigenschaften einstellen 298
   Postfachressource erstellen 301
   Postfachrichlinen verwalten 372
   Postfachrichtlinien aufstellen 368
   Postfachspeicher-Grenzwerte einstellen 350
   Postmaster 161
   Protokollierungsgrad verändern
     (Diagnostikprotokollierung) 386
   Routinggruppenconnector entfernen 220
   Routinggruppenconnector erstellen 176
   Server mit Wählplänen verknüpfen 377
   SMTP-Empfangsconnector erstellen 208
   SMTP-Sendeconnector erstellen 206
   Speichergruppen
     Auflisten 340
     Erstellen 339
     Konfigurieren 342
     Löschen 344
     Verschieben 343
   Transportpapierkorb
     Konfiguration einsehen 250
     Konfigurieren 251
   Umleitung von Benutzereinstellungen 417
   Unified Messaging aktivieren 378
   Verteilergruppen erstellen 305
   Verwendung 273, 277
   Wählplan erstellen 362
   Wählplan verwalten 367
Verzeichnisobjekte 54
Verzeichnisse 44
Verzeichnisstruktur 44
Viren
   Anlagenfilter 518
   Antivirusfunktionen 491
   Definition 486

Viren *(Forsetzung)*
  HTML-Viren 475
  Microsoft Forefront Security 521, 522
  Residente Viren 486
  Selbsterkennung 486
  Sicherheitsrichtlinien 460
  Stealth-Viren 486
  Tarnkappen-Viren 486
Virtual Disk Service (VDS) 408
Volumenschattenkopie
  Differenzielle Sicherung 410
  Fortlaufende Clusterreplikation 427
  Inkrementelle Sicherung 410
  Kopiesicherung 410
  Multifunktions-Postfachserver 430
  Vollständige Sicherung 410
Vorlagen
  Postfächer 310
  Zertifikate 536, 557
VPN-Server 111
VSS-Framework 409

W

Wählpläne 358
Warteschlangen 435, 667
Web 84
WebDAV 84
Webordner 85
Webregistrierungsseiten 543
Werkzeuge
  Benutzerdefinierte Konsolen 265
  Benutzerdefinierte Werkzeuge 264
  Disaster Revoery Analzyer 421
  Exchange Load Generator 448
  Exchange-Leistungswerkzeuge 446
  Jetstress 447
  Microsoft Baseline Security Analyser 489
  Security Configuration Wizard 489
  Sicherheitstools von Microsoft 489
  Tool zum Enfernen bösartiger Software 489
Wiederherstellung
  Aufgaben der Transaktionsprotokolle 74
  Beschädigungen einplanen 425
  Datenbanken 393, 404
  Datenbanken überschreiben 348
  Dial-Tone-Server 420
  Disaster Recovery Analyzer 421

Wiederherstellung *(Forsetzung)*
  Durchsatz 336
  Einzelnes Exchange-Postfach 421
  ESE 413
  Exchange Server-Komponenten 414
  Exchange-Postfachdatenbank
    wiederherstellen 421
  Exchange-Postfachserver wiederherstellen 418
  Fehler der aktiven Kopie 236
  Neuerstellung der Exchange-Anwendung 419
  Prüfpunktdatei 82
  Rolle des Versionsspeichers 82
  Sicherungen kombinieren 424
  Speichergruppe für die Wiederherstellung 331
  Strategien 414
  Streamingsicherung 413
  Tägliche vollständige Sicherungen 424
  Technologien 404
  Umlaufprotokollierung 83
  Umleitung von Benutzereinstellungen 417
  Versionsspeicher 82
  Vollständige Serverwiederherstellung 418
  Volumenschattenkopie 408
  Wiederherstellungsmöglichkeiten testen 416
  Wiederherstellungsprozess 81
Windows Mail 568
Windows Rights Management Service 467
Windows Server 2003
  Einheitlicher Modus 57
  Exchange Server 2007 in Sicherheit
    integrieren 559
  Festplattenplatz 127
  Funktionsebenen 143
  Gemischter Modus 45
  Infrastruktur öffentlicher Schlüssel 530
  Kerberos-Authentifizierung 559
  Right Management Service 467
  RMS 467
  Schlüssel 531
  Sicherheitsprotokolle 530
  Systemanforderungen 142
  Überwachen mit Systemmonitor 438
  Verschlüsselung 531
  Zertifikatdienste 533, 534
Write-back-Cache 81
Würmer 460, 487

X

X.509-Standard   533, 534

Z

Zertifikate
  Anfordern   543
  Anforderungsformular   548
  Ausstellen   534
  Beendigungsmodul   537
  Dienste installieren   538
  Eigenschaften in Outlook ändern   549
  Eingangsmodul   535
  Funktionen des Benutzerzertifikats   557
  Informationen anzeigen   548

Zertifikate *(Forsetzung)*
  Inhalt   533
  Kreuzzertifikate   549
  Richtlinienmodul   535
  Typen   531, 537
  Vertrauenswürdige Zertifikate   553
  Vorlage auswählen   536, 558
  Webregistrierungsseiten   543
  X.509-Standard   533
  Zertifikatdatenbank   537
  Zertifikatdienste   533, 534
Zertifizierungsstellen   534
  Webregistrierung installieren   542
  Zertifikate anfordern   543
Zugriffssteuerungsmodell   560
Zusammenarbeit   84

Wissen aus erster Hand

Dieses Buch ist der praktische Ratgeber für die tägliche Arbeit des Exchange-Netzwerkadministrators in Messaging- und Groupwareumgebungen in Unternehmen jeder Größe. Der Taschenratgeber unterstützt Sie bei der Verwaltung von Microsoft Exchange Server 2007. Sein Format macht ihn ideal für den Arbeitsplatz oder den Einsatz unterwegs. Dieses Buch zeigt Ihnen sofort die Antworten auf Fragen in den verschiedensten Situationen der Server-Administration und des Exchange 2007-Supports. Übersichtliche Tabellen, Listen, Befehle und zahlreiche Schritt-für-Schritt-Anleitungen zeichnen dieses Buch aus: kurz, klar, präzise - Sie werden es nicht mehr missen wollen.

Autor	William R. Stanek
Umfang	576 Seiten
Reihe	Taschenratgeber
Preis	34,90 Euro [D]
ISBN	978-3-86645-622-8

http://www.microsoft.com/germany/mspress

Microsoft Press-Titel erhalten Sie im Buchhandel.

Wissen aus erster Hand

Peter Monadjemi zeigt Ihnen in diesem Crashkurs, was Sie für einen soliden Einstieg benötigen. Vom Umgang mit Dateien und Verzeichnissen über den Zugriff auf die Registrierung, über das Erstellen kleiner und größerer Skripts, über ADSI (Active Directory Services Interface) bis hin zu WMI werden alle wichtigen Themen praxisorientiert behandelt. Alles, was Sie benötigen, ist die Windows PowerShell und einen Computer, auf dem Windows XP SP2, Windows Server 2003 oder Windows Vista läuft. Die Windows PowerShell ist eine Chance, Systemaufgaben deutlich produktiver zu erledigen als dies in der Vergangenheit möglich war, und eine Herausforderung zugleich, da sie einige neue und ungewohnte Konzepte mit sich bringt.

Autor	Peter Monadjemi
Umfang	400 Seiten
Reihe	Crashkurs
Preis	29,90 Euro [D]
ISBN	978-3-86645-617-4

http://www.microsoft.com/germany/mspress

Microsoft Press-Titel erhalten Sie im Buchhandel.

Wissen aus erster Hand

Dieses Buch bietet Ihnen einen umfangreichen Leitfaden zum Verwalten von Microsoft Office SharePoint Server 2007 mit praxiserprobten technischen Informationen und Lösungen, die von Microsoft Most Valuable Professionals (MVPs) zusammen mit dem Office SharePoint Server-Team entwickelt wurden. Das Buch enthält die relevanten Informationen, die Sie benötigen, um strategische Anwendungen und Lösungen, die auf Office SharePoint Server 2007 und Microsoft Windows SharePoint Services basieren, zu planen, zu entwerfen, bereitzustellen und zu verwalten.

Autor	Bill English
Umfang	ca. 1100 Seiten, 1 CD
Reihe	Das Handbuch
Preis	59,00 Euro [D]
ISBN	978-3-86645-117-9

http://www.microsoft.com/germany/mspress

Microsoft Press-Titel erhalten Sie im Buchhandel.

Wissen aus erster Hand

Verteilen, verwalten und optimieren Sie Microsoft Windows Vista mit dem Know-how und der Unterstützung derer, die diese Technologie am besten kennen – dem Windows Vista-Produktteam und erfahrenen Microsoft Press-Autoren. Diese technische Referenz liefert Ihnen die relevanten Informationen zu Bereitstellung und Administration von Windows Vista im Unternehmen. Darüber hinaus finden Sie auf der Begleit-DVD viele Tools und Skripts, die Ihnen bei der täglichen Arbeit helfen.

Autor	Tulloch, Honeycutt, Northrup
Umfang	1400 Seiten, 1 DVD
Reihe	Die technische Referenz
Preis	79,00 Euro [D]
ISBN	978-3-86645-913-7

http://www.microsoft.com/germany/mspress

Microsoft Press

Microsoft Press-Titel erhalten Sie im Buchhandel.

Wissen aus erster Hand

Dieses Buch zeigt Ihnen, wie Sie effizient mit den wichtigsten Microsoft-Tools zur Diagnose, Fehlerbehebung und Verwaltung Ihres Windows-Netzwerks arbeiten können. Die Hilfsprogramme werden anhand konkreter Praxisbeispiele eingeführt. Vorgestellt werden u.a. folgende Tools: Windows Server 2003 Resource Kit, Windows Server 2003 Support-Tools, Windows Server 2003-Befehlszeilen-Tools, Sysinternals-Tools sowie Tools für die Bereitstellung von Windows Vista. Auch Tools von Drittanbietern kommen nicht zu kurz. So versetzen Sie dieses Buch und die beiliegende DVD in die Lage, Ihre Windows-Server und -Clients, Active Directory, Terminal Server, IIS, ISA Server und Exchange Server effizient zu verwalten.

Autor	Thomas Joos
Umfang	480 Seiten, 1 CD
Reihe	Fachbibliothek
Preis	39,90 Euro [D]
ISBN	978-3-86645-619-8

http://www.microsoft.com/germany/mspress

Microsoft *Press*

Microsoft Press-Titel erhalten Sie im Buchhandel.

Wissen aus erster Hand

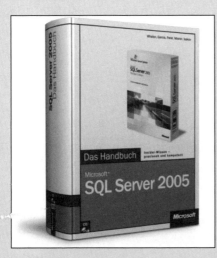

Dieses Buch ist die unverzichtbare Referenz für die tägliche Arbeit eines jeden SQL Server- Datenbankadministrators. Sie erfahren, wie Sie komplexe Unternehmensaufgaben lösen, Internetbasierte Lösungen entwickeln, sowie Kosten und Komplexität von verteilten Datenbanklösungen verringern können. Dieses Buch ist ein guter Ausgangspunkt, wenn Ihnen SQL Server noch fremd ist, und eine geeignete Anleitung und Referenz für Datenbankadministratoren, die zurzeit noch mit SQL Server 7.0 oder 2000 arbeiten.

Autor	Whalen, Garcia, Patel, Misner
Umfang	1152 Seiten, 1 CD
Reihe	Das Handbuch
Preis	69,00 Euro [D]
ISBN	978-3-86645-610-5

http://www.microsoft.com/germany/mspress

Microsoft Press-Titel erhalten Sie im Buchhandel.

Wissen aus erster Hand

Dieses Buch ist der umfassende und praxisorientierte Leitfaden zum Arbeiten mit der Firewall-, VPN- und Webcachelösung von Microsoft. Drei ausgewiesene Experten stellen Ihnen in diesem Buch die relevanten Informationen zu Bereitstellung, Administration und Support von Microsoft Internet Security & Acceleration Server 2006 und seiner Clients vor. Das Buch versetzt Sie nicht nur in die Lage, die verschiedenen Funktionen von ISA Server einzurichten, sondern es gibt Ihnen auch Informationen, wie diese Features funktionieren und erklärt, warum Sie sie einsetzen sollten. Darüber hinaus bietet es Ihnen viele wertvolle Ratschläge aus der Praxis.

Autor	Grote, Gröbner, Rauscher
Umfang	768 Seiten
Reihe	Das Handbuch
Preis	59,00 Euro [D]
ISBN	978-3-86645-613-6

http://www.microsoft.com/germany/mspress

Microsoft Press-Titel erhalten Sie im Buchhandel.